# Traité congolais
# de droit du travail
# et de la sécurité sociale

**Études africaines**
*Collection dirigée par Denis Pryen*

**Dernières parutions**

Jean-Crépin Soter NYAMSI, *L'Afrique et son développement. Réalités complexes et nouveaux enjeux, dans un monde en transformation*, 2013.
Ernestine NGO MELHA, *Education inclusive en Afrique subsaharienen*, 2013.
Yaya SY, *Mouhamadou Lamine Darame. Entre jihad et résistance anticoloniale*, 2013.
Jean-Serge MASSAMBA-MAKOUMBOU, *Identité ethnique et conflits civils au Congo-Brazzaville*, 2013.
Victor ESSIMBE, *Armes légères et groupes armés en Afrique subsaharienne*, 2013.
Ibrahim NAJADA, *Plantes ligneuses du Niger*, 2013.
Patrick Juvet LOWÉ GNINTEDEM, *L'obtention des brevets pharmaceutiques en Afrique. Le cas des pays de l'OAPI*, 2013.
Gunhild ODDEN, Milfrid TONHEIM (éds.), *La route cahoteuse de la réintegration des filles ex-soldats dans l'Est du Congo*, 2013.
Pither MEDJO MVÉ, *Langage et identité chez les Ndambamo du Gabon*, 2013.
André ENGAMBÉ, *Impôt colonial et résistance des populations du Congo*, 2013.
Bouopda Pierre KAMÉ, *Kamé Samuel. Aux fondements du régime politique camerounais*, 2013.
Paulin KIALO et Flora EKOZOWAKA NGUEMASSA, *Un projet de barrage hydroélectrique au Gabon. L'affaire Kongou*, 2013.
Paulin KIALO, *Les proverbes de la forêt chez les Povè du Gabon*, 2013.
Daha Chérif BA, *Cultures populaires en Sénégambie. L'exemple des Fulbe (1512-1980)*, 2013.
Stéphanie NKOGHE, *L'éducation traditionnelle fang en mutation*, 2013.
Prof. KIMPIANGA MAHANIAH, *Kasa-Vubu, Lumumba et l'indépendance du Congo. 1956-1960*, 2013.
Hilaire KOUOMEGNE NOUBISSI, *Centralisation et décentralisation au Cameroun. La répartition des compétences entre l'État et les collectivités locales*, 2013.
Myriam LEGENNE, *Soins et altérité*, 2013

Hygin Didace AMBOULOU

# Traité congolais de droit du travail et de la sécurité sociale

L'Harmattan

**5-7, rue de l'École-Polytechnique ; 75005 Paris**

http://www.librairieharmattan.com
diffusion.harmattan@wanadoo.fr
harmattan1@wanadoo.fr

ISBN : 978-2-336-29379-0

EAN : 9782336293790

*« Comment vous faire partager mes peines, mes sacrifices et mes joies à entreprendre la Recherche dans un univers aussi complexe et accidenté que celui de la science du droit. Comment vous démontrer, au fond, que tout chercheur, dans ces conditions, devrait se lever tôt, sinon en sursaut, sans avoir à craindre s'il a chaud ou froid, parce que l'itinéraire de la Recherche est sinueux et ressemble à l'ascension d'une montagne dont le sommet est hors de vue. Comment vous convaincre que, pour y parvenir, les sentiers possibles, à travers les rochers, sont difficiles à trouver et encore plus difficiles à suivre, si l'on n'est point armé de passion ».*

Hygin Didace AMBOULOU

# AVANT-PROPOS

Les désordres enregistrés ces dernières années dans le monde du travail et l'incertitude des réponses réservées aux revendications sociales et à la pression des pouvoirs publics sur les entreprises utilisatrices de main d'œuvre ne se limiteront pas au seul domaine économique mais auront des répercussions visibles sur la société toute entière, si une attention particulière n'est pas accordée à l'évolution inquiétante de la situation des employeurs et des travailleurs dans le type de relations qui les caractérisent.

Suivant une analyse positiviste de la législation congolaise du travail, dans son ensemble, il ressort une très haute flambée de comportements nouveaux dans les rapports d'employeur à salarié, plus que n'est ressenti objectivement le poids des difficultés économiques et les problèmes techniques rencontrés par les entreprises. Cette dimension culturelle dans la compréhension des réalités du monde du travail est à considérer en période de crise, par exemple, où l'aspect psychologique dans la collaboration devient un élément déterminant, tant au niveau de l'individu qu'au niveau du groupe auquel appartient solidairement le travailleur. Est donc posé, en premier, le problème des rapports collectifs de travail. Cela, en raison de l'influence du contexte politique, économique et social de l'environnement dans lequel s'apprécient ces rapports.

Pourtant, dans la vie quotidienne d'une entreprise, le comportement des salariés obéit directement à la façon dont la structure est organisée, à son règlement intérieur en quelque sorte, à la coutume et aux usages en vigueur dans le secteur. Et la récession économique constitue une menace majeure pour les contrats de travail, dès lors que la loi autorise, sous certaines conditions, le licenciement pour motif économique. Sur cette question, l'histoire du droit du travail est assez riche en illustrations. Face à ce phénomène croissant, et dû essentiellement au manque de viabilité et de visibilité de l'économie congolaise dont la tendance à la croissance, aujourd'hui, est en cloche, il est donc possible, je pense, d'injecter dans la législation du travail, à côté des anciennes pratiques intangibles, une dose de liberté et de démocratie afin d'humaniser davantage un type nouveau de rapports de travail en ces phases chaotiques et de doute. Cela permettra, on l'espère, d'équilibrer et de remettre en cause une obsession par trop utilitariste du patronat, en rassurant au mieux le travailleur.

C'est le but poursuivi dans la première édition de ce traité. Il aborde toutes ces questions dans leurs spécificités et présente, d'une manière complète, le droit du travail et la sécurité sociale. L'exposé est présenté dans la forme qui correspond aux nouvelles exigences de l'enseignement supérieur et professionnel. Le livre dégage aussi une étude approfondie, détaillée et commentée de la loi n°45-75 du 15 mars 1975, portant Code du travail, la loi n°004/86 du 25 février 1986 portant Code de la sécurité sociale, ainsi que celle de toutes les dispositions législatives et règlementaires prises postérieurement pour leur application ou leur modification.

Le droit du travail, il faut l'avouer, n'est pas une matière comme les autres. Et l'expérience a démontré qu'il est souvent aisé de segmenter son étude, et de préférence, de l'entreprendre le plus calmement, en évoluant pas à pas, fraction par fraction, parcelle par parcelle. Mais, en optant pour cette démarche qui consiste à aborder les questions tout de front, je ne m'imaginais pas le risque que je cours au regard de l'épaisseur du thème. J'avise simplement que cette méthode, je l'ai proposée dans le souci d'harmoniser les niveaux de formation et de compréhension, car les rapports d'employeur à salarié s'analysent dans un environnement juridique qui justifie ce vaste ensemble de structures économiques et qui englobent le secteur privé étatique, les sociétés commerciales et le groupement d'intérêts économiques, les secteurs semi informels, agricoles et des services dont la règlementation dans certains de leurs aspects est encore éparse.

Du coup, les propositions formulées, en cette matière, depuis la période coloniale et post coloniale, et sur des textes applicables dans les territoires des Etats de l'Afrique Equatoriale Française (AEF), sont si riches dans la construction des principes, qu'il est important de les restituer, en les situant dans leur contexte historique. Cela permet de reconstituer la mémoire du lecteur, et, ainsi, de l'aider à mieux comprendre l'évolution qui s'en est suivie. Ces propositions, du reste, devraient être gentiment accueillies, puisque, grâce à leur historicité, l'enseignement est de plus en plus facilité et ses nuances dénouées.

Il s'agit, par exemple, de la loi de 1906 sur la journée de repos hebdomadaire ; la loi de 1939 sur la journée de travail de 8 heures ; la loi du 31 juillet 1936 instituant la semaine de travail de 40 heures ; la loi du 3 décembre 1966 sur la formation professionnelle, modifiée par la loi du 16 juillet 1971 ; la loi du 20 juillet 1936 instituant les congés payés ; la loi du 16 mai 1966 fixant la durée de congé annuel légal ; le décret du 19 juillet 1958 portant interdiction de certains travaux aux femmes et aux enfants ; la loi du 11 octobre 1946 et le décret du 13 juin 1968 portant institution des services médicaux du travail ; la loi du 2 janvier 1970 portant substitution du SMIG par le SMIC ; la loi du 13 juillet 1973 sur la procédure de licenciement ; la loi du 4 août 1982 sur le droit d'expression des salariés et la loi du 28 octobre 1982 sur la représentation du personnel. Il en est de même de la législation sur la sécurité sociale.

Mais, l'œuvre du législateur congolais étant latente, certains de ces textes ont continué à être appliqués jusqu'au lendemain de l'entrée en vigueur de la loi du 15 mars 1975 instituant le Code du travail en République Populaire du Congo, sans doute, en vertu du principe érigé par la Cour suprême et qui consacre le droit français comme raison écrite, en cas de vide juridique manifeste.

En fin, de 1969 à 1992, le Congo est un pays à vocation socialiste, et la vague des nationalisations des entreprises issues du programme triennal des années 70, accentue davantage le dirigisme économique, alors que le secteur privé des emplois s'étiole et plonge dans la décroissance. Les programmes d'ajustement structurel à répétition caractérisent cette période. Y sont seulement épargnés, les secteurs pétrole et bois. Dans ces conditions, le droit du travail parait plus jeune et inadapté, et l'étude de sa formation ne peut être séparée de l'évolution sociale, économique, idéologique, politique et des mouvements ouvriers qui l'ont imposés et permis.

Mais, depuis quelques années, l'activité dans tous les secteurs économiques et créateurs d'emplois, dans beaucoup d'Etats comme au Congo tend à s'arrimer aux exigences de la mondialisation. Et les progrès réalisés dans le savoir - faire, en particulier grâce aux mutations intervenues et qui tiennent à l'éveil des mentalités dans le milieu professionnel et entrepreneurial, la forte participation du travailleur à la préservation de l'outil de production et au rendement, la recherche de l'efficacité et de la compétitivité, font que le monde du travail a de moins en moins besoin des ''employeurs puissants'' dans la prise de décisions et dans la direction de l'entreprise.

De même, l'aptitude au travail, le talent, ou plus exactement, la compétence du salarié reculent devant son indiscipline et les autres formes d'indélicatesse et d'insubordination qui ôtent au lien juridique de travail sa substance essentielle. Or si, de tout temps, la loi détermine la faute ou la qualifie, il appartient au juge, seul, de l'apprécier souverainement, notamment sur ce qui touche à son caractère (faute légère, faute grave, faute lourde). Pourtant, en pratique, c'est plutôt l'inverse qui semble se produire. L'employeur voulant vite agir en puissance. Ce livre pose, en second lieu, le problème du mérite et de la portée de la sanction disciplinaire et de ses effets. La faute disciplinaire peut-elle aussi s'analyser en une faute professionnelle ou vice versa, lorsque l'intérêt de la question n'affecte pas la substance du contrat ? Tout aussi vrai est que l'on note parfois des cas de démission des travailleurs. Il se pose, là aussi, différents autres problèmes : résolution du contrat, conciliation, commission de litige, responsabilité, et qu'il convient de gérer.

En outre, tels que nous les avons toujours enseignés, les principes du management classique, inhérents à la prospérité des entreprises d'après les nouvelles exigences du Traité de l'Organisation pour l'harmonisation en Afrique du droit des affaires(OHADA), améliorés et maitrisés par des ''employeurs – gestionnaires'', qui sont guidés par des objectifs de rentabilité excessive, s'avèrent de plus en plus problématiques et inadaptés à la politique publique de la sécurisation des emplois dans le secteur privé. Si bien que dans un monde aussi variant et imprévisible que le marché du travail, il est devenu, je suppose, au moins aussi important d'oser créer ensemble le ''bon futur'' que souhaitent connaître, à la fois, l'employeur et son employé. Cela est bien possible, en prévoyant, au maximum, tous les changements et les mutations qui peuvent subvenir au cours de l'exécution du contrat de travail.
Politique très ambitieuse, mais moins évidente et réaliste, car souvent les attentes du salarié, peuvent se heurter à la résistance âpre de l'employeur qui voit dans la revendication son entreprise courir un risque sur le plan économique et financier. Enfin, la perte de la confiance, le climat social pervers et malsain, ainsi que la perte de profit sont d'autant plus des indicateurs sur lesquels l'employeur s'appuie pour programmer les licenciements. Mais de telles décisions sont souvent subtiles et prises à contre-courant de la prescription légale, si tant est que le sort des salariés licenciés mérite d'être protégé. D'où la nécessité de la réintégration où à défaut, de l'octroi des dommages-intérêts. Ici, l'on suppose que le comportement fautif, cause de la rupture du lien contractuel n'entre pas dans la catégorie des fautes qui privent l'autre partie de quelque avantage. Dans tous les cas, les obligations réciproques de l'employeur et du salarié demeurent intangibles.
Ainsi est résumée toute la problématique du droit du travail dans ce livre. Mais son étude se veut assez exhaustive et s'étend du recrutement du salarié, ou presque, à la cessation de son activité par le licenciement, la retraite, la maladie ou le décès. Il s'agit de clarifier, étape par étape : l'embauche, le contrat de travail, la règlementation du stage et de l'apprentissage, les conventions collectives, les comités d'entreprise, la délégation du personnel, la grève, les différents régimes de sécurité sociale, les assurances diverses, les accidents de travail, la mission des syndicats, les conflits collectifs…
Je me permets donc un premier souhait. Ce livre devrait être lu et médité par les dirigeants d'entreprise, les inspecteurs du travail, les membres des juridictions de jugement, et qui sont compétentes en matière de conflit de travail et de la sécurité sociale, ainsi que les chercheurs, les enseignants des Facultés de droit et de l'ENAM, sans oublier les étudiants et le grand public, qui n'osent pas, devant la complexité des problèmes et la

multiplicité des expériences, inventer de nouvelles visions ambitieuses et enthousiasmantes. Ils voudraient alors généraliser, rapidement, les meilleures pratiques dans l'assainissement du monde du travail sur le terrain et appliquer la règle de droit adéquate.
Je termine par un second souhait. Cette première édition est dense et fouillée, certes, mais il doit y rester quelques points d'ombre et quelques questions qui n'ont pas été abordées suffisamment. J'invite donc le lecteur à y prendre acte et à me les suggérer. Il est le bienvenu. C'est la vocation majeure que j'attache à cette doctrine qui procède de l'activisme juridique.

Emboli, le 26 juillet 2012

# INTRODUCTION

**1.** Comme toutes les matières juridiques, le droit du travail est composé de l'ensemble des règles qui régissent les relations humaines. Dans son cas, il s'agit des relations s'instituant au niveau du travail et dans lesquelles sont impliqués les travailleurs, les employeurs, les groupements ou collectivités représentant les uns ou les autres. Il faut surtout retenir que le droit du travail est fait pour les personnes : les travailleurs salariés dans leurs rapports individuels et collectifs avec leurs employeurs. L'élément central de ce droit est le contrat de travail. Il peut se présenter sous une forme verbale ou écrite, avec ou sans détermination de durée.

D'une part, ce droit tient sa spécificité de deux grands caractères : c'est un droit imparfait, cela de par sa nature, puisqu'il cherche à établir un équilibre entre des intérêts collectifs divergents. D'autre part, c'est un droit en constante évolution, car il doit s'adapter aux progrès économiques, techniques, de plus il subit les contre coups des tensions sociales et politiques.

Par ailleurs, le droit du travail tient une grande importance dans la vie de la cité ; il a des incidences sur la vie quotidienne des travailleurs, et demeure un facteur déterminant de paix sociale ; enfin, son importance économique n'est pas du tout négligeable puisqu'en améliorant les conditions et le niveau de vie des travailleurs, par contrecoup, il aide au développement de la production : en effet un ouvrier gagnant plus, achètera certainement plus.

La sécurité sociale, dans son ensemble, est le prolongement du droit du travail. En effet, le travailleur admis à la retraite a besoin d'une assistance que lui garantissent les cotisations effectuées durant sa carrière professionnelle et devra continuer à mener une existence normale. De même, en cours du contrat, son invalidité et sa maladie dues aux risques et aux accidents professionnels doivent être assurées. Ce sont ces remboursements et cette prise en charge qui constituent le domaine de la sécurité sociale.

L'étude, de nature complexe, offre des ressources, à la fois pour assurer un certain bien être de la personne (sauvegarde de la santé, réponse aux attentes professionnelles et personnelles, etc…), pour gérer les ressources humaines (motivation, restructurations, etc…), et pour organiser le marché du travail (classifications, formation professionnelle, ect...), en favorisant le dialogue social sur ces différents sujets.

Cette étude comprend donc : le cadre dans lequel s'insèrent les relations de travail, puis les formes d'action collective qui jouent un rôle capital dans l'aménagement de ces relations, enfin, les règles qui régissent l'activité des travailleurs et leurs assurances sociales diverses.

# PREMIERE PARTIE. LE DROIT DU TRAVAIL

# TITRE I. GENERALITES SUR LE DROIT DU TRAVAIL

## CHAPITRE 1. LES SOURCES DU DROIT DU TRAVAIL

Les sources du droit du travail congolais sont diverses : un droit d'origine étatique, un droit d'origine privée, une législation internationale du travail.

### *Paragraphe 1. Un droit d'origine étatique*

**2.** Les lois concernant le travail sont si nombreuses qu'une codification se révéla indispensable. Mais le Code du travail, promulgué en 1975 sous le Président Marien Ngouabi n'a pas été terminé et ne comporte pas toutes les lois sociales. De très importantes (comités d'entreprise, délégués du personnel, etc.) n'ont été codifiés qu'à petits traits. A côté des lois stricto sensu, une grande place est réservée aux textes règlementaires du pouvoir gouvernemental et ayant pour objet de préciser les conditions d'application des lois.

**3. Les droits des syndicats.** Le syndicat est une personne morale de droit privé, ce qui lui permet :

***1° d'agir en justice*** pour la défense de son patrimoine et pour la défense des intérêts de la profession. Il peut intervenir dès qu'un préjudice direct ou indirect, matériel ou moral est porté à l'intérêt collectif de la profession et ce devant n'importe quelle juridiction. Alors qu'il ne peut, d'une façon générale, plaider pour ses membres dans les actions qui n'intéressent que ceux-ci, il peut lorsqu'il a été partie à une convention collective, « exercer toutes actions qui naissent de cette convention en faveur de chacun de ses membres, pourvu que celui-ci ait été averti et n'ait pas déclaré s'y opposer » ;

**2° d'acquérir à titre gratuit ou à titre onéreux,** sans autorisation, tous les biens meubles et immeubles, et sans aucune limitation, sauf celles qui sont incompatibles avec son objet (l'acquisition de fonds de commerce). Le syndicat a donc un patrimoine régulièrement alimenté par des cotisations dont il fixe le montant et règle librement l'emploi ;

**3°** de contracter, c'est-à-dire passer des conventions collectives, emprunter, hypothéquer, engager, transiger, compromettre, créer et subventionner des institutions sociales ou économiques à caractère professionnel (caisse de prévoyance, H.L.M. coopératives, etc.), et établir un label, ou marque syndicale ;

**4°** de s'unir a d'autre syndicats (mais pas à des associations) pour former des unions syndicales.

***Paragraphe 2. Un droit d'origine privée (sources conventionnelles et coutumières)***

**4.** Le droit du travail se développe, surtout depuis 1975, par la signature d'accords entre employeurs et salariés. Les conventions collectives, qui fixent les conditions de travail et de rémunération dans les diverses branches de l'économie, constituent une source fondamentale de ce droit. Quant aux usages, la multiplication des lois, des règlements et des conventions en a restreint l'importance.

***Paragraphe 3. Une législation internationale du travail***

**5.** Les traités internationaux qui, régulièrement ratifiés, revêtent une autorité supérieure à celle de la loi, sont nombreux dans le domaine du droit du travail. Le traité de Rome, sur la Communauté économique européenne, notamment, affecte déjà profondément l'évolution du droit du travail.

# CHAPITRE 2. LE DROIT INDIVIDUEL DU TRAVAIL

## Section 1. Le contrat de travail

**6.** La doctrine classique traditionnelle considérait que le droit du travail reposait sur le contrat de travail, qui déterminait exclusivement les relations entre employeurs et salariés. Mais, dès la première moitié du XX$^{e}$ siècle, on a vu apparaître d'autres théories tendant à détacher le droit du travail du contrat de travail. L'ouvrier ne fournit pas seulement une prestation matérielle, il s'engage lui-même. Les rapports qui se créent entre l'employeur et les salariés relèvent plus de l'institution que d'un contrat synallagmatique. L'établissement est la cellule fondamentale sur laquelle est fondée l'organisation sociale du travail. Les conditions individuelles découlent de l'existence d'un statut établi pour le bien de la société professionnelle toute entière. Ces théories ont le mérite d'avoir insisté fortement sur le déclin du contrat de travail : le contenu du contrat de travail s'amenuise progressivement, et la détermination des conditions de travail ne relève presque plus de l'autonomie des parties. L'échange des consentements n'est, le plus souvent, que la simple acceptation d'un statut. Il faut cependant noter que Paul Durand a fait remarquer qu'il était dangereux d'abandonner complètement la notion de contrat de travail. Il est certain que l'importance du contrat de travail a diminué. Toutefois, on peut observer que le déclin de ce contrat n'est pas le même dans toutes les activités professionnelles ; il est surtout marqué dans les grandes entreprises et pour le personnel ouvrier. En fait, il faut combiner le contrat de travail et l'institution. L'établissement est pourvu d'un statut impératif et il ne peut fonctionner que selon certaines règles, les unes émanant de l'Etat, les autres imposées par un besoin d'organisation interne. Le rôle du contrat de travail est de faire entrer le salarié dans la société professionnelle, de déterminer l'application individuelle d'une situation institutionnelle, de compléter les règles résultant du droit de l'institution.

La dénomination du contrat de travail, aujourd'hui communément employée, est relativement récente dans les textes légaux. Elle fut, pour la première fois, insérée dans la loi du 18 juillet 1901. Pour les rédacteurs du Code civil français, le contrat de louage de services ne se distinguait pas des autres contrats et était soumis aux mêmes règles. La soumission du contrat de louage de services aux règles régissant toutes les conventions figure encore dans le Code du travail, qui réaffirme, que le « contrat de travail est soumis aux règles de droit commun »... De nombreuses dérogations ont été apportées à ce principe. Les dispositions édictées pour protéger les travailleurs écartent précisément, dans la plupart des cas, l'application des règles qui président à la formation et à l'exécution des contrats. L'évolution des esprits a imposé l'idée que le travail de l'homme ne peut plus être assimilé à un bien négociable (« le travail ne doit pas être considéré comme une marchandise ou comme un article de commerce.[1] » Ainsi s'est formé un droit ayant ses caractères propres et dont on a pu dire qu'il était unilatéral, en ce sens qu'il visait exclusivement à protéger une seule des deux parties, le travailleur. Mais il ne faut pas moins se souvenir que partout où le législateur n'a pas expressément exclu l'application des dispositions gouvernant les contrats, celles-ci interviennent.

## Section 2. Les caractéristiques du contrat de travail

**7.** L'article 1710 du Code civil donne du contrat d'entreprise, qu'il appelle le « louage d'ouvrage », ainsi opposé au louage de services, la définition suivante : Le louage d'ouvrage est un contrat par lequel l'une des parties s'engage à faire quelque chose pour l'autre moyennant un prix convenu entre elles. » C'est la jurisprudence qui a lentement établi les critères qui permettent de caractériser l'existence du contrat de travail. Ce dernier a été défini par le professeur Amiaud de la façon suivante : « c'est un contrat aux termes duquel une personne s'engage à mettre son activité à la disposition d'une autre personne moyennant une rémunération appelée « salaire », en acceptant d'être subordonnée, dans l'exécution du travail qu'elle va accomplir, à celle qui va l'employer. » Il en résulte que le contrat de travail comporte les trois caractéristiques suivantes :

- il a pour objet le travail de l'homme ;
- il donne lieu à une rémunération appelée « salaire » ;
- il existe un lien de subordination du salarié à l'employeur dans l'exécution du contrat de travail.

C'est l'existence ou la non-existence de ce lien qui seule permet souvent de distinguer le contrat de travail des contrats voisins. Le salarié exécute sa prestation sous le contrôle et la surveillance de celui qui l'emploie. En fait, ce lien de subordination peut être assez lâche, mais il suffit, pour qu'il y ait contrat de travail, que le patron ait le droit de donner des ordres, puisse exercer un contrôle et une surveillance, alors même qu'il n'utiliserait pas cette faculté.
C'est l'existence du lien de subordination qui permet notamment de distinguer le contrat de travail du contrat d'entreprise. Par le contrat d'entreprise, on s'engage à exécuter un travail déterminé ; par le contrat

[1] Art. 427 du traité de Versailles

de travail, on s'oblige à fournir sa capacité de travail. Alors que, dans ce dernier, on est soumis à une discipline de travail, dans le contrat d'entreprise on reste maître des moyens à employer.[2] C'est le même critérium de subordination juridique qui permet de distinguer le contrat de travail du mandat. Le mandataire s'oblige à effectuer certains actes juridiques pour le compte du mandant et ce, dans le mandat salarié, contre versement d'une rémunération.[3] La difficulté est que le mandataire s'oblige également souvent à fournir son travail et que parfois le salarié est amené à accomplir certains actes juridiques pour le compte de son employeur. Dans chaque cas, il conviendra de rechercher quel est l'objet essentiel du contrat, la représentation juridique ou la prestation de travail.

## Section 3. Les obligations réciproques du salarié et de l'employeur

**8.** Le salarié doit fournir à son employeur les services qu'il s'est personnellement engagé à lui rendre et pour cela, se conformer aux ordres reçus. La détérioration causée par sa négligence ou son imprudence engage sa responsabilité. Il ne peut travailler pour un autre employeur sans le consentement du premier, ni recevoir de tierce personne des gratifications (sauf dans les professions encore partiellement rémunérées au pourboire). En outre, il doit garder, même après la fin du contrat, les secrets de fabrication. L'employeur doit occuper le salarié à la tâche et au salaire convenus. En plus de ses obligations contractuelles, il est soumis à toutes les obligations légales et conventionnelles ;

### *Paragraphe 1. La cessation du contrat de travail*

**9.** Le problème de la durée du contrat de travail a été règlementé de façon précise par le Code du travail. On est amené à distinguer, au point de vue de la durée, deux sortes de contrats de travail.

- le contrat à durée déterminée ou pour une entreprise déterminée ;
- le contrat à durée indéterminée.

Le contrat de travail à durée déterminée est celui dont le terme est fixé à l'avance. Au contraire, dans le contrat de travail à durée indéterminée, les parties n'ayant pas fixé le terme, la volonté de l'une des parties contractantes peut le rompre à tout moment. Le mode habituel de rupture du contrat de travail conclu pour une durée indéterminée est donc *la résiliation unilatérale.* Cette résiliation peut intervenir à tout moment

---

[2] Cf.H.D. Amboulou, la cause et l'objet des obligations, Les éditions Hémar
[3] Cf.H.D. Amboulou, la cause et l'objet des obligations civiles, Les éditions Hémar

sous réserve de certaines limitations, dont la législation contemporaine et la jurisprudence ont entouré l'exercice de ce droit. Le contrat de travail peut également prendre fin par suite de la survenance d'un cas de force majeure. Enfin, il prendra fin exceptionnellement par suite d'une résiliation judiciaire prononcée par le juge.

### *Paragraphe 2. La résiliation unilatérale du contrat de travail à durée indéterminée*

**10.** La réalisation du contrat de travail à durée indéterminée est dominée par le principe inscrit dans l'article 1780 du Code civil et reproduit dans le Code du travail : « Le louage de services fait sans détermination de durée peut toujours prendre fin par la volonté de l'une des parties contractantes.[4] » A l'origine, ce principe avait été édicté comme un moyen de sauvegarder la liberté individuelle. L'évolution récente de la législation a soumis ce principe de la résiliation unilatérale du contrat de travail à certaines limitations, dont les unes pèsent également sur les deux parties alors que d'autres ont seulement pour objet de limiter la liberté d'action des chefs d'entreprise. Dans la première catégorie, on range les limitations tenant au contrôle de l'emploi, au préavis ou délai-congé, à la rupture abusive. Dans l'autre catégorie, qui tend à protéger le salarié, il faut citer l'indemnité de licenciement et les garanties accordées aux délégués du personnel, aux femmes enceintes, aux salariés malades ou accidentés.

## Section 4. Les limitations pesant sur les deux parties

### *Paragraphe 1. Le contrôle de l'emploi*

**11.** Tout employeur qui se propose de licencier un salarié et tout salarié qui désire rompre son contrat de travail doivent en adresser la demande au service départemental de la main-d'œuvre ; mais, en pratique, cette disposition légale n'est guère appliquée.

---

[4] A l'origine, ce principe avait été édicté comme un moyen de sauvegarder la liberté individuelle. L'évolution récente de la législation a soumis ce principe de la résiliation unilatérale du contrat de travail : « Le louage de services fait sans détermination de durée peut toujours prendre fin par le volonté de l'une des parties contractantes. »

### *Paragraphe 2. Le préavis*

**12.** Si le louage de service fait sans détermination de durée peut toujours prendre fin par la volonté de l'une des parties contractantes, encore faut-il que l'auteur de la rupture respecte un certain délai de prévenance, la résiliation du contrat n'intervenant qu'à l'expiration de ce délai. A défaut, pour l'une des parties, de respecter ce délai, une indemnité compensatrice du délai-congé est égale au salaire qui aurait été versé si le salarié avait effectué son préavis. La durée du préavis est variable suivant les professions ou les catégories de personnel ; mais, depuis la loi du 15 mars 1975, le salarié ayant 6 mois de présence dans l'entreprise a droit à un délai-congé de 1 mois au minimum en cas de licenciement. Par ailleurs, le Code du travail ouvre au salarié comptant deux ans d'ancienneté ininterrompue, sauf en cas de faute grave, le droit, au choix de l'employeur, soit à un délai-congé de deux mois, soit à une indemnité s'ajoutant à l'indemnité de licenciement légale, conventionnelle ou contractuelle (dans ce dernier cas, l'indemnité spéciale ne fait pas perdre le droit au délai-congé normal d'un mois).

Le délai-congé est supprimé dans les cas de force majeure, de faute grave et en ce qui concerne le départ volontaire d'une femme salariée, l'état de grossesse apparente (lorsque le licenciement est effectué avant que l'état de grossesse soit apparent, il est considéré comme nul si, ultérieurement, la femme présente un certificat médical attestant la grossesse).

Depuis 1996, la femme enceinte qui a interrompu volontairement son travail et qui ne l'a pas repris 8 semaines après l'accouchement (12 semaines si un état pathologique le justifie) a le droit de demander sa réintégration dès qu'un emploi est libre au cours de l'année suivante.

### *Paragraphe 3. La rupture abusive*

**13.** Une autre limitation à l'exercice par les parties du droit de résiliation unilatérale réside dans le risque qu'elles courent de voir sanctionner par une condamnation à des dommages intérêts l'usage abusif qu'elles pourraient faire de ce droit. Ce principe est formulé par l'article 42 du Code du travail. La résiliation du contrat par la volonté d'un seul contractant peut donner lieu à des dommages-intérêts. Le Code ajoute que le tribunal, pour apprécier s'il y a abus, pourra faire une enquête sur les circonstances de la rupture. Il convient de rappeler que l'employeur comme le salarié ne font qu'user de leur droit en mettant fin à tout moment et de leur propre volonté au contrat de travail à durée indéterminée. Cependant, l'exercice de ce droit peut couvrir en fait la violation d'une règle de droit de nature légale ou conventionnelle : violation des principes fondamentaux de notre droit tel que la liberté politique, la liberté syndicale, le non-respect d'une situation légalement règlementaire (l'employeur romprait abusivement le contrat de travail pour le seul motif que le salarié refuserait de travailler le jour de repos hebdomadaire), etc. L'abus de droit peut résulter également, suivant la formule utilisée fréquemment par la Cour Suprême, « d'une intention malveillante, d'une intention de nuire ou d'une légèreté blâmable ». La partie employeur ou salarié qui rompt abusivement le contrat de travail risque de se voir condamnée à des dommages-intérêts, mais, en aucun cas, le juge ne peut obliger la partie défaillante à exécuter le contrat.

## Section 5. Les limitations restreignant la liberté de l'employeur

### *Paragraphe 1. L'indemnité de licenciement*

**14.** On a vu apparaître à une époque récente une nouvelle forme d'indemnisation en cas de résiliation du contrat à durée indéterminée par le fait de l'employeur : l'indemnité de licenciement calculée en fonction de l'ancienneté. Cette forme d'indemnisation était déjà fréquente dans les conventions appliquées au personnel mensuel conclues avant le Code du travail. Les conventions récentes appliquent les indemnités à tout le personnel. Le droit à l'indemnité ne pouvait, avant les modifications apportées au Code du travail en 1996, découler que d'une disposition conventionnelle, d'une stipulation du contrat individuel ou des usages. Cependant, la loi de 1996 rend obligatoire le versement d'une indemnité de licenciement au travailleur salarié comptant deux années d'ancienneté ininterrompue au service du même employeur, sauf en cas de faute grave (les circonstances qui entraînent légalement la suspension du contrat de travail ne sont pas regardées comme interrompant l'ancienneté du salarié, toutefois, la période de suspension n'entre pas en compte dans le calcul de la durée d'ancienneté).

### *Paragraphe 2. Le licenciement des femmes en état de grossesse*

**15.** En cas de maternité, il existe deux dispositions dérogeant au principe de la liberté de rupture du contrat de travail : Tout employeur qui aura rompu le contrat à l'occasion de la grossesse ou de l'accouchement d'une ouvrière ou d'une employée est passible de peines correctionnelles ; La suspension du travail par la femme pendant une période commençant 6 semaines (8 semaines si un état pathologique le justifie) avant la date présumée de l'accouchement et se terminant 8 semaines (12 semaines si un état pathologique le justifie) après celui-ci ne peut être une cause de rupture par l'employeur.

### *Paragraphe 3. Le licenciement collectif*[5]

---

[5] **Reclassement, difficultés économiques**

**Obligations d'adaptation et de reclassement**

Ces obligations sont d'origine jurisprudentielle (Soc. 25 février 1992, Expovit) « *l'employeur tenu d'exécuter de bonne foi le contrat de travail à le devoir d'assurer l'adaptation des salariés à l'évolution de leur emploi* »). Elles bénéficient à tout salarié et pèsent sur l'employeur quels que soient l'effectif de l'entreprise, le nombre de salariés concernés par le projet de licenciement et l'existence ou non d'un plan de sauvegarde de l'emploi. Le droit au reclassement découle directement du « droit de chacun d'obtenir un emploi » (DC 13 janvier 2005). « Un licenciement pour motif économique d'un salarié », quel qu'il soit 'individuel, moins de 10 salariés, au moins 10 salariés), « ne peut intervenir que lorsque tous les efforts de formation et d'adaptation ont été réalisés et que le reclassement de l'intéressé ne peut être opéré dans l'entreprise » ou, le cas échéant, « dans les entreprises du groupe auquel l'entreprise appartient ». « Le reclassement du salarié s'effectue :

- sur un emploi de la même catégorie que celui qu'il occupe ou sur un emploi équivalent « assorti d'une rémunération équivalente » ;
- à défaut, et sous réserve de l'accord exprès du salarié » (ce qui implique une notification par écrit suivie d'une acceptation explicite du salarié), « sur un emploi d'une catégorie inférieure ».

« Les offres de reclassement proposées au salarié sont écrites et précises » (L. 1233-4 ; Soc. 6 mars 2007). L'employeur « ne peut limiter ses recherches de reclassement et ses efforts en fonction de la volonté de ses salariés, exprimés à sa demande et par avance, en dehors de toute proposition concrète » (Soc. 4 mars 2009, PBR, Sté Pinault Bois et Matériaux). L'employeur ne peut pas non plus limiter ses offres en fonction de la volonté présumée du salarié de les refuser, à la suite d'une proposition de modification du contrat de travail, causée par des difficultés économiques, refusée par le salarié. (Soc. 2 nov. 2009, Sté Distrimusic international). Les possibilités de reclassement ne doivent pas être recherchées uniquement parmi les postes identiques : la recherche de reclassement doit porter sur des emplois disponibles de même catégorie ou, à défaut, de catégorie inférieure (le reclassement étant par ailleurs effectué de façon loyale par l'employeur), fut-ce par voie de modification des contrats de travail, en assurant au besoin une période probatoire ou l'adaptation des salariés à une évolution de leur emploi, le cas échéant par une formation complémentaire (Soc. 6 juillet 1999). L'obligation de reclassement se conjugue avec l'obligation d'adaptation : l'employeur doit proposer à une salariée un emploi disponible moyennant une formation permettant son adaptation, (Soc. 28 mai 2008). Il existe une limite cependant, relative à la nature de la formation qui peut être exigée : il ne peut être, en effet, imposé à l'employeur d'assurer aux salariés la formation initiale qui leur fait défaut, (Soc. 3 avril 2001). Les efforts de reclassement devront être appréciés en fonction des moyens dont dispose l'entreprise ou, le cas échéant, l'unité économique et sociale ou le groupe *« parmi les entreprises dont les activités, l'organisation et le lieu d'exploitation leur permettent d'effectuer une permutation du personnel (...) même si certaines de ces entreprises sont situées à l'étranger, sauf pour l'employeur à démontrer que la législation applicable localement aux salariés étrangers ne permet pas le reclassement » (*Soc. 13 janvier 2010, PBR, Sté San Carlo Gruppo) ; *« Les possibilités de reclassement s'apprécient au plus tard à la date du licenciement » (*Soc.1er juin 2010) ; il ne peut être reproché à l'employeur de ne pas avoir recherché des possibilités de reclassement dans un groupe dont il ne fait pas encore partie à la date du licenciement).

Le manquement de l'employeur à l'obligation de reclassement, préalablement à la notification du licenciement, aura pour effet de priver le licenciement de cause réelle se sérieuse. Dès l'instant qu'existent des possibilités de reclassement et que l'employeur ne les a pas mises en œuvre, les licenciements sont dépourvus de cause économique (Soc. 12 décembre 1995). Le salarié menacé de licenciement pour motif économique est en droit de refuser les mesures de reclassement qui lui sont proposées par l'employeur (Soc. 29 janvier 2003). « Lorsque l'entreprise ou le groupe auquel elle appartient est implanté hors du territoire national, l'employeur demande au salarié, préalablement au licenciement, s'il accepte de recevoir des offres de reclassement hors de ce territoire, dans chacune des implantations en cause, et sous quelles restrictions éventuelles quant aux caractéristiques des emplois offerts, notamment en matière de rémunération et de localisation. Le salarié manifeste son accord, assorti le cas échéant des restrictions sus mentionnées, pour recevoir de telles offres dans un délai de six jours ouvrables à compter de la réception de la proposition de l'employeur. L'absence de réponse vaut refus. Les offres de reclassement hors du territoire national, qui sont écrites et précises, ne sont adressées qu'au salarié ayant accepté d'en recevoir et compte tenu des restrictions qu'il a pu exprimer. Le salarié reste libre de refuser ces offres. Le salarié auquel aucune offre n'est adressée est informé de l'absence d'offres correspondant à celles qu'il a accepté de recevoir » (L. 1233-4-1, loi du 18 mai 2010). Par ailleurs, de manière préventive, l'employeur a l'obligation de veiller à « l'employabilité » de chacun de ses salariés : « Le terme employabilité se rapporte aux compétences et aux qualifications transférables qui se rapporte aux compétences et aux qualifications transférables qui renforcent la capacité d'un individu à tirer parti des possibilités d'éducation et de formation qui se présentent pour trouver un travail décent et le garder, progresser dans l'entreprise ou en changeant d'emploi, ainsi que

**16.** Dans ce cas, la liberté de l'employeur se trouve limitée par un certain nombre de dispositions législatives : consultation du comité d'entreprise, restriction à la possibilité de débaucher après une période de récupération

---

s'adapter aux évolutions de la technologie et des conditions du marché du travail » (Recommandation n°195 de l'OIT de 2004). Le droit impose à l'employeur une obligation de veiller au maintien de la capacité des salariés d'occuper non pas « leurs emplois, des technologies et des organisations (L. 6321-1, L. 930-1). L'employeur est débiteur de cette obligation à l'égard de chaque salarié, indépendamment de tout licenciement économique. Et le non-respect de cette obligation ouvre droit notamment à des dommages-intérêts. Il a ainsi été jugé que : *« La Cour d'appel a constaté que les salariés, présents dans l'entreprise depuis respectivement 24 et 12 ans, n'avaient bénéficié que d'un stage de formation continue de trois jours en 1999 ; qu'elle a pu en déduire qu'au regard de l'obligation pour l'employeur d'assurer l'adaptation des salariés à leur poste de travail et de veiller au maintien de leur capacité à occuper un emploi, ces constatations établissaient un manquement de l'employeur dans l'exécution du contrat de travail entraînant un préjudice distinct de celui résultant de sa rupture »* (Soc. 23 oct. 2007).

« Le fait que les salariés n'avaient bénéficié d'aucune formation professionnelle pendant toute la durée de leur emploi dans l'entreprise établit un manquement de l'employeur à son obligation de veiller au maintien de leur capacité à occuper un emploi, entraînant pour les intéressés un préjudice qu'il appartient au juge d'évaluer » (Soc. 2 mars 2010, M. Soumaré et a. c/ Sté La Tour Lafayette). Les salariés, employés en qualité de garçons de cuisine, d'origine malienne, avaient saisi la juridiction prud'homale de demandes notamment de dommages-intérêts pour absence de formation professionnelle continue et d'évolution de carrière ; pendant la durée de leur emploi (20 à 25 ans), au sein de la société, aucune formation ne leur avait été proposée, notamment pour combattre leur illettrisme, et ils n'avaient donc pu évoluer au sein de l'entreprise.

**Critères de l'ordre des licenciements.** Les conventions collectives contiennent fréquemment des dispositions prévoyant qu'en cas de licenciement collectif, il sera tenu compte, pour fixer l'ordre des licenciements, des charges de famille, de l'ancienneté de service dans l'établissement et des qualités professionnelles. Lorsque l'employeur procède à un licenciement collectif pour motif économique et en l'absence de convention ou accord collectif de travail applicable, il définit les critères retenus pour fixer l'ordre des licenciements, après consultation du CE ou, à défaut, des DP. Ces critères prennent notamment en compte (L. 1233-5, L. 321-1) :

- les charges de famille, en particulier celles des parents isolés ;
- l'ancienneté de service dans l'établissement ou l'entreprise.

ou d'heures supplémentaires, respect de l'ordre de licenciement prévu par le règlement intérieur.

**Les représentants du personnel.** Ils jouissent d'une protection spéciale.

**La force majeure.** Si la rupture est due à la force majeure, les parties sont dégagées des obligations qui leur incombaient normalement : selon la jurisprudence, il doit s'agir d'un évènement à la fois insurmontable et imprévisible.

### *Paragraphe 4. La résiliation judiciaire*

**17.** Le louage de services fait sans détermination de durée pouvant toujours prendre fin par la volonté des parties contractantes, la résiliation judiciaire apparaît, à première vue, sans objet. On ne voit pas pourquoi l'une des parties irait demander au tribunal de prononcer la résiliation du contrat, alors qu'elle peut y mettre fin de sa propre volonté. Si la résiliation judiciaire trouve encore à s'appliquer dans le domaine du contrat à durée indéterminée, c'est précisément parce qu'il y a des catégories de personnel en présence desquelles l'exercice, par l'employeur, de son droit de rupture se trouve limité. S'agissant, en effet, des représentants du personnel et des délégués syndicaux, l'employeur ne peut les licencier sans avoir obtenu au préalable l'accord de l'inspecteur du travail.
Il en résulte que le licenciement d'un représentant du personnel ou d'un délégué syndical prononcé sans tenir compte de cette procédure ou malgré un refus d'autorisation est entaché de nullité. C'est en cela que l'institution d'une pareille procédure constitue une limitation unilatérale du droit de résiliation. Une jurisprudence constante de la Cour Suprême reconnaît toutefois à l'employeur le droit de saisir le juge pour lui demander de prononcer la résiliation judiciaire du contrat de travail en cas de faute grave du salarié.

### *Paragraphe 5. Le certificat de travail*

**17 bis.** Le Code du travail dispose que l'employeur doit, à l'expiration du contrat de travail, délivrer au travailleur un certificat contenant exclusivement la date de son entrée et celle de sa sortie, ainsi que la nature de l'emploi occupé. La non-délivrance du certificat peut ouvrir droit à des dommages-intérêts.

## Section 6. Le salaire

**18.** Le salaire est la rémunération que l'employeur s'engage à verser au salarié en contrepartie du travail fourni. Longtemps, le législateur s'est borné à garantir le paiement du salaire et à édicter des mesures de protection en sa faveur. Des circonstances particulières l'ont amené à intervenir plus largement dans la période de guerre et de l'immédiate après-guerre, pendant laquelle le pouvoir règlementaire a pu fixer les salaires. La liberté des salaires a été réintroduite par la loi du 11 février 1950. Si les cotisations ouvrières de Sécurité sociale font partie du salaire, les cotisations patronales, les prestations de Sécurité sociale, les prestations familiales n'en font pas partie.

## Section 7. Le contrat d'apprentissage

**19.** Le contrat d'apprentissage doit être constaté par un écrit authentique ou sous seing privé. Lorsque l'apprenti est mineur non émancipé, le consentement de la personne qui exerce la puissance paternelle est requis. Des conditions particulières de moralité sont exigées du maître d'apprentissage. L'enseignement du métier ou de la profession constitue la principale obligation du maître, qui ne doit pas, en principe, employer l'apprenti à des travaux étrangers à la profession, L'apprenti bénéficie de la législation du travail et de la Sécurité sociale. Le maître doit payer le salaire convenu et délivrer à la fin de l'apprentissage un certificat, appelé *congé d'acquit*, par lequel il constate que l'apprenti a terminé sa formation. Il doit le présenter à l'examen professionnel organisé par la commission locale professionnelle ou par le comité départemental de l'enseignement technique (C.A.P. ou *certificat d'aptitude professionnelle*). A cette fin, l'apprenti doit suivre des cours professionnels soit dans l'établissement, soit en dehors.

En principe, aucun enfant ne devrait entrer en apprentissage avant la fin de l'obligation scolaire, fixée à 16 ans depuis le Code du travail. Néanmoins, durant une période transitoire qui devrait expirer à la fin de l'année 1975, des contrats d'apprentissage ont pu être conclus pour des adolescents de 14 à 16 ans ayant obtenu une dérogation individuelle à l'obligation scolaire. Une formation théorique et pratique particulière était prévue pour eux pendant les deux années précédant les deux années précédant leur seizième anniversaire. L'expérience des chantiers vacances au profit des écoliers et élèves atténuait davantage ces dispositions, et l'on voyait beaucoup d'enfants congolais être employés pour préparer les fournitures scolaires à la rentrée des classes.

## Section 8. Les modalités diverses du salaire[6]

---

[6] **Le salaire**

**La rémunération du travail.** La rémunération du travail salarié ou salaire peut être envisagée sous plusieurs aspects :

**Du point de vue juridique.** Le salaire est dû en échange de la prestation de travail dans le contrat de travail.

**Du point de vue social.** Le salaire à un caractère alimentaire. Pour la majorité des salariés, il constitue le revenu essentiel sinon unique et de fait, la perception d'un salaire suffisant est pour le travailleur un besoin vital. Mais, c'est aussi, un droit qui trouve sa source dans fourniture par le travailleur de ses forces vitales. En mettant toute sa force productive au service d'autrui un homme engage sa personne même et il doit recevoir en échange de quoi mener une vie digne d'une personne humaine.

**Du point de vue économique.** Le législateur contemporain s'est beaucoup préoccupé de l'influence des salaires sur les prix et par là, sur les tendances à l'expansion ou à la récession économique. On observera que ces différents aspects du salaire s'apparentent aux grands courants qui ont successivement traversé le droit du travail. Dans la période libérale et individualiste du XIX$^{ème}$ siècle, c'est le premier aspect du salaire qui était seul retenu. A l'époque contemporaine au contraire, la règlementation des salaires a été à la foi, mais avec des différences d'accents selon les moments, à finalité sociale et à finalité économique. Les pouvoirs publics ont voulu protéger les travailleurs mais aussi orienter l'économie nationale.

**La notion de salaire.** Le salaire apparaît à la fois comme étant la contrepartie du travail fourni, une créance alimentaire assurant au travailleur un revenu stable et adapté à ses besoins et une part dans les résultats de l'entreprise.

**Le salaire en tant que contrepartie du travail.** L'accomplissement d'un travail apparaît donc comme la condition du droit au salaire. Les différentes manières de mesurer le travail déterminent les modalités de calcul du salaire. Les prestations qui trouvent leur cause juridique, non pas dans le travail, mais dans une idée de réparation ou de libéralité se différencient du salaire, c'est en principe le cas des indemnités et gratifications.

**Le travail, condition au droit au salaire.** L'employeur n'est tenu, en principe, de payer un salaire au travailleur, que si celui-ci a accompli la prestation de travail qu'il avait promise. Si le travailleur refuse volontairement son travail, il est privé de tout droit à une rémunération pour le temps où il n'a pas fourni ses services. La règle s'applique même lorsque le refus de travailler se justifie par l'exercice du droit de grève. Elle s'applique en principe, aux autres cas de suspension de travail. Toutefois, c'est moins le travail effectif accompli qui justifie le droit au salaire, que le fait, pour le travailleur de s'être mis à la disposition de l'employeur. Si ce dernier n'a pas utilisé les services du travailleur : Soit, par négligence ou mauvaise volonté, soit, par suite d'incidents technique ou des difficultés économiques, il demeure du salaire. On peut rattacher à cette idée le mécanisme de l'indemnité de délai-congé qui peut s'analyser en un salaire dû pour une période où l'employeur a dispensé le salarié d'accomplir son travail ou l'obligation au paiement du salaire des salariés qui ne se sont pas joints à un mouvement de grève même si cette grève les a empêchés de travailler effectivement.

**Mesure du travail et modalités du salaire.** Il y a deux manières possibles de mesurer le travail :

- on peut tenir compte soit du temps du travail, soit de l'ampleur de la tâche exécutée. On rencontre donc deux modalités de calcul de salaire : le salaire au temps et le salaire à la tâche ou au rendement. Ces modalités peuvent cependant se combiner et se compléter par la création de primes tenant compte des qualités particulières du travailleur ou des circonstances spéciales de son travail.
- *le salaire au temps :* il se rencontre principalement sous deux formes : la plus fréquente, pour les ouvriers est celle de la rémunération horaire, et pour les employés, celle de la rémunération mensuelle.

Cependant, certains employés ne reçoivent pas de traitement mensuel (les représentants de commerce payés à la commission) et certains ouvriers bénéficient au contraire d'un salaire mensuel. Le salaire mensuel est un salaire forfaitaire qui ne tient pas compte du nombre d'heures ou de jours de travail effectif, au cours du mois considéré. Par-là, il est généralement plus avantageux pour le travailleur puisqu'il lui garantit la stabilité de sa rémunération. En cas d'absence ou de grève du travailleur, le salaire mensuel doit subir une retenue proportionnelle à la durée de l'interruption de travail. Il demeure donc nécessaire de déterminer la rémunération correspondant à une heure de travail.

**Le salaire au rendement.** Il peut prendre des formes variées selon la nature du travail. Lorsque le travailleur est chargé d'usiner des pièces auxquelles il fait subir une transformation déterminée on peut le payer aux pièces. Lorsqu'il est chargé de la vente de marchandises, on peut le payer à la commission, d'après son chiffre d'affaires que son activité permet de réaliser. En pratique, le salaire au rendement se combine toujours avec un salaire au temps. La loi impose en effet, le versement à tous les travailleurs un salaire minimum calculé d'après le temps de travail. Il n'est donc légalement possible de rémunérer le travailleur en fonction des résultats qu'il obtient, que si cela permet d'ajouter une prime ou un boni à un salaire de base fixé d'après le temps de travail. Le salaire au rendement a longtemps été encouragé par la loi, qui annulait les clauses des conventions collectives interdisant d'y recourir. Cette disposition a été abrogée par la loi du 27 décembre 1973, relative à l'amélioration des conditions de travail. D'autres primes viennent souvent compéter le salaire pour tenir compte : soit des qualités propres au travailleur, soit des suggestions particulières de sa tâche. Par exemple, on rencontre fréquemment des primes d'ancienneté et des primes d'assiduité.

**Distinction du salaire et des indemnités ou libéralités.** Le travailleur peut recevoir, à l'occasion du travail, diverses prestations qui n'ont pas pour cause juridique le travail fourni. Tantôt il s'agit d'indemnités qui ont pour objet de réparer un préjudice subi par le travailleur, ou de compenser des frais avancés par lui. Tantôt il s'agit de gratification accordée bénévolement par l'employeur ou un tiers. Certaines indemnités peuvent jouer un rôle de remplacement de salaire (indemnités de congés payés ou délai-congé, jours fériés). Les gratifications, elles, échappent au régime des salaires dans la mesure où leur caractère bénévole les rapproche d'une libéralité (sommes versées à l'occasion d'un anniversaire, d'un succès remporté par l'entreprise, d'un évènement de famille, les plus fréquentes sont les primes de fin d'année).

**Le salaire en tant que créance alimentaire.** Le droit contemporain se montre particulièrement sensible au souci de garantir à tout travailleur des ressources correspondant à ses besoins alimentaires.

**L'adaptation du salaire aux besoins du travailleur.** L'idée du minimum vital qui doit être garanti à tout travailleur, quelles que soient les possibilités économiques de l'entreprise, inspire l'institution du salaire minimum. Pour fixer originairement le montant de celui-ci, on est parti d'une évaluation des besoins en fonction d'un budget type.

- l'idée de l'indexation, la loi elle-même a organisé l'indexation du SMIC qui, sans avoir d'effet automatique sur l'échelle des salaires a tendance néanmoins à se répercuter au moins sur les salaires les plus bas.
- La situation de famille : pour adapter le revenu qu'il tire de son travail à cette situation, notre droit use de plusieurs techniques. D'une part, il a prévu plusieurs prestations familiales versées par les organismes de sécurité sociale (elles n'ont pas le caractère juridique d'un salaire).
- les prestations en nature : aucun texte n'interdit de stipuler une rémunération en nature et cela correspond aux usages et aux nécessités pratiques pour certaines professions : employés de maison, personnel des hôtels, travailleurs agricoles).

Les avantages en nature ont le caractère de salaire au moins quand il ne s'agit pas de fourniture de produits ou services nécessaires à l'exécution du travail (vêtements de travail).

**La garantie du revenu salarial en cas d'interruption du travail.** La diversité des institutions tendant à garantir le revenu salarial, et les techniques utilisées empêchent cependant d'attribuer le caractère juridique de salaire à toutes les prestations perçues par le salarié pour des périodes d'inactivité.

**Rémunération des périodes de repos.** Accident du travail ou maladie donnent lieu à indemnisation. Le travailleur reçoit d'abord des prestations de sécurité sociale qui

**19 bis.** La loi laisse aux parties la plus entière liberté pour convenir de la forme du salaire : celui-ci peut être déterminé en prenant pour base de calcul le temps de travail (travail au temps et à l'heure) ; il peut revêtir une des formes diverses de travail au rendement. Le salaire peut comprendre une partie plus ou moins grande d'avantages en nature. Une fois fixées, les modalités de rémunération ne peuvent être modifiées unilatéralement par l'employeur.

---

n'ont pas la nature juridique de salaires. Mais beaucoup de conventions collectives prévoient en outre le versement par l'employeur d'indemnités de maladie complétant les prestations de sécurité sociale.

- chômage ou réduction d'activité : ces période ouvrent droit à des allocations de chômage ;
- stages de formation professionnelle : durant ces périodes le travailleur peut recevoir soit son salaire, soit des indemnités substituant.

**L'évolution du salaire vers la participation des travailleurs aux résultats de l'entreprise.** C'est l'idée du lien entre la prospérité de l'entreprise et l'amélioration des moyens d'existence du personnel. Cette idée peut se concrétiser de différente façons. Il est rare que toute la rémunération consiste dans une participation aux résultats ce qui correspondrait plutôt à un contrat de société qu'à un contrat de travail. Généralement, à un salaire de base forfaitaire s'ajoute un élément variable en fonction des résultats. Le système le plus répandu était l'attribution de primes de productivité basées généralement mais avec des variantes, sur le rapport entre volume de la production et le nombre d'heures de travail accomplies. L'autre forme, la participation aux bénéficiaires était pratiquée par certaines entreprises en 1967, soit au profit de salariés déterminés (calculs supérieurs), soit au profit de l'ensemble personnel.

**Fixation des salaires en droit positif.** Le taux des salaires est en principe librement fixé par l'accord des parties dans le contrat de travail. Mais, la liberté des parties est limitée par l'obligation de respecter les taux minima fixés par les textes règlementaires et les conventions collectives. En pratique, les pouvoirs publics n'ont qu'un rôle limité dans la fixation du taux des salaires ; celui-ci résulte avant tout de la négociation collective. Le principal domaine où la loi a conservé un rôle au pouvoir règlementaire est la fixation du salaire minimum de croissance (SMIC). Le ministre du Travail a également un pouvoir d'appréciation pour étendre les conventions collectives. Une autre limite légale à la liberté des conventions en matière de salaires résulte des dispositions qui cherchent à garantir l'égalité des salaires masculin et féminin. Les employeurs sont tenus d'assurer l'égalité de rémunération entre les uns et les autres ''pour un même travail, ou pour un travail de valeur égale''.

*Paragraphe 1. Le taux des salaires*

**20.** On peut concevoir trois modes de fixation des salaires : 1° par accord direct entre employeur et chacun des salariés ; 2° par voie d'accords collectifs ; 3° par intervention autoritaire du législateur ou de l'Etat. Le régime purement contractuel a été celui de l'époque libérale. La fixation des salaires par voie de conventions collectives a été la caractéristique de la période post coloniale (l'intervention des conventions collectives laissait pourtant aux parties une marge de libre discussion dans la détermination du taux individuel, les conventions ne fixant que les salaires minimaux). De fin 1975 à 1996, les salaires ont été règlementés au Congo par le ministre du Travail.
La loi du 15 mars 1975 a consacré le retour à la liberté de discussion des salaires dans le cadre des conventions collectives. Cette liberté comporte néanmoins une limitation : le gouvernement conserve le droit de fixer le salaire minimum interprofessionnel garanti (S.M.I.G.), c'est-à-dire le salaire minimal qui doit être payé, quelle que soit la profession, en quelque point que ce soit du territoire congolais (en fait, jusqu'au 31 mai 1975 le S. M. I.G. fixé par le gouvernement subissait en région des abattements de zones).

*Paragraphe 2. Le paiement du salaire*

**21.** Le salaire doit être payé en monnaie métallique ou fiduciaire ayant cours légal. Les traitements supérieurs à 100.000F CFA par mois doivent être payés par chèque ou virement bancaire ou postal dès lors que le salaire est calculé sur une base mensuelle. La loi oblige les employeurs à la remise d'un bulletin de paye comportant un certain nombre de mentions obligatoires. Ces mentions sont obligatoirement reproduites sur le livre de paye.

*Paragraphe 3. La protection du salaire*

**22.** Les salariés disposent d'un privilège général sur les biens du patron en cas de faillite. Ce privilège n'ayant que le quatrième rang, les articles 91 et 92 de la loi du 6 mars 1996 ont amélioré cette situation en assurant le paiement immédiat d'une fraction du salaire des ouvriers et employés. Le législateur a prévu, en outre, qu'une fraction du salaire ne pourrait être saisie par les créanciers du salarié.

## Section 9. Les conflits individuels du travail

**23.** L'autonomie du droit du travail devrait logiquement entraîner l'indépendance complète des juridictions chargées de résoudre les conflits s'élevant à l'occasion de l'exécution ou de la résiliation du contrat de travail. L'évolution du droit du travail n'est pas parvenue à ce terme, quoique le législateur ait créé des tribunaux du travail, les commissions, chargés de régler le plus souvent les différends individuels entre employeurs et salariés. Cependant, le législateur n'a pas voulu confier à ces juridictions un monopole. Les juridictions du droit commun conservent un rôle important, et, de toute façon, l'appel et la cassation des décisions en matière de travail ont été réservés à la Cour d'appel et à la Cour Suprême. Les tribunaux de travail sont des juridictions d'exception, à caractère strictement paritaire, composées d'employeurs et de salariés, élus par moitié tous les trois ans par leur pairs (il faut avoir 25 ans et savoir lire et écrire pour être éligible, être congolais ou naturalisé depuis dix ans).

### *Paragraphe 1. Les attributions des tribunaux de travail*

**24.** Les tribunaux de travail disposent de deux sortes d'attributions. Les unes sont *d'ordre administratif* : dépôt des conventions collectives et des règlements intérieurs, conservation des dessins et modèles de fabrique, avis fournis sur les questions posées par l'Administration. Les autres, de beaucoup les plus importantes, sont d'*ordre juridictionnel* : les tribunaux de travail doivent traiter par voie de conciliation les différends qui peuvent s'élever à l'occasion du contrat d'apprentissage, sauf en matière agricole) entre les patrons et les employés (y compris les employés de maison), ouvriers et apprentis, et, à défaut de conciliation, ils doivent trancher ces différends par un jugement.

## Section 10. La règlementation du travail

**25.** Le principe de la liberté des conventions était considéré comme fondamental par le Code civil. Son application au contrat de travail a été progressivement restreinte par l'intervention du législateur. Celui-ci se préoccupa tout d'abord de mettre un terme à des situations qui avaient provoqué une vive émotion : il s'agissait du travail des enfants. Ultérieurement, l'action des pouvoirs publics se développa et atteignit même un point tel qu'elle rendit quasi inexistante toute la marge de liberté laissée aux employeurs et aux salariés. C'est pourquoi la loi du 11 février 1950 sur les conventions collectives, tout en restituant une certaine liberté aux cocontractants, a donné aux salariés un certain nombre de garanties.

### *Paragraphe 1. La durée du travail*[7]

---

[7] **La durée du travail**

L'intervention de l'Etat, en matière de durée du travail, s'est imposée pour deux raisons :

- souci de la santé physique et morale des travailleurs (loi de 1906 sur le repos hebdomadaire, loi de 1919 sur la journée de 8 heures),
- nécessité d'une action sur l'économie, par exemple lutte contre le chômage (loi de 1936 sur la semaine de 40 heures).

Cette analyse comprend

Successivement :

- la semaine de 40 heures ;
- le repos hebdomadaire ;
- les congés payés.

**La semaine de 40 heures.** Le premier texte du 22 mars 1841 se contentait de limiter à 8 heures par jour le travail des enfants de 8 à 12 heures pour les enfants de 12 à 16 ans. La loi de 1874 leur interdisait le travail de nuit. La loi de 1892 limite la durée de travail à 10 heures de 16 à 18 ans, et pour les femmes. En 1848, une loi limite à 12 heures le travail dans tous les établissements utilisant des moteurs mécaniques. Le 29 avril 1919, la journée de 8 heures est instituée. Une nouvelle réduction de la durée du travail fut décidée en 1936 en raison de la crainte du chômage provoqué par la crise économique de l'entre deux guerres et du succès électoral du Front Populaire. La loi du 21 juin 1936 instituant la semaine de 40 heures, à la différence des précédentes avait un domaine d'application très large en globant les établissements industriels, commerciaux, artisanaux et coopératifs.

**Une application qui n'est pas générale.** La loi vise toute personne liée par un contrat de travail, sans distinction d'âge, ni de sexe, et employée dans une entreprise industrielle, commerciale, artisanale, libérale, publique ou privée, laïque ou religieuse, ou dans un établissement hospitalier ou un asile d'aliénés.

Sont exclus du bénéfice de cette loi :

- les professions domestiques ;
- les travailleurs à domicile.

En ce qui concerne les ouvriers agricoles, une loi du 13 mars 1948 fixe à 2400 heures par an la durée de leur temps de travail.

**La loi s'applique aux personnes et non aux établissements ou entreprises.** Le patron est libre de faire travailler son établissement 24 heures sur 24, sous réserve de ne pas exiger de chacun de ses préposés plus de 40 heures augmentées d'un certain nombre d'heures supplémentaires de rétribution à un taux supérieur au taux normal.

La durée fixée est la durée de travail effectif. Par travail effectif, il faut entendre le temps effectivement consacré à l'activité professionnelle : le temps d'habillage, de casse-croûte ne sont pas compris dans les 40 heures. En ce qui concerne les entreprises qui connaissent des heures creuses (salons de coiffure, magasins), le temps de présence peut-être majoré en conséquence par le décret (par exemple dans les localités de moins de 5 000 habitants, le temps de présence au salon des ouvriers coiffeurs est de 58 heures).

La liberté du travail reste intégrale. Sa journée terminée, l'ouvrier est libre de travailler pour son compte ou pour un autre employeur. Aucun texte n'établit le principe de la répartition des 40 heures sur cinq jours.

**Le régime des heures supplémentaires.** Les décrets de la loi de 1936 accordaient des dérogations permanentes limitées en moyenne à 2 heures par semaine, pour certains travaux devant être exécutés sans interruption.

Ils prévoyaient trois cas :

- travaux urgents nécessaires dans l'intérêt de la défense nationale ;
- travaux urgents nécessaires pour réparer ou prévenir des accidents ou procéder à des mesures de sauvetage ;
- travaux urgents et exceptionnels correspondant à un surcroît de travail.

Une loi de 1945 a prévu de manière plus générale des heures supplémentaires en vue d'accroître la production. Elles doivent être autorisées par l'Inspecteur du travail, après avis des organisations syndicales ouvrières (cas de chômage). La loi du 24 décembre 1971 limite à 57 heures la durée maximale de travail par semaine.

**Rémunération des heures supplémentaires.** Au-delà de 40 heures et jusqu'à 48 heures, la 48$^{ème}$ étant incluse plus 25% du taux horaire. Après 48 heures plus 50% du taux horaire. Ces majorations incitent l'employeur à embaucher du personnel plutôt que de faire assurer des heures supplémentaires.

**Le repos hebdomadaire.** La loi du 13 juillet 1906 consacre le principe du repos hebdomadaire pour la très grande majorité des travailleurs. L'obligation du repos hebdomadaire s'applique à toutes les professions à l'exception : des domestiques attachés à la personne, des employés des entreprises de transport pour lesquels des dispositions particulières ont été prévues. La loi pose deux principes :

- le repos doit être de 24 heures consécutives par semaine ;
- le repos doit être donné en principe le dimanche.

Mais ces deux principes connaissent de nombreuses dérogations. Des dérogations peuvent être dictées par des impératifs techniques ou des motifs d'ordre économique. Peuvent déroger à la règle des 24 heures consécutives de repos :

- les usines à feu continu ;
- les entreprises de chargement et déchargement en cas d'intempéries pouvant empêcher le travail pendant quelque jours ;
- les entreprises qui emploient du matériel périssable ;
- les établissements de l'Etat dans l'intérêt de la défense nationale ;

- toute entreprise en cas de travaux urgents, mesure de sauvetage, accident imminent.

Dans tous les cas, les dérogations ne peuvent être que temporaires et le repos supprimé doit être compensé. Des dérogations peuvent être accordées :

- par le Code de travail : hôtels, restaurants, hôpitaux, pharmacie, etc... (dérogations permanentes),
- par le Préfet : lorsque le repos du dimanche serait préjudiciable au public ou bien de nature à compromettre le fonctionnement des établissements considérés. L'autorisation doit évidemment être accordée à tous les établissements du même genre se trouvant dans la même ville (dérogations permanentes) ;
- par le Maire : à raison de trois dimanches par an, aux établissements de commerce de détail ; les heures effectuées ces dimanches-là devront être payées comme heures supplémentaires et donneront lieu à un repos compensateur (dérogations temporaires).

Les jours de fête légale sont obligatoirement chômés pour les femmes et les enfants de moins de 18 ans, en effet tous les travailleurs en profitent. Seul le 1er mai est obligatoirement chômé. Aucun salarié ne peut être employé ce jour-là, sauf dans les établissements et services qui, en raison de la nature de leur activité ne peuvent interrompre le travail. Dans le cas où le jour férié a été chômé, l'employeur peut décider que les heures perdues seront récupérées. Il en est ainsi pour les heures perdues à l'occasion de la journée du 1er mai. Les salariés ayant travaillé le 1er mai ont droit au double de leur salaire journalier.

**Les congés payés.** En France **c**'est le gouvernement du Front populaire de 1936, qui a fait voter la loi du 20 juin 1936 instituant les congés payés. Les principes de cette loi n'ont pas été modifiés : tout travailleur ayant accompli un temps de travail minimum a droit chaque année, à un nombre de jours de congé proportionnel au temps du travail accompli dans l'entreprise : la troisième semaine de congés payés a été accordée en 1956, la quatrième semaine en 1969.

**Le Congé est annuel et préétabli.** De mai à octobre, sauf accord du travailleur à convention collective fixant une période plus étendue. L'employeur ne peut obliger un salarié à prendre ses vacances en dehors de la période légale. Dans les entreprises qui accordent les congés par roulement l'ordre des départs est fixé par l'employeur, compte tenu de la situation de famille, après consultation des délégués du personnel. Le congé doit comprendre au moins 12 jours ouvrables entre deux jours non ouvrables

**Il. comporte le repos forcé.** Le patron est obligé d'accorder le congé, le salarié ne peut y renoncer par avance. Le congé doit être effectivement pris et chômé.

**Durée du congé.** Depuis la loi du 16 mai 1969, la durée du congé annuel légal est de deux jours ouvrables par mois de travail, sans pouvoir excéder 24 jours ouvrables. Les travailleurs qui ont un an d'ancienneté au moins, ont droit à 4

**26. La durée hebdomadaire du travail. Evolution historique :** La loi du 23 avril 1919 avait prévu trois formules : ou bien 8 heures par jour, ou bien 48 heures par semaine, ou bien une limitation équivalente sur une autre période. A la différence de la loi de 1919, demandée par l'opinion publique pour des motifs sociaux et hygiéniques, la loi du 21 juin 1936 instituant les 40 heures fut adoptée pour un motif essentiellement économique : la lutte contre le chômage. De 1940 à 1944, diverses lois ont augmenté la durée du travail jusqu'à 48 heures. La loi du 25 février 1946 a consacré le retour au principe de la semaine de 40 heures, mais en prévoyant une large utilisation des heures supplémentaires, ces 14 heures étant calculées sur une période continue de 12 semaines. L'horaire quotidien ne peut excéder 10 heures. Ces heures supplémentaires doivent

---

semaines de congés payés. On ne comprend pas dans les jours ouvrables, les dimanches et les jours ouvrables sauf le samedi précédent le départ en congé.

**L'indemnité de congé est payée par l'employeur.** L'indemnité est, en principe, égale au $12^{ème}$ de la rémunération totale perçue par le travailleur en une année. Elle est donc calculée d'après le salaire moyen. Dans le cas où le travailleur a bénéficié d'une augmentation de salaire au cours de cette période l'indemnité ne doit pas être inférieure au salaire perçu au moment du départ en congé. Le salaire servant à calculer l'indemnité comprend les avantages en nature : pourboires.

**Indemnité compensatrice.** Cette indemnité qui ne doit pas être confondue avec la précédente est due aux travailleurs dont le contrat de travail se trouve résilié. On calcule le nombre de jours de congé auxquels le travailleur a droit et le montant de l'indemnité correspondante.

**Cas de professions intermittentes.** Pour certaines catégories de salariés (dockers, ouvriers du bâtiment, employés saisonniers), la loi a prévu la création de caisse de compensation. Les employeurs doivent obligatoirement cotiser à une caisse de compensation, agréée par l'Etat, et c'est cette caisse qui verse au travailleur l'indemnité de congés payés.

**L'indemnité de congé est un salaire différé.** Elle est assimilée à un salaire bien qu'elle ne soit pas la contrepartie d'un travail.

- on fait entrer en ligne de compte pour son calcul tous les éléments de la rémunération ;
- elle est insaisissable dans les mêmes conditions que le salaire ;
- elle est soumise à la prescription de 6 mois ;
- elle bénéficie des mêmes privilèges que le salaire ;
- elle est soumise aux précomptes de la sécurité sociale, et à l'impôt sur les salaires.

Mais c'est un salaire différé qui s'acquiert mois par mois, et qui entre dans les calculs des prix de revient pour l'employeur. L'indemnité de congé payé est donc due au salarié même si celui-ci tombe malade pendant la durée du congé.

être autorisées par l'inspecteur du travail, après avis des organisations syndicales ouvrières et patronales intéressées.

**27.** Toutes les heures supplémentaires comportent une majoration de salaires au moins égale à 25% pour les heures effectuées de la quarante et unième à la quarante-huitième incluse et de 50% au-delà. Les heures supplémentaires sont décomptées par semaine et non par jour. Elles ne peuvent être calculées sur une période plus longue : quatorzaine, quinzaine, etc.[8] Certains textes disposent qu'en raison de la nature intermittente du travail il est admis qu'une durée hebdomadaire de présence supérieure à 40 heures correspond à 40 heures de travail effectif (coiffeurs, hôpitaux, etc.).

**28. Le repos hebdomadaire et le repos des jours fériés.** La loi du 13 juillet 1906 impose le repos hebdomadaire pour tous les salariés, repos qui doit être pris en principe le dimanche. Mais la loi prévoit que, dans certaines professions, le repos hebdomadaire sera pris par roulement, c'est-à-dire à des jours différents de la semaine. Les jours fériés reconnus par la loi sont : le 1er janvier, le lundi de pâques, l'Ascension, le lundi de Pentecôte, le 1er mai (la loi du 30 avril 1947 en a fait un jour férié, chômé et payé), le 15 août, l'Assomption, la Toussaint, le 11 novembre et la Noël. Le repos des fêtes légales autres que le 1er mai n'est obligatoire que pour les travailleurs du sexe masculin de moins de 18 ans et pour les femmes. Dans le cas de rémunération au mois, le chômage d'un jour férié ne doit pas diminuer les appointements mensuels. Dans le cas de travail à l'heure, les heures chômées ne sont pas rémunérées. Lorsqu'un salarié travaille un jour férié autre que le 1er mai, il est rémunéré au taux normal (si, conformément à une dérogation, il travaille le 1er mai, son salaire est doublé). Cependant, de nombreuses conventions collectives prévoient, d'une part, la majoration du salaire du travail effectué un jour férié et, d'autre part, le paiement d'un certain nombre de jours fériés chômés dans l'année.

---

[8] En juin 1968, il a été prévu aux entretiens de la rue de Grenelle que la durée hebdomadaire du travail serait progressivement ramenée à 40 heures, avec compensation partielle des pertes de salaires en résultant.

## *Paragraphe 2. Les congés payés*[9]

---

[9] **Les congés payes**

**Les congés payés.** En France, c'est le gouvernement du Front populaire de 1936, qui a fait voter la loi du 20 juin 1936 instituant les congés payés. Les principes de cette loi n'ont pas été modifiés : tout travailleur ayant accompli un temps de travail minimum a droit chaque année, à un nombre de jours de congé proportionnel au temps du travail accompli dans l'entreprise : la troisième semaine de congés payés a été accordée en 1956, la quatrième semaine en 1969.

**Le congé est annuel et préétabli.** De mai à octobre, sauf accord du travailleur ou convention collective fixant une période plus étendue. L'employeur ne peut obliger un salarié à prendre ses vacances en dehors de la période légale. Dans les entreprises qui accordent les congés par roulement l'ordre des départs est fixé par l'employeur, compte tenu de la situation de famille, après consultation des délégués du personnel. Le congé, dont la durée dépasse 12 jours peut être fractionné avec l'accord du salarié. Mais une fraction de congé doit comprendre au moins 12 jours ouvrables entre deux jours non ouvrables.

**Il comporte le repos forcé.** Le patron est obligé d'accorder le congé, le salarié ne peut y renoncer par avance. Le congé doit être effectivement pris et chômé.

**Durée du congé.** Depuis la loi du 15 mars 1975, la durée du congé annuel légal est de deux jours ouvrables par mois de travail, sans pourvoir excéder 24 jours ouvrables. Les travailleurs qui ont un an d'ancienneté au moins, ont droit à 4 semaines de congés payés. On ne comprend pas dans les jours ouvrables, les dimanches et les jours fériés. Le samedi est considéré comme jour férié. Le samedi est considéré comme jour ouvrable sauf le samedi précédent le départ en congé.

**L'indemnité de congé est payée par l'employeur.** L'indemnité est, en principe, égale au 12ème de la rémunération totale perçue par le travailleur en une année. Elle est donc calculée d'après le salaire moyen. Dans le cas où le travailleur a bénéficié d'une augmentation de salaire au cours de cette période l'indemnité ne doit pas être inférieure au salaire perçu au moment du départ en congé. Le salaire servant à calculer l'indemnité comprend les avantages en nature : pourboires.

**Indemnité compensatrice.** Cette indemnité qui ne doit pas être confondue avec la précédente est due aux travailleurs dont le contrat de travail se trouve résilié. On calcule le nombre de jours de congé auxquels le travailleur a droit et le montant de l'indemnité correspondante.

**Cas des professions intermittentes.** Pour certaines catégories de salariés (dockers, ouvriers du bâtiment, employés saisonniers), la loi a prévu la création de caisses de compensation. Les employeurs doivent obligatoirement cotiser à une caisse de compensation, agréée par l'Etat, et c'est cette caisse qui verse au travailleur l'indemnité de congés payés. Sans cette mesure, ces salariés dont le travail est

**29.** La première loi accordant des congés payés aux travailleurs date du 20 juin 1936. Depuis, elle a été modifiée et complétée à plusieurs reprises ; c'est ainsi, notamment, que la loi du 7 mars 1957 a porté à 18 jours ouvrables la durée du congé correspondant à 12 mois de travail effectif. (En 1968, un projet de loi adopté par l'Assemblée nationale française seule avait porté la durée des congés payés à 24 jours ouvrables). Le congé doit être pris effectivement et ne peut être remplacé par une indemnité compensatrice (sauf le cas de résiliation du contrat de travail). L'employeur n'a pas le droit d'occuper un salarié pendant la période de son congé légal, et, de son côté, le travailleur n'a pas le droit d'exécuter pendant son congé des travaux rétribués (en période de plein emploi, cette dernière disposition n'est pas appliquée dans la pratique).
Depuis 1975, une quatrième semaine de congés payés a été accordée par les conventions collectives dans la plupart des professions. Cette quatrième semaine est donnée avec modalités diverses suivant les branches d'activités. Elle englobe généralement les congés accordés au titre de l'ancienneté, de l'âge et de maternité. Les accords stipulent fréquemment qu'elle peut être fractionnée du congé principal légal et donnée en dehors de la période prévue pour les congés payés, et notamment en vacances. Quelques accords prévoient même parfois une cinquième semaine.

**Les bénéficiaires.** Bénéficient des congés payés les ouvriers, employés et apprentis des établissements industriels, commerciaux et artisanaux, ainsi que tous les salariés des professions libérales, des syndicats et des associations. Le personnel domestique a droit aux congés payés selon des modalités particulières.

---

discontinu et qui changent fréquemment d'employeurs, n'auraient pu bénéficier des congés payés.

**L'indemnité de congé est un salaire différé.** Elle est assimilée à un salaire bien qu'elle ne soit pas la contrepartie d'un travail. On fait entrer en ligne de compte pour son calcul tous les éléments de la rémunération, elle est insaisissable dans les mêmes conditions que le salaire. Elle est soumise à la prescription de 6 mois, elle bénéficie des mêmes privilèges que le salaire, elle est soumise aux précomptes de la sécurité sociale, et à l'impôt sur les salaires. Mais c'est un salaire différé qui s'acquiert mois par mois, et qui entre dans les calculs des prix de revient pour l'employeur. L'indemnité de congé payé est donc due au salarié même si celui-ci tombe malade pendant la durée du congé.

**La durée du congé.** Depuis le Code du travail de 1975, le congé payé a une durée légale de deux jours ouvrables par mois de travail effectif. Pour le calcul de la durée du congé, on assimile à des périodes de travail effectif la période de congé de l'année précédente, les périodes de repos des femmes en couches (dans la limite de 16 semaines), les périodes d'arrêt pour accident de travail dans la limite d'une durée ininterrompue d'un an, les périodes de rappel ou de maintien sous les drapeaux au-delà de la durée légale du service militaire. Le congé principal est augmenté de congés supplémentaires en raison de l'ancienneté dans l'entreprise : 2 jours après 20 ans, 4 jours après 25 ans, 6 jours après 30 ans. Les salariés âgés de moins de 18 ans bénéficient d'avantages particuliers. Des jours supplémentaires sont accordés aux mères de moins de 21 ans ayant des enfants à charge.

**Le calcul de l'indemnité de congé payé.** L'indemnité correspondant au congé légal normal doit être égale au 1/16 de la rémunération totale perçue par le salarié au cours de la période de référence qui s'étend du 1er juin au 31 mai (elle ne peut être inférieure au montant de la rémunération qui aurait été perçue pendant la période de congé si le salarié avait continué à travailler).

**La période des congés.** La période pendant laquelle le congé légal doit être accordé comprend obligatoirement les mois de mai, de juin, de juillet, d'août, de septembre et d'octobre. Des dispositions particulières concernent les professions agricoles.

**Les congés payés dans les professions à travail discontinu.** Des caisses de congés payés ont été créées par décrets dans les professions où les travailleurs sont amenés à changer fréquemment d'employeur : dockers, travailleurs du bâtiment et des travaux publics, personnel des entreprises de spectacles ou d'entreprises de manutention et de transport. Tout employeur intéressé qu'il s'agisse d'une activité principale ou accessoire est tenu de s'affilier à la caisse correspondante. Il paye à cette caisse les cotisations nécessaires, et la caisse verse aux travailleurs concernés une indemnité de congé.

**Les congés payés des concierges.** Les concierges des immeubles d'habitation ont droit aux congés payés dans les mêmes conditions que les employés de maison, mais ils ne sont pas tenus d'user effectivement de leur congé (ils touchent alors une indemnité égale à celle qui aurait été versée à leur remplaçant).

**Les travailleurs à domicile.** Les employeurs de travailleurs à domicile sont tenus de majorer de 4% le montant des salaires versés à ces derniers, cette majoration correspondant à l'indemnisation du congé.

***Paragraphe 3. Les congés spéciaux***

**30.** En sus de leur congé annuel, les salariés peuvent légalement prétendre à certains congés sociaux, lorsque diverses conditions sont remplies.

**Le congé de naissance.** Tout chef de famille peut prétendre à un congé de trois jours consécutifs ou non lors de chaque naissance survenue à son foyer. Ce congé doit être pris dans une période de 15 jours entourant la naissance. Bien que payé par l'employeur, le congé, institué par la loi du 18 mai 1946, constitue une prestation familiale d'un type particulier ; en effet, la rémunération du congé de naissance est remboursée à l'employeur par la caisse d'allocations familiales.

**Le congé d'éducation ouvrière.** Il s'agit d'un congé non rémunéré, institué par la loi du 23 juillet 1957 en vue de permettre aux salariés de participer à des sessions d'éducation ouvrière ou de formation syndicale. Ces sessions sont organisées soit par des instituts spécialisés, soit par les organisations syndicales les plus représentatives. Le congé est de droit s'il est demandé à l'employeur au moins 30 jours à l'avance, sauf si le comité d'entreprise (à défaut les délégués du personnel) considèrent avec l'employeur que l'absence de l'intéressé serait préjudiciable à l'entreprise. La durée du congé d'éducation ouvrière est de 12 jours ouvrables. Le congé est assimilé à une période de travail pour ce qui concerne les avantages sociaux.

## Section 11. L'hygiène et la sécurité du travail

**31.** Historiquement les premières interventions du législateur en vue de protéger les salariés ont été relatives à l'hygiène et à la sécurité. Une législation et une règlementation plus abondante encore sont intervenues en cette matière au cours du dernier quart du XIX$^{e}$ siècle et au cours du XX$^{e}$ siècle. Si, dès 1841, la loi a interdit, d'une part, l'affectation d'enfants de moins de 16 ans à des travaux insalubres, il a fallu attendre 1874 pour que soient donnés à l'Administration les moyens de contrôler l'application de la volonté du législateur par la création de l'inspection du travail et de la main d'œuvre.

### *Paragraphe 1. Les dispositions générales*

Les dispositions relatives à l'ensemble du personnel (dans les établissements des professions non agricoles) sont notamment les suivantes :

- hygiène et salubrité des locaux affectés au travail et de leurs annexes sanitaires ;
- prévention des accidents du travail, des maladies professionnelles et des incendies ;
- hygiène et salubrité des locaux affectés à la charge du personnel.

### *Paragraphe 2. Les dispositions spéciales aux femmes et aux enfants*

**32.** Le travail des enfants de moins de 18 ans et des femmes fait l'objet de dispositions particulières, renforcées par une ordonnance française du 27 septembre 1967. L'employeur doit veiller au maintien des bonnes mœurs et à l'observation de la décence publique dans les locaux affectés au travail, à l'hygiène et au couchage. Les travaux insalubres ou dangereux, les travaux de force et le travail de nuit (entre 22 heures et 6 heures) sont interdits. Les travaux souterrains sont interdits aux femmes ; des enfants ne peuvent y être affectés que suivant une certaine règlementation. Des sièges doivent être mis à la disposition des femmes dans les magasins. Le travail aux étalages extérieurs des magasins est règlementé. Une autorisation préalable est nécessaire pour que soit permis le travail des enfants de moins de 16 ans dans les entreprises de spectacles. En principe, le travail par relais ou équipes volantes est interdit pour les femmes et les enfants de moins de 18 ans. Les établissements importants (occupant plus de 10 femmes) doivent mettre à la disposition du personnel féminin des salles réservées à l'allaitement (1heure par jour pendant la durée de travail).

*Paragraphe 3. Les dispositions spéciales à certains travaux*

**33.** Des mesures de protection particulières sont édictées en ce qui concerne les machines dangereuses, les courants électriques, les charriots automoteurs de manutention, les fours à mazout, les ponts élévateurs, les téléphériques, les voies ferrées, etc. Les professions du bâtiment et des travaux publics, les travaux dans l'air comprimé, les chantiers de démolition et de destruction de munitions, les commerces de récupération des vieux métaux sont soumis à des règlementations spéciales. Le travail de nuit (entre 22 heures et 4 heures) est interdit même aux adultes salariés dans la boulangerie. L'emploi des substances dangereuses et nocives, et l'exercice de certains travaux font également l'objet de règlementations restrictives dans le cadre de la prévention des maladies professionnelles.

*Paragraphe 4. Le comité d'hygiène et de sécurité*

**34.** La constitution de comités d'hygiène et de sécurité est obligatoire dans les établissements des autres professions non agricoles d'au moins 500 salariés, ainsi que dans les deux catégories précédentes, mais où il existe une insécurité particulière pour le personnel.[10] Le comité d'hygiène et de sécurité se réunit au moins une fois par trimestre. Il effectue une enquête à l'occasion de chaque accident du travail (ou maladie professionnelle) ayant entraîné mort d'homme ou paraissant devoir entraîner une incapacité permanente, ou révélant l'existence d'un danger grave. Une liaison est assurée entre chaque comité d'établissement et les comités techniques régionaux et nationaux, constitués auprès des organismes de sécurité sociale.

---

[10] En France le comité créé en 1941 et réorganisé en 1947 comprend le chef d'établissement, le chef du service de la sécurité, le médecin du travail de l'établissement, la conseillère du travail ainsi que trois ou six représentants du personnel désignés, parmi les personnes ayant les connaissances requises, par les membres du comité d'entreprise et les délégués du personnel.

### *Paragraphe 5. Le service médical du travail*[11]

**35.** Tout établissement doit depuis la loi de 1975 dont certaines dispositions ont été modifiées par celle de 1996 disposer d'un service médical du travail : il a le choix entre l'affiliation à un service médical autonome ; les établissements importants sont tenus d'organiser un service autonome avec un médecin du travail à temps complet. Les tâches du médecin du travail sont multiples : visites médicales d'embauchage, visites périodiques (une fois par an au moins ; une fois par trimestre pour les moins de 18 ans), visites de reprise après une absence pour maladie professionnelle ou après une absence de plus de trois semaines pour maladie non professionnelle ; il doit en outre veiller à l'hygiène générale de l'entreprise, à l'amélioration des conditions de travail, à la prévention

---

[11] **Les services médicaux du travail**
L'institution des services médicaux du travail apparue en 1942, a été organisée par une loi du 11 octobre 1946, et un décret du 13 juin 1969.
**Organisation des services médicaux du travail.** Obligations pesant sur le chef d'entreprise : l'obligation d'organiser un service médical pèse sur tous les établissements. Le temps minimum que doit consacrer le médecin du travail au personnel, est fixé par un décret.

- le service médical d'entreprise : le service médical est obligatoirement organisé dans l'entreprise chaque fois que le nombre d'heures que doit y consacrer mensuellement le médecin dépasse 173. Dans ce cas, le Comité d'entreprise est associé à sa gestion.
- les petites entreprises qui ne peuvent organiser un service médical autonome doivent s'adresser à un service médical inter-entreprises.

**Fonctionnement du service médical**
Selon la loi, son rôle, exclusivement préventif consiste à éviter toute altération de la santé des travailleurs, du fait de leur travail, notamment en surveillant les conditions d'hygiène du travail, les risques de contagion et l'état de santé des travailleurs.

- le médecin du travail est le conseil de la direction, du comité d'entreprise, du comité d'hygiène et de sécurité et du service social. Il veille à ce que les organisations ne nuisent pas à la santé des travailleurs ;
- le décret de 1969 prévoit des visites d'embauche, des examens médicaux périodiques. Ces examens ont lieu pendant le temps de travail sans pouvoir justifier de retenue de salaire.
- les médecins du travail n'en sont pas moins tenus sous peine d'être poursuivis de non-assistance à une personne en danger, de donner des soins d'urgence aux victimes d'accidents. Mais ils ne peuvent à cette occasion demander aucune rémunération.

des maladies professionnelles et des accidents de travail. La fréquence et la gravité des accidents du travail varient suivant les différentes branches d'industrie : elles sont particulièrement importantes dans le bâtiment et les travaux publics. Dans un but préventif, on a étudié les causes de ces accidents ; elles sont multiples et souvent associées. Certains sont dus à des causes fortuites ou difficiles à prévoir, d'autres, plus nombreux, à une protection insuffisante, d'autres, enfin, à une mauvaise adaptation de l'homme à son travail. Parmi ces accidents dus à un facteur humain, un quart sont liés à des tares physiologiques (vertiges, vision ou audition défectueuses), la moitié, enfin, sont dus à des incapacités psychologiques par rapport à l'emploi (par exemple, défaut de jugement ou d'attention). En définitive, les facteurs humains jouent de plusieurs façons. Le médecin a le devoir d'agir sur certaines causes. Il doit éliminer de certains postes les prédisposés aux accidents de travail du fait de leur psychologie ou de leurs tares pathologiques ; d'autre part, il doit veiller à ce que le travail se fasse dans les meilleures conditions physiologiques.

#### *Paragraphe 6. Le service social du travail*

La création d'un service social n'est obligatoire que dans certaines branches professionnelles désignées par décret pour les entreprises de 500 salariés ; la création ou le maintien d'un tel service est facultatif dans les autres industries. Le service social est assuré par un titulaire du diplôme de conseillère du travail.

### Section 12. Le ministère du Travail et l'inspection générale du travail

**36.** En France au cours du dernier quart du XIXe siècle, divers services administratifs avaient été créés en vue de contrôler l'application des législations et règlementations protectrices du travail. En 1906, ces services ont été réunis dans le cadre d'un nouveau département ministériel : le ministère du Travail. Au l'organisation, les attributions et la dénomination de cette administration ont fait l'objet de nombreuses transformations ; de 1960 à 1975 et depuis 1966, cette administration a été intégrée dans un département ministériel plus important ; le ministère des Affaires sociales.

**37. L'inspection générale du travail et de la main-d'œuvre.** Créée en 1874, l'inspection du travail a joué un rôle important dans l'application des législations et règlementations protectrices du travail. A la tête de l'inspection générale du travail et de la main-d'œuvre se trouvent deux inspecteurs généraux, sous l'autorité desquels se trouvent des inspecteurs divisionnaires, placés à la tête des circonscriptions régionales. Les inspecteurs du travail sont assistés par des contrôleurs du travail. Leurs attributions n'ont cessé de s'accroîte depuis le Code du travail. Elles sont les suivantes :

1° contrôler l'application de la législation du travail dans tous les cas où ce contrôle est prévu par le législateur, notamment en ce qui concerne les conditions de travail, l'hygiène, la sécurité, l'apprentissage, les comités d'entreprise et les délégués du personnel ;
2° prendre certaines décisions, par exemple accorder ou refuser aux chefs d'entreprise l'autorisation de certaines dérogations aux conditions habituelles du travail ;
3° arbitrer certains conflits entre les chefs d'entreprise et leur comité d'entreprise ou les organisations syndicales ;
4° conseiller le chef d'entreprise ;
5° informer le ministère du Travail.
Les inspecteurs et contrôleurs ont entrée dans tous les établissements visés par les dispositions dont ils ont à assurer l'exécution en vue d'y procéder à la surveillance et aux enquêtes dont ils sont chargés. Ils ont également entrée dans les locaux où s'effectuent certains travaux à domicile. Concurremment avec les officiers de police judiciaire et les inspecteurs et agents de la répression des fraudes, ils ont qualité pour procéder à certains prélèvements.
Les inspecteurs et contrôleurs peuvent en matière d'hygiène et de sécurité procéder à la mise en demeure du chef d'établissement d'avoir à se mettre en règle avec la règlementation applicable ; ils accordent généralement à cet effet un délai dont ils sont seuls juges. Les mises en demeure sont inscrites sur un registre spécial, qui est obligatoire dans chaque établissement soumis au contrôle.

**L'inspection médicale du travail.** Depuis 1941, un corps d'inspecteurs médicaux du travail contrôle en liaison avec l'inspection générale l'application des règles relatives à l'hygiène et à la protection de la santé des travailleurs.

# CHAPITRE 2. LE DROIT COLLECTIF DU TRAVAIL

**38.** L'évolution du droit du travail marque la place prépondérante prise par les groupements professionnels, autour desquels se cristallisent les courants divers qui aboutissent soit aux conflits entre employeurs et salariés, soit aux conventions collectives, véritables lois des professions. Dans l'entreprise elle-même, les rapports s'établissent de moins en moins entre un patron et un salarié pris isolément, mais de plus en plus entre les représentants du personnel et une direction mandataire d'un conseil d'administration.

## Section 1. Le droit syndical et les groupements professionnels

**39.** Aux termes des lois n° 45-75 du 15 mars 1975, instituant un Code de travail en République Populaire du Congo et la loi n°6-96 du 6 mars 1996 modifiant et complétant certaines dispositions de la loi n°45/75 du 15 mars 1975 instituant le Code du travail « les syndicats professionnels ont explicitement pour objet l'étude et la défense des intérêts économiques et industriels, commerciaux et agricoles ». Le syndicat ne peut grouper en principe que les personnes exerçant la même profession, entendue au sens large : bois, métaux, etc. C'est pourquoi certains groupements professionnels préfèrent adopter la forme d'une association constituée dans le cadre plus souple de la loi de 1901.
Le droit syndical est dominé par un principe absolu, reconnu par le préambule de la Constitution du 20 janvier 2002 : la liberté syndicale. C'est le droit d'adhérer ou de ne pas adhérer à un syndicat et d'en ressortir librement. Le salarié est libre vis-à-vis des autres syndiqués comme vis-à-vis de son employeur, qui ne peut le congédier pour appartenance ou refus d'appartenance à tel ou tel syndicat.[12]

---

[12] **Les syndicats de salariés en France**

Après la période de guerre, caractérisée par l'interdiction des syndicats tant ouvriers que patronaux, une ordonnance de 1944 a rétabli la liberté syndicale, et les organisations ouvrières et patronales ont pu se reconstituer. La confédération générale du travail (C.G.T). Elle réunit dans une association de syndicats :

- les fédérations nationales d'industries, groupant les salariés d'après la branche d'activité (livre, bâtiment, etc.) ;
- les syndicats nationaux (arsenaux, tabac, allumettes), ne comprenant qu'un syndicat national avec des sections locales ;
- les unions départementales constituées par les syndicats des diverses professions d'une même région ;

s- des syndicats de catégories professionnelles (employées, maîtrises, etc.).

## Section 2. Les conventions collectives

**40.** La convention collective de travail est un accord relatif aux conditions de travail, conclu, d'une part, entre une ou plusieurs

---

• **La Confédération française démocratique du travail** (C.F.D.T.). Elle a succédé en 1964 à la Confédération française des travailleurs chrétiens (C.F.T.C.). La structure, très voisine de celle de la C.G.T.C. comprend également des fédérations nationales et des unions départementales.

• **La Confédération française des travailleurs chrétiens** (C.F.T.C.). A la suite du changement de nom de la C.F.T.C. en 1964, un certain nombre de salariés ont quitté la nouvelle C.F.D.T. et ont créé une confédération qui a gardé le sigle C.F.T.C. en y ajoutant parfois l'adjectif « maintenue ».

• **La Confédération générale du travail-Force ouvrière** (C.G.T.F.O.). Elle est née des oppositions qui se manifestèrent au sein de la C.G.T. lors des grèves de novembre 1947. La minorité de la C.G.T. décida de se retirer de la centrale confédérale et d'en créer une nouvelle. Pour marquer sa fidélité à l'esprit de la Confédération d'avant-guerre, elle tint à garder la dénomination C.G.T. en y ajoutant F.O. (« Force ouvrière », du nom du journal qui exprimait cette tendance).

• **Divers syndicats indépendants.** Un certain nombre de syndicats indépendants se groupent soit à la Confédération générale des travailleurs indépendants, soit à la Confédération française des syndicats indépendants, soit encore à la Confédération autonome du travail. En outre, certaines organisations, comme la Fédération de l'éducation nationale (F.E.N.), ne sont affiliées à aucune Confédération.

• **La Confédération générale des cadres** (C.G.C.). Les syndicats de cadres groupent les chefs de services, les ingénieurs, les techniciens et les contremaîtres. Ceux qui ne sont pas rattachés à une centrale ouvrière se sont fédérés dans la confédération générale des cadres (C.G.C), à laquelle adhère également la Chambre nationale des voyageurs et représentants de commerce (V.R.P.).

• **Les syndicats patronaux.** Le patronat est organisé au sein du Conseil national du patronat français (C.N.P.F.). Créé en 1946, dans le cadre de la loi de 1901, sous la forme d'une association, le C.N.P.F. comprend actuellement les organisations suivantes :- les grandes confédérations, fédérations ou unions professionnelles, qui groupent tous les éléments patronaux d'une industrie ou d'un commerce, en partant du chef d'entreprise, pour aller, par le syndicat local, et le syndicat régional, jusqu'à la confédération, fédération ou union nationale ;

- la Confédération générale des petites et moyennes entreprises (C.G.P.M.E), organisme interprofessionnel, qui fédère les entreprises industrielles et commerciales, petites et moyennes ;
- la Fédération des associations régionales, organisme également interprofessionnel, qui réunit les groupements patronaux des divers départements français.

organisations syndicales de travailleurs et, d'autre part, un ou plusieurs employeurs pris individuellement.
Le régime des conventions collectives actuellement en vigueur a été défini par le chapitre 3 de la loi n°45-75 du 15 mars 1975 instituant un Code du travail en République Populaire du Congo. On distingue deux types de conventions collectives :
- les conventions de type général ;
- les conventions susceptibles d'être étendues.
La convention collective lie tous les membres des organisations signataires ou ayant donné leur adhésion. Lorsqu'un employeur signe une convention collective, les clauses de cette convention s'appliquent à tous les contrats individuels de travail conclus avec lui.

***Paragraphe 1. Les conventions de type général***

**41.** Elles peuvent être signées par n'importe quel groupement d'employeurs, même sur le plan interprofessionnel, ou par un ou plusieurs employeurs pris individuellement. Du côté des salariés, elles ne peuvent être conclues que par des organisations syndicales, mais sans qu'aucune condition de représentativité soit exigée de celles-ci. Leur champ d'application territorial est déterminé librement. La convention collective lie tous les membres des organisations signataires ou ayant donné leur adhésion.

***Paragraphe 2. Les conventions collectives susceptibles d'extension***

**42.** En raison du caractère obligatoire qui peut leur être attribué, ces conventions sont soumises à des conditions plus rigoureuses. Les conventions collectives, pour être étendues, doivent avoir été conclues entre les organisations syndicales les plus représentatives des employeurs et des salariés (la représentativité est appréciée en fonction des effectifs, des cotisations, de l'expérience et de l'ancienneté du syndicat, etc.) ; conformément à la section II du chapitre III du Code du travail, le ministre chargé du travail peut, sous certaines conditions, prononcer l'extension des conventions nationales ne répondant pas tout à fait aux conditions de travail d'une branche d'activité déterminée sur le plan national, notamment lorsqu'elles n'ont pas été signées par la totalité des organisations syndicales les plus représentatives des travailleurs et des employeurs (les organisations qui se sont abstenues ont cependant la possibilité de s'opposer à l'extension). Les conventions doivent être limitées à une branche d'activité professionnelle déterminée ; elles peuvent être nationales, régionales ou locales. Cependant, la conclusion

des conventions collectives nationales interprofessionnelles est autorisée, en matière de prévoyance et d'indemnisation du chômage.
Lorsque la carence des organisations syndicales des travailleurs et d'employeurs a rendu impossible la conclusion d'une convention collective dans une branche d'activité et pour un secteur géographique déterminés, le ministre chargé du travail peut, à la demande d'une des organisations les plus représentatives des travailleurs ou des employeurs, rendre obligatoire dans cette branche et ce secteur une convention collective déjà étendue à la même branche pour un secteur géographique différent.

***Paragraphe 3. Le contenu des conventions***

**43.** Le Code du travail énumère les clauses que doivent obligatoirement contenir les conventions collectives nationales : le libre exercice du droit syndical et la liberté d'opinion des travailleurs, les éléments du salaire applicable par catégorie du personnel, les conditions d'embauchage et de licenciement), le fonctionnement de l'institution des délégués du personnel et des comités d'entreprise, l'organisation de l'apprentissage, etc. Lorsqu'une convention collective nationale a été conclue dans une branche d'activité, les conventions collectives régionales ou locales adaptent ses dispositions aux conditions particulières de travail dans la région ou la localité.

***Paragraphe 4. La procédure d'extension et ses effets***

**44.** Le ministre du Travail apprécie s'il y a lieu de procéder à l'extension d'une convention collective, soit à la demande d'une des organisations syndicales les plus représentatives, soit de sa propre initiative. Les dispositions étendues de la convention collective (publiées au *Journal officiel*) deviennent *obligatoires pour tous les employeurs et travailleurs compris dans le champ d'application professionnel et territorial de la convention.*

**Les accords d'établissement.** En dehors des conventions collectives, le droit du travail prévoit la possibilité d'accords concernant un ou plusieurs établissements déterminés et conclus avec les représentants des syndicats les plus représentatifs du personnel de l'établissement ou des établissements considérés. L'objet normal de ces accords est d'adapter les conventions collectives aux conditions particulières de l'établissement.

**Les entreprises publiques ou à statut particulier.** Les dispositions de la loi relatives aux conventions collectives ne s'appliquent pas aux établissements et aux entreprises dont le personnel est soumis aux mêmes statuts législatifs ou règlementaires que ceux des entreprises publiques. Mais, lorsque le personnel d'une entreprise publique n'est pas soumis à un statut législatif ou règlementaire, des accords collectifs peuvent être conclus. En outre, lorsqu'une convention collective a fait l'objet d'un arrêté d'extension, elle est, en l'absence de dispositions contraires, applicable aux entreprises publiques se trouvant placées dans son champ d'application en raison de la nature de leur activité.

**La commission supérieure des conventions collectives.** Elle a pour mission :

a) de donner un avis motivé au Travail sur l'extension et sur avis motivé au ministre du Travail sur l'extension et sur le retrait de l'arrêté portant extension de toute convention collective ;

b) d'émettre, à la demande du ministre du Travail, un avis sur toute difficulté née à l'occasion de la négociation, de la conclusion et de l'application des conventions collectives ;

c) d'étudier la composition d'un budget type servant à la détermination, par le gouvernement, du salaire minimum interprofessionnel garanti (S.M.I.G.).

### Section 3. La grève

**45.** La grève est un abandon volontaire et concerté du travail par plusieurs personnes pour des motifs d'ordre professionnel. Jusqu'en 1864, la grève ayant un caractère illicite, les grévistes pouvaient être poursuivis devant les tribunaux correctionnels. Depuis la loi des 25-27 mai 1864, modifiant le Code pénal, ne peuvent être poursuivis que les grévistes qui, par violences, menaces ou manœuvres dolosives, s'emploient à empêcher d'autres salariés de poursuivre leur travail. C'est le délit d'entrave à la liberté du travail. Le simple fait de grève avait ainsi cessé d'être un délit, mais le droit de grève se trouvait limité par les conséquences juridiques que les tribunaux tiraient de l'exercice de la grève. Si l'on excepte certains arrêts rendus en 1939 par la Cour supérieure d'arbitrage en France, la jurisprudence affirmait, de façon constante, que la grève entraînait la rupture du contrat de travail, aux torts et griefs de l'ouvrier gréviste. Il en résultait que l'employeur qui ne reprenait pas les grévistes à l'issue du mouvement d'arrêt de travail

n'était pas considéré comme les ayant licencié, puisque c'est eux-mêmes qui étaient réputés avoir rompu leur contrat de travail.
La Constitution française de 1946 ayant consacré l'exercice du droit de grève en déclarant que « *le droit de grève s'exerce dans le cadre des lois qui le règlementent* », la loi du 11 février 1950 relative aux conventions collectives a apporté la précision suivante : « La grève ne rompt pas le contrat de travail sauf faute lourde imputable au salarié ». Mais cette disposition ne suffit pas à régler les problèmes qui se posent, et ce sont les tribunaux qui ont défini les limites et les conditions d'exercice du droit de grève.

### *Paragraphe 1. La règlementation du droit de grève dans les services publics*

**46.** Le Code du travail de 1975 impose dans les services publics l'obligation d'un préavis qui doit parvenir 5 jours francs avant le déclenchement de la grève. En outre, les grévistes doivent respecter une heure de cessation du travail et une heure de reprise commune à toutes les catégories et aux heures de reprise communes à toutes les catégories et aux divers membres du personnel intéressé ; il leur est interdit d'organiser des arrêts de travail affectant, par échelonnements successifs ou par roulements concertés, les divers secteurs ou les diverses catégories professionnelles d'un même établissement ou service, ou les différents établissements ou services d'une même entreprise ou d'un même organisme.[13] On notera, cependant, que le droit de grève ne met pas d'obstacle au droit de réquisition.

### *Paragraphe 2. Les conséquences juridiques de la grève*

**47.** Le législateur de 1975, en décidant que la grève ne rompt pas le contrat de travail, sauf faute lourde du salarié, laissait en fait aux tribunaux le soin de définir et de délimiter le droit de grève. D'une jurisprudence abondante et quelquefois contradictoire, on peut, cependant, dégager un certain nombre de principes : Si la grève est licite et si l'ouvrier qui y a participé n'a commis aucune faute, l'employeur est obligé de le réintégrer lorsque la grève est terminée, sous réserve des

[13] En France le législateur a, par ailleurs, interdit la grève aux services de police (1948) et aux compagnies républicaines de sécurité (1947), au personnel des services extérieurs de l'administrateur pénitentiaire (1958), aux magistrats (1958) et au personnel de la sécurité aérienne (1964).

délais nécessaires à la remise en marche de son atelier. S'il s'y refuse, il est considéré comme rompant abusivement le contrat de travail et peut donc être condamné au paiement de dommages intérêts et d'indemnités de rupture. Si l'ouvrier intéressé est représentant du personnel ou délégué syndical, l'employeur ne peut procéder à son licenciement qu'en observant la procédure prévue par la loi.

Lorsque la grève n'est pas licite par son objet (grève politique) ou lorsque l'arrêt de travail n'a pas le caractère d'une grève véritable (grève tournante, grève perlée), l'employeur peut rompre le contrat de travail pour faute lourde et donc sans avoir à respecter le préavis. Aucune définition n'a été donnée par la loi du 15 mars 1975 de la *faute lourde*. Il y a évidemment faute lourde lorsque le gréviste commet un délit pénal : entrave à la liberté du travail, violation de domicile, détérioration d'objets servant à la fabrication, violences, séquestration de personnes. Il y a également faute lourde lorsque le gréviste s'oppose à la mise en œuvre des mesures de sécurité rendues nécessaires par la grève, soit pour sauvegarder les installations, soit pour empêcher des pertes de matières premières (industries alimentaires). Le seul refus de participer à l'exécution de telles mesures de sécurité a été considéré par certaines décisions comme faute lourde, notamment lorsque la convention collective en vigueur prévoyait que le personnel devait y participer. L'occupation des lieux de travail (« grève sur le tas ») peut également constituer une faute lourde, surtout si elle s'est prolongée malgré les injonctions de l'employeur.

### Section 4. Le règlement des conflits collectifs du travail

**48.** Rien n'est plus onéreux pour l'économie d'un pays que les conflits collectifs qui opposent salariés et employeurs, et qui ne trouvent fréquemment leur solution qu'à l'issue d'une grève souvent longue. Aussi, le législateur s'est préoccupé d'instituer des procédures permettant d'éviter ou de résoudre de tels conflits.

#### *Paragraphe 1. La conciliation*

**49.** Les conventions collectives doivent contenir obligatoirement des dispositions organisant la conciliation des conflits qui peuvent naître de l'application, de la révision ou du renouvèlement de la convention. *Tous les conflits collectifs du travail doivent être obligatoirement soumis aux procédures de conciliation prévues.* Si, pour quelque raison que ce soit, les commissions de conciliation conventionnelle n'ont pas été saisies, le conflit doit être porté devant une commission régionale ou nationale de conciliation comprenant des représentants en nombre égal des organisations des plus représentatifs d'employeurs et de salariés ainsi que des représentants des pouvoirs publics. En cas d'échec de la procédure, le conflit est soumis soit à l'arbitrage si les deux parties sont d'accord, soit à la procédure de médiation.

***Paragraphe 2. L'arbitrage***

**50.** L'arbitrage est facultatif. Toutefois, les conventions collectives peuvent prévoir une procédure d'arbitrage et, dans ce cas, tout conflit est soumis à l'arbitrage. Si la convention ne comporte pas une telle clause, les parties peuvent, néanmoins, décider de recourir à une procédure d'arbitrage. L'arbitre doit statuer en droit c'est-à-dire comme le ferait un juge sur les conflits relatifs à l'interprétation ou à l'exécution des lois, règlements ou conventions collectives en vigueur. Au contraire, il statue en équité sur les autres conflits (salaires, conditions de travail non fixées par un texte).[14]

***Paragraphe 3. La médiation***

**51.** La procédure de médiation instituée par le législateur congolais de 1975 consiste à soumettre à la personne désignée comme médiateur le conflit qui n'a pu être concilié. Le médiateur tente d'amener les parties à un accord et, s'il n'y parvient pas, leur recommande la solution qui lui paraît appropriée. La recommandation du médiateur n'a aucun effet obligatoire. La loi du 15 mars 1975 portant Code du travail prévoit la publication au *Journal officiel* des conclusions de la recommandation.

---

[14] En France, en 1938, l'arbitrage ayant été rendu obligatoire, il avait été institué une *Cour supérieure d'arbitrage*, qui avait pouvoir d'annuler les sentences arbitrales lorsque l'arbitre avait violé la loi ou commis un excès de pouvoir. Cette Cour subsiste, mais son rôle est réduit du fait du caractère facultatif de l'arbitrage.

# CHAPITRE 3. LA REPRESENTATION DU PERSONNEL DANS L'ENTREPRISE

**52.** Dans les corporations de métiers, les contacts entre les patrons et leurs salariés étaient facilement établis et maintenus. Le patron et ses collaborateurs se connaissaient souvent de longue date : les litiges qui s'élevaient entre eux pouvaient se résoudre par des contacts personnels. Ce phénomène peut encore s'observer dans les petites et moyennes entreprises. En France au XIX$^{e}$ siècle, cependant, on ne concevait pas de rapport collectif entre le personnel et le chef de l'entreprise. Le patron assumait la charge de l'entreprise, les salariés s'obligeaient à exécuter un travail en échange d'une rémunération : ils étaient hors de l'entreprise. Actuellement, au contraire, les salariés tendent à être intégrés dans l'entreprise ; on a même pu parler, dans certain cas, d'une propriété de l'emploi. Se pose donc actuellement le problème de savoir quelle est la place exacte du personnel dans l'entreprise et les rapports qui doivent s'établir entre l'employeur et l'employé. Cette question n'est pas encore réglée de façon définitive. On tombe d'accord sur le fait que le personnel est directement intéressé à la marche de l'entreprise et aussi sur l'intérêt qu'il peut y avoir à le faire participer activement à la vie de l'entreprise. Mais cette participation doit-elle se limiter au domaine social ou s'étendre au domaine économique ? Le personnel doit-il être associé à la gestion (cogestion) ou son rôle doit-il se borner à la consultation (contrôle ouvrier) ? Ont été institués des délégués du personnel en 1936 et des comités d'entreprise par les lois n°45-75 mars 1975, instituant un Code de travail de la République populaire du Congo et la loi n°6-96 du 6 mars 1996 modifiant et complétant certaines dispositions de la loi n°45-75 du 15 mars 1975 instituant le Code du travail. Depuis, la loi française du 27 décembre 1968 a donné un statut aux délégués des sections syndicales dans les établissements occupant habituellement au moins 50 salariés.

## Section 1. L'élection des représentants du personnel

**53.** Les délégués du personnel sont élus pour un an et les membres du comité d'entreprise le sont pour deux ans au scrutin de liste secret et à la représentation proportionnelle (avec répartition des restes à la plus forte moyenne). Participent au vote tous les salariés d'au moins 18 ans qui travaillent dans l'entreprise depuis au moins 6 moins et qui n'ont pas été frappés d'une condamnation entraînant la perte des droits politiques. Seules les organisations syndicales les plus représentatives peuvent présenter des listes de candidats dans chaque collège électoral. Si le nombre des votants est inférieur à la moitié du nombre des inscrits, il est procédé à un second tour, pour lequel les candidatures sont libres. Sont seuls éligibles les Congolais et protégés âgés de 21 ans, sachant lire et écrire, et présents dans l'établissement depuis un an au moins (les étrangers titulaires de la carte de résident privilégié sont cependant éligibles comme délégués du personnel).

## Section 2. Les délégués du personnel[15]

**54.** Les accords Matignon conclus le 7 juin 1936, prévoyaient l'institution de délégués ouvriers dans chaque établissement comprenant plus de 10 ouvriers. Le statut des délégués du personnel fixé par le Code du travail de 1975 impose l'élection de délégués du personnel dans tous les établissements des professions agricoles, commerciales et libérales, ainsi que dans les sociétés civiles, les syndicats et les associations où sont occupés habituellement plus de 10 salariés (y compris les travailleurs à domicile). Ces délégués sont élus pour un an au scrutin secret, à la représentation proportionnelle, par les salariés de l'entreprise remplissant certaines conditions d'âge et d'ancienneté.

## Section 3. Le rôle et la compétence des délégués

**55.** Les délégués du personnel ont essentiellement pour mission de présenter aux employeurs toutes réclamations individuelles et collectives qui n'auraient pas été directement satisfaites, relatives aux taux de salaires et aux classifications professionnelles, à l'application des

---

[15] En France c'est en 1883 qu'un industriel de l'école sociale catholique, Léon Harmel, installait au Val-des-Bois, près de Reims, le premier conseil d'usine. Une loi de 1890 instituait des délégués mineurs à la sécurité. Ces délégués, qui représentaient en même temps le personnel, devaient, en plus de leurs fonctions de contrôle de la sécurité, signaler les infractions à la législation sociale. En 1899, à la suite d'une grève, la direction du Creusot et le syndicat ouvrier avaient recours à l'arbitrage du président Waldeck-Rousseau pour la nomination de délégués d'atelier. D'autres systèmes de représentation ouvrière qui fonctionnaient aux Aciéries d'Ugine et aux établissements industriels avaient institué une telle représentation. En 1917, Albert Thomas, ministre de l'Armement, créait des délégués ouvriers dans les établissements de plus de 50 ouvriers travaillant pour la défense nationale. Ces délégués avaient pour mission de présenter les réclamations individuelles et d'intervenir auprès du patron pour lui proposer de résoudre les difficultés naissant de l'application des règlements, des tarifs des salaires, etc.

dispositions du Code du travail ainsi qu'à celles des lois et règlements concernant la protection ouvrière, l'hygiène, la sécurité et la prévoyance sociale. Ils sont habilités à prendre contact avec les inspecteurs du travail, qu'ils peuvent saisir de toutes plaintes relatives à l'application des prescriptions légales et règlementaires dont ils sont chargés d'assurer le contrôle. En l'absence de comité de sécurité, les délégués ont pour mission de veiller à l'application des prescriptions législatives et règlementaires concernant la sécurité et de proposer toutes mesures utiles en cas d'accidents ou de maladies professionnelles graves. Lorsqu'il n'existe pas de comité d'entreprise, les délégués assument certaines des responsabilités confiées par la loi à cet organisme.
Pour exercer leurs fonctions, les délégués du personnel disposent de 15 heures par mois au maximum. Ce temps leur est payé comme temps de travail. Les délégués du personnel sont protégés par la loi et ne peuvent être licenciés que suivant une procédure spéciale : tout licenciement d'un délégué titulaire ou suppléant doit être obligatoirement soumis à l'assentiment du comité d'entreprise ; en cas de désaccord du comité d'entreprise (ou s'il n'en existe pas), la décision appartient à l'inspecteur du travail. En cas de refus d'autorisation de l'inspecteur du travail, l'employeur pourrait, d'après la Cour Suprême, demander aux tribunaux compétents de prononcer la résolution de leur contrat de travail.

# CHAPITRE 4. LES COMITES D'ENTREPRISE[16]

## Section 1. La constitution des comités d'entreprise

**56.** Les comités d'entreprise doivent être constitués dans les entreprises employant au moins 50 salariés. Ils sont composés du chef d'entreprise et des délégués élus pour deux ans par le personnel dans les mêmes conditions que les délégués du personnel. En outre, un représentant de chaque organisation syndicale représentative dans l'entreprise (membre du personnel de l'entreprise) peut assister aux réunions du comité avec voix consultative.

### Sous-section 1. Les attributions et le rôle du comité d'entreprise

**57.** Les comités d'entreprise ont été institués dans le but d'assurer une coopération entre la direction et le personnel. Ce faisant, le législateur a entendu maintenir intacte l'autorité patronale dans le domaine économique. En matière sociale, au contraire, les comités d'entreprise se sont vu attribuer des pouvoirs de décision.

**58. Le rôle du comité d'entreprise en matière économique.** Le comité d'entreprise étudie les suggestions émises par le personnel dans l'intention d'accroître la production et d'améliorer le rendement de l'entreprise. En matière de salaires, il est habilité à formuler son avis sur l'adaptation à l'entreprise des dispositions générales définies par les textes législatifs ou les conventions collectives.
Le comité doit être consulté sur les questions d'ordre général intéressant l'organisation, la gestion et la marche de l'entreprise, et notamment averti en temps utile des mesures tendant aux compressions de personnel. Il doit être obligatoirement informé des bénéfices réalisés et émettre des suggestions quant à leur affectation. Le chef d'entreprise doit, une fois par trimestre, faire au comité un rapport d'ensemble sur l'activité de l'entreprise ; une fois par an, il doit exposer ses projets pour l'exercice suivant.

---

[16] Au moment de la Libération, les comités sociaux d'établissement institués en application de la Charte du travail furent remplacés en divers endroits par des comités qualifiés de noms divers. Aussi, le gouvernement provisoire de la République a-t-il très rapidement promulgué l'ordonnance du 22 février 1945 sur les comités d'entreprise, modifiée ultérieurement par les lois du 16 mai 1946 et du 18 juin 1966.

*Les sociétés anonymes sont soumises à des obligations particulières* ; l'acte uniforme de l'OHADA relatif au droit des sociétés commerciales et du groupement d'intérêt économique a posé, en ce qui les concerne, les règles suivantes :

- la direction est tenue de communiquer au comité, avant leur représentation à l'assemblée générale des actionnaires, le compte des profits et pertes, le bilan annuel et le rapport des commissaires aux comptes ;
- le comité peut convoquer les commissaires aux comptes, recevoir leurs explications sur les différents postes des documents sus énumérés, ainsi que sur la situation financière de l'entreprise, et formuler toutes observations utiles, qui seront obligatoirement transmises à l'assemblée générale des actionnaires ;
- à l'occasion de ces études, le comité peut être assisté d'un expert-comptable rémunéré par l'entreprise ;
- deux membres du comité, délégués par celui-ci et appartenant l'un à la catégorie des cadres et de la maîtrise, l'autre à la catégorie des ouvriers et employés, assistent avec voix consultative à toutes les séances du conseil d'administration.

***Paragraphe 1. L'intéressement des travailleurs à l'entreprise***

**59.** L'ordonnance française du 7 janvier 1959 tenant à favoriser l'association et l'intéressement des travailleurs à l'entreprise réserve aux comités d'entreprise un rôle important dans l'élaboration et l'application des contrats d'intéressement. Par ailleurs, une des ordonnances du 17 août 1967 relatives à la participation des salariés aux fruits de l'expansion des entreprises prévoit entre autres possibilités la conclusion au sein du comité d'entreprise d'un accord sur la nature et les modalités de gestion des droits reconnus aux salariés au titre de cette participation.

***Paragraphe 2. Le rôle du comité d'entreprise en matière sociale***

**60.** Le comité d'entreprise assume ou contrôle la gestion des œuvres sociales établies dans l'entreprise au bénéfice des salariés ou de leurs familles. Pour lui permettre d'assumer cette tâche, il est doté de la personnalité civile. Il dispose de certaines ressources. La plus importante, sinon la seule, est constituée par les fonds versés par l'entreprise.

## Section 2. Le fonctionnement des comités d'entreprise

**61.** Les membres titulaires du comité d'entreprise disposent de 20 heures par mois, qui outre les heures de présence aux séances du comité sont rémunérées comme temps de travail ; ils ne peuvent être licenciés que sous les mêmes garanties que les délégués du personnel.

### *Paragraphe 1. L'intéressement du personnel aux résultats*

**62.** Une ordonnance française du 17 août 1967 a créé un régime obligatoire de participation des travailleurs aux fruits de l'expansion dans les entreprises d'une certaine importance. Ce texte a été explicité par un décret du 19 décembre 1967.

**Quand y a-t-il obligation ?** Les trois conditions suivantes doivent être réunies pour qu'il y ait obligatoirement constitution d'une réserve spéciale affectée à cet intéressement :

a) l'entreprise doit occuper habituellement plus de cent salariés ; néanmoins, les entreprises plus petites peuvent volontairement se soumettre à l'obligation ;

b) l'entreprise doit avoir réalisé (au Congo ou dans les pays membres du Traité OHADA) un bénéfice net imposable ;

c) le bénéfice diminué de l'impôt doit être supérieur à 5% des capitaux propres de l'entreprise[17].

**63. Le mode de calcul de la réserve spéciale.** Le montant de la réserve spéciale de participation des travailleurs est déterminé de la façon suivante :

1° est d'abord calculé le rapport entre la masse des salaires et la valeur ajoutée de l'entreprise ;

2° ce rapport est appliqué à la fraction du bénéfice net qui est supérieure à la rémunération de 5% des capitaux propres visée à l'alinéa c) ci-dessus.[18]

---

[17] Cf. Acte Uniforme portant organisation des sociétés commerciale et du groupement d'intérêts économique.

[18] Cf. Acte Uniforme précité

3° la réserve spéciale est alors égale à la moitié de la somme ainsi calculée qui est censée correspondre à la part du travailleur dans l'activité de l'entreprise.

La répartition entre les travailleurs ayant au moins trois ans de présence dans l'entreprise au cours de l'exercice est calculée proportionnellement aux salaires perçus, dans la limite de certains plafonds. Toutefois, les entreprises peuvent conclure avec leur personnel des accords plus avantageux pour celui-ci, sous réserve que ces accords soient homologués par arrêtés des ministres de l'Economie et des Finances et des Affaires sociales, sur avis conforme d'un Centre d'étude des revenus et de coûts. La nature et les modalités de gestion des droits reconnus aux salariés sur les sommes définies ci-dessus sont fixées par accords entre la direction d'une part, le personnel de l'autre. Il peut s'agir soit d'une convention collective, soit d'un accord d'établissement, soit encore d'une décision du comité d'entreprise.

Suivant les accords ainsi conclus, les salariés pourront soit recevoir des actions ou des coupures d'actions de l'entreprise, soit si l'entreprise affecte le montant de la réserve spéciale à ses investissements, recevoir des obligations ou bénéficier des comptes courants bloqués, soit encore devenir actionnaires d'un organisme de placements.[19]

**Les avantages fiscaux des entreprises.** Les entreprises peuvent constituer en franchise d'impôt une provision pour investissements d'un montant égal à celui des sommes affectées à la réserve spéciale de participation ; cette provision doit être utilisée dans l'année à l'acquisition ou à la création d'immobilisations amortissables.[20]

***Paragraphe 2. Les plans d'épargne d'entreprise***

**64.** Aux termes de l'Acte uniforme relatif au droit comptable de l'OHADA, tout système d'épargne collectif ouvrant aux salariés d'une entreprise la faculté de participer, avec l'aide de celle-ci, à la constitution d'un portefeuille de valeurs mobilières constitue un plan d'épargne d'entreprise. Un tel, plan peut être établi soit à l'initiative de l'entreprise soit en vertu d'un accord avec le personnel. Les valeurs mobilières sont acquises avec les fonds fournis volontairement par les salariés et avec les fonds apportés par l'entreprise ; en fait, l'entreprise proportionne sa participation à celle des salariés, mais cette participation ne peut dépasser

---

[19] H.D. Amboulou, Traité de droit des affaires OHADA
[20] H.D. Amboulou, Traité de droit des affaires OHADA

10% du salaire annuel de chacun, ni 20000F par bénéficiaire. La part de chaque salarié dans le portefeuille collectif de l'entreprise est individualisée, mais il ne peut en bénéficier que cinq ans plus tard ou lorsqu'il atteint l'âge de 65 ans. Les versements de l'entreprise sont déduits de son bénéfice imposable et ne sont pas considérés comme constituant un supplément de salaire pour les travailleurs, tant en matière fiscale que sociale[21]. Les salariés qui ont adhéré à un plan d'épargne d'entreprise peuvent demander que leur participation aux fruits de l'expansion (intéressement) soit affectée à la réalisation de ce plan.

### Section 3. Le règlement intérieur

**65.** Le « règlement intérieur », ou « règlement d'atelier », a pour objet de préciser les modalités d'application, dans l'entreprise, des dispositions légales et conventionnelles, et de régler les problèmes relatifs à l'organisation et à la discipline générale. Le Code du travail de 1975 impose l'établissement d'un règlement intérieur dans les entreprises industrielles et commerciales employant habituellement au moins 20 salariés. Le règlement intérieur doit contenir un certain nombre de dispositions obligatoires (date d'entrée en vigueur du règlement, licenciement collectif, hygiène, sécurité, etc.). La direction peut y insérer des clauses facultatives, concernant notamment la discipline générale, les sanctions, les heures supplémentaires, la mise à la retraite, etc. Le règlement intérieur, après avoir été soumis pour avis au comité d'entreprise (ou à défaut, aux délégués du personnel), doit être adressé à l'inspecteur du travail, accompagné, le cas échéant, d'un exposé des observations faites par les représentants du personnel ; l'inspecteur du travail peut exiger le retrait ou la modification des dispositions contraires aux lois et règlements en vigueur.

[21] H.D. Amboulou, idem

# TITRE 2 : LE DROIT DU TRAVAIL DANS LA LOI DE 1975[22]

## SOUS-TITRE 1. DISPOSITIONS GENERALES

**66.** Est considéré comme travailleur au sens du Code de 1975, quels que soient son sexe et sa nationalité, toute personne qui s'est engagée à mettre son activité professionnelle, moyennant rémunération, sous la direction et l'autorité d'une autre personne, physique ou morale, publique ou privée. Pour la détermination de la qualité de travailleur, il ne sera tenu compte ni du statut juridique de l'employeur ni de celui de l'employé. Les personnes nommées dans un emploi permanent d'un cadre d'une administration publique ne sont pas soumises aux dispositions du Code de travail.[23] Les travailleurs continuent à bénéficier des avantages qui leur ont été consentis, lorsque ceux-ci sont supérieurs à ceux que leur reconnaît le Code dont les dispositions ne s'opposent pas, par ailleurs, aux dispositions plus favorables qui peuvent être consenties par des conventions ou accords collectifs ou par des contrats particuliers.
Toute personne, physique ou morale, publique ou privée, employant un ou plusieurs travailleurs au sens de l'article 2 est considérée comme constituant une entreprise et est soumise aux dispositions du présent Code visant les employeurs.[24] Le travail forcé ou obligatoire est interdit de façon absolue. Le terme « travail forcé ou obligatoire » désigne tout travail ou service exigé d'un individu sous la menace d'une peine quelconque ou pour lequel le dit individu ne s'est pas offert de plein gré. Le terme « travail forcé » ne s'applique pas aux obligations résultant du service civique de la jeunesse ainsi qu'au travail ou service exigé en cas de guerre, de sinistre, de menace de sinistre, de désastre naturel ou d'épidémie et, de façon générale, dans toutes circonstances susceptibles de mettre en danger ou mettant en danger la vie d'autrui ou les conditions normales d'existence de l'ensemble ou d'une partie de la population. Le terme « travail obligatoire » ne s'applique pas à tout travail décidé et exécuté de plein gré par une collectivité et visant à des tâches d'intérêt direct pour cette collectivité tels que l'établissement et la propreté des lieux d'habitation, le ravitaillement en eau, l'aménagement du sol, les constructions à des fins sociales, culturelles ou économiques.[25]

---

[22] Loi n°45-75 du 15 mars 1975, instituant un code du travail de la République populaire du Congo
[23] Article 2
[24] Article 3
[25] Article 4

# SOUS-TITRE 2. LE CONTRAT DE TRAVAIL

## CHAPITRE 1. LE CONTRAT D'APPRENTISSAGE

### Section 1. La nature et la forme du contrat d'apprentissage

**67.** Le contrat d'apprentissage est celui par lequel un chef d'établissement industriel, commercial ou agricole, un artisan ou un façonnier s'oblige à donner ou à faire donner une formation professionnelle méthodique et complète à une autre personne et par lequel celle-ci s'oblige en retour, à se conformer aux instruments qu'elle recevra et à exécuter les ouvrages qui lui seront confiés en vue de son apprentissage.[26]

Le contrat d'apprentissage est établi en tenant compte des usages et coutumes de la profession. Il contient en particulier :

- les noms, prénoms, âge, profession, domicile du maître ou la raison sociale ;
- les noms, prénoms, âge, domicile de l'apprenti ;
- si l'apprenti est mineur, les noms, prénoms, profession et domicile de ses père et mère, de son tuteur ou de la personne autorisée par les parents ou à leur défaut par le juge d'instance ;
- la date et la durée du contrat, celle-ci fixée conformément aux usages de la profession ne pourra excéder 4 ans ;
- les conditions de rémunération, de nourriture et de logement de l'apprenti ;
- l'indication de la profession qui sera enseignée à l'apprenti, éventuellement l'indication des cours professionnels que le chef d'établissement s'engage à faire suivre à l'apprenti soit dans l'établissement soit au dehors.[27]

Le contrat d'apprentissage doit être constaté par écrit à peine de nullité ; il est signé par le maître et les parents ou le tuteur de l'apprenti si ce dernier est mineur, par l'apprenti lui-même s'il est majeur. Le contrat d'apprentissage est exempt de tous droits de timbre et d'enregistrement. Il est soumis au visa de l'inspecteur du travail ou de son représentant qui doit notamment :

- exiger la production par le maître d'un certificat médical datant de moins de trois mois déclarant le futur apprenti apte aux travaux de la profession choisie ;

---

[26] Article 5

[27] Article 6

- constater l'identité de l'apprenti et la conformité du contrat aux dispositions applicables en la matière ;
- vérifier que l'apprenti est libre de tout engagement antérieur ;
- avoir donné aux parties lecture et éventuellement le leur faire signer.

La demande de visa incombe au maître.

Si l'omission du visa est due au fait du maître, l'apprenti aura droit de faire constater la nullité du contrat et pourra se réclamer de toutes les mesures législatives ou règlementaires applicables aux salariés titulaires d'un contrat de travail de droit commun.[28]

## Section 2. Les conditions du contrat d'apprentissage

**68.** Nul ne peut recevoir des apprentis mineurs s'il n'est âgé de 21 ans au moins.[29] Aucun maître s'il ne vit en famille ou en communauté, ne peut loger en son domicile personnel ou dans son atelier, comme apprenties, des jeunes filles mineures.[30] Ne peuvent recevoir des apprentis les individus qui ont été condamnés soit pour crime, soit pour délit contre les mœurs, soit pour quelque délit que ce soit, à une peine d'au moins 3 mois de prison sans sursis.[31] L'apprenti doit être âgé de 16 ans au minimum. Il bénéficie des dispositions relatives au travail des enfants et de la règlementation concernant le repos hebdomadaire, la protection des travailleurs, la durée du travail, l'hygiène et la sécurité, la réparation des accidents du travail.[32] Dans le cas où l'apprenti est employé aux seuls travaux qu'exige sa formation et seulement pendant le temps nécessaire à cette formation, il ne peut prétendre à une rémunération. Dans le cas où pour certaines techniques ou professions, l'apprentissage représente pour le maître une perte d'argent, compte tenu notamment de la valeur des matières premières employées ou de l'usure particulière de l'outillage résultant de l'initiation aux méthodes de travail, il peut être prévu au contrat que l'apprenti versera une redevance au maître. Cette redevance doit être précisée au contrat ; elle ne pourra excéder la moitié du SMIG.

Dès l'instant où l'apprenti commence à faire des travaux dont le maître tire profit, il y a lieu à rémunération de l'apprenti. Cette rémunération qui tient compte, d'une part des avantages que l'apprenti tire de l'enseignement du métier et d'autre part des soins et sujétions que cet enseignement représente pour le maître, peut être inférieure au SMIG.

[28] Article 7
[29] Article 8
[30] Article 9
[31] Article 10
[32] Article 11

Elle est progressive avec les années d'apprentissage pour devenir au moins égale au SMIG au cours de la dernière année d'apprentissage. Les inspecteurs du travail disposent du pouvoir de recommandation le plus large en matière de fixation de la rémunération de l'apprenti. Il peut être prévu que l'apprenti s'engage après l'achèvement de l'apprentissage à exercer pendant une durée déterminée qui ne peut excéder 2 ans une activité professionnelle salariée pour le compte de son ancien maître, faute de quoi l'apprenti sera tenu de verser, à titre de clause pénale, une somme qui sera fixée en considération du préjudice qui pourra en résulter pour le maître.[33] Toute période égale à onze mois d'apprentissage, ouvre droit, pour l'apprenti, à un mois de repos effectif.[34]

## Section 3. Les devoirs du maître et de l'apprenti

**69.** Le maître doit prévenir sans retard les parents de l'apprenti ou ses représentants en cas de maladie, d'absence ou de tout fait de nature à motiver leur intervention. Il n'emploiera l'apprenti, dans la mesure de ses forces, qu'aux travaux et services qui se rattachent à l'exercice de la profession.[35] Le maître doit traiter l'apprenti en bon père de famille, lui assurer les soins médicaux et les meilleures conditions de logement et de nourriture. Si l'apprenti ne sait pas lire, écrire et compter, le maître est tenu de lui accorder le temps et la liberté nécessaires pour son instruction. Ce temps sera dévolu à l'apprenti selon un accord réalisé entre les parties, mais ne pourra excéder une durée calculée sur la base de 2 heures par jour de travail.[36] Le maître doit enseigner à l'apprenti, progressivement et complètement, l'art, le métier ou la profession spéciale qui fait l'objet du contrat. Il lui délivrera, à la fin de l'apprentissage, un congé d'acquit ou certificat constatant l'exécution du contrat. L'apprenti doit à son maître, dans le cadre de l'apprentissage, obéissance et respect. Il doit l'aider par son travail dans la mesure de ses aptitudes et de ses forces. L'apprenti dont le temps d'apprentissage est terminé passe un examen devant un jury professionnel désigné par le directeur du service central de la main d'œuvre ou à défaut par l'inspecteur du travail et composé de deux membres employeurs et de deux membres employés de la profession, sous la présidence d'un professeur de l'enseignement technique ou d'un technicien de la profession. Un certificat constatant la qualification

---

[33] Article 12
[34] Article 13
[35] Article 14
[36] Article 15

professionnelle de l'apprenti lui est remis en cas de succès à l'examen de fin d'apprentissage. Il est signé par les autorités compétentes.
L'apprenti est tenu de remplacer à la fin de l'apprentissage le temps qu'il n'a pu employer par suite de malade ou d'absence ayant duré plus de quinze jours. L'embauchage, comme ouvrier ou employé, de jeunes gens liés par contrat d'apprentissage, élèves ou stagiaires dans les écoles ou centres de formation professionnelle, est passible d'une indemnité au profit du chef d'établissement abandonné. Tout nouveau contrat d'apprentissage conclu sans que les obligations du précédent contrat aient été remplies complètement ou sans qu'il ait été résolu légalement, est nul de plein droit.[37]

## Section 4. La résolution du contrat d'apprentissage

**70.** Les deux premiers mois de l'apprentissage sont considérés comme un temps d'essai pendant lequel le contrat peut être annulé par la seule volonté d'une des parties. La résolution du contrat d'apprentissage intervient de plein droit dans les cas suivants :
- mort du maître ou de l'apprenti ;
- service militaire du maître ou de l'apprenti ;
- condamnation du maître à l'une des peines prévues à l'article 10 ;

Divorce du maître, décès de sa femme ou de toute autre femme de la famille qui dirigeait la maison à l'époque de la conclusion du contrat, si les apprenties sont des filles mineures.
Le contrat est résolu à la demande de l'une ou de l'autre des parties :
- pour manquement aux stipulations du contrat ou infraction grave et habituelle aux prescriptions du présent chapitre et des autres lois et règlements relatifs aux conditions de travail des apprentis ;
- en cas de changement de résidence du maître ;
- en cas de vente du fonds ou de cessation de l'exploitation du maître.

La résolution peut également être demandée par le maître pour révélation par l'apprenti de secrets de fabrication, de liste de clientèle ou pour vol. Une maladie entraînant l'impossibilité de poursuivre l'apprentissage dans la profession choisie ou la suspension de l'apprentissage pour une durée supérieure à 6 mois est aussi un motif de demande de résiliation.[38] La rupture abusive du contrat d'apprentissage ouvre droit à des dommages-intérêts. Les actions en résolution du contrat d'apprentissage sont portées

---

[37] Article 16 à 19
[38] Articles 20 à 22

devant les tribunaux du travail qui règlent éventuellement les indemnités ou restitutions qui pourraient être dues à l'une ou à l'autre des parties.[39]

## Section 5. Les mesures de contrôle du contrat d'apprentissage

**71.** Un carnet d'apprentissage est ouvert par le maître pour chaque apprenti. Il doit mentionner les progressions de l'apprenti au cours de l'enseignement. Il doit être tenu à jour et présenté à l'inspecteur du travail sur sa demande. Mention y est portée de la date de signature du contrat et de la date de fin de l'apprentissage. A l'expiration du contrat le carnet est obligatoirement remis à l'apprenti. L'inspecteur du travail, ou son représentant, est chargé du contrôle de l'exécution du contrat d'apprentissage ; il peut se faire assister d'un technicien pour le contrôle de l'enseignement donné à l'apprenti. Toute cessation du contrat d'apprentissage doit être portée à sa connaissance. Des arrêtés du ministre du travail et de la prévoyance sociale pris après avis de la commission nationale consultative du travail détermineront les catégories d'entreprises dans lesquelles est imposé un pourcentage d'apprentis par rapport au nombre total de travailleurs. Des arrêtés du ministre du travail et de la prévoyance sociale peuvent limiter l'effectif des apprentis ou suspendre le droit de former dans les entreprises dans lesquelles il aura été constaté une formation professionnelle manifestement insuffisante.[40]

---

[39] Article 23

[40] Articles 24 à 25

# CHAPITRE 2. LE CONTRAT DE TRAVAIL INDIVIDUEL

## Section 1. Dispositions d'ensemble

**72.** Le contrat individuel de travail est un accord de volonté par lequel une personne s'engage à accomplir des actes matériels de nature professionnelle sous la direction et l'autorité d'une autre personne qui s'oblige à lui payer, en contrepartie, une rémunération, généralement en argent, appelée salaire. Les contrats individuels de travail sont passés librement, sous réserve des dispositions prévues à l'article 28, et dans les formes qu'il convient aux parties contractantes d'adopter. La preuve peut être rapportée par tous moyens. Le contrat écrit est exempt de tous droits de timbre et d'enregistrement. Pour des raisons d'ordre économique, démographique ou social, et notamment dans l'intérêt de la santé ou de l'hygiène publique, l'interdiction ou les limitations à l'embauchage dans des régions données pourront être décidées par décret. Quels que soient le lieu de la conclusion du contrat et la résidence de l'une ou l'autre des parties, tout contrat de travail conclu pour être exécuté en République Populaire du Congo est soumis aux dispositions du Code. Il en est de même pour tout contrat de travail conclu pour être exécutée sous l'empire d'une autre législation, mais dont l'exécution partielle en République Populaire du Congo excède une durée de 3 mois consécutifs. Le travailleur doit toute son activité professionnelle à l'entreprise sauf, dérogation stipulée au contrat. Toutefois, il lui est loisible, sauf convention contraire, d'exercer, en dehors de son temps de travail, toute activité à caractère professionnel non susceptible de concurrencer l'entreprise ou de nuire à la bonne exécution des services convenus. Est nulle de plein droit toute clause d'un contrat de travail portant interdiction pour le travailleur d'exercer une activité quelconque à l'expiration ou en cas de rupture du contrat. Les formes et modalités d'établissement des contrats individuels de travail sont fixées par arrêté du ministre du travail et de la prévoyance sociale pris après avis de la commission nationale consultative du travail.[41]

## Section 2. La conclusion et l'exécution des contrats de travail

### *Paragraphe 1. Le contrat à durée déterminée ou à durée indéterminée*

**73.** On ne peut engager ses services qu'à temps ou pour un ouvrage déterminé. Lorsque le contrat est conclu pour une durée déterminée,

---

[41] Article 26 à 31

celle-ci ne peut excéder deux ans pour les travailleurs recrutés sur le territoire de la République Populaire du Congo et trois ans pour ceux recrutés à l'extérieur. Si le contrat arrivé à terme se poursuit par la volonté même tacite des parties, cette prolongation lui confère le caractère de contrat à durée indéterminée nonobstant toute clause prohibant la tacite reconduction. Tout contrat de travail stipulant une durée déterminée supérieure à trois mois ou nécessitant l'installation des travailleurs hors de leur lieu de recrutement doit être, après visite médicale de ceux-ci, constaté par écrit devant le bureau de placement du lieu d'embauche et assorti d'un visa. Tout contrat de travail nécessitant l'entrée d'un travailleur en République Populaire du Congo ou sa sortie doit être constaté par écrit et soumis obligatoirement au visa de la direction générale du travail.

L'autorité compétente vise le contrat après notamment :

1° Avoir recueilli le visa d'accord préalable de l'inspecteur du travail du lieu de l'emploi sur les conditions de travail consenties et sur la conformité du contrat aux dispositions applicables en matière de travail ;

2° Avoir recueilli l'avis de la direction centrale de la main-d'œuvre dans les cas visés par le paragraphe 2 du présent article ;

3° S'être assuré que le bureau de placement du lieu de l'emploi est favorable à l'embauchage ;

4° Avoir constaté l'identité du travailleur et son libre consentement ;

5° Avoir vérifié en cas de contrat conclu pour une durée déterminée que celle-ci est stipulée sans ambigüité.

La demande de visa est due au fait de l'employeur, le travailleur aura droit de faire constater la nullité du contrat et pourra, en cas de préjudice dûment établi, réclamer des dommages-intérêts. Le voyage du travailleur du lieu d'emploi au lieu de recrutement est, dans ces deux cas, supporté par l'employeur.[42]

### *Paragraphe 2. Le contrat d'engagement à l'essai*

**74.** Il y a engagement à l'essai lorsque l'employeur et le travailleur, en vue de conclure un contrat définitif verbal ou écrit, décident au préalable d'apprécier notamment, le premier, la qualité des services du travailleur et son rendement, le second, les conditions, chez l'employeur, de travail, de vie, de rémunération, d'hygiène et de sécurité ainsi que le climat social. Le contrat d'engagement à l'essai est, à peine de nullité, constaté par écrit. Il est soumis au visa s'il répond aux conditions prévues par l'article 33. Il peut constituer une clause incluse dans le corps d'un

---

[42] Article 32 à 33

contrat appelé à devenir définitif. Le contrat d'engagement à l'essai ne peut être conclu pour une durée supérieure au délai nécessaire pour mettre à l'épreuve le personnel engagé, compte tenu de la technique et des usages de la profession. Dans tous les cas il ne peut porter, renouvèlement compris, que sur une période maximum de 6 mois. Les délais de recrutement et de route ne sont pas compris dans la durée maximum de l'essai. S'il y a résiliation du contrat pendant la période d'essai par l'une ou l'autre des parties, le voyage du travailleur du lieu de recrutement au lieu d'emploi, et vice-versa est, dans tous les cas, supporté par l'employeur. La prolongation des services après expiration du contrat d'engagement à l'essai sans qu'il y ait établissement de nouveau contrat équivaut à la conclusion d'un contrat à durée indéterminée prenant effet à la date du début de l'essai.[43]

### Section 3. La résiliation des contrats individuels de travail

#### *Paragraphe 1. Le contrat à durée déterminée*

**75.** Le contrat de travail à durée déterminée ne peut cesser avant terme par la volonté d'une seule des parties que dans les cas prévus au contrat ou dans celui de faute lourde laissée à l'appréciation de la juridiction compétente. S'il n'y a aucune faute lourde imputable au travailleur, que, néanmoins, l'employeur, par sa seule volonté, prononce la rupture anticipée du contrat, le travailleur percevra, sous réserve de l'appréciation de la juridiction compétente, à titre d'indemnité, les rémunérations et les avantages de toute nature qu'il aurait recueillis si le contrat avait été exécuté jusqu'à la date prévue par les parties.[44]

#### *Paragraphe 2. Le contrat d'engagement à l'essai*

**76.** Sauf dispositions particulières expressément prévues au contrat, l'engagement à l'essai peut, à tout moment, cesser sans préavis par la volonté de l'une des parties. Toutefois, la partie qui prend l'initiative de la rupture du contrat de travail à l'essai doit rapporter la preuve ou le motif de sa non-satisfaction devant l'inspecteur du travail ou l'autorité compétente qui en apprécie l'authenticité.[45]

---

[43] Article 34 à 36
[44] Article 37
[45] Article 38

*Paragraphe 3. Le contrat à durée indéterminée*

**77.** Le contrat de travail à durée indéterminée peut toujours cesser par la volonté de l'une des parties. Cette résiliation est subordonnée à un préavis donné par la partie qui prend l'initiative de la rupture, ce préavis ne devant en aucun cas se confondre avec la période de congé. En l'absence de convention collective, un arrêté du ministre du travail et de la prévoyance sociale, pris après avis de la Commission nationale consultative du travail, détermine les conditions et la durée du préavis compte tenu notamment, de la durée du contrat et des catégories professionnelles. Toute rupture doit être notifiée par écrit, la lettre de notification indique expressément le motif. En vue de recueillir leurs suggestions, l'employeur doit informer par écrit les membres du bureau syndical des mesures de licenciement qu'il a l'intention de prendre. En cas de licenciement collectif, ou individuel motivé par une diminution de l'activité de l'établissement ou une réorganisation intérieure, l'employeur doit établir l'ordre des licenciements en tenant compte de la qualification professionnelle, de l'ancienneté des travailleurs et de leurs charges de famille.

Seront licenciés en premier, par la Commission de litige présidée par l'inspecteur du travail, les travailleurs présentant les moindres aptitudes professionnelles pour les emplois maintenus et, en cas d'égalité d'aptitudes professionnelles les travailleurs moins anciens dans l'entreprise, l'ancienneté étant majorée d'un an pour le salarié marié et d'un an pour chaque enfant à charge aux termes de la règlementation des prestations familiales. Un arrêté du ministre du travail et de la prévoyance sociale fixera la composition de la commission des litiges. Le travailleur ainsi congédié conserve pendant un an la priorité d'embauchage dans la même catégorie d'emploi, il est tenu de communiquer à son employeur tout changement d'adresse survenant après son départ de l'entreprise. En cas de vacance, l'employeur transmet au bureau de placement une offre nominative d'emploi avec indication de la dernière adresse connue et de la date de licenciement du travailleur.[46]

Pendant la durée du préavis, l'employeur et le travailleur sont tenus au respect de toutes les obligations réciproques qui leur incombent. En vue de la recherche d'un autre emploi, le travailleur bénéficiera pendant la durée du préavis, de deux jours de liberté par semaine pris à son choix, payés à plein salaire. La partie à l'égard de laquelle ces obligations ne seraient pas respectées sera dispensée d'observer le délai de préavis restant à courir, sans préjudice des dommages-intérêts qu'elle jugerait

---

[46] Article 39

bon de demander. Toute rupture du contrat à durée indéterminée sans préavis ou sans que le délai de préavis ait été intégralement observé comporte obligation pour la partie responsable de verser à l'autre partie une indemnité dite « indemnité de préavis » dont le montant correspond à la rémunération et aux avantages de toute nature dont aurait bénéficié le travailleur durant le délai de préavis qui n'aura pas été effectivement respecté. Toutefois, le travailleur congédié qui trouve un autre emploi durant la période de préavis peut quitter son dernier employeur sans lui être redevable d'une quelconque indemnité, sous la seule réserve de le prévenir de son départ définitif deux jours ouvrables auparavant. Cependant la rupture du contrat peut intervenir sans préavis en cas de faute lourde, sous réserve de l'appréciation des services du ministère du travail et de la juridiction compétente en ce qui concerne la gravité de la faute.
Le licenciement pour faute lourde ne prend effet qu'après que le travailleur ait présenté sa défense auprès de l'employeur avec la faculté de se faire assister par une personne de son choix. Pendant le délai nécessaire accordé au travailleur pour présenter sa défense, délai ne pouvant excéder 30 jours, les relations de travail sont suspendues.[47]

***Paragraphe 4. Les dispositions communes ou particulières à la résiliation des contrats individuels de travail***

**78.** Toute rupture abusive du contrat de travail donne lieu à la réintégration. L'administration du travail et la juridiction compétente constatent l'abus par une enquête sur les causes et les circonstances de la résiliation du contrat. Les licenciements effectués sans motifs légitimes tels que les licenciements motivés par les opinions du travailleur, son activité syndicale déterminée, son affiliation à un groupe politique ou philosophique en particulier, sont abusifs et donnent lieu à la réintégration. En cas de contestation, la preuve de l'existence d'un motif légitime de licenciement incombe à l'employeur. La décision ou le jugement devra mentionner expressément le motif allégué par la partie qui aura rompu le contrat. En cas de refus de réintégration le montant des dommages-intérêts est fixé compte tenu de tous les éléments qui peuvent justifier l'existence et déterminer l'étendue du préjudice causé et notamment,
a) lorsque la responsabilité incombe au travailleur, du préjudice subi par l'employeur en raison de l'inexécution du contrat ;

---

[47] Article 40 à 41

b) lorsque la responsabilité incombe à l'employeur, des usages, de la nature des services engagés, de l'ancienneté des services, de l'âge du travailleur et des droits acquis à quelque titre que ce soit.
Ces dommages-intérêts ne se confondent ni avec l'indemnité pour inobservation de préavis, ni avec l'indemnité de licenciement éventuellement prévue par le contrat ou la convention collective.[48]
Lorsqu'un travailleur ayant rompu abusivement un contrat de travail engage à nouveau ses services, le nouvel employeur est solidairement responsable du dommage causé à l'employeur précédent dans les 3 cas suivants :
1° Quand il est démontré qu'il est intervenu dans le débauchage ;
2° Quand il a embauché un travailleur qu'il savait déjà lié par un contrat de travail ;
3° Quand il a continué à occuper un travailleur après avoir appris que ce travailleur était encore lié à un autre employeur par un contrat de travail.
Dans ce 3ème cas, la responsabilité du nouvel employeur cesse d'exister si, au moment où il a été averti, le contrat de travail abusivement rompu par le travailleur était venu à expiration, soit, s'il s'agit de contrat à durée déterminée, par l'arrivée du terme, soit s'il s'agit de contrat à durée indéterminée, par l'expiration du préavis ou si l'engagement du travailleur a été effectué dans les conditions prévues à l'article 41. En cas de résiliation avant terme d'un contrat soumis aux dispositions de l'article 33, l'employeur est tenu d'en aviser dans les 15 jours l'autorité devant laquelle le contrat a été conclu.[49] S'il survient une modification dans la situation juridique de l'employeur, notamment par succession, vente, fusion, transformation de fonds, mise en société, tous les contrats de travail en cours au jour de la modification subsistent entre le nouvel employeur et le personnel de l'entreprise. Leur résiliation ne peut intervenir que dans les formes et aux conditions prévues par la présente section. La cessation de l'entreprise, sauf le cas de force majeure, ne dispense pas l'employeur de respecter les règles établies à ladite section. La faillite et la liquidation judiciaire ne sont pas considérées, comme des cas de force majeure. Les parties ne peuvent renoncer à l'avance au droit éventuel de demander des dommages-intérêts en vertu des dispositions ci-dessus.[50] A l'expiration du contrat de travail, tout employeur est tenu de remettre à son travailleur, sous peine de dommages-intérêts, un certificat de travail indiquant exclusivement la date de son entrée, celle de sa sortie, la nature et les dates des emplois successivement occupés.

[48] Article 42
[49] Article 33 à 44
[50] Article 45

Ce certificat est exempt de tous droits de timbre et d'enregistrement, même s'il contient la formule « libre de tout engagement » ou toute autre formule ne constituant ni obligation ni quittance.[51]

## Section 4. La suspension du contrat individuel de travail

**79.** Le contrat de travail est suspendu :
a) en cas de fermeture de l'établissement par suite du départ de l'employeur sous les drapeaux ou pour une période obligatoire d'instruction militaire ;
b) pendant la durée du service militaire ou paramilitaire (service civique de la jeunesse) du travailleur et pendant les périodes obligatoires d'instruction militaire auxquels il est astreint ;
c) pendant la durée de l'absence du travailleur, en cas de maladie dûment constatée par un médecin agréé, durée limitée à 6 mois. Ce délai est prorogé jusqu'au remplacement du travailleur ;
d) pendant la période d'indisponibilité résultant d'un accident du travail ou d'une maladie professionnelle ;
e) pendant la durée de la détention préventive du travailleur, durée limitée à 6 mois ;
f) pendant les périodes de repos des femmes salariées en couche ;
g) pendant la grève ou le lock-out déclenché dans le respect de la procédure de règlements des conflits collectifs ;
h) pendant l'exercice des fonctions syndicales ou électives impliquant une occupation à temps plein ;
i) en cas de réquisition d'intérêt national.
Ne sont pas considérées comme temps de service pour la détermination de l'ancienneté du travailleur dans l'entreprise, les périodes de suspension visées aux alinéas a et e ci-dessus. Les droits du travailleur mobilisé sont garantis en tout état de cause par la législation en vigueur.[52]
Dans les cas prévus aux alinéas a, b et c, l'employeur est tenu de verser au travailleur, dans la limite normale du préavis, une indemnité égale au montant de sa rémunération pendant la durée de l'absence. Si le contrat est à durée déterminée, la limite du préavis à prendre en considération est celle fixée dans les conditions prévues à l'article 39 pour les contrats à durée indéterminée. Dans ce cas la suspension ne peut avoir pour effet de proroger le terme du contrat initialement prévu. Les dispositions des

[51] Article 46
[52] Article 47

articles 37, 39 à 46 ne s'appliquent pas, sauf convention contraire, aux contrats d'engagement à l'essai.[53]

[53] Article 48 et 49

# CHAPITRE 3. LA CONVENTION COLLECTIVE ET LES ACCORDS COLLECTIFS

## Section 1. La nature et de la validité de la convention

**80.** La convention collective de travail est un accord relatif aux conditions de travail conclu entre, d'une part, les représentants d'un ou plusieurs syndicats ou groupements professionnels de travailleurs, et d'autre part, une ou plusieurs organisations syndicales d'employeurs ou tout autre groupement d'employeurs, ou un ou plusieurs employeurs pris individuellement. La convention peut mentionner des dispositions plus favorables aux travailleurs que celles des lois et règlements en vigueur. Elle ne peut déroger aux dispositions d'ordre public définies par ces lois et règlements. Les conventions collectives déterminent leur champ d'application. Celui-ci peut être national, régional ou local. Les représentants des organisations syndicales ou de tout autre groupement professionnel visés à l'article précédent peuvent contracter au nom de l'organisation qu'ils représentent, en vertu :

- soit des stipulations particulières ou statutaires de cette organisation ;
- soit d'une délibération spéciale de cette organisation.

A défaut, pour être valable, la convention collective doit être ratifiée par une délibération spéciale de ce groupement. Les groupements déterminent eux-mêmes leur mode de délibération. La convention collective est applicable pendant une durée déterminée ou pour une durée indéterminée. Quand la convention est conclue pour une durée déterminée, celle-ci ne peut être supérieure à 5 ans. A défaut de stipulation contraire, la convention collective à durée déterminée qui arrive à expiration continue à produire ses effets comme une convention à durée indéterminée. La convention collective à durée indéterminée peut cesser par la volonté d'une des parties. La convention collective doit prévoir dans quelles formes et à quelle époque elle pourra être dénoncée, renouvelée ou révisée. La convention collective doit prévoir notamment la durée du préavis qui doit précéder la dénonciation.
Tout syndicat professionnel ou tout employeur qui ne fait pas partie à la convention peut y adhérer ultérieurement.[54]
La convention collective doit être écrite à peine de nullité. Un arrêté du ministre du travail et de la prévoyance sociale pris après avis de la Commission nationale consultative du travail, détermine les conditions dans lesquelles sont déposées et publiées les conventions collectives ainsi

[54] Article 50 à 52

que les conditions dans lesquelles s'effectuent les adhésions prévues au dernier paragraphe de l'article précédent. Les Convention collectives sont applicables, sauf stipulation contraire, à partir du jour qui suit leur dépôt dans les conditions et aux lieux qui seront indiqués par l'arrêté susvisé. Elles feront l'objet d'une publication, sans frais, au journal officiel. Sont soumises aux obligations de la convention collective toutes les personnes qui l'ont signée ou qui sont membres des organisations qui lui donnent leur adhésion ainsi que tous ceux qui, à un moment quelconque, deviennent membres de ces organisations. Lorsque l'employeur est lié par les clauses de la convention collective de travail, ces clauses s'appliquent aux contrats de travail conclus avec lui. Dans tout établissement compris dans le champ d'application d'une convention collective, les dispositions de cette convention s'imposent, sauf dispositions plus favorables pour les travailleurs, aux rapports nés des contrats individuels.[55]

## Section 2. Les conventions collectives susceptibles d'extension et la procédure d'extension

**81.** A la demande de l'une des organisations syndicales d'employeurs ou de travailleurs intéressés, considérées comme les plus représentatives ou de sa propre initiative, le ministre du travail et de la prévoyance sociale provoque la réunion d'une commission mixte en vue de la conclusion d'une convention collective de travail ayant pour objet de régler les rapports entre employeurs et travailleurs d'une branche d'activité déterminée sur le plan national. Un arrêté du ministre du travail et de la prévoyance sociale détermine la composition de cette commission mixte qui comprendra en nombre égal, d'une part, des représentants des organisations syndicales les plus représentatives des travailleurs, d'autre part, des représentants des organisations syndicales les plus représentatives d'employeurs, ou à défaut de celles-ci, des employeurs. Des conventions annexes pourront être conclues pour chacune des principales catégories professionnelles ; et contiendront les conditions particulières du travail à ces catégories et seront discutées par les représentants des organisations syndicales les plus représentatives des catégories intéressées. Le caractère représentatif d'un syndicat ou d'un groupement professionnel est déterminé par le ministre du travail et de la prévoyance sociale qui réunira tous les éléments d'appréciation et prendra l'avis de l'inspecteur du travail et des lois sociales.
Les éléments d'appréciation comprendront notamment :

---

[55] Article 53 et 54

- le résultat des élections des membres du bureau syndical ;
- les effectifs ;
- les cotisations ;
- l'expérience du syndicat, l'étendue et la nature de son activité.

**82.** La décision du ministre du travail et de la prévoyance sociale est susceptible, le cas échéant, de recours dans le délai de 30 jours. Dans tous les cas cette décision peut être déférée devant les tribunaux judiciaires statuant en matière de contentieux administratif. Les dispositions qui précèdent ne pourront être interprétées comme autorisant l'administration à prendre connaissance des registres d'inscription des adhérents et des livres de trésorerie du syndicat.

Si une commission mixte n'arrive pas à se mettre d'accord sur une ou plusieurs des dispositions à introduire dans la convention, l'inspecteur du travail doit, à la demande de l'une des parties, intervenir pour faciliter la réalisation de cet accord.[56] Les conventions collectives visées à la présente section comprennent obligatoirement des dispositions concernant :

1° Le libre exercice du droit syndical et la liberté d'opinion des travailleurs ;

2° Les salaires applicables par catégories professionnelles ;

3° Les modalités d'exécution et les taux des heures supplémentaires, du travail de nuit et des jours non ouvrables ;

4° La durée de la période d'essai et celle du préavis ;

5° Les bureaux syndicaux ;

6° Les dispositions concernant la procédure de révision, de modification et de dénonciation de tout ou partie de la convention collective ;

7° Les modalités d'application du principe « à travail égal, salaire égal » pour les femmes et les enfants ;

8° Les congés payés, notamment la fixation de leur durée pour les travailleurs recrutés hors du lieu d'emploi ;

9° les primes d'ancienneté ;

10° L'indemnité de licenciement ;

11° Les indemnités de déplacement et quand il y a lieu les indemnités de dépaysement ;

12° Les conditions d'embauchage et de licenciement des travailleurs sans que les dispositions prévues puissent porter atteinte au libre choix de syndicat par le travailleur ;

13° Les procédures conventionnelles de règlement des conflits collectifs de travail susceptibles de survenir entre les employeurs et les travailleurs liés par la convention.

---

[56] Article 55

Elles peuvent également contenir, sans que cette énumération soit limitative :
1° Les primes d'assiduité ;
2° L'indemnité de responsabilité ;
3° L'indemnité pour frais professionnels et assimilés ;
4° Les primes de panier pour les travailleurs devant prendre leur repas sur le lieu du travail ;
5° Les conditions générales de rémunération au rendement chaque fois qu'un tel mode de rémunération sera reconnu possible ;
6° La majoration pour travaux pénibles, dangereux, insalubres ;
7° Quand il y a lieu, l'organisation et le fonctionnement de l'apprentissage et de la formation professionnelle dans le cadre de la branche d'activité considérée ;
8° Les conditions particulières de travail des femmes et des jeunes dans certaines entreprises se trouvant dans le champ d'application de la convention ;
9° L'emploi à temps réduit de certaines catégories de personnel et leurs conditions de rémunération ;
10° L'organisation, la gestion et le financement des services sociaux et médicosociaux ;
11° Les conditions particulières du travail ; travaux par roulement, travaux durant le repos hebdomadaire et durant les jours fériés.[57] Dans le cas où une convention collective concernant une branche d'activité déterminée a été conclue sur le plan national, les conventions collectives conclues sur le plan inférieur, régional ou local, adoptent cette convention ou certaines de ses dispositions aux conditions particulières de travail existant sur le plan inférieur. Elles peuvent prévoir des dispositions nouvelles et des clauses plus favorables aux travailleurs. A la demande de l'une des organisations syndicales les plus représentatives ou à l'initiative du ministre du travail et de la prévoyance sociale, les dispositions des conventions collectives répondant aux conditions déterminées par la présente section peuvent être rendues obligatoires pour tous les employeurs et travailleurs compris dans le champ d'application professionnel et territorial de la convention collective, par décret pris après avis motivé de la Commission nationale consultative du travail. Cette extension des effets et des sanctions de la convention collective se fera pour la durée et aux conditions prévues par ladite convention. Toutefois, le décret prévu au présent article peut extraire de la convention, sans en modifier l'économie, après avis motivé de la Commission nationale consultative du travail, les clauses qui ne

[57] Article 56

répondraient pas à la situation de la branche d'activité dans le champ d'application considéré. Par ailleurs doivent être exclues de l'extension les dispositions qui seraient en contradiction avec les textes législatifs ou règlementaires en vigueur.[58]

**83.** Le décret prévu à l'article précédent cessera d'avoir effet lorsque la convention collective aura cessé d'être en vigueur entre les parties par suite de sa dénonciation ou de son non-renouvèlement. Par décret, pris après avis motivé de la Commission nationale consultative du travail, à la demande de l'une des parties signataires ou à l'initiative du ministre du travail et de la prévoyance sociale, il peut être mis fin à l'extension de la convention collective ou de certaines de ses dispositions lorsque ladite convention ou les dispositions considérées ne paraissent plus répondre à la situation de la branche d'activité dans le champ d'application territorial considéré. Un décret, pris après avis de la Commission nationale consultative du travail, peut, à défaut ou en attendant l'établissement d'une convention ou d'un accord d'établissement, règlementer les conditions de travail pour une profession déterminée en s'inspirant des conventions collectives déjà en vigueur. Tout projet d'extension ou de retrait d'extension d'une convention collective devra être précédé d'une consultation des organisations professionnelles et de toutes personnes intéressées et être réalisé dans les conditions suivantes : Le projet d'extension ou de retrait d'extension d'une convention collective fait l'objet d'un avis publié sans frais au journal officiel (partie non officielle). Le texte « extenso » de ladite convention est annexé à cet avis. Le texte est également communiqué aux syndicats et groupements professionnels intéressés. Avant l'expiration d'un délai de 45 jours qui suit la date de publication de l'avis au journal officiel, les syndicats, les groupements professionnels et toutes personnes intéressées adressent au ministre du travail et de la prévoyance sociale leurs observations sur les clauses de la convention dont l'extension ou le retrait est envisagé et leur avis sur l'opportunité de l'extension ou du retrait de tout ou partie de ses dispositions en considération de la situation de la branche d'activité considérée.[59]

## Section 3. Les accords collectifs d'établissements

**84.** Des accords concernant un ou plusieurs établissements déterminés peuvent être conclus entre, d'une part, un employeur ou un groupement

[58] Article 57 et 58
[59] Article 59 à 61

d'employeurs et d'autre part, des représentants des syndicats les plus représentatifs du personnel des établissements intéressés. Les accords d'établissements ont pour objet d'adapter aux conditions particulières de l'établissement ou des établissements considérés les dispositions des conventions collectives nationales, notamment les conditions d'attribution et le mode de calcul de la rémunération au rendement, des primes à la production individuelle et collective et des primes à la productivité. Ils peuvent prévoir des dispositions nouvelles et des classes plus favorables aux travailleurs. A défaut de conventions collectives nationales, les accords d'établissements ne peuvent porter que sur la fixation des salaires et des accessoires de salaires. Les dispositions des articles 52, 53 et 54 s'appliquent aux accords prévus au présent article.[60]

## Section 4. Les conventions collectives dans les services, entreprises et établissements publics

**85.** Lorsque le personnel des services, entreprises et établissements publics, n'est pas soumis à un statut législatif ou règlementaire particulier, des conventions collectives peuvent être conclues conformément aux dispositions du présent chapitre. Lorsqu'une convention collective fait l'objet d'un décret portant extension, pris en application de l'article 58, elle est, en l'absence de dispositions contraires, applicables aux services, entreprises et établissements publics visés par la présente section qui, en raison de leur nature et de leur activité, se trouvent placés dans son champ d'application.

## Section 5. L'exécution de la convention collective

**86.** Les groupements de travailleurs ou d'employeurs liés par une convention collective ou un accord prévu à l'article 62 ci-dessus sont tenus de ne rien faire, qui soit de nature à en compromettre sa loyale exécution. Ils ne sont garantis de cette exécution que dans la mesure déterminée par la convention. Les groupements capables d'ester en justice, liés par une convention collective de travail ou l'accord prévu à l'article 62 ci-dessus, peuvent, en leur nom propre, intenter une action en dommages-intérêts à tous autres groupements, à leurs propres membres ou à toutes personnes liées par la convention ou l'accord, qui en violeraient les engagements contractés. Les personnes liées par une convention collective ou l'accord prévu à l'article 62 ci-dessus peuvent intenter une action en dommages-intérêts aux autres personnes ou aux

[60] Article 63 et 64

groupements liés par la convention qui violeraient à leur égard des engagements contractés.
Les groupements capables d'ester en justice qui sont liés par la convention collective ou l'accord prévu à l'article 62 ci-dessus peuvent exercer toutes les actions qui naissent de cette convention ou de cet accord en faveur de leurs membres, sans avoir à justifier d'un mandat de l'intéressé, pourvu que celui-ci ait été averti et n'ait pas déclaré s'y opposer. L'intéressé peut toujours intervenir à l'instance engagée par le groupement. Lorsqu'une action née de la convention collective ou de l'accord prévu à l'article 62 est intentée soit par une personne, soit par un groupement. Tout groupement capable d'ester en justice, dont les membres sont liés par la convention ou l'accord peut toujours intervenir à l'instance engagée à raison de l'intérêt collectif que la solution du litige peut présenter pour ses membres.[61]

---

[61] Article 65 à 68

## CHAPITRE 4. LA SOUS-ENTREPRISE

**87.** La sous-entreprise est la convention par laquelle un entrepreneur traite avec un autre entrepreneur pour l'exécution de la totalité ou d'une partie d'un travail donné ou pour la fourniture de certains services moyennement un prix forfaitaire. Le sous-entrepreneur recrute lui-même la main d'œuvre nécessaire. Quand les travaux sont exécutés dans les ateliers, magasins ou chantiers de l'entrepreneur ce dernier est, en cas d'insolvabilité du sous-entrepreneur, substitué à celui-ci en ce qui concerne ses obligations à l'égard des travailleurs et de la Caisse nationale de prévoyance sociale. Quand les travaux sont exécutés dans un lieu autre que les ateliers, magasins ou chantiers de l'entrepreneur, ce dernier est en cas d'insolvabilité du sous-entrepreneur, responsable du paiement des salaires dus aux travailleurs et du versement des cotisations à la Caisse nationale de prévoyance sociale. Le travailleur lésé et la Caisse nationale de prévoyance sociale, auront, dans ces cas, une action directe contre l'entrepreneur qui, lui, dispose d'une action récursoire contre le sous-entrepreneur. Dans le cas où un sous-entrepreneur inscrit ou non au registre de commerce et du crédit mobilier, exécute ou fait exécuter des travaux dans des ateliers, magasins et chantiers, autres que ceux de l'entrepreneur principal qui les lui a confiés, il doit apposer dans chacun de ces ateliers, magasins ou chantiers, une pancarte indiquant en caractères durables et lisibles de la voie publique :
- ses nom et adresse ;
- sa qualité de sous-entrepreneur ;
- le nom et l'adresse de la personne de qui il tient les travaux.

Ces indications sont communiquées à l'inspecteur du travail en précisant la nature, la durée probable et l'emplacement des travaux. Même lorsqu'il applique les règlements, barèmes, salaires, etc. de l'entrepreneur principal, le sous-entrepreneur est tenu d'effectuer pour son propre compte des affichages règlementaires. L'entrepreneur doit tenir à jour la liste des sous-entrepreneurs avec lesquels il a passé contrat. Le « marchandage », c'est-à-dire la sous entreprise qui a pour objet exclusif de procurer de la main d'œuvre à l'entrepreneur maître de l'ouvrage, est interdit en tant qu'il constitue une exploitation des ouvriers.[62]

[62] Article 69 à 73

## CHAPITRE 5. LE REGLEMENT INTERIEUR

**88.** Un règlement intérieur est tenu dans les établissements de toute nature, qu'ils dépendent d'une entreprise privée ou de la puissance publique. Le projet de règlement intérieur est établi par l'employeur, son contenu est exclusivement limité aux règles relatives à l'organisation technique du travail, à la discipline et aux prescriptions concernant l'hygiène et la sécurité nécessaire, à la bonne marche de l'entreprise. Toute les autres clauses qui viendraient à y figurer, notamment celles relatives à la rémunération, seront considérées comme nulles de plein droit, à l'exception toutefois de celles concernant le retrait du salaire par les travailleurs absent le jour de la paie. Avant de le mettre en vigueur, le chef d'entreprise doit communiquer le règlement intérieur au bureau syndical s'il en existe, pour étude et discussion, et à l'inspecteur du travail qui peut exiger le retrait ou la modification des dispositions contraires aux lois et règlements en vigueur. Un arrêté du ministre du travail et de la prévoyance sociale pris après avis de la Commission nationale consultative du travail, déterminera les modalités de communication de dépôt et d'affichage du règlement intérieur, ainsi que le nombre de travailleurs de l'entreprise au-dessus duquel l'existence de ce règlement est obligatoire. Il est interdit à l'employeur d'infliger des amendes.[63]

---

[63] Article 74 à 76

## CHAPITRE 6. LE CAUTIONNEMENT

**89.** Tout chef d'entreprise qui se fera remettre par un travailleur, à titre de cautionnement, des sommes d'argent ou des titres, devra en délivrer récépissé, les mentionner en détail sur le registre d'employeur prévu à l'article 182 et les mettre en dépôt dans le délai d'un mois à dater de leur réception. Mention du dépôt sera également portée au registre d'employeur et justifiée par un certificat de dépôt à la disposition de l'inspection du travail. Le ministre du travail et de la prévoyance sociale fixe, par arrêté, après consultation du ministre des finances et du ministre de l'économie nationale, les modalités de dépôt, ainsi que la liste des caisses publiques et des banques habilitées à le recevoir. Les caisses d'épargne doivent accepter ce dépôt et délivrer un livret spécial distinct de celui que le travailleur pourrait posséder déjà ou acquérir ultérieurement. Le retrait de tout ou partie du dépôt ne pourra être effectué que sous le double consentement de l'employeur et du travailleur, ou sous celui de l'un d'eux habilité à cet effet par une décision de la juridiction compétente. L'affection du livret ou du dépôt au cautionnement de l'intéressé entraîne privilège sur les sommes déposées au profit de l'employeur et à l'égard des tiers qui formeraient des saisies arrêts aux mains de ce dernier. Toute saisie arrêt formée entre les mains de d'administration de la caisse publique ou de la banque est nulle de plein droit.[64]

[64] Article 77 et 79

# SOUS-TITRE 3. LE SALAIRE

## CHAPITRE 1. LA DETERMINATION DU SALAIRE

**90.** A conditions égales de travail, de qualification professionnelle et de rendement le salaire est égal pour tous les travailleurs quels que soient leur origine, leur sexe, leur âge et leur statut. Dans tous les cas où les conditions de travail et d'exploitation le permettront, les salaires seront fixés au mois. Les dispositions nécessaires seront prévues par les conventions collectives ou accords d'établissement. Dans le cas où le travailleur est déplacé de son lieu de recrutement par l'employeur, celui-ci est tenu de le loger ou de lui verser une indemnité compensatrice. Dans le cas où le travailleur ne peut, par ses propres moyens, obtenir, pour lui et sa famille, un ravitaillement régulier en denrées alimentaires de première nécessité, l'employeur est tenu de lui assurer dans les conditions prévues à l'article 83 ou d'ouvrir un économat dans les conditions de l'article 103. Les conditions d'attribution des primes d'éloignement ou de dépaysement aux travailleurs recrutés hors du lieu d'emploi relèvent du domaine de la convention collective ou du contrat individuel de travail. Une indemnité sera allouée au travailleur s'il est astreint par des obligations professionnelles à un déplacement occasionnel et temporaire hors de son lieu habituel d'emploi. Le taux de cette indemnité dite « indemnité de déplacement » est fixé par la convention collective ou par le contrat individuel, ou à défaut par voie règlementaire. Des décrets pris, après avis de la Commission nationale consultative du travail, fixent : Les salaires minima interprofessionnels garantis (SMIG) et, à défaut de conventions collectives ou dans leur silence, les salaires minima par catégories professionnelles, ainsi que les taux minima des heures supplémentaires et du travail de nuit ou des jours non ouvrables et, éventuellement, les primes d'ancienneté et d'assiduité ; La valeur maxima de remboursement du logement et les conditions auxquelles il doit répondre notamment au regard de l'hygiène et pour assurer la protection des femmes et des jeunes filles ne vivant pas en famille. Les régions et les catégories de travailleurs pour lesquelles est obligatoire la fourniture d'une ration journalière de vivres, la valeur maxima de remboursement de celle-ci, le détail en nature et en poids des denrées alimentaires de premières nécessité la composant, les conditions de sa fourniture. La rémunération d'un travail à la tâche ou aux pièces doit être calculée de telle sorte qu'elle procure au travailleur de capacité moyenne, et travaillant normalement, un salaire au moins égal à celui du travailleur rémunéré au temps effectuant un travail analogue. Aucun salaire n'est dû en cas d'absence, en dehors des cas prévus par la règlementation et sauf accord entre les parties intéressées. Les taux minima de salaire, ainsi que les conditions de rémunération du travail à la tâche ou aux pièces sont affichés aux bureaux des employeurs et sur les lieux de paye du personnel après accord de l'inspecteur du travail et des lois sociales qui y appose son visa. Lorsque la rémunération des services est constituée, en totalité ou en partie, par des commissions ou des primes et prestations dans la mesure où celles-ci ne constituent pas un remboursement de frais, il en est tenu compte pour le calcul de la rémunération pendant la durée du congé payé, des indemnités de préavis et de licenciement, des dommages-intérêts. Le montant à prendre en considération à ce titre est la moyenne mensuelle des éléments visés au paragraphe précédent. Toutefois, la période sur laquelle s'effectue ce calcul n'excèdera pas les douze mois de service ayant précédé la cessation du travail.[65]

---

[65] Article 80 à 86

# CHAPITRE 2. LE PAIEMENT DU SALAIRE

## Section 1. Le mode de paiement du salaire

**91.** Le salaire doit être payé en monnaie ayant cours légal, nonobstant toute stipulation contraire. Le paiement de tout ou partie du salaire en alcool ou en boissons alcoolisées est formellement interdit. Le paiement de tout ou partie du salaire en nature est également interdit sous réserve des dispositions du chapitre 1er du présent titre. La paie est faite, sauf cas de force majeure, sur le lieu du travail ou au bureau de l'employeur lorsqu'il est voisin du lieu de travail. En aucun cas, elle ne peut être faite, ni dans un débit de boissons ou dans un magasin de vente, sauf pour les travailleurs qui y sont normalement occupés, ni le jour où le travailleur a droit au repos. Le paiement des salaires a lieu durant les heures de travail lorsque celles-ci concordent avec les heures d'ouverture normale de la caisse. A l'exception des professions pour lesquelles les usages établies prévoient une périodicité de paiement différente, et qui seront déterminées par arrêté du ministre du travail et de la prévoyance sociale après avis de la Commission nationale consultative du travail, le salaire doit être payé à intervalles réguliers ne pouvant excéder quinze jours pour les travailleurs engagés à la journée ou à la semaine, et au mois. Toutefois le travailleur journalier, engagé à l'heure ou à la journée, pour une occupation de courte durée, est payé chaque jour après la fin du travail.

Les paiements mensuels doivent être effectués au plus tard huit jours après la fin du mois de travail qui donne droit au salaire, les paiements à la quinzaine ou à la semaine 4 jours après la quinzaine ou la semaine qui donne droit au salaire. Pour tout travail aux pièces ou au rendement dont l'exécution doit durer plus d'une quinzaine, les dates de paiements peuvent être fixées de gré à gré, mais le travailleur doit recevoir chaque quinzaine les acomptes correspondant au moins à 90% du salaire minimum et être intégralement payé dans la quinzaine qui suit la livraison de l'ouvrage. Les commissions acquises au cours d'un trimestre doivent être payées dans les trois mois suivant la fin de ce trimestre. Les participations aux bénéfices réalisés durant un exercice doivent être payées dans les neuf mois qui suivent l'exercice. En cas de résiliation ou de rupture de contrat, le salaire et les indemnités doivent être payés dès la cessation de service. Toutefois, en cas de litige, l'employeur peut obtenir du président du tribunal du travail l'immobilisation provisoire entre ses

mains de tout ou partie de la fraction saisissable des sommes dues. Les travailleurs absents le jour de la paie peuvent ensuite retirer leur salaire aux heures normales d'ouverture de la caisse et conformément au règlement intérieur de l'établissement.[66] Par dérogation aux dispositions du premier alinéa de l'article précédent, les entreprises occupant plus de 50 travailleurs seront autorisées à payer mensuellement les ouvriers dont le salaire est calculé sur une base horaire ou journalière, à condition qu'un acompte représentant au moins le tiers du salaire du mois précédent soit versé chaque quinzaine. Les travailleurs employés par les services et établissements publics seront payés une fois par mois.
Le paiement du salaire doit être constaté par une pièce certifiée par l'employeur ou son représentant et émargée par chaque intéressée ou par deux témoins s'il est illettré. Ces pièces sont conservées par l'employeur dans les mêmes conditions que les pièces comptables et doivent être présentées à toute réquisition de l'inspection du travail. Sauf dérogation autorisée par l'inspecteur du travail, les employeurs seront tenus de délivrer au travailleur, au moment du paiement, un bulletin individuel de paie. La contexture du « bulletin individuel de paie » et du « livre de paie » sera fixée par arrêté du ministre du travail et de la prévoyance sociale après avis de la commission nationale consultative du travail. Ne sera pas opposable au travailleur la mention « pour solde de tout compte » ou toute mention équivalente souscrite par lui, soit au cours de l'exécution, soit après la résiliation de son contrat de travail et par laquelle le travailleur renonce à tout ou partie des droits qu'il tient de contrat de travail. L'acceptation sans protestation ni réserve, par le travailleur d'un bulletin individuel de paie ne peut valoir renonciation de sa part au paiement de tout ou partie du salaire, des primes et des indemnités de toute nature qui lui sont dues en vertu des dispositions législatives, règlementaires ou contractuelles. Elles ne peuvent valoir non plus compte arrêté et réglé au sens du Code civil et du Code de procédure civile. En cas de contestation sur le paiement du salaire, des primes et indemnités de toute nature, le non-paiement sera présumé de manière irréfragable, sauf cas de force majeure, si l'employeur n'est pas en mesure de produire le livre de paie dûment émargé par le travailleur ou des témoins sous les mentions contestées ou le double émargé dans les mêmes conditions du bulletin de paie afférent au paiement du salaire contesté.[67]

### Section 2. Les privilèges et garanties de la créance du salaire

[66] Article 87 et 88
[67] Article 89 et 90

**92.** Au sens des dispositions du présent titre, le salaire s'entend, du salaire proprement dit quelle que soit son appellation, de l'allocation de congé, des primes, des indemnités de toute nature et des dommages-intérêts pour rupture abusive du contrat de travail. A due concurrence de la fraction insaisissable du salaire, telle qu'elle résulte des dispositions de l'article 101 ci-après, les créances du salaire du travailleur bénéficient d'un privilège qui s'exerce sur les biens, meubles et immeubles de l'employeur. En cas de liquidation judiciaire ou de faillite les sommes précomptées par le trésor, postérieurement à la date de cessation des paiements, sur les mandats dus à l'employeur sont rapportées à la masse. Au plus tard dans les 10 jours qui suivent le jugement déclaratif de faillite ou de liquidation judiciaire, et sur simple ordonnance du juge commissaire, le syndic ou le liquidateur paie les créances des travailleurs. Au cas où il n'aurait pas de fonds nécessaires ces créances doivent être acquittées sur les premières rentrées de fonds avant toute créance, comme indiqué à l'article 92 ci-dessus. Au cas où lesdites créances sont payées grâce à une avance faite par le syndic ou le liquidateur ou toute autre personne, le prêteur est, par cela même, subrogé dans les droits du travailleur et doit être remboursé dès la rentrée des fonds nécessaires, sans qu'aucun autre créancier ne puisse y faire opposition. Le travailleur logé par l'employeur avant la liquidation ou la faillite continue à être logé jusqu'à la date de paiement de sa dernière créance ou, éventuellement, jusqu'à la date du départ du moyen de transport mis à sa disposition pour regagner son lieu de recrutement. Le travailleur détenteur de l'objet par lui œuvré peut exercer le droit de rétention dans les conditions prévues par la législation en vigueur. Les objets mobiliers confiés à un ouvrier pour être travaillés, façonnés, réparés ou nettoyés et qui n'auront pas été retirés dans le délai d'un an pourront être vendus dans les conditions et formes déterminées par la législation en vigueur. Les sommes dues aux entrepreneurs de tous les travaux ayant le caractère de travaux publics ne peuvent être frappées de saisie-arrêt, ni d'opposition au préjudice des ouvriers pour salaires sont payées de préférence à celles dues aux fournisseurs.[68]

**Section 3. La prescription de l'action en paiement du salaire**

**93.** L'action en paiement des salaires, indemnités, primes, commissions et prestations diverses ou indemnités représentatives de ces prestations, se prescrit par un an. La prescription court à compter de la date à partir de

---

[68] Articles 91 à 98

laquelle le salaire ou les accessoires de salaires sont exigibles. Elle est interrompue soit par la réclamation verbale ou écrite formulée par le travailleur en matière de paiement de salaire devant les services de l'inspection du travail, soit lorsqu'il y a compte-arrêté, cédule, obligation ou citation en justice non périmés.[69]

[69] Article 99

## CHAPITRE 3. LES RETENUES SUR SALAIRE

**94.** Les prélèvements obligatoires et les consignations qui peuvent être prévues par les conventions collectives et les contrats individuels de travail, peuvent faire l'objet de retenues sur le salaire. Le remboursement d'avances d'argent consenties par l'employeur au travailleur ne peut faire l'objet de retenues sur les appointements ou salaires que par saisie-arrêt ou cession volontaire souscrite devant le magistrat du lieu de la résidence ou devant l'inspecteur du travail. Toutefois, lorsque le magistrat ou l'inspecteur du travail habitera à plus de 50 kilomètres, il pourra y avoir consentement réciproque et écrit devant le chef de l'unité administrative la plus proche. Le plafond des prêts ou avances sur salaires consentis directement par l'employeur à son salarié ne peut excéder deux mois de salaire, sauf convention contraire conclue dans les conditions des paragraphes 2 et 3 ci-dessus. Les acomptes sur un travail en cours ne sont pas considérés comme avances. Sauf décision judiciaire, aucune compensation ne s'opère au profit des employeurs entre le montant des appointements ou salaires dus par eux à leurs travailleurs et les sommes qui leur seraient dues à eux-mêmes. Des décrets pris, après avis de la commission nationale consultative du travail, fixent les portions de salaires soumises à prélèvement progressifs et les taux y afférents. La retenue visée à l'article précédent ne peut pour chaque paie, excéder les taux fixés par décret. Il doit être tenu compte, pour le calcul de la retenue, non seulement du salaire à l'exception toutefois des indemnités déclarées insaisissables par la règlementation en vigueur des sommes allouées à titre de remboursement de frais exposés par le travailleur et des allocations ou indemnités pour charge de famille. Les dispositions d'une convention ou d'un contrat autorisant tous autres prélèvements sont nulles de plein droit. Les sommes retenues au travailleur en contravention des dispositions ci-dessus portent intérêts à son profit aux taux légal depuis la date où elles auraient dû être payées et peuvent être réclamées par lui jusqu'à prescription, le cours en étant suspendu pendant la durée du contrat.[70]

[70] Articles 100 à 102.

# CHAPITRE 4. LES ECONOMATS

**95.** Est considérée comme économat, toute organisation où l'employeur pratique, directement ou indirectement, la vente ou la cession de marchandises aux travailleurs de l'entreprise pour leurs besoins personnels et normaux. Les économats sont admis sous la triple condition :

a) que les travailleurs ne soient pas obligés de s'y fournir ;

b) que la vente des marchandises y soit faite exclusivement au comptant et sans bénéfice ;

c) que la comptabilité du ou des économats de l'entreprise soit entièrement autonome. Le prix des marchandises mises en vente doit être affiché lisiblement.

Tout commerce installé à l'intérieur de l'entreprise est soumis aux dispositions qui précèdent à l'exception des coopératives ouvrières. La vente des alcools et spiritueux est interdite dans les économats, ainsi que sur le lieu d'emploi du travailleur. L'ouverture d'un économat, dans les conditions prévues à l'article précédent, est subordonnée à l'autorisation du ministre du travail et de la prévoyance sociale délivrée après avis de l'inspecteur du travail du ressort et consultation du ministre de l'économie nationale. Elle peut être prescrite dans toute entreprise par le ministre du travail et de la prévoyance sociale sur proposition de l'inspecteur du travail et après consultation du ministre de l'économie nationale. Le fonctionnement et la comptabilité des économats sont contrôlés par l'inspecteur du travail qui, en cas d'abus constaté peut prescrire la fermeture provisoire pour une durée maximum d'un mois. Le ministre du travail et de la prévoyance sociale peut ordonner la fermeture définitive du ou des économats de l'entreprise, sur rapport de l'inspecteur du travail et après consultation du ministre de l'économie nationale.[71]

---

[71] Articles 103 à 104

## SOUS-TITRE 4. LES CONDITIONS DU TRAVAIL

### CHAPITRE 1. LA DUREE DU TRAVAIL

**96.** Dans tous les établissements publics ou privés non agricoles, y compris ceux d'enseignement et de bienfaisance, la durée légale du travail des employés ou ouvriers de l'un ou l'autre sexe, de tout âge, travaillant à temps, à la tâche ou aux pièces, ne peut excéder quarante heures par semaine. Dans toutes les entreprises agricoles, les heures de travail sont basées sur 2400 heures pour l'année. Dans cette limite la durée hebdomadaire du travail selon les saisons et les régions sera fixée par décret pris après avis de la commission nationale consultative du travail. Des dérogations à la durée légale du travail pourront toutefois être admises dans des conditions qui seront fixées par décret pris après avis de la Commission nationale consultative du travail.
Des décrets pris dans les mêmes conditions détermineront par branche d'activité et par catégorie professionnelle, s'il y a lieu, les modalités d'application de la durée du travail des heures supplémentaires qui peuvent être effectuées. Les heures effectuées au-delà d'une durée légale de travail donneront lieu à une majoration de salaire.[72]

[72] Article 105

# CHAPITRE 2. LE TRAVAIL DE NUIT

**97.** Le travail effectué entre 20 heures et 5 heures est considéré comme travail de nuit. La durée du travail de nuit ne peut excéder huit heures consécutives. Dans les usines, manufactures, mines minières, chantiers, ateliers et leurs dépendances, les femmes ne peuvent être employées à un travail de nuit. Lorsque, en raison des conditions économiques exceptionnelles et particulièrement valables, l'intérêt général l'exige, l'interdiction du travail de nuit des femmes pourra être suspendue sur proposition du ministre du travail et de la prévoyance sociale, par décret pris après consultation des organisations les plus représentatives d'employeurs et de travailleurs intéressés. Le repos des femmes doit avoir une durée de onze heures consécutives au minimum. Il doit comprendre la période nocturne définie à l'article 106. Dans les industries dans lesquelles le travail s'applique à des matières qui seraient susceptibles d'altération très rapide, il peut être dérogé temporairement, et sur simple préavis, aux dispositions du premier alinéa de l'article 108, en ce qui concerne les femmes majeures. Les chefs d'établissements devront toutefois prévenir l'inspecteur du travail et des lois sociales de leur ressort avant de faire usage de cette dérogation. Des dérogations permanentes aux dispositions prévues aux articles 107, 108 et 109 pourront être admises par décret pris après avis de la commission nationale représentative du travail, pour les femmes occupées dans les sites de l'hygiène et du bien-être et qui n'effectueront pas normalement un travail manuel.[73]

---

[73] Articles 106 à 111

## CHAPITRE 3. LE TRAVAIL DES FEMMES ET DES ENFANTS

**98.** Des décrets pris après avis de la commission nationale consultative du travail, fixent la nature des travaux interdits aux femmes et aux femmes enceintes. Toute femme enceinte dont l'état a été médicalement constaté peut quitter le travail sans préavis sans avoir de ce fait à payer une indemnité de rupture de contrat. A l'occasion de son accouchement, et sans que cette interruption de service puisse être considérée comme cause de rupture du contrat, toute femme a le droit de suspendre son travail pendant quinze semaines consécutives, dont neuf postérieures à la délivrance ; cette suspension peut être prolongée de trois semaines en cas de maladie dûment constatée et résultant de la grossesse ou des couches. Pendant cette période, l'employeur ne peut lui donner congé ; elle a droit d'une part, à la charge de l'employeur à la moitié de son salaire et d'autre part, à la charge de la caisse nationale de prévoyance sociale, aux soins gratuits et à l'autre moitié du salaire qu'elle percevait au moment de la suspension du travail : elle conserve le droit d'une part, à la charge de l'employeur à la moitié de son salaire et d'autre part, à la charge de la caisse nationale de prévoyance sociale, aux soins gratuits et à l'autre moitié du salaire qu'elle percevait au moment de la suspension du travail : elle conserve le droit aux prestations en nature. L'inspecteur du travail peut décider sur la base de certificat médical, d'interdire de travailler à toute femme enceinte, avant la période d'interruption du travail, pour une ou plusieurs périodes dont la durée sera déterminée par l'inspecteur du travail, dans les cas suivants :
a) s'il existe des complications graves de la grossesse ou un état morbide préexistant qui peut être aggravé par la grossesse :
b) quand les conditions de travail ou d'environnement sont considérées comme préjudiciables à la santé de la mère et de l'enfant.
Pendant cette période la femme garde le bénéfice de tous les droits tels qu'ils sont prévus au paragraphe 2 du présent article. Toute convention contraire est nulle de plein droit.[74]
Il est interdit d'employer une femme pendant les 15 semaines de congé de maternité prévu à l'article précédent. Pendant une période de 15 mois à compter de la naissance de l'enfant, la mère a droit à des repos pour allaitement. La durée de ces repos ne peut dépasser une heure par journée de travail, cette heure pouvant être fractionnée en deux demi-heures à la demande de la mère. Celle-ci peut, pendant cette période, quitter son travail sans préavis, et sans avoir de ce fait à payer une indemnité de

[74] Articles 112 à 113

rupture. Les enfants ne peuvent être employées dans aucune entreprise même comme apprentis, avant l'âge de 16 ans sauf dérogation accordée par le ministre de l'Education nationale après avis de l'Inspecteur du travail du lieu de l'emploi ou de son suppléant légal. Un décret pris après avis de la Commission nationale consultative du travail fixera la nature des travaux et les catégories d'entreprises interdites aux jeunes et l'âge limite auquel s'applique l'interdiction. L'Inspecteur du travail et des lois sociales peut requérir l'examen des femmes et des enfants par un médecin agréé, en vue de vérifier si le travail dont ils sont chargés n'excède pas leurs forces. Cette réquisition est de droit à la demande des intéressés. La femme ou l'enfant ne peut être maintenu dans un emploi ainsi reconnu au-dessus de ses forces et doit être affecté à un emploi convenable. Si cela n'est pas possible, le contrat doit être résolu avec paiement de l'indemnité de préavis et, éventuellement, de l'indemnité de licenciement.[75]

[75] Article 114 à117

## CHAPITRE 4. LE REPOS HEBDOMADAIRE

**99.** Le repos hebdomadaire est obligatoire. Il est au minimum de 24 heures consécutives par semaine. Il a lieu en principe le dimanche. Un décret pris après avis de la Commission nationale consultative du travail, détermine les modalités d'application du paragraphe précédent, notamment les professions pour lesquelles et les conditions dans lesquelles le repos pourra exceptionnellement et pour des motifs nettement établis, soit être donné par roulement ou collectivement d'autres jours que le dimanche, soit, être suspendu par compensation des fêtes rituelles ou locales, soit réparti sur une période plus longue que la semaine.[76]

[76] Article 118

# CHAPITRE 5. LE CONGE PAYE ET LES TRANSPORTS

## Section 1. Le congé payé

**100.** Sauf dispositions plus favorables des conventions collectives ou des contrats individuels de travail, le travailleur acquiert droit au congé payé à la charge de l'employeur à raison d'un minimum de 26 jours ouvrables par année de service effectif. Sont assimilées à un mois de service effectif les périodes équivalentes à 26 jours de travail. La durée du congé est augmentée en considération de l'ancienneté des travailleurs dans l'entreprise suivant les règlements en vigueur ou les dispositions des conventions collectives. Pour le calcul de la durée du congé acquis ne sont pas déduites les absences pour accidents du travail ou maladies professionnelles, les périodes de repos des femmes en couches prévues à l'article 113, ni dans une limite de 6 mois, les absences pour maladies dûment constatées par un médecin agréé. Seront également décomptés, sur les bases indiquées ci-dessus, les services effectués sans congé correspondant pour le compte du même employeur, quel que soit le lieu de l'emploi. Dans une limite de 10 jours, ne peuvent être déduites de la durée du congé acquis les permissions exceptionnelles qui auraient été accordées au travailleur à l'occasion d'évènements familiaux touchant directement son propre foyer. Ces permissions exceptionnelles sont payées. Par contre les congés spéciaux accordés en sus des jours fériés pourront être déduits s'ils n'ont fait l'objet d'aucune compensation ou récupération des journées ainsi accordées. Pour le travailleur prenant son congé hors du lieu de l'emploi, au lieu de son recrutement, la durée du congé est augmentée des délais de route correspondant à la durée de voyage aller-retour effectué par la voie et le moyen de transports choisis par l'employeur. Un congé pour affaires personnelles ou une mise en disponibilité peut être accordé à tout travailleur pendant 1 an renouvelable une fois après une période d'ancienneté de 2 ans sur l'autorisation de l'employeur. Au terme de cette disponibilité ou congé, le travailleur réintègre automatiquement son emploi. Toutefois les conventions collectives ou accords d'établissements, détermineront les conditions d'application.[77] Le droit de jouissance au congé est acquis après une durée de service effectif égale à 12 mois. Ce droit se prescrit par 3 ans. Les conventions collectives ou les contrats individuels de travail pourront prévoir une durée plus longue de service effectif ouvrant

[77] Article 119

droit de jouissance à 24 mois. En cas de rupture ou d'expiration du contrat avant que le travailleur ait acquis droit au congé, une indemnité calculée sur les bases des droits acquis d'après l'article précédent doit être accordée en place de congé. En dehors de ce cas, est nul et de nul effet toute convention prévoyant l'octroi d'une indemnité compensatrice aux lieux et place du congé. Le travailleur est libre de prendre son congé dans le pays de son choix, sous réserve des dispositions du présent chapitre. L'employeur doit verser au travailleur pendant toute la durée du congé, une allocation qui sera au moins égale aux rémunérations et aux différents éléments de rémunération définis à l'article 86 dont le travailleur bénéficiait au cours des 12 mois ayant précédé la date de départ en congé, à l'exclusion, s'il y a lieu, de l'indemnité de dépaysement. Le montant de l'allocation de congé devra être versé en totalité au travailleur au jour de son départ en congé.[78]

**Section 2. Les voyages et transports**

**101.** Lorsque l'exécution du contrat de travail entraîne ou a entraîné le déplacement du travailleur du lieu de son recrutement, les frais de voyage du travailleur de son (ou ses) épouse (s) légitime (s) et de ses enfants mineurs vivant habituellement avec lui, ainsi que les frais de transports de leurs bagages sont à la charge de l'employeur.
1° Du lieu de recrutement au lieu de l'emploi ;
2° Du lieu de l'emploi au lieu du recrutement ;
En cas d'expiration du contrat à durée déterminée ; En cas de résiliation du contrat lorsque le travailleur a acquis droit au congé dans les conditions prévues à l'article 120 ; en cas de rupture du contrat du fait de l'employeur ou à la suite d'une faute lourde de celui-ci ; en cas de rupture du contrat due à un cas de force majeure ;
3° Du lieu de l'emploi au lieu de recrutement et vice-versa ;
En cas de congé normal. Le retour sur le lieu d'emploi n'est dû que si le contrat n'est pas venu à expiration avant la date de fin de congé et si le travailleur à cette date est en état de reprendre son service. Toutefois, le contrat individuel de travail ou la convention collective pourra prévoir une durée minimale de séjour en deçà de laquelle le transport des familles ne sera pas à la charge de l'employeur. Cette durée n'excèdera pas 6 mois.[79] Sous réserve des dispositions des articles 33 et 35, lorsqu'un contrat est résilié pour des causes autres que celles visées à l'article précédent ou par la faute lourde du travailleur, le montant des frais de

[78] Articles 120 à 122
[79] Article 123

transport, aller-retour, incombe à l'entreprise. Le moyen de transport, la classe de passager et le poids des bagages sont déterminés par la situation occupée par le travailleur dans l'entreprise suivant la stipulation de la convention collective ou du contrat individuel de travail ou, à défaut, suivant les règles adoptées par l'employeur à l'égard de son personnel ou suivant les usages locaux. Il sera tenu compte, dans tous les cas, des charges de la famille pour le calcul du poids des bagages. Toutefois, l'employeur est tenu de remettre au travailleur et à sa famille les titres de transport. Sauf stipulation contraire, les voyages et transports sont effectués par une voie et des moyens des transports normaux au choix de l'employeur. Le travailleur qui use d'une voie ou des moyens de transports plus coûteux que ceux régulièrement choisis ou agréés par l'employeur n'est défrayé par l'entreprise qu'à concurrence des frais occasionnés par la voie ou les moyens régulièrement choisis. S'il use d'une voie ou de moyens de transport plus économiques il ne peut prétendre qu'au remboursement des frais engagés. Les délais de transport ne sont pas compris dans la durée maximale du contrat telle qu'elle est prévue à l'article 32. A défaut de convention contraire, le travailleur qui use d'une voie ou de moyens de transport moins rapides que ceux régulièrement choisis par l'employeur ne peut prétendre de ce fait à des délais de route plus longs que ceux prévus par la voie et les moyens normaux. S'il use d'une voie ou de moyens plus rapides, il continue à bénéficier, en plus de la durée du congé proprement dit, des délais qui auraient été nécessaires avec l'usage de la voie et des moyens choisis par l'employeur. Le travailleur qui a cessé son service peut exiger de son ancien employeur, la mise à sa disposition des titres de transport auxquels il a droit, dans un délai de 2 ans à compter de la cessation du travail chez ledit employeur. Ce délai sera majoré, le cas échéant, du temps écoulé entre la citation en justice motivée par la réclamation de ce droit et le jugement définitif. Le travailleur qui a cessé son service et qui est dans l'attente du moyen de transport désigné par son employeur pour regagner son lieu de recrutement conserve le bénéfice des avantages en nature et reçoit de l'employeur une indemnité égale à la rémunération qu'il aurait perçue s'il avait continué à travailler. Le travailleur dont le contrat est signé ou dont le congé est arrivé à expiration et qui reste à la disposition de son employeur avant de quitter son lieu de recrutement pour rejoindre son lieu d'emploi, reçoit de l'employeur pendant cette période d'attente, une indemnité calculée sur la base de l'allocation de congé. L'indemnité prévue à l'alinéa précédent est due également lorsque le travailleur a été empêché d'utiliser le moyen de transport désigné à la date prévue, à charge pour lui de prévenir son employeur par les voies les plus rapides et de rendre compte et prouver que l'attente ne lui est pas imputable. Les dispositions de la présente section ne peuvent être un obstacle à l'application de la règlementation sur les conditions d'admission et de séjour des étrangers.[80]

[80] Article 124 à 130

# SOUS-TITRE 5. L'HYGIENE ET LA SECURITE ; LE SERVICE MEDICAL

## CHAPITRE 1. L'HYGIENE ET LA SECURITE

**102.** Il est institué près le ministre du travail et de la prévoyance sociale un comité technique consultatif pour l'étude des questions intéressant l'hygiène, la sécurité des travailleurs et la prévention des risques professionnels. Ce comité comprend un nombre égal de représentants des employeurs et des représentants des travailleurs, à côté des fonctionnaires, et experts qualifiés. Un arrêté du ministre du travail et de la prévoyance sociale règle la composition et le fonctionnement de ce Comité. L'entreprise doit être tenue dans un état constant de propreté et présenter des conditions d'hygiène et de sécurité nécessaires à la santé du personnel ; elle doit être aménagée de manière à garantir la sécurité des travailleurs. Les ouvriers appelés à travailler dans les puits, conduites de gaz et d'eau, fosses d'aisances, cuves, appareils quelconques pouvant contenir des gaz délétères, doivent être attachés par une ceinture ou protégés par un autre dispositif de sûreté. Les puits et ouvertures de descente doivent être clôturés. Les moteurs doivent être isolés par des barrières de protection. Les machines électriques doivent toutes être pourvues d'une prise de terre. Les escaliers doivent être solides et munis de fortes rampes. Les échafaudages doivent être munis de garde-corps rigides de 90 cm de haut. Les pièces mobiles suivantes des machines à transmission : bielles et volants de moteurs, roues, arbres de transmission, engrenage, cônes ou cylindres de friction, doivent être munis d'un dispositif protecteur ou séparés des ouvriers, à moins qu'elles ne soient hors de portée de la main. Il en est de même des courroies par l'employeur ou le sol d'un atelier ou fonctionnant sur des poulies de transmission placées à moins de deux mètres du sol.[81]

La consommation par l'employeur ou le travailleur de toutes boissons alcoolisées est interdite sur les lieux de travail. Il est interdit de mettre en vente, vendre, louer ou utiliser des machines ou parties de machines dangereuses dépourvues de dispositif de protection approprié. Les dites machines ou parties de machines seront déterminées par un arrêté du Ministre du travail et de la prévoyance sociale, pris après avis du comité technique consultatif d'hygiène et de sécurité. L'acheteur auquel est livrée une machine ou partie de machine dangereuse pour les ouvriers

---

[81] Articles 131 à 133

peut, nonobstant toute clause contraire, dans le délai d'une année à compter du jour de la livraison, demander la résolution de la vente. Le tribunal qui prononcera cette résolution pourra, en outre, accorder des dommages-intérêts à l'acheteur. Des arrêtés du Ministre du travail et de la prévoyance sociale, pris après avis du Comité technique consultatif d'hygiène et de sécurité, déterminent :

a) les mesures générales de protection et de salubrité applicables à toutes les entreprises où les prescriptions particulières à certaines professions, notamment en ce qui concerne l'éclairage, l'aération ou la ventilation, les eaux potables, les lieux d'aisance, l'évacuation des poussières et vapeurs, les lavabos et douches, les bruits et vibrations, les précautions à prendre contre les incendies, etc…

b) les mesures relatives à l'organisation et au fonctionnement dans les entreprises, des institutions ayant pour mission d'aider à l'observation des prescriptions ci-dessus indiquées et de contribuer à l'amélioration des conditions d'hygiène et de sécurité du travail et à la protection de la santé des travailleurs.[82]

En ce qui concerne l'application des arrêtés prévus à l'article précédent, les inspecteurs du travail s'agissant des prescriptions de ces arrêtés pour lesquelles cette procédure aura été prévue, doivent mettre les chefs d'entreprise en demeure de se conformer aux dites prescriptions avant de dresser procès-verbal. Cette mise en demeure doit être faite par écrit soit sur le registre d'employeur, soit par lettre recommandée avec accusé de réception. Elle est datée et signée, elle précise les infractions ou dangers constatés et fixe les délais dans lesquels ils devront avoir disparu, sauf en cas d'extrême urgence. Lorsqu'il existe des conditions de travail dangereuses pour la sécurité ou la santé des travailleurs et non visées par les arrêtés prévus à l'article 137, l'employeur est mis en demeure par l'inspecteur du travail d'y remédier dans les formes et conditions prévues à l'article précédent. Toutefois, dans ce cas, avant l'expiration des délais fixés par l'inspecteur du travail et des lois sociales, au plus tard dans les 8 jours qui suivent la mise en demeure, l'employeur peut adresser une réclamation au ministre du travail et de la prévoyance sociale. Cette réclamation est suspensive ; elle est soumise après enquête au Comité technique consultatif d'hygiène et de sécurité qui, entend, s'il y a lieu, le réclamant. Notification de la décision du ministre est faite à l'employeur dans la forme administrative ; avis en est donné à l'inspecteur.

L'employeur est tenu d'aviser le directeur de la Caisse nationale de prévoyance sociale ou son représentant dans un délai de 48 heures de tout accident du travail survenu ou de toute maladie professionnelle constatée

[82] Articles 134 à 137

dans l'entreprise. Les modalités de cette déclaration sont fixées par la législation spéciale applicable aux accidents du travail et aux maladies professionnelles. La déclaration peut être faite par le travailleur ou ses représentants jusqu'à l'expiration de la 2ème année suivant la date de l'accident ou la première constatation médicale de la maladie professionnelle. En ce qui concerne les maladies professionnelles, la date de la première constatation médicale de la maladie est assimilée à la date de l'accident. Copie de la déclaration d'accident du travail ou de maladie professionnelle est transmise à l'inspection du travail et des lois sociales dans le délai prévu au premier alinéa.[83]

[83] Articles 138 à 141

## CHAPITRE 2. LE SERVICE MEDICAL

**103.** Toute entreprise ou établissement doit obligatoirement assurer un service médical ou sanitaire à ses travailleurs et aux membres de leur famille reconnus par la Caisse nationale de prévoyance sociale. Les entreprises qui ne peuvent se doter de formations sanitaires adéquates doivent se regrouper pour créer des formations sanitaires interentreprises. Ne compte pour l'application des prescriptions de l'article précédent que le personnel médical ayant fait l'objet d'une décision d'agrément du Ministre du travail et de la prévoyance sociale. Cette décision prise après avis de l'inspecteur du travail et des lois sociales et consultation du Ministre de la santé, peut être annulée dans les mêmes formes. Le service médical et l'organisation des dispensaires ou infirmeries communs à un groupe d'entreprises peuvent être installés suivant des modalités à fixer par arrêté du ministre du travail et de la prévoyance sociale après avis de l'inspecteur du travail et des lois sociales et du Comité technique consultatif d'hygiène et de sécurité sociale. Chacune des entreprises participant au fonctionnement des organisations précitées reste tenue d'avoir une infirmerie avec salle d'isolement pour les cas urgents, dans laquelle le nombre de lits, le matériel et l'approvisionnement sont fixés par arrêté du Ministre du travail et de la prévoyance sociale après avis du Comité technique consultatif d'hygiène et de sécurité. Dans chaque exploitation dont l'effectif moyen dépasse cent personnes, une visite des travailleurs se déclarant malades est passée chaque matin après l'appel. Les femmes légitimes et les enfants s'ils le demandent, peuvent se présenter à cette visite pour y être examinés, et, le cas échéant, recevoir les soins et les traitements nécessaires. Les résultats de cette visite sont consignés sur un registre spécial dont le modèle est fixé par arrêté du Ministre du travail et de la prévoyance sociale, après avis du comité technique consultatif d'hygiène et de sécurité.[84]

En cas de maladie d'un travailleur, d'une femme ou d'un enfant logé avec lui aux frais de l'entreprise l'employeur est tenu de leur fournir gratuitement les soins et médicaments dans la limite des moyens définis par les textes d'application du présent chapitre. L'employeur est également tenu d'assurer gratuitement l'alimentation de tout travailleur malade soigné sur place. L'employeur doit faire évacuer sur la formation médicale la plus proche, les blessés et les malades transportables, non susceptibles d'être traités par les moyens dont il dispose. Si l'employeur ne dispose pas immédiatement de moyens appropriés, il en rend compte d'urgence au chef de la circonscription administrative la plus proche, qui

---

[84] Articles 142 à 145

fait procéder à l'évacuation administrative par les moyens à sa disposition, tous les frais occasionnés de ce chef à l'administration devant être remboursés par l'employeur au tarif officiel des transports médicaux. Un arrêté du ministre du travail et de la prévoyance sociale pris après avis du Comité technique consultatif d'hygiène et de sécurité détermine les conditions dans lesquelles les employeurs sont obligatoirement tenus d'installer et d'approvisionner en médicaments, accessoires, une infirmerie, une salle de pansements ou une boîte de secours.[85]

---

[85] Articles 146 à 148

# SOUS-TITRE 6. LE REGLEMENT DES DIFFERENDS DU TRAVAIL

## CHAPITRE 1. LE DIFFEREND INDIVIDUEL

### Section 1. Les attributions des tribunaux du travail

**104.** Les tribunaux du travail connaissent des différends individuels pouvant s'élever entre le travailleur et l'employeur, ou l'apprenti et le maître, à l'occasion du contrat de travail ou du contrat d'apprentissage. Ces tribunaux ont qualité pour se prononcer sur tous les différends individuels relatifs aux conventions collectives ou aux arrêtés tenant lieu. Leur compétence s'étend également au contentieux du régime de prévoyance sociale, aux différends nés entre travailleurs à l'occasion du travail, aux actions récursoires des entrepreneurs contre les sous-entrepreneurs aux cas prévus à l'article 70. Le tribunal compétent est celui du lieu de travail. Toutefois, pour les litiges nés de la résiliation du contrat de travail, et nonobstant toute attribution conventionnelle de juridiction, le travailleur dont le lieu de recrutement est situé dans une autre localité que celle du lieu de l'emploi aura le choix entre le tribunal de ce lieu de recrutement et celui du travail.[86]

### Section 2. L'organisation et le fonctionnement des tribunaux du travail

**105.** Les tribunaux du travail sont créés par décret sur proposition conjointe du ministre de la justice et du ministre du travail et de la prévoyance sociale après avis conforme de la Cour suprême. Le décret fixe, pour chaque tribunal du travail, son siège, sa compétence territoriale et sa subdivision en section professionnelles lorsque la structure du marché du travail le justifie. Les tribunaux du travail dépendent administrativement du ministre de la justice.
Le tribunal du travail est composé :
1° D'un Président désigné par le ministre de la justice ;
2° D'un assesseur employeur et d'un assesseur travailleur, pris parmi ceux figurant sur les listes établies en conformité avec l'article 216 ci-après.

---

[86] Articles 211 et 212

Le président désigne pour chaque affaire, les assesseurs employeur et travailleur appartenant à la catégorie intéressée. Les assesseurs titulaires sont remplacés, en cas d'empêchement par des assesseurs suppléants dont le nombre est égal à celui des titulaires.
3° D'un greffier désigné par le chef des services judiciaires.[87]
Les assesseurs et leurs suppléants sont nommés par arrêté conjoint du ministre du travail et de la prévoyance sociale et du ministre de la justice. Ils sont choisis d'après des listes présentées par les organisations syndicales les plus représentatives, ou en cas de carence de celles-ci, par les inspecteurs du travail et des lois sociales, et comportant un nombre de noms doublé de celui des postes à pourvoir. Le mandat des assesseurs titulaires ou suppléants a une durée d'un an ; il est renouvelable. Les assesseurs ou leurs suppléants doivent justifier de leurs droits civils et politiques. Ils doivent, en outre, n'avoir subi aucune condamnation à une peine correctionnelle, à l'exception toutefois : des condamnations pour délits d'imprudence hors le cas de délit de fuite concomitant ;
Des condamnations prononcées pour infractions autres que les infractions qualifiées délits, à la législation sur les sociétés, mais dont cependant la répression n'est pas subordonnée à la preuve de la mauvaise foi de leurs auteurs et qui ne sont passibles que d'une amende. Sont déchus de leur mandat les assesseurs qui sont frappés de l'une des condamnations visées ci-dessus ou qui perdent leurs droits civils et politiques. Tout assesseur titulaire ou suppléant qui aura gravement manqué à ses devoirs dans l'exercice de ses fonctions sera appelé devant le tribunal du travail pour s'expliquer sur les faits qui lui sont reprochés. L'initiative de cet appel appartient au Président du tribunal du travail et au procureur de la République. Dans un délai d'un mois, à dater de la convocation, le procès-verbal de la séance de comparution est adressé par le Président du tribunal du travail au Procureur de la République. Le procès-verbal est transmis par le Procureur de la République avec son avis au Ministre de la justice. Par arrêté motivé et conjoint du ministre de la justice et du ministre du travail et de la prévoyance sociale, les peines suivantes peuvent être prononcées ;

- la censure ;
- la suspension pour un temps qui ne peut excéder six mois ;
- la déchéance.

Tout assesseur contre lequel la déchéance a été prononcée ne peut être désigné à nouveau aux mêmes fonctions.
Les assesseurs et leurs suppléants prêtent devant le tribunal de grande instance du ressort, le serment suivant : « Je jure de remplir mes devoirs

[87] Articles 213 à 215

avec zèle et intégrité et de garder le secret des délibérations ». Toutefois en cas d'empêchement le serment peut être prêté par écrit.
Les fonctions d'assesseurs titulaires ou suppléants des tribunaux du travail sont gratuites. Toutefois, pourront être allouées aux assesseurs des indemnités de séjour et de déplacement, dont le montant, qui ne pourra être inférieur au montant des salaires et indemnités perdues, sera fixé par décret.[88]

## Section 3. La procédure devant les tribunaux du travail

**106.** La procédure devant les tribunaux du travail est gratuite à tous les degrés. En outre, le travailleur bénéficie d'office de l'assistance judiciaire pour l'exécution des jugements rendus à son profit ; lorsque le jugement est exécutoire amiable de la décision intervenue, il demande au Président de faire apposer la formule exécutoire sur la copie qui lui a été délivrée et de commettre un agent d'exécution forcée. L'action est introduite par déclaration orale ou écrite, faite au greffier du tribunal du travail. Inscription en est faite sur un registre tenu spécialement à cet effet, un extrait de cette inscription est délivré à la partie ayant introduit l'action.
Dans les deux jours à dater de la réception de la demande, dimanche et jours fériés non compris, le Président cite les parties à comparaître dans un délai qui ne peut excéder 12 jours, majoré s'il y a lieu des délais de distance fixés dans les conditions prévues à l'article 239. La citation doit contenir le nom, la profession du demandeur, l'indication de l'objet de la demande, l'heure et le jour de la comparution. La citation est faite à personne ou à domicile par voie d'agent administratif spécialement commis à cet effet. Elle peut valablement être faite par lettre-recommandée avec accusé de réception. En cas d'urgence, elle peut être faite par voie télégraphique ; en cas de domicile non connu, la citation peut être faite à parquet. Les parties sont tenues de comparaître, en personne ou par mandataire, au jour et l'heure fixés, devant le tribunal du travail. Elles peuvent se faire assister ou représenter soit par un travailleur ou un employeur appartenant à la même branche d'activité, soit par un avocat régulièrement inscrit au barreau ou un avocat-défenseur, soit encore par un représentant des organisations syndicales auxquelles elles sont affiliées. Les employeurs peuvent, en outre, être représentés par un directeur ou un employé de l'entreprise ou de l'établissement. Sauf en ce qui concerne les avocats, le mandataire des parties doit être constitué par écrit. Si au jour fixé par la convocation, le demandeur touché à personne ou à domicile ne comparaît pas et ne

---

[88] Article 216 à 219

justifie pas d'un cas de force majeure, la cause est rayée du rôle ; elle ne peut être reprise qu'une seule fois et selon les formes imparties pour la demande primitive, à peine de déchéance. Si le défendeur ne comparaît pas, et ne justifie pas d'un cas de force majeure, ou s'il n'a pas présenté ses moyens sous forme de mémoire, défaut est donné contre lui et le tribunal statue sur le mérite de la demande.[89]

Les assesseurs du tribunal du travail peuvent être récusés :

1° Quand ils ont un intérêt personnel à la contestation ;

2° Quand ils sont parents ou alliés de l'une des parties jusqu'au sixième degré ;

3° Si, dans l'année qui a précédé la récusation il y a eu procès pénal ou civil entre eux et l'une des parties ou son conjoint ou allié en ligne directe ;

4° S'ils ont donné un avis écrit sur la contestation ;

5° S'ils sont employeurs ou travailleurs de l'une des parties en cause.

Lorsque les parties comparaissent devant le tribunal du travail, il est procédé à une tentative de conciliation. En cas d'accord, un procès-verbal rédigé séance tenante sur le registre des délibérations du tribunal consacre le règlement à l'amiable du litige. L'extrait du procès-verbal de conciliation signé du président et du greffier vaut titre exécutoire. En cas de conciliation partielle, un extrait du procès-verbal signé du Président et du greffier vaut titre exécutoire pour les parties sur lesquelles un accord est intervenu et procès-verbal de non-conciliation pour le surplus de la demande.[90]

## Section 4. Le jugement

**107.** En cas de non-conciliation ou pour la partie contestée de la demande, le tribunal du travail doit retenir l'affaire ; il procède immédiatement à son examen, aucun renvoi ne peut être prononcé sauf accord des parties, et à quinzaine au maximum, mais le tribunal peut toujours, par jugement motivé, prescrire toutes enquêtes, descentes sur les lieux et toutes mesures d'informations quelconques. Sauf au stade de la conciliation l'audience est publique. Le président dirige les débats, interroge et confronte les parties, fait comparaître les témoins cités à la diligence des parties ou par lui-même, dans les formes indiquées à l'article 222. Il procède à l'audition de toute autre personne dont il juge la déposition utile au règlement du différend, peut procéder ou faire procéder à tous constats ou expertises. La police de la salle d'audience et

---

[89] Articles 220 à 224

[90] Articles 225 à 227

des débats appartient au Président qui est revêtu des pouvoirs attribués au Président du tribunal d'instance par les dispositions du Code de procédure civile.
La minute du jugement est transcrite par le greffier sur le répertoire des jugements rendus. Elle est signée par le Président et le greffier. Le jugement peut ordonner l'exécution immédiate, nonobstant opposition ou appel et par provision avec dispense de caution, jusqu'à une somme qui sera fixée par décret. Pour le surplus, l'exécution provisoire peut être ordonnée à charge de fournir caution. Copie du jugement, signée par le Président et le greffier, doit être remise aux parties sur demande. Mention de cette délivrance, de sa date et de son heure est faite par le greffier en marge du jugement. En cas de jugement par défaut, signification du jugement est faite, dans les formes de l'article 222, sans frais, à la partie défaillante, par le greffier du tribunal ou par le président. Si, dans un délai de 10 jours après signification, le défaillant ne fait pas opposition au jugement dans les formes prescrites à l'article 221, le jugement est exécutoire. Sur opposition, le Président convoque à nouveau les parties, comme il est dit à l'article 222. Le nouveau jugement nonobstant tout défaut ou appel, est exécutoire. La femme mariée est autorisée à se concilier, à demander, à défendre devant le tribunal du travail.[91]

## Section 5. La compétence des tribunaux du travail et les voies de recours

**108.** Les jugements du travail sont définitifs et sans appel, sauf du chef de la compétence, lorsque le chiffre n'excède pas 25000 francs CFA. Au-dessus de 25 0000francs CFA, les jugements sont susceptibles d'appel devant la Cour d'appel. Le tribunal du travail connaît de toutes les demandes reconventionnelles ou en compensation qui, par leur nature, rentrent dans sa compétence. Lorsque chacune des demandes principales, reconventionnelles ou en compensation sera dans les limites de sa compétence, en dernier ressort, il se prononcera sans qu'il y ait lieu à appel. Si l'une de ces demandes n'est susceptible d'être jugée qu'à charge d'appel, le tribunal ne se prononcera sur toutes qu'à charge d'appel. Néanmoins, il statuera en dernier ressort si seule la demande reconventionnelle en dommages-intérêts, fondée exclusivement sur la demande principale, dépasse sa compétence en dernier ressort. Il statue également sans appel, en cas de défaut du défendeur, si seules les demandes reconventionnelles formées par celui-ci dépassent le taux de sa

[91] Articles 228 à 234

compétence en dernier ressort, quels que soient la nature et le montant de cette demande.
Si une demande reconventionnelle est reconnue non fondée et formée uniquement en vue de rendre le jugement susceptible d'appel, l'auteur de cette demande peut être condamné à des dommages-intérêts envers l'autre partie, même au cas où en appel le jugement en premier ressort n'a été confirmé que partiellement. Dans les 15 jours du prononcé du jugement, appel peut être interjeté dans les formes prévues à l'article 221. Le dossier d'appel est transmis, dans la huitaine de la déclaration d'appel, au greffier en chef de la Cour d'appel, avec expédition du jugement, les lettres, mémoires et documents déposés par les parties en premières instances et en appel. L'appel est jugé sur pièces. Toutefois les parties peuvent demander à être entendues ; en ce cas la représentation des parties obéit aux règles fixées par l'article 223. L'arrêt doit être rendu dans les deux mois de la transmission de la déclaration d'appel à la Cour. Les dispositions prévues à l'article 220 pour l'exécution des jugements sont applicables aux arrêts. Le pourvoi en cassation est recevable contre les arrêts et jugements rendus en dernier ressort. Il est introduit et jugé dans les formes et conditions prévues par les textes en vigueur relatifs à la procédure de cassation en matière civile. Des arrêtés du ministre de la justice fixent la contexture des registres et les délais de distance.[92]

### Section 6. La conciliation préalable devant l'inspecteur du travail et des lois sociales

**109.** Tout travailleur ou tout employeur pourra demander aux services de l'inspecteur du travail et des lois sociales de régler le différend à l'amiable. Cette demande interrompt à sa date de réception par les services susvisés, le délai de prescription prévu à l'article 99. Cette interruption court jusqu'à la date du procès-verbal qui clôt la tentative de conciliation. L'inspecteur du travail vérifie si les parties sont disposées à se concilier immédiatement sur la base des normes fixées par la loi, la règlementation ou les conventions collectives et le contrat individuel. En cas de conciliation, la formule exécutoire est apposée par ordonnance du Président du tribunal du travail prise à la requête de la partie la plus diligente sur le procès-verbal de conciliation établi par l'inspecteur du travail et des lois sociales ou par le contrôleur du travail. L'exécution est poursuivie comme pour un jugement du tribunal du travail. Le président du tribunal du travail compétent est celui dans le ressort duquel le procès-verbal de conciliation a été signé. En l'absence ou en cas d'échec du

---

[92] Articles 235 à 239

règlement amiable du litige, l'action est introduite devant le tribunal du travail dans les formes prévues à l'article 221.[93]

## CHAPITRE 2. LE DIFFEREND COLLECTIF

**110.** Tout différend collectif qui n'a pu être réglé dans le cadre de la procédure de conciliation et d'arbitrage prévue par les conventions collectives est immédiatement notifié par écrit par la ou les parties intéressées à l'inspecteur du travail et des lois sociales ou au fonctionnaire responsable du bureau de contrôle du travail du ressort. Les parties sont convoquées par l'inspecteur du travail et des lois sociales ou par le fonctionnaire responsable du bureau de contrôle du travail du ressort qui procède à la conciliation. Elles peuvent se substituer un représentant ayant qualité pour se concilier. Si l'une des parties ne comparaît pas ou ne se fait pas valablement représenter, l'inspecteur du travail et des lois sociales ou le fonctionnaire responsable du bureau de contrôle du travail du ressort la convoque à nouveau dans un délai qui ne peut excéder 2 jours francs sans préjudice de sa condamnation à une sanction prononcée par la juridiction pénale sur procès-verbal dressé par l'autorité compétente ci-dessus désignée. Les accords de conciliation sont consignés dans un procès-verbal établi séance tenante et signé par les parties qui en reçoivent ampliation. Ils sont obligatoires et deviennent exécutoires au jour du dépôt prévu à l'article 247.
Lorsque la tentative de conciliation n'a pas abouti, le procès-verbal de non-conciliation établi séance tenante précise les points sur lesquels le différend persiste, celui-ci est soumis à la procédure de recommandation. Dans un délai de 2 jours francs, l'inspecteur du travail et des lois sociales ou le fonctionnaire responsable du bureau de contrôle du travail du ressort, convoque à nouveau les parties pour désignation par leurs soins du Président de la Commission de recommandation et de deux experts, ceux-ci sont désignés dans les 48 heures par le ministre du travail et de la prévoyance sociale. Le président et les experts sont pris parmi les députés, les conseillers municipaux, de district et de région, les membres des bureaux des chambres de commerce, d'agriculture et d'industrie, les titulaires du mérite congolais, de la légion d'honneur ou du mérite social, des personnalités connues pour leur autorité morale et pour leur compétence en matière économique et sociale.[94]
L'inspecteur du travail et des lois sociales ou le fonctionnaire responsable du bureau de contrôle du travail du ressort, est tenu de déférer le

[93] Articles 240 à 241
[94] Article 242 et 243

différend au Président de la Commission de recommandation dès la désignation des 2 experts. La Commission est saisie par la seule transmission du procès-verbal de non-conciliation. Elle ne peut statuer sur d'autres objets que ceux déterminés par le procès-verbal de non-conciliation ou ceux qui, résultant d'évènements postérieurs à ce procès-verbal sont la conséquence directe du différend en cours. La Commission de recommandation se prononce en droit sur les conflits relatifs à l'interprétation des lois, règlements, conventions collectives ou accords en vigueur. Elle se prononce en équité sur les autres conflits, notamment lorsque le conflit porte sur les salaires ou les conditions de travail qui ne sont pas fixées par les dispositions des lois, règlements, conventions collectives ou accords en vigueur, et sur les conflits relatifs à la conclusion et à la révision des clauses des conventions et accords collectifs.

La Commission de recommandation a les plus larges pouvoirs pour s'informer de la situation économique des entreprises et de la situation sociale des travailleurs intéressés par le conflit. Dans ce but elle peut, notamment, enquêter auprès des entreprises et des syndicats, réclamer aux parties tous documents ou renseignements d'ordre comptable et financier susceptibles de lui être utiles. Elle peut recourir aux offices de toute personne qualifiée susceptible de l'éclairer, tels les experts comptables agréés.

**111.** Les experts sont tenus au secret professionnel quant aux documents à eux communiqués. Sur leur demande, les parties sont entendues par la Commission de recommandation. Elles peuvent déposer tous mémoires qu'elles estiment de nature à éclairer la Commission. Dans un délai de 10 jours, la Commission dresse un rapport motivé de ses investigations. Les conclusions de ce rapport établissent, sous forme de recommandation, un projet de règlement des points en litige.[95] Le rapport et la recommandation sont immédiatement communiqués à l'inspecteur du travail et des lois sociales ou au fonctionnaire responsable du bureau de contrôle du travail du ressort, qui les transmet aux parties dans les 24 heures. A l'expiration du délai de 4 jours francs à compter de la notification de ces rapports et recommandations aux parties et si aucune de celles-ci n'a manifesté son opposition, la recommandation sous réserve du dépôt prévu à l'article ci-dessous acquiert force exécutoire. L'opposition, à peine de nullité, est formée dans les délais ci-dessus indiqués par lettre recommandée adressée à l'inspecteur du travail et des lois sociales ou au fonctionnaire responsable du bureau de contrôle du

[95] Articles 244 et 245

travail du ressort. Le récépissé à l'expédition fera foi de la formation de l'opposition. Lorsqu'un accord de conciliation, une recommandation devenue exécutoire, porte sur l'interprétation des clauses d'une convention collective, sur les salaires ou sur les conditions de travail, cet accord ou cette recommandation produira les effets d'une convention collective du travail. Si l'accord ou la recommandation est intervenue en vue de régler un conflit survenu dans une branche d'activité ou une convention collective aura été étendue en application de l'article 58 du Code, cet accord ou cette recommandation devra, à la demande des organisations syndicales signataires de la convention collective étendue, faire l'objet d'un arrêté d'extension pris conformément aux dispositions de l'article 58 précité ; cet arrêté pourra être rapporté dans les conditions prévues à l'article 59 du Code. La date d'application de l'accord de conciliation et de la recommandation, dans leur silence sur ce point, est celle de la notification du conflit à l'inspecteur du travail et des lois sociales. Les accords de conciliation et de recommandation, sont immédiatement insérés au journal officiel et affichés dans les bureaux des Inspecteurs du travail et des lois sociales aux sièges des syndicats intéressés et au lieu du travail où est né le conflit. Les minutes sont déposées aux greffes des tribunaux au jour de leur rendu. Les frais occasionnés par la procédure de conciliation et de recommandation, notamment les frais de déplacement des experts, pertes de salaires ou traitements, frais d'expertises, sont supportés par le budget de l'Etat.[96]

Les recommandations qui ont acquis force exécutoire peuvent faire l'objet d'un recours devant la Cour suprême, pour excès de pouvoir ou violation de la loi. La grève déclenchée après formation de l'opposition à la recommandation n'entraîne pas la rupture du contrat de travail. Sont interdit tout lock-out ou toute grève avant épuisement des procédures fixées par la loi ou en violation des dispositions d'un accord de conciliation ou d'une recommandation ayant acquis force exécutoire. Le lock-out ou la grève engagé en contravention des dispositions du Code peut entraîner :

a) Pour les employeurs le paiement aux travailleurs des journées de salaires perdues de ce fait ;
b) Pour les travailleurs, la perte de salaires des journées de grève illégale,
c) Pour les employeurs, par décision des tribunaux de droit commun rendue à la requête du ministre du travail et de la prévoyance sociale, pendant une période minimum de 2 ans, l'inéligibilité aux fonctions de membres des chambres de commerce,

[96] Articles 246 et 247

d'agriculture et d'industrie, l'interdiction de faire partie d'une Commission nationale consultative du travail, de participer sous une forme quelconque à une entreprise de travaux ou un marché de fournitures pour le compte de l'Etat ou d'une collectivité publique.[97]

[97] Articles 248 et 249

## SOUS-TITRE 7. LES PENALITES

**112.** Tout assesseur du tribunal du travail qui ne se sera pas rendu, à deux reprises successives et sans motif valable à son poste sur la citation qui lui aura été notifiée, pourra être déclaré, par le tribunal, incapable d'exercer les fonctions d'assesseur pendant la durée de son mandat.

Seront punis d'une amende de 1.200 à 1.800 francs et en cas de récidive de 2.400 à 7.200 francs :

a) Les auteurs d'infractions aux dispositions des articles 24,39 (6), 71, 72, 74, 85, 87 (3), 88, 163 et (2 et 3), 182 (avant dernier paragraphe) ;
b) Les auteurs d'infractions aux dispositions des arrêtés et décrets prévus par les articles 25, 75, 105, 181 et 182 ($1^{er}$ ) ;
c) Les employeurs, fondés de pouvoirs ou leurs préposés, responsables du défaut d'affichage conforme aux dispositions de l'article 103.

En ce qui concerne les infractions à l'arrêté prévu à l'article 182 ($1^{er}$), l'amende sera prononcée autant de fois qu'il y aura d'inscriptions omises ou erronées.

Seront punis d'une amende de 2.400 à 7.200 francs et en cas de récidive d'une amende de 7.200 à 20.000 francs :

a) Les auteurs d'infractions aux dispositions des articles 9,117 (12), 146 et 147 ;
b) Les auteurs d'infractions aux dispositions des arrêtés et décrets prévus par les articles 118, 142 et 148 ;
c) Les personnes qui auront omis de faire la déclaration prévue à l'article 141.

Les infractions aux dispositions des articles 184 à 187 inclus, 199, et de l'article 206 seront poursuivies contre les Directeurs ou Administrateurs des syndicats et punies d'une amende de 3.600 à 20.000 francs.

Au cas de fausse déclaration relative aux statuts et aux noms et qualités des Administrateurs ou Directeurs, l'amende pourra être portée à 36.000 francs. Les peines prévues par la législation commerciale en vigueur contre les auteurs de contrefaçon, apposition, imitation ou usage frauduleux des marques de commerce sont applicables en matière de contrefaçon, apposition, imitation ou usage frauduleux des marques syndicales ou labels.

Seront punis d'une amende de 3.600 à 20.000 francs et en cas de récidive d'une amende de 7.200 francs à 40.000 francs et d'un emprisonnement de 12 à 20 jours ou de l'une de ces deux peines seulement :

a) Les auteurs d'infractions aux dispositions des articles 10,58 (en matière de salaires, primes et indemnités de toute nature) 100, 122, 134, 135 et 101 ;
b) Les auteurs d'infractions aux dispositions des décrets prévus par les articles 60, 83 et 101 ;
c) Toute personne qui aura embauché un travailleur étranger dont le contrat avec un précédent employeur n'était pas, soit expiré, soit résilié par décision judiciaire, à moins que le travailleur n'ait été autorisé par le Ministre du travail et de la prévoyance sociale ; cette autorisation réservant les droits du précédent employeur vis-à-vis du travailleur du nouvel employeur.

**113.** Sera puni d'une amende de 12.000 à 72.000 francs et d'un emprisonnement de 12 jours à 2 mois ou de l'une de ces deux peines seulement, quiconque aura porté ou tenté de porter atteinte soit à la libre désignation des membres du bureau syndical, soit à l'exercice régulier de leurs fonctions. En cas de récidive dans le délai d'une année, l'emprisonnement sera toujours prononcé. Les infractions pourront être constatées, soit par l'Inspecteur du travail et des lois sociales, soit par les officiers de police judiciaire.[98] Seront punis d'une amende de 18.000 à 90.000 francs et d'un emprisonnement de 1 à 6 mois ou de l'une de ces deux peines seulement :

a) Les auteurs d'infractions aux dispositions des articles 4 sur l'interdiction du travail forcé, 73 sur l'interdiction du « marchandage », 87 (1 et 2) sur le paiement du salaire en alcool ou boisson alcoolisée, 103, sauf en matière d'affichage, 104 et 106 ;
b) Les personnes, qui auront fait sciemment une fausse déclaration d'accident du travail ou de maladie professionnelle ;
c) Toute personne, qui, par violence, menace, tromperie, dols ou promesses, aura contraint ou tenté de contraindre un travailleur à s'embaucher contre son gré, ou qui, par les mêmes moyens, aura tenté de l'empêcher ou l'aura empêché de s'embaucher ou de remplir les obligations imposées par son contrat ;
d) Toute personne qui, en faisant usage d'un contrat fictif ou d'un carnet de travailleur contenant des indications inexactes se sera fait embaucher ou se sera substitué volontairement à un autre travailleur ;
e) Tout employeur, fondé de pouvoirs ou préposé, qui aura porté sciemment sur le carnet du travailleur, le registre d'employeur ou

[98] Articles 250 à 256

tout autre document, des attestations mensongères relatives à la durée et aux conditions du travail accompli par le travailleur, ainsi que tout travailleur qui aura sciemment fait usage de ces attestations ;

f) Tout employeur, fondé de pouvoirs ou préposé qui aura sciemment engagé, tenté d'engager ou conserver à son service un travailleur encore lié à un autre employeur par contrat de travail, un apprenti encore lié par contrat d'apprentissage ou un stagiaire en cours de formation dans un centre de formation professionnelle, indépendamment du droit à dommages-intérêts qui pourra être reconnu à la partie lésée ;

g) Toute personne qui aura exigé ou accepté du travailleur une rémunération quelconque à titre d'intermédiaire dans le règlement ou le paiement des salaires, indemnités, allocations et frais de toute nature.

En cas de récidive, l'amende sera de 36.000 à 360.000 francs et l'emprisonnement de 2 à 12 mois.[99]

**114.** Sera punie d'une amende de 72.000 à 360.000 francs et d'un emprisonnement de 2 à 6 mois ou de l'une de ces deux peines seulement, toute personne qui s'est opposée ou a tenté de s'opposer à l'exécution des obligations ou à l'exercice des pouvoirs qui incombent aux fonctionnaires du corps de l'Inspecteur du travail et des lois sociales et aux chefs de circonscriptions administratives agissant comme suppléant de l'Inspecteur du travail et des lois sociales. En cas de récidive l'emprisonnement de 2 à 6 mois est obligatoirement prononcé. Les dispositions du Code pénal qui prévoient et répriment les actes de résistance, les outrages et les violences contre les officiers de police judiciaire sont, en outre, applicables à ceux qui se rendent coupables de faits de même nature à l'égard des Inspecteurs du travail et des lois sociales ou de leurs suppléants. Sera puni des peines prévues par le Code pénal en matière d'abus de confiance, tout employeur qui aura retenu ou utilisé dans son intérêt personnel ou pour les besoins de son entreprise les sommes ou titres remis en cautionnement. Les dispositions du Code pénal en matière de sursis sont applicables à tout employeur pour les infractions prévues et réprimées au présent titre. Lorsqu'une amende est prononcée en vertu du présent titre, elle est encourue autant de fois qu'il y a eu d'infractions, sans que cependant le montant total des amendes infligées puisse excéder 50 fois les taux maximal prévus ci-dessus. Cette règle s'applique notamment au cas où plusieurs travailleurs auraient été

[99] Article 257

employés dans des conditions contraires à la loi. Pour l'application des articles 251, 252, 253, 254, 255, 256, il y a récidive lorsque, dans les 12 mois antérieurs au fait poursuivi, le contrevenant a déjà subi une condamnation pour un fait identique. Les chefs d'entreprises sont civilement responsables des condamnations prononcées contre leurs fondés de pouvoirs ou préposés.[100]

[100] Articles 258 à 261

## SOUS-TITRE 8. LES DISPOSITIONS TRANSITOIRES

**115.** Les dispositions de la loi sont de plein droit applicables aux contrats individuels en cours. Elles ne peuvent constituer une cause de rupture de ces contrats. Toute clause d'un contrat en cours qui ne serait pas conforme aux dispositions de la loi, ou d'un décret ou arrêté pris pour son application, sera modifiée dans un délai de 6 mois à compter de la publication de la loi, ou décret ou arrêté en cause. Au cas de refus de l'une des parties la juridiction compétente pourra ordonner, sous peine d'astreinte, de procéder aux modifications qui seront jugées nécessaires. En celles de ces dispositions qui ne sont pas contraires à la loi, la règlementation existante prise en application des lois du 15 décembre 1952 et 10-64 du 25 juin 1964, demeurera en vigueur jusqu'à la mise en place des textes prévus par le Code.[101]

[101] Articles 262 et 263

# TITRE 3 : LES MODIFICATIONS INTERVENUES DEPUIS LA LOI DE 1996[102]

## SOUS-TITRE 1. LES DISPOSITION GENERALES

**116.** Est considéré comme travailleur au sens du Code, quels que soient son sexe et sa nationalité toute personne qui s'est engagée à mettre à la disposition d'une autre son activité professionnelle, moyennant rémunération sous la direction et l'autorité d'une autre personne physique ou morale, publique ou privée. Pour la détermination de la qualité de travailleur, il ne sera tenu compte ni du statut juridique de l'employeur ni de celui de l'employé.
Les personnes nommées dans un emploi permanent d'une administration publique ne sont pas soumises au Code. Toutefois, les agents contractuels de la fonction publique seront soumis, en ce qui concerne l'exercice du droit de grève aux dispositions législatives spécifiques, applicables à l'Administration publique. Les travailleurs continuent à bénéficier des avantages qui leurs ont été consentis, lorsque ceux-ci sont supérieurs à ceux que leur reconnaît le Code dont les dispositions ne s'opposent pas par ailleurs aux dispositions plus favorables qui peuvent être consenties par des conventions ou accords collectifs ou par des contrats particuliers.
Le travail forcé ou obligatoire est interdit de façon absolue :
Le terme « travail forcé ou obligatoire » désigne tout travail exigé d'un individu sous la menace d'une peine quelconque ou pour lequel ledit individu ne s'est pas offert de plein gré. Le terme « travail forcé ne s'applique pas au travail ou au service exigé en cas de guerre, de sinistre, de menace de sinistre, de désastre naturel ou d'épidémie et de façon générale dans toutes circonstances susceptibles de mettre en danger ou mettant en danger la vie d'autrui ou les conditions normales d'existence de l'ensemble ou d'une partie de la population. Le terme « travail obligatoire » ne s'applique pas à tout travail décidé et exécuté de plein gré par une collectivité et visant à des tâches d'intérêt direct pour cette collectivité tels que l'établissement ou l'entretien des voies de communication, l'assainissement en eau, l'aménagement du sol, les constructions à des fins sociales, culturelles ou économiques.[103]

---

[102] Loi n°6-96 du mars 1996 modifiant et complétant certaines dispositions de la loi n°45/75 du 15 mars 1975 instituant un code de travail

[103] Articles 2 et 4 nouveaux

# SOUS-TITRE 2. LE CONTRAT DU TRAVAIL

## CHAPITRE 1. LE CONTRAT DE TRAVAIL INDIVIDUEL

### Section 1. La conclusion et l'exécution du contrat

#### *Paragraphe 1. Le contrat à durée déterminée ou indéterminée*

**117.** On ne peut engager ses services qu'à temps ou pour un ouvrage déterminé. Lorsque le contrat est conclu pour une durée déterminée, celle-ci ne peut excéder deux (2) ans. Si le contrat arrivé à terme se poursuit par la volonté même tacite des parties, cette prolongation lui confère le caractère de contrat à durée indéterminée, nonobstant toute clause prohibant la tacite reconduction. Sont considérés comme contrats de travail à durée déterminée, sans que la présente liste soit limitative :

1° Le contrat passé pour l'exécution d'un ouvrage ou d'un chantier ;

2° Le contrat conclu pour faire face à un surcroît exceptionnel et temporaire de travail ou des travaux urgents ;

3° Le contrat conclu pour les cas d'absence temporaire ou de suspension du contrat de travail d'un salarié ne résultant pas d'un conflit collectif du travail ;

4° le contrat conclu en cas de rupture anticipée d'un contrat de travail à durée déterminée du fait du salarié ;

5° Le contrat conclu en cas de survenance de la fin d'un contrat de travail à du durée indéterminée dans l'attente de l'entrée en service effective du travailleur permanent appelé à remplacer celui dont le contrat a pris fin ;

6° Le contrat conclu au titre des dispositions législatives et règlementaires destinées à favoriser l'embauche de certaines catégories de demandeurs d'emploi ;

7° le contrat passé lorsque l'employeur s'engage, pour une durée et dans les conditions qui sont fixées par décret, à assurer un complément de formation professionnelle à certaines catégories des personnes. Ce contrat doit comporter un terme précis fixé dès sa conclusion ;

8° le contrat conclu en vue de pourvoir aux emplois pour lesquels il est d'usage constant de ne pas recourir aux contrats à durée déterminée en raison de la nature de l'activité exercée et du caractère par nature temporaire de ces emplois. Les secteurs d'activité dans lesquels ces contrats peuvent être conclus sont déterminés par décret. Le contrat de travail à durée déterminée doit être écrit : à défaut, il est présumé conclu pour une durée indéterminée. Il doit comporter les indications suivantes :

- la définition précise de son projet ;
- lorsqu'il est conclu dans le cas visé au 3$^{ème}$ alinéa de l'article 32-2, l'identité et la qualification du salarié remplacé ;
- lorsqu'il comporte un terme précis, la date d'échéance du terme et, le cas échéant, une clause prévoyant le report du terme, sans que ce report ait pour effet de proroger le contrat au-delà de deux (2) ans ;
- lorsqu'il ne comporte pas de terme précis, la durée pour laquelle il est conclu ;
- la désignation du poste d'essai éventuellement prévue ;
- les modalités de paiement et les éléments de la rémunération.

Le contrat de travail à durée déterminée peut comporter une période d'essai. A défaut d'usage ou de dispositions conventionnelles prévoyant des durées moindres, cette période d'essai est déterminée comme suit :

- 15 jours maximum pour les contrats dont la durée est inférieure ou égale à 6 mois ;
- 1 mois pour les autres cas.

Le contrat de travail à durée déterminée ne peut être renouvelé qu'une fois pour une durée inférieure ou égale à celle de la période initiale. Dans tous les cas, cette durée ne peut excéder deux (2) ans, renouvèlement compris. Dans tous les cas prévus aux alinéas 2 et 5 de l'article 32-2, la durée du contrat ne pourra excéder six (6) mois, renouvèlement compris. Lorsque le contrat comporte une clause prévoyant un terme, il ne peut être reporté que pour une durée au plus égale aux tiers de la période initiale. Le report de ce terme doit faire l'objet d'un avenant.[104]

## Section 2. La résiliation du contrat individuel de travail

### *Paragraphe 1. Le contrat à durée déterminée*

**118.** Le contrat de travail à durée déterminée prend fin à l'expiration du terme fixé. La résolution peut être demandée par l'une des parties lorsque l'autre n'exécute pas ses obligations. Sauf accord des parties, le contrat de travail à durée déterminée ne peut être rompu avant l'échéance du terme qu'en cas de faute lourde ou de force majeure. En cas de rupture anticipée du fait de l'employeur, le salarié percevra, sous réserve de l'appréciation de la juridiction compétente, à titre d'indemnité, les rémunérations et les avantages de toute nature qu'il aurait recueillis si le contrat avait été exécuté jusqu'à la date prévue par les parties. La rupture du fait du salarié ouvre droit au profit de l'employeur à des dommages-

[104] Articles 32 à 32-6 nouveaux

intérêts correspondant au préjudice subi. Toutefois, il appartient à l'employeur d'apporter la preuve du préjudice. Dans ce cas, il peut conclure immédiatement un nouveau contrat à durée déterminée pour pouvoir le poste abandonné.[105]

### *Paragraphe 2. Le contrat à durée indéterminée*

**119.** Le contrat de travail à durée indéterminée peut toujours cesser par la volonté de l'une des parties. Cette résiliation est subordonnée à un préavis donné par la partie qui prend l'initiative de la rupture, le préavis ne devant en aucun cas se confondre avec la période de congé. En l'absence de convention collective, un arrêté du Ministre chargé du travail pris après avis de la commission nationale consultative du travail, détermine les conditions et la durée du préavis, compte tenu notamment de la durée du contrat et des catégories professionnelles. Toute rupture doit être notifiée par écrit, la lettre de notification indique expressément le motif. En cas de licenciement individuel ou collectif motivé par une diminution de l'activité de l'établissement ou une réorganisation intérieure, l'employeur doit saisir par écrit les délégués du personnel en vue de recueillir leurs suggestions sur les mesures de licenciement qu'il a l'intention de prendre. Pour ce faire il doit mettre tous les documents et renseignements nécessaires pour l'analyse de la situation de l'entreprise. L'ordre des licenciements est établi en tenant compte prioritairement de la qualification professionnelle, de l'ancienneté des travailleurs ensuite et enfin de leur charge de famille. Seront licenciés en premiers après autorisation de la commission des litiges présidée par l'inspecteur du travail, les salariés présentant les moindres aptitudes professionnelles pour les emplois maintenus, et en cas d'égalité d'aptitudes professionnelles, les salariés moins anciens dans l'établissement, l'ancienneté étant majorée d'un an pour le salarié marié et d'un an pour chaque enfant à charge, aux termes de la règlementation sur les prestations familiales. Le salarié ainsi licencié conserve pendant un an la priorité d'embauche dans la même catégorie d'emploi, il est tenu de communiquer à son employeur tout changement d'adresse survenu après son départ de l'établissement.
Les décisions de la commission des litiges sont susceptibles de recours, soit devant le ministre du travail, soit devant la juridiction compétente. En cas de rupture par consentement mutuel seul le consentement licite du salarié est requis. Celui-ci doit être exprimé par écrit ou par d'autres moyens. Dans ce cas le salarié bénéficie d'une prime de départ dont le

---

[105] Article 37 nouveau

montant est laissé à la discrétion des parties et déterminé en tenant compte des us et coutumes en matière, en sus des indemnités légales ou conventionnelles consécutives à la rupture du contrat. Des arrêtés du ministre du travail fixeront les attributions et la composition de la commission des litiges ainsi que les modalités et délais de traitement des dossiers de licenciement individuel ou collectif pour cause économique ou structurelle et de rupture par consentement mutuel.[106]
Les dispositions de l'article 39 nouveau ci-dessus ne s'appliquent pas en cas de :

- règlement judiciaire ou de faillite de l'entreprise ;
- liquidation des biens ;
- cessation d'activité pour fin des travaux, lorsque les salariés sont liés à l'employeur par des contrats de travail conclus pour la durée du chantier ou de l'ouvrage.

Dans le cas prévu à l'article 39-3 ci-dessus, l'employeur ou le syndic doit réunir les délégués du personnel pour les informer du calendrier prévisionnel des licenciements envisagés. Par ailleurs toute modification du licenciement n'est admise qu'après déclaration préalable de fermeture d'entreprise adressée à l'inspecteur du travail, dans les conditions fixées à l'article 181 du Code.[107] Toute rupture du contrat à durée indéterminée sans préavis ou sans que le délai de préavis ait été intégralement observé emporte obligation pour la partie responsable de verser à l'entreprise une indemnité dite indemnité compensatrice de préavis dont le montant correspond à la rémunération et aux avantages de toute nature dont aurait bénéficié le travailleur durant le délai de préavis qui n'aura pas été effectivement respecté. Cependant la rupture de contrat peut intervenir sans préavis en cas de faute lourde. Dans ce cas, le licenciement ne prend effet qu'après que le travailleur ait présenté sa défense auprès de l'employeur avec la faculté de se faire assister par une personne de son choix. Pendant le délai nécessaire accordé au travailleur pour présenter sa défense, délai ne pouvant excéder 30 jours, les relations de travail sont suspendues.[108]

### *Paragraphe 3. Les dispositions communes ou particulières à la résiliation des contrats individuels de travail*

**120.** Toute rupture abusive du contrat de travail donne lieu à la réintégration. La juridiction compétente constate l'abus par une enquête

---

[106] Article 39 nouveau
[107] Article 39 nouveau
[108] Article 41 nouveau

sur les causes et les circonstances de la résiliation du contrat. Sont réputés abusifs les licenciements effectués sans motif légitime ainsi que les licenciements motivés par les opinions du travailleur, son activité syndicale, son appartenance ou sa non appartenance à un groupe politique, religieux ou philosophie, à un syndicat déterminé. De tels licenciements donnent lieu à la réintégration. En cas de contestation la preuve de l'existence d'un motif légitime de licenciement incombe à l'employeur. La décision de la juridique compétente indique expressément le motif allégué par la partie qui aura rompu le contrat. En cas de refus de réintégration, le montant des dommages-intérêts est fixé en tenant compte de tous les éléments qui peuvent justifier l'existence et déterminer l'étendue du préjudice causé et notamment :

a) lorsque la responsabilité incombe au travailleur du préjudice subi par l'employeur en raison de l'inexécution du contrat.
b) Lorsque la responsabilité incombe à l'employeur des usages, de la nature des services engagés, de l'ancienneté des services, de l'âge du travailleur et des droits acquis à quelque titre que ce soit.

Ces dommages-intérêts ne se confondent ni avec l'indemnité pour inobservation de préavis, ni avec l'indemnité de licenciement éventuellement prévue par le contrat ou la convention collective. Sont réputés irréguliers, tous licenciements fondés sur un motif légitime autre que le motif économique ou structurel et exécuté en dehors des procédures légales en vigueur, notamment celles prescrites aux articles 41 et 176 du Code du travail. Dans ce cas, la juridiction compétente constate l'irrégularité de la procédure et décide soit de la reprise de celle-ci, soit du paiement en faveur du salarié des dommages-intérêts.[109]

## Section 3. La suspension du contrat individuel de travail

**121.** Le contrat de travail est suspendu :

a) en cas de fermeture de l'établissement par suite du départ de l'employeur sous les drapeaux ou pour une période obligatoire d'instruction militaire ;
b) pendant la durée du service militaire du travailleur et pendant les périodes obligatoires d'instruction militaire auxquelles il est astreint ;
c) pendant la durée de l'absence du travailleur, en cas de maladie dûment constatée par un médecin agrée, durée limitée à six (6) mois. Ce délai est prorogé jusqu'au remplacement du travailleur ;

---

[109] Article 42 nouveau

d) pendant la période d'indisponibilité résultant d'un accident de travail ou d'une maladie professionnelle ;
e) pendant la durée de la détention préventive du travailleur, durée limitée à six (6) mois ;
f) Pendant les périodes de repos des femmes en couches[110] ;
g) pendant la grève ou le lock-out déclenché dans le respect des lois et règlements en vigueur ;
h) pendant l'exercice des fonctions syndicales ou sélectives impliquant une occupation à temps plein ;
i) en cas de réquisition d'intérêt national ;
j) en cas de mise en chômage économique ou technique ;
k) en cas de mise en disponibilité du travailleur ;
l) en cas de mise à pied du travailleur pour raison disciplinaire ou du salarié protégé comme mesure conservatoire.[111]

## Section 4. Le chômage économique et technique

### *Paragraphe 1. Le chômage économique*

**122.** Le chômage économique est une mesure de suspension des contrats individuels de travail à l'initiative de l'employeur pour motif d'ordre économique. Tout employeur désireux de mettre une partie ou la totalité de son personnel en chômage économique est tenu d'adresser au Directeur régional du travail du ressort un dossier économique et financier accompagné de l'avis écrit des partenaires sociaux au sein de l'entreprise. Le directeur régional du travail doit convoquer la Commission des litiges au plus tard dans les quinze (15) jours qui suivent le dépôt de la demande d'autorisation du chômage économique ; au-delà l'autorisation est réputée avoir été accordée. La commission des litiges constate la réalité des faits invoqués et autorise ou refuse la mesure sollicitée. Si la Commission des litiges autorise la mesure, celle-ci ne peut s'imposer aux travailleurs que sous réserve de leur accord individuellement exprimé préalablement à l'avis de la commission. En cas de refus du travailleur, la rupture du contrat de travail qui peut en résulter est du fait de l'employeur. La durée du chômage économique est de trois (3) mois renouvelables une fois. Le chômage économique prononcé sans l'autorisation de la Commission des litiges ou malgré le refus de celle-ci est nul.[112]

[110] Article 113 du présent Code de travail
[111] Article 176 du présent Code de travail article 47 nouveau
[112] Article 47 nouveau

*Paragraphe 2. Le chômage technique*

**123.** Le chômage technique est une mesure de suspension des contrats individuels de travail due à l'impossibilité matérielle dans laquelle se trouve l'employeur de fournir du travail dans tout ou partie de l'entreprise. Le chômage technique peut résulter notamment d'un évènement de force majeure ou du fait du prince, des intempéries à caractère exceptionnel, des difficultés d'approvisionnement en matières premières et en énergie, d'un sinistre, d'un incendie, ou de toutes circonstances à caractère exceptionnel. L'employeur qui désire mettre son personnel en chômage technique est tenu de saisir immédiatement, après avis des partenaires sociaux au sein de l'entreprise, le Directeur régional du travail du ressort, qui, après avoir vérifié la réalité des faits ou causes justificatives de la suspension, convoque la commission des litiges dans un délai de dix (10) jours maximum. La période de chômage technique ne peut excéder six (6) mois renouvèlement compris.[113]

*Paragraphe 3. Dispositions communes*

**124.** Pendant les périodes de chômage économique ou technique, l'employeur ne peut recourir à la réduction de l'horaire hebdomadaire de travail, aux heures supplémentaires, pour les travailleurs restant dans l'entreprise et à l'embauche des nouveaux travailleurs. Toutefois, ces périodes doivent être considérées comme temps de travail effectif pour l'appréciation notamment du droit au préavis et du montant de l'indemnité de licenciement. Le travailleur mis en chômage économique ou technique perçoit de son employeur une indemnité mensuelle égale au tiers (1/3) de son salaire catégoriel plus tous les accessoires de salaire non liés à la prestation effective du travail. Il bénéficie en outre des frais médicaux et pharmaceutiques et des autres prestations de sécurité sociale prévues par la convention collective en vigueur. Le travailleur mis en chômage économique ou technique peut au cas où il trouve un nouvel emploi quitter son dernier employeur sans lui être redevable d'aucune indemnité. Lorsque la mesure du chômage économique ou technique aboutit à un licenciement, la base de calcul de l'indemnité due par l'employeur est le salaire du travailleur avant la mesure du chômage économique ou technique. Il en est de même du calcul des primes dues pendant la durée de la mesure. Les décisions de la commission des litiges

---

[113] Article 47- 9-10-11.

en matière de chômage économique ou technique peuvent être contestées conformément à l'article 39 alinéas 8 du Code.[114]

[114] Article 47- 12- 13- 14- 15- 16

## CHAPITRE 2. LE TRAVAIL TEMPORAIRE

**125.** Est au sens du présent chapitre, un entrepreneur de travail temporaire ou d'intérim, toute personne physique ou morale dont l'activité exclusive est de mettre à la disposition provisoire d'utilisateurs, des salariés qu'en fonction d'une qualification connue. Elle embauche et rémunère à cet effet. Il ne peut être fait appel aux salariés mentionnés à l'alinéa précédent que pour des missions non durables accomplies pour le compte d'un utilisateur dans les seuls cas prévus aux alinéas 1° 3° 5° 6° de l'article 32-3. L'activité d'entrepreneur de travail temporaire ne peut s'exercer que dans le respect des lois et règlements en vigueur sur l'exercice des professions commerciales et des dispositions de l'article 181 du code. Lorsqu'un entrepreneur de travail temporaire met un salarié à la disposition d'utilisateur, le contrat de travail temporaire doit être conclu par écrit au plus tard dans les deux jours ouvrables suivant la mise à disposition. Ce contrat établi pour chaque salarié doit :
1° mentionner le motif pour lequel il est fait appel au salarié temporaire ; cette mention doit être assortie de justification du salarié à remplacer ;
2° fixer le terme de la mission ;
3° Comporter le cas échéant, la clause prévoyant la possibilité » de modifier le terme de la mission ;
4° préciser les caractéristiques particulières du poste de travail à pouvoir, la qualification professionnelle exigée, le lieu de la mission et l'horaire ;
5° mentionner la nature des équipements de protection individuelle que le salarié doit utiliser, et le cas échéant, préciser si ceux-ci sont fournis par l'entreprise de travail temporaire ;
6° indiquer le montant de la rémunération avec ses différentes composantes y compris, s'il en existe, les primes et accessoires de salaire, que percevrait dans l'entreprise utilisatrice après période d'essai un salarié de qualification équivalente occupant le même poste de travail. Toute clause tendant à interdire l'embauchage du salarié temporaire à l'issue de sa mission est prohibée et réputée non écrite.[115] Le contrat liant l'entrepreneur de travail temporaire à chacun des salariés mis à la disposition provisoire d'un utilisateur doit être établi par « écrit et adressé au salarié au plus tard dans les deux (2) jours ouvrables suivant sa mise à disposition.
Il doit comporter :
1° la reproduction des clauses et mentions énumérées à l'article 73-3 ;
2° la qualification du salarié ;

[115] Article nouveau 2-3

3° les modalités de la rémunération due au salarié y compris celles de l'indemnité destinée à compenser la précarité de sa situation ;
4° la période d'essai éventuelle ;
5° une clause de rapatriement du salarié à la charge de l'entrepreneur de travail temporaire si la mission s'effectue hors du territoire national ; elle doit préciser les garanties sociales notamment le montant de la rémunération, les conditions de transport et d'hébergement, le lieu d'exécution du contrat etc. Cette clause devient caduque en cas de rupture du contrat à l'initiative du salarié ;
6° le numéro d'affiliation à la Caisse nationale de sécurité sociale de l'entreprise de travail temporaire.
Dans le cas où le salarié lié par un contrat de travail temporaire exerce une profession médicale ou paramédicale règlementée, l'entreprise de travail temporaire doit vérifier que ce salarié est régulièrement autorisé à exercer sa profession. La durée totale de contrat, renouvèlement compris, ne peut excéder 24 mois.

**126.** La rémunération que perçoit le salarié lié par un contrat de travail temporaire ne peut être inférieure, selon les conventions collectives de la branche d'activité de l'utilisateur, à celle définie au point 6 de l'article 73-3. Pendant la durée de la mission, l'utilisateur est responsable des conditions d'exécution du travail telles qu'elles sont déterminées par les mesures législatives, règlementaires et conventionnelles qui sont applicables au lieu de travail. Pour l'application de l'alinéa précédent, les conditions d'exécution du travail comprennent limitativement ce qui a trait à la durée de travail, au travail de nuit, au repos hebdomadaire et des jours fériés, à l'hygiène et à la sécurité, au travail des femmes, des enfants et des jeunes travailleurs. Les obligations afférentes à la médecine du travail sont, selon les modalités fixées par décret, à la charge de l'entrepreneur de travail temporaire. La médecine du travail est assurée par des services médicaux, faisant l'objet d'un agrément spécifique. Lorsque l'activité exercée par le salarié temporaire nécessite une surveillance médicale spéciale au sens de la règlementation relative à la médecine du travail, les obligations correspondantes sont à la charge de l'utilisateur. Les équipements de protection individuelle sont fournis par l'utilisateur. Toutefois, certains équipements de protection personnalisés définis par voie de convention ou l'accord collectif peuvent être fournis par l'entrepreneur de travail temporaire. Les salariés temporaires ne doivent pas supporter la charge financière des équipements de protection individuelle. L'entreprise de travail temporaire est responsable de

dommages pouvant être causés à l'utilisateur par le travailleur temporaire pendant sa mission.[116]
L'entrepreneur de travail temporaire qui rompt le contrat de travail du salarié temporaire avant le terme prévu au contrat doit proposer à celui-ci, sauf si la rupture résulte d'une faute lourde du salarié ou de la force majeure, un nouveau contrat de travail prenant effet dans un délai maximum de trois jours ouvrables. Le nouveau contrat ne peut comporter de modifications substantielles en ce qui concerne la qualification, la rémunération, l'horaire du travail et le temps de transport. A défaut si le nouveau contrat est d'une durée inférieure à celle restant à courir, l'entrepreneur de travail temporaire doit assurer au salarié une rémunération équivalente à celle qu'il aurait perçue jusqu'au terme du premier ressort. Toutefois, lorsque la durée restant à courir est supérieure à quatre semaines, les obligations visées aux alinéas précédents peuvent être satisfaites au moyen de trois contrats successifs au plus. La résiliation du contrat à l'initiative du salarié ouvre droit à des dommages-intérêts correspondant au préjudice subi conformément à l'article 37-5 du Code du travail. Tout entrepreneur de travail temporaire est tenu, à tout moment, de justifier d'une caution déposée dans un établissement financier et assurant, en cas de défaillance de sa part, le payement :

- des salaires et accessoires ;
- des cotisations obligatoires dues à des organismes de sécurité sociale ;
- le cas échéant, des remboursements qui peuvent incomber aux employeurs à l'égard de ces organismes et institutions.

**127.** En cas d'insuffisance de la caution, l'utilisateur est substitué à l'entrepreneur de travail temporaire pour le paiement des sommes dues aux salariés et aux organismes de sécurité sociale et institutions sociales dont relèvent ces salariés, pour la durée de mission des cotisations dues à ces organismes. Les conditions d'application de cet article, notamment celles relatives à la défaillance de l'entrepreneur de travail temporaire, à la mise en jeu de la garantie financière, à la subrogation des organismes assurant cette caution dans les droits et actions des salariés, des organismes de sécurité sociale et des institutions sociales, à la substitution de l'utilisateur, à l'entrepreneur de travail temporaire ainsi que les modèles des attestations prévus ci-dessus sont fixés par arrêté du ministre du travail. La caution visée à l'article précédent est calculée en pourcentage du capital d'ouverture. Elle fera l'objet d'un réexamen chaque année en fonction de l'évolution du chiffre d'affaires. Un décret

---

[116] Article 73- 4 -5 - 6.

pris après avis de la Commission nationale consultative du travail déterminera les règles applicables à la caution exigée des entreprises de travail temporaire ainsi qu'à la substitution de l'utilisateur de travail temporaire en cas de défaillance de celui-ci. L'entreprise de travail temporaire doit être en possession, pour chacun de ses établissements, d'une attestation délivrée par le garant indiquant notamment le nom et l'adresse de celui-ci, le montant, la date de prise d'effet et la date d'expiration de la garantie accordée. Cette attestation de garantie est tenue à la disposition de l'inspecteur du travail compétent et des agents de contrôle des organismes de sécurité sociale et autres institutions sociales. L'entreprise de travail temporaire adresse dans les dix jours après l'obtention ou le renouvèlement de la garantie financière, une copie de cette attestation à la direction régionale du travail ainsi qu'à la Caisse nationale de sécurité sociale pour chacun des établissements concernés.[117]
Les entrepreneurs de travail temporaire sont tenus de faire figurer sur tous les documents concernant leur entreprise, notamment sur les contrats de mise à disposition le nom et l'adresse de leur garant ainsi que les références de l'article 73-8. Ces mêmes indications ainsi que les dates de prise d'effet et d'échéance de la garantie doivent être affichées de manière visible dans les locaux de leurs établissements.
La déclaration prévue à l'article 73-2 doit comporter les mentions suivantes :

a) l'indication de l'opération qui est envisagée : création d'une entreprise de travail temporaire, ouverture d'une succursale, d'une agence ou d'un bureau annexe, déplacement du siège ou cessation d'activité ;
b) le nom, le siège et le caractère juridique de l'entreprise ainsi que, le cas échéant, la localisation de la succursale ou de l'agence ou du bureau annexe ;
c) la date d'effet de l'opération envisagée ;
d) les noms, prénom, domicile et nationalité du ou des dirigeants de l'entreprise, de la succursale, de l'agence ou du bureau annexe concernés ;
e) la désignation de l'organisme auquel l'entrepreneur de travail temporaire verse les cotisations de sécurité sociale ainsi que son numéro d'employeur ;
f) les domaines géographiques et professionnels dans lesquels l'entreprise entend mettre des travailleurs temporaires à la disposition d'utilisateurs ;

[117] Article. 73- 7 – 8 - 10

g) le nombre de salariés permanents que l'entreprise emploie ou envisage d'employer pour assurer le fonctionnement de ses propres services. La déclaration, datée et signée par le chef d'entreprise, est adressée en deux exemplaires, sous pli recommandé, à l'inspecteur du travail dont relève le siège de l'entreprise. Elle est adressée dans les mêmes conditions à l'inspecteur du travail dont relève la succursale, l'agence ou le bureau annexe dont l'ouverture est prévue.[118]

**127 bis.** Pour l'application de l'article 73-13, l'entrepreneur de travail temporaire est tenu d'adresser dans les huit premiers jours de chaque mois, au directeur régionale du travail ainsi qu'à la direction de l'Office national de l'emploi et de la main-d'œuvre dont relèvent son entreprise ou les succursales, agences le relevé tous contrats de travail conclus durant le ou les mois précédents et ayant pris fin ou en cours d'exécution durant le mois précédent.

Ce relevé, qui doit être conforme à un modèle fixé par arrêté du Ministre chargé du travail, comporte pour chaque entreprise :

1° la raison sociale, l'adresse et l'activité principale de celle-ci ;

2° pour chaque salarié mis à la disposition de l'entreprise, les nom, prénom, sexe, date de naissance, code postal de la commune de résidence, nationalité, qualification professionnelle prévue dans le contrat de mission accomplie par le salarié au cours du mois considéré, la date de début et la date de fin de cette mission si celle-ci s'est achevée au cours d'exécution ou au cours du mois considéré, la date du début de cette mission. Une liste distincte est établie pour chaque entreprise utilisatrice, au sein de cette liste, un ou plusieurs feuillets distincts sont établis pour chaque région où des salariés sont domiciliés. Sur demande du directeur régional du travail, l'entrepreneur de travail temporaire est tenu de fournir l'adresse du ou des salariés mentionnés à l'alinéa ci-dessous. Lorsqu'un entrepreneur de travail temporaire exerce son activité sans avoir fait les déclarations prévues à l'article 73-2, sans avoir obtenu la garantie financière prévue à l'article 73-8 et qu'il en résulte un risque sérieux de préjudice pour le salarié temporaire, le Président du tribunal de grande instance, saisi par l'inspecteur du travail après que celui-ci ait adressé à l'entrepreneur de travail temporaire un procès-verbal resté infructueux, peut ordonner la fermeture de l'entreprise pour une durée qui ne peut excéder deux mois. Lorsque ces mesures entraînent le licenciement du personnel permanent, celui-ci a droit à l'indemnité de préavis et à l'indemnité de licenciement. Pour l'application aux

[118] Article. 73- 11 - 12

entreprises utilisatrices des dispositions législatives ou règlementaires qui se réfèrent à une condition d'effectif du personnel, à l'exception de celles qui concernent la tarification des risques d'accident et de maladie professionnelle, cet effectif est calculé en ajoutant au nombre des salariés permanents le nombre moyen par jour ouvrable des salariés sous contrat de travail temporaire mis à leur disposition au cours de l'exercice. La durée minimum de présence dans l'entreprise s'apprécie en totalisant les périodes pendant lesquelles lesdits salariés ont été liés à leur employeur par des contrats de travail temporaire. L'effectif des salariés employés par les entreprises de travail temporaire est calculé en ajoutant au nombre des salariés permanents le nombre moyen par jour ouvrable des salariés qui ont été liés par un contrat de travail temporaire au cours de l'exercice.[119]

[119] Articles 73 – 15-16-17-18-19

# SOUS-TITRE 3. LE SALAIRE

## CHAPITRE 1. LE PAIEMENT DU SALAIRE

### Section 1. Les privilèges et les garanties de la créance de salaire

**128.** Au sens des dispositions du présent titre, le salaire s'entend, du salaire de base, de l'allocation de congé, des primes, des indemnités de toute nature à l'exception de l'indemnité de licenciement. A due concurrence de la fraction insaisissable du salaire, telle qu'elle résulte des dispositions de l'article 101 du Code de travail, les créances de salaire du travailleur, ainsi que les indemnités de l'établissement et les dommages-intérêts pour rupture abusive du contrat de travail, bénéficient d'un privilège préférable à tous les autres privilèges généraux ou spéciaux, lequel s'exerce sur les biens meubles et immeubles de l'employeur débiteur.[120]

[120] Articles 91 et 92 nouveaux

# SOUS-TITRE 4. LE L'HYGIENE, LA SECURITE ET LE SERVICE MEDICAL

## CHAPITRE 1. L'HYGIENE ET LA SECURITE

**129.** Il est institué auprès du Ministère chargé du travail une commission nationale technique d'hygiène, de sécurité et de prévention des risques professionnels pour l'étude des questions intéressant l'hygiène, la sécurité des travailleurs et la prévention des risques professionnels. Cette commission comprend un nombre égal des représentants des employeurs et des travailleurs à côté des fonctionnaires et experts qualifiés. Un décret fixe la composition et le fonctionnement de la commission. Il pourra être créé au plan national un fonds pour la promotion des actions en matière d'hygiène, de sécurité et de prévention des risques professionnels. Toute implantation ou tout réaménagement d'entreprises, d'ateliers, de chantiers, camps des travailleurs, d'entrepôts de machines ou équipements de production devra être soumis à l'avis technique préalable de l'inspecteur du travail du ressort territorial. Des modalités d'application de cette disposition pourront être précisées en tant que de besoin.[121] La direction de l'entreprise au niveau le plus élevé doit considérer la promotion de la sécurité et l'amélioration des conditions de travail comme une partie essentielle de ses fonctions. Tout employeur est tenu d'adopter une politique de prévention des risques professionnels intégrée à la politique économique et financière de l'entreprise. Il doit prendre toutes les dispositions ou mesures nécessaires ou utiles tendant à assurer la prévention des risques professionnels. Ces dispositions ou mesures portent notamment sur la localisation, l'implantation de l'entreprise, l'acquisition et l'installation des équipements ou de matériels, l'aménagement du milieu du travail et l'organisation du travail. Des arrêtés du Ministre du travail préciseront en tant que de besoin ces dispositions selon les branches professionnelles. A chaque poste de travail est établie et affichée une instruction relative à la prévention des risques professionnels. Tout travailleur est tenu informé par l'employeur de cette instruction à son embauche. L'inspecteur du travail peut autoriser des dispenses d'établissement de l'instruction visée ci-dessus pour certains postes de travail jugés à risques mineurs. Les maîtres d'ouvrages entreprenant la construction ou l'aménagement des bâtiments destinés à l'exercice d'une activité industrielle , commerciale ou agricole sont tenus de se conformer aux règles édictées en vue de satisfaire aux dispositions législatives et règlementaires prévues dans l'intérêt de la sécurité et de la

[121] Articles 131 et132 nouveaux

santé au travail. L'employeur assure l'information et l'éducation des travailleurs et des membres des comités d'hygiène et de sécurité et de prévention des risques professionnels inhérents à la profession ou à l'activité de l'entreprise.[122]

[122] Articles 132 à 141 nouveaux

## CHAPITRE 2. LE SERVICE MEDICAL

Ne compte pas pour l'application des prescriptions de l'article 142 que le personnel médical ayant fait l'objet d'une décision d'agrément du Ministre du Travail.[123]

### *Paragraphe 1. Les visites médicales*

**130.** Dans chaque exploitation, une visite médicale de travailleurs se déclarant malades est faite chaque matin après l'appel, les femmes légitimes et les enfants, s'ils le demandent, peuvent se présenter à cette visite pour y être examinés et, le cas échéant, recevoir les soins et les traitements nécessaires. Il est tenu à cet effet un registre de visites médicales dont la contexture sera précisée par un arrêté du Ministre de travail. Les résultats de cette visite sont consignés sur un registre spécial dont le modèle est fixé par la Ministre du travail, après avis de la Commission Nationale technique d'hygiène de sécurité et de prévention des risques professionnels.[124]

---

[123] Article 143 nouveau

[124] Article 145.

# SOUS-TITRE 5. LES ORGANISMES ET MOYENS D'EXECUTION

## CHAPITRE 1. L'ADMINISTRATION DU TRAVAIL

### Section 1. Le corps de l'Inspection du travail et les lois sociales

**131.** Les inspections du travail et des lois sociales ainsi que les fonctionnaires responsables d'un bureau de contrôle de travail, peuvent constater par procès-verbal faisant foi jusqu'à preuve du contraire et ce, après mise en demeure, les infractions à la législation et à la règlementation du travail et transmettre ledit procès-verbal aux autorités judiciaires pour application des peines prévues au titre IX relatif aux pénalités. L'inspecteur du travail qui constate l'infraction dans l'entreprise doit sur le champ en aviser l'employeur ou son représentant. Inscription en est faite dans un registre spécial. L'employeur est, dans tous les cas mis en demeure de se conformer aux prescriptions légales et règlementaires. Si l'infraction persiste à l'expiration de la mise en demeure l'Inspecteur du Travail rédige un rapport circonstancié à l'attention du Directeur régional qui dresse procès-verbal. Un arrêté du ministre du travail déterminera la forme et le contenu de la mise en demeure et le procès-verbal de constatation d'infraction. Tout procès-verbal doit être notifié par la remise d'une copie à la partie intéressée ou à son représentant. Cette remise doit être effectuée dans les quinze (15) jours suivant la constatation de l'infraction soit par lettre recommandée avec accusé de réception, soit de la main à la main contre récépissé daté et signé par l'employeur ou son représentant.
En cas de double récidive, le directeur régional du travail relève dans le procès-verbal les antécédents et produits toutes pièces utiles. Il s'agit notamment des récépissés. Les sanctions privatives de liberté sont prononcées en cas de double récidive. Le parquet doit informer le ministère du travail de la décision prise dans un délai de 30 jours à compter de la date du jugement. Lorsque l'employeur est mis en demeure par l'inspection du travail et des lois sociales, il dispose de huit (8) jours pour adresser une réclamation auprès du directeur général du travail. Cette réclamation est suspensive. Notification de la décision du directeur général du travail est faite à la partie intéressée dans un délai de 10 jours à compter de la réception de la réclamation. Passé ce délai, le silence du directeur général du travail vaut confirmation de la mise en demeure. En ce qui concerne les sanctions privatives de liberté, l'employeur dispose de toutes les voies de recours judiciaires traditionnelles en contestation

des décisions rendues au 1er degré. Le médecin-inspecteur du travail est l'auxiliaire de l'inspecteur du travail dans le contrôle des prescriptions légales ou règlementaires relatives à l'hygiène sanitaire et à la médecine du travail.[125]

[125] Articles 154 et 156 nouveaux

## CHAPITRE 2. LA COMMISSION NATIONALE CONSULTATIVE DE TRAVAIL

**132.** La commission nationale consultative du travail, présidée par le ministre du travail, est un organe triparti composé en nombre égal d'employeurs, de travailleurs et de représentants de l'Administration publique. Les employeurs et les travailleurs sont désignés par les organisations professionnelles les plus représentatives. Les représentants de l'Administration publique sont désignés par leurs chefs hiérarchiques respectifs. La commission peut, à la demande de son président ou à la majorité de ses membres s'adjoindre à titre consultatif des fonctionnaires ou personnalités qualifiées en matière économique, médicale, sociale et ethnographique. Le secrétariat de la commission est assuré par la direction générale du travail. Un décret fixe les conditions d'organisation et de fonctionnement de la commission nationale consultative du travail ainsi que des membres le composant.[126]

[126] Article 170 nouveau

# LA DEUXIEME PARTIE. LA SECURITE SOCIALE

# TITRE I. GENERALITES SUR LA SECURITE SOCIALE

**133.** On peut définir la sécurité sociale comme une tentative pour appliquer le principe de la solidarité nationale à l'organisation d'un ensemble de garanties destinées à permettre à chaque individu d'atteindre un triple objectif :

1° se maintenir en bonne santé ou améliorer rapidement le plus efficacement et le plus économiquement possible son état de santé lorsque celui-ci est mauvais ou en danger de le devenir ;
2° surmonter les difficultés de subsistance qu'il peut éprouver ou que peuvent éprouver les membres de sa famille lorsque sa capacité de gain professionnel est diminuée ou même anéantie du fait d'évènements aléatoires tels que le chômage, l'accident, la maladie et l'infirmité, ou du fait d'évènements futurs certains tels que la vieillesse ou le décès ;
3° assumer la responsabilité de constituer une vie de famille, de mettre au monde des enfants, d'en faire des êtres humains physiquement et moralement sains, et de leur donner l'éducation qu'ils sont susceptibles de recevoir et d'assimiler.
Les systèmes nationaux de sécurité sociale les plus complets comportent généralement des législations d'assurances sociales, d'assurance contre les accidents du travail et les maladies professionnelles, de prestations familiales et d'indemnisation du chômage. Mais, quel que soit le développement de ces législations, coexiste généralement dans chaque pays une législation d'assistance ou d'aide sociale. Les nations industrialisées disposent, en principe, des systèmes de sécurité sociale les plus complets et les plus généralisés, mais l'importance respective donnée à chaque branche de protection sociale, ainsi que le degré de solidarité nationale réalisée varient très sensiblement d'un pays à l'autre.

# CHAPITRE 1. LES ORIGINES DE LA SECURITE SOCIALE, SES BENEFICIAIRES ET SON ORGANISATION

## Section 1. Le développement historique

**134.** La sécurité sociale est un phénomène mondial. La quasi-totalité des pays disposent de législations de sécurité sociale, mais beaucoup d'entre elles ne sont pas appliquées faute de moyens financiers. Ce sont généralement dans les pays où les populations ont le plus besoin de prestations sociales que celles-ci sont pratiquement le moins développées ; au contraire, là où les populations ont un niveau de vie relativement satisfaisant, il est possible de mettre véritablement sur pied un système de sécurité sociale ; c'est d'ailleurs là que les populations acceptent le plus difficilement un abaissement momentané de leur niveau de vie. Le développement de la sécurité sociale dans les pays non industrialisés et en voie de développement comme le Congo s'explique donc par des raisons économiques et financières d'une part, psychologiques d'autre part.

L'existence de systèmes de sécurité sociale dans les pays socialistes comme dans les pays capitalistes ou semi-capitalistes met en lumière le fait que la sécurité sociale réalise des transferts de revenus entre des individus et des ménages, et non pas une redistribution des revenus entre des catégories sociales différentes comme on l'avait parfois pensé. L'assurance maladie réalise des transferts entre des individus actifs et des individus qui, du fait de leur âge, ne le sont plus ; les prestations familiales réalisent des transferts entre, d'une part, les célibataires, les ménages sans enfant et les ménages qui n'ont plus d'enfants à charge, et, d'autre part, les ménages qui ont des enfants à charge. En fait, il s'agit d'une sorte de mutualisation d'une fraction du revenu national qui cesse d'être répartie en fonction de l'activité des producteurs pour l'être en fonction de certains besoins de sécurité. On a parfois recherché dans certaines civilisations anciennes des pratiques s'apparentant à ce que nous appelons aujourd'hui la Sécurité sociale ; mais les différences entre les structures économiques et sociales de ces civilisations et celles de la société en voie de développement qui est la nôtre ne permettent guère d'établir des comparaisons valables.[127]

---

[127] Il nous faut néanmoins noter l'aspect moderne de l'institution des Invalides (1681), l'article 21 de la Constitution de 1793 qui affirme : « la société doit la subsistance aux citoyens malheureux, soit en leur procurant du travail, soit en assurant les moyens d'exister à ceux qui sont hors d'état de travailler » et les projets de caisses d'accumulation que Condorcet et Lavoisier avaient soumis à la

Convention nationale. Les idées socialistes, le solidarisme de Léon Bourgeois et l'action des chrétiens sociaux ont favorisé la naissance de systèmes de transferts sociaux : *les assurances sociales*, nées en Allemagne de 1883 à 1889 ; l'assurance contre les accidents du travail, mise au point en Grande-Bretagne (1897), en France (1898) et au Danemark (1898) ; l'assurance chômage, instituée en Grande-Bretagne en 1911, et les prestations familiales apparues en France au début de la seconde moitié du XIX^e^ siècle et consacrées par le législateur belge (1930), puis par le législateur français (1932). Aux préoccupations sociales se sont ajoutées, après la crise économique mondiale de 1929, des considérations économiques : les idées keynésiennes inspirent les conseillers de Roosevelt et aboutissent au *Social Security Act* de 1935 (assurance chômage et assurance vieillesse) ; elles conduisent au rapport Beveridge de 1941 et aux 5^e^ et 6^e^ déclarations de la Charte de l'Atlantique, par laquelle, en 1941 également, Roosevelt et Churchill affirment comme l'un de leurs buts de guerre l'établissement de « la collaboration la plus complète entre toutes les nations dans le domaine économique de travail, une situation économique plus favorable et la sécurité sociale ». Dans sa nouvelle conception, la sécurité sociale devient un volet d'une politique économique d'ensemble grâce à laquelle les gouvernements tendraient à assurer à l'expansion économique une sorte de rythme plus ou moins linéaire, en supprimant ou en atténuant fortement les crises économiques. En France, une tentative a été faite, après la seconde Guerre mondiale, pour réorganiser les systèmes de prestations sociales en fonction de nouveaux principes. Le plan français de sécurité sociale fut élaboré en tenant compte des expériences anciennes (lois de 1898 sur les accidents du travail, de 1910 sur les retraites ouvrières et paysannes (R.O.P), de 1928 et 1930 sur les assurances sociales, de 1932 sur les prestations familiales), des réalisations soviétiques (apparemment assez mal connues d'ailleurs des promoteurs du plan) et des projets de réforme britanniques. Les idées clefs du plan français étaient la généralisation et l'unification d'une part, la redistribution des revenus d'autre part. Les législations adoptées en 1945 et en 1946 n'ont réalisé que très partiellement l'unification du fait, notamment, de l'existence de régimes spéciaux nombreux (antérieurs aux lois de 1928-1930 et de 1932) et souvent plus généreux et ont prévu une extension progressive du système à l'ensemble de la population. En 1948 et en 1952, il est procédé à l'extension de l'assurance vieillesse à toute la population active, mais, par suite de l'opposition des catégories sociales intéressées, la généralisation s'accompagne d'un nouvel émiettement ; en 1961, les autres assurances sociales sont étendues aux non-salariés des professions agricoles ; en 1966-1967, l'assurance maladie et l'assurance contre les accidents du travail sont étendues aux non-salariés des professions non agricoles ; mais ces extensions accentuent encore l'émiettement. Par ailleurs, les cadres ayant subordonné leur affiliation au régime général des salariés (décidée en 1945) à l'octroi d'avantages particuliers, une convention collective interprofessionnelle créé (mars 1947) un régime complémentaire de prévoyance en

**Les principaux textes**

**135.** Depuis 1986, il existe au Congo un Code législatif de la Sécurité sociale qui comprend 6 titres :

1. Dispositions générales et champ d'application
2. Organisation administrative
3. Ressources et organisation financière
4. Prestations de maternité et risque professionnels
5. Dispositions communes
6. Contrôle, contentieux, pénalités et prescriptions

Mais de manière générale, de Code aborde les questions relatives aux :

Dispositions générales ;
Contentieux de la Sécurité sociale ;
Assurances sociales ;
Accidents du travail et maladies professionnelles ;
Prestations familiales et maternité ;
Régimes divers ;

---

leur faveur : c'est ainsi que peu à peu se constitue progressivement un ensemble d'institutions parallèles à la Sécurité sociale proprement dite par voie conventionnelle. La généralisation a bien été opérée, mais dans la diversification, tant sur le plan des prestations que sur celui du financement ou de l'organisation. Quant à la conviction qu'actuellement, en France, les transferts de revenus opérés tant par la voie du budget que par celle de la sécurité sociales ; la structure des revenus des ménages se présenterait graphiquement sous forme d'une cloche faisant apparaître un nombre assez peu important de très faibles revenus et un tout petit nombre de très gros revenus ; la redistribution des revenus s'opèrerait d'une façon presque insignifiante vers les plus hauts revenus d'une part, et vers les plus petits revenus d'autre part. Il est vrai qu'on ne dispose pour une telle étude que de statistiques fiscales faussées par la fraude et par la pratique des remboursements de frais. De telles constatations incitent cependant certains auteurs à préconiser une réforme de la sécurité sociale inspirée du système mis au point dès avant la Seconde Guerre mondiale en Nouvelle-Zélande, dans lequel tous les contribuables participent au financement de la Sécurité sociale par la voie d'un impôt proportionnel sur revenus, mais où les prestations (ou un certain nombre d'entre elle tout au moins) sont réservées aux titulaires des revenus les plus modestes. Les difficultés financières rencontrées par les institutions françaises de sécurité sociale au cours des années 60 ont incité le législateur à subordonner l'octroi de certaines prestations à des conditions de ressources.

Allocation aux vieux travailleurs salariés et allocations aux mères de famille ;
Allocation vieillesse des non-salariés ;
Fonds national de solidarité ;
Contrôle de la Cour des comptes ;
Diverses dispositions de ce Code en ont, depuis, été retirées afin de tenir compte de la répartition faite par la Constitution du 20 janvier 2002 entre le domaine de la loi et le domaine du règlement. Un Code règlementaire de la Sécurité sociale devrait être élaboré un jour plus ou moins prochain, qui reprendrait notamment celles de ces dispositions qui restent en vigueur. En ce qui concerne le régime agricole, le principal texte est constitué par le Code rural français.
Malgré l'existence d'une codification, il importe de connaître les textes fondamentaux, en particulier les ordonnances du 2 novembre 1945 (allocation aux vieux travailleurs salariés) et des 4 et 19 octobre 1945 (organisation générale de la Sécurité sociale organisation, fonctionnement et prestations du régime général), 30 octobre 1946 (accidents du travail) et 17 janvier 1948 (assurance vieillesse des non-salariés), les décrets du 20 mai 1955 (assurance maladie) et du 2 mai 1960 (conventions de tarif avec le corps médical), enfin les ordonnances du 21 août 1967 qui constituent la base de la réorganisation générale en cours.

## Section 2. Les bénéficiaires de la sécurité sociale au Congo

**136.** Depuis le Code se Sécurité sociale de 1986, la quasi-totalité de la population qui travaille au Congo bénéficie de la sécurité sociale, mais, du fait des modalités historiques de développement de cette Institution, coexistent d'assez nombreux régimes dont les uns sont des régimes de base obligatoires, d'autres des régimes complémentaires facultatifs.

### *Paragraphe 1. Les régimes de base applicables aux salariés*

**137.** En principe, les salariés des professions non agricoles sont rattachés au régime général, et les salariés des professions agricoles et forestières au régime agricole (mutualité sociale agricole). Les salariés des professions non agricoles bénéficient des trois législations de base : assurance contre les accidents du travail et les maladies professionnelles, assurances sociales, prestations familiales. Mais les salariés de certaines de ces professions sont rattachés pour l'ensemble ou pour partie des prestations à un régime spécial. Par ailleurs, plusieurs régimes ont été institués au sein du régime général pour les étudiants, les grands invalides, veuves et orphelins et pour les médecins conventionnés en ce qui concerne les assurances maladie et maternité.

### *Paragraphe 2. Les régimes de base applicables aux non-salariés*

**1° Les prestations familiales.** Depuis l'entrée en vigueur du Code de la sécurité sociale, les employeurs et travailleurs indépendants des professions non agricoles sont rattachés au régime général des salariés, une section spéciale ayant été constituée à leur intention au sein des caisses d'allocations familiales. Les exploitants agricoles et les artisans ruraux sont rattachés à la mutualité sociale agricole. Les personnes sans activité professionnelle qui perçoivent les prestations familiales sont généralement rattachées au régime général (section des salariés).

**2° L'assurance vieillesse.** Depuis la même période, les employeurs et travailleurs indépendants des professions non agricoles sont rattachés à un régime spécial. Il en est de même, pour les exploitants agricoles.

**3° Les assurances maladie, maternité, invalidité.** Depuis la même période, les exploitants agricoles et les membres non-salariés de leur famille bénéficient, à titre obligatoire, d'un régime spécial en matière d'assurance *maladie, maternité, invalidité.* Depuis la même période, les employeurs et travailleurs indépendants et professions non agricoles (à l'exception des médecins conventionnés rattachés à un régime particulier au sein du régime général) bénéficient, à titre obligatoire, d'un régime spécial en matière d'assurance maladie, maternité.

**4° Les accidents du travail.** Depuis la même période, les exploitants agricoles sont tenus de s'assurer pour eux-mêmes et les membres non-salariés de leur famille.

### *Paragraphe 3. Les régimes facultatifs complémentaires*

**138.** En France les cadres n'ont accepté leur affiliation à la Sécurité sociale, en 1946-1947, qu'après la conclusion d'une convention collective interprofessionnelle instituant en leur faveur un régime complémentaire obligatoire de prévoyance. Depuis lors, au Congo, les régimes complémentaires obligatoires se sont multipliés, soit dans un cadre purement professionnel, soit dans un cadre interprofessionnel. Par ailleurs, la loi du 17 janvier 1948, qui institue un système obligatoire d'assurance vieillesse pour les non-salariés, a prévu la possibilité pour les organisations professionnelles intéressées de créer, en marge du régime de base obligatoire, un régime complémentaire obligatoire. Certaines professions ont usé de cette latitude, notamment les médecins (invalidité et vieillesse).

### *Paragraphe 4. Les régimes facultatifs complémentaires*

**139.** Toute personne a la possibilité de s'affilier à un régime facultatif complémentaire, en s'adressant soit à une société mutualiste, soit à une compagnie d'assurance. Certaines entreprises ou branches d'entreprises ont également crée, pour leur personnel, un régime complémentaire spécial.

## Section 3. La structure des régimes de base obligatoire

### *Paragraphe 1. Le régime général*

**140.** La structure administrative du régime général a été profondément modifiée par la loi n°004/86 du 25/02/1986 instituant le Code de Sécurité sociale en République Populaire du Congo, qui distingue quatre gestions distinctes :

1° les assurances maladie, maternité, invalidité et décès ;
2° l'assurance contre les accidents du travail et les maladies professionnelles ;
3° l'assurance vieillesse ;
4° les prestations familiales.
En principe, ces quatre gestions sont financièrement autonomes, sauf en ce qui concerne leur trésorerie ; mais il ne s'agit là que d'une affirmation théorique, puisque les pouvoirs publics ont toujours la possibilité de fixer différemment le montant des cotisations affectées au financement de tel ou tel risque ou charge.

### *Paragraphe 2. Les régimes spéciaux et les régimes spéciaux incomplets dans les professions non agricoles*

#### Régime général, régimes spéciaux incomplets

**141.** Fonctionnaires civils (1) et magistrats ; ouvriers de l'Etat (1) ; agent des collectivités locales (1) ; marins ; agents de la Banque Centrale (1) ; agents de théâtres nationaux clercs et employés de notaires

#### Régimes spéciaux complets

Mineurs A.J.C. CFCO
Cheminots [1]

Agents de la R.A.T.P. (1)
Militaires de carrière
(1) Les agents non titulaires (apprentis, auxiliaires, contractuels) sont uniquement rattachés au régime général et non pas au régime spécial. Les attributions des caisses primaires d'assurance maladie. Les caisses primaires d'assurance maladie assurent dans leur circonscription le service des prestations se rapportant :
1° aux assurances maladies, maternité, invalidité et décès ;
2° à l'assurance contre les accidents du travail et les maladies professionnelles. Elles exercent également une action sanitaire et sociale. Elles peuvent se voir confier par la Caisse nationale d'assurance vieillesse certaines missions se situant sur le plan local.

## Section 4. Les attributions des caisses d'allocations familiales

**142.** Les caisses d'allocations familiales assurent dans leur circonscription le service des prestations familiales dues aux salariés, aux employeurs et travailleurs indépendants des professions non agricoles, ainsi qu'aux allocataires de la population inactive. Elles exercent une action sanitaire et sociale en faveur de leurs ressortissants et des familles de ceux-ci.

### *Paragraphe 1. Les attributions des caisses régionales d'assurance maladie*

**143.** Les caisses régionales d'assurance maladie assument les tâches d'intérêt commun aux caisses primaires de leur circonscription. Elles ont notamment pour rôle de développer et de coordonner la prévention des accidents du travail et des maladies professionnelles et de concourir à l'application des règles de tarification des accidents du travail et des maladies professionnelles et à la fixation des tarifs. Elles exercent également une action sanitaire et sociale. Elles peuvent se voir confier certaines missions se situant sur le plan local de la Caisse nationale d'assurance vieillesse.

### *Paragraphe 2. Les attributions de la caisse nationale d'assurance vieillesse*

**144.** La caisse nationale d'assurance vieillesse des travailleurs salariés :
- assure la gestion de l'assurance vieillesse des travailleurs salariés, à cet effet, elle liquide et verse les avantages vieillesse des travailleurs salariés qui ne sont pas du ressort de la caisse régionale. Verse les avantages vieillesse des assurés qui sont du ressort de la caisse régionale lorsqu'ils

ne relèvent pas du régime local ; verse à la caisse régionale les sommes nécessaires à sa gestion et au versement des prestations dont elle a la charge ;
- exerce une action sanitaire et sociale en faveur de ses ressortissants.

***Paragraphe 3. Les organismes locaux et régionaux***

**145.** Dans chaque circonscription de base (en principe le département) fonctionnent : une *caisse primaire d'assurance maladie* (assurances maladie, maternité, décès, invalidité ; assurance contre les accidents du travail et les maladies professionnelles) ; une caisse d'allocation familial et une caisse pour le recouvrement des cotisations de sécurité sociale et d'allocations familiales (C.R.S.S.A.F.).

En ce qui concerne les caisses primaires d'assurance maladie, les assurés peuvent à leur gré s'adresser directement aux guichets de la caisse (d'un centre de paiement local dans les grandes agglomérations) ou bien à une section locale, à un correspondant d'entreprise ou à un correspondant local. Les sociétés mutualistes peuvent être agréées en qualité de correspondants d'entreprises ou de correspondants locaux. Les sociétés mutuelles complémentaires d'action sociale jouent obligatoirement le rôle de sections locales pour le versement des prestations aux fonctionnaires, aux étudiants et aux agents. Dans chacune des 10 circonscriptions régionales de sécurité sociale fonctionne une caisse régionale d'assurance maladie (tâches d'intérêt commun aux caisses primaires de leur circonscription, notamment tarification des cotisations en matière d'accidents du travail, prévention des accidents du travail et des maladies professionnelles). Dans certains cadres professionnels définis, le rôle des caisses départementales est joué par un organisme national : Caisse de sécurité sociale et Caisse d'allocation familiales de la pêche maritime, Caisse d'allocations familiales des marins du commerce, Caisse nationale de répartition des cotisations des voyageurs, représentants, placiers à employeurs multiples. Les organismes de sécurité sociale peuvent constituer entre eux des unions et des fédérations. Outre les unions pour le recouvrement que le législateur a rendues obligatoires, des fédérations ont été constituées dans certains départements entre la caisse primaire et la caisse d'allocations familiales pour la gestion de services sociaux.[128]

---

[128] En France d'ailleurs, les caisses primaires et les caisses régionales d'assurance maladie ont constitué une *Fédération nationale des organismes de sécurité sociale* (F.N.O.S.S.) et les caisses d'allocations familiales ont constitué une Union nationale

**146. Les organismes nationaux.** La loi n°004/86/du 25/02/1986 instituant le Code de sécurité sociale en République Populaire du Congo avait placé une Caisse nationale de Sécurité sociale au sommet de la pyramide des organismes du régime général : en même temps qu'elle a démembré cette Caisse nationale en quatre organismes nouveaux :

1° la Caisse nationale de l'assurance maladie des travailleurs salariés, qui assure le financement en deux gestions distinctes, d'une part, des assurances maladie, maternité invalidité et décès et, d'autre part, des accidents du travail et des maladies professionnelles ;
2° la Caisse nationale des allocations familiales ;
3° la Caisse nationale d'assurance vieillesse des travailleurs salariés ;

4° l'Agence centrale des organismes de sécurité sociale. Ce sont ces quatre établissements publics nationaux à caractère administratif, jouissant de la personnalité juridique et de l'autonomie financière, soumis au contrôle des ministères des Affaires sociales et de l'Economie et des Finances qui sont représentés dans leur conseil d'administration par des personnalités désignées par le gouvernement.

### *Paragraphe 4. L'administration des organismes de sécurité sociale*

**147.** Les organismes du régime général de sécurité sociale ont à leur tête un *conseil d'administration* dont les membres sont nommés pour quatre ans par décret du ministre des affaires sociales sur présentation des organisations professionnelles nationales les plus représentatives des salariés d'une part, des employeurs d'autre part ; en ce qui concerne les caisses d'allocations familiales, les sièges des non-salariés sont répartis entre les employeurs et les travailleurs indépendants, les associations familiales désignant en outre un salarié et un non-salarié. Les administrateurs des caisses régionales d'assurance maladie sont choisis parmi les administrateurs des caisses primaires de leur circonscription. Le nombre des administrateurs représentant les salariés est toujours égal au

---

des caisses d'allocations familiales (U.N.C.A.F.). La F.N.O.S.S. et l'U.N.C.A.F. jouent un rôle de propagande, d'information, de documentation, de coordination et de représentation. Ce sont ces deux organismes qui discutent et élaborent les deux conventions collectives (cadre-autre personnel) par lesquelles sont fixés le statut et les salaires des agents de statut privé des organismes du régime général de sécurité sociale (les dispositions de ces conventions ne prennent effet qu'après avoir reçu l'agrément du ministre des Affaires sociales).

nombre des administrateurs représentant les non-salariés. Chaque conseil élit son président. Des commissions médicales, pharmaceutiques et dentaires comportant des représentants des professions intéressées fonctionnent auprès de chaque caisse (nationale, régionale ou conseil d'administration de la caisse avec voix consultative. Les ministres des Affaires sociales et de l'Economie et des Finances désignent des représentants du gouvernement aux conseils d'administration des trois *caisses nationales*. Le conseil d'administration de l'*Agence centrale des organismes de sécurité sociale* est composé d'un président nommé par décret, de représentants en nombre égal des trois caisses nationales (maladie, vieillesse, allocations familiales) désignés en leur sein par les conseils d'administration de ces organismes et choisis par moitié parmi les représentants des salariés et les représentants des employeurs, et du représentant du gouvernement nommés par les ministres des Affaires sociales, de l'Agriculture, de l'Economie et des Finances.

***Paragraphe 5. Le statut du personnel***

**148.** Le personnel administratif des quatre organismes nationaux comprend des agents régis par le statut général des fonctionnaires et des agents contractuels ; cependant certains agents des trois caisses nationales et les praticiens conseils du service de contrôle médical sont soumis au même statut de droit privé que les agents des organismes non nationaux du régime général dont les conditions de travail sont fixées par voie de convention collective. Dans chacun des organismes du régime général le conseil d'administration nomme un directeur, un directeur adjoint (éventuellement) et un agent comptable. Peuvent seuls être ainsi nommés les agents figurant sur une liste d'aptitude et ayant reçu l'agrément du ministre des Affaires sociales et, pour l'agent comptable, du ministre des Finances. Les nouvelles inscriptions sur la liste d'aptitude sont réservées, en principe, aux anciens élèves de l'Ecole nationale d'administration et de magistrature de Brazzaville, auquel peuvent accéder après concours les agents des divers organismes de sécurité sociale et les étudiants justifiant d'une licence. Depuis la réforme de 2006, les pouvoirs du directeur (notamment en matière de personnel et d'organisation du travail) ont été renforcés au détriment de ceux du conseil d'administration.

# CHAPITRE 2. LES PRINCIPAUX REGIMES SPECIAUX

## Section 1. Les attributions de la Caisse nationale de l'assurance maladie

**149.** La Caisse nationale de l'assurance maladie des travailleurs salariés a pour rôle :

a) d'assurer sur le plan national, en deux gestions distinctes, le financement, d'une part, des assurances maladie, maternité, invalidité, décès et, d'autre part, des accidents du travail et maladies professionnelles, et de maintenir l'équilibre financier de chacune de ces deux gestions ;
b) de contribuer à la prévention des accidents du travail et maladies professionnelles ;
c) d'exercer une action sanitaire et sociale dans le cadre d'un programme fixé par arrêté du ministre des Affaires sociales et de coordonner l'action sanitaire et sociale des caisses régionales et des caisses primaires d'assurance maladie ;
d) d'organiser et de diriger le contrôle médical ;
e) d'exercer un contrôle sur les opérations immobilières des caisses régionales et des caisses primaires d'assurance maladie, ainsi que sur la gestion de leur patrimoine immobilier.

**150.** Un arrêté conjoint des ministres des Affaires sociales et de l'Economie et des Finances fixe les modalités suivant lesquelles sont déterminées les dotations annuelles versées par la Caisse nationale de l'assurance maladie :
1° aux caisses primaires d'assurance maladie pour assurer le service des prestations des assurances maladie, maternité, invalidité et décès (d'une part pour les soins de santé, d'autre part pour les incapacités de travail et le décès), ainsi que le service des prestations de l'assurance contre les accidents du travail et les maladies professionnelles. Lorsque la dotation annuelle affectée pour le versement des prestations ne suffit pas à la caisse primaire intéressée, l'équilibre financier de cette dernière est maintenu ou rétabli par un prélèvement sur les fonds de réserve qu'elle a déposés à la Caisse nationale au titre des excédents des exercices précédents ou à défaut, par une avance ou une subvention que la Caisse nationale peut lui accorder. Mais, alors, cette dernière peut mettre en demeure la caisse primaire de prendre des mesures de redressements dans un délai déterminé ; en cas de carence, la Caisse nationale peut même se substituer au conseil d'administration de cette caisse ;

2° aux caisses régionales et aux caisses primaires d'assurance maladie pour la gestion administrative, le contrôle médical, la prévention des accidents du travail et des maladies professionnelles, ainsi que pour l'action sanitaire et sociale.
Lorsque les ressources de la gestion des assurances maladie, maternité, invalidité et décès ne permettent pas d'assurer la couverture des charges de la gestion, l'équilibre financier doit être maintenu ou rétabli par un prélèvement sur le fonds de réserve ou, à défaut, soit par une modification du taux des prestations, soit par une augmentation des cotisations, soit par une combinaison de ces deux mesures dans des conditions et limites fixées par décret. Les décisions nécessaires au maintien ou au rétablissement de l'équilibre sont prises par décret, soit en se substituant au conseil d'administration de la Caisse nationale, soit en usant des pouvoirs qu'il tient de la législation en vigueur.

**Les attributions de la Caisse nationale des allocations familiales.** La Caisse nationale des allocations familiales :

a) assure le financement des régimes de prestations familiales des salariés de toutes professions et des employeurs et travailleurs indépendants des professions non agricoles ;
b) gère un fonds d'action sanitaire et sociale ;
c) exerce un contrôle sur les opérations immobilières des caisses d'allocations familiales et sur la gestion de leur patrimoine immobilier.

## Section 2. Les attributions de l'Agence centrale des organismes de sécurité sociale

**151.** L'Agence centrale des organismes de sécurité est chargée :

1° D'assurer la gestion commune de la trésorerie des différentes risques relevant des Caisses nationales d'assurance maladie, d'assurance vieillesse et d'allocation familiales.
Elle exerce à ce titre un pouvoir de direction et de contrôle sur les unions de recouvrement ;
2° D'assurer toute tâche d'intérêt commun que les Caisses nationales ci-dessus pourraient lui confier. Les organismes de sécurité sociale du régime général lui communiquent toute information nécessaire à l'exercice de son pouvoir de direction et de contrôle.
Son fonctionnement est financé par un prélèvement opéré chaque année sur les trois Caisses nationales visées ci-dessus.

## Section 3. Le régime agricole

**152.** Le régime de sécurité sociale des professions agricoles est intégré au système général de la mutualité agricole. Coexistent dans ce système deux types d'organismes :

1° les mutuelles 1900. Qui sont des sociétés mutuelles agricoles d'assurance dont le statut a été fixé par la loi en 1900 et qui couvrent les risques suivants : incendie, grêle, mortalité du bétail, responsabilité civile, accidents (y compris les accidents du travail) ;

2° les caisses de la mutualité sociale agricole. L'ensemble est réuni dans une *caisse centrale de la mutualité agricole.*

**153. Les accidents du travail.** La législation affirmant la responsabilité de l'employeur a été étendue aux salariés des exploitations agricoles en 1922. Depuis 1943, le régime d'assurance des professions agricoles s'est progressivement calqué sur celui des professions industrielles et commerciales : cependant les employeurs des professions agricoles et forestières n'ont pas été mis dans l'obligation de contracter une assurance pour couvrir leur responsabilité envers leurs salariés ; ils peuvent s'assurer soit auprès d'une compagnie d'assurance (nationalisée ou privée), soit auprès d'une société mutuelle, soit encore auprès d'une mutuelle 1900. Jusqu'en 1967, les exploitants des professions agricoles et forestières pouvaient à leur gré contracter ou non une assurance pour eux-mêmes et pour les membres de leur famille auprès d'un de ces organismes. La loi du 22 décembre 1966 a rendu cette assurance obligatoire.

## Section 4. Les assurances sociales et les prestations familiales

**154.** L'assurance maladie-maternité-invalidité des exploitants agricoles et des membres non-salariés de leur famille a été rendue obligatoire en 1961 ; les intéressés peuvent contracter cette assurance soit auprès de la caisse de mutualité sociale agricole, soit auprès d'une société mutualiste, ou encore auprès d'une compagnie d'assurance (si celle-ci a créé un service spécialisé à but non lucratif) ; la coordination et la compensation entre les différents organismes assureurs est toujours effectuée par la caisse de mutualité sociale agricole. En revanche, les caisses de la mutualité sociale agricole ont un monopole pour les assurances sociales des salariés, l'assurance vieillesse des non-salariés et les prestations familiales des uns et des autres.

## Section 5. Les organismes de la mutualité sociale agricole

**155.** A la base du régime de mutualité sociale agricole, on trouve une caisse départementale ou pluri départementale qui comporte quatre (ou plus) sections (assurances sociales, assurance vieillesse des non-salariés, prestations familiales, assurance maladie-maternité-invalidité des non-salariés et, éventuellement, action sanitaire et sociale), ainsi qu'un service de recouvrement. L'unité réalisée à la base en 1960 ne s'est pas faite au sommet, où subsistent une Caisse centrale de secours mutuels agricoles (assurances sociales), une Caisse centrale d'allocations familiales agricoles et une Caisse centrale d'allocations familiales agricoles et une Caisse nationale d'assurance vieillesse mutuelle agricole et une Caisse nationale d'assurance vieillesse mutuelle agricole (non-salariés) ; ces caisses coordonnent l'action des sections spécialisées des caisses départementales ou pluri départementales et assurent la compensation des charges ; toutefois la Caisse centrale de secours mutuels agricoles a la charge du service des pensions de vieillesse ou d'invalidité des salariés.

Toutes ces organisations ont à leur tête un conseil d'administration élu au suffrage indirect. Les assujettis sont groupés en trois collèges : indépendants, salariés et employeurs. Dans chaque collège sont élus des délégués communaux qui élisent à leur tour des délégués Régionaux. Ces derniers constituent, dans la circonscription de chaque caisse, l'assemblée générale de la mutualité sociale agricole ; c'est cette assemblée qui élit les membres du conseil d'administration de la caisse, (16 en principe dont 8 représentants des exploitants n'occupant pas de main-d'œuvre salariée, 4 représentants des salariés et 4 représentants des employeurs). L'ensemble des organismes est soumis à la tutelle du ministre de l'Agriculture. Les pouvoirs des membres du personnel de direction des caisses de la mutualité sociale agricole et leur mode de nomination sont identiques à ceux du régime général ; ils sont également formés par le Centre d'études supérieures de la sécurité sociale, à défaut par l'Ecole nationale d'administration et de magistrature. Malgré cette organisation administrative particulière et bien que le financement de la mutualité sociale agricole soit très différent de celui de la sécurité sociale, la législation agricole tend de plus en plus à se calquer sur celle des professions non agricoles.

## Section 6. Le régime de non-salariés des professions non agricoles

### *Paragraphe 1. L'assurance vieillesse*

**156.** La loi du 17 janvier 1948 a organisé le régime d'assurance vieillesse obligatoire de non-salariés. Dès 1949, cette loi s'est appliquée aux professions non agricoles. Trois régimes autonomes ont été mis sur pied : l'un pour les professions artisanales, un autre pour les professions industrielles et commerciales, un autre encore pour les professions libérales.

### *Paragraphe 2. Le régime des artisans*

**157.** Les artisans adhérents à une caisse de base, généralement interprofessionnelle et locale. Sont qualifiés d'artisans les chefs d'entreprises artisanales immatriculées au répertoire des métiers créé par le décret du 14 mars 1962. L'ensemble des caisses de base est coiffé par la *Caisse autonome nationale de compensation de l'assurance vieillesse artisanale (C.A.N.C.A.V.A.).*

### *Paragraphe 3. Le régime des industriels et des commerçants*

**158.** Les personnes dont l'activité professionnelle comporte soit l'inscription au registre de commerce et du crédit mobilier, soit l'assujettissement à la patente en tant que commerçant, les associés gérants des sociétés en commandite par actions et les associés commandités simples ; ceux des gérants de S.A.R.L. qui ne sont pas rattachés au régime général des salariés, etc. adhérent à des caisses professionnelles régionales ou nationales ou bien à des caisses interprofessionnelles. L'ensemble des caisses de base est coiffé par la Caisse de compensation de l'organisation autonome nationale de l'industrie et du commerce (0.R.G.N.I.C.).

### *Paragraphe 4. Le régime des professions libérales*

**159.** Les membres des professions libérales adhérents à l'une des 16 « sections professionnelles » qui constituent l'organisation autonome des professions libérales (les avocats restent cependant affiliés à la Caisse des barreaux). Aucune compensation interprofessionnelle n'est prévue.

### *Paragraphe 5. L'assurance maladie maternité*

**160.** La loi du 12 juillet 1966 a mis sur pied un régime obligatoire d'assurance maladie-maternité pour les membres des professions non salariées non agricoles. L'entrée en application de ce régime au 1er janvier 1969 a nécessité la création des caisses mutuelles. Dans chaque circonscription d'action régionale fonctionnent une caisse mutuelle régionale pour les professions artisanales industrielles et commerciales, une caisse mutuelle régionale pour le département de Brazzaville et une caisse mutuelle régionale pour le reste du pays qui réunissent les membres des professions libérales. Une Caisse nationale assure l'unité de financement du régime et coordonne l'action des caisses régionales.

**Section 7. Le financement de la sécurité sociale**

**161.** Classiquement les modes de financement de la sécurité sociale sont au nombre de trois :

1° les subventions de l'Etat ;
2° les cotisations personnelles des assurés et assujettis ;
3° les cotisations des employeurs.
Au Congo, les subventions de l'Etat jouent un rôle relativement peu important par comparaison avec certains pays étrangers. Ces subventions peuvent revêtir un double aspect : prélèvement sur les ressources budgétaires globales ou affectation de tout ou partie du produit d'une recette fiscale. Certains auteurs assimilent la cotisation personnelle de l'assuré à un impôt direct et la cotisation de l'employeur à un impôt indirect.

***Paragraphe 1. Le régime général***

**162.** Le régime général est, d'une façon quasi-totale, financé par des cotisations.

**Les assurances sociales.** La majeure partie du financement provient de cotisations proportionnelles à tout ou partie du salaire.
Il convient cependant de noter :
1° l'existence de cotisations forfaitaires dans certaines professions (notamment les employés de maison, les salariés des cafés et restaurants) ;
2° l'existence de vignettes pour les professions à travail intermittent (notamment les dockers) ;
3° l'institution, en 1986, d'une nouvelle ressource sous forme d'une cotisation additive aux primes de l'assurance responsabilité automobile.
Depuis 1986, le financement des assurances maladie, invalidité et décès est distinct de celui de l'assurance vieillesse.

*Paragraphe 2. Les assurances maladie, invalidité et décès*

**163.** Le financement de ces assurances est triple

**Les cotisations des assurés.** Les assurés sont soumis à une double cotisation :

a) une cotisation proportionnelle à la fraction du salaire inférieur ou égale au plafond (en 1968 : 2,5% [1,50% pour les assurés âgés de plus de 65 ans] pour la fraction du salaire mensuel inférieure ou égale à 1210 francs) ;

b) une cotisation proportionnelle à la totalité du salaire (en 1968 : 1%).

**164.** ***Les cotisations des employeurs.*** Les employeurs sont soumis à une double cotisation : a) une cotisation proportionnelle à la fraction des salaire payés par eux inférieure ou égale au plafond (en 1986 : 9,50% pour la fraction du salaire mensuel inférieure ou égale à 1210 francs) ; b) une cotisation proportionnelle à la totalité des salaires versés en 1986 la loi n°004/86 du 25/02/86 instituant le Code de la sécurité sociale en République Populaire du Congo : 2%).

- Une fraction de la cotisation additive aux primes de l'assurance automobile. a créé au profit des régimes obligatoires d'assurance maladie une cotisation due par toute personne physique ou morale qui, soit en qualité d'employeur, soit en qualité d'affilié, cotise à un régime obligatoire d'assurance maladie ou bénéficie d'un tel régime en qualité d'ayant droit d'assuré et qui est soumise à l'obligation d'assurance en matière de circulation de véhicule terrestres à moteur. Cette cotisation est proportionnelle aux primes ou cotisations et est recouvrée par les sociétés d'assurance ou les assureurs agréés dans les mêmes conditions et en même temps que ces primes ou cotisations. Les employeurs autorisés à s'auto-assurer versent une cotisation forfaitaire.
- Il appartient aux assurés qui ne répondent pas aux conditions ci-dessus d'en apporter la preuve et de solliciter l'exonération.

**L'assurance vieillesse.** La cotisation des assurés. Une cotisation proportionnelle au salaire plafonné est à la charge des employeurs (en 1986 : 5,50%).

**L'assurance contre les accidents du travail.** L'assurance contre les accidents et des maladies professionnelles est financée par une cotisation patronale sur les salaires (plafonnés) dont le taux varie suivant la branche professionnelle et l'entreprise, c'est-à-dire, en fait, suivant le risque. On distingue la tarification collective (par branche professionnelle), la tarification individuelle et la tarification mixte.

**Les prestations familiales des salariés.** Les prestations familiales des salariés (et des membres inactifs de la population) sont financées par une cotisation patronale sur les salaires plafonnés (en 1986 : 11,50%). Le montant des allocations de maternité à la population inactive est remboursé par l'Etat.

**Les prestations familiales des salariés.** Les prestations familiales des employeurs et travailleurs indépendants sont financées par une cotisation individuelle proportionnelle au montant des revenus (dans la limite d'un plafond) des personnes qui exercent, même à titre accessoire, une activité professionnelle non salariée.

**165. Le paiement des cotisations.** L'employeur verse la totalité des cotisations relatives à son personnel : à cet effet, il précompte sur les salaires de ses ouvriers et employés lors de chaque paye le montant des cotisations dues par ses derniers. Les entreprises employant plus de 10 salariés versent les cotisations ouvrières précomptées et les cotisations patronales dans les quinze premiers jours du mois civil suivant celui où les salaires ont été payés ; les autres entreprises les versent dans les quinze premiers jours du trimestre civil suivant celui au cours duquel les salaires ont été payés ; les employeurs de gens de maison versent les cotisations dans les quinze derniers jours du premier mois du trimestre civil suivant le trimestre au cours duquel les salaires ont été payés. Les employeurs et travailleurs indépendants versent leur cotisation personnelle en une ou quatre fois. Les cotisations non payées à leur échéance font l'objet de majorations de retard ainsi calculée : 10% d'abord, puis 3% par trimestre de retard supplémentaire. Le non-paiement des cotisations peut donner lieu mais après mise en demeure seulement à des poursuites pénales. Des mesures de recouvrement forcé ont également été prévues.

**Les régimes particuliers. Les étudiants.** Chaque étudiant devrait payer une cotisation forfaitaire annuelle, mais certains, notamment les boursiers, en sont exonérés. L'Etat verse une subvention. Chacun des régimes de sécurité sociale (régime général, régimes spéciaux, régime agricole, régime des non-salariés) verse une contribution.

**Les grands invalides, veuves et orphelins de guerre.** Les bénéficiaires cotisent sur le montant de leurs pensions au taux applicables aux fonctionnaires retraités. L'Etat verse une contribution calculée compte tenu du coût moyen des risques de l'année précédente.

### Section 8. L'assurance volontaire

**166.** Les ordonnances de 1945 applicables en Afrique Equatoriale Française avaient institué un système d'assurance volontaire au bénéfice de certaines personnes dont la liste s'était progressivement allongée : assurés obligatoires ayant cessé de remplir les conditions de l'assurance obligatoire, membres de la famille d'un employeur qui travaillent dans son entreprise sans recevoir de rémunération, conjoint survivant d'un assuré, etc. Les assurés volontaires ne disposaient généralement que d'un délai réduit pour s'assurer ; les uns pouvaient choisir les risques couverts, les autres ne pouvaient bénéficier de l'assurance que pour une gamme de risques déterminés. Cette assurance, exclusivement à la charge du régime général, comportait des cotisations variables suivant les risques garantis. L'ordonnance du 21 août 1967 a généralisé l'assurance volontaire couvrant le risque maladie et les charges de maternité à toute personne résidant au Congo et ne relevant pas d'un régime, si celle-ci ne peut justifier d'une activité professionnelle suffisante pour lui ouvrir droit aux prestations. La gestion de cette assurance volontaire est confiée au régime général, au régime agricole des salariés, au régime agricole des non-salariés et au régime de non-salariés non agricoles. Les personnes admises à l'assurance volontaire versent des cotisations forfaitaires calculées en fonction de leurs ressources. En cas d'insuffisance de ressources tenant notamment à l'incapacité dûment constatée de se livrer à une activité professionnelle rémunératrice, la cotisation des intéressés peut être prise en charge, en totalité ou partiellement, par le service départemental d'aide sociale.

### Section 9. Les régimes spéciaux

En ce qui concerne l'assurance maladie, les régimes spéciaux perçoivent une fraction du montant des cotisations additionnelles aux primes de l'assurance automobile.

#### *Paragraphe 1. Les mineurs*

**167.** Le financement est triple : cotisations des mineurs (10% du salaire plafonné) ; cotisations des exploitants (14,25% pour les assurances sociales ; 13,5 p. 100 pour les prestations familiales ; taux variable pour les accidents du travail) ; Subvention de l'Etat. Le régime général supporte le poids du déficit de l'assurance contre les accidents du travail dans le cadre d'un système de compensation institué en 1964, et celui des prestations familiales dans le cadre de la surcompensation interprofessionnelle instituée en 1953 ; il supporte également, depuis 1964, une fraction du déficit des assurances vieillesse-invalidité-décès. Il semble que l'Etat ait prévu, en août 1967, de reprendre progressivement la charge des déficits du régime des mineurs (sauf en ce qui concerne les prestations familiales).

*Paragraphe 2. Les cheminots*

**168.** Le financement est triple : cotisations des agents (pourcentage dégressif appliqué aux diverses tranches de traitement), contribution du CFCO, subvention de l'Etat (565 millions en 1965).

**Les agents du CFCO et de la COMILOG** Les prestations en nature du régime général sont financées par une double cotisation (patronale et salariale) sur le salaire plafonné, d'une part, et sur l'intégralité du salaire, d'autre part : les prestations complémentaires maladie-maternité sont financées par une double cotisation supplémentaire. Les prestations invalidité, vieillesse et décès sont financées par une cotisation de l'agent (6% du salaire), le service supportant la charge complémentaire. Le financement du régime agricole est très particulier.

*Paragraphe 3. L'Assurance contre les accidents du travail*

**169.** Le financement est assuré par les primes payées par l'employeur pour ses salariés, ainsi que par les primes payées par l'exploitant pour lui-même et les membres de sa famille.

**Assurance sociale des salariés**. En principe, le financement est assuré par une double cotisation calculée soit sur le salaire plafonné, soit sur le salaire minimum garanti dans l'agriculture (en 1968, salarié : 5, 50% ; employeur : 11,50% + la cotisation pour les frais de gestion) ; par ailleurs, ce régime perçoit une fraction du montant des cotisations additionnelles aux primes d'assurance automobile. Le déficit est couvert par le régime général.

**Assurance maladie-maternité-invalidité des exploitants.** En principe, cette assurance serait financée par une cotisation des intéressés ; par ailleurs, ce régime perçoit une fraction du montant des cotisations additionnelles aux primes d'assurance automobile. L'Etat couvre le déficit.

**Assurance vieillesse des exploitants.** En principe, cette assurance serait financée par une cotisation personnelle des exploitants et par une cotisation cadastrale. L'Etat finance l'allocation complémentaire.

**Prestations familiales.** En principe, le financement de l'ensemble des prestations familiales agricoles est triple : une cotisation des exploitants, des taxes sur les produits agricoles et l'affectation de certaines recettes budgétaires. La participation de l'Etat est de beaucoup la plus importante. Le déficit des prestations familiales des salariés est couvert par le régime général dans le cadre de la surcompensation interprofessionnelle.

***Paragraphe 4. Les régimes des non-salariés non agricoles***

**170.** Ces régimes sont, en principe, financés exclusivement par des cotisations personnelles des intéressés. En ce qui concerne l'assurance maladie, ces régimes reçoivent une partie du montant des cotisations additionnelles aux primes d'assurance automobile 140.

***Paragraphe 5. Les régimes complémentaires obligatoires***

**171.** Les régimes complémentaires obligatoires sont exclusivement financés par des cotisations. En ce qui concerne les salariés, les cotisations sont, d'une part, à la charge des intéressés et, d'autre part, à la charge de leurs employeurs.

# CHAPITRE 3. L'INTERVENTION DES POUVOIRS PUBLICS

## Section 1. L'exercice des pouvoirs de tutelle et de contrôle

**172.** Les organismes de sécurité sociale sont soumis à la tutelle et au contrôle de l'Administration. Un comité interministériel, présidé par le ministre des Affaires sociales, étudie les mesures propres à assurer la coordination de l'ensemble des dispositions relatives à la sécurité sociale. Une inspection générale de la sécurité sociale, fonctionnant auprès du ministre des Affaires sociales, procède à toutes vérifications du fonctionnement des organismes de sécurité sociale de tous les régimes, ainsi que des établissements gérés par ces organismes.

Les pouvoirs de tutelle du régime général et des régimes des non-salariés des professions non agricoles sont exercés par le ministre des Affaires sociales : le ministre de l'Agriculture et le ministre de la Marine marchande exercent ces mêmes pouvoirs sur le régime agricole et sur les régimes spéciaux, ces pouvoirs sont exercés conjointement par le ministre des Affaires sociales et par le ministre dans les attributions duquel entre la branche d'activité considérée. Le ministre des Affaires sociales dispose pour exercer ses pouvoirs de tutelle et de contrôle, outre l'inspection générale, de deux directions à l'administration centrale et d'une direction générale dans chaque circonscription d'action régionale. Les pouvoirs de tutelle s'exercent de plusieurs manières :

1° l'existence du droit de veto (les décisions des divers organismes gestionnaires ne sont exécutoires qu'après l'expiration d'un délai pendant lequel l'Administration peut y opposer son veto, l'organisme intéressé ne pouvant alors que former un recours en abus de pouvoir devant les juridictions administratives) ;

2° l'intervention directe de l'Administration (il s'agit d'un droit de substitution en matière financière ou contentieuse) ;

3° le contrôle administratif et financier, (ce dernier étant essentiellement exercé par la Cour des comptes, les commissions nationales de prévision budgétaire et le ministère des Finances).

### *Paragraphe 1. Les organes consultatifs*

**173.** Le ministre des Affaires sociales est assisté, à titre consultatif, par 1° *le Conseil D'administration de la sécurité sociale* ; 2° *la commission des allocations familiales* (celle-ci pouvant être appelée à siéger conjointement avec la commission supérieure des allocations familiales agricoles) ; 3° le Comité médical, qui définit les principes d'ordre médical relatifs au contrôle médical de la sécurité sociale et étudie l'influence de cette dernière sur l'exercice de la médecine, ainsi que les conséquences de l'évolution de la médecine sur les prestations sociales.

## Section 2. Les contentieux de la sécurité sociale

**174.** Les contestations susceptibles de naître de l'application des législations de sécurité sociale sont très nombreuses. Les unes relèvent des juridictions civiles, commerciales, pénales, du Travail ou administratives. Les autres relèvent de juridictions spécialement créées pour les trancher. Il convient de distinguer :

1° le contentieux général de la sécurité sociale et de la mutualité sociale agricole ;
2° le contentieux technique de la sécurité sociale et de la mentalité agricole ;
3°l'expertise médicale ;
4° le contentieux du contrôle technique des praticiens ;

**Le contentieux général.** Cette organisation règle les différends auxquels donne lieu l'application des législations et règlementations qui ne relèvent pas, par leur nature d'un autre contentieux.

### *Paragraphe 1. La commission de recours gracieux*

**175.** Les réclamations formées dans les matières relevant du contentieux général contre les décisions des organismes de sécurité sociale et de mutualité sociale agricole de salarié ou de non-salariés sont soumises à une commission de recours gracieux composée et constituée au sein du conseil d'administration de chaque organisme. Le recours gracieux en matière de sécurité sociale correspond au recours gracieux en matière administrative. Il tend à provoquer une décision de l'autorité responsable de l'organisme intéressé et permet à celle-ci d'exercer un contrôle sur les décisions prises par ses agents d'exécution. Si l'assuré, l'allocataire ou l'assujetti qui s'oppose à un organisme de sécurité sociale doit obligatoirement et dans la quasi-totalité des cas exercer un recours gracieux, il va de soi, pour les raisons exposées ci-dessus, que l'organisme de sécurité sociale peut, quant à lui, engager l'instance sans faire intervenir la commission de recours gracieux. La commission doit être saisie par le demandeur dans les deux mois de la notification de la décision contre laquelle il entend former une réclamation. La décision du conseil d'administration ou de la commission de recours gracieux (lorsque le conseil lui a donné une pleine délégation) peut être explicite ou implicite.

***Paragraphe 2. La commission de première instance***

**176.** Les différends relevant du contentieux général de la sécurité sociale sont soumis en première instance à une commission présidée par un magistrat de l'ordre judiciaire et comprenant des assesseurs représentant les catégories intéressées.

**La composition normale de la commission.** En général, la composition de la commission est la suivante :
- le président du tribunal de grande instance dans le ressort duquel la commission a son siège ou un juge désigné par lui :
- un assesseur représentant les travailleurs salariés ;
- un assesseur représentant les employeurs ou travailleurs indépendants.

Lorsque le litige intéresse des ressortissants des professions agricoles, les assesseurs sont choisis parmi ces professions.

Les assesseurs sont nommés pour cinq ans par le tribunal de grande instance sur une liste dressée par le directeur régional de la sécurité sociale d'une part, par l'inspecteur des lois sociales en agriculture d'autre part, sur proposition des organisations professionnelles patronales et ouvrières les plus représentatives.

Pour être assesseurs : 1° il faut jouir de ses droits civils et politiques ;
2° il ne faut pas avoir fait l'objet, dans les cinq années précédentes, d'une condamnation pour infraction aux législations de sécurité sociale ;
3° il ne faut pas être administrateur d'un organisme de sécurité sociale ou de mutualité sociale agricole.

***Paragraphe 3. La composition particulière de la commission pour certains litiges***

**177.** Lorsque le litige porte sur un problème d'affiliation à un régime des professions agricoles ou à un régime des professions non agricoles, la commission comprend deux assesseurs des professions agricoles et deux assesseurs des professions non agricoles.

***Le délai pour saisir la commission.*** Le délai pour saisir la commission de première instance est de deux mois à compter de la date de notification de la décision explicite du conseil d'administration de l'organisme intéressé ou de sa commission de recours gracieux.

Lorsque le conseil ou la commission n'ont pas répondu dans le mois à la réclamation du demandeur, le délai pour saisir la commission de première instance est de trois mois à compter de la date de la réclamation. On estime en effet que le fait de ne pas répondre dans le délai d'un mois constitue une décision implicite de rejet de la réclamation, et l'on fait courir le délai de saisine de la commission de première instance de la date présumée de ce rejet implicite (un mois+ deux mois = trois mois). C'est donc une sage précaution que d'adresser sa réclamation à l'organisme en cause par lettre recommandée avec avis de réception.

• **La forme du recours.** La commission de première instance est saisie par un recours déposé contre récépissé à son secrétariat ou adressé à son secrétaire par lettre recommandée avec avis de réception.

### *Paragraphe 4. L'instruction du recours*

**178.** Les parties et les témoins éventuels sont convoqués par le secrétaire de la commission au moyen d'une lettre recommandée avec avis de réception ; s'il n'est pas établi par l'avis de réception que les intéressés ont bien été touchés par la convocation, le président de la commission fait procéder à une nouvelle convocation, le cas échéant au moyen d'une citation par huissier. Les parties peuvent comparaître personnellement ou se faire représenter :

- soit par un ouvrier ou un employé, ou par un employeur ou un travailleur indépendant exerçant la même profession ;
- soit par un représentant qualifié des organisations syndicales ouvrières ou patronales ;
- soit par un administrateur ou un employé de l'organisme partie à l'instance, ou par un employé d'un autre organisme ;
- soit par un délégué des associations de mutilés et invalides du travail les plus représentatives ;
- soit enfin par un avocat.

Les mandataires autres que les avocats doivent être munis d'un pouvoir sur papier libre. Les parties peuvent si elles comparaissent se faire assister d'une des personnes aptes à les représenter. Les séances de la commission sont publiques. Les parties peuvent présenter des observations écrites et orales. Il en est de même du directeur régional de la sécurité sociale ou de l'inspecteur divisionnaire des lois sociales en agriculture. La commission peut recourir à toute mesure d'instruction complémentaire en prescrivant une enquête ou une expertise.

### *Paragraphe 5. Le jugement*

**179.** La commission statue en premier et dernier ressort jusqu'à concurrence du taux de compétence en dernier ressort du tribunal d'instance[129], ainsi que sur les demandes de remise des majorations de retard. Au-delà, elle statue en premier ressort seulement. Les décisions rendues par défaut ne sont pas susceptibles d'appel. Les jugements sont notifiés dans la quinzaine à chacune des parties convoquées par lettre recommandée avec avis de réception. Ils sont communiqués dans le même délai au directeur régional de la sécurité sociale ou à l'inspecteur des lois sociales en agriculture. La procédure est, en principe, gratuite et sans frais. Toutefois, les frais provoqués par la faute d'une partie peuvent être mis à la charge. Dans le cas de recours jugé dilatoire ou abusif, le demandeur qui succombe est condamné au paiement d'une amende.

### *Paragraphe 6. L'appel*

**180.** Depuis la réforme judiciaire de 1994 et poursuivie en 1999 au Congo, l'appel des décisions rendues en premier ressort par les commissions de premières instance est porté devant la cour d'appel où a été constituée une chambre sociale dont les membres sont désignés en fonction de leurs aptitudes et connaissances particulières. Peuvent interjeter appel : les parties, le directeur régional de la sécurité sociale et l'inspecteur divisionnaire des lois sociales en agriculture. L'appel doit être interjeté dans le mois de la notification de la décision de la commission de première instance. La Cour d'appel est saisie soit par une lettre recommandée adressée avec avis de réception à son greffe, soit par le dépôt contre récépissé de l'appel au secrétariat de la commission de première instance. La procédure simplifiée utilisée devant la commission de première instance est également en vigueur devant la Cour d'appel. L'arrêt de la Cour d'appel est notifié aux parties et communiqué à l'Administration suivant les mêmes procédés que le jugement de la commission de première instance. L'opposition à un arrêt de la cour d'appel est possible lorsqu'il est établi que la partie intéressée n'a pas été touchée par la lettre recommandée du greffe et n'a pas fait l'objet d'une citation par exploit d'huissier. Elle doit être formulée dans les quinze jours de la notification de l'arrêt.

### *Paragraphe 7. Le pourvoi en cassation*

**181.** Les décisions rendues en dernier ressort par les commissions de première instance et les arrêts des cours d'appel peuvent faire l'objet d'un pourvoi en cassation. La haute juridiction vérifie alors si la loi a été

[129] V. Droit judiciaire privé

correctement appliquée[130]. Le pourvoi doit être déposé au greffe de la Cour Suprême dans les deux mois de la notification de la décision ou de l'arrêt mis en cause. Depuis la réforme de 1994, le pourvoi doit être formé par un avocat à la Cour suprême, sauf dans le cas où il émane du directeur régional de la sécurité sociale ou de l'inspecteur des lois sociales en agriculture. Lorsque l'une des parties justifie de ressources insuffisantes, elle peut se faire dispenser du paiement des honoraires de l'avocat près la Cour suprême ; ce paiement tombe alors à la charge de l'Agence centrale des organismes de sécurité sociale sur la base d'un tarif forfaitaire. Le pourvoi est instruit et jugé conformément aux règles de procédure ordinaire. Le demandeur qui succombe en son pourvoi est presque toujours condamné à une amende de 100.000F CFA.

## Section 3. Le contentieux technique

**182.** Relèvent d'un contentieux particulier les contestations :

- relatives aux décisions des caisses régionales d'assurance maladie concernant les cotisations des entreprises à l'assurance contre les accidents du travail et les maladies professionnelles :
- sur l'existence ou la gravité d'une invalidité au sens de l'assurance invalidité ;
- sur le taux d'incapacité permanente au cas d'accident du travail ou de maladie professionnelle ;
- sur l'état d'inaptitude au travail au sens de l'assurance vieillesse.

### *Paragraphe 1. La commission régionale d'invalidité, d'incapacité permanente et d'inaptitude au travail*

**183.** Dans le ressort de chaque caisse régionale d'assurance maladie est constituée une commission composée du directeur régional de la sécurité sociale (ou son représentant), d'un médecin désigné par l'assuré, d'un médecin désigné par l'organisme assureur dont la décision est contestée, d'un représentant des services de l'emploi, d'un assesseur représentant les employeurs ou travailleurs indépendants et d'un assesseur représentant les salariés. La contestation dirigée contre une décision d'un organisme assesseur doit être présentée dans le délai d'un mois suivant sa notification par lettre recommandée, avec avis de réception, adressée au secrétariat de la commission régionale, sans recours gracieux préalable. Les décisions de la commission doivent être motivées. Le texte en est notifié aux parties dans les dix jours par lettre recommandée avec avis de

[130] V. droit judiciaire privé

réception. Chaque partie supporte le coût des honoraires du médecin qu'elle a désigné pour participer aux travaux de la commission. Si sa demande est jugée dilatoire, le demandeur qui succombe est condamné au paiement d'une amende et, le cas échéant, au règlement des frais d'enquête ou d'expertise. Il existe une commission régionale spéciale pour les professions agricoles.

### *Paragraphe 2. La Commission nationale*

**184.** Appel des décisions de la commission régionale peut être formé dans le mois suivant sa notification devant la Commission nationale technique, par lettre recommandée avec avis de réception adressée à son secrétariat ou par dépôt au secrétariat de la commission régionale. Les contestations relatives à la tarification des cotisations de l'assurance contre les accidents du travail et les maladies professionnelles sont portées directement devant la Commission nationale. La Commission nationale technique est composée de magistrats, de fonctionnaires et de représentants des travailleurs salariés, des employeurs et des travailleurs indépendants ; elle est divisée en quatre sections : contentieux de la tarification des cotisations ; professions agricole ; incapacité permanente dans les professions non agricoles ; invalidité et inaptitude au travail dans les professions non agricoles. Les décisions de la Commission nationale sont notifiées par lettre recommandée avec accusé de réception.

**Le pourvoi en cassation.** Les indications données pour le contentieux général sont valables pour le contentieux technique.

### *Paragraphe 3. L'expertise médicale*

**185.** Il est recouru à l'expertise médicale toutes les fois que surgit une difficulté d'ordre médical relative à l'état du malade (sauf en matière d'invalidité et d'incapacité permanente, qui ressort du contentieux technique). L'expertise médicale est pratiquée à la demande de l'assuré dans le délai d'un mois qui suit une décision contestée (lettre recommandée avec avis de réception ou demande déposée contre récépissé au guichet). IL peut cependant se produire qu'il y soit procédé au cours d'une instance devant les organismes du contentieux général. En principe, l'expert (un médecin) est désigné d'un commun accord par le médecin traitant de l'assuré et le médecin conseil de l'organisme assureur. A défaut d'accord entre les deux médecins, la désignation est faite par le directeur départemental de la santé. Dans certains cas particuliers, les contestations sont soumises à un comité de trois médecins (médecin traitant, médecin conseil, expert). L'avis de l'expert (ou du comité de trois médecins) constitue une sorte de sentence arbitrale directement exécutoire et sans appel. Les frais d'expertise sont à la charge de la caisse, sauf lorsque la demande de l'assuré est manifestement abusive, la condamnation est alors prononcée par la juridiction compétente.

***Paragraphe 4. Le contentieux du contrôle technique des praticiens***

**186.** Les praticiens (médecins, dentistes, sages-femmes et auxiliaires médicaux) et les pharmaciens sont soumis à un contrôle technique particulier.

**Le contrôle technique des praticiens.** Les médecins, sages-femmes et auxiliaires médicaux sont soumis au contrôle des *sections des assurances sociales des conseils régionaux de discipline des médecins.* Chaque section régionale est composée d'un président (magistrat de l'ordre administratif) et de quatre assesseurs (deux médecins désignés par le conseil de l'ordre régional, deux représentants des organismes de sécurité sociale ou de mutualité sociale agricole dont un administrateur et un médecin-conseil). Les sanctions prises à l'encontre du praticien mis en cause peuvent être l'avertissement, le blâme (avec ou sans publication) et l'interdiction temporaire ou permanente du droit de donner des soins aux assurés sociaux. En cas d'abus d'honoraires, le praticien peut être condamné au remboursement du trop-perçu. Les décisions des sections régionales peuvent faire l'objet d'un recours devant la section des assurances sociales du Conseil national de l'ordre des médecins, dont la composition est identique à celle des sections régionales, mais qui est présidée par un conseiller à la Cour Suprême et dont les décisions peuvent faire l'objet d'un recours à la Cour Suprême. La section régionale ne peut être saisie que par un organisme assureur, un syndicat de praticiens, le directeur régional de la sécurité sociale et l'inspecteur divisionnaire des lois sociales en agriculture. Un système analogue a été institué pour les chirurgiens-dentistes.

**187. Le contrôle technique des pharmaciens.** Les affaires concernant les pharmaciens sont examinées en première instance soit par le conseil régional de l'ordre des pharmaciens, section des assurances sociales (pharmaciens titulaires d'une officine), soit par le conseil central de la section D de l'ordre pharmaciens, section des assurances sociales (pharmaciens biologistes, mutualistes, salariés et pharmaciens des établissements hospitaliers). Appel peut être porté devant la section des assurances sociales du Conseil national de l'ordre des pharmaciens. Ces sections sont constituées sur le même type que pour l'ordre des médecins.

La Cour Suprême est également compétente en ce qui concerne le contrôle des décisions de ces sections.

**L'action sanitaire et sociale.** La loi de 1975 sur les assurances sociales conviait les caisses d'assurances sociales à utiliser leurs bonis à créer ou développer des œuvres : établissements de soins ou institutions d'hygiène sociale et de prophylaxie générale. Le décret de 1986 (complétée par le décret du 5 avril 1988) a étendu et planifié cette action et lui a attribué des ressources indépendantes des résultats de la gestion.

L'action sanitaire et sociale est particulièrement développée dans le régime général. Le sens général de cette action est défini compte tenu du plan d'équipement sanitaire et social par des programmes établis pour divers organismes du régime général par le ministère des Affaires sociales après consultation d'un Comité d'action sanitaire et sociale.

**Les ressources de l'action sanitaire et sociale.** Chaque caisse dispose d'un fonds d'action sanitaire et sociale alimenté par un prélèvement sur les cotisations et diverses autres ressources. Des prélèvements peuvent également être opérés dans certaines conditions sur les fonds de réserve des caisses et leurs excédents éventuels de gestion.

**188. Les différentes formes de l'action sanitaire et sociale.** Les différentes caisses versent certaines prestations supplémentaires et des secours ; elles assurent le fonctionnement de leur service social, composé d'assistantes sociales. Les caisses d'assurance maladie et d'assurance vieillesse ont une action plus proprement sanitaire : soit en créant des établissements de soins, de cure ou de repos ; soit en subventionnant les organismes qui gèrent de tels établissements. Les programmes d'action sanitaire prévoient une importante participation à l'équipement d'action sanitaire du pays et une participation à la lutte contre les fléaux sociaux. Les caisses d'allocations familiales ont une action plus essentiellement sociale : aide au logement, aide à l'équipement social collectif dans les grands ensembles, aide vacances, aide-ménagère, etc.

### Section 4. Les aspects internationaux de la sécurité sociale

**189.** La migration ou la libre circulation des habitants d'un pays dans un autre soulève des problèmes particuliers qui ont pu être résolus dans le cadre de conventions bilatérales ou de conventions multilatérales. Ces conventions ont pour objet de régler la situation d'un Congolais qui va travailler (ou même simplement faire du tourisme) dans un pays étranger, et celle du ressortissant de ce pays qui vient au Congo. Elles intéressent particulièrement les frontières. Les organismes internationaux se sont penchés sur la sécurité sociale en s'efforçant de fixer les normes minimales auxquelles doivent répondre les législations des divers Etats membres.

## Section 5. Les normes internationales de sécurité sociale

**190.** La Déclaration universelles des droits de l'homme adoptée en 1948 par l'Assemblée générale des Nations unies affirme : « Toute personne en tant que membre de la société a droit à la sécurité sociale. [...] Toute personne a droit à un niveau de vie suffisant pour assurer sa santé, son bien-être et ceux de sa famille, notamment pour l'alimentation, l'habillement, le logement, les soins médicaux, ainsi que pour les services sociaux nécessaires ; elle a droit à la sécurité sociale en cas de chômage, de maladie, d'invalidité, de veuvage, de vieillesse, ou dans les autres cas de perte de ses moyens de subsistance par suite de circonstances indépendantes de sa volonté. » En 1952, l'Organisation internationale du travail (0.I.T) a adopté une convention n°102 fixant une norme minimale de sécurité sociale. Les Etats signataires s'engagent à appliquer les normes fixées dans au moins trois des neuf parties de la convention relatives aux risques couverts, et à protéger au moins 50% de leurs salariés dont obligatoirement les soins de maladie ; des barèmes (très bas) de prestations minimales sont annexés[131].

## Section 6. Les conventions internationales

**191.** De nombreuses conventions bilatérales ont été conclues par le Congo avec la plupart des pays d'Europe et d'Afrique. Depuis 1986, un effort a été fait pour assurer la coordination des accords bilatéraux. Mais c'est au sein de la Communauté économique et monétaire de l'Afrique Centrale (CEMAC) qu'ont été conclus les accords les plus importants. Les législations mises en jeu par les règlements de la Communauté intéressent les seuls travailleurs salariés ou assimilés. Les travailleurs des entreprises de transport sont soumis soit à la législation du pays où l'entreprise a son siège, soit à celle du pays où ils travaillent en permanence. Les travailleurs envoyés temporairement en mission sur le territoire d'un autre Etat continuent généralement d'être couverts par la législation du régime du pays d'origine. L'acquisition, le maintien ou le recouvrement des droits aux prestations reposent sur le principe de la

---

[131] Le Conseil de l'Europe a élaboré de son côté un Code européen de sécurité sociale, soumis en 1964 à la ratification des Etats, qui s'engagent à aménager un système de protection couvrant au moins six des neuf branches définies par l'O.I.T.

totalisation des périodes d'assurance accomplies en vertu de la législation de chacun des Etats membres. Les réclamations ou recours qui auraient dû l'être dans un autre si le délai prévu dans le premier Etat est respecté.

### Section 7. Les prestations « maladie » d'un Congolais soigné à l'étranger au cours d'un voyage de plaisance

**192.** Lorsqu'un assuré social congolais tombe malade à l'étranger, il peut obtenir à son retour certaines prestations de l'assurance maladie congolaise s'il justifie de ses dépenses et s'il n'a pas été pris en charge par un organisme d'assurance du pays où les soins ont été dispensés.
Les assurances sociales comportent les garanties :
- assurance maladie ;
- assurance maternité ;
- assurance invalidité ;
- assurance vieillesse et survivants ;
- assurance décès.

# TITRE 2 : LA SECURITE SOCIALE DANS LA LOI DE 1986[132]

## SOUS-TITRE 1. DISPOSITIONS GENERALES ET CHAMP D'APPLICATION

**193.** Il est institué un régime de sécurité sociale qui comprend :

a) une branche des prestations familiales chargée du service des prestations familiales de maternité ;
b) une branche des risques professionnels chargée du service des prestations en cas d'accident du travail ou de maladie professionnelle ;
c) une branche des pensions, chargée du service des prestations de vieillesse, d'invalidité et de décès ;
d) toute branche qui pourra être créée par la loi.

L'action du service légal des prestations est prolongée par une action sanitaire, sociale et familiale.

1° Sont assujettis au régime de Sécurité sociale institué par la loi, tous les travailleurs relevant du Code du travail sans aucune distinction de race, de nationalité, de sexe et d'origine lorsqu'ils sont occupés à titre principal sur le territoire national pour le compte d'un ou plusieurs employeurs nonobstant la nature, la forme, la validité du contrat, la nature et le montant de la rémunération.

2° Sont assimilés aux travailleurs salariés visés au premier paragraphe du présent article :

- les apprentis, les stagiaires et les personnes placées dans les Centres professionnels ;
- les présidents-directeurs généraux et directeurs généraux des sociétés anonymes ;
- les gérants des sociétés à responsabilité limitée à condition que lesdits gérants ne possèdent pas ensemble plus de la moitié du capital social, les parts sociales possédées par les ascendants, les conjoints ou les enfants mineurs d'un gérant étant assimilées à celles qu'ils possèdent personnellement dans le calcul de sa part ;

[132] Loi n°004/86 du 25/02/86 instituant le code de sécurité sociale en République du Congo

- les membres des sociétés coopératives ouvrières de production ainsi que les gérants non-salariés de coopératives et leurs préposés.

3° Les détenus exécutant un travail périlleux bénéficient des dispositions de la loi pour les accidents survenus par le fait ou à l'occasion de ce travail.

4° Les modalités d'application des dispositions de la loi aux travailleurs assimilés seront déterminées par décret pris en conseil des Ministres après avis de la commission consultative du travail. Les personnes non visées à l'article 3 du Code peuvent s'assurer volontairement aux branches des risques professionnels et de l'assurance vieillesse, invalidité ou à toute branche qui pourra être créée. Un décret pris en conseil des Ministres sur proposition du Ministre chargé de la Sécurité après avis de la commission nationale consultative du travail déterminera les modalités et ladite assurance. La loi pourra étendre le champ d'application du Code à des catégories nouvelles de bénéficiaires.

## SOUS-TITRE 2. ORGANISATION ADMINISTRATIVE

### CHAPITRE 1. LA CAISSE NATIONALE DE SECURITE SOCIALE

**194.** La gestion du régime de Sécurité sociale institué par la loi est confiée à la Caisse. La Caisse Nationale de la Sécurité sociale, dénommée ci-après la caisse est un établissement public à caractère social doté de la personnalité civile et de l'autonomie financière. Son organisation et son fonctionnement sont définis par décret pris en conseil des Ministres sur proposition du conseil d'administration. La caisse est subrogée de plein droit à l'ancienne caisse nationale de prévoyance sociale de la République du Congo dans ses droits et obligations. Le siège de la Caisse est fixé à Brazzaville. Toutefois, il peut être transféré en tout autre lieu du territoire national après avis du Conseil d'administration.

La caisse peut notamment :

a) recevoir de l'Etat et des collectivités publiques des avances des subventions ;
b) recevoir des dons et legs ;
c) acquérir à titre onéreux ou aliéner tout bien meuble et immeuble ;
d) les travaux et fournitures pour le compte de la caisse font l'objet des marchés dont le mode de passation est celui prévu par la législation en vigueur. Les soumissionnaires et les titulaires des marchés doivent être en règle vis-à-vis de la caisse en matière de cotisations.

La caisse est administrée par un conseil d'administration dont la composition et le fonctionnement sont définis par décret pris en Conseil des Ministres sur propositions du Ministre chargé de la Sécurité sociale après avis de la Commission Nationale Consultative du travail.[133] Le Conseil d'Administration assure la gestion de la caisse. A ce titre, il est notamment chargé :

a) de voter le budget de la Caisse et spécialement les dépenses de gestion administrative et d'action sanitaire et sociale ;
b) d'approuver le règlement intérieur ainsi que la structure administrative générale de la caisse et de veiller à son fonctionnement ;
c) d'approuver le rapport annuel du directeur général sur les activités de la caisse ainsi que les comptes annuels de gestion de l'agent comptable ;

[133] Articles 6 à 9

d) d'établir le programme d'action sanitaire et sociale, le programme de prévention des accidents du travail et les maladies professionnelles ;
e) de négocier la convention collective régissant le personnel de la caisse et d'approuver l'organigramme général ;
f) de déterminer le programme de placement des fonds de la caisse, de décider des acquisitions, aliénations ou échanges d'immeubles ainsi que les baux nécessaires aux besoins de la caisse ;
g) de remplir toutes fonctions qui peuvent lui être confiées par un texte législatif ou règlementaire.[134]

**195.** Le Ministre chargé de la Sécurité sociale est de droit président du comité d'administration.
Il est institué un comité de direction dont la composition et le fonctionnement sont définis par arrêté du Ministre chargé de la Sécurité sociale après avis du conseil d'administration. Le Comité de direction est responsable devant le conseil d'administration.
1° les services de la caisse sont placés sous l'autorité du directeur général nommé par décret pris en conseil des Ministre chargé de la Sécurité sociale après avis du conseil d'administration. Il peut être mis fin à ses fonctions selon la même procédure.
2° Le directeur général assure le fonctionnement de la caisse sous le contrôle du conseil d'administration ;
3° Il est assisté de direction divisionnaires nommés par décret pris en conseil de cabinet sur proposition du Ministre chargé de la Sécurité sociale.
4° Le directeur général assiste à toutes les séances du Conseil d'administration dont il assure le secrétariat. Il a voix consultative.
L'agent-comptable est nommé par décret pris en Conseil des ministre sur proposition du Ministre chargé de la Sécurité sociale après avis du Conseil d'administration. Il peut être mis fin à ses fonctions selon la même procédure. Il est placé sous l'autorité administrative du directeur général. Il est chargé sous sa propre responsabilité et sous le contrôle du Conseil d'administration, de l'ensemble des opérations financières de la caisse en recettes et en dépenses et du maniement des deniers. Il doit tenir sa comptabilité à la disposition du directeur général et lui fournir sur sa demande toutes les informations dont il peut avoir besoin. Il est tenu de publier chaque semestre une situation provisoire réservée aux membres

[134] Article 10

du conseil d'administration. Les comptes de l'agent-comptable sont soumis au jugement de la Cour des comptes.[135]

[135] Articles 11 à 14

## CHAPITRE 2. LA TUTELLE

**196.** La caisse est placée sous la tutelle du Ministre chargé de la Sécurité sociale.
Les attributions de la tutelle portent notamment sur :
1° L'élaboration de la règlementation sur la sécurité sociale et le contrôle de son application ;
2° l'approbation des budgets d'investissement et de fonctionnement de la Caisse et le contrôle de leur exécution ;
3° l'autorisation des investissements imprévus ;
4° Le contrôle de la politique du personnel.[136]

[136] Articles 15 et 16

## SOUS-TITRE 3. LES RESSOURCES ET L'ORGANISATION FINANCIERE

**197.** Les ressources de la Caisse sont constituées par :

- les cotisations destinées au financement des différentes branches du régime de sécurité sociale ;
- les majorations encourues pour cause de retard dans le paiement des cotisations ou dans la production des déclarations nominatives de salaires et les intérêts moratoires ;
- les produits du placement des fonds ;
- les subventions, les dons et les legs ;
- toutes les autres ressources attribuées à la caisse par un texte législatif ou règlementaire ;
- les ressources de la Caisse ne peuvent être utilisées qu'aux fins prévues par la loi et pour couvrir les frais d'administration indispensables au fonctionnement du régime.

**198.** Les cotisations dues à la caisse sont assises sur l'ensemble des rémunérations perçues par les personnes assujetties, y compris les indemnités, primes, gratifications et tout autre avantage en espèces ainsi que la contre-valeur des avantages en nature, à l'exclusion des avantages ayant un caractère de remboursement des frais. Ces avantages seront déterminés par arrêté conjoint du Ministre chargé de la Sécurité sociale et du Ministre des Finances. L'évaluation des avantages en nature est faite conformément aux dispositions du Code général des impôts.
Toutefois, la rémunération totale de chaque salarié n'est prise en compte pour le calcul de la cotisation que dans la limite d'un plafond fixé par décret pris en conseil des Ministres sur proposition du Ministre chargé de la Sécurité sociale et du Ministre des finances. Les cotisations des assurés volontaires sont entièrement à leur charge. Le montant des rémunérations servant de base de calcul des cotisations ne peut être, en aucun cas, inférieur au salaire minimum interprofessionnel garanti.[137] Les éléments de rémunérations versés occasionnellement à des intervalles irréguliers ou à des intervalles différents de la périodicité des paies sont, pour le calcul des cotisations, lorsqu'ils sont versés dans l'intervalle de deux paies, ajoutés à la paie suivante, sans qu'il soit tenu compte de la période de travail à laquelle ils se rapportent.
1° le taux de cotisation afférent à chaque branche est fixé par décret pris en conseil des Ministres sur proposition du Ministre chargé de la Sécurité sociale, en pourcentage des rémunérations soumises à cotisation et après

---

[137] Articles 17 et 18

avis de la Commission nationale consultative du travail et des lois sociales. Il peut être révisé selon la même procédure, après avis du conseil d'administration de la caisse. La révision a lieu obligatoirement dans les cas visés à l'article 37 ci-dessous ;
2° Le taux de cotisation de la branche des risques professionnels, fixé conformément aux dispositions du paragraphe ci-dessus, peut être majoré jusqu'à concurrence du double à l'égard d'un employeur aussi longtemps qu'il ne se conforme pas aux prescriptions des autorités compétentes en matière de prévention des accidents du travail et d'hygiène et de sécurité.
3° Les taux de cotisation sont fixés de manière que les recettes totales de chaque branche permettent de couvrir :

- l'ensemble des dépenses de prestation et d'action sanitaire et sociale de ladite branche ;
- les frais d'administration s'y rapportant ;
- le montant nécessaire à la constitution des diverses réserves ;
- le fonds de roulement.

4° pour la branche des pensions, le taux doit être fixé de matière à assurer sa stabilité et l'équilibre financier de la branche pendant une période suffisamment longue. Si durant un exercice entier, il est constaté que les recettes provenant des cotisations et du rendement des fonds sont inférieures aux dépenses courantes de prestations et d'administration de cette branche, y compris celles afférentes à l'action sociale, le taux de cotisation est relevé selon la procédure prévue au paragraphe 2 du présent article, de manière à garantir l'équilibre financier pendant une nouvelle période.[138]

**199. La branche de prestations familiales et des risques**

1° Les cotisations de la branche des prestations familiales et celles de la branche des risques professionnels sont à la charge exclusive de l'employeur ; les cotisations de la branche des pensions sont réparties entre le travailleur et son employeur selon des proportions qui sont déterminées par décret pris en Conseil des ministres. La part incombant au travailleur ne peut, en aucun cas, dépasser la moitié du montant de cette cotisation.
2° l'employeur est débiteur vis-à-vis de la caisse de l'ensemble des cotisations dues. Il est responsable de leur versement y compris de la part mise à la charge du travailleur qui est précomptée sur la rémunération de celui-ci lors de chaque paie.

---

[138] Articles 19 et 20

3° Le salarié ne peut s'opposer au prélèvement de cette part. Le paiement de la rémunération effectué sous déduction de la contribution du salarié vaut acquit de cette contribution à l'égard du salarié de la part de l'employeur.
La contribution de l'employeur reste exclusivement et définitivement à sa charge, toute convention contraire étant nulle de plein droit.
4° le travailleur est occupé au service de deux ou plusieurs employeurs, chacun des employeurs est responsable du versement de la part des cotisations calculées proportionnellement à la rémunération qu'il paie à l'intéressé.[139]

**200. Le versement**

1° Les cotisations font l'objet d'un versement par l'employeur à la Caisse dans les quinze (15) jours de chaque mois si l'employeur occupe plus de vingt (20) travailleurs et dans les (15) premiers jours de chaque trimestre dans les autres cas.
2° Les cotisations qui ne sont pas acquittées dans le délai prescrit sont passibles d'une majoration de retard dont les modalités seront fixées par arrêté du Ministre chargé de la Sécurité sociale après avis de la Commission nationale consultative du travail.

**La déclaration**

1° L'employeur est tenu de produire chaque année une déclaration annuelle indiquant pour chacun des salariés qu'il a occupé au cours de l'année précédente, le montant total des rémunérations ou gains perçus, ainsi que la durée de travail effectuée. Cette déclaration est adressée à la Caisse selon les modalités fixées par arrêté du Ministre chargé de la Sécurité sociale.
2° Le défaut de production aux échéances prescrites de ladite déclaration donne lieu à l'application des dispositions de l'article 181 du code.

**201. Les majorations**

1° Les majorations visées aux articles 20 et 21 ci-dessus peuvent être réduites en cas de bonne foi ou force majeure par décision du Conseil d'administration rendue sur proposition de la commission de recours gracieux. La décision du Conseil doit être motivée.

---

[139] Article 21

Le directeur général de la Caisse peut par délégation du Conseil d'administration et dans la limite d'un plafond fixé par arrêté du Ministre chargé de la Sécurité sociale, procéder à des remises partielles ou totales.
2° La demande de remise gracieuse doit être présentée dans les quinze (15) jours suivant la notification de la mise en demeure, cette requête n'est recevable qu'après règlement de la totalité des cotisations dues.

**202. La taxation d'office**

1° Lorsque le montant des salaires servant de base au calcul des cotisations n'a pas été communiqué à la Caisse, une taxation d'office est effectuée sur la base des salaires ayant fait l'objet de la déclaration la plus récente, majorée de 25 pour cent, à défaut sur la base de la comptabilité de l'employeur.
2° Si la comptabilité de l'employeur ne permet pas d'établir le chiffre exact des rémunérations servant de base au calcul des cotisations dues, le montant des cotisations est fixé forfaitairement en tenant compte des conventions collectives en vigueur ou à défaut, des salaires pratiqués dans la profession.[140]

En cas de cession ou de cessation d'activité, le paiement des cotisations dues pour le mois ou le trimestre en cours est immédiatement exigible.

**203. La garantie de paiement**

1° Le paiement des cotisations est garanti à compter de leur date d'exigibilité par un privilège sur les biens, meubles et immeubles du débiteur, lequel privilège prend rang concurremment avec celui des ouvriers et employés conformément aux textes en vigueur.
2° La caisse procèdera à l'inscription au registre public tenu au greffe de la juridiction compétente de ce privilège qui conserve son effet pendant deux ans renouvelables jusqu'à l'extinction de la dette ou à sa réalisation à son profit.
3° Le privilège sur les immeubles sera transformé au bout de deux (2) ans en hypothèque légale conformément aux textes en vigueur.
L'état de cotisation restant à recouvrer est soumis à la fin de chaque année au Conseil d'administration et au Ministre chargé de la sécurité sociale. Il est joint un rapport sur les mesures prises en vue de leur recouvrement et les garanties ou sûretés prises pour la conservation de la

[140] Article 22 à 25

créance ainsi que des renseignements sur la solvabilité des débiteurs. Les derniers de la Caisse sont insaisissables et aucune opposition ne peut être pratiquée sur les sommes dues à cet établissement, par les créanciers porteurs des titres exécutoires. A défaut de décision du Conseil d'administration autorisant le paiement, les créanciers peuvent saisir le Ministre de tutelle aux fins d'inscription au budget de la Caisse des crédits nécessaires.[141]
Les règles relatives à la comptabilité de la Caisse sont fixées par arrêté du Ministre chargé de la Sécurité sociale.

**204. Le fonctionnement**

1° Chaque branche du régime de Sécurité sociale fait l'objet d'une gestion financière distincte, les ressources d'une branche ne pouvant être affectées à la couverture des charges d'une autre branche.
2° La part des frais d'administration ainsi que des dépenses d'action sanitaire, sociale et familiale et de prévention à imputer à chacune des branches est déterminée par le conseil d'administration de la caisse nationale de sécurité sociale.
Il est institué pour le fonctionnement des services un fond de roulement commun à l'ensemble des branches dont le montant ne peut être inférieur à deux (2) fois la moyenne mensuelle des dépenses de la caisse constatée au cours du dernier exercice.
La caisse établit et maintient des réserves techniques et de sécurité dans les conditions suivantes :
1° Dans la branche des risques professionnels :

a) Une réserve technique égale au montant des capitaux constitutifs des rentes allouées, déterminée selon les règles établies par arrêté du Ministre chargé de la sécurité sociale.
b) Une réserve de sécurité au moins égale à la moitié du montant total des dépenses moyennes annuelles des prestations constatées dans cette branche au cours des deux derniers exercices, à l'exclusion de celles afférentes aux rentes.

2° Dans la branche des pensions :
Une réserve technique constituée par la différence entre les recettes et les dépenses de cette branche. Cette réserve ne peut être inférieure au montant total des dépenses constatées pour la branche des pensions au cours des trois derniers exercices.
3° Dans la branche des prestations familiales : Une réserve technique dont le montant ne doit pas être inférieur au douzième des prestations de

[141] Articles 26 à 29

services au cours de l'exercice précédent.[142] Les fonds des réserves de chaque branche, leurs placements respectifs ainsi que le produit de ces placements seront comptabilisés séparément. Un arrêté du Ministre chargé de la sécurité sociale pris après avis du Conseil d'administration, fixe :

a) Le fonds des réserves qui doit être placé dans les banques agréées ;
b) La proposition que ne doivent pas dépasser les placements immobiliers.

Si à la fin d'un exercice le montant des réserves de l'une des branches devient inférieur à la limite minimum fixée conformément à l'article 33 de la loi, le Ministre chargé de la Sécurité sociale propose la fixation, selon la procédure définie à l'article 22 d'un nouveau taux de cotisation en vue de rétablir l'équilibre financier prévu, dans un délai maximum de trois ans à compter de la fin de cet exercice. La caisse effectue au moins une fois tous les cinq ans une analyse financière et actuarielle de chaque branche du régime de sécurité sociale. Si l'analyse révèle un danger de déséquilibre financier dans une branche déterminée, il est procédé au réajustement du taux de cotisation de cette branche selon la procédure prévue à l'article 21 de la loi.[143]

---

[142] Articles 30 à 33
[143] Articles 34 à 37

## SOUS-TITRE 4. LES PRESTATIONS ET LES RISQUES PROFESSIONNELS

### CHAPITTRE 1. LES PRESTATIONS FAMILIALES ET DE MATERNITE

**205.** Les prestations familiales et de maternité comprennent :
1° Les allocations prénatales ;
2° Les allocations aux jeunes ménages ou prime à la naissance ;
3° les allocations familiales ;
4° Les indemnités journalières de maternité et les soins prévus à l'article 113 du Code du travail ;
5° Les prestations en nature et éventuellement toute autre prestation instituée par la loi.

#### *Paragraphe 1. Conditions d'accès aux prestations familiales*

**206.** 1° Pour prétendre aux prestations familiales, le travailleur assujetti au régime de sécurité sociale institué par la loi doit justifier d'une activité professionnelle salariée de six mois consécutifs et d'un temps minimum de travail de vingt jours ou de cent trente-trois heures ;
2° Un arrêté du Ministre chargé de la sécurité sociale pris après avis de la commission nationale consultative du travail définit les conditions d'ouverture du droit aux prestations familiales des travailleurs soumis à un horaire de travail intermittent ou irrégulier.
Ne suppriment pas le droit aux prestations familiales :
1° Les absences pour congé légal, accident de travail ou maladie professionnelle, les absences autorisées par l'employeur conformément aux dispositions de l'article 113 du Code du travail et à celles des conventions collectives y relatives, les jours fériés, chômés et payés les jours non travaillés pour grève licite ;
2° Le congé de maladie a été dûment constatée par un médecin des formations sanitaires de l'Etat ;
3° Les périodes de repos des femmes salariées en couche prévues à l'article 113 du Code du travail.
Lorsque, à la suite d'une compression du personnel, de cessation ou de réorganisation technique de l'entreprise, ou pour une raison indépendante de sa volonté, le salarié vient de perdre son emploi, les prestations familiales lui sont maintenues pendant les quatre premiers mois qui suivent les droits à congés sur production tous les mois, d'une attestation

de l'Inspecteur du travail qui certifie qu'il est inscrit au bureau de placement et qu'il n'a pu encore trouver un emploi. Les prestations sont également maintenues pendant quatre mois aux salariés qui en raison d'une réduction systématique de leur durée de travail provoquée par une diminution de l'activité de l'entreprise, ne remplissent plus les conditions de durée de travail prévues à l'article 39, à condition qu'ils produisent une déclaration de leur employeur et que la durée de travail ainsi réduite soit égale à la moitié de celle qui est exigée pour l'ouverture des droits aux prestations familiales.[144]

### *Paragraphe 2. Le maintien au droit à la prestation familiale*

**207.** Le droit au bénéfice des prestations familiales est maintenu.

a) à l'assuré social titulaire d'une pension anticipée, d'une pension d'invalidité, ou d'une pension de vieillesse. Les enfants nés dans le mariage, hors mariage et adoptifs ouvrent droit aux prestations familiales après l'admission à pension ;
b) à la victime d'accident du travail ou de maladie professionnelle atteinte d'une incapacité permanente ;
c) pendant une période maximale de trois mois au conjoint d'un allocataire condamné à une peine privative de liberté ;
d) au conjoint survivant s'il continue d'assurer la garde et l'entretien des enfants qui étaient à la charge du de cujus ;
e) à la personne morale recueillant les enfants orphelins d'allocataire au titre des orphelins ;
f) au tuteur légal des enfants de l'allocataire dont il assure la tutelle et la charge effective, au titre de cet allocataire.

Le travailleur qui, pour l'exécution de son contrat de travail, accomplit en dehors du Congo un séjour temporaire dont la durée n'excède pas six mois, renouvelable une fois, continue à bénéficier des prestations familiales.

De même, continue à bénéficier des prestations familiales, tout travailleur en stage de formation ou de perfectionnement à l'étranger pour toute la durée du stage.

### *Paragraphe 3. Le droit aux allocations prénatales*

**208.** 1° le droit aux allocations prénatales est ouvert à toute femme salariée ou conjoint d'un travailleur salarié remplissant les conditions

---

[144] Articles 38 à 40

prescrites à l'article 40, paragraphe 1 de la loi, à compter du jour où l'état de grossesse est déclaré, jusqu'à l'accouchement ;
2° les allocations prénatales sont dues pour les neuf mois qui précèdent la naissance si la déclaration est faite à la caisse dans les trois premiers mois de grossesse.[145]
Au reçu de la déclaration de la grossesse, la Caisse délivre un carnet de grossesse et de maternité contenant tous les renseignements d'état civil et ceux relatifs à l'accomplissement des prescriptions médicales.

1° le droit aux allocations prénatales est subordonné à l'observation, par la mère, des prescriptions médicales dont les modalités et la périodicité sont fixées par arrêté du Ministre chargé de la sécurité sociale ;
2° dans le cas où la mère n'a pu, par suite de cas de force majeure, satisfaire aux examens médicaux prescrits aux dates prévues, la commission de recours gracieux de la Caisse est appelée à se prononcer sur l'attribution de tout ou d'une partie de l'allocation.
Il est attribué au foyer à l'occasion de la naissance de chacun des 3 premier enfants de l'allocataire, à condition qu'ils soient issus du premier mariage ou d'un mariage subséquent lorsqu'il y a eu décès régulièrement déclaré du premier conjoint, une allocation d'aide aux jeunes ménages ou prime à la naissance.
Le droit à l'allocation d'aide aux jeunes ménages est subordonné :

a) à l'existence d'un contrôle médical au moment de l'accouchement, attesté par un certificat médical délivré par un médecin ou une Sage-femme ;
b) à l'inscription de l'enfant au registre de l'état civil, attesté par la production d'un extrait d'acte de naissance.

Les allocations familiales sont attribuées à l'assuré pour chacun des enfants à sa charge depuis la naissance jusqu'à l'âge de 20 ans révolus.
Ouvrent droit aux allocations familiales les enfants nés dans le mariage, hors mariage et adoptifs à la charge de l'assuré âgés de 20 ans au plus qui entrent dans l'une des catégories suivantes :

a) les enfants issus du mariage de l'intéressé ;
b) les enfants que l'épouse de l'assuré a eus d'un précédent mariage lorsqu'il y a eu décès régulièrement déclaré ou divorce judiciairement prononcé, sauf lorsque les enfants qui sont restés à la charge du premier mari ou que ce dernier contribue à leur entretien :
c) les enfants nés hors mariage ;

---

[145] Articles 41 à 43

d) les enfants ayant fait l'objet d'une adoption conformément au Code de la famille.

*Paragraphe 4. Les conditions d'âge*

**209.** 1° La limite d'âge est portée à :
- 17 (dix-sept) ans pour l'enfant placé en apprentissage ;
- 20 (vingt) ans si l'enfant poursuit ses études ou si, par suite d'infirmité ou maladie incurable justifiée par un certificat médical, il est dans l'impossibilité de se livrer à un travail salarié.

La poursuite des études implique obligatoirement la fréquentation d'un établissement scolaire où est dispensée à l'enfant une instruction générale, technique ou professionnelle requérant les conditions de travail et d'assiduité indispensables à la préparation des diplômes officiels ou des carrières publiques ou privées.

2° Le droit aux allocations familiales est subordonné :

a) pour les enfants bénéficiaires n'ayant pas atteint l'âge de six ans à la production annuelle d'un certificat médical ou d'un certificat de vie lorsqu'il n'existe pas une formation sanitaire dans la commune ;
b) pour les enfants d'âge scolaire à l'assistance régulière aux cours des établissements scolaires ou de formation professionnelle, attestée par la production annuelle d'un certificat de scolarité ;
c) pour les enfants de plus de seize ans, à la justification de l'apprentissage par la production d'un certificat annuel de fréquentation et d'assiduité, à la justification de la poursuite des études par la justification d'un certificat annuel de scolarité, à la justification de l'impossibilité de se livrer à un travail salarié par la production annuelle d'un certificat médical ou d'un certificat administratif de vie et charge.

L'allocation familiale est maintenue pendant les périodes d'interruption d'études ou d'apprentissage pour cause de maladie dûment constatée par un médecin relevant d'une formation sanitaire de l'état, dans la limite d'une année à partir de l'interruption, ce jusqu'à l'âge de 20 ans en cas de non guérison.[146] L'attribution d'une bourse d'enseignement ou d'apprentissage ou de paiement d'un salaire ne fait pas obstacle à l'attribution de l'allocation sauf lorsque le montant de la bourse couvre les frais normaux d'études et d'entretien ou lorsque l'apprenti perçoit une rémunération égale au moins à la moitié de salaire minimum

[146] Articles 44 à 51

interprofessionnel garanti. Les modalités de paiement des prestations, leur périodicité et les conditions dans lesquelles les paiements peuvent être suspendus, sont déterminées par arrêté du Ministère du travail.

### *Paragraphe 5. Le congé de maternité*

**210.** 1° toute femme salariée perçoit à l'occasion du congé de maternité, une indemnité journalière de maternité, ainsi qu'il est prévu à l'article 113 du Code du travail ;
2° cette indemnité est accordée pendant la durée du congé de maternité telle que prévue par le Code du travail ;
3° dans le cas d'un repos supplémentaire justifié par une maladie résultant de la grossesse ou des couches, l'indemnité journalière peut être payée jusqu'à concurrence d'une période supplémentaire de 3 semaines. L'indemnité journalière est égale à la moitié du salaire journalier effectivement perçu au moment de la suspension du travail, y compris éventuellement toutes les indemnités sauf celles ayant un caractère de remboursement de frais.

### *Paragraphe 6. La liquidation*

**211.** 1° L'indemnité journalière est liquidée au prorata du nombre de jours ouvrables ou non ouvrables pendant lesquels le travail a été effectivement suspendu et payé selon la demande de l'intéressée, soit à l'expiration de chaque mois, soit aux termes des périodes antérieures ou postérieures à l'accouchement ;
2° l'indemnité journalière afférente à la période du repos postérieure à l'accouchement est due même si l'enfant n'est pas né viable ;
3° l'indemnité est payée à l'employeur si celui-ci a maintenu à la femme salariée pendant toute la durée de son congé de maternité tout ou partie de son salaire et s'il est lui-même en règle avec la caisse en ce qui concerne les cotisations dues. La partie du salaire ainsi versée doit être au moins égale à l'indemnité due par la caisse. Les frais d'accouchement de la femme salariée dans une formation sanitaire ainsi que, le cas échéant, les soins médicaux pendant le congé de maternité occasionnés par la maladie résultant de la grossesse ou des couches, sont à la charge de la Caisse. Ils sont remboursés selon les tarifs des formations sanitaires publiques. Les taux des prestations familiales fixés par décret sont les

mêmes pour tous les salariés quel que soit le montant de leurs rémunérations.[147]

[147] Articles 52 à 58

## CHAPITRE 2. LES RISQUES PROFESSIONNELS

**212.** 1° est considéré comme accident du travail, quelle qu'en soit la cause, l'accident survenu à un travailleur par le fait ou à l'occasion du travail ;
2° sont également considérés comme accidents du travail, lorsque la victime ou l'ayant droit apporte la preuve que l'ensemble des conditions ci-après sont remplies ou lorsque l'enquête permet à la Caisse de disposer sur ce point des présomptions suffisantes ;
a) l'accident survenu à un travailleur pendant le trajet d'aller et retour entre :
- la résidence principale, une résidence secondaire présentant un caractère de stabilité et le lieu de travail ;
- tout autre lieu où le travailleur se rend de façon habituelle pour les motifs d'ordre familial et le lieu de travail ;
- le lieu du travail et le restaurant, la cantine ou d'une manière générale le lieu où le travailleur prend habituellement ses repas à condition que le parcours n'ait pas été interrompu ou détourné pour un motif dicté par l'intérêt personnel et étranger aux nécessités essentielles de la vie courante ou indépendante de l'emploi ;
b) l'accident survenu pendant les voyages dont les frais sont mis à la charge de l'employeur en vertu de l'article 125 du Code du travail.

### *Paragraphe 1. Application aux accidents de travail et aux maladies professionnelles*

**213.**1° les dispositions relatives aux accidents du travail sont applicables aux maladies professionnelles. Un décret pris sur le rapport conjoint du Ministre chargé de la sécurité sociale et du Ministre de la santé publique et après avis de la Commission nationale consultative du travail et des lois sociales établit la liste des maladies professionnelles avec, en regard, la liste des travaux, procédés, professions, comportant la manipulation et l'emploi d'agents nocifs ou s'effectuent dans les conditions ou, régions insalubres qui exposent les travailleurs de façon habituelle au risque de contracter ces maladies.
2° Il est procédé périodiquement à la mise à jour de cette liste selon la procédure prévue au paragraphe 1 ci-dessus pour tenir compte des nouvelles techniques de production et des progrès dans la connaissance des maladies professionnelles.
3° La date de la première constatation médicales de la maladie professionnelle est assimilée à la date de l'accident ;

4° les maladies qui se déclarent après la date à laquelle le travailleur a cessé d'être exposé au risque de la contacter donneront droit aux prestations si elles se déclarent dans les délais indiqués sur la liste prévue au paragraphe 1 du présent article.

### *Paragraphe 2. La déclaration de l'accident ou de la maladie*

**214.** 1° la victime d'un accident du travail ou de trajet doit immédiatement, sauf cas de force majeure, d'impossibilité absolue ou de motifs légitimes, en informer l'employeur ou l'un de ses préposés. La même obligation incombe aux ayants droit de l'assuré en cas de décès.
2° l'employeur est tenu de déclarer à la Caisse dans un délai de quarante-huit heures, tout accident du travail ou toute maladie professionnelle dont sont victimes les salariés occupés dans l'entreprise. Dans le cas d'un assuré en mission à l'étranger, ce délai est de quinze (15) jours. La déclaration doit être faite dans la forme et selon les modalités qui seront déterminées par arrêté du Ministre chargé de la Sécurité sociale, sur proposition du Conseil d'administration de la Caisse.
3° En cas de carence de l'employeur, la victime ou ses ayants droit peuvent faire la déclaration d'accident du travail ou de la maladie professionnelle jusqu'à l'expiration de la deuxième année suivant la date de l'accident ou de la première constatation médicale de la maladie professionnelle.[148]

### *Paragraphe 3. Les obligations de l'employeur*

**215.** L'employeur est tenu dès que survient l'accident :
- de faire assurer les soins de première urgence ;
- d'aviser le médecin chargé des services médicaux de l'entreprise ou, à défaut, le médecin le plus proche ;
- éventuellement de diriger la victime sur le Centre médical d'entreprise ou interentreprises ou, à défaut, sur la formation sanitaire publique, ou l'établissement hospitalier public ou privé le plus proche du lieu de l'accident.

Les soins de première urgence ainsi que le salaire de la journée au cours de laquelle le travail a été interrompu sont à la charge de l'employeur. L'intervention de la Caisse en matière de prévention des accidents du travail et des maladies professionnelles s'exerce dans le cadre de la politique de prévention définie par le Ministre du travail, après avis de la Commission nationale consultative du travail :

---

[148] Articles 60 et 61

### *Paragraphe 4. Le comité technique de prévention des accidents de travail*[149]

---

[149] **L'hygiène et la sécurité du travail**

**Les prescriptions.** On peut distinguer des dispositions générales et d'autres spéciales aux femmes et aux enfants.

**Dispositions générales**

**Aménagement des locaux :** une règlementation existe sur leur aération, leur chauffage, leur éclairage, leur propreté, leur installation de vestiaires, douches, cabinet d'aisance.

**Prévention des accidents et maladies professionnelles :** les machines doivent être munies de dispositifs de sécurité homologués, sans mettre en vente. Les conditions d'exécution des travaux qui peuvent entraîner des maladies professionnelles déterminées (silicose, infection charbonneuse) sont fixées de manière à en limiter les risques.

**Hygiène et moralité :** l'introduction et la consommation sur les lieux du travail de boissons alcoolisées est limitée. Il est interdit de prendre les repas dans les locaux affectés au travail.

**Protection des femmes et des enfants.** Les différentes genres de travail qui sont interdits aux enfants de moins de 18 ans et aux femmes, parce qu'ils présentent pour eux des dangers sont déterminés par des règlements d'administration publique. Le principal texte est un décret du 19 juillet 1958. Il contient un tableau des travaux interdits aux femmes et un autre tableau des travaux interdits aux enfants.

**Les sanctions.** Pour faire respecter les prescriptions légales et règlementaires, en matière d'hygiène et de sécurité du travail, la loi compte d'abord sur les inspecteurs du travail, qui sont habilités concurremment avec les officiers de police judiciaire, à constater les infractions. La loi prévoit des sanctions pénales et des sanctions civiles à l'égard de l'employeur si ces prescriptions n'ont pas été respectées dans son établissement.

**Les comités d'hygiène et de sécurité.** Ce sont des organismes institués en 1975, et où siègent côte à côte, le chef d'établissement, les représentants du personnel et des techniciens.

**Organisation.** Les comités d'hygiène et de sécurité sont obligatoires dans les entreprises industrielles occupant habituellement 50 salariés et dans les entreprises commerciales en occupant au moins 300. Les réunions ont lieu pendant les heures du travail, au moins une fois par trimestre, et chaque fois qu'un accident grave est survenu. Du point de vue de sa nature juridique, le comité est considéré comme une commission spécialisée du Comité d'entreprise.

**Attributions.** Ces comités ont deux grandes fonctions :

- une action préventive : inspection de l'établissement pour vérifier l'application des mesures d'hygiène et de sécurité ;

**216.** 1° il est crée un Comité technique de prévention des accidents du travail et maladies professionnelles chargé d'effectuer toutes les études sur les risques professionnels et de proposer les moyens de les prévenir.
2° sa composition et ses attributions seront déterminées par un arrêté du ministre chargé de la sécurité sociale.
3° sur son initiative, le Conseil d'administration de la Caisse peut proposer au Ministre chargé de la sécurité sociale de rendre obligatoire, par arrêté, l'application des mesures de prévention édictées par la Caisse :
1° la Caisse doit, dans le cadre de sa politique de prévention des risques professionnels, et en collaboration avec les services du Ministère du travail.

a) Recueillir et publier chaque année pour les diverses catégories d'établissements, tous les renseignements permettant d'établir les statistiques des accidents du travail et des maladies professionnelles en tenant compte de leurs causes et des circonstances dans lesquelles ils sont survenus, de leur fréquence et de leurs effets, notamment de la durée et de l'importance des incapacités en résultant ;
b) Procéder ou faire procéder à toutes enquêtes jugées utiles en ce qui concerne l'état sanitaire et social ainsi que les conditions, d'hygiène ou de sécurité des travailleurs ;
c) Recourir à tous les procédés de publicité et de propagande pour faire connaître, tant dans les entreprises que parmi la population, les méthodes de prévention ;
d) Favoriser par des subventions ou avance l'enseignement de la prévention.

2° la Caisse peut, dans les conditions et les modalités de remboursement fixées par arrêté du Ministre chargé de la Sécurité sociale, après avis du Conseil d'administration, consentir aux entreprises, des avances à taux réduit en vue de leur faciliter la réalisation d'aménagements destinés à assurer une meilleure protection des travailleurs.
3° la Caisse peut également accorder des subventions ou des avances en vue de :

---

- une action éducative sur le personnel pour développer chez lui, la conscience du risque et l'instruire des moyens de les éviter ;

**Enquête sur les accidents.** A l'occasion de tout accident qui a, ou aurait pu entraîner une mort d'homme, le comité doit procéder à une enquête sur les causes de l'accident et les moyens d'en éviter le retour. Les résultats de cette enquête sont adressés à l'inspection du travail.

a) Récompenser toute initiative en matière de prévention d'hygiène et de sécurité ;
b) Créer et développer des institutions, œuvres ou services dont le but est de perfectionner ou de développer les méthodes de prévention, de réadaptation et de rééducation, des conditions d'hygiène et de sécurité et, plus généralement, d'exercer une action sanitaire et sociale.
c) Recourir à tous les procédés de publicité et de propagande pour faire connaître, tant dans les entreprises que parmi la population, les méthodes de prévention ;
a) recomposer toute initiative en matière de prévention d'hygiène et de sécurité ;
b) créer et développer des institutions, œuvres ou services dont le but est de perfectionner ou de réadaptation et de rééducation, des conditions d'hygiène et de sécurité et, plus généralement, d'exercer une action sanitaire et sociale.

Dans chaque atelier ou chantier, il sera disposé de manière apparente, par les soins du Chef d'Entreprise, une affiche, dont le modèle est fixé par arrêté du Ministre chargé de la Sécurité sociale après avis du Conseil d'administration de la Caisse, destinée à rappeler l'attention des travailleurs sur les dispositions essentielles de la règlementation en matière d'accident du travail et de maladies professionnelles.
Les prestations comprennent :

a) les soins médicaux nécessités par les lésions résultant de l'accident qu'il y ait ou non interruption du travail ainsi que les frais occasionnés par la réadaptation fonctionnelle, la rééducation professionnelle ;
b) en cas d'incapacité permanente de travail totale ou partielle, une rente d'incapacité ;
c) en cas de décès, une allocation de frais funéraires et une rente de survivants.

Les soins médicaux comprennent :

a) la couverture de frais médicaux, chirurgicaux et dentaires, y compris des examens radiographiques, les examens de laboratoire et analyses ;
b) la couverture des frais d'hospitalisation ;
c) la fourniture, l'entretien, la réparation et le renouvèlement des appareils de prothèse et d'orthopédie nécessités par les lésions résultant, de l'accident du travail ;

d) le transport de la victime du lieu de l'accident à la formation sanitaire la plus proche et vice-versa.[150]

### *Paragraphe 5. Le remboursement des frais de transport*

**217.** A l'exception des soins de première urgence et de ceux dispensés dans le cadre de la médecine d'entreprise, qui sont à la charge de l'employeur, les prestations prévues au présent article sont supportées par la Caisse qui en verse directement le montant aux établissements ayant assuré les fournitures et services.
Toutefois, les frais de transport peuvent donner lieu à un remboursement à la victime ou à l'employeur. L'hospitalisation des travailleurs accidentés et le traitement médical n'entrant pas dans le cadre de la médecine d'entreprise, ont obligatoirement lieu dans les centres médicaux créés par les entreprises dans le cadre de la médecine du travail, dans les formations sanitaires et hôpitaux publics ne disposant pas de moyens appropriés. Le tarif d'hospitalisation est celui résultant d'une convention conclue entre les formations sanitaires et la Caisse Nationale de sécurité sociale. Lorsqu'à la suite de la dérogation spéciale prévue à l'alinéa ci-dessus, l'hospitalisation et le traitement médical ont lieu dans un établissement public hospitalier de même nature le plus proche, la Caisse est tenue au paiement de la totalité des frais. Les honoraires dus aux praticiens et auxiliaires médicaux des Centres médicaux d'Etat, des formations sanitaires et hôpitaux publics à l'occasion des soins donnés aux travailleurs accidentés, constituent des recettes revenant audits établissements et ne doivent, en aucun cas, être versés aux intéressés.[151]

### *Paragraphe 6. Le droit à un traitement spécial*

**218.** La victime a le droit de bénéficier d'un traitement spécial en vue de sa réadaptation fonctionnelle. Ce bénéfice lui est accordé soit sur sa demande soit sur l'initiative de la Caisse après examen médical auquel il est procédé conjointement par le médecin traitant de la victime et par le médecin conseil de la Caisse. Dans tous les cas où il y a désaccord sur l'état de l'accident entre le médecin conseil de la Caisse et le médecin traitant, un expert est choisi sur une liste dressée par le ministère de la santé. L'expert ne peut être ni le médecin-conseil de la Caisse ni le médecin traitant, ni le médecin attaché à l'entreprise ou au service médical interentreprises. L'expert convoque sans délai la victime ou se

[150] Articles 62 à 68
[151] Article 69

rend à son chevet, il est tenu de remettre son rapport à la Caisse et au médecin traitant dans un délai maximum d'un mois à compter de la date à laquelle il a été saisi du dossier, faute de quoi, il est pourvu à son remplacement sauf dans le cas de circonstances spéciales justifiant une prolongation de délai. L'avis de l'expert n'est pas susceptible de recours. Au vu de cet avis, la Caisse statue sur la nature et la durée du traitement nécessité par l'état de l'intéressé. La décision de la Caisse, susceptible de recours devant la juridiction compétente, est notifiée à la victime par lettre recommandée ou par tout autre moyen de notification. Une copie de la décision est adressée au médecin-traitant. Le traitement en vue de la réadaptation fonctionnelle peut comporter l'admission dans un établissement public ou dans un établissement privé agréé par le ministre chargé de la Sécurité sociale ou à l'étranger si de tels établissements n'existent pas sur le territoire national. Les frais nécessités par le traitement sont à la charge de la Caisse.
Pendant toute la période du traitement, la victime a droit à l'indemnité journalière prévue aux articles 86 et 87 ci-dessous : Si la victime est titulaire d'une rente servie par la Caisse en raison de l'incapacité permanente résultant de l'accident ayant nécessité la réadaptation fonctionnelle, la Caisse paie, s'il y a lieu, la fraction d'indemnité journalière qui excède le montant correspondant de la rente.[152]

### *Paragraphe 7. Les obligations du bénéficiaire du traitement de réadaptation*

**219.** Le bénéficiaire du traitement de réadaptation est tenu :
1° de se soumettre aux traitements et mesures de toute nature souscrits par l'autorité médicale intéressée ;
2° de se soumettre aux visites médicales et contrôles organisés par la Caisse ;
3° de s'abstenir de toute activité non autorisée ;
4° d'accomplir les exercices ou travaux prescrits en vue de favoriser sa rééducation ou son reclassement professionnel.
En cas d'inobservation de ces obligations, la Caisse peut suspendre le service de l'indemnité journalière ou en réduire le montant, sauf recours du bénéficiaire devant la juridiction compétente. Dans le même cas, la Caisse cesse d'être tenue au paiement des frais de toute nature à l'égard des praticiens ou établissements intéressés. Ce paiement cesse d'être dû à partir de la date constatée sur l'avis de réception de la lettre recommandée portant notification de la décision et adressée à la victime

---

[152] Articles 70 à 73

et aux praticiens ou établissements intéressés. Si à la suite d'un accident du travail, la victime devient inapte à exercer sa profession ou ne peut le faire qu'après une nouvelle adaptation, elle a le droit, quelle ait ou non bénéficié de la réadaptation fonctionnelle d'être admise gratuitement dans un établissement public ou privé de rééducation professionnelle ou d'être placée chez un employeur pour s'y réadapter à sa profession ou y apprendre l'exercice d'une profession de son choix. Le bénéfice de la rééducation est accordé à la victime, soit sur sa demande, soit sur l'initiative de la Caisse après un examen psychotechnique préalable organisé par l'Inspecteur du travail et des lois sociales et contrôlé par un médecin orienteur. D'après les résultats de l'examen psychotechnique et compte tenu de tous les éléments à prendre en considération, notamment l'âge de la victime et le taux d'incapacité, la Caisse statue sur l'attribution à la victime du bénéfice de la rééducation professionnelle. La décision de la Caisse, susceptible de recours devant la juridiction compétente, est notifiée à la victime par lettre recommandée ou par tout autre moyen de notification. Compte tenu des résultats de l'examen psychotechniques, des places disponibles et du choix de la victime, la Caisse fait admettre le bénéficiaire dans l'un des établissements habilités à cet effet, s'il y a lieu, chez un employeur.[153]

***Paragraphe 8. La nature des établissements de rééducation***

**220.** Les établissements de rééducation habilités sont :
1° les établissements ou Centres publics relevant du ministère chargé de la Sécurité sociale ou du ministère de la santé publique, et créés en vue d'assurer la rééducation professionnelle des victimes des accidents du travail ;
2° les établissements privés agréés par le Ministre chargé de la Sécurité sociale et dont le fonctionnement sera soumis au Contrôle de l'Inspecteur du travail et des lois sociales et, le cas échéant à celui de la direction de l'enseignement. Les victimes des accidents du travail dont la résidence habituelle est située hors du territoire de la République Populaire du Congo peuvent demander à être rééduquées dans l'établissement ou le Centre public le plus proche de leur résidence habituelle. Lorsque la victime est placée pour sa rééducation chez un employeur, un contrat type de rééducation définit les droits et obligations des parties et les modalités de contrôle de la rééducation professionnelle par l'Inspecteur du travail et par la Caisse. Ce contrat, dont le modèle sera fixé par arrêté du Ministre de la sécurité sociale est visé par l'Inspecteur du travail du

[153] Articles 74 à 78

ressort. Pendant toute la période de rééducation l'indemnité journalière ou la rente est intégralement maintenue à la victime. Si elle est inférieure au salaire minimum de la profession en vue de laquelle la victime est réadaptée, cette dernière reçoit, à défaut de rémunération pendant la durée de la rééducation, un supplément à la charge de la Caisse, destiné à porter cette indemnité ou rente au montant dudit salaire.[154]

***Paragraphe 9. La nature des frais de rééducation et de reclassement***

**221.** Les frais de rééducation sont supportés par la Caisse. Ils comprennent, outre les frais des examens psychotechniques préalables à la rééducation.
1° les frais de voyage aller et retour de la victime par le mode de transport le moins onéreux compatible avec son état de santé. Les accidentés en stage de rééducation bénéficient des voyages aller et retour à leur lieu de résidence aux frais de la Caisse à l'occasion de la période des grandes vacances de l'établissement dans lequel ils sont admis.
2° le complément de l'indemnité visé à l'article précédent ;
3° les frais de la rééducation proprement dits ;
4° le prix de la journée dans la limite d'un tarif fixé par arrêté du Ministre chargé de la Sécurité sociale après avis de la commission nationale consultative du travail ;
5° les cotisations d'accidents du travail ;
6° le coût des appareils indispensables de prothèse de travail qui ne seraient pas susceptibles d'être pris en charge au titre de l'article 69 de la loi.
Le contrat de travail de toute victime d'accidents du travail ou de maladies professionnelles est suspendu du jour de l'accident jusqu'au jour de sa guérison ou de la consolidation de la blessure. En cas d'invalidité permanente, si le travailleur est atteint d'une réduction de capacité le rendant professionnellement inapte à son ancien emploi, l'employeur doit indépendamment des mesures prévues aux sections 1 et 2 du présent titre, s'efforcer de reclasser dans son entreprise en l'affectant à un poste correspondant à ses aptitudes. En cas d'incapacité temporaire de travail dûment constatée par l'autorité médicale compétente, la victime a droit à une indemnité journalière pour chaque jour d'incapacité, ouvrable, ou non suivant celui de l'arrêt de travail consécutif à l'accident. L'indemnité est payable pendant toute la période d'incapacité de travail qui précède la guérison, la consolidation de la lésion ou de décès du

[154] Articles 79 à 81

travailleur. La rémunération de la journée au cours de laquelle le travail a cessé est intégralement à la charge de l'employeur.[155]

***Paragraphe 10. L'indemnité journalière***

**222.** Une indemnité journalière est payée à la victime par la Caisse à partir du premier jour qui suit l'arrêt du travail consécutif à l'accident, sans distinction entre les jours ouvrables et les dimanches et jours fériés, pendant toute la période d'incapacité de travail qui précède soit la guérison complète, soit la consolidation de la blessure ou le décès ainsi qu'en cas de rechute ou d'aggravation. Elle n'est toutefois pas due pour les jours ouvrables qui suivent immédiatement la cessation du travail consécutive à l'accident, sauf lorsque la durée de l'incapacité est supérieure à quinze (15) jours. L'indemnité journalière peut être maintenue en tout ou partie en cas de reprise d'un travail léger autorisé par le médecin traitant, si cette reprise est de nature à favoriser la guérison ou la consolidation de la lésion. Le montant de l'indemnité et du salaire ne peut dépasser le salaire normal des travailleurs de la même catégorie professionnelle ou s'il est plus élevé, le salaire sur lequel a été calculée l'indemnité journalière. En cas de dépassement, l'indemnité est réduite en conséquence. L'indemnité journalière est, dans la limite du préavis, égale à la totalité du salaire journalier déterminé suivant les modalités fixées aux paragraphes suivants.

Elle est égale ensuite aux 2/3 dudit salaire. Le salaire journalier servant de base de cette indemnité ne peut toutefois dépasser 1% du maximum de la rémunération annuelle retenue pour l'assiette des cotisations d'accident du travail. Pour le calcul de cette indemnité, le salaire journalier visé au paragraphe précédent est déterminé conformément aux règles suivantes. Le salaire servant au calcul de l'indemnité d'incapacité temporaire et des rentes comprend l'ensemble des salaires ou gains, indemnités, primes, gratifications ou tous autres avantages en espèces perçus par le travailleur pendant la période considérée, compte tenu s'il y a lieu, des avantages en nature et des pourboires, à l'exception des frais professionnels, des frais, des prestations familiales et des prestations d'accident du travail. Pour le calcul de l'indemnité journalière, le salaire journalier visé ci-dessus est le salaire journalier moyen perçu pendant cette période par le nombre de jours ouvrables contenus dans ladite période.

Si le travailleur a perçu pendant ces trente jours des indemnités portant sur une période plus étendue, seule la quotepart de l'indemnité

---

[155] Articles 82 à 85

correspondant est prise en compte pour le calcul du salaire journalier moyen.

### *Paragraphe 11. Délai de calcul de l'indemnité journalière*

**223.** Si la victime travaillait depuis moins de trente jours au moment de l'arrêt du travail, le salaire ou le gain servant à calculer le salaire journalier de base est celui qu'elle aurait perçu si elle avait travaillé dans les mêmes conditions pendant les trente jours. Il en est de même si la victime n'avait pas travaillé pendant toute la durée de trente jours précédant l'accident pour cause de maladie, d'accident, de maternité, de congé non payé et pour toute autre raison indépendante de sa volonté. Si l'incapacité temporaire se prolonge au-delà de trois mois et s'il survient postérieurement à l'accident une augmentation générale des salaires concernant la catégorie à laquelle appartient la victime ; le taux d'indemnité journalière est révisé dans les mêmes propositions avec effet du premier jour du quatrième mois d'incapacité ou de la date d'effet de l'augmentation des salaires, si cette date est postérieure. En pareil cas, il appartient à la victime de demander à la Caisse la révision du taux de l'indemnité journalière en produisant toutes pièces justificatives, notamment une attestation de l'employeur. Si une aggravation de la lésion causée par l'accident entraîne pour la victime une nouvelle incapacité temporaire, l'indemnité journalière est calculée sur la base du salaire journalier moyen des trente jours qui précèdent immédiatement l'arrêt du travail causé par cette aggravation. Si la date de guérison ou de consolidation n'a pas été fixée, cette indemnité est portée aux deux tiers du salaire compte tenu de la durée de la première interruption de travail consécutive à l'accident. En aucun cas, cette indemnité journalière ne peut être inférieure à celle correspondant respectivement aux deux tiers du salaire perçu au cours de la première interruption de travail compte tenu, le cas échéant de la révision opérée conformément aux dispositions de l'article 89 ci-dessus. Le salaire servant de base au calcul de l'indemnité journalière due au travailleur âgé de moins de dix-huit ans ne peut être inférieur au salaire minimum de la catégorie, de l'échelon ou l'emploi de la profession en fonction duquel ont été fixés par voie d'abattement dans le cadre des arrêtés sur les salaires ou des conventions collectives les taux minima de rémunération des jeunes travailleurs âgés de moins de dix-huit ans. A défaut de référence, le salaire de base de l'indemnité journalière ne peut être inférieur au salaire le plus bas des ouvriers adultes de la même catégorie occupée dans l'établissement ou, à défaut dans l'établissement voisin, similaire. Toutefois, en aucun cas, le montant de l'indemnité journalière ainsi calculée due au jeune travailleur de moins de dix-huit ans ne pourra dépasser le montant de sa rémunération. Le salaire servant de base au calcul de l'indemnité journalière due à l'apprenti ne peut être inférieur au salaire minimum de la catégorie, de l'échelon ou de l'emploi qualifié où l'apprenti aurait normalement été classé à la fin de l'apprentissage.[156]

### *Paragraphe 12. Le maintien de l'indemnité journalière*

**224.** La Caisse ne peut suspendre le service de l'indemnité journalière lorsque l'employeur maintient à la victime tout ou partie de son salaire ou des avantages en nature, soit en vertu d'un contrat individuel ou collectif de travail, soit en vertu des usages de la profession, soit de sa propre initiative. Toutefois, lorsque le salaire est maintenu en totalité, l'employeur est subrogé de plein droit à la victime, quelles que soient les clauses du contrat, dans les droits de celle-ci aux indemnités journalières qui lui sont dues. Lorsque, en vertu d'un contrat individuel ou collectif de travail, le salaire est maintenu sous déduction des indemnités journalières, l'employeur qui paye le salaire pendant la période d'incapacité sans opérer cette déduction est seulement fondé à poursuivre auprès de la victime le recouvrement de cette somme. L'employeur et la victime qui se sont mis d'accord pour le maintien d'avantages en nature en cas d'accident peuvent en informer la Caisse et demander le versement par elle, à l'employeur, de la partie de l'indemnité journalière correspondant à la valeur des avantages maintenus. L'indemnité journalière est payée soit à la victime, soit à son conjoint, soit si la victime est mineure, à la personne qui justifie l'avoir à sa charge, soit à un tiers auquel la victime donne délégation pour l'encaissement de cette indemnité. Cette délégation n'est valable que pour une seule période d'incapacité ; elle ne fait pas obstacle au droit de la Caisse de surseoir au paiement des indemnités pour procéder aux vérifications nécessaires. L'indemnité journalière doit être réglée à intervalles réguliers ne pouvant en aucun cas excéder un mois. Elle est mise en paiement par la Caisse dès la réception du certificat médical attestant la nécessité de l'arrêt du travail.[157]

---

[156] Articles 87 à 90

[157] Articles 91 à 93

### *Paragraphe 13. Différents cas de cessibilité, de saisissabilité, de diminution et de majoration de l'indemnité*

**225.** L'indemnité journalière n'est cessible, et saisissable que dans les limites fixées par les articles 100 et 103 du Code du travail et des textes prix pour son application. Tout retard injustifié apporté au paiement de l'indemnité journalière donne droit au créancier, à partir du huitième jour de son échéance, à une astreinte quotidienne de 1% du montant des sommes non payées, sauf cas de force majeure prononcées par la juridiction compétente. Lors de la fixation de la rente, la Caisse peut, si elle estime que l'accident est dû à une faute inexcusable de la victime, diminuer la rente sauf recours du bénéficiaire devant la juridiction compétente. Lorsque l'accident est dû à une faute inexcusable de l'employeur ou de ses préposés, les indemnités dues à la victime ou à ses ayants droit, en vertu de la loi, sont majorées. Le montant de la majoration est fixé par arrêté du Ministre chargé de la Sécurité sociale après avis de la Commission nationale consultative du travail sans que la rente ou le total des rentes allouées puisse dépasser soit la fraction du salaire annuel correspondant à la réduction de la capacité, soit le montant de ce salaire. La majoration est payée par la Caisse qui en récupère le montant au moyen d'une cotisation supplémentaire imposée à l'employeur. Dans le cas de cession ou de cessation de l'activité de l'entreprise, le total des arrérages de la cotisation à échoir est immédiatement exigible. Les conditions dans lesquelles est fixée et perçue cette cotisation supplémentaire sont déterminées par arrêté du Ministre chargé de la Sécurité sociale. Il est interdit à l'employeur de se garantir par une assurance contre les conséquences de la faute inexcusable sur son patrimoine personnel.[158]

### *Paragraphe 14. La responsabilité civile*

**226.** Si l'accident est dû à une faute inexcusable de l'employeur ou de l'un de ses préposés, la victime ou ses ayants droit conservent contre l'auteur de l'accident le droit de demander réparation du préjudice causé, conformément aux règles de droit commun, dans la mesure où ce préjudice n'est pas réparé par l'application de la loi. La Caisse est tenue de servir à la victime ou à ses ayants droit les prestations et indemnités visées par la loi. Elle est admise de plein droit à intenter contre l'auteur de l'accident une action en remboursement des sommes payées par elle. Si l'accident est causé par une personne autre que l'employeur ou ses

[158] Articles 94 à 97

préposées, la victime ou ses ayants droit conservent contre l'auteur de l'accident, le droit de demander réparation du préjudice causé, conformément aux règles de droit commun, dans la mesure où ce préjudice n'est pas réparé par application de la loi. La Caisse est tenue de servir à la victime ou à ses ayants droit les prestations et indemnités prévues par la loi. Elle est admise de plein droit à intenter contre l'auteur de l'accident une action en remboursement des sommes payées par elle.
En cas d'incapacité permanente dûment constatée par le médecin désignée ou agréé par la Caisse, la victime a droit à une rente d'incapacité permanente lorsque le degré de l'incapacité est au moins égal à dix pour cent ou à un capital de rachat versé en une seule fois lorsque le degré de l'incapacité est inférieur à dix pour cent. La rente due, à partir du décès, aux ayants droit de la victime remplissant les conditions ci-dessous définies, doit être répartie conformément aux dispositions de l'article 486 du Code de la famille :
1° conjoint survivant 30% du salaire annuel ayant servi de base au calcul de la rente de la victime au conjoint survivant non divorcé, ni séparé de corps à condition que le mariage ait été contracté antérieurement à l'accident.
Lorsque le conjoint survivant divorcé ou séparé de corps a obtenu une pension alimentaire tel que prévu par l'article 193 du Code de la famille, la rente qui lui est due est ramenée au montant de cette pension sans pouvoir dépasser 30% du salaire annuel ayant servi de base au calcul de la rente et sans que, s'il existe un nouveau conjoint, celui-ci puisse garder moins de la moitié de la rente de 30%. Le conjoint condamné pour abandon de famille est déchu de tous ses droits au titre de la réparation des accidents du travail et des maladies professionnelles. Il en est de même pour celui qui a été déchu de la puissance paternelle. Ce dernier est toutefois réintégré dans ses droits, s'il vient à être investi dans la puissance paternelle. Les droits du conjoint déchu seront transférés sur la tête des enfants des ascendants visés aux paragraphes 2 et 3.
**227.** En cas de nouveau mariage, le conjoint survivant s'il n'a pas d'enfants, cesse d'avoir droit à la rente mentionnée ci-dessus. Il lui est alors alloué à titre de capital une somme qui ne peut être supérieure à trois fois le montant de la rente annuelle. S'il a des enfants, le rachat sera différé aussi longtemps que l'un de ses enfants aura droit à une rente en vertu du paragraphe 2 ci-dessous. Lorsque le travailleur décédé laisse plusieurs veuves, la rente viagère est repartie entre elles en part égales. Ce partage n'est pas susceptible d'être ultérieurement modifié.
Pour les personnes ayant conservé leur statut personnel, la notion juridique de mariage est celle définie par le Code de la famille ;

2° enfants et descendants de la victime 50% du salaire annuel de la victime ayant servi de base au calcul de la rente, répartis également entre l'ensemble des enfants et les descendants. La notion juridique d'enfant à charge est celle retenue par le Code de la famille. Les rentes ainsi allouées sont collectives et réduites suivant les prescriptions qui précèdent au fur et à mesure que chaque orphelin atteint la limite d'âge fixée par la règlementation en matière de prestations familiales. Les descendants de la victime et les enfants recueillis par elle avant l'accident ayant fait l'objet d'un jugement de tutelle, si les uns et les autres sont privés de leurs soutiens naturels et tombés de ce fait à sa charge, bénéficient des mêmes droits que les enfants visés aux alinéas du présent paragraphe.
3° ascendants et autres catégories de successibles 20% du salaire annuel de la victime ayant servi de base au calcul de la rente aux ascendants ou autres catégories de successibles, tels qu'énumérés à l'article 462 du Code de la famille. En aucun cas, le salaire annuel pris en compte pour le calcul des rentes de survivants, ne peut dépasser 85% du salaire annuel de la victime tel que défini par la loi.
4° la rente allouée aux autres catégories de successibles peut être convertie sur demande des intéressés en un capital équivalent à quatre mois du salaire annuel tel que déterminé pour le calcul des rentes ;
Les arrérages des rentes courent du lendemain du décès ou de la date de consolidation de la blessure. En cas de contestations autres que celles portant sur le caractère professionnel de l'accident, la Caisse peut accorder à la victime ou à ses ayants droit, sur leur demande, des avances sur rentes payables dans les conditions fixées à l'article 93. Ces avances qui ne peuvent être supérieures à la rente proposée par la Caisse, viennent en déduction de la rente ou de l'indemnité journalière due à la victime ou à ses ayants droit. Le montant de l'avance et les modalités de remboursement par prélèvement sur les premiers arrérages sont fixés par la Caisse.[159]

### *Paragraphe 15. L'incessibilité et l'insaisissabilité des rentes*

**228.** Les rentes sont incessibles et insaisissables. Elles sont payables à la résidence du titulaire, par trimestre et à terme échu. Elles sont payées selon une autre périodicité sur demande motivée du bénéficiaire et sous réserve de l'accord de la Caisse. Lorsque le taux d'incapacité permanente résultant de l'accident atteint ou dépasse 75%, le titulaire de la rente peut demander que les arrérages lui soient réglés mensuellement. Le paiement

---

[159] Articles 100 à 102

mensuel est obligatoire pour les victimes atteintes d'une incapacité de 100%. Inversement la rente est normalement payée par année lorsque le montant est inférieur à 25% du salaire annuel ayant servi de base au calcul de la rente. Une allocation provisionnelle à déduire lors du paiement des premiers arrérages de la rente peut être versée aux conjoints survivants ou aux ayants droit, sur leur demande. Le remboursement de l'allocation provisionnelle est opéré dans les conditions indiquées à l'article précédent. Le degré de l'incapacité permanente est déterminé d'après la nature de l'infirmité, l'état général, l'âge, les facultés physiques et mentales de la victime, ainsi que d'après ses aptitudes professionnelles sur la base d'un barème indicatif d'invalidité établi par arrêté du ministre chargé de la sécurité sociale. Les travailleurs étrangers victimes d'accidents du travail et qui cessent de résider sur le territoire national reçoivent pour indemnité, un capital égal à trois fois le montant de la rente annuelle qui leur a été allouée sauf cas de convention de réciprocité en matière de sécurité sociale. Il en est de même pour leurs ayants droit étrangers cessant de résider sur le territoire national. Les ayants droit étrangers d'un travailleur étranger ne reçoivent aucune indemnité si, au moment de l'accident, ils ne résident pas sur le territoire national sauf existence d'une convention de réciprocité en matière de sécurité sociale.

La rente prend effet soit à la date de la consolidation de la lésion ou de la stabilisation de l'état de la victime, soit à la date du décès. Lorsque l'accident du travail est suivi du décès de la victime, les frais funéraires sont supportés par la Caisse dans la limite des frais exposés et sans que leur montant puisse excéder un maximum fixé par arrêté du ministre chargé de la Sécurité sociale après avis du Conseil d'Administration de la Caisse. Si le décès s'est produit au cours d'un déplacement de la victime pour son travail hors de sa résidence ou si la victime a quitté la résidence à la demande de son employeur en vue de son engagement, la Caisse supporte les frais de transport du corps jusqu'au lieu de résidence. Les frais funéraires sont remboursés aux intéressés sur présentation de pièces justificatives. Dans les cas visés aux articles 99 et 100 de la loi, l'avance des frais est faite par l'employeur qui en demandera le remboursement à la Caisse.[160]

[160] Articles 103 à 109

*Paragraphe 16. L'enquête*

**229.** En cas d'accident de trajet, d'accident mortel ou suivi de décès, d'accident ayant entraîné une incapacité permanente partielle égale ou supérieure à 10%, il est procédé à une enquête. Les officiers de police judiciaire, les inspecteurs et Contrôleurs du travail et des lois sociales, les agents assermentés de la Caisse sont agréés à titre permanent en qualité d'enquêteur pour les accidents du travail. Toute procédure d'accident ayant fait l'objet d'un procès-verbal de police doit être transmis au directeur général de la Caisse ou à ses représentants. L'enquête est contradictoire. Les témoins sont entendus par l'enquêteur en présence de la victime ou de ses ayants droit, et de l'employeur. La victime peut se faire assister par une personne de son choix. En cas de décès, ce droit appartient à ses ayants droit, lorsque la victime est dans l'impossibilité d'assister à l'enquête, l'enquêteur se transporte auprès d'elle pour recevoir ses explications.
L'employeur doit recueillir tous les renseignements permettant d'établir :

- la cause, la nature, les circonstances de temps et de lieu de l'accident et éventuellement, l'existence d'une faute susceptible d'influer sur la réparation, ainsi que les responsabilités encourues, notamment en cas d'accident de trajet.

En cas d'accident de trajet, ces éléments doivent être notés avec soin en vue d'établir, le cas échéant, les motifs qui auraient déterminé la victime à interrompre ou à détourner son parcours :

- l'identité de la victime et le lieu où elle se trouve ;
- la nature des lésions ;
- l'existence d'ayants droit, l'identité et la résidence de chacun d'eux ;
- la catégorie professionnelle, le classement de la victime au moment de l'arrêt de travail ;
- d'une manière générale, tous les éléments susceptibles de fixer le salaire servant de base au calcul des indemnités journalières et des rentes.

**230.** En vue de recueillir ces éléments, l'enquêteur peut effectuer au siège de l'établissement ou des établissements ayant occupé la victime, recueillir toutes constatations et vérifications nécessaires. L'enquêteur doit également recueillir le cas échéant les renseignements sur les accidents du travail antérieurs en mentionnant pour chacun d'eux la date de la guérison ou de la consolidation des blessures et s'il en est résulté une incapacité permanente :

- le taux de cette incapacité ;

- le montant de la rente ;
- la date de la décision ayant alloué la rente ;
- le point de départ de celle-ci ;
- le débiteur de la rente.

Toute déclaration frauduleuse de la victime peut entraîner une réduction éventuelle de la nouvelle rente. Il doit mentionner éventuellement, la pension militaire d'invalidité ou la pension de victime civile de guerre dont la victime serait titulaire. L'enquêteur consigne les résultats de l'enquête dans un procès-verbal établi en double exemplaires qui fera foi, jusqu'à preuve de contraire des faits constatés. Il envoie les deux exemplaires de ce procès-verbal accompagnés du dossier dont il avait été saisi, ainsi que toutes pièces qu'il juge bon d'y annexer dans un délai de vingt jours à compter de la date de réception du dossier, au directeur général de la Caisse ou à ses représentants. Si le délai se trouve dépassé, l'enquêteur fait connaître les circonstances qui ont occasionné le retard.[161]

### *Paragraphe 17. Le droit de contrôle de la Caisse*

**231.** La Caisse peut à tout moment, faire procéder à un examen de la victime par son médecin conseil ou un médecin de son choix, notamment dès qu'elle a connaissance de l'accident, pendant la période d'incapacité temporaire, en cas de rechute et au moment de la guérison ou de la consolidation de la blessure. Elle peut également, à tout moment, faire contrôler par des enquêteurs ou par toute personne habilitée, les victimes d'accidents du travail à qui elle sert des prestations. La victime est tenue de présenter à toute réquisition du service de contrôle médical de la Caisse, tous certificats médicaux,, radiographies examens de laboratoire et ordonnances en sa possession. Elle doit également faire connaître, le cas échéant, les accidents du travail et les maladies professionnelles antérieures, au cas où il s'agit d'une rechute, fournir tous renseignements qui lui sont demandés sur son état de santé antérieur. Les décisions prises par la Caisse à la suite du contrôle médical doivent être immédiatement notifiées à la victime. Pour tous les actes de contrôle médical, la victime a le droit de se faire assister par son médecin traitant. Les honoraires de ce dernier sont à la charge de la Caisse et sont réglés d'après les tarifs en vigueur. La victime est tenue d'observer rigoureusement les prescriptions du praticien notamment le repos au lit qui a pu lui être ordonné. Elle ne peut quitter sa résidence que si le praticien le prescrit dans un but thérapeutique. La victime dont l'envoi en convalescence à l'étranger est

[161] Articles 110 à 115

jugé nécessaire par le médecin traitant, doit en aviser la Caisse avant son départ et attendre l'autorisation de celle-ci. Elle doit pendant la durée de sa convalescence, se soumettre au contrôle dans les conditions fixées par la Caisse. En cas d'hospitalisation, elle doit se soumettre aux prescriptions des médecins et au règlement de l'établissement. La victime ne doit se livrer à aucun travail, rémunéré ou non, au cours de la période d'incapacité temporaire sauf dans le cas de reprise d'un travail léger autorisé dans les conditions prévues à l'article 75 du Code. La victime ne peut se soustraire aux divers contrôles exigés par la Caisse. En cas de refus, les prestations et les indemnités sont suspendues pour la période pendant laquelle les contrôles auront été rendus impossibles. Notification en est faite à l'intéressé. La Caisse peut également retenir, à titre de pénalité, tout ou partie des indemnités journalières d'indisponibilité temporaire de la victime qui aurait volontairement enfreint les dispositions susvisées relatives au contrôle médical ou les prescriptions du médecin.[162]

***Paragraphe 18. L'expertise***

**232.** Dans tous les cas où il y a désaccord sur l'état de l'accidenté entre le médecin conseil de la Caisse et le médecin traitant, il est procédé à un nouvel examen par un médecin expert agréé, choisi sur une liste dressée par le Ministre de la santé. L'expert ne peut être ni le médecin conseil de la Caisse ni le médecin traitant, ni le médecin attaché à l'entreprise, ni celui du service médical interentreprises. Faute d'accord du médecin traitant et du médecin conseil sur le choix du médecin expert, ce dernier est choisi par l'Inspecteur du travail après avis du Ministère de la santé. L'expert convoque sans délai la victime ou se rend à son chevet ; il est tenu de remettre son rapport à la Caisse et au médecin traitant dans un délai maximal d'un mois à compter de la date à laquelle il a été saisi du dossier, faute de quoi il est pourvu à son remplacement, sauf dans le cas de circonstances spéciales justifiant une prolongation de délai. L'avis de l'expert n'est pas susceptible de recours. Les frais de déplacement de la victime ou de ses ayants droit qui doivent quitter leur résidence pour répondre à la convocation du médecin conseil ou se soumettre à une expertise, à un contrôle ou à un traitement sont à la charge de la Caisse et remboursés d'après les tarifs en vigueur. Les frais de déplacement comprennent, le cas échéant, les frais de transport, les frais de séjour et l'indemnité compensatrice de perte de salaire.

---

[162] Articles 116 à 121

Les honoraires dus au médecin traitant, au médecin expert ou au médecin spécialiste, ainsi que leurs frais de déplacement sont également à la charge de la Caisse et remboursés d'après les tarifs en vigueur. Lorsque l'examen ou l'expertise a été prescrit à la requête de la victime ou de ses ayants droit et que sa contestation est reconnue manifestement abusive, la juridiction compétente peut mettre à leur charge tout ou partie des honoraires et frais correspondants.
Toute modification de l'état de la victime, soit par aggravation, soit par atténuation de l'infirmité peut entraîner une révision de la rente. En vue de déceler cette modification, la Caisse peut faire procéder, par un médecin expert assermenté, à des examens de contrôle de l'état de la victime. Ces examens peuvent avoir lieu à des intervalles de six mois au cours des deux premières années suivant la date de la guérison apparente ou de la consolidation de la blessure et d'un an après l'expiration de ce délai. La victime peut également faire constater, dans les mêmes conditions, par son médecin traitant, toute modification de son infirmité. La victime est informée au moins trente jours à l'avance par lettre recommandée ou par tout autre procédé de notification, de l'heure et du lieu de l'examen médical de contrôle. Les frais de transport et de séjour sont à la charge de la Caisse. Si la victime, en raison de son état, n'est pas en mesure de se rendre au lieu indiqué, elle doit en aviser immédiatement la Caisse. La victime ne peut refuser de se prêter aux examens de contrôle sous peine de suspension du service de la rente. Cette suspension ne peut toutefois intervenir qu'après avis l'Inspecteur du travail.[163]

***Paragraphe 19. Nouvelle fixation des réparations***

**233.** En cas de décès de la victime résultant des conséquences de l'accident, une nouvelle fixation des réparations allouées peut être demandée à tout moment par les ayants droit de la victime.
Si l'aggravation de la lésion entraîne pour la victime une nouvelle incapacité temporaire et la nécessité d'un traitement médical, la Caisse paie les frais médicaux, chirurgicaux, pharmaceutiques, d'hospitalisation, ainsi que, le cas échéant, la fraction d'indemnité journalière qui excède le montant correspondant de la rente maintenue pendant cette période. En ce cas, la victime doit faire connaître à la Caisse le montant de la rente dont elle bénéficie. Toute déclaration frauduleuse peut entraîner une réduction de la fraction de l'indemnité journalière de la victime. La demande tendant à une nouvelle fixation des réparations motivées par une aggravation de l'infirmité de la victime ou son décès résultant des

[163] Articles 122 à 128

conséquences de l'accident, est présentée à la Caisse, soit par simple déclaration, soit par lettre recommandée. Les justifications nécessaires, notamment le certificat du médecin traitant, sont fournies à l'appui de la demande. Toute nouvelle fixation des réparations motivées par une aggravation ou une atténuation de l'infirmité ou par le décès de la victime fait l'objet d'une décision de la Caisse qui doit être notifiée sans retard à la victime ou à ses ayants droit. La nouvelle rente est due à partir du jour où a été constatée l'aggravation ou l'atténuation de la lésion. Le rachat total ou partiel des rentes d'accidents du travail s'effectue d'après les règles suivantes :

- la rente allouée à la victime de l'accident peut, après expiration d'un délai de cinq ans à compter du point de départ des arrérages, être remplacée en totalité ou en partie, par un capital dans les conditions indiquées ci-après ;
- si le taux d'incapacité ne dépasse pas 10%, le rachat porte sur la totalité de la rente et doit être effectué sur simple demande du titulaire, si celui-ci est majeur ;
- si le taux d'incapacité est supérieur à 10% et inférieur à 50%, le rachat de la rente peut être opéré dans la limite du quart au plus du capital correspondant à la valeur de la rente ;
- si le taux d'incapacité est égal ou supérieur à 50%, la tranche supérieure à 50% ne donne droit à aucun rachat ;

La demande de rachat total ou partiel doit être adressée à la Caisse dans les deux ans qui suivent le délai de 5 ans visé à l'alinéa premier, la décision est prise par la Caisse. En aucun cas, le rachat des rentes ne peut entraîner pour la victime la perte du droit à révision de celle-ci lorsque les conséquences de l'accident provoquent ultérieurement une aggravation de l'invalidité. La conversion est effectuée conformément au barème fixé par le décret pris en conseil des Ministres. Lorsque la rente a été majorée, la conversion est opérée compte tenu de la majoration de la rente. En cas d'accidents successifs, chaque rente envisagée isolément fait l'objet d'une demande distincte de conversion. Si un réajustement des diverses rentes a été effectué, le montant de la rente principale est pris en considération en vue de la conversion.

Les arrérages de la rente ou de la fraction de rente convertie cessent d'être à la date d'effet de la conversion. Les arrérages de la rente primitive qui auraient été payés pour une période postérieure à la date ainsi déterminée sont déduits du montant du capital ou des nouveaux arrérages.[164]

---

[164] Articles 129 à 138

*Paragraphe 20. La révision de la rente*

**234.** Sauf transformation de la rente en capital qui est irrévocable, les droits et obligations de la victime après la conversion s'exercent dans les mêmes conditions qu'auparavant. Les rentes dues au titre d'accidents du travail ou de maladies professionnelles ayant entraîné la mort de la victime ou une incapacité permanente ou moins égale à 10% peuvent être révisées par application d'un coefficient déterminé par décret après avis du Conseil d'administration et de la Commission nationale consultative du travail. Cette révision peut avoir lieu à la suite des variations sensibles du coût de la vie. Elles tiennent compte des possibilités financières de la branche, des risques professionnels et de l'évolution du salaire minimum interprofessionnels garantie. Lorsqu'une même victime bénéficie de plusieurs rentes en raison d'accidents successifs, chaque rente est revalorisée suivant les coefficients et les règles de calcul visées à l'article précédent, quel que soit le taux d'incapacité correspondant, si celui qui résulte de l'ensemble des accidents est au moins égal à 10%. Dans le cas de faute inexcusable de la victime ou de son employeur, la rente revalorisée en application des articles précédents sera réduite ou augmentée. Toutefois, la rente ainsi obtenue ne pourra être supérieure à la limite prévue à l'article 101 de la loi. Si l'accident a occasionné une incapacité totale de travail obligeant la victime à avoir recours à l'assistance d'une tierce personne pour effectuer les actes ordinaires de la vie, le montant annuel de la majoration de 50% est calculé sur la base de la rente majorée.

## CHAPITRE 3. LES PENSIONS

### *Paragraphe 1. La pension vieillesse*

**235.** Les prestations de la branche d'assurance-vieillesse, décès, invalidité comprennent

- la pension de vieillesse
- la pension anticipée ;
- la pension proportionnelle ;
- la pension de survivant ;
- la pension d'invalidité ;
- et l'allocation de vieillesse et de survivant.

L'assuré qui atteint l'âge de cinquante-cinq (55) ans a droit à une pension de vieillesse s'il remplit les conditions suivantes :

a) avoir été immatriculé à la Caisse depuis 20 ans au moins ;
b) avoir accompli au moins soixante (60) mois d'assurance au cours des dix dernières années précédent la date d'admissibilité à pension ou compter au maximum 240 mois d'assurance ;
c) avoir cessé définitivement toute activité salariée.

Toutefois, l'âge d'admission à la pension de vieillesse pourra être relevé par décret pris en Conseil des Ministres sur proposition du Ministre du travail et après avis du Conseil d'administration de la Caisse. L'assuré ayant atteint l'âge de cinquante (50) ans, et accusant une usure prématurée de ses facultés physiques ou mentales le rendant inapte à exercer une activité salariée et qui remplit les conditions prescrites au paragraphe précédent, peut demander une pension anticipée. Les modalités de la constatation et du contrôle de cette usure prématurée de l'organisme seront fixées par décret pris sur proposition du Ministre chargé de la Sécurité sociale. L'assuré remplissant les conditions d'âge prévues au présent article et ayant cessé toute activité salariée alors qu'il ne satisfait aux autres conditions ouvrant à une pension de vieillesse, une pension anticipée proportionnelle.

La pension de vieillesse, la pension anticipée, ainsi que la pension proportionnelle prennent effet le premier jour du mois civil suivant la date à laquelle les conditions requises ont été accomplies, à la condition que la demande de pension ait été adressée à la Caisse dans le délai de six mois qui suit ladite date. Si la demande de pension prend effet le premier jour du mois civil suivant la date de réception de la demande. Le droit aux pensions et allocations de vieillesse, de survivant est prescrit par cinq ans. Si l'assuré vient à relever du régime des retraites des fonctionnaires, les cotisations versées pour son compte à la Caisse nationale de sécurité sociale peuvent, sans conditions d'un nombre minimum d'années d'activité salariée, être transférées au nouveau régime de retraite qui lui est applicable, dans la mesure où la validation de ses services antérieurs à son entrée dans la fonction publique est prévue par son nouveau régime.

***Paragraphe 2. La pension d'invalidité***

**236.**1° L'assuré qui devient invalide avant d'avoir atteint l'âge de 55 ans a droit à une pension d'invalidité s'il remplit les conditions suivantes :

a) avoir été immatriculé à la Caisse depuis au moins cinq ans ;
b) avoir accompli six mois d'assurance au cours des douze derniers mois civils précédant le début de l'incapacité conduisant à l'invalidité ;

2° Nonobstant les dispositions du précédent paragraphe au cas où l'invalidité est due à un accident, l'assuré a droit à une pension d'invalidité à condition qu'il ait occupé un emploi assujetti à l'assurance à la date de l'accident et qu'il ait été immatriculé à la Caisse avant cette date.
3° Est considéré comme invalide l'assuré qui, par suite de maladie ou d'accident d'origine non professionnelle, a subi une diminution permanente de ses capacités physiques ou mentales, médicalement constatée, le rendant incapable de gagner plus d'un tiers de la rémunération qu'un travailleur ayant la même formation peut se procurer par son travail. La pension d'invalidité prend effet soit à la date de la consolidation de la lésion ou la stabilisation de l'état de l'assuré, soit à l'expiration d'une période de six mois consécutifs d'incapacité si, d'après l'avis du médecin désigné ou agrée par la Caisse, l'incapacité doit durer probablement encore six autres mois au moins. Les dispositions de l'article 146 de la loi sont applicables par analogie. La pension d'invalidité est toujours concédée à titre temporaire. Elle peut être révisée à la suite de toute modification de l'état de l'assuré soit par aggravation, soit par atténuation de l'invalidité. En vue de déceler cette modification, la Caisse est admise à prescrire de nouveaux examens à l'assuré et l'invalide peut également faire constater toute modification de son état. Les modalités et la périodicité de ces examens sont fixées par arrêté du Ministre chargé de la Sécurité sociale. La pension d'invalidité est remplacée par une pension de vieillesse de même montant lorsque le bénéficiaire atteint l'âge de la retraite.[165]

---

[165]Articles 146 à 149

*Paragraphe 3. La détermination du montant de la pension*

**237.** Le montant de la pension de vieillesse, d'invalidité de la pension anticipée proportionnelle ou de l'allocation de vieillesse est fixé en fonction de la moyenne mensuelle des rémunérations des 36 ou 60 meilleurs mois contenus dans les 10 dernières années précédant la date d'admissibilité à la pension. Pour le calcul du montant de la pension d'invalidité, les années comprises entre l'âge effectif de l'assuré à la date où la pension d'invalidité prend effet, sont assimilées à des périodes d'assurance à raison de six mois assimilées à des périodes d'assurance à raison de six mois par année.

- le montant mensuel de la pension de vieillesse ou d'invalidité ou de la pension anticipée est égal à 40 pour cent de la rémunération mensuelle moyenne. Si le total des mois d'assurance et des mois assimilés dépasse deux cent quarante mois, le pourcentage est majoré de 2% pour chaque période d'assurance ou assimilée de douze mois au-delà de deux cent quarante mois.
- le montant mensuel de la pension de vieillesse ou d'invalidité et la pension anticipée ne peut être inférieur à 60 pour cent du salaire minimum interprofessionnel garanti le plus élevé du territoire national correspondant à une durée de travail hebdomadaire de quarante heures.
- ce montant minimum ne peut cependant pas être supérieur à 80 pour cent de la rémunération moyenne de l'assuré, calculée conformément au paragraphe 1 du présent article ;
- si le montant de la pension proportionnelle est calculé sur la base des salaires définis à l'article 1^er^ à raison de 2% par année de période d'assurance effective ;
- si le montant de la pension proportionnelle est inférieur à 60% du salaire interprofessionnel garanti, l'assuré reçoit une allocation de vieillesse ;
- le montant de l'allocation de vieillesse est égal à autant de fois la rémunération mensuelle moyenne de l'assuré que celui-ci compte de la période de douze mois d'assurance ;
- le service des allocations familiales est maintenu de plein droit aux bénéficiaires de pension de vieillesse, de pension anticipée ou proportionnelle et de pension d'invalidité ;
- le versement de ces opérations est à la charge de la branche des pensions.[166]

[166] Article 151

### *Paragraphe 4. Les héritiers bénéficiaires*

**238.** 1° En cas de décès du titulaire d'une pension de vieillesse ou d'invalidité, d'une pension proportionnelle ou anticipée, ainsi qu'en cas de décès d'un assuré qui à la date de son décès, remplissant les conditions requises pour bénéficier d'une pension de vieillesse, proportionnelle, anticipée, pension d'invalidité qui justifiait d'au moins deux cent quarante mois d'assurance, les survivants ont droit à une pension de survivant ;
2° Sont considérés comme survivants :

a) le veuf ou la veuve, non remarié de l'assuré, à condition que le mariage ait été contracté un an au moins avant le décès ;
b) les enfants à charge de l'assuré, tels qu'ils sont définis au titre des allocations familiales ;
c) les ascendants ou autres catégories des successibles énumérés à l'article 462 du Code de la famille ;

3° Les pensions de survivants sont calculées en pourcentage de la pension de vieillesse ou d'invalidité, de la pension proportionnelle ou anticipée à laquelle l'assuré avait ou aurait eu droit à la date de son décès à raison de :

a) 30% pour le veuf ou la veuve, en cas de pluralité de veuves, le montant est réparti entre elles en parties égales, cette répartition étant définitive ;
b) 50% aux descendants. En aucun cas, le montant de la pension d'orphelin ne peut être inférieur à celui des allocations familiales ;
c) 20% aux ascendants ou autres catégories de successibles.

4° Le montant total des pensions de survivants, ne peut excéder à 80% de la pension à laquelle l'assuré avait ou aurait eu droit.
5° Le droit à la pension du conjoint survivant s'éteint en cas de remariage. Il lui est alors versé une allocation de remariage égale à six mensualités de la pension.[167]

### *Paragraphe 5. L'allocation décès*

**239.** Si l'assuré ne pouvait prétendre à une pension d'invalidité et comptait moins de deux cent quarante mois d'assurance à la date de son décès, les survivants bénéficient d'une allocation de survivant, versée en une seule fois, d'un montant égal à autant de mensualités de la pension de vieillesse à laquelle l'assuré aurait pu prétendre au terme de deux cent

---

[167] Article 151

quarante mois d'assurance qu'il avait accompli de période de six mois d'assurance à la date de son décès. En outre, le bénéfice des allocations familiales est maintenu en faveur des enfants survivants.
Tout travailleur congolais passant du régime des pensions civiles de l'Etat à celui de la Caisse et vice versa, conserve l'intégralité des droits acquis qui seront entièrement validés par le régime d'accueil. En aucune manière, il ne lui sera proposé un rachat, même partiel des droits précités.
Une allocation est accordée aux ayants droit en cas de décès d'un titulaire de pension de vieillesse, d'invalidité ou de pension proportionnelle. Cette allocation est égale à trois mensualités de la pension. L'allocation de décès est versée aux personnes qui, au jour du décès étaient effectivement à la charge de l'assuré. A défaut d'ayant droit visés à l'article 151 de la loi, l'allocation de décès est versée à la personne qui justifie avoir supporté la charge des frais funéraires jusqu'à concurrence des frais exposés et ce, dans la limite de l'allocation de décès prévue à l'article 155 de la loi. Le versement de l'allocation de décès n'interdit pas le paiement de la pension de survivant à la veuve ou au veuf comme prévu par le Code de la famille.
1° Les montants des paiements périodiques en cours attribués au titre des rentes ou des pensions peuvent être révisés par décret pris en Conseil des Ministres sur proposition du Ministre chargé de la Sécurité sociale après avis du Conseil d'administration à la suite de la variation du niveau général des salaires résultant des variations sensibles du coût de la vie. Il est tenu compte des possibilités financières du régime de l'évolution du salaire minimum interprofessionnel garanti.
2° Dans les mêmes conditions, il peut être procédé, lors de la liquidation des pensions de vieillesse et d'invalidité, à la revalorisation des salaires pris en compte pour la détermination de la rémunération mensuelle moyenne servant de base au calcul de ces prestations.[168]

[168] Articles 152 à 157

# TITRE 5. LES DISPOSITIONS COMMUNES

**240.** Les modalités d'affiliation des employeurs, d'immatriculation des travailleurs, de perception des cotisations, de liquidation et du service des prestations ainsi que les obligations incombant aux employeurs et aux travailleurs dans le fonctionnement du régime de sécurité sociale seront déterminées par arrêté du Ministre chargé de la Sécurité sociale après avis du Conseil d'administration. Cet arrêté précisera notamment la nature et la forme des inscriptions à porter au livret de travail et d'assurance et fixera la composition des bordereaux de salaires mensuels, trimestriels ou annuels conçus de manière à servir tant au calcul des cotisations des différentes branches qu'à la détermination des périodes d'assurance entrant en ligne de compte pour l'ouverture du droit aux prestations et le calcul de leur montant. Un arrêté du Ministre chargé de la Sécurité sociale pris après avis du Conseil d'administration, fixe les conditions et les modalités suivant lesquelles la Caisse peut conclure des accords avec les formations sanitaires publiques ou privées agréées par le Ministre de la santé en vue d'assurer les soins et procéder aux visites et examens médicaux prévus par le Code du travail ou les textes législatifs et règlementaires régissant la sécurité sociale.[169]

## *Paragraphe 1. Le fonds d'action sanitaire et sociale*

**241.** Un fonds d'action sanitaire et sociale est créé auprès de la Caisse. Ce fonds est alimenté par le produit des majorations de retard dans le versement des cotisations perçues à l'encontre des employeurs et par les prélèvements sur les recettes des différentes branches du régime, à condition que les ressources de ces branches ne soient pas inférieures après prélèvement, aux montants minima indiqués à l'article 33 ci-dessus. Un arrêté du Ministre chargé de la sécurité sociale pris sur proposition du Conseil d'administration de la Caisse fixe lesdits prélèvements. Les ressources du fonds d'action sanitaire et sociale peuvent être utilisées par la Caisse.

a) A toute action de prévention générale, de prévention des accidents du travail et des maladies professionnelles et de réadaptation des invalides, en particulier à la réunion et à l'utilisation des statistiques et des résultats des recherches portant sur les risques professionnels ainsi qu'aux campagnes pour le développement des mesures de prévention et de réadaptation ;

---

[169] Articles 158 et 159

b) A la création des Centre d'action sanitaire et sociale, en vue notamment de la protection maternelle et infantile de la lutte contre les endémies, de la promotion de l'hygiène et du service des soins médicaux en faveur des travailleurs et de leur famille ;
c) A la création et au fonctionnement de mission de repos pour les vieux travailleurs ;
d) Au service des prestations en nature prévues à l'article 38 ;
e) A l'aide financière ou la participation à des institutions publiques ou privées agissant dans les domaines sanitaires et sociaux et dont l'activité présente un intérêt pour les assurés et les bénéficiaires des prestations de Sécurité sociale.

Pour l'ouverture du droit aux prestations, sont assimilables à une période d'assurance toute période pendant laquelle l'assuré a perçu des indemnités journalières au titre des risques professionnels ou de la maternité, les périodes d'incapacité de travail, dans la limite de six mois, en cas de maladie dûment constatée par un médecin agréé, le temps passé sous les drapeaux au titre du service militaire légal et les absences pour congé régulier y compris les délais de route dans les limites fixées par les dispositions du Code du travail. L'expression « mois d'assurance », désigne tout mois au cours duquel l'assuré a occupé, pendant vingt jours au moins, un emploi assujetti à l'assurance. Les modalités d'application sont fixées par l'arrêté du Ministre chargé de la sécurité sociale qui peut également définir d'autres critères pour la détermination du mois d'assurance.[170]

***Paragraphe 2. La liquidation des rentes et pensions***

**242.** Les rentes et les pensions sont liquidées en montants mensuels ; le droit à une mensualité est déterminé d'après la situation du bénéficiaire au premier jour du mois civil correspondant. Chaque montant mensuel est arrondi à la centaine de francs supérieur. Le versement des rentes et des pensions s'effectue trimestriellement. Toutefois, le Conseil d'administration de la Caisse peut déterminer dans quelles régions et sous quelles conditions les prestations sont versées mensuellement. Il peut également arrêter d'autres modalités de versement des prestations. Le droit aux prestations familiales, aux allocations funéraires et aux indemnités journalières d'accident du travail et de maternité se prescrit par un an. Le droit aux arrérages des pensions de vieillesse, de rente d'accident du travail se prescrit par 2 ans. Le titulaire d'une pension d'invalidité, qui a besoin de façon constante de l'aide et des soins qu'une

[170] Articles 160 et 161

tierce personne pour accomplir les actes de la vie courante, a droit à un supplément égal à 50 pour cent du montant de la rente ou du montant de sa pension.
1° Si à la suite du décès d'un travailleur résultant d'accident du travail ou d'une maladie professionnelle, les survivants, ont droit simultanément à une rente et à une pension de survivant, le versement de la pension de survivant est suspendu jusqu'à concurrence du montant de la rente de survivant.
2° En cas de cumul d'une pension et d'une ou plusieurs rentes allouées soit en vertu des dispositions de la loi au titre des accidents du travail et des maladies professionnelles, soit d'une autre disposition, le titulaire a droit à la totalité de la pension ou la rente dont le montant est le plus élevé et à la moitié de l'autre ou des autres avantages.
3° Si à la suite d'un accident du travail, la victime a droit simultanément à une rente d'incapacité permanente et à une pension d'invalidité, le versement de la pension d'invalidité est suspendu jusqu'à concurrence du montant de la rente d'incapacité permanente.
4° Le cumul entre une pension de survivant et le bénéfice des allocations familiales au titre des mêmes enfants n'est pas admis.
5° Le cumul entre une pension de retraite du régime général des fonctionnaires et le bénéfice de la pension de retraite au titre du régime de Sécurité sociale instituée par la loi, pour un même assuré, n'est pas admis.
Dans ce cas, il est alloué à l'assuré une allocation de vieillesse dont le montant est égal à autant de fois la rémunération mensuelle moyenne de l'assuré que celui-ci compte des périodes de 12 mois d'assurance.[171]

### *Paragraphe 3. Les causes de suspension et la faute du bénéficiaire de la prestation*

**243.** 1° Les prestations ne sont pas dues lorsque l'incapacité de travail ou le décès sont la conséquence d'un crime ou d'un délit commis par le bénéficiaire ou d'une faute intentionnelle de sa part ;
2° Les prestations sont suspendues :

a) Lorsque le titulaire ne réside pas sur le territoire national sauf dans les cas ouverts par les accords de réciprocité ou les conventions internationales ;
b) Lorsqu'il néglige d'utiliser les services médicaux mis à sa disposition ou n'observe pas les règles prescrites pour la vérification de l'existence de son incapacité de travail ;

---

[171] Articles 162 à 165

c) Lorsque l'assuré bénéficiaire d'une pension de vieillesse, d'une pension anticipée ou proportionnelle reprend une activité salariée.

Lorsque l'évènement ouvrant droit à prestation est dû à la faute d'un tiers, la Caisse doit verser les prestations à l'assuré ou à ses ayants droit. Ceux-ci conservent contre les tiers responsables le droit de réclamer, conformément aux règles de droit commun la réparation du préjudice causé. Cependant la Caisse leur est subrogée de plein droit dans leur action contre les tiers responsables pour le montant des prestations octroyées ou des capitaux constitutifs correspondants. Dans le cas d'un accident du travail ou d'une maladie professionnelle, l'employeur, ses préposés et les salariés ne sont considérés comme des tiers que s'ils ont provoqué intentionnellement l'accident ou la maladie. Les prestations prévues par la loi sont incessibles et insaisissables dans les mêmes conditions et limites que pour les salaires, conformément aux dispositions du Code du travail. Toutefois, la Caisse peut prélever sur les prestations venant à échéance et dans la limite maximale du quart de ces prestations, les sommes indûment payées jusqu'à récupération totale de celles-ci. Les excédents de prévisions ou avances sur prestations familiales sont assimilés à des sommes indues.[172]

[172] Articles 166 à 168

# TITRE 6. LE CONTROLE, LE CONTENTIEUX, LES PENALITES ET LES PRESCRISPTIONS

**244.** 1° Le contrôle de l'application auprès des employeurs des dispositions de la loi est assuré par les Inspecteurs de la Sécurité sociale, Contrôleur employeurs, Agents enquêteurs de la Caisse et par les Inspecteur du travail.
2° Les Inspecteurs, Contrôleurs et agents enquêteurs de la Caisse sont soumis aux dispositions du Code du travail en ce qui concerne :

- la prestation de serment ;
- les modalités d'exercice des pouvoirs de contrôles ;
- l'initiative des visites, des contrôle des Etablissements et enquêtes.

3° Les Inspecteurs de Sécurité sociale, Contrôleurs enquêteurs, agent enquêteurs de la Caisse, Inspecteurs et Contrôleurs du travail, après avoir avisé l'employeur, ont le droit de pénétrer dans les locaux à usage professionnel, de contrôler l'effectif du personnel et de se faire présenter tout document qu'ils jugent nécessaire à l'exercice de leurs fonctions. Ils font des rapports de contrôle qu'ils adressent au Directeur général de la Caisse, rapports dans lesquels sont mentionnées les infractions et irrégularités constatées au cours de leurs contrôles, visites et enquêtes.[173]

### *Paragraphe 1. Les pénalités*

**245.** Sera punie d'une amende de 50 000 à 100000 francs et d'un emprisonnement de 15 (quinze) jours à trois (3) mois ou de l'une de ces deux peines seulement toute personne qui se sera opposée à l'exercice des pouvoirs qui incombent aux Inspecteurs et Contrôleurs du travail. Sera punie des mêmes peines toute personne qui se sera opposée à la mission de la caisse dûment assermentée.
1° Tout employeur congolais qui désire quitter le territoire national pour une durée supérieure de trois (3) mois ainsi que tout étranger qui quitte ce même territoire à titre définitif ou temporaire doit , au préalable s'acquitter de ses obligations à l'égard de la Caisse National de sécurité sociale tant pour ce qui est de la déclaration des salariés qu'il occupe ou a occupés et des salaires qu'il a versés qu'en ce qui concerne le paiement des cotisations dont il peut être redevable.

[173] Article 169

2° Il sera exigé la présentation d'un certificat délivré par le Directeur général de la Caisse ou son représentant, attestant qu'il considère le voyageur comme libéré de toute obligation à l'égard de la Caisse.
Quiconque ne pourra présenter le certificat prévu ci-dessus se verra interdire la sortie du territoire de la République du Congo jusqu'à régularisation de sa situation.

- à titre exceptionnel des dispositions des alinéas 1 et 2 ne seront pas appliquées aux employeurs malades pour lesquels un médecin habilité à exercer sur le territoire national aura prescrit une évacuation sanitaire hors des frontières nationales ;
- toute soumission à un marché public doit faire l'objet de la production par le soumissionnaire d'un certificat délivré par la Caisse Nationale de sécurité sociale attestant que l'employeur est à jour du point de vue du paiement de ses cotisations de Sécurité sociale.

A l'ouverture d'une activité commerciale, industrielle, artisanale ou agricole, il est fait obligation à l'administration fiscale au moment du paiement de la patente d'exiger une attestation d'immatriculation délivrée par la Direction générale de la Caisse de sécurité sociale.[174]

### *Paragraphe 2. Le contentieux de la sécurité sociale*

**246.** Les contestations nées de l'application de la loi sont réglées conformément aux dispositions suivantes. Hormis les affaires générales et les litiges relevant de par leur nature, d'une autre juridiction, les contestations visées à l'article 171 ci-dessus sont réglées par le tribunal du travail. Ces différends sont soumis en appel au tribunal de grande instance de Région ou de Commune.
1° Avant d'être soumises au Tribunal du travail, les réclamations formulées contre les décisions prises par la Caisse sont obligatoirement portées devant la Commission de recours gracieux constituée au sein du Conseil d'Administration de la Caisse.
2° La Commission de recours gracieux statue et notifie sa décision aux intéressés. Cette décision doit être motivée. En cas de partage des voix au sein de la commission, il est statué par le Conseil d'administration. D'une manière générale :
1° Les requérants disposent d'un délai de deux mois à compter de la date de notification de la décision de la Commission de recours gracieux pour se pourvoir devant le Tribunal qui statue dans les conditions prévues par le Code du travail.

---

[174] Articles 170 et 171

2° Lorsque la décision de la Commission de recours gracieux, ou le cas échéant du Conseil d'Administration de la Caisse n'a pas été portée à la connaissance du requérant dans le délai de quatre mois suivant la date de sa réclamation, ce dernier peut considérer sa demande comme rejetée et se pourvoir devant le Tribunal du travail. Dans le délai ci-dessus, ledit délai commence à courir à compter de la date du rejet implicite de la demande.
Les contestations d'ordre médical relatives à l'état de l'assuré notamment à la date de consolidation en cas de réalisation d'un risque professionnel, au taux d'incapacité permanente, à l'existence ou à la gravité de l'invalidité, à l'existence d'une usure prématurée des facultés physiques ou mentales, donnant lieu à l'explication d'une procédure d'expertise médicale sont soumises à un médecin expert désigné, d'un commun accord, par le médecin traitant et le médecin Conseil de la Caisse ou à défaut d'accord, par le Ministre de la santé sur une liste établie par lui. L'avis de l'expert n'est pas susceptible de recours et s'impose à l'assuré comme à la Caisse. Les modalités de l'expertise médicale sont déterminées par arrêté conjoint du Ministre chargé de la Sécurité sociale et du Ministre de la santé.
Toute action en poursuite intentée par la Caisse est obligatoirement précédée d'une mise en demeure par lettre recommandée avec accusé de réception du Directeur général de la Caisse invitant le débiteur à régulariser sa situation dans un délai compris entre quinze jours et un mois.[175]

***Paragraphe 3. Les différentes sanctions contre les employeurs***

**247.** L'employeur qui ne s'est pas conformé aux dispositions légales et règlementaires en matière de Sécurité sociale, est passible des sanctions ci-après :
Le défaut de production aux échéances prescrites des déclarations annuelles de salaires donne lieu à l'application d'une sanction de 5000 francs par salarié ou assimilé figurant sur la dernière déclaration parvenue à la Caisse. Lorsque l'employeur n'a jamais produit de déclaration la sanction de 15.000 francs est encourue pour chaque salarié ou assimilé dont le contrôle a relevé l'emploi dans l'entreprise sans que le total des sanctions puisse excéder 150.000 francs par période de référence. Une sanction de 5000 francs est également applicable dans la limite de 50.000 francs pour chaque inexactitude frauduleuse quant au montant des rémunérations et gains déclarés ou chaque mission de salarié

[175] Articles 173 à 178

constatée sur la déclaration produite par l'employeur. Les sanctions prévues au présent article sont liquidées par le Directeur général de la Caisse. Elles doivent être acquittées dans les quinze jours de leur signification et sont recouvrées comme en matière de cotisations.
Toute personne qui fait sciemment des déclarations inexactes dans le but de bénéficier des prestations est passible des peines applicables du chef d'infraction prévues et punies par l'article 254 du Code du travail. En outre, elle est tenue de restituer à la Caisse le double des sommes indûment perçues par celle-ci du fait de ces déclarations.
Il y a récidive lorsque, dans les douze mois antérieures à la date d'expiration du délai de quinzaine imparti par la mise en demeure prévue à l'article 179 de la loi, le délinquant a déjà subi une condamnation pour une infraction identique.
L'employeur qui a retenu par devers lui indûment, la contribution du salarié au régime des pensions précomptées sur le salaire est puni d'emprisonnement de 5 jours à 1 mois et d'une amende de 10 000 francs à 50 000 francs à 250 000 francs ou de l'un de ces deux peines seulement. Sont punis d'une amende de 75.000 francs à 200 000 francs les employeurs ou leurs préposés qui ont contrevenu aux dispositions de l'article 62 de la loi. Les contraventions peuvent être notifiées par les Inspecteurs du travail, Inspecteurs de sécurité sociale, Contrôleurs-Employeur et Agent enquêteurs de la Caisse. En cas de récidive dans le délai d'un an, l'amende peut être portée à 250 000 francs. Indépendamment des sanctions prévues aux articles précédents et du versement des cotisations des arrières et des majorations de retard correspondant lorsque tout ou une partie des cotisations exigibles en application de la règlementation sur les différents régimes de la Sécurité sociale n'a pas été acquittée dans les délais fixés, la Caisse est fondée à poursuivre auprès de l'employeur à qui incombe le versement des cotisations, le remboursement de l'ensemble des prestations auxquelles les assurés peuvent prétendre, en application de la règlementation sur les régimes de Sécurité sociale entre la date d'exigibilité et la date du règlement définitif de la totalité des cotisations arriérées de Sécurité sociale dues pour l'ensemble des travailleurs intéressés.[176]

### *Paragraphe 4. Les actions publiques et civiles*

**248.** L'action publique résultant des infractions de l'employeur ou de ses préposés aux dispositions de la loi se prescrit par un an à compter de l'expiration du délai de quinzaine qui suit la mise en demeure. L'action

---

[176] Article 182

en recouvrement des cotisations ou des majorations de retard dues par un employeur intenté indépendamment ou après extinction de l'action publique se prescrit par trente ans à compter de la date de l'envoi de la mise en demeure. Si la mise en demeure reste sans effet, le directeur général de la Caisse peut opposer par voie d'avis à tiers détenteur des saisies arrêts sur salaire auprès des employeurs ou sur toute somme que détiendrait le débiteur auprès des Banques ou des Centres de Chèques postaux. Tout refus par le tiers détenteur d'exécuter l'avis à lui adressé par le directeur général de la Caisse entraîne contre lui des poursuites tendant à la réparation du préjudice causé. Le directeur général de la Caisse conserve également le droit d'exercer une action civile à l'encontre de toute personne qui serait redevable de toute cotisation à la Caisse en délivrant contre lui une contrainte qui est visée et rendue exécutoire dans un délai de 15 jours par le Président du tribunal du travail dans le ressort duquel est compris le siège de ladite Caisse.
Cette contrainte est signifiée au débiteur par voie d'agent administratif spécialement commis à cet effet. Elle peut valablement être adressée par lettre recommandée avec accusé de réception. Elle est exécutée dans les mêmes conditions qu'un jugement. L'exécution de la contrainte peut être interrompue par opposition motivée, formulée par le débiteur, par inscription au secrétariat du Tribunal du tribunal du travail ou par lettre recommandée adressée au secrétariat dudit tribunal dans les 15 jours à compter de la signification prévue au 2e alinéa du présent article. Les frais de signification et d'exécution de la contrainte sont à la charge de l'employeur débiteur. En cas d'opposition le président du Tribunal du travail cite les parties à comparaître et procède à une tentative de conciliation. En cas de non conciliation le président du Tribunal du travail statue sur le litige. Le président du Tribunal du travail peut ordonner l'exécution par provision de toutes ses décisions. Le greffier du Tribunal notifie, dans un délai de 8 jours, les décisions à chacune des parties convoquées à l'audience par lettre recommandée avec avis de réception.

**249.** Les décisions du Président du Tribunal du travail sont susceptibles d'appel par chacune des parties intéressées dans les 15 jours de la réception de la notification prévue à l'article 187 de la loi. Il est porté devant le Tribunal de grande instance de Région ou de Commune. Les décisions du Président du Tribunal du travail sont susceptibles d'appel par chacune des parties intéressées dans les 15 jours de la réception de la notification prévue à l'article 187 de la loi. L'appel est introduit par déclaration orale ou écrite faite au secrétariat du tribunal du Travail. Il est transmis dans un délai de 8 jours au Tribunal Populaire de Région ou de

Commune avec une expédition du jugement et les lettres, mémoires et documents déposés par les parties en première instance et en appel. L'appel est jugé sur pièces, toutefois les parties peuvent demander à être entendues. Le Greffier du Tribunal de grande instance, de Région ou de Commune notifie la décision à chacune des parties par lettre recommandée avec accusé de réception. Les décisions rendues par le Tribunal de grande instance, de Région ou de Commune peuvent être attaquées par la voie du pourvoi en cassation. La procédure engagée en première instance devant le Président du Tribunal et en appel devant le Tribunal de grande instance de Région ou de Commune est gratuite.
En première instance, seuls les Tribunaux du travail sont compétents en matière du contentieux de Sécurité sociale, sauf en matière de simple police où le Tribunal d'instance de District est compétent pour les actions menées par la Caisse contre les tiers responsables en sa qualité de partie civile. Le Tribunal du Travail ne peut être saisi qu'après l'accomplissement de la procédure prévue à l'article 181 de la loi. Les décisions rendues en dernier ressort par le Tribunal du Travail et les arrêts du Tribunal de grande instance de Région ou de Commune peuvent être attaqués par voie de recours en cassation, conformément à la loi n°53/83 du 21 avril 1983 portant réorganisation de la Justice. La Caisse est exemptée de tous impôts et taxes, et bénéficie de la gratuité de l'enregistrement. Les prestations prévues par la loi sont exonérées de tout impôt et les pièces de toute nature requises pour l'obtention de ces prestations sont exonérées de tous droits de timbres. Les pensions des rentes liquidées conformément aux dispositions antérieurement en vigueur continueront à être servies aux bénéficiaires dans les conditions et pour les montants fixés dans leurs décisions d'attribution. La revalorisation éventuelle de ces prestations sera effectuée dans les conditions prévues pour chaque branche.

# TROISIEME PARTIE : LES ASSURANCES SOCIALES[177]

[177] **Des constructeurs du temple de Salmon aux assurés sociaux**
A l'origine des assurances sociales modernes, on rencontre des groupements professionnels de secours mutuels qui paraissent presque aussi anciens que les professions elles-mêmes ; c'est ainsi notamment que 1000 ans avant J.C, les ouvriers du bâtiment qui construisaient le temple de Salmon avaient constitué entre eux une association pratiquant une véritable assistance mutuelle. En Grèce, les éranes subviennent aux besoins des malades, des infirmes et des veuves grâce aux cotisations de leurs membres. A Rome, les collèges funéraires assurent des funérailles décentes de leurs membres. Au Moyen Age, les confrères d'abord, les compagnonnages ensuite (quand les confréries tombent exclusivement aux mains des maîtres) reprennent les traditions grecques. Il semble que nous soyons là en face d'un système volontaire et facultatif dont les sociétés mutuelles d'aujourd'hui sont les héritières. Il n'en est plus de même avec l'institution des invalides de la Marine par Colbert et Pontchartrain ; cette institution comportait déjà un triple financement par les marins, leurs employeurs et l'Etat.
Mais l'origine directe des assurances sociales, c'est dans l'Allemagne bismarckienne qu'on la trouve, avec l'assurance maladie de 1883 et l'assurance invalidité-vieillesse de 1889 (dès 1854 la Prusse avait autorisé les autorités locales à imposer aux ouvriers d'adhérer à un fonds de maladie). L'innovation allemande devait avoir un grand succès en Europe, jusque dans la Russie tsariste. Cependant, la France se borne à adopter, en 1910, la loi sur les retraites ouvrières et paysannes (R.O.P.). Tous les systèmes nationaux d'assurances sociales reposent sur la notion d'un financement double : une cotisation est prélevée sur le salaire de l'ouvrier et, en compensation, l'employeur ajoute au salaire qu'il verse une cotisation plus ou moins équivalente. C'est le système que la France adopte en 1928-1930 lorsqu'elle crée ses assurances sociales. Au contraire, la Nouvelle Zélande toute le monde cotise, y compris les personnes morales, mais beaucoup de prestations restent réservées aux détenteurs des revenus les plus modestes. Avec la fin de la Seconde Guerre mondiale, on assiste à une généralisation des assurances sociales. Non seulement tous les pays en instituent (au moins théoriquement), mais beaucoup de systèmes nationaux sont plus ou moins rapidement généralisés à l'ensemble de la population, comme c'est notamment le cas en Grande-Bretagne en 1946. En France, la réforme de 1945 généralise les assurances sociales obligatoires à l'ensemble des salariés

(jusqu'alors étaient seuls assurés obligatoires ceux des salariés dont la rémunération était assez bas) ; en 1946 est décidée la généralisation de l'assurance vieillesse à tous, mais l'assurance vieillesse des professions non salariées dont la rémunération était inférieure au plafond d'assujettissement qui était assez bas) ; en 1946 est décidée la généralisation de l'assurance vieillesse à tous, mais l'assurance vieillesse des professions non salariées n'est mise au point qu'en 1948 (1952 même dans l'agriculture) ; la généralisation de l'assurance maladie aux personnes exerçant une activité professionnelles non salariée s'effectue de 1961 (profession agricole) à 1966 (professions non agricoles). Cependant l'extension reste encore limitée si l'on prend en considération la nature exacte des risques garantis et notamment en assurance vieillesse le montant des prestations.

# CHAPITRE I. GENERALITES SUR LES ASSURANCES SOCIALES

**250.** L'unification de la politique en matière d'assurances sociales n'a pas encore été réalisée entre les salariés. En effet, des régimes spéciaux d'assurances sociales obligatoires étaient apparus dans certaines professions avant l'adoption de la loi de 1928-1930 ; ceux de ces systèmes qui garantissaient des prestations plus élevées que les prestations légales ont été maintenus en activité non seulement en 1928, mais encore après la réforme de 1945, c'est en matière d'assurance vieillesse que le montant des prestations des régimes spéciaux est généralement plus élevé considérablement plus élevé même que le montant des prestations légales qui constituent des minimums. L'instauration récente des régimes légaux (régime général et régime agricole) qui aboutissent à verser des prestations vieillesse trop faibles aux assurés qui ont déjà atteint l'âge de la constater en France depuis la Première Guerre mondiale a souvent rendu tragique cette situation. C'est pourquoi le législateur a décidé la création d'allocations particulières pour les vieillards justifiant de ressources insuffisantes : allocation aux vieux travailleurs en 1941 (réorganisée en 1945), allocation spéciale en 1946 et 1948 ; mieux encore, en 1956 était instituée une allocation supplémentaire théoriquement financée par l'impôt.

**251.** Sont assurés sociaux obligatoires pour l'ensemble des garanties toutes les personnes sans distinction de sexe, d'âge ou de nationalité qui reçoivent une rémunération (il peut s'agir uniquement d'avantage en nature) en contrepartie d'un travail effectué pour le compte et sous la dépendance juridique ou économique d'une autre personne ; peu importe la nature et la durée du travail fourni. Il y a dépendance juridique dès lors qu'il y a contrat de travail (ou d'apprentissage), même s'il s'agit d'un contrat à l'essai ou d'un contrat nul. En l'absence d'un contrat de travail, le juge recherche s'il y a un lien quelconque de dépendance entre celui qui effectue le travail et celui qui verse la rémunération ou si, au contraire, celui qui effectue le travail est un travailleur indépendant, Le législateur a énuméré diverses catégories de travailleurs qui doivent être assimilées à des salariés et a, par ailleurs, accordé le bénéfice des assurances sociales obligatoires à des personnes non salariées ; écrivains non-salariés et journalistes à la pige (toutes garanties), étudiants (maladie, maternité), grands invalides, veuves et orphelins de guerre (maladie, maternité), exploitants agricoles et personnes non salariées travaillant sur une exploitation agricole sans être associées (maladie, maternité, invalidité), médecins conventionnés (maladie, maternité), industriels, commerçants et travailleurs indépendants (maladie, maternité), titulaires d'un avantage de l'assurance pour incapacité permanente d'au moins 66,66% (maladie, maternité). En ce qui concerne l'assurance vieillesse-survivants, le législateur a décidé que tous les non-salariés y seraient obligatoirement affiliés.

## Section 1. Les assurés sociaux volontaires

**252.** Avant 1968, certaines personnes pouvaient adhérer aux assurances sociales à titre volontaire pour tout ou partie des risques ; c'étaient notamment : les anciens assurés obligatoires, les assurés obligatoires quittant le territoire, les enfants de plus de vingt ans qui font des études n'entraînant pas leur affiliation au régime des étudiants. Une ordonnance du 21 août 1967 a ouvert le bénéfice des assurances maladie-maternité à toute personne résidant au Congo sans être affiliée à un régime obligatoire.

### *Paragraphe 1. L'assurance maladie*

**252 bis.** La quasi-totalité des personnes résidant habituellement au Congo sont couvertes directement ou indirectement par un régime d'assurance maladie. Les salariés bénéficient d'un régime d'assurance complet qui leur garantit un revenu de substitution du salaire en cas d'arrêt du travail et la prise en charge totale ou partielle des dépenses engagées pour guérir ou stabiliser leur état de santé. Dans le premier cas il y a prestations en espèces et dans la seconde prestation en nature. Les non-salariés (exploitants agricoles et employeurs ou travailleurs indépendants) qui sont assurés à titre personnel ainsi que les membres de la famille d'un assuré (lorsqu'ils sont couverts par l'assurance de ce dernier) ne peuvent prétendre qu'aux prestations en nature.

### *Paragraphe 2. Les prestations en espèces*

**252 ter. Le régime général.** Le régime général auquel sont rattachés la grande majorité des travailleurs des professions non agricoles verse des *indemnités journalières* égales à la moitié du salaire sur lequel il a été cotisé (dans la limite du plafond) au cours du mois qui a précédé l'arrêt du travail ; ces indemnités ne sont pas versées pour les trois premiers jours d'arrêt du travail (délai de carence) ; pour les assurés qui ont au moins trois enfants à charge, le montant de l'indemnité est porté aux deux tiers du salaire de base à partir du trente et unième jour d'arrêt du travail. Le montant des indemnités journalières est parfois revalorisé en cours de maladie pour tenir compte du mouvement général des salaires.

A partir du septième mois d'interruption continue du travail, le montant de l'indemnité journalière ne peut être inférieur à 1/365 du minimum de la pension d'invalidité ; ce minimum est majoré d'un tiers lorsque l'assuré a trois enfants ou plus à charge. Aux termes de l'art. L 290 (alinéa 5) du Code de la sécurité sociale tels qu'ils résultent de l'ordonnance du 21 août 1967, « le montant de l'indemnité journalière peut subir un abattement ou une majoration en fonction des résultats financiers du régime sur le plan national. Dans les quarante-huit heures de la cessation de son travail, l'assuré doit faire parvenir à la caisse primaire de sécurité sociale un avis d'arrêt de travail signé par le médecin traitant et précisant la durée probable d'incapacité. L'employeur doit, de son côté, fournir une attestation portant les indications nécessaires pour vérifier si les conditions d'ouverture des droits sont remplies et pour calculer le montant de l'indemnité journalière.

Lorsque l'assuré justifie avoir occupé un emploi salarié ou assimilé (congé légal, chômage involontaire constaté, journées d'arrêt de travail médicalement prescrit pour maladie, maternité, ou accidents du travail lorsqu'elles ont donné lieu au versement des prestations en espèces ) pendant au moins deux cents heures au cours des trois mois qui ont précédé l'arrêt du travail, il peut prétendre au service des indemnités journalières pendant six mois. Pour que le service de ces prestations soit prolongé dans la limite globale de trois (parfois quatre) années, l'assuré doit justifier, en outre, avoir été immatriculé au moins douze mois au paravant (sans qu'il y ait eu interruption de versement des cotisations pendant six trimestres consécutifs) et justifier d'au moins huit cents d'activités salariée au cours des douze mois précédents, dont au moins deux cents heures au cours des trois premiers mois de cette période. Pour obtenir le versement des prestations pendant plus de six mois, l'assuré doit se soumettre à un examen spécial par le médecin contrôleur et parfois par un expert. L'assuré peut cumuler le montant de ses indemnités journalières avec des prestations en espèces de même nature qui lui seraient versées en vertu d'un contrat d'assurance personnel seulement à concurrence du salaire d'activité. Si l'employeur à titre individuel ou en vertu d'une convention collective continue à verser tout ou partie du salaire pendant tout ou partie de la période d'arrêt du travail, il est subrogé de plein droit à l'assuré dans les droits de celui-ci aux indemnités journalières. Aucune indemnité journalière n'est due pour une maladie ou un accident causé par la faute intentionnelle de l'assuré, bien que le service des prestations en nature reste la règle.

***Paragraphe 3. Le régime agricole des salariés***

**253.** Ce régime verse des indemnités journalières calculées de façon assez semblable et pendant un même temps d'indemnisation, les conditions d'ouverture des droits étant à peine différentes depuis l'intervention de deux décrets du 30 avril 1968 : justification de deux cent jours de travail salarié ou assimilé au cours de l'avant service des prestations est prolongé au-delà de six mois lorsque l'assuré justifie de huit cents heures de travail salarié ou assimilé au cours des quatre trimestres civils précédant l'arrêt du travail, dont deux cents heures au moins au cours du quatrième de ces trimestres.

**La loi a assimilé à des salariés**

**254.** - les présidents-directeurs généraux des sociétés anonymes ;
- les gérants minoritaires des sociétés à responsabilité limitée (les parts possédées par le conjoint et les enfants mineurs du gérant sont prises en considération au même titre que les siennes propres) ;
- les écrivains non-salariés et les journalistes à la pige ;
- les gérants de dépôts des coopératives ou de sociétés à succursales multiples ;
- les membres des coopératives ouvrières de production ;
- les travailleurs à domicile ;
- les artistes du spectacle ;
- les artistes, peintres, sculpteurs et graveurs ;
- les courtiers non patentés des compagnies d'assurances ;
- la quasi-totalité des voyageurs, représentants et placiers ;
- les employés d'hôtels, cafés et restaurants rémunérés au pourboire ;
- les porteurs de bagages dans les gares ;
- les conducteurs de voitures publiques lorsque le véhicule ne leur appartient pas.

***Paragraphe 4. Les régimes spéciaux***

**255.** Dans la plupart des régimes spéciaux, l'employeur continue, pendant un certain temps, de verser l'intégralité du salaire, puis, pendant une autre période, le demi-salaire (fonctionnaires : 3 mois à plein salaire, 3 mois à demi-salaire ; cheminot : 6 mois et 6 mois ; agent CFCO : 367 jours à plein salaire). [Pour ces divers régimes, ces durées sont portées respectivement à trois ans et deux ans en cas de longue maladie.] Dans le régime des mines, l'indemnité journalière est d'un montant forfaitaire indépendant du salaire de l'assuré.

**256. Les cas où l'indemnité journalière est réduite.** Lorsque l'assuré est hospitalisé, le montant de son indemnité journalière est réduit, sauf s'il a deux enfants ou plus à sa charge. La réduction est de 1/5 si l'assuré a un enfant ou un ascendant à charge ; elle est de 2/5 si l'assuré est marié sans enfant ni ascendant à charge et de 3/5 dans tous les autres cas. Le montant de l'indemnité journalière perçue par un retraité de 60 ans et plus peut être réduit. Lorsque l'avantage de vieillesse a été accordé au titre de l'inaptitude au travail, l'indemnité journalière est supprimée à partir du septième mois d'arrêt du travail. (En effet, l'inapte est théoriquement incapable de travailler ; s'il travaille, c'est soit qu'il y a eu fraude, soit que son état s'est amélioré, or la loi ne permet pas de revenir sur les avantages acquis au titre de l'inaptitude.)

### Section 2. Les prestations en nature[178]

**257.** Au Congo même, les régimes spéciaux institués pour les mineurs, les cheminots et les militaires garantissent effectivement une partie des prestations en nature (soins médicaux, soins dentaires, certains soins hospitaliers). Les assurés de la plupart des autres régimes spéciaux sont affiliés au régime général en ce qui concerne les prestations en nature des assurances maladie et maternité.

---

[178] Lorsque l'assurance maladie a été instituée en Allemagne en 1883, les soins étaient dispensés directement aux bénéficiaires par les praticiens des organismes d'assurance. Il y avait bien prestations en nature. La loi française sur les assurances sociales en 1928 reprenait le système, mais elle était modifiée dès avant sa mise en vigueur, prévue pour le 1er juillet 1930 ; l'expression était gardée, mais elle s'appliquait à une prestation en espèces dont l'objet était de rembourser partiellement à l'assuré des dépenses engagées pour se soigner. Les divers systèmes d'assurance maladie actuellement en vigueur dans le monde se répartissent en deux groupes : d'une part, les systèmes qui garantissent à leur bénéficiaire d'effectives prestations en nature (médecins de caisse aux Pays-Bas, médecins du Service national de santé en Grande-Bretagne, médecins fonctionnaires en Union soviétique) et, d'autre part, les systèmes qui laissent aux assurés le soin de payer les services médicaux et pharmaceutiques et de se faire rembourser ensuite de tout ou partie de leurs dépenses (France et Belgique surtout) ; il est vrai que ces derniers systèmes peuvent parfois recourir à la pratique du tiers payant en versant directement au praticien, au pharmacien, à l'établissement de soins ou au fournisseur d'appareils de prothèse tout ou partie des sommes qui leur sont dues, évitant ainsi à l'assuré de devoir faire l'avance des sommes dont la charge sera définitivement supportée par l'organisme assureur.

**Les principes de base de l'assurance maladie.** L'assurance maladie congolaise repose sur trois principes de base : le libre choix de l'assuré, la liberté de prescription du médecin et l'économie la plus stricte. Le troisième principe a conduit à limiter directement ou indirectement le libre choix de l'assuré et la liberté de prescription du médecin.

**Les différentes prestations en nature.** Les prestations en nature prises en charge par le régime général sont les suivantes : les soins dispensés par les sages-femmes, masseurs, pédicures) ; les analyses et examens de laboratoire ; les frais d'hospitalisation ; les frais pharmaceutiques et assimilés ; les frais de soins et de prothèse dentaires ; les frais d'appareillage ; les frais de transport et de déplacement.

**Les tarifs de prise en charge des caisses.** Les organismes de sécurité sociale prennent en charge les diverses prestations en nature sur la base de leurs tarifs de responsabilité.

**Les bénéficiaires des prestations en nature.** On distingue les assurés et les ayants droit.

### *Paragraphe 1. Les assurés*

**258.** Bénéficient des prestations en nature les assurés et les assimilés. Dans les régimes de salariés sont assimilés aux assurés : les titulaires de pensions d'invalidité, de pensions et rentes de vieillesse (parfois de l'allocation aux vieux travailleurs salariés), les titulaires d'une rente de 66,66%, les conjoints titulaires d'une rente de survivant des accidents du travail. (Il convient, cependant, de noter que la prise en charge des frais d'hospitalisation des retraités et rentiers de vieillesse est soumise à un contrôle particulier.). Rappelons que les étudiants, les invalides, veuves et orphelins de guerre et les médecins conventionnés sont assurés du régime général ainsi que les adhérents de l'assurance volontaire pour le risque maladie.

### *Paragraphe 2. Les ayants droit*

**259.** Tous les régimes prennent en charge les membres de la famille des assurés ou assimilés sous la dénomination d'« ayant droit ». L'énumération de ces ayants droits diffère et, dans certains cas, d'*autres membres de la famille.* Sont admis aux prestations de ce régime les enfants de moins de 16 ans, non-salariés, à la charge de l'assuré ou de son conjoint, qu'ils soient légitimes, naturels, adoptifs ou recueillis. Sont assimilés aux enfants de moins de 16 ans : ceux qui, âgés de moins de 18 ans, sont en apprentissage ; ceux qui, âgés de moins de 20 ans, continuent leurs études ou qui, atteints d'infirmité ou de maladie incurable, sont hors d'état d'assurer une activité salariée. Certains membres de la famille de l'assuré peuvent également, dans certains cas, prétendre aux prestations. Ce sont les ascendants, les descendants ou collatéraux (jusqu'au 3° degré) qui vivent sous le toit de l'assuré et se consacrent exclusivement aux travaux du ménage et à l'éducation d'au moins deux enfants de moins de 14 ans à la charge de l'assuré. (Il n'est pas nécessaire que cet ayant droit soit à la charge de l'assuré ; deux personnes remplissant la condition ci-dessus peuvent bénéficier simultanément ou successivement des prestations).

**260. Les maladies prises en charge.** Les régimes des salariés. L'assurance maladie couvre tous les besoins de soins des assurés et de leurs ayants droit, quelle qu'en soit l'origine ; seuls les besoins couverts par l'assurance contre les accidents du travail et les maladies professionnelles et par l'assurance maternité restent en dehors du champ d'application de l'assurance.

**Les régimes des non-salariés.** Les frais médicaux et paramédicaux des enfants à charge sont remboursés quelle que soit leur origine ; lorsqu'il s'agit d'un adulte, ces mêmes frais ne sont pris en charge que s'ils ne sont pas la conséquence d'un accident soit professionnel ou de droit commun.

### *Paragraphe 3. La durée du service des prestations*

**261.** Avant qu'intervienne la loi de 1986, le droit aux prestations était apprécié une fois pour toutes lors de la première constatation médicale de la maladie : suivant la nature de celle-ci, le service des prestations était assuré pendant six mois ou pendant trois ans, sans que soit de nouveau vérifiée la situation de l'assuré ou de son ayant droit vis-à-vis de l'assurance pendant toute la période ainsi définie. Il n'en est désormais plus de même. Les prestations en nature sont dues par l'organisme assureur sans aucune limitation de durée tant que les conditions d'attribution sont remplies.

### *Paragraphe 4. Conditions tenant à l'état du malade*

**262.** Les prestations sont versées tant que persiste l'état de maladie. Cependant, le service des prestations n'étant continué au-delà de six mois qu'après un examen spécial du malade par le médecin traitant et par le médecin conseil, ce service est alors subordonné à l'obligation pour le malade de se soumettre au traitement prescrit à la suite de cet examen spécial, de se soumettre à tous examens et contrôles décidés par l'organisme assureur, de s'abstenir de toute activité non autorisée, d'accomplir les exercices ou travaux prescrits en vue de favoriser sa rééducation ou son reclassement professionnel. En cas d'inobservation de ces obligations, la caisse primaire peut suspendre, réduire ou supprimer le service des prestations.

### *Paragraphe 5. Conditions tenant à la situation de l'assuré vis-à-vis de l'assurance*

**263.** L'assuré qui bénéficie des prestations pour lui-même ou pour un de ces ayants droit doit justifier de sa qualité d'assuré et d'une certaine durée d'activité salariée au moment où l'acte médical est dispensé.

a). Le régime général et le régime des salariés agricoles estiment qu'en règle générale un salarié n'appartient plus à l'assurance un mois après qu'il a cessé d'exercer une activité salariée. En cas de décès d'un assuré en activité, ses ayants droit perdent leur qualité six mois plus tard (ils peuvent la perdre plus tôt de leur fait). Lorsqu'un assuré perd sa qualité, le service des prestations cesse un mois plus tard, sauf, toutefois, en ce qui concerne les actes mentionnés sur une feuille de maladie pendant la durée de la validité de celle-ci lorsque le premier acte médical porté sur cette feuille a été dispensé avant l'expiration de ce délai d'un mois. Toutefois, des dérogations sont prévues lorsqu'un traitement de longue durée a été commencé ou lorsque l'assuré est dans un cas particulier tel que le départ sous les drapeaux.

b). A la date du premier acte médical porté sur la feuille de maladie, l'assuré doit justifier soit de deux cent heures de travail salarié au cours des trois mois précédents, soit de cent vingt heures au cours du mois précédent ; ces conditions qui résultent de textes règlementaires pris en application de la loi de 1986 marquent un très sensible renforcement. Il suffisait alors de soixante heures au soins dispensés pendant le trimestre au cours duquel a pris effet l'immatriculation d'un assuré âgé de moins de 25 ans ou pendant le trimestre suivant, il suffit que cet assuré justifie de soixante heures, le temps de travail salarié est sensiblement le même, mais la période de référence est un peu différente. Pour les assurés qui exercent des activités de caractère saisonnier ou discontinu, les deux régimes exigent huit cents heures de travail salarié au cours des quatre trimestres civils précédant la date des soins.

Sont notamment assimilées à des périodes de travail les périodes de chômage involontaire constaté, les périodes de congé légaux (payés ou non), les périodes indemnisées au titre des assurances sociales et de l'assurance contre les accidents du travail, les périodes de stage de rééducation des titulaires de rentes d'accidents du travail, ainsi que chaque journée d'interruption de travail due à la maladie pour laquelle l'assuré n'a pas perçu l'indemnité journalière du fait du délai de carence ou parce qu'il a épuisé ses droits, dès lors que l'impossibilité physique de reprendre le travail est reconnue par le médecin-conseil dès lors qu'il n'a pas perçu l'indemnité journalière du fait du délai de carence ou parce qu'il a épuisé ses droits, et dès lors que l'impossibilité physique de reprendre le travail est reconnue par le médecin-conseil.

### Section 3. Conditions tenant à la qualité de l'ayant droit bénéficiaire des prestations

**264.** Aucune prestation n'est plus versée pour les soins reçus par un ayant droit de l'assuré qui a perdu sa qualité d'ayant droit depuis plus d'un mois à la date du premier acte porté sur la feuille de maladie.

**Le ticket modérateur.** Dans l'espoir de freiner certains abus, les sociétés de secours mutuels avaient prévu de faire participer l'assuré aux dépenses de l'assurance maladie ; le législateur de la loi n°004 du 25 février 1986 a décidé de reprendre cette initiative. Aux termes des dispositions du Code de la sécurité sociale tels qu'elles résultent de la loi de 1986, la participation de l'assuré aux tarifs servant de base au calcul des prestations en nature est fixée par un décret en Conseil des ministres. « Elle peut varier selon les catégories des prestations, les conditions dans lesquelles sont dispensés les soins, les conditions d'hébergement, la nature de l'établissement où les soins sont donnés. La participation de l'assuré peut être réduite en fonction de l'âge ou de la situation de famille du bénéficiaire des prestations. » La loi précise : « Les taux de participation fixés peuvent être modifiés en fonction des résultats financiers du régime sur le plan national. » Et a fixé ainsi qu'il suit le montant du ticket modérateur :

- 10% pour les médicaments irremplaçables et coûteux ;
- 20% pour les frais médicaux et paramédicaux dispensés au cours d'une hospitalisation et pour les analyses et examens de laboratoire effectués dans l'établissement de soins ;

- 20% pour les frais d'honoraires des praticiens et auxiliaires médicaux afférents à des examens ou consultations externes dans un établissement public ou dans un établissement privé à but non lucratif conventionné ;
- 20% pour les frais d'hospitalisation ;
- 25% dans tous les autres cas.

La loi interdit aux sociétés d'assurance et aux sociétés mutuelles de prendre en charge la totalité du ticket modérateur ; le montant de la participation laissée définitivement à la charge de l'assuré après intervention des éventuelles prestations complémentaires versées par ces sociétés est fixé par décret sans cependant pouvoir dépasser un cinquième du montant du ticket modérateur.

**265. Les cas d'exonération du ticket modérateur.** Selon le Code de la sécurité sociale de 1986 : « La participation de l'assuré peut être limitée ou supprimée dans les conditions fixées par décret en Conseil des ministres dans les cas suivants :

1° lorsqu'à l'occasion d'une hospitalisation ou au cours d'une période de temps déterminée la dépense demeurant à la charge de l'intéressé dépasse un certain montant ; 2° lorsque l'état du bénéficiaire justifie la fourniture d'un appareil appartenant à une catégorie déterminée par la loi, pour les frais d'acquisition de l'appareil ; 3° lorsque le bénéficiaire a été reconnu atteint d'une des affections comportant un traitement prolongé et une thérapeutique particulièrement coûteuse, inscrite sur une liste établie par décret après avis du Comité médical. »

Les textes parus antérieurement à la loi de 1986 et encore en vigueur au début de l'année 1986 prévoyaient qu'il y a exonération du ticket modérateur dans les cas suivants :

a) le malade a été reconnu atteint d'une affection de longue durée nécessitant un traitement régulier, notamment l'hospitalisation (il doit y avoir décision administrative sur avis du médecin-conseil de la caisse ; en cas d'hospitalisation, l'exonération intervient dès le premier jour de l'hospitalisation et se prolonge après la sortie de l'établissement de soins et jusqu'à guérison) ;

b) la maladie nécessite des traitements ou thérapeutiques particulièrement onéreux, c'est-à-dire entraînant une hospitalisation de plus de trente jours ou la cessation du travail, sur prescription médicale, pendant une période continue d'au moins trois mois (l'exonération doit être accordée dès que les conditions sont remplies) ;

c) les frais ont été engagés à l'occasion d'un acte ou d'une série d'actes figurant à la nomenclature des actes professionnels avec un coefficient au

moins égal à 50 (pas d'exonération du ticket modérateur pour la prothèse dentaire, ainsi que pour les examens et analyses de laboratoire) ;
d) livraison de gros appareillages ;
e) fourniture de lait humain ;
f) soins dispensés aux enfants prématurés dans un centre spécialisé.
Sont toujours exonérés de tout ticket modérateur les pensionnés militaires pour les affections autres que celle ayant donné lieu à attribution de la pension, les titulaires d'une rente d'accident du travail à plus de 66,66%. (L'exonération intervient également pour les membres de leur famille) et les pensionnés d'invalidité (même lorsqu'après 60 ans la pension d'invalidité a été transformée en pension de vieillesse). Dans les régimes spéciaux, où les soins sont dispensés aux malades par des services médicaux spécialisés (militaires, mineurs, cheminots, etc.), la participation de l'assuré est généralement supprimée.

## Section 4. Les soins médicaux

**266.** Les soins médicaux sont dispensés par des médecins, les dentistes et les auxiliaires médicaux (infirmiers, sages-femmes, masseurs kinésithérapeutes ou pédicures). Toutefois, les soins dispensés par les infirmiers, masseurs kinésithérapeutes, pédicures et parfois les sages-femmes ne sont pris en charge par l'assurance que sur prescription médicale préalable. Les soins dispensés au malade sont, en principe, tarifés à l'acte, mais, afin de respecter le secret professionnel, le praticien utilise une nomenclature sur laquelle chaque acte professionnel figure avec l'indication d'un coefficient. Le tarif de responsabilité de l'organisme assureur est obtenu en multipliant ce coefficient par la valeur donnée par l'Administration à la lettre clef correspondant à la catégorie dans laquelle entre l'acte (si, par exemple, la cotation de l'acte est K 50, et si la valeur de la lettre clef K a été fixée à 4.000 F, le tarif de responsabilité de l'organisme assureur pour cet acte est de 20.000F). La valeur en francs de chaque lettre clef est fixée par département (dans la limite d'un tarif plafond déterminé par le ministre chargé de la sécurité sociale) au moyen de conventions conclues entre les caisses primaires d'assurance maladie et les syndicats de praticiens intéressés. En fait, l'Administration fixe seule la valeur des lettres clefs dans chaque département. Lorsque le syndicat professionnel donne son accord pour l'application de ce tarif, celui-ci constitue tout ensemble le tarif de responsabilité des organismes assureurs et le tarif d'honoraires des praticiens. Ces derniers sont tenus d'appliquer ce tarif aux malades assurés sociaux, un dépassement restant est toutefois admis lorsque les exigences ou la situation de fortune de l'assuré le justifient. Lorsque le

syndicat professionnel refuse son accord pour l'application du tarif dit « conventionnel », le praticien a le choix entre deux attitudes :
1° se solidariser avec son syndicat (il reste alors pratiquement libre de fixer à son gré le montant de ses honoraires et l'organisme assureur applique à ses malades un tarif de responsabilité très inférieur, dit « autoritaire » [même lorsque le praticien respecte en fait le tarif fixé par l'Administration], la participation légale de l'assuré étant le tarif « d'autorité » de la sécurité sociale et le montant des honoraires demandés par le praticien) ;
2° se désolidariser de son syndicat et faire connaître individuellement à la Caisse de sécurité sociale qu'il s'engage personnellement à appliquer le tarif fixé par l'Administration (sous la réserve des cas légaux de dépassement) ; ses malades assurés sociaux sont alors remboursés sur la base du tarif « conventionnel ». Un tarif de responsabilité réduit est applicable aux soins donnés et aux examens pratiqués dans les services de médecine générale et de spécialités médicales des établissements hospitaliers publics.

**267.** Il convient de souligner que certains actes et traitements sont soumis à la formalité de l'entente préalable. Le malade doit alors transmettre au service du contrôle médical de l'organisme assureur un bulletin de demande d'entente préalable rempli et signé par le médecin traitant avant que soit dispensé l'acte ou commencé le traitement ; le service du contrôle médical dispose d'un délai de dix jours pour convoquer le malade et répondre à la demande du médecin traitant ; à défaut de réponse dans les dix jours, l'assentiment de l'organisme assureur est considéré comme acquis. Lorsqu'il y a urgence manifeste, le médecin traitant dispense l'acte et porte la mention « acte effectué d'urgence » sur le bulletin de demande d'entente préalable. Certains autres actes sont soumis à la formalité du *bulletin d'information*, afin de permettre au contrôle médical de l'organisme assureur d'exercer effectivement son contrôle.
Le praticien traitant remplit toujours une feuille de maladie dont l'objet est également de permettre à l'organisme assureur d'effectuer son contrôle. C'est pourquoi la validité de la feuille de maladie est de quinze jours (tous les actes dispensés par un même praticien au cours d'une période de quinze jours doivent figurer sur une même feuille, dans la mesure où la dimension de celle-ci est suffisante) ; en principe, cette feuille de maladie doit être transmise à l'organisme assureur au plus tard un mois après la date du premier acte qui y est porté, mais si l'omission de cette transmission dans le délai prévu n'a pas eu pour effet de rendre impossible le contrôle de l'organisme assureur, ce dernier ne peut refuser

de verser les prestations dans la mesure où la transmission a été faite dans les deux années suivant l'acte (si la transmission était plus tardive, il y aurait prescription). La feuille de maladie a un autre objet : c'est à la date du premier acte qu'elle porte que l'organisme assureur vérifie si l'assuré remplit les conditions d'ouverture des droits.

### Section 5. Les soins et prothèses dentaires

**268.** Lorsque le malade reçoit des soins dentaires ou stomatologies, c'est une feuille de soins et prothèses dentaires qui est signée par le praticien. En principe, cette feuille est également valable quinze jours. Sur cette feuille, le chirurgien-dentiste note les soins dispensés en D, alors que le stomatologiste les note en K (les coefficients étant les mêmes dans les deux hypothèses). En matière de prothèse dentaire, la règlementation est restrictive : le malade ne pouvant prétendre qu'à des appareils fonctionnels ou thérapeutiques, ou encore nécessaires à l'exercice d'une profession nécessitant le « contact avec le public » ; en principe, les frais d'orthopédie dento-faciale ne font l'objet d'une participation de la sécurité sociale que si les soins ont été commencés avant le douzième anniversaire de l'enfant. La prise en charge des appareils dentaires, des couronnes et des frais d'orthopédie dento-faciale est toujours subordonnée à l'accord écrit préalable du contrôle dentaire de l'organisme assureur, le défaut de réponse dans les trois semaines de la demande étant considéré comme un rejet. La durée de la feuille de prothèse dentaire est théoriquement de six mois, à dater de l'accord du service du contrôle.

### Section 6. Les produits pharmaceutiques

**269.** Les produits pharmaceutiques sont remboursés sur la base du tarif pharmaceutique national, mais ne sont pas pris en charge les médicaments diététiques, les produits de régime, les eaux minérales, la plupart des vins et élixirs, les dentifrices, les produits de beauté ainsi que les spécialités ne figurant pas sur une liste spéciale (médicaments insuffisamment actif ou dont le fabricant fait de la publicité auprès du public ou encore dont le prix est trop élevé, ainsi que les produits anticonceptionnels dont la vente a été autorisée par la loi du 28 décembre 1967). Par ailleurs, les spécialités ne sont remboursées que si l'assuré colle sur l'ordonnance la vignette dont elles sont généralement porteuses. Les accessoires et objets de pansements prescrits par le médecin peuvent être pris en charge s'ils figurent sur une liste dressée par l'Administration. Dans certains départements, les syndicats de pharmaciens ont conclu avec les organismes assureurs des conventions de tiers payant partiel qui permettent à certains assurés d'éviter de faire l'avance de la fraction du coût des ordonnances qu'il appartient à l'assurance de prendre en charge.

### Section 7. Les analyses et examens de laboratoire

**270.** Les analyses et examens prescrits par le médecin traitant et exécutés dans un laboratoire agréé sont cotés en B et remboursés sur la base du tarif de responsabilité prévu pour cette lettre clef. Quelques-uns d'entre eux sont soumis à la formalité de l'entente préalable. Certains laboratoires sont liés aux organismes assureurs par des conventions de tiers payant.

#### *Paragraphe 1. L'hospitalisation*

**271.** Le malade a la possibilité de se faire hospitaliser dans l'établissement de son choix (établissement de soins proprement dit, maison de repos et de convalescence, maison de régime, etc.) ; cette règle libérale comporte néanmoins quelques restrictions :
1° s'il s'agit d'un établissement privé, il doit figurer sur la liste des établissements agréés, c'est-à-dire satisfait à certaines conditions techniques ;
2° si l'établissement choisi (public ou privé) est plus éloigné de la résidence du malade qu'un établissement moins cher où il pourrait recevoir les soins appropriés à son état, la prise en charge de l'organisme assureur est faite sur la base du tarif du plus proche de ces établissements ;
3° l'hospitalisation dans un établissement privé, sauf urgence, est soumise à l'accord préalable de l'organisme assureur (à défaut d'une réponse dans les huit jours, l'accord de cet sanatorium, un préventorium, un aérium ou une maison de convalescence est toujours subordonnée à l'accord écrit préalable de l'organisme assureur, qu'il s'agisse d'un établissement public ou d'un établissement privé.
La durée d'hospitalisation dans tout établissement de soins proprement dit est (sauf en ce qui concerne la tuberculose, la poliomyélite, les affections cancéreuses ou mentales) contrôlée strictement. Lorsque l'hospitalisation du malade paraît devoir se prolonger au-delà de vingt jours, l'établissement (privé ou public) doit en aviser obligatoirement l'organisme assureur ; sauf refus de cet organisme dans les huit jours, son accord est présumé. A défaut d'accomplissement de cette formalité,

l'établissement doit supporter sur ses ressources propres le paiement des frais résultant de la prolongation.
Les frais d'hospitalisation comprennent les honoraires des praticiens, les prix de journée d'hospitalisation et les frais accessoires. Dans les hôpitaux publics et assimilés, le prix de journée comporte les frais accessoires. Ce prix est fixé par le préfet et constitue le tarif de responsabilité de l'organisme assureur. Certains établissements privés se lient par une convention aux organismes assureurs. Les conventions fixent le tarif de prise en charge par l'organisme assureur du prix de journée dans chaque établissement conventionné, mais ce tarif doit être homologué par une commission spéciale. Les actes d'électroradiologie, d'électrothérapie et de laboratoire ainsi que les transfusions sanguines peuvent être pris en charge, partiellement ou totalement, étant entendu que pour une même durée d'hospitalisation la somme globale prise en charge ne pourra être supérieure au coût de l'hospitalisation dans l'établissement public pris comme référence. Depuis 1986, l'établissement privé conventionné doit s'obliger à n'utiliser que les services de praticiens ou auxiliaires médicaux personnellement conventionnés. La fraction du coût d'hospitalisation dans un établissement public ou assimilé ou dans un établissement conventionné qui est prise en charge par l'organisme assureur est payée directement à cet établissement suivant le système du tiers payant. Pour les établissements privés non conventionnés, le tarif de responsabilité de l'organisme assureur est un tarif d'autorité.

### *Paragraphe 2. L'appareillage*

**272.** Les appareils de prothèse et d'orthopédie, ainsi que leurs accessoires, sont fournis soit par des fournisseurs agréés par l'organisme assureur, soit par des centres d'appareillage créés par cet organisme, ou encore par un centre d'appareillage reconnu par l'Administration. Toutes les demandes d'appareillage sont, en principe, soumises à la formalité de l'entente préalable. En pratique, le tarif de responsabilité des organismes de sécurité sociale est fixé par arrêté interministériel. Un livret d'appareillage est remis à l'assuré. Dans certains cas, ce dernier peut obtenir une avance sur appareillage. Les lunettes et verres optiques sont soumis à une règlementation plus libérale, étant généralement dispensés de la formalité de l'entente préalable.

*Paragraphe 3. Les cures thermales*

**273.** En ce qui concerne les cures thermales, l'accord préalable de l'organisme assureur est toujours exigé (le défaut de réponse de cet organisme équivaut à un refus). Lorsque la cure est acceptée, le malade perçoit un forfait pour les honoraires médicaux et un forfait pour les soins à l'établissement thermal. Si le malade est atteint d'une affection de longue durée ou si ses ressources sont inférieures à un certain plafond, il peut en outre prétendre au forfait de prix d'hébergement et au remboursement des frais de transport en 2$^{e}$ classe.

*Paragraphe 4. Les frais de transport*

**274.** En cas de visite du praticien au lieu de résidence du malade, les frais de transport du praticien sont pris en charge, quand le praticien se déplace dans sa localité, la différence entre le tarif de la visite et celui de la consultation représente ces frais de transport ; quand le praticien quitte sa localité, il ajoute au prix de la visite une indemnité horokilométrique dite IK. En règle générale, la visite n'est justifiée que lorsque l'état du malade lui interdit de se déplacer au cabinet du praticien. Les frais de déplacement du malade ne sont pris en charge que dans un nombre de cas limités, notamment lorsqu'il quitte sa localité pour se soumettre à un contrôle médical de l'organisme assureur, pour être hospitalisé dans un établissement de cure ou de soins les frais d'ambulance sont parfois pris en charge sans que le malade sorte de sa commune de résidence), pour entrer dans un centre de rééducation professionnelle, pour recevoir un traitement spécial, pour se faire appareiller, etc. Aux frais de déplacement peuvent s'ajouter, dans certains cas, des frais de repas et d'hôtel ainsi qu'une indemnité de perte de salaire.

*Paragraphe 5. Le rôle du contrôle médical*

**275.** Les organismes de sécurité sociale disposent nécessairement d'un service de contrôle médical et dentaire. Ce contrôle porte sur l'appréciation faite par le médecin traitant de l'état de santé de l'assuré et de sa capacité de travail, sur les abus qui apparaîtraient en matière de soins, sur la prévention d'une invalidité et sur la possibilité d'une réadaptation professionnelle. Le contrôle médical examine les bulletins d'entente préalable et les bulletins d'information. En outre, il procède à l'examen des malades au-delà du sixième mois de prise en charge, à l'effet de déterminer avec le médecin traitant le traitement à suivre, traitement auquel le malade ne pourrait se refuser sans risquer de perdre son droit aux prestations. Les contestations d'ordre médical entre le médecin traitant et le médecin-conseil sont soumises à la procédure de l'expertise médicale.

### *Paragraphe 6. La prévention de la maladie*

**276.** L'assurance maladie congolaise ne fait qu'une très faible part à la médecine préventive. En règle générale, les vaccinations préventives ne sont qu'exceptionnellement prises en charge dans les mesure où fonctionnement des services publics gratuits de vaccination. Les actes médicaux qui ne répondent pas aux nécessités du diagnostic ou à un besoin de soins ne sont pas pris en charge. Toutefois, le législateur a prévu qu'à diverses reprises chaque assuré pourrait, au cours de sa vie, subir un examen général alors même qu'il n'éprouve aucun signe de maladie.[179] Neuf examens de santé avaient été prévus, mais à titre transitoire deux seulement ont été maintenus : entre 25 et 35 ans et entre 45 et 55 ans.

### *Paragraphe 7. Le contrôle administratif*

**277.** Les organismes de sécurité sociale peuvent confier à des agents agréés et assermentés le soin de procéder à toutes vérifications ou enquêtes administratives concernant l'attribution des prestations. Les visiteurs et dames visiteuses participent à la surveillance des malades et peuvent être chargés de leur payer les sommes qui leur sont dues. Le cas échéant, ils signalent à l'organisme assureur les abus, les lacunes ou irrégularités qu'ils ont pu constater ; s'ils vérifient notamment la réalité des incapacités de travail déclarées, l'application des prescriptions médicales quant aux repos au lit et à la visite des chambres ainsi que la livraison effective des médicaments prescrits et facturés ; ils ont également pour rôle de signaler au service social les situations intéressantes.

[179] Art. 294 du Code de S.S.

# CHAPITRE 4. LES ASSURANCES MATERNITE, INVALIDITE ET DECES

## Section 1. L'assurance maternité

**278.** L'assurance maternité est une variété particulière de l'assurance maladie qui prend en charge sans ticket modérateur les frais d'accouchement des femmes assurées personnellement, des conjointes n'exerçant pas d'activité professionnelle et des filles à charge des assurées personnellement en qualité de salariées pendant leur repos de maternité. De 1975 à 1986, le financement des prestations de l'assurance maternité avait été mis à la charge des prestations familiales.

### *Paragraphe 1. Prestations en espèces*

**279.** Les indemnités journalières, calculées comme en matière d'assurance maladie, sont versées aux femmes salariées assurées personnellement (six semaines avant, huit semaines après l'accouchement). Pour y avoir droit, la future mère doit s'être reposée au moins pendant six semaines au cours du susdit délai. Les mères qui allaitent leurs enfants ont droit à des allocations mensuelles d'allaitement : sur présentation d'un certificat médical attestant l'impossibilité d'allaiter son enfant, la mère qui élève celui-ci à son domicile reçoit des bons de lait. L'assiduité aux visites pré-et postnatales pendant les douze premiers mois de la naissance donne droit à des primes. Les conditions d'ouverture des droits sont les mêmes que pour les prestations en nature.

### *Paragraphe 2. Les prestations en nature*

**280.** Dans le régime général, les prestations en nature de l'assurance maternité ne sont accordées que si l'assuré remplit les deux conditions suivantes : 1° avoir été immatriculé plus de dix mois avant la date présumée de l'accouchement ; 2° justifier de deux cents heures de travail salarié ou assimilé entre le 9$^{e}$ et le 12$^{e}$ mois précédent cette même date (ou cent vingt heures au cours du mois précédent). La future mère doit déclarer sa grossesse le plus rapidement possible à l'organisme assureur (les prestations peuvent être réduites si cette déclaration n'est pas parvenue quatre mois au plus tard avant la date présumée de l'accouchement), puis de se présenter aux examens prénataux et postnataux prévus. Aucun ticket modérateur n'est appliqué. Les frais d'accouchement sont pris en charge sur la base du tarif de responsabilité de l'organisme assureur (forfait prévu dans les tarifs conventionnels ou d'autorité). Peuvent également être pris en charge, en sus, les honoraires pour césarienne, les frais pharmaceutiques nécessaires à l'accouchement (forfait), les séances préparatoires à l'accouchement psychoprophylactique (accouchement sans douleur), les ceintures de grossesse et les ceintures abdominales après accouchement, etc. Si la grossesse ou l'accouchement entraînent des troubles pathologiques, l'intéressée perçoit seulement les prestations de l'assurance maladie.

## Section 2. L'assurance invalidité

**281.** L'assurance invalidité intervient lorsqu'un assuré subit, du fait de la maladie, d'un accident ou d'une usure prématurée de son organisme, une réduction définitive ou durable de sa capacité de gain. La plupart des régimes de sécurité sociale reconnaissent l'invalidité générale des deux tiers, c'est-à-dire l'incapacité pour un assuré de se procurer, dans une profession quelconque, un salaire supérieur au tiers de la rémunération normale perçue dans la même région par des travailleurs de la même catégorie dans la profession qu'il exerçait avant la date de l'interruption de travail suivie d'invalidité, ou la date de la constatation médicale de l'invalidité si celle-ci résulte de l'usure prématurée de l'organisme. Le régime des mines reconnaît, en outre, l'invalidité professionnelle lorsque l'assuré subit, en tant que mineur, une diminution de gain au moins égale à 50%. En revanche, pour le régime des exploitants agricoles et pour celui des médecins, il n'y a invalidité que si l'incapacité de gain est totale et définitive.

### *Paragraphe 1. Les conditions d'attribution d'une pension d'invalidité*

**282.** L'assuré doit avoir moins de 60 ans lors de la date d'entrée en jouissance de sa pension. Le régime général exige qu'il justifie d'une immatriculation antérieure d'au moins douze mois au premier jour du mois de l'accident ou de l'arrêt de travail suivi d'invalidité, ainsi que de huit cents heures de travail salarié au cours de l'année précédant l'interruption de travail, dont deux cents au cours des trois premiers mois de l'année de référence.

### *Paragraphe 2. Le montant de la pension*

**283.** Le régime général et le régime agricole classent les pensionnés d'invalidité en trois groupes : 1° les invalides qui peuvent continuer

d'exercer une activité professionnelle rémunérée et dont la pension est égale à 30% du salaire annuel moyen ;
2° les invalidités absolument incapables d'exercer une profession quelconque et dont la pension est égale à 50% du salaire annuel moyen ;
3° les grands invalides qui, étant absolument incapables d'exercer une profession, sont, en outre, dans l'obligation d'avoir recours à l'assistance d'une tierce personne pour effectuer les actes ordinaires de la vie ; une majoration spéciale (dite pour tierce personne) leur est allouée en sus de la pension du 2e groupe. La pension d'invalidité est payée à trimestre échu. Elle est revalorisable chaque année au moyen des coefficients applicables aux avantages de l'assurance vieillesse.

***Paragraphe 3. Le montant de l'allocation supplémentaire vieillesse***

**284.** Le montant de l'allocation supplémentaire s'ajoute à celui de la pension d'invalidité si les ressources de l'invalide sont insuffisantes. Le pensionné et ses ayants droit peuvent prétendre aux prestations en nature des assurances maladie et maternité. La pension d'invalidité peut être supprimée ou suspendue si le titulaire recouvre une capacité de gain supérieure à 50%. Lorsque l'invalide atteint soixante ans, une pension de vieillesse est automatiquement substituée à la pension d'invalidité sans que cette nouvelle pension puisse être inférieure à la précédente. En cas d'hospitalisation, la pension de l'invalide qui a moins de deux enfants à charge est réduite, sans cependant jamais pouvoir être inférieure au montant de l'allocation aux vieux travailleurs salariés.

***Paragraphe 4. La pension d'invalidité de veuf ou de veuve***

**285.** Le conjoint survivant invalide d'un assuré décédé avant 60 ans alors qu'il percevait une pension d'invalidité ou remplissait les conditions d'immatriculation et de salariat posées à l'attribution d'une telle pension, ou d'un assuré décédé après 60 ans alors qu'il percevait une pension de vieillesse ou remplissait les conditions de salariat posées à l'obtention d'une telle pension, peut prétendre à une *pension de veuve* (incapacité totale de travail d'au moins 66,66% ou à une pension de veuf (incapacité totale de travail) au moment du décès de la femme assurée si cette dernière subvenait à ses besoins au moyen des revenus de son travail).
Cette pension est égale à la moitié de celle que percevait ou aurait perçu l'assuré à la date de son décès ; elle est majorée de 10% si l'intéressé a eu ou a élevé au moins 3 enfants ; elle ne peut être inférieure à 9.000 F, mais est supprimée en cas de remariage.

## Section 3. L'assurance décès

**286.** L'assurance décès intervient lors du décès d'un assuré (justifiant d'au moins deux cent heures de travail salarié ou assimilé), d'un pensionné d'invalidité ou d'un titulaire d'une pension de vieillesse substituée à une pension d'invalidité (le décès doit alors être la conséquence de la maladie invalidante).

### *Paragraphe 1. Les ayants droit*

**287.** Dans le régime général, le capital décès est versé par priorité aux personnes qui, au jour du décès, étaient à la charge effective totale et permanente de l'assuré (selon la Cour Suprême, il ne peut s'agir que d'ayants droit) ; si aucune priorité n'est invoquée dans le mois suivant le décès, le capital décès est attribué au conjoint survivant non séparé, à défaut aux descendants ou, à défaut encore, aux ascendants.

**Le montant du capital décès.** Le capital décès du régime général et du régime agricole est égal à un trimestre de salaire soumis à cotisation, sans cependant pouvoir être inférieur à 1/100 du salaire annuel plafonné. Il n'est pas soumis aux droits de mutation par décès.

## Section 4. L'assurance vieillesse

**288.** L'organisation de l'assurance vieillesse est particulièrement complexe et diversifiée. Une étude, même succincte, doit porter sur l'ensemble des régimes obligatoires de base, ainsi que sur les allocations non contributives (c'est-à-dire ne correspondant à aucune cotisation passée des intéressée) dont l'attribution est subordonnée à une condition de ressources. Les régimes complémentaires obligatoires doivent également être évoqués.

# CHAPITRE 5. LES REGIMES OBLIGATOIRES DE BASE

## Section 1. Le régime général

**289.** Tout assuré ayant versé des cotisations correspondant à un minimum de 20 trimestres (5 ans) d'assurance peut prétendre soit à une pension, soit à une rente. Lorsqu'un assuré a successivement été rattaché à plusieurs régimes de base, la détermination de ses droits à l'une ou à l'autre prestation du régime général est faite en tenant compte de l'ensemble des périodes d'assurance aux divers régimes. L'assuré qui n'a pas cotisé pendant au moins cinq années à des régimes de base peut prétendre à 65 ans au remboursement des cotisations ouvrières portées à son compte (sans aucune revalorisation).

### *Paragraphe 1. La détermination du nombre de trimestres d'assurance*

**290.** Sont retenues les périodes de travail effectuées au Congo ainsi que les périodes de travail effectuées dans un pays étranger avec lequel une convention de réciprocité a été conclue. Chaque année civile est examinée isolément. En principe, le salaire global annuel sur lequel il a été cotisé est divisé par le montant trimestriel de l'allocation aux vieux travailleurs salariés ; si le quotient de la division est égal ou supérieur à 4, on valide l'année pour quatre trimestres ; si le quotient est inférieur à 4, on valide un nombre de trimestre égal à ce quotient, mais on recherche alors s'il est possible de valider un ou plusieurs autres trimestres par assimilation. On tient compte, pour ce faire, des périodes pendant lesquelles l'assuré a été en chômage involontaire constaté, aux armées à titre obligatoire, ou a bénéficié des prestations des autres assurances sociales (maladie, maternité, invalidité) ou de l'assurance contre les accidents du travail.

### *Paragraphe 2. La pension*

**291.** L'assuré qui a cotisé pendant au moins 120 trimestres (30 années) au régime général a droit à une pension entière. Le montant de cette pension varie avec l'âge d'entrée en jouissance et le salaire moyen annuel des dernières années d'activité.

*Paragraphe 3. Le taux de la pension*

**292.** Lorsque la date d'entrée en jouissance se situe au 65e anniversaire de l'assuré, la pension est égale à 40% du salaire de base. Il en est de même si l'assuré a obtenu sa pension entre 60 et 65 ans après avoir été reconnu inapte au travail ou s'il a exercé pendant au moins 20 années une activité particulièrement pénible, de nature à provoquer une usure prématurée de l'organisme (le décret qui devait établir la liste de ces activités n'a pas encore été pris).
Le taux de la pension et minoré pour l'assuré qui demande l'entrée en jouissance 65 ans (20% à 60 ans, ce taux étant augmenté d'un point par trimestre de recul). Il est majoré pour l'assuré qui retarde au-delà de 65 ans l'entrée en jouissance d'un point par trimestre de retard (ce qui fait 44% à 66 ans, 48% à 67 ans, etc.).

*Paragraphe 4. Le salaire de base*

**293.** Le salaire est égal au salaire de base moyen des dix dernières années d'assurance précédant soit l'entrée en jouissance de la pension, soit le 60e anniversaire de l'assuré (on retient le plus avantageux). En principe, on prend en considération le salaire sur lequel il a été cotisé pendant chacune des années intéressées, mais on multiple ce salaire par un coefficient fixé, de façon à revaloriser le salaire réel en fonction du mouvement général des salaires soumis à cotisation.

*Paragraphe 5. La pension proportionnelle*

**294.** Lorsque l'assuré n'a pas cotisé pendant au moins 120 trimestres au régime général, mais a cotisé pendant un minimum de 60 trimestres à l'un et à l'autre des régimes d'assurance vieillesse obligatoire des salariés et des non-salariés, il peut prétendre à une pension proportionnelle égale à autant de cent-vingtièmes de la pension normale du régime général qu'il justifie de trimestres d'assurance valables à ce régime.

*Paragraphe 6. Le minimum de pension*

**295.** Aucune pension normale ou proportionnelle d'un assuré âgé de 65 ans où reconnu inapte au travail entre 60 et 65 ans ne peut être inférieure au montant de l'allocation aux vieux travailleurs salariés, et cela quel que soit le montant des ressources globales de l'intéressé.

*Paragraphe 7. Les accessoires de la pension*

**296.** Au montant de la pension peuvent s'ajouter certains accessoires :

**1° La majoration pour conjoint à charge.** Lorsque le conjoint de l'assuré pensionné ne peut prétendre à titre personnel à un avantage de vieillesse et justifie de ressources fixes pour l'attribution de l'allocation aux vieux travailleurs salariés ;

**2° La bonification pour enfants.** La pension est augmentée de 10% si l'assuré a eu au moins trois enfants ou a élevé trois enfants pendant au moins neuf années avant leur seizième anniversaire ;

**3° La majoration pour tierce personne.** Lorsque l'assuré pensionné a été reconnu inapte au travail entre 60 et 65 ans et qu'en outre il se trouve dans l'obligation d'avoir recours à l'aide constante d'une tierce personne pour les actes ordinaires de la vie, la pension est augmentée du montant d'une majoration spéciale, dite pour tierce personne.

**4° La revalorisation annuelle des pensions.** Chaque année la pension fait l'objet d'une revalorisation, en vue de tenir compte du mouvement général des salaires soumis à cotisation.

*Paragraphe 8. La rente*

**297.** L'assuré qui a cotisé au moins 20 trimestres (5 années) au régime général, mais qui n'a pas cotisé pendant un minimum de 60 trimestres (15 années) à l'ensemble des régimes de base a droit mais à 65 ans seulement à une rente de vieillesse. Le montant de cette rente est égal à 10% des fractions de cotisations retenues au titre de l'assurance vieillesse ; toutefois, les cotisations versées font l'objet des revalorisations applicables pour le calcul du salaire de base de la pension. Chaque année la rente de vieillesse du régime général est revalorisée pour tenir compte du mouvement général des salaires plafonnés.

*Paragraphe 9. L'inaptitude au travail*

**298.** Peut être reconnu inapte au travail l'assuré âgé de 60 à 65 ans qui, compte tenu de son âge de sa santé, de ses capacités physiques et mentales, de ses aptitudes et de sa formation professionnelle n'est pas en mesure d'exercer une activité professionnelle quelconque. Il est procédé à un examen médical très approfondi, afin de ne reconnaître l'inaptitude au travail « que dans les cas où elle est totale et définitive ». Alors qu'il peut y avoir invalidité lorsque l'aptitude au gain est réduite de 66,66%, il ne peut y avoir inaptitude que si la réduction de l'aptitude à un gain professionnel est voisine de 100%.

### *Paragraphe 10. Les pensions de réversion*

**299.** Le conjoint survivant d'un assuré décédé, soit alors qu'il était titulaire d'une pension ou d'une rente de vieillesse, soit alors qu'il pouvait prétendre à un tel avantage, soit encore alors qu'il avait cotisé (quel que soit son âge) pendant au moins 15 ans à un régime obligatoire d'assurance vieillesse, peut prétendre à 65 ans (entre 60 et 65 ans s'il est inapte au travail) à une pension de réversion égale à la moitié du montant de l'avantage vieillesse que percevait ou qu'aurait pu percevoir le défunt (éventuellement revalorisé depuis la date du décès de l'assuré). Le mariage doit avoir été contracté au moins deux ans avant le décès de l'assuré ou avant l'entrée en jouissance de sa pension. Le conjoint ne doit pas être titulaire d'un avantage personnel de vieillesse et doit justifier avoir été à la charge de l'assuré au moment du décès.

**Le régime agricole.** La règlementation de l'assurance vieillesse des salariés agricoles est sensiblement la même que dans le régime général.

## Section 2. Les autres régimes spéciaux des salariés

### *Paragraphe 1. Les mineurs*

**300.** Lorsqu'ils justifient de 30 ans de service à la mine, les assurés qui continuent de travailler perçoivent une allocation spéciale (avant 55 ans) ou une indemnité spéciale (après 55 ans) d'un montant variant avec le nombre d'années de service passées au fond. Lorsque le mineur âgé de 55 ans ou plus cesse de travailler à la mine, il perçoit une rente de vieillesse (moins de 15 années de service à la mine) ou une pension de vieillesse (15 ans ou plus de service à la mine), calculée en fonction du nombre global d'années de service ainsi que du nombre d'années de service au fond. Le mineur de 50 ans qui justifie de 30 années de service dont 20 au fond peut prétendre à une pension de vieillesse. A ces allocations, rentes et pensions peuvent s'ajouter des suppléments pour enfant à charge et pour conjoint à charge, ainsi qu'une bonification de 10% lorsque l'assuré a eu trois enfants ou a élevé trois enfants pendant neuf ans avant leur seizième anniversaire. Il est versé une pension de survivant à la veuve et des allocations d'orphelins aux orphelins âgés de moins de 16 ans.

### *Paragraphe 2. Autres régimes*

**301.** Dans les principaux régimes spéciaux autres que celui des mines, la pension de vieillesse est égale à autant de fois 2% du salaire ou traitement du dernier emploi occupé (6 mois au moins) que l'assuré compte d'années d'ancienneté. Mais la rémunération servant de base à ce calcul varie d'un régime à l'autre (par exemple, fraction du traitement correspondant à la rémunération budgétaire pour le fonctionnaire civil) ; le mode de détermination du nombre des annuités varie également d'un régime à l'autre. En principe, la retraite peut être demandée à partir de 60 ans, mais les agents effectuant certains services actifs peuvent la demander plus tôt (par exemple 55 ans pour certains fonctionnaires civils ; 50 ans pour les mécaniciens du CFCO ; pas d'âge pour les militaires qui justifient d'un minimum d'annuités). Elle est liquidée d'office à l'assuré qui atteint l'âge limite (de 65 à 70 ans). La veuve perçoit une pension de réversion de 50% ; en principe, on exige généralement que le mariage ait été conclu au moins deux ans avant la cessation d'activité de l'agent décédé.

## Section 3. Le régime des exploitants agricoles

**302.** Le chef d'exploitation agricole, son conjoint ainsi que les autres membres majeurs et non-salariés de leur famille qui vivent sur l'exploitation et participent aux travaux de celle-ci ont droit à 65 ans (60 s'il y a inaptitude au travail) après 15 années d'activité et 5 ans de cotisations au régime à une retraite de vieillesse agricole. Ceux des exploitants qui, cessant leur activité ou cédant librement leur exploitation, favorisent l'aménagement foncier perçoivent une indemnité viagère de départ dont le montant est pour partie proportionnel au revenu cadastral de l'exploitation et qui est financé par le fonds d'action sociale pour l'aménagement des structures agricoles (F.S.A.S.A.).

### *Paragraphe 1. Les régimes des professions indépendantes non agricoles*

**303.** Les travailleurs non-salariés des professions non agricoles ont droit à 65 ans (60 s'il y a inaptitude au travail) à un avantage de vieillesse. Le conjoint survivant a droit à une pension de réversion. Les conditions d'attribution et le montant de l'avantage varient suivant qu'il s'agit des professions artisanales, des professions industrielles, ou commerciales ou des professions libérales.

### *Paragraphe 2. Les régimes complémentaires obligatoires*

**304.** Certaines branches professionnelles ont institué un régime complémentaire obligatoire pour leurs travailleurs. C'est notamment le cas des assurances, des banques, des organismes de sécurité sociale et de mutualité sociale agricole. Dans d'autres branches professionnelles, des conventions collectives ont créé des institutions de retraite obligatoires ; c'est notamment le cas pour les travailleurs du bâtiment et des travaux publics, les salariés des industries du bois, les salariés des commerces et industries de l'alimentation.[180]

---

[180] En France certains accords collectifs ont été conclus dans un cadre interprofessionnel. C'est notamment le cas du régime de retraite et de prévoyance des cadres institué par la convention du 14 mars 1947 et dont l'organisme de compensation est l'Association générale des institutions de retraites des cadres (A.G.I.R.C.), des régimes prévus par les accords collectifs des 15 mars 1967 et 8 décembre 1961 qui intéressent tous les salariés des entreprises représentées dans les organismes patronaux signataires et dont le principal régime est l'Union nationale des institutions de retraites des salariés (U.N.I.R.S.), l'ensemble de ces régimes étant fédéré par l'Association des régimes de retraites complémentaires (A.R.R.C.O.), ainsi que du régime instauré en 1986 pour les salariés agricoles. Ces régimes complémentaires interprofessionnels accordent à chaque adhérent un certain nombre de points en fonction des cotisations versées sur son compte ; le montant de l'avantage vieillesse auquel chaque adhérent a droit est fonction du nombre global de points qui lui ont été accordés, la valeur du point de retraite étant fixée chaque année d'après les ressources du régime intéressé. Le conjoint survivant de l'assuré peut prétendre à une pension de réversion. Les agents contractuels de l'Etat qui contrairement aux fonctionnaires titulaires sont couverts par le régime général pour la totalité des risques sont rattachés à l'I.G.R.A.N.D.E. et, en outre, en ce qui concerne les cadres, à l'I.P.A.C.T.E. en matière de retraite complémentaire. Certaines professions non salariées ont institué un régime complémentaire auquel la loi du 17 janvier 1948 donne le caractère obligatoire. C'est notamment le cas des médecins.

*Paragraphe 3. Les prestations non contributives*

**305.** L'allocation aux vieux travailleurs salariés (A.V.T.S.). Elle a été créée en 1941, puis réorganisée par l'ordonnance du 2 février 1945. Cette allocation est versée aux personnes qui, n'ayant pas vocation à un avantage de vieillesse d'un régime de base obligatoire, remplissent les conditions suivantes :
1° avoir 65 ans (60 ans en cas d'inaptitude au travail) ;
2° résider sur le territoire congolais ;
3° être de nationalité congolaise ou bénéficier d'un accord international ;
4°disposer de ressources inférieures à un minimum fixé par l'Administration ;
5° justifier soit de 25 années d'activité salariée, soit de 15 années d'une telle activité, mais après l'âge de 50 ans.
Au montant principal de l'allocation peuvent s'ajouter une majoration pour conjoint à charge et une bonification pour enfants.

**306. L'allocation aux mères de famille.** Il s'agit d'une allocation symétrique à l'allocation aux vieux travailleurs salariés réservée aux mères ayant élevé au moins 5 enfants jusqu'à l'âge de 16 ans et qui ne peuvent prétendre à l'allocation aux vieux travailleurs salariés. Le mari doit : soit être salarié à la date de la demande, soit avoir eu pour dernière activité professionnelle une activité salariée, soit être titulaire de l'allocation aux vieux travailleurs salariés ou d'une pension de vieillesse. La mère de famille doit remplir les conditions de nationalité, d'âge et de ressources de l'allocation aux vieux travailleurs salariés.

**307. Le secours viager et l'allocation de veuve.** La veuve d'un titulaire de l'allocation aux vieux travailleurs salariés qui ne bénéficie pas d'un avantage personnel de vieillesse peut prétendre au secours viager si elle était à la charge du défunt. Lorsque ce dernier ne percevait pas l'allocation aux vieux travailleurs salariés du seul fait de son âge, mais remplissait les autres conditions, la veuve perçoit l'allocation de veuve.

**308. Les allocations non contributives des non-salariés.** Les régimes d'assurance vieillesse des non-salariés versent des allocations soit à ceux de leurs ressortissants qui n'ont pas droit à une retraite, soit à ceux de leurs pensionnés dont l'avantage vieillesse est trop faible. Le versement de ces allocations est subordonné à une condition de ressources.

**309. L'allocation spéciale.** Les vieux dont les ressources sont insuffisantes et qui ne peuvent, du fait de leur activité, être rattachés à aucun régime d'assurance vieillesse perçoivent une allocation spéciale financée par un fonds spécial. Ce fonds finance également un complément octroyé aux bénéficiaires d'un régime d'assurance vieillesse dont l'avantage est inférieur à un certain minimum légal lorsque leurs ressources sont insuffisantes.

### Section 4. L'allocation supplémentaire

**310.** Tout titulaire d'un avantage vieillesse d'un régime d'assurance de base ou d'un régime non contributif dont les ressources, y compris cet avantage, sont inférieures à un certain plafond (qui n'est pas le même pour une personne seule que pour une personne mariée), peut prétendre à une allocation supplémentaire dont le montant est forfaitaire, mais la somme des ressources personnelles et des avantages vieillesse de l'intéressé (y compris l'allocation supplémentaire) ne peut être supérieure au plafond. C'est dire que, dans certains cas, le montant de l'allocation supplémentaire versée à un vieillard peut être inférieur au montant légal de celle-ci (allocation différentielle). Pour l'attribution de cette allocation est assimilée à un avantage personnel la majoration du conjoint à charge. L'allocation supplémentaire est versée par l'organisme qui sert l'avantage personnel et qui se fait rembourser par le fonds national de solidarité. L'Administration pour ses agents ne bénéficie pas de subventions de ce fonds ; il en est de même, depuis 1986, en ce qui concerne le régime général pour ses ressortissants, bien qu'en 1974 et en 2006 ce régime ait été remboursé du coût de certaines majorations de l'allocation supplémentaire (cette situation anormale est en cours de révision). L'organisme payeur peut se substituer au bénéficiaire de l'allocation dans les droits de celui-ci d'exiger une pension alimentaire des personnes tenues par l'article 205 du Code civil à une obligation alimentaire, montant minimal fixé par la règlementation en vigueur.

# CHAPITRE 4. L'ASSURANCE CONTRE LES ACCIDENTS DU TRAVAIL ET LES MALADIES PROFESSIONNELLES[181]

## Section 1. Le domaine de l'assurance contre les accidents du travail

### *Paragraphe 1. La notion d'accident du travail*

**311.** On distingue l'accident du travail proprement dit de l'accident de trajet.

**L'accident du travail proprement dit.** Pour qu'il y ait accident du travail, il faut qu'il s'agisse d'un accident, c'est-à-dire d'un évènement soudain qui cause un *préjudice physique* (c'est ainsi qu'une brulure provoquée par un produit corrosif constitue un accident si le contact est unique et brutal, alors qu'elle constituerait une maladie si elle était provoquée par des contacts successifs et habituels) et qu'il existe un certain lien entre cet accident et le travail (lien de causalité direct si

---

[181] **De la notion de responsabilité à la notion de risque.** Au cours de la seconde moitié du XIX$^{e}$ s, la multiplication des accidents du travail, provoquée par le développement du machinisme industriel, et la longueur excessive de la durée de la journée de travail étaient à l'origine d'un grave problème social préoccupant pour les pouvoirs publics. Une action préventive fut tout d'abord engagée dans le cadre de la règlementation de l'hygiène et de la sécurité du travail, domaine où l'intervention légale était relativement peu discutée ; intervint également une législation de la réparation des accidents du travail. La loi du 9 avril 1898 substitue, en matière d'accidents du travail, à la notion classique de responsabilité la notion nouvelle de risque industriel. Auparavant, le travailleur victime d'un accident du travail pouvait en obtenir réparation s'il pouvait faire la preuve qu'une faute de l'employeur était à l'origine de l'accident, preuve difficile à rapporter. En 1898, il fut admis que le fait d'exercer une activité professionnelle implique un risque dont l'employeur et le travailleur doivent supporter les conséquences ; le dommage subi par le travailleur est indemnisé par l'employeur ou l'assurance qu'il a la faculté de se substituer ; toutefois l'indemnisation n'est pas intégrale mais forfaitaire. Le domaine d'application de la loi de 1898 s'est progressivement élargi à l'ensemble des professions au cours de la première moitié du XX$^{e}$ s. ; en outre, depuis la loi du 30 octobre 1946, la notion de risque professionnel a été élargie et s'applique désormais, tout au moins dans les professions non agricoles, à l'ensemble de chaque branche professionnelle, dans le cadre d'une assurance obligatoire dont le monopole a été confié aux organismes de sécurité sociale du régime général.

l'accident est survenu par le fait du travail, lien de causalité indirecte s'il est survenu à l'occasion du travail).

**312. L'accident de trajet.** L'accident de trajet est un accident de droit commun dont le travailleur est victime sur le parcours aller ou retour entre, d'une part, le lieu de son travail et, d'autre part, soit sa résidence principale, soit une résidence secondaire présentant un certain caractère de stabilité, soit encore le lieu où il prend habituellement ses repas, soit même un lieu où il se rend de façon habituelle pour des motifs d'ordre familial (le parcours emprunté doit être le plus court, tout détour ou interruption ne peut être justifié que par les nécessités essentielles de la vie courante).

***Paragraphe 2. La notion de maladie professionnelle***

**313.** Certaines maladies causées par le travail sont assimilées à des accidents du travail ; ce sont les maladies professionnelles. Elles font l'objet d'une énumération limitative. Elles sont classées en trois groupes : les manifestations morbides d'intoxications aigües ou chroniques, les infections microbiennes et les affections présumées résulter d'une ambiance ou d'attitudes particulières. Chaque maladie professionnelle reconnue telle fait l'objet d'un tableau qui énumère, soit à titre purement indicatif (manifestations morbides d'intoxications aigües ou chroniques), soit à titre strictement limitatif (infections microbiennes et affections présumées résulter d'une ambiance ou d'attitudes particulières), les travaux dont la pratique habituelle est susceptible de la provoquer. Ce même tableau fixe la durée du délai de prise en charge, c'est-à-dire de la période maximale pouvant s'être écoulée entre la date de la cessation des travaux exposant à l'action d'un agent morbide et la date de la première constatation médicale de la maladie (le délai de 5 ans prévu au tableau de la silicose n'est cependant pas opposable au travailleur dont l'état est attesté par un collège de trois médecins). Si un travailleur vient à présenter les signes d'une affection qui ne figure pas sur la liste limitative établie par l'Administration, mais dont cependant l'imputation au travail est médicalement établie, notamment lorsque cette affection a été provoquée par la manipulation d'un produit nocif, il ne peut demander à bénéficier de l'assurance contre les accidents du travail et les maladies professionnelles, mais peut intenter une action contre son employeur dans le cadre du droit commun ; il assume alors la charge de la preuve. Parmi les intoxications, la plus fréquente est l'intoxication par le plomb, ou *saturnisme*. Le plomb adhère aux mains, qui le portent à la bouche lors de l'alimentation. Après une phase initiale, dite « d'imprégnation », surviennent les premiers troubles : *douleurs abdominales avec vomissement (coliques de plomb), paralysie des doigts, néphrite chronique avec* hypertension. Le plomb provoque comme première réaction de l'organisme l'apparition de globules rouges spéciaux, dans lesquels on note des granulations mises en évidence par des colorants : ce sont les *hématies ponctuées.* On peut encore doser le plomb dans le sang. Les solvants sont très employés dans l'industrie, et leurs vapeurs pénètrent par voie respiratoire. Le benzol détruit la moelle osseuse formatrice du sang, d'où *les anémies et les atteintes des globules blancs.* Parmi les colorants, nous citerons l'aniline et les autres amines aromatiques, qui peuvent transformer l'hémoglobine sanguine en méthémoglobine, d'où une variété *d'asphyxie aigüe*, qui peut aboutir au coma. Certaines maladies infectieuses peuvent être contractées du fait du travail ; il en est ainsi de la *spirochétose ictéro-hémorragique.* La maladie est transmise par les urines des rats, et la contagion peut se faire au cours de certains travaux (abattoirs, égouts, rizières). La tularémie, qui frappe les rongeurs (lièvres), est une maladie d'origine professionnelle chez les garde-chasses et chez les travailleurs des abattoirs et des boucheries. Certaines *tuberculoses* localisées, notamment cutanées, doivent être présumées d'origine professionnelle quand elles sont dues au bacille tuberculeux de type bovin. Comme agents physiques, les trépidations provoquées par les outils pneumatiques entraînent à la longue des lésions du coude ; les rayons X, les *corps radioactifs* peuvent provoquer des *radiodermites, des cancers, des leucémies.* Les poussières déterminent de l'irritation des voies respiratoires et celles qui contiennent de la silice provoquent à la longue une *affection pulmonaire chronique*, la *silicose.* Les *cancers* liés à une cause professionnelle sont connus de longue date : *cancer scrotal des ramoneurs*, dû au goudron de houille ; *cancers de la vessie*, dus aux amines aromatiques.

**Listes des maladies professionnelles reconnues**

**314.** 1° le saturnisme ;
2° l'hydrargyrisme ;
3° l'intoxication par tétrachloréthane ;
4° le benzolisme ;
5° le phosphorisme ;
6° les affections provoquées par les rayons X ou les substances radioactives naturelles ou artificielles, ou toute autre source d'émission corpusculaire ;
7° le tétanos
8° les lésions cutanées causées par l'action des ciments ;

9° les dermatoses causées par l'action des chloronaphtalènes ;
10° les ulcérations causées par l'action de l'acide chronique ;
11° l'intoxication par le tétrachlorure de carbone ;
12° l'intoxication par les dichloréthylènes ;
13° l'intoxication causée par les dérivés nitrés et chloronitrés des carbures benzéniques ;
14° l'intoxication par le dinitrophénol ;
15° les maladies provoquées par les amines aromatiques ;
16° les maladies provoquées par le brai de houille ;
17° les dermatoses causées par l'action du sequisulfure de phosphore ;
18° le charbon ;
19° les leptospiroses ;
20° les maladies causées par l'arsénie ;
21° l'intoxication par l'hydrogène arsénié ;
22° le sulfocarbonisme ;
23° le nystagmus ;
24° les brucelloses ;
25° la silicose ;
26° l'intoxication par le bromure de méthyle ;
27° l'intoxication par le chlorure de méthyle ;
28° l'ankylostomose ;
29° les lésions provoquées par des travaux effectués dans les milieux où la pression est supérieure à la pression atmosphérique ;
30° l'asbestose ;
31° les maladies engendrées par la streptomycine ;
32° les lésions irritatives oculaires et cutanées provoquées par le fluorure double de plucinium et de sodium ;
33° la bérylliose ;
34° l'intoxication par le thiophosphate de diéthyle et paranitrophényle ;
35° les affections ostéo-articulaires provoquées par l'emploi des marteaux pneumatiques ;
36° les dermatoses consécutives à l'emploi de lubrifiants ;
37° les maladies causées par les oxydes et les sels de nickel ;
38° les maladies engendrées par la chlorpromazine ;
39° les maladies engendrées par le bioxyde de manganèse ;
40° les affections dues aux bacilles tuberculeux bovins ;
41° les maladies engendrées par la pénillicine et ses sels ;
42° les affections professionnelles provoquées par les bruits ;
43° les ulcérations causées par l'action de l'aldéhyde formique ;
44° sidèrose ;
45° hépatites virales ;
46° dermatophyties d'origine animale ;

47° maladies causées par les bois exotiques ;
48° troubles angioneurotiques provoqués par les travaux de meulage et de polissage.

### *Paragraphe 3. Les assurés obligatoires*

**315.** La législation sur les accidents du travail et les maladies professionnelles s'applique à l'ensemble des salariés et des travailleurs dépendants et assimilés. Cependant un régime spécial, comportant bien la responsabilité de l'employeur mais n'impliquant pas l'obligation de l'assurance, s'applique aux salariés agricoles ; d'autres régimes spéciaux ont été prévus pour les fonctionnaires, marins et ouvriers de la marine. A ces exceptions près, l'ensemble des salariés est soumis aux règles du régime général ; toutefois les grandes entreprises nationalisées ont été autorisées à être leur propre assureur et ne cotisent pas au régime général. Sont également couverts par le régime général les délégués à la sécurité des mineurs, les élèves des établissements d'enseignement technique, les pupilles de l'éducation surveillée, les détenus des établissements pénitentiaires exécutant un travail et les personnes qui participent bénévolement au fonctionnement d'organismes à objet social. Les non-salariés des professions non agricoles peuvent contracter une assurance volontaire auprès des organismes du régime général. Depuis 1986 sont tenus de s'assurer auprès d'un organisme de leur choix les exploitants agricoles et les membres non-salariés de leur famille âgés de plus de 16 ans.

## Section 2. Les prestations d'incapacité temporaire

**316.** Toute victime d'un accident du travail ou d'une maladie professionnelle peut prétendre aux prestations dès et tant qu'elle remplit les conditions d'assujettissement au moment de l'accident. Aucune durée de présence dans l'assurance n'est exigée : un travailleur est couvert dès le moment où il quitte son domicile pour prendre un travail pour la première fois. On distingue les prestations en nature et les prestations en espèces. Les prestations en nature correspondent à la prise en charge par l'assurance des frais nécessités par le traitement, la réadaptation fonctionnelle, la rééducation professionnelle et le reclassement de la victime. D'une manière générale, la victime n'a rien à débourser ; la caisse primaire d'assurance maladie verse directement le montant des prestations aux personnes et organismes qui en assurent le service. Les soins, périodiques ou constants, nécessités par le traitement sont pris en charge sans limitation de durée. En principe, le droit aux soins cesse

lorsque la guérison de la victime ou la consolidation de la blessure sont constatées. Cependant il est des cas où l'état d'incapacité permanente s'accompagne de la nécessité permanente de recevoir des soins appropriés, de la nécessité d'une surveillance médicale prolongée ou bien encore du besoin d'un traitement prolongé.
Lorsque le médecin prescrit l'interruption du travail, la victime a droit à une indemnisation pour les pertes de salaires qui sont la conséquence de l'arrêt de l'activité professionnelle. La Caisse de sécurité sociale verse alors des indemnités journalières qui, au même titre que le salaire, sont incessibles et insaisissables. Lorsque la victime est atteinte de silicose ou d'asbestose professionnelle, son état ne peut, en principe être amélioré par des soins médicaux. Le médecin ne prescrit donc pas d'interruption du travail, mais le changement d'emploi en vue d'éviter une aggravation de l'état du malade. En pareil cas, la victime, lorsqu'elle ne peut prétendre à une rente, perçoit une indemnité pour changement d'emploi.

***Paragraphe 1. Les formalités à accomplir au moment d'un accident du travail : La déclaration d'accident***

**317.** Tout accident du travail doit être déclaré à l'employeur ou à son préposé dans les 24 heures et à l'organisme assureur dans les 48 heures. Cette seconde déclaration incombe à l'employeur, sauf en cas de maladie professionnelle (car elle incombe alors à la victime).

**La feuille d'accident.** L'employeur doit remettre à la victime une feuille d'accident. Cette feuille comporte trois volets : l'un est destiné à la victime, le deuxième au médecin qui l'utilise pour présenter sa note d'honoraires, le troisième est destiné au pharmacien ou au fournisseur de prothèse qui l'utilise également pour présenter leur note.

**Le certificat médical initial.** Le médecin traitant fournit un certificat en double exemplaire lorsque la victime lui présente la feuille d'accident.

**Section 3. Les prestations en espèces**

**318.** Lorsque l'accident du travail ou la maladie professionnelle entraîne un arrêt du travail, l'organisme assureur verse des indemnités journalières jusqu'à guérison ou consolidation de l'état ou décès de la victime. Le paiement de la journée de l'accident incombe à l'employeur. Sont exclus du bénéficie de l'indemnité journalière : les assurés volontaires, les détenus et les pupilles de l'éducation surveillée, les élèves des établissements publics et des centres d'apprentissage, les victimes d'un accident résultant de leur faute intentionnelle, ainsi que les victimes de silicose ou d'asbestose professionnelles. L'indemnité journalière est servie pour tous les jours d'arrêt de travail, sans distinction entre les jours ouvrables, les dimanches et les jours fériés. Elle peut être maintenues en tout ou partie en cas de reprise d'un travail léger avant la guérison ou la consolidation de la blessure. En pareil cas, la somme du salaire et de l'indemnité journalière ne peut porter la rémunération de la victime à un montant supérieur à celui du salaire normal des salariés de même catégorie professionnelle. Pendant les 28 premiers jours de l'arrêt du travail, l'indemnité journalière est égale à la moitié du salaire de base. A partir du 29$^{e}$ jour, elle est égale aux deux tiers de ce même salaire. En principe, le salaire de base est égal soit au trentième de la dernière paye mensuelle ou des deux dernières payes de quinzaine, soit au vingt-huitième des quatre dernières payes hebdomadaires ou des deux dernières payes de quatorzaine. En tout état de cause, il n'est pas retenu pour plus d'un centième du maximum de la rémunération annuelle soumise aux cotisations de sécurité sociale (salaire annuel plafonné). Ce salaire de base peut être périodiquement revalorisé pour tenir compte du mouvement général des salaires. Le maximum de salaire de base retenu pour l'indemnité journalière d'accident du travail est égal à 1/360 du salaire annuel plafonné.

**Section 4. Les prestations en nature**

**319.** Elles ne sont pas soumises à un ticket modérateur et sont toujours réglées suivant la modalité du tiers payant.

***Paragraphe 1. Les soins médicaux***

**319 bis.** La feuille d'accident du travail remise par l'employeur à l'assuré blessé ne doit comporter aucun nom de médecin, d'auxiliaire médical, de pharmacien ou d'établissement de soins. En effet, la victime a le libre choix absolu des praticiens, pharmaciens et établissements auxquels elle doit recourir. La victime peut s'adresser à un médecin spécialiste soit spontanément, de sa propre initiative, soit après examen préalable par un omnipraticien (médecin de médecine générale). Le médecin traitant peut prescrire tout examen et toute analyse qu'il juge nécessaire. Le médecin radiologue auquel un examen est confié peut exécuter de son propre chef tous les actes qu'il juge nécessaires. Les soins dispensés par les pharmaciens sont tarifés à l'acte. Les actes dispensés sont inscrits sur les volets 1et 2 de la feuille d'accident ou de maladie professionnelle, conformément à la nomenclature générale des actes professionnels. En principe, l'assuré n'effectue aucun versement d'honoraires au praticien. Il n'en est autrement que dans les cas où le praticien fait usage de la possibilité qu'il a parfois d'effectuer un dépassement : notoriété d'un praticien, exigence particulière de la victime, situation de fortune de cette dernière. En pareil cas, l'assuré ne verse au praticien que la différence entre le montant des honoraires demandés et le tarif de responsabilité de la caisse primaire de sécurité sociale. En règle générale, en effet, c'est à la caisse primaire que le praticien adresse sa demande d'honoraires. Les tarifs de responsabilité des caisses primaires en matière d'accident du travail sont pratiquement égaux aux tarifs pratiqués en matière d'assurance maladie. Cependant, sont réduits à 80% de ces derniers les tarifs applicables aux consultations ou aux visites (sauf en ce qui concerne les maladies professionnelles) ainsi que les consultations données dans un établissement hospitalier public ou un dispensaire conventionné.

***Paragraphe 2. Les produits pharmaceutiques et les analyses***

**320.** Sont pris en charge les préparations officinales, les spécialités pharmaceutiques (inscrites sur la liste des spécialités remboursables aux assurés), les analyses, les examens de laboratoire et diverses autres fournitures (notamment l'optique).

**L'hospitalisation.** La victime d'un accident du travail ou d'une maladie professionnelle peut être hospitalisée dans un établissement de soins privés agréé à dispenser des soins à un assuré social. L'organisme assureur prend en charge les soins médicaux et les frais d'hospitalisation dans la limite de son tarif de responsabilité.

***Paragraphe 3. Les cures thermales***

**321.** L'organisme assureur prend en charge les frais de cures thermales ordonnées à la victime d'un accident du travail ou d'une maladie professionnelle. Les prestations de cure thermale sont les suivantes : forfait médical ; forfait d'hébergement, forfait d'hydrothérapie ; forfait de transport ; frais pharmaceutiques (suivant les modalités habituelles) ; indemnités journalières (suivant les modalités habituelles). Le nombre de cures prises en charge n'est pas limité.

*Paragraphe 4. Les frais de prothèse et d'orthopédie*

**322.** La victime d'un accident du travail ou d'une maladie professionnelle peut prétendre à la fourniture, à la restauration et au remplacement des appareils de prothèse et d'orthopédie nécessaires à la réparation de son infirmité, ainsi qu'à la restauration et au remplacement des appareils de prothèse et d'orthopédie qu'elle portait avant l'accident et que celui-ci a détériorés ou rendu inutilisables. La prothèse a pour objet de remplacer en totalité ou en partie un organe enlevé totalement. L'orthopédie a pour objet de corriger ou de prévenir les infirmités du corps. On distingue le grand appareillage, le petit appareillage et la prothèse dentaire.

**Section 5. La réadaptation fonctionnelle, la rééducation professionnelle et de reclassement**

**323.** La sécurité sociale s'efforce de faire disparaître autant que possible les conséquences physiologiques, économiques et sociales des accidents du travail et des maladies professionnelles. C'est pourquoi figurent parmi ses prestations la réadaptation fonctionnelle et la rééducation professionnelle qui ont pour objet de permettre le reclassement de la victime dans les meilleures conditions possibles.

*Paragraphe 1. La réadaptation fonctionnelle*

**324.** La victime d'un accident du travail ou d'une maladie professionnelle a le droit si son état l'exige de bénéficier d'un traitement spécial destiné à procurer aux membres ou organes atteints par l'accident ou la maladie la récupération de leur fonction normale. Les traitements de réadaptation fonctionnelle sont pratiqués dans des établissements publics ou privés où fonctionne un service installé à cet effet. La victime admise au bénéfice d'un tel traitement doit se soumettre aux traitements et mesures de toute nature prescrits, ainsi qu'aux visites médicales et contrôles ordonnés par la caisse. Elle doit également s'abstenir de toute activité non autorisée. Elle est en outre tenue d'accomplir les exercices ou travaux prescrits en vue de favoriser sa rééducation ou son reclassement professionnel ; le réentraînement à l'effort professionnel peut être effectué chez un employeur auquel le centre de réadaptation confie la victime à cette fin. Le bénéficiaire d'un traitement de réadaptation professionnelle perçoit, pendant la durée du traitement ; soit l'indemnité journalière si son état n'est pas consolidé, une telle rente a été liquidée à son profit (lorsque le montant de l'indemnité journalière est supérieur à celui de la rente, un complément différentiel est versé).

### *Paragraphe 2. La rééducation professionnelle*

**325.** Lorsque la victime d'un accident du travail ou d'une maladie professionnelle devient inapte à exercer sa profession ou une autre sans rééducation ou adaptation préalable, elle a le droit d'être admise gratuitement dans un établissement de rééducation professionnelle ou d'être placée chez un employeur pour y apprendre l'exercice d'une profession de son choix. La rééducation professionnelle peut faire suite à la réadaptation fonctionnelle. La caisse, si elle est favorable à la rééducation professionnelle et si la victime présente les aptitudes nécessaires à l'exercice de la profession de son choix, place l'intéressé dans un centre public ou privé. Les frais de rééducation sont les suivants :
a) les frais de séjour de la victime dans l'établissement de rééducation ;
b) les frais de rééducation proprement dits ;
c) les frais de déplacement (transport par le mode le plus économique de la résidence de la victime au siège de l'établissement, et vice versa, à raison d'un seul déplacement aller et retour par an) ;
d) les appareils de prothèse nécessaires pour la rééducation professionnelle ;
e) un complément d'indemnité (pendant la durée de son stage de rééducation, la victime perçoit les indemnités journalières ou une rente d'incapacité permanente) ;
f) une prime de fin de rééducation (la victime de nationalité congolaise qui a suivi intégralement un stage de rééducation estimé satisfaisant par le chef d'établissement peut prétendre à une prime de fin de rééducation dont le montant varie entre trois et cinq fois le montant du plafond du salaire journalier servant de base au calcul de l'indemnité journalière).

### *Paragraphe 3. Le reclassement*

**326.** Le reclassement des diminués physiques peut être réalisé : par le placement direct de l'intéressé dans un emploi compatible avec sa déficience (diminué non améliorable) ; par le placement chez un employeur à l'issue d'un stage de formation ou de rééducation professionnelle, ou par l'aide matérielle accordée au bénéficiaire d'un stage de rééducation professionnelle pour s'installer à son compte. Il existe des dispositions générales valables pour le reclassement de tous les diminués physiques : victimes de la guerre, assurés sociaux, bénéficiaires de l'aide sociale. La victime d'un accident du travail ou d'une maladie professionnelle peut ainsi obtenir, notamment, un prêt d'honneur en vue de son installation ; le montant maximal d'un tel prêt représente 180 fois le plafond du salaire journalier de base de l'indemnité journalier.

**327. Les frais de déplacement.** L'organisme assureur prend en charge les frais de transport de la victime du lieu de l'accident à la résidence ou à l'établissement hospitalier, ainsi que les frais de transport pour se rendre de l'établissement hospitalier à la résidence. Cet organisme prend également en charge les frais de déplacement, les frais de séjour et les indemnités compensatrices auxquels la victime aurait pu prétendre si elle avait été prise en charge par l'assurance maladie.

# CHAPITRE 5. LES PRESTATIONS D'INCAPACITE PERMANENTE

**328.** Lorsque l'accident du travail ou la maladie professionnelle entraîne pour l'assuré une incapacité de travail permanente ou bien son décès, l'assurance a la charge des prestations en espèces énumérées ci-dessous :
- une rente à l'assuré atteint d'une incapacité permanente totale ou partielle ;
- une rente à certains ayants droit de l'assuré lorsque ce dernier décède du fait de l'accident ;
- un capital représentant le remboursement des frais funéraires en cas d'accident mortel.

## Section 1. La rente de l'assuré

**329.** L'assuré qui a été victime d'un accident du travail ou d'une maladie professionnelle et qui reste atteint d'une incapacité permanente partielle ou totale de travail peut prétendre à une rente viagère incessible et insaisissable. Le calcul du montant initial de la rente versée à l'assuré victime d'un accident du travail ou d'une maladie professionnelle et qui reste atteint d'une incapacité permanente de travail (totale ou partielle) comporte trois opérations :
1° la détermination du taux d'incapacité de travail à retenir pour le calcul de la rente ;
2° la détermination du salaire de base ;
3° le calcul proprement dit du montant initial de la rente.

## Section 2. La détermination du taux d'incapacité

**330.** Il appartient à l'organisme assureur de fixer le taux de l'incapacité permanente de l'assuré après avis de son médecin conseil. Si la Caisse et l'assuré ne sont pas d'accord sur le chiffre de l'incapacité de travail, il y a lieu de recourir au *contentieux technique.* Le taux de l'incapacité permanente est fixé en tenant compte du dommage corporel, évalué sur les bases d'un *barème indicatif d'invalidité* et du préjudice social et économique subi par la victime. Autrement dit, sont pris en considération : la nature de l'infirmité, l'état général, l'âge, les facultés physiques et mentales, les aptitudes et la qualification professionnelle de la victime. Le taux d'incapacité de travail ainsi déterminé n'est pas retenu tel que pour le calcul de la rente. La fraction du taux d'incapacité inférieure ou égale à 50% est diminuée de moitié, alors que la fraction du taux d'incapacité supérieure à 50% est majorée de moitié.

## Section 3. La détermination du salaire de base

**331.** Le salaire de base qui sert pour le calcul de la rente est déterminé en fonction de la rémunération effective totale perçu, chez un ou plusieurs employeurs, pendant les douze mois ayant précédé l'arrêt du travail consécutif à l'accident du travail ou à la maladie professionnelle. Mais l'Administration fixe chaque année un salaire minimal applicable lorsque le salaire réel est inférieur dans tous les cas où le taux de l'incapacité permanente est au moins égal à 10%. Par ailleurs, le législateur refuse de prendre en considération la fraction du salaire réel supérieure à huit fois le montant du salaire minimal. Dans tous les cas où la rémunération effective totale est supérieure au salaire de base minimal, il convient de calculer ainsi le salaire de base : fraction de la rémunération supérieure au double du salaire de base minimal et inférieure à huit fois ce même salaire de base minimal : retenir un tiers de cette fraction.

**Le calcul de la rente.** Le montant initial de la rente résulte de la multiplication du salaire de base par le taux de l'incapacité de travail, préalablement diminué ou majoré.

## Section 4. Les compléments éventuels de la rente

**332.** Au montant de la rente ainsi calculée peuvent éventuellement s'ajouter divers compléments.

### *Paragraphe 1. La majoration pour tierce personne*

**332 bis.** Lorsqu'une victime d'accident du travail atteinte d'une incapacité permanente totale se trouve, en outre, dans la nécessité d'avoir recours à l'assistance d'une tierce personne pour effectuer les actes ordinaires de la vie, le montant de sa rente est augmenté du montant de la majoration pour tierce personne. Le montant de cette majoration est, en principe, égal à 40% du montant de la rente. Toutefois, il ne peut en aucun cas être inférieur à un minimum fixé chaque année par l'Administration.

### *Paragraphe 2. La majoration pour faute inexcusable*

**333.** Si l'accident est imputable à la faute inexcusable de l'employeur ou de ceux qu'il s'est substitué, la victime a droit à une majoration de sa rente. Cette majoration est payée par l'organisme assureur, qui est fondé à récupérer le montant de la majoration spéciale pour faute inexcusable sur l'employeur au moyen d'une cotisation supplémentaire. La jurisprudence entend par faute inexcusable une faute d'une gravité exceptionnelle, dérivant soit d'un acte positif, soit d'une omission volontaire de la conscience du danger que devait en avoir son auteur, de l'absence de toute cause justificative ainsi que de toute intention volontaire.

### *Paragraphe 3. La rente complémentaire pour faute intentionnelle*

**334.** Si, à l'origine de l'accident, il y a une faute intentionnelle de l'employeur ou d'un de ses préposés, la victime peut prétendre à une indemnisation complémentaire dans le cadre du droit commun. En pareil cas, la victime a droit soit à un capital, soit à une rente complémentaire. Lorsque la victime bénéficie d'une rente complémentaire pour faute intentionnelle, le montant de celle-ci est versé par la Caisse nationale des retraites pour la vieillesse auprès de laquelle le débiteur de la rente doit la constituer par le versement d'un capital. Pour qu'il y ait faute intentionnelle, deux caractères doivent être réunis :
1° le caractère volontaire de l'acte ou de l'abstention susceptible de causer l'accident ;
2° l'intention de nuire, la volonté de causer un dommage ;
La victime doit faire reconnaître par les tribunaux civils ou pénaux de droit commun qu'il y a eu faute intentionnelle. L'organisme assureur peut déterminer à l'auteur de la faute intentionnelle le remboursement intégral des prestations qu'il a servies.

**La revalorisation annuelle de la rente.** Lorsque la victime d'un accident du travail ou d'une maladie professionnelle perçoit une rente correspondant à une incapacité de travail au moins égale à 10%, elle bénéficie d'une revalorisation annuelle du montant de sa rente qui s'effectue au moyen d'un coefficient fixé par le ministre des Affaires sociales.

**La révision de la rente.** Le montant de la rente peut être modifié lorsque l'incapacité permanente, imputable à l'accident ou à la maladie, se réduit ou s'aggrave.

## Section 6. Le rachat et la conversion de la rente

**335.** Il peut être procédé au rachat de la rente, c'est-à-dire au paiement par l'organisme assureur d'un capital qui le libère ensuite, en tout ou partie, de l'obligation de verser une rente viagère,. Le rachat est soit obligatoire (taux d'incapacité inférieur à 10% montant de la rente inférieur à 1/80 du salaire annuel minimum), soit facultatif (à la demande du titulaire de la rente après cinq années de versement). Le rachat est intégral si la demande est formée par un assuré majeur dont l'incapacité de travail n'est pas supérieure à 10%. Dans les autres cas, la somme versée est au plus égale au capital représentatif d'une rente calculée sur la base d'une incapacité de travail de 50%; la victime continue à percevoir la partie de rente non rachetée. Par ailleurs, le bénéficiaire de la rente peut demander la conversion de tout ou partie de sa rente viagère personnelle en une rente viagère réversible sur la tête du conjoint survivant et, de ce fait, d'un montant réduit.

***Paragraphe 1. Les rentes de survivants***

**336.** Lorsque l'assuré décède des suites d'un accident du travail ou d'une maladie professionnelle, s'ouvre un droit à pension au profit de certains membres de sa famille : le conjoint survivant ; les enfants de la victime âgés de moins de 16 ans (cette limite d'âge est, dans certains cas, portée à 17 et même 20 ans) ; les descendants autres que les enfants recueillis ; les ascendants.
Le montant des rentes de survivants est calculé en fonction du salaire annuel de base de la victime. Des rentes de survivants peuvent être versées simultanément à plusieurs ayants droit. Toutefois, leur montant global ne peut être supérieur à 85% du salaire annuel de base de la victime.

***Paragraphe 2. Les frais funéraires et de transport du corps***

**337.** En cas d'accident suivi de mort, l'organisme assureur rembourse à la personne qui les a réellement supportés les frais funéraires, d'autre part le 1/24 du plafond du salaire soumis à cotisation. Le montant des frais funéraires est déduit du capital décès des assurances sociales. Par ailleurs, la caisse primaire d'assurance maladie supporte les frais de transport du corps au lieu de sépulture au Congo, dans la mesure où ces frais se trouvent soit exposés en totalité, soit augmentés du fait que la victime a quitté sa résidence à la demande de son employeur.

***Paragraphe 3. La prévention***

**338.** Le Code de la sécurité sociale comporte un certain nombre d'articles ayant pour objet d'organiser la diminution des risques professionnels. Le système de cotisation a pour objet d'inciter les employeurs à veiller au maximum à la sécurité de leur personnel. La Caisse nationale et les caisses régionales d'assurance maladie se sont vu confier un rôle important en matière d'étude du problème et d'incitation aux entreprises à réduire les risques professionnels. A côté de mesures financières d'encouragement aux entreprises (ristournes sur cotisation, subventions et avances), les caisses peuvent prendre des mesures générales de propagande et d'enregistrement. La Caisse nationale d'assurance maladie dispose à cet effet d'un fonds de prévention qui finance un bureau national de sécurité et attribue des avances aux entreprises. Des Comités techniques nationaux ont été créés dans chaque branche d'activité et peuvent provoquer l'extension à tout le territoire de mesures rendues obligatoires par une caisse régionale.

# CHAPITRE 6. LES PRESTATIONS FAMILIALES[182]

## Section 1. Les bénéficiaires

---

[182] **Le développement historique.** Les écrivains socialistes du XIXe siècle estimaient que le travail ne devait pas être considéré comme une marchandise semblable aux autres et préconisaient la prise en considération des besoins des travailleurs lors de la fixation de leur rémunération. S'inspirant de ces doctrines, Napoléon III décide de verser un léger supplément de solde aux militaires chargés de famille. De leur côté, quelques patrons chrétiens versent un sursalaire familial à ceux de leurs ouvriers qui ont des charges de famille (Harmel, Klein) ; le souci de la compétitivité des prix de revient ne permet guère le développement de ces initiatives que les pouvoirs publics s'efforcent cependant d'encourager ; une loi de 1917 décide le paiement aux fonctionnaires d'indemnité pour charges de famille, et un décret réserve les commandes publiques aux entreprises privées qui versent des indemnités de même nature à leur personnel. L'invention du système de la compensation par Romanet et Marcesche permet le développement du procédé ; les industriels intéressés par les marchés publics créent entre eux, spontanément, des caisses de compensation auxquelles ils versent une cotisation calculée sur la base de la masse globale de salaires payés, et cette caisse attribue des allocations aux travailleurs de ces entreprises qui ont des charges de famille. Le développement de l'institution fut remarquable dans l'industrie des travaux publics et moyens dans quelques autres industries ; il était à peu près nul dans la petite industrie et dans les professions commerciales. C'est pourquoi la loi du 11 mars 1932 rendit obligatoire l'adhésion à une caisse de compensation dans les professions industrielles et commerciales ; le décret-loi du 30 octobre 1935 étendit le système aux professions agricoles. La pénible situation démographique de la France à la veille de la Seconde Guerre mondiale (depuis 1935 le nombre annuel des décès dépassait celui des naissances, conséquence de la pratique du contrôle des naissances notée en France depuis la fin du XVII^e^ siècle) devait conduire les pouvoirs publics à intensifier la politique d'aide aux familles. En 1938, le bénéfice des allocations familiales est étendu aux petits artisans ruraux et aux petits exploitants agricoles ; en 1939, le Code de la famille élargit le système en faveur des travailleurs non-salariés, des chômeurs et des victimes des accidents du travail. Le gouvernement de Vichy et les premiers gouvernements d'après la Libération développent l'institution en ajoutant des préoccupations purement familiales aux préoccupations natalistes de 1938 et de 1939. La loi du 11 août 1946 constitue la charte actuelle des prestations familiales. Il convient de souligner que ces prestations ne sont qu'un volet d'une politique familiale cohérente dont le quotient familial (allègement fiscal), les tarifs réduits de transport, les priorités en matière d'attribution de logement, les bourses scolaires, etc, sont les autres volets.

**339.** Les bénéficiaires des prestations familiales sont évidemment les enfants qui auront droit à ces prestations, mais mineurs ils ne les perçoivent pas eux-mêmes. Les prestations sont versées aux allocataires ou dans certains cas aux attributaires.

### *Paragraphe 1. Les allocataires*

**339 bis.** L'allocataire est la personne physique du chef de laquelle le droit à une prestation familiale est ouvert. « Toute personne résidant au Congo, ayant à sa charge, comme chef de famille ou autrement, un ou plusieurs enfants résidant au Congo bénéficie pour ces enfants des prestations familiales. »[183] Cependant, si les prestations prénatales et de maternité sont bien versées à tout chef de famille remplissant les conditions d'attributions spéciales à ces deux prestations, une condition supplémentaire est exigée de celui qui postule l'une des autres prestations familiales : il doit exercer une activité professionnelle au Congo ou justifier être dans l'impossibilité d'exercer une telle activité.

### *Paragraphe 2. La condition de résidence*

**340.** L'allocataire doit effectivement résider au Congo. Toutefois, des dérogations au principe de résidence effective ont été prévues pour les marins du commerce et les marins pêcheurs, les travailleurs frontaliers, les personnes résidant avec les troupes stationnant en pays de la CEMAC et les travailleurs en déplacement momentané hors du Congo (6 à 12 mois période renouvelable une fois).

## Section 2. La condition d'activité professionnelle

**341.** L'allocataire doit consacrer à une activité professionnelle au Congo « le temps moyen qu'elle requiert » et en tire « des moyens normaux d'existence. » Des normes indicatives ont été prévues en ce qui concerne le « temps moyen d'activité » (en principe pour les salariés) et les « moyens normaux d'existence » (en principe, le salaire de base servant au calcul des prestations familiales pour les salariés ; le plafond de la première tranche de revenu retenu pour le calcul de la cotisation des non-salariés non agricoles ; la valeur cadastrale de l'exploitation type pour les exploitants agricoles). Lorsqu'un chef de famille exerce simultanément plusieurs activités (salariée, non salariée non agricole, non salariée agricole), il est tenu compte de l'ensemble de ces activités. Les chefs de

---

[183] Art. 511 L du Code de la sécurité sociale

famille qui ne remplissent pas la condition d'activité professionnelle suffisante peuvent faire la preuve qu'ils sont dans l'impossibilité d'exercer une activité professionnelle normale devant un organisme prévu à cet effet par l'article 3 du R.A.P. du 10 décembre 1986 dit « commission de l'article 3 ». Sont cependant dispensés de cette justification : les femmes seules ayant au moins deux enfants à charge ; les veuves d'allocataires ; les salariés en état d'interruption temporaire de travail (assuré social malade, femme en couches et accidenté du travail indemnisé par la sécurité sociale ; salarié en congé légal, en chômage intempérie, en grève ou victime d'un lockout, ou licencié pendant qu'il perçoit son indemnité de licenciement ; pensionné invalidité à 40%, accidenté du travail ; pensionné vieillesse ; chômeur secouru) ; les chefs de famille appelés sous les drapeaux ou détenus, les titulaires de l'allocation aux vieux travailleurs salariés, de l'allocation spéciale ou de l'allocation aux aveugles et grands infirmes civils ; les non-salariés en état d'interruption de travail de courte durée (vacances, maladie, périodes militaires) dès lors que cette interruption ne s'étend pas sur la totalité d'un trimestre. Les veuves d'allocataires perçoivent les prestations familiales auxquelles aurait droit leur conjoint.

### Section 3. La condition de charge de famille

**342.** Est considéré comme constituant une charge de famille l'enfant qui :
1° réside effectivement sur le territoire congolais (dérogations prévues pour l'enfant résidant en territoire occupé avec ses parents, l'enfant de travailleur frontalier ou saisonner étranger, l'enfant de travailleur immigré, l'enfant résidant momentanément hors du Congo ;
2° est à la charge effective de l'allocataire, qu'il y ait ou non lien de parenté ;
3° est âgé de moins de 15 ans, la limite d'âge étant reportée à 18 ans pour les apprentis et à 20 ans pour les enfants poursuivant leurs études, pour les enfants infirmes ou atteints d'une maladie chronique, ainsi que pour les jeunes filles s'occupant exclusivement du ménage et de l'éducation d'au moins deux enfants de moins de 14 ans à la charge de l'allocataire. Les allocations familiales sont dues tant que dure l'obligation scolaire et six mois au-delà pour l'enfant à charge non salarié.

### Section 4. Les attributaires

**343.** Dans certains cas, les prestations ne sont pas versées à l'allocataire, mais à une autre personne : l'attributaire. C'est notamment le cas lorsque le père est déchu partiellement ou totalement de sa puissance paternelle (mère attributaire) ou lorsque le versement au père risquerait de priver les enfants du bénéfice des prestations (mère, ascendant ou œuvre privée attributaires). C'est également le cas lorsqu'il y a tutelle aux prestations familiales, c'est-à-dire quand le juge des enfants désigne un tuteur (personne physique ou morale) en qualité d'attributaire total ou partiel parce qu'il est constaté que les prestations ne sont pas employées dans l'intérêt des enfants. Il convient également de noter que les caisses d'allocations familiales peuvent inscrire dans leur règlement intérieur que les prestations sont versées à un attributaire au lieu et place de l'allocataire.

**L'interdiction du cumul.** Un même enfant ne peut ouvrir droit aux prestations familiales ou à des avantages similaires qu'au profit d'un seul allocataire. Des règles précises de priorité ont été établies en vue d'interdire tout cumul de cette sorte. Un allocataire peut cependant cumuler les indemnités pour charges de famille, versées par son employeur ou l'organisme qu'il s'est substitué, avec les prestations familiales légales.

## Section 5. Les diverses prestations

**344.** Il convient de distinguer :

a) les prestations générales d'entretien ;
b) les prestations pour la naissance ;
c) les prestations à affectation spéciale.

Les prestations familiales autres que l'allocation-logement sont calculées en fonction d'un salaire de base dont le montant est fixé par décret pour le département de Brazzaville, des abattements de zone de 0 à 4% (premier semestre 1987) étant appliqués en campagne

### *Paragraphe 1. Les prestations générales d'entretien*

**345.** Les prestations générales d'entretien sont versées mensuellement aux allocataires ou attributaires. Elles peuvent faire l'objet de la tutelle aux prestations familiales. Elles sont réservées aux chefs de famille qui exercent une activité professionnelle suffisante ou justifient leur impossibilité d'exercer une telle activité.

*Paragraphe 2. Les allocations familiales proprement dites*

**346.** L'allocataire doit justifier avoir au moins deux enfants à charge.
Leur montant est égal à 22% du salaire de base pour deux enfants, à 55% pour trois enfants à 88% pour quatre enfants, etc. (33% en plus par enfant à charge en sus de quatre).
A ces allocations familiales s'ajoutent divers éléments :
1° les majorations pour enfants de plus de 10 ans, qui sont égales à 9% du salaire de base ; il n'est versé de majoration aux familles de moins de 3 enfant à charge a plus de 15 ans ;
2° les indemnités compensatrices, réservées aux seuls allocataires salariés et dont le montant est fixé, depuis de 1er janvier 1988, à 3.000 F pour le deuxième enfant et 4.500 F pour chacun des suivants. Cette indemnité a été créée en 1988 à l'occasion d'une réforme fiscale portant suppression de l'impôt cédulaire sur les salaires, qui était précompté par l'employeur sur les rémunérations des salariés suivant un barème tenant compte des charges de famille de ceux-ci.

*Paragraphe 3. L'allocation de salaire unique*

**347.** Cette allocation est versée aux chefs de famille dont la principale activité est salariée et dont le conjoint n'exerce aucune activité professionnelle (est cependant tolérée une activité réduite procurant un revenu d'appoint ne dépassant pas 1/3 du salaire de base s'il y a deux enfants à charge ou la moitié de ce même salaire s'il y a plus de deux enfants à charge au foyer).
Le taux de cette allocation est égal à 20 % du salaire de base pour un seul enfant à charge (le paiement de l'allocation cesse lorsque l'enfant atteint son cinquième anniversaire, sauf s'il s'agit d'un enfant à charge d'un allocataire isolé ou d'un allocataire dont le conjoint est malade et infirme sans disposer des revenus nécessaires pour l'entretien de cet enfant, ou s'il s'agit du dernier enfant à charge d'une famille ayant eu plusieurs enfants), à 40 % du salaire de base pour trois enfants à charge ou davantage. Depuis 1986, le montant du salaire de base sur lequel est calculée l'allocation de salaire unique est inférieure au montant du salaire de base sur lequel sont calculées les allocations familiales.

*Paragraphe 4. L'allocation de la mère au foyer*

**348.** Cette allocation, créée en 1986 pour les exploitants agricoles et en 1988 pour les employeurs et travailleurs indépendants, est attribuée aux chefs de famille qui exercent une activité professionnelle non salariée, dont le conjoint ne bénéficie pas d'un revenu professionnel distinct et se consacre principalement aux tâches du foyer et à l'éducation des enfants. Le taux de cette allocation reste encore plus élevé dans le régime agricole que dans le régime général. Le calcul de l'allocation s'effectue au moyen du salaire de base applicable à l'allocation de salaire unique. L'allocation de la mère au foyer peut être versée lorsque le père étant dans l'impossibilité de travailler, la mère exerce une activité professionnelle qui ne l'empêche pas d'être en mesure de se consacrer aux tâches du foyer et à l'éducation des enfants. Le droit à l'allocation est également ouvert aux allocataires isolés dont l'activité professionnelle est exercée au foyer, ou leur permet de rester en mesure de consacrer un temps suffisant aux tâches du foyer et à l'éducation des enfants.

| | Régime Agricole | Régime Général |
|---|---|---|
| Enfant de moins de 5ans | 10 % | Néant |
| deux enfants | 25 % | 10 % |
| trois enfants | 50 % | 20 % |
| quatre enfants | 50 % | 30 % |
| cinq enfants | 50 % | 40 % |
| six enfants et plus | | 50 % |

### *Paragraphe 5. Les prestations pour la naissance*

**349.** Aucune condition d'activité professionnelle n'est exigée. Elles ne semblent pas pouvoir faire l'objet d'une mesure de tutelle aux prestations familiales.

**Les allocations prénatales.** Ces prestations, dont le caractère nataliste est indéniable, sont attribuées à toute femme en état de grossesse résidant au Congo. La future mère doit déclarer sa grossesse dans les trois premiers mois de celle-ci et se soumettre à divers examens prénataux : avant la fin du troisième mois, au cours du sixième et au cours du huitième mois. Si la déclaration de grossesse a été faite dans les délais et si les examens ont été subis, les allocations prénatales sont versées pendant toute la durée de la grossesse. Le taux mensuel de ces allocations est égal à 22 % du salaire de base applicable aux allocations familiales. Les allocations prénatales font l'objet de trois versements (deux mensualités après le premier examen ; quatre mensualités après le deuxième ; le solde après le troisième).

*Paragraphe 6. L'allocation de maternité*

**350.** Cette allocation a pour objet de permettre de faire face aux dépenses provoquées par l'entrée d'un enfant au foyer. L'enfant doit être de nationalité congolaise ou acquérir cette nationalité dans les trois mois, être né viable et être légitime ou reconnu. La naissance doit avoir eu lieu au Congo. Toute première naissance survenue avant que la mère ait 25 ans ou dans les deux ans du mariage ouvre droit à l'allocation. Il en est de même pour toute naissance ultérieure survenue dans les trois ans de la précédente naissance. Le montant de l'allocation est égal à deux fois le montant du salaire de base applicable au calcul des allocations familiales (le plus élevé du département de résidence). L'allocation fait l'objet de deux versements égaux l'un à la naissance, l'autre six mois après si l'enfant est toujours vivant et à la charge de ses parents.

**Le congé de naissance.** Les prestations à affectation spéciale. Ces prestations sont d'origine plus récente que la plupart des autres prestations familiales.

*Paragraphe 7. L'allocation de logement*

**351.** Au Congo, cette allocation a été créée en 1988 lors de la remise en état du prix des locaux d'habitation par la Société de la promotion et de la gestion immobilière (SOPROGI). Elle est destinée à couvrir une partie des dépenses auxquelles les familles doivent faire face pour se loger dans des conditions convenables. En principe, le service de l'allocation de logement est réservé aux bénéficiaires des allocations familiales ou de l'allocation de salaire unique. Peuvent cependant y prétendre également, mais pendant deux années seulement après le mariage, les jeunes ménages qui ne bénéficient que d'un seul revenu professionnel si ce revenu provient d'une activité salariée ou d'une activité non salariée agricole.[184] Pour pouvoir prétendre à l'allocation, la famille doit disposer d'un logement répondant à des normes minimales de salubrité et de peuplement, et affecter à ce logement une fraction suffisante de ses ressources. Le montant de l'allocation est calculé en fonction du loyer réel effectivement payé (dans les limites d'un certain plafond variant avec la composition de la famille) et du loyer minimal fictif (déterminé sur la base des ressources de la famille). Le règlement de l'allocation est mensuel.

[184] Art. L. 536, 2° § du Code de la sécurité sociale

*Paragraphe 8. Une prime de déménagement*

**352.** Elle peut être, en outre, versée aux familles qui améliorent notablement leurs conditions de logement ; le nouveau logement doit donner droit à l'allocation de logement, que le logement précédent y ait ou non donné droit.

***Paragraphe 9. L'allocation d'éducation spécialisée pour les mineurs infirmes***

**353.** Cette allocation a été créée en 1986 en vue d'apporter une aide financière aux parents de mineurs infirmes ; elle est destinée à leur permettre de procéder au placement de l'enfant dans un établissement adapté à son état. L'allocataire doit résider au Congo et exercer une activité professionnelle au Congo (ou justifier de l'impossibilité d'en exercer une) ; toutefois, la femme seule sans activité professionnelle et ayant un ou plusieurs enfants à charge peut y prétendre. L'enfant doit avoir moins de 20 ans, être atteint d'une infirmité sérieuse justifiant une éducation ou une formation professionnelle spécialement adaptée, être à la charge entière de l'allocataire et recevoir l'éducation spécialisée soit dans un établissement public, soit dans un établissement privé agréé. Peu importe qu'il ouvre ou non droit aux allocations familiales ou à l'allocation de salaire unique. L'allocation dont le montant est égal à 50 % du salaire de base applicable aux allocations familiales est payable mensuellement. Elle est versée pour douze mois, son attribution pouvant être renouvelée.

# QUATRIEME PARTIE : L'ADMINISTRATION DU TRAVAIL

# TITRE 1. LES ORGANISMES ET MOYENS D'EXECUTION

## CHAPITRE 1. LES MISSIONS DE L'ADMINISTRATION DU TRAVAIL

**354.** L'administration du travail est chargée, sous l'autorité du Ministre du travail et de la prévoyance sociale, d'assurer dans le domaine du travail, de l'emploi, de la promotion et de la prévoyance sociale un rôle de conception et de conseil, de coordination et de contrôle.
Elle a notamment pour mission :
a) d'élaborer tous les projets de lois ou de règlements intéressant la condition des travailleurs, les rapports professionnels, l'emploi et le placement des travailleurs, la formation et le perfectionnement professionnel, la prévoyance sociale ;
b) de veiller à l'application de ces lois et règlements ;
c) d'éclairer de ses conseils et de ses recommandations les employeurs et les travailleurs ;
d) de conseiller, de coordonner et de contrôler les services et organismes concourants à l'application de la législation du travail et de la prévoyance sociale ;
e) de réaliser, en collaboration avec les autorités et organismes intéressés, la meilleure organisation possible du marché de l'emploi comme partie intégrante du programme national tendant à assurer et à maintenir le plein emploi, ainsi qu'à développer et à utiliser pleinement les ressources productives ;
f) de réunir et tenir à jour les données statistiques relatives aux conditions d'emploi et de travail et aux opérations de prévoyance sociale ;
g) de suivre les relations avec les autres Etats et les organisations internationales en ce qui concerne les questions du travail, de l'emploi, de la promotion et de la prévoyance sociale.
L'Administration du travail comporte :
1° auprès du Ministre, une direction générale du travail et de la prévoyance sociale à laquelle fait partie intégrante la direction centrale de la main d'œuvre et de la formation professionnelle ;
2° des inspecteurs du travail et des lois sociales auxquelles sont rattachés des contrôles du travail ;
3° des bureaux de placement.
L'organisation et le fonctionnement de la direction générale du travail et de la prévoyance sociale et des services subordonnés sont fixés par décret. Un arrêté du Ministre du travail et de la prévoyance sociale fixe le ressort territorial des inspections du travail, des contrôles du travail et des

Bureaux de placement. Outre les autres attributions que leur confère la loi, la Direction générale du travail et de la prévoyance sociale assume les attributions prévues aux alinéas a), b), e), f) et g) de l'article précédent, les inspections du travail et des lois sociales celles prévues aux alinéas b) et c), les Bureaux de placement, celles prévues aux alinéas e), les Bureaux de placement relèvent de la Direction générale du travail et de la prévoyance sociale avec laquelle ils correspondent directement.[185]

**Section 1. Le corps de l'inspection du travail et des lois sociales**

**355.** Le corps de l'inspection du travail et des lois sociales comprend des administrateurs, des inspecteurs, des contrôleurs principaux et des contrôleurs du travail. Les fonctionnaires du corps de l'inspection du travail et des lois sociales prêtent serment de bien et fidèlement remplir leur charge et de ne pas révéler, même après avoir quitté leur service, les secrets de fabrication et, en général, les procédés d'exploitation dont ils pourraient prendre connaissance dans l'exercice de leurs fonctions. Ce serment est prêté par écrit devant la Cour d'appel en ce qui concerne des Administrateurs et des Inspecteurs du travail, devant le Tribunal de grande instance en ce qui concerne les Contrôleurs principaux et contrôleurs du travail. Toute violation de ce serment est punie conformément aux dispositions du Code pénal prévues en la matière. Ils doivent tenir pour confidentielle toute plainte leur signalant un défaut dans l'installation des dispositifs d'hygiène et de sécurité ou une infraction aux dispositions légales et règlementaires. Les fonctionnaires du corps de l'inspection du travail et des lois sociales ne sauraient avoir un intérêt quelconque direct ou indirect, dans les entreprises placées sous leur contrôle. Les Inspecteurs du travail et des lois sociales ainsi que les fonctionnaires responsables d'un bureau de contrôle du travail peuvent constater, par procès-verbal faisant foi jusqu'à preuve du contraire, les infractions aux dispositions de la législation et de la règlementation du travail. Ils sont habilités à saisir directement les autorités judiciaires compétentes. Tout procès-verbal devra être notifié par la remise d'une copie certifiée conforme à la partie intéressée ou à son représentant. A peine de nullité des poursuites à intervenir, cette remise doit être effectuée dans les 15 jours de la constatation de l'infraction soit par lettre recommandée avec accusé de réception soit directement de la main à la main contre récépissé daté et signé par l'employeur ou son représentant.

[185] Article 149 et 150

Un exemplaire du procès-verbal est déposé au parquet, un second envoyé au directeur général du travail et de la prévoyance sociale, un troisième est classé aux archives de l'inspection.
Les autorités habilitées par le présent article à dresser procès-verbaux, sont tenues informées par le parquet de la suite réservée à ces procès-verbaux.[186]

**356.** Les inspecteurs du travail et des lois sociales ainsi que les fonctionnaires responsables d'un bureau de contrôle du travail ont dans leur ressort territorial l'initiative de leurs tournées et de leurs enquêtes dans le cadre de la législation en vigueur. Ils ont le pouvoir de :
a) pénétrer librement et sans avertissement préalable, à toute heure du jour, dans les établissements assujettis au contrôle de l'inspection où ils peuvent avoir un motif raisonnable de supposer que sont occupées des personnes jouissant de la protection et de les inspecter. Ils préviendront au début de leur inspection, l'employeur ou son représentant qui pourra les accompagner au cours de leur voyage.
b) pénétrer la nuit dans les locaux où il est constant qu'il est effectué un travail de nuit collectif. Pour l'exercice du pouvoir de libre entrée spécifié aux alinéas (a et b) ci-dessus, l'employeur est tenu de présenter toutes dispositions pour que le libre accès à l'entreprise soit assuré à l'inspecteur du travail et des lois sociales en tout état de cause et sur le champ, même si la visite est inopinée et même au cas où il est absent.
c) requérir, si besoin est, les avis et les consultations de médecins et techniciens, notamment en ce qui concerne les prescriptions d'hygiène et de sécurité. Les médecins techniciens sont tenus au secret professionnel dans les mêmes conditions et sous les mêmes sanctions que les inspecteurs du travail et des lois sociales.
d) se faire accompagner, dans leurs visites, d'interprètes officiels assermentés et des membres du bureau syndical de l'entreprise visitée, ainsi que des médecins et techniciens visés au paragraphe c) ci-dessus.
e) procéder à tous les examens, contrôles ou enquêtes jugés nécessaires pour s'assurer que les dispositions applicables sont effectivement observées et notamment :
1° Interroger, avec ou sans témoin, l'employeur ou personnel de l'entreprise, contrôler leur identité, demander des renseignements à toutes autres personnes dont le témoignage peut sembler nécessaire.
2° Requérir la production de tout registre ou document dont la tenue est prescrite par la loi et par les textes pris pour son application.

[186] Articles 151 à 154

3° Prélever et emporter aux fins d'analyse, en présence du chef d'entreprise ou du chef d'établissement ou de son suppléant et contre reçu, des échantillons des matières et substances utilisées ou manipulées.
4° Convoquer par écrit à l'inspection du travail et des lois sociales tout employeur ou tout travailleur, et en cas de refus d'obtempérer dans un délai normal à cette convocation, dresser procès-verbal.[187]

**357.** Des contrôleurs principaux et des contrôleurs du travail assistent les inspecteurs du travail et des lois sociales dans le fonctionnement des services. Ils ont le pouvoir de libre entrée et de libre contrôle prévu à l'article précédent et sont habilités à constater les infractions par des rapports écrits au vu desquels l'inspecteur pourra décider d'établir la mise en demeure et en cas de non application de dresser le procès-verbal dans les formes prévues à l'article 154. Les fonctionnaires du corps de l'inspecteur du travail et des lois sociales seront porteurs d'une carte professionnelle établissant leur identité et justifiant leur fonction. Dans les mines minières et carrières, ainsi que dans les établissements et chantiers où les travaux sont soumis au contrôle d'un service technique, les fonctionnaires chargés de ce contrôle technique veillent à ce que les installations relevant de leur contrôle technique soient aménagées en vue de garantir la sécurité des travailleurs. Ils assurent l'application des règlements spéciaux qui peuvent être pris dans ce domaine et disposent à cet effet et dans cette limite des pouvoirs des inspecteurs du travail et des lois sociales. Ils portent à la connaissance de l'inspecteur du travail et des lois sociales les mesures qu'ils ont prescrites et, le cas échéant, les mises en demeure qui sont signifiées. L'inspecteur du travail et des lois sociales peut, à tout moment, demander et effectuer avec les fonctionnaires visés au paragraphe précédent la visite des mines, minières, carrières, établissements et chantiers soumis à un contrôle technique.
Dans les parties d'établissements militaires employant de main-d'œuvre civile dans lesquels l'intérêts de la défense nationale s'oppose à l'introduction d'agents étrangers au service, le contrôle de l'exécution des dispositions applicables en matière de travail est assuré par les fonctionnaires ou officiers désignés à cet effet. Cette désignation est faite sur proposition conjointe du ministre des Armées et du ministre du travail et de la prévoyance sociale. En cas d'absence des fonctionnaires du corps de l'Inspecteur du travail et des lois sociales, les chefs des circonscriptions administratives sont leurs suppléants légaux. Ils sont habilités dans les limites définies à l'article 156. Le directeur général du travail et de la prévoyance sociale peut, à tout moment, exercer les pouvoirs et prérogatives prévus aux articles 154, 155, et 158. Les

[187] Article 155

dispositions des articles 152, 154 et 155 du présent chapitre ne dérogent pas aux règles du droit commun quant à la constatation et à la poursuite des infractions par les officiers de police judiciaire.[188]

## Section 2. Le placement et les bureaux de placement

**358.** Sur toute l'étendue du territoire national, il est créé des bureaux de placements rattachés à la direction générale du travail et de la prévoyance sociale avec laquelle ils correspondent directement. Les bureaux de placement reçoivent les offres et demandes d'emploi et procèdent au placement : ils rassemblent et entretiennent une documentation permanente sur l'état du marché du travail dans leur ressort. Ils établissent pour chaque travailleur, un dossier d'après les indications fixées par arrêté du ministre du travail et de la prévoyance sociale et délivrent des cartes de travail, ils donnent leur avis au contrat de travail après approbation des services de l'inspecteur du travail et des lois sociales et dans le cadre de l'africanisation des postes de travail. Tout travailleur recherchant un emploi est prié de requérir son inscription au bureau de placement de son domicile. Tout chef d'entreprise ou d'établissement est tenu de notifier au bureau de placement du ressort tout emploi vacant dans son entreprise ou établissement. Des arrêtés du ministre du travail et de la prévoyance sociale pris après avis de la Commission nationale consultative du travail détermineront les cas dans lesquels des dérogations à la règle de recours obligatoire au bureau du placement pourront être admises. Nul employeur n'est tenu d'agréer le salarié qui lui est présenté par le bureau de placement, nul travailleur n'est tenu également d'accepter l'emploi qui lui est proposé par le même service ; toutefois, le motif du refus doit être donné dans les 48 heures au Bureau de placement ; s'il quitte l'entreprise, notification devra être faite par l'employeur dans les mêmes délais. Les opérations des bureaux de placement sont gratuites. Il est interdit sous peine de sanctions d'offrir et de remettre à toute personne faisant partie de ces services et à celle-ci de l'accepter, une rétribution sous quelque forme que ce soit.

En cas de cessation concertée du travail, les opérations des bureaux de placement concernant les entreprises touchées par cette cessation sont immédiatement interrompues. La liste desdites entreprises est en outre affichée dans la salle réservée aux demandeurs et aux offreurs d'emploi. Il est interdit de maintenir ou d'ouvrir un bureau de placement privé sur toute l'étendue du territoire de la République du Congo, sauf dérogation accordée par arrêté du ministre du travail et de la prévoyance sociale pris

[188] Articles 157 à 161

après avis de la Commission nationale consultative du travail. Il est interdit de diffuser de quelque manière que ce soit, notamment par la presse, la radio, le cinéma, etc...une offre ou une demande d'emploi qui n'aurait pas été préalablement enregistrée par un bureau de placement sans en indiquer le numéro de l'enregistrement par ce service.
Des décrets pourront créer :

- auprès du ministre du travail et de la prévoyance sociale un comité de l'emploi chargé de l'étude du planning du marché de la main-d'œuvre ;
- des centres de formation professionnelle des adultes.[189]

[189] Articles 162 à 167

## CHAPITRE 2. LA FORMATION PROFESSIONNELLE

**359.** La formation professionnelle et la formation complémentaire des travailleurs doivent être fondées sur les exigences de l'économie nationale ainsi que sur les connaissances les plus avancées et le niveau le plus élevé de la science et de la technique.
a) la formation professionnelle et la formation complémentaire sont assurées par les institutions d'Etat, les institutions sociales tant du secteur public que du secteur privé, et les entreprises privées ;
b) la formation complémentaire sert à compléter les connaissances et capacités techniques et ouvre la possibilité d'exercer des professions similaires ou voisines ;
c) les mesures de formation complémentaire doivent tenir compte du degré du développement antérieur des travailleurs et forment un ensemble systématique et cohérent ;
d) la formation professionnelle ou complémentaire peut-être dispensée par l'intermédiaire des centres de formation professionnelle.
e) les plannings de formation professionnelle et complémentaire doivent être soumis à l'agrément du ministre du travail et de la prévoyance sociale.
Pour la réalisation de cette politique de formation des centres doivent être créés. Un arrêté du Ministre du travail et de la prévoyance sociale pris après avis de la Commission nationale consultative du travail fixera les conditions de fonctionnement de ces centres.
g) toutefois, tout institut, établissement ou groupement hormis les collectivités publiques ne peut s'assigner la formation professionnelle que s'il présente des garanties de recrutement des stagiaires dûment formés. Le ministre du travail et de la prévoyance sociale peut mettre fin à tout instant aux activités de tout centre de formation qui n'aura pas obéi aux présentes prescriptions ;
h) lorsque pour des raisons d'efficacité ou d'intérêt national, l'Etat prend en charge la formation professionnelle de certains travailleurs, pour répondre aux besoins des entreprises, celles-ci sont tenues de contribuer au financement de l'opération par le paiement d'une taxe dont la nature et le taux seront fixés par arrêtés ministériels.
i) lorsque les effectifs des entreprises le permettront celles-ci pourront instituer un service d'alphabétisation. Les conventions collectives ou accords d'établissements détermineront les modalités pratiques.[190]

---

[190] Article 168

## CHAPITRE 3. LA COMMISSION NATIONALE CONSULTATIVE DU TRAVAIL

**360.** Une Commission nationale consultative du travail est instituée auprès du ministre du travail et de la prévoyance sociale ; outre les cas pour lesquels son avis est obligatoirement requis par la loi, elle a pour mission générale :
- d'étudier les problèmes concernant le travail, la main d'œuvre et la prévoyance sociale ;
- d'émettre des avis et de formuler des propositions et résolutions sur la règlementation à intervenir en ces matières ;
- d'étudier les éléments pouvant servir de base à la détermination du salaire minimum ; étude du minimum vital ; étude des conditions économiques générales. Elle peut, à la demande du ministre du travail et de la prévoyance sociale :
- examiner toute difficulté née à l'occasion de la négociation des conventions collectives ;
- se prononcer sur toutes les questions relatives à la conclusion et à l'application des conventions collectives et notamment sur leurs incidences économiques. Elle peut demander aux administrations compétentes par l'intermédiaire de son Président, tous documents ou informations utiles à l'accomplissement de sa mission.

La Commission nationale consultative du travail, présidée par le ministre du travail et de la prévoyance sociale, est composée :
- en nombre égal d'employeurs et de travailleurs respectivement désignés par les organisations professionnelles les plus représentatives ;
- par un sixième de membres représentant la Commission nationale du plan.

La Commission peut, à la demande de son Président ou de la majorité de ses membres s'adjoindre à titre consultatif des fonctionnaires ou personnalités qualifiées en matière économique, médicale, sociale et ethnographique. Le secrétariat de la Commission est assuré par un fonctionnaire de la direction générale du travail et de la prévoyance sociale.

Un décret fixe les conditions d'organisation et de fonctionnement de la Commission nationale consultative du travail, ainsi que le nombre des membres la composant. Le mandat de membre de la Commission nationale consultative du travail est en principe gratuit ; toutefois, il pourra être alloué par décret des indemnités compensatrices aux membres de la Commission nationale consultative du travail qui perdront tout ou partie de leur salaire pendant la durée des réunions ou qui seront astreints de loger à l'hôtel et de manger au restaurant du fait qu'ils seront déplacés du lieu de leur résidence ; éventuellement le voyage aller-retour sera dans ce dernier cas à la charge de l'Etat. La durée du mandat est de 2 ans ; le mandat est renouvelable sans limitation. L'employeur d'un membre de la Commission nationale consultative du travail est tenu de lui assurer le temps nécessaire pour assister aux réunions de la Commission. Il ne peut le licencier que dans les conditions prévues à l'article 176 pour les membres du bureau syndical.[191]

[191] Article 169 à171

## CHAPITRE 4. LES COMITES D'ENTREPRISE

**361.** Dans les entreprises et établissements qui ne seront pas régis par le principe de la trilogie déterminante, instituée par l'ordonnance n°12-73 du 18 mai 1973, il sera institué un Comité d'entreprise. Le Comité d'entreprise ne supplée pas le bureau syndical. Un arrêté du ministre du travail et de la prévoyance sociale pris après avis de la Commission nationale consultative du travail déterminera sa composition, ses attributions et son fonctionnement.[192]

[192] Article 172

## CHAPITRE 5. LE BUREAU SYNDICAL DE BASE ET D'ENTREPRISE

**362.** Dans les entreprises et établissements, les travailleurs sont groupés au sein d'un syndicat de base et d'entreprise dans les conditions prévues par les statuts de l'organisation syndicale. La représentation des travailleurs auprès de l'entreprise ou de l'établissement est assurée par le bureau syndical d'entreprise et de base. Les membres du bureau syndical d'entreprise et de base sont élus par les travailleurs de l'entreprise dans les conditions fixées par les statuts de l'organisation syndicale. Les conditions d'éligibilité du bureau syndical de base et d'entreprise, la durée du mandat des membres du bureau syndical, les conditions de révocation d'un membre du bureau syndical d'entreprise et de base sont déterminées par les statuts de l'organisation syndicale. Les contestations relatives à l'élection et à l'éligibilité des membres du bureau syndical de base de l'entreprise ainsi qu'à la régularité des opérations sont examinées par la direction syndicale. Un arrêté du ministre du travail et de la prévoyance sociale pris après avis de la Commission nationale consultative du travail fixe l'effectif minimum des travailleurs permanents à partir duquel des droits et prérogatives prévus par le Code sont reconnus aux membres des bureaux syndicaux en matière d'éducation ouvrière et d'activité syndicale. Il détermine également les conditions dans lesquelles les membres des bureaux exerceront leur mission dans l'entreprise. Tout licenciement d'un membre du bureau syndical d'entreprise et de base envisagé par l'employeur ou son représentant doit être soumis à la décision de la Commission de litiges prévue à l'article 39. Toutefois, en cas de faute présumée lourde par l'employeur, celui-ci peut prononcer immédiatement la mise à pied provisoire du membre du bureau syndical en attendant la décision définitive de la Commission de litiges. Cette mise à pied n'entraîne pas suspension de paiement du salaire de base. Tout membre du Bureau syndical s'estimant abusivement licencié saisit immédiatement le tribunal du travail qui cite sans délai les parties à comparaître. Pendant la procédure judiciaire, le membre du bureau syndical, conserve le bénéfice de son salaire de base, sauf lorsque la Commission de litiges reconnaissant la faute lourde, décidera la suspension du versement du salaire de base jusqu'au prononcé du jugement. En cas de licenciement reconnu abusif, le tribunal ordonne à compter du prononcé du jugement, soit la réintégration du membre du bureau syndical dans ses fonctions au sein de l'entreprise, soit à titre de dommages-intérêts, le versement à son profit, à échéance mensuelle, du salaire de base pendant une durée de

deux ans, sauf si à l'intérieur de cette période, l'intéressé exerce ou retrouve une activité lucrative.
Dans le cas où la Commission de litiges aura décidé le maintien du versement du salaire pendant la procédure judiciaire, celui-ci reste acquis, quelle que soit l'issue du procès.
Toutes les garanties ci-dessus sont applicables aux anciens membres du bureau syndical pendant une durée de 6 mois à partir de l'expiration du mandat.[193] Outre les attributions prévues par le statut de l'organisation syndicale, les membres du bureau syndical de base et d'entreprise ont pour mission :

- de présenter aux employeurs toutes les réclamations individuelles ou collectives qui n'auraient pas été directement satisfaites concernant les conditions de travail et la protection des travailleurs, l'application des conventions collectives relatives à la politique des classifications professionnelles et des salaires ;
- de donner leur préalable avis pour tout licenciement collectif ou individuel motivé par une diminution d'activité de l'établissement ou par une organisation intérieure et selon la procédure fixée par l'article 39 du code ;
- de saisir l'inspecteur du travail et des lois sociales de toute plainte ou réclamation concernant l'application des prescriptions légales ou règlementaires dont il est chargé d'assurer le contrôle ;
- de veiller à l'application des prescriptions relatives à l'hygiène et la sécurité des travailleurs et à la prévoyance sociale et de proposer toutes mesures utiles à ce sujet ;
- de communiquer à l'employeur toutes suggestions utiles tendant à l'amélioration de l'organisation et du rendement de l'entreprise.

**363.** Nonobstant les dispositions ci-dessus, les travailleurs ont la faculté de présenter eux-mêmes leurs réclamations et suggestions à l'employeur. Pour l'accomplissement de leur mission, les membres du bureau syndical d'entreprise disposent de 20 heures par mois considérées et rémunérées comme temps de travail. Un arrêté du ministre du travail et de la prévoyance sociale pris après avis de la Commission nationale consultative du travail pourra, dans les entreprises à faibles effectif, limiter le nombre de membres du bureau syndical d'entreprise pouvant bénéficier des dispositions qui précèdent. En outre, les membres du bureau syndical d'entreprise ont droit chaque année à un congé payé d'éducation ouvrière de 10 jours ouvrables dont les conditions d'attribution sont fixées par arrêté du ministre du travail et de la

[193] Article 173 à176

prévoyance sociale pris après avis de la Commission nationale consultative du travail. Toutefois, cet arrêté pourra, dans les entreprises à faibles effectifs, fixer le nombre de membres du bureau syndical d'entreprise ayant droit au congé payé d'éducation ouvrière. Hormis les dispositions de l'article 176 4ème paragraphe sur la conservation du salaire du membre du bureau syndical pendant la procédure judiciaire et celles de l'article 179 alinéa 2, portant congé d'éducation ouvrière, toutes les autres dispositions concernant la protection du membre du bureau syndical d'entreprise s'appliquent également aux membres du bureau syndical de base et des membres de la fédération.[194]

[194] Articles 177 à 180

## CHAPITRE 6. LES MOYENS DE CONTROLE

**364.** Toute personne qui se propose d'ouvrir une entreprise de quelque nature que ce soit doit au préalable en faire la déclaration à l'inspection du travail et des lois sociales ou au Bureau de Contrôle du travail du ressort. Doivent être déclarés dans les mêmes conditions :
- les entreprises existantes qui n'ont pas encore été déclarées ;
- la fermeture, le transfert, la mutation, la réouverture et plus généralement toute modification affectant l'entreprise.

Les chefs d'entreprise ou d'établissement doivent produire tous les semestres, au Bureau de placement, des renseignements sur la situation de la main-d'œuvre qu'ils emploient. Un arrêté du ministre du travail et de la prévoyance sociale détermine les modalités de la déclaration prévue aux alinéas 1 et 2 du présent article. L'employeur doit tenir constamment à jour, au lieu d'exploitation un registre dit « registre d'employeur » dont le modèle est fixé par un arrêté du ministre du travail et de la prévoyance sociale pris après avis de la Commission nationale consultative du travail. Ce registre comprend 3 parties :

- la première partie comprend, les renseignements concernant les personnes et les contrats de tous les travailleurs occupés dans l'entreprise ;
- la deuxième, toutes les indications concernant le travail effectué, le salaire et les congés ;
- la troisième est réservée aux visas, mises en demeure, les observations apposées par l'inspecteur du travail et des lois sociales ou son délégué.

Le registre d'employeur doit être tenu sans déplacement à la disposition de l'inspecteur du travail et des lois sociales et conservé pendant les 5 ans suivant la dernière mention qui y a été portée. Certaines entreprises ou catégories d'entreprises peuvent être exemptées de l'obligation de tenir ce registre en raison de leur situation, de leur faible importance ou de la nature de leur activité, par arrêté du ministre du travail et de la prévoyance sociale pris après avis de la Commission nationale consultative du travail. Les dossiers des travailleurs, prévus à l'article 162, sont conservés par le Bureau de placement de l'emploi.

# TITRE 2 : L'ORGANISATION DU MINISTERE DU TRAVAIL ET DE LA SECURITE SOCIALE[195]

## CHAPITRE 1. L'ORGANISATION

**365.** Le ministère du travail et de la sécurité sociale comprend :

- le cabinet ;
- les directions rattachées au cabinet ;
- les directions générales ;
- les organismes sous tutelle.

Placé sous l'autorité d'un directeur, le cabinet est l'organe de conception, de coordination, d'animation et de contrôle qui assiste le ministre dans son action. Il est chargé de réglé, au nom du ministre et par délégation, les questions politiques, administratives et techniques relevant du ministère. La composition du cabinet et les modalités de nomination de ses membres sont définies par la règlementation en vigueur.[196]

---

[195] Décret n°2009-469 du 24 décembre 2009 portant organisation du ministère du travail et de la sécurité sociale, en application de : La Constitution ; la loi n°45-75 du 15 mars 1975 instituant un Code du travail en République populaire du Congo ; la loi n°004-86 du 25 février 1986 instituant le Code de sécurité sociale en République populaire du Congo ; la loi n°06-96 du 6 mars 1996 modifiant et complétant certaines dispositions de loi n°45-75 du 15 mars 1975 instituant un Code du travail en République populaire du Congo ; le décret n°82-293 du 16 avril 1982 portant attributions et organisation de la direction du contrôle et de l'orientation ; le décret n°87-447 du 19 août 1987 portant organisation et fonctionnement de la caisse de retraite des fonctionnaire ; le décret n°98-124 du 12 mai 1998 portant attributions et organisation de direction générale du travail et de la sécurité sociale ; le décret n°20096233 du 13 août 2009 fixant la réorganisation de la direction des études et de la planification ; le décret n°2009-335 du 15 septembre 2009 portant nomination des membres du gouvernement ; le décret n°2009-391 du 13 octobre 2009 relatif aux attributions du ministre du travail et de la sécurité sociale.

[196] Articles 1 et 2

## CHAPITRE 2. LES DIRECTIONS RATTACHEES AU CABINET

**366. Les directions rattachées au cabinet sont :**

- la direction des études et de la planification ;
- la direction du contrôle et de l'orientation ;
- la direction de la coopération.

### Section 1. La direction des études et de la planification et la direction de la coopération

La direction des études et de la planification est régie par des textes spécifiques. De la direction du contrôle et de l'orientation. La direction du contrôle et de l'orientation est régie par des textes spécifiques. La direction de la coopération est dirigée et animée par un directeur. Elle est chargée, notamment de :

- veiller au partenariat avec les organisations et les organismes nationaux et internationaux tant publics que privés ;
- participer à la gestion des aides multiformes ;
- promouvoir la coopération bilatérale et multilatérale ;
- assurer le suivi et l'évolution des programmes de coopération ;
- réaliser les projets de coopération et en assurer l'évaluation ;
- préparer les dossiers des commissions mixtes ;
- vulgariser les connaissances dans les domaines du travail et de la sécurité sociale ;

La direction de la coopération comprend :

- le service de la coopération bilatérale ;
- le service de la coopération multilatérale.

### Section 2. Les directions générales

Les directions générales, régies par des textes spécifiques, sont :

- la direction générale du travail ;
- la direction générale de la sécurité sociale.

## CHAPITRE 3. DES ORGANISMES SOUS TUTELLE

Les organismes sous tutelle, régis par des textes spécifiques, sont :

- la caisse nationale de sécurité sociale ;
- la caisse de retraite des fonctionnaires.

### Section 1. Dispositions diverses et finales

Les attributions et l'organisation des services et des bureaux à créer, en tant que de besoin, sont fixés par arrêté du ministre. Chaque direction centrale dispose d'un secrétariat dirigé et animé par un secrétaire qui a rang de chef de bureau.

# TITRE 3 : LES ATTRIBUTIONS ET L'ORGANISATION DE LA DIRECTION GENERALE DU TRAVAIL[197]

## Section 1. Les attributions

**367.** La direction générale du travail est l'organe technique qui assiste le ministre en matière de travail.

Elle est chargée, notamment de :

- exécuter la politique du Gouvernement dans le domaine du travail ;
- élaborer les projets de textes législatifs et règlementaires en matière de travail ;
- veiller au respect des dispositions du Code du travail et de ses textes d'application, des conventions et protocoles tant nationaux qu'internationaux dans le domaine de travail ;
- procéder à l'inspection des services des directions départementales du travail ;
- veiller aux suites réservées aux procès-verbaux d'infractions constatées par les inspecteurs du travail ;
- suivre les relations avec les départements, les organisations et organismes internationaux en charge des questions du travail ;
- contribuer à la préparation des dossiers des commissions mixtes inter Etats dans le domaine du travail ;
- assurer la permanence des organes de dialogue social entre les partenaires sociaux et l'administration publique ;
- coordonner, orienter et contrôler les activités des directions départementales du travail.[198]

---

[197] Décret n°2012-23 du 2février 2012 fixant les attribution et l'organisation de la direction générale du travail ; en application de : la Constitution ; la loi n°45-75 du 15 mars 1975 instituant un code du travail de la République Populaire du Congo ; la loi n°6-96 du 6 mars 1996 modifiant et complétant certaines dispositions de la loi n°45-75 du 15 mars 1975 instituant un Code du travail de la République Populaire du Congo ; le décret n°2009-391 du 13 octobre 2009 relatif aux attributions du ministre du travail et de la sécurité sociale ; le décret n°2009-469 du 24 décembre 2009 portant organisation du ministère du travail et de la sécurité sociale ; le décret n°2011-558 du 17 août 2011 portant nomination de nouveaux ministres et fixant la composition des membres du Gouvernement.

[198] Article premier

**Section 2. L'organisation**

**368.** La direction générale du travail est dirigée et animée par un directeur général. La direction générale du travail, outre le secrétariat de direction, le service informatique, le service de la communication et des relations publiques, le service des archives et de la documentation comprend :

- la direction de la règlementation du travail et des relations internationales ;
- la direction de la sécurité et de la santé au travail ;
- la direction des relations professionnelles ;
- la direction de l'administration, de l'équipement et des finances ;
- les directions départementales.[199]

**Section 3. Le secrétariat de direction**

**369.** Le secrétariat de direction est dirigé et animé par un chef de secrétariat qui a rang de chef de service.

Il est chargé de tous travaux de secrétariat, notamment de :

- réceptionner et expédier le courrier ;
- analyser sommairement les correspondances et autres documents ;
- saisir et reprographier les correspondances et autres documents administratifs ;
- et, d'une manière générale, exécuter toute autre tâche qui peut lui être confiée.

**Section 4. Le service informatique**

**370.** Le service informatique est dirigé et animé par un chef de service.

Il est chargé, notamment de :

- concevoir la plan de développement informatique de la direction générale ;
- développer les outils de traitement et d'analyse des données ;
- contribuer au développement des bases de données de la direction générale ;
- gérer les bases de données ;

---

[199] Articles 2 et 3

- entretenir les équipements, les réseaux et les supports informatiques de la direction générale ;
- veiller à la bonne application de la fonction informatique à la direction générale ;
- concevoir le plan de formation du personnel ;
- assurer l'archivage électronique des documents.[200]

## Section 5. Le service de la communication et des relations publiques

**371.** Le service de la communication et des relations publiques est dirigé et animé par un chef de service.

Il est chargé, notamment de :

- concevoir et mettre en œuvre la politique de communication de la direction générale ;
- assurer la vulgarisation des textes législatifs et règlementaires dans le domaine du travail ;
- développer les supports appropriés de communication liés au monde du travail ;
- faciliter la diffusion et la circulation de l'information dans le monde du travail ;
- organiser les relations de la direction générale avec l'extérieur.[201]

## Section 6. Le service des archives et de la documentation

**372.** Le service des archives et de la documentation est dirigé et animé par un chef de service.

Il est chargé, notamment de :

- centraliser, gérer et conserver les archives ;
- collecter, traiter et conserver la documentation ;
- constituer et gérer la bibliothèque ;
- réaliser les travaux d'impression, de reprographie et d'édition ;
- et, d'une manière générale, traiter toute question liée aux archives et à la documentation.[202]

[200] Article 5
[201] Article 6
[202] Article 7

**Section 7. La direction de la règlementation du travail et des relations internationales**

**374.** La direction de la règlementation du travail et des relations internationale est dirigée et animée par un directeur.
Elle est chargée, notamment, de :

- contribuer à l'élaboration des projets de textes législatifs et règlementaires en matière de travail ;
- veiller à la bonne application de la règlementation du travail dans les secteurs régis par le Code du travail ;
- suivre les rapports de collaboration entre les services de l'inspection du travail et les instances judiciaires ;
- élaborer les supports, les méthodes et les techniques nécessaires à la pratique de l'inspection en matière de travail ;
- préparer les rapports destinés au Bureau international du travail ;
- préparer les dossiers de ratification des conventions internationales dans le domaine du travail.

La direction de la règlementation du travail et des relations internationales comprend :

- le service de la règlementation du travail ;
- le service des relations internationales.[203]

**Section 8. La direction de la sécurité et de la santé au travail**

**374 bis.** La direction de la sécurité et de la santé au travail est dirigée et animée par un directeur.

Elle est chargée notamment de :

- contribuer à l'élaboration des projets de textes législatifs et règlementaires en matière de sécurité et de santé au travail ;
- veiller à l'application des mesures liées à la sécurité et à la santé des travailleurs ;
- actualiser le tableau des maladies professionnelles ;
- organiser les visites médicales des agents relevant des secteurs régis par le Code du travail ;
- délivrer les certificats médicaux d'embauche et de réembauche ;
- préparer les agréments des centres sociaux sanitaires des entreprises et du personnel y évoluant ;

[203] Articles 8 et 9

- contrôler les centres socio-sanitaires d'entreprises ou interentreprises ;
- tenir à jour les statistiques en matière de risques professionnels ;
- adapter les normes internationales de sécurité et de santé au travail aux réalités socioéconomiques nationales
- participer à l'élaboration des conventions inter états dans les domaines de la sécurité et de la santé au travail ;
- procéder aux fins d'analyses, aux prélèvements des matières et produits utilisés dans les entreprises ;
- préparer les dossiers à soumettre à la commission nationale technique d'hygiène et de la sécurité au travail et participer au secrétariat ;
- élaborer les supports, les méthodes et les techniques nécessaires à la pratique de l'inspection en matière de sécurité et de santé au travail ;
- organiser des études ergonomiques et psychologiques appliquées.

La direction de la sécurité et de la santé au travail comprend :

- le service de la sécurité du travail ;
- le service de la santé au travail.[204]

**Section 9. La direction des relations professionnelles**

**375.** La direction des relations professionnelles est dirigée et animée par un directeur.

Elle est chargée, notamment de :

- mener des études en vue de la promotion des valeurs du dialogue social ;
- veiller aux bonnes relations professionnelles entre le patronat et les syndicats des travailleurs ;
- examiner les dossiers relatifs à l'enregistrement et à la reconnaissance des syndicats professionnels ;
- tenir à jour le fichier des organisations professionnelles d'employeurs et de travailleurs ;
- participer au traitement des dossiers relatifs aux conflits collectifs qui sont soumis à la direction générale ;
- examiner les dossiers relatifs à la négociation et à la révision des conventions collectives et assurer la diffusion des conclusions ;

[204] Articles 10 et 11

- suivre les travaux des commissions de négociations des accords d'établissement ;
- favoriser par des conseils et la formation des partenaires sociaux la tenue des élections professionnelles ;
- suivre de concert avec les directions départementales du travail, l'organisation des élections des délégués du personnel et traiter les résultats ;
- participer au secrétariat du comité national du dialogue social.

La direction des relations professionnelles comprend :

- le service des études et de la promotion du dialogue social ;
- le service des relations avec les partenaires sociaux[205] ;

**Section 10. La direction de l'administration, de l'équipement et des finances**

**376.** La direction de l'administration, de l'équipement et des finances est dirigée et animée par un directeur.

Elle est chargée, notamment de :

- assurer les services généraux la gestion et l'administration du personnel ;
- veiller à la carrière administrative du personnel ;
- élaborer et exécuter le budget ;
- examiner les états de besoin des services ;
- assurer la diffusion des vacances de postes en provenance des organismes nationaux et internationaux compétents en matière de travail ;
- gérer et conserver le patrimoine de la direction générale.

La direction de l'administration de l'équipement et des finances comprend :

- le service de l'administration et du personnel ;
- le service des finances et de l'équipement.[206]

[205] Articles 12 et 13
[206] Articles 14 et 15

## Section 11. Les directions départementales

**377.** Les directions départementales du travail sont régies par des spécifiques. Les attributions et l'organisation des services et des bureaux à créer, en tant que de besoin sont fixées par arrêté du ministre. Chaque direction centrale dispose d'un secrétariat dirigé et animé par un secrétariat qui a rang de chef de bureau.[207]

[207] Articles 16 à 18

# TITRE 4 : ATTRIBUTIONS ET ORGANISATION DE LA DIRECTION GENERALE DE LA SECURITE SOCIALE[208]

## CHAPITRE 1. LES ATTRIBUTIONS

**378.** La direction générale de la sécurité sociale est l'organe technique qui assiste le ministre en matière de sécurité sociale. Elle est chargée, notamment de :

- exécuter la politique du Gouvernement dans le domaine de la sécurité sociale
- élaborer les projets de textes législatifs et règlementaires en matière de sécurité sociale ;
- veiller à la bonne application de la politique générale de la nation en matière de sécurité sociale par les organismes ;
- veiller à la bonne application des textes législatifs et règlementaires sur la sécurité sociale par les organismes ;
- arrêter les directives de régulation de l'action des organismes et autres intervenants de la sécurité sociale ;
- préparer les conventions d'agrément des organismes et autres intervenants de sécurité sociale ;
- Suivre la réalisation des objectifs assignés aux organismes de sécurité sociale et en faire un rapport au ministre chargé de la sécurité sociale ;
- veiller au bon fonctionnement des organismes de la sécurité sociale ;
- contribuer à la préparation des dossiers des commissions mixtes inter-Etats dans le domaine de la sécurité sociale ;

---

[208] Décret n°2012 du 2 février 2012-08-27 portant attributions et organisation de la direction générale de la sécurité sociale, en application de :

la Constitution ; la loi n°004/86 du 25 février 1986 instituant le Code de sécurité sociale en République Populaire du Congo ; la loi n°31-2010 du 15 juillet 2011 instituant le système de sécurité sociale en République du Congo ; le décret n°84-892 du 12 octobre 1984 modifiant le régime des pensions des fonctionnaires et assimilés ; le décret n°2009-391 du 13 octobre 2009 relatif aux attributions du ministre du travail et de la sécurité sociale ; le décret n° 2009-469 du 24 décembre 2009 portant organisation du ministère du travail et de la sécurité sociale ; le décret n°2011-558 du 17 août 2011 portant nomination de nouveaux ministres et fixant la composition du Gouvernement.

- promouvoir le dialogue et la concertation permanente dans le domaine de la sécurité sociale ;
- assurer la permanence du comité national de financement de la sécurité sociale ;
- contribuer à la mobilisation des ressources nécessaires au développement de la sécurité sociale ;
- coordonner, orienter et contrôler les activités des directions départementales de la sécurité sociale.[209]

[209] Article premier :

# CHAPITRE 2. L'ORGANISATION

**379.** La direction générale de la sécurité sociale est dirigée et animée par un directeur général la direction générale de la sécurité sociale, outre le secrétariat de direction, le service informatique, le service de la communication et des relations publiques et le service des archives et de la documentation comprend :

- la direction de la règlementation de la sécurité sociale et des relations internationales ;
- la direction de la réforme, de l'assistance et de la promotion de la sécurité sociale ;
- la direction des études, du développement et de la prospective ;
- la direction de l'administration de l'équipement et des finances ;
- les directions départementales[210] ;

## Section 1. Le secrétariat de direction

**380.** Le secrétariat de direction est dirigé et animé par un chef de secrétariat qui a rang de chef de service. Il est chargé de tous travaux de secrétariat, notamment de :

- réceptionner et expédier le courrier ;
- analyser sommairement les correspondances et autres documents ;
- saisir et reprographier les correspondances et autres documents administratifs ;
- et, d'une manière générale, exécuté toute autre tâche qui peut être confiée[211] ;

## Section 2. Le service informatique

**381.** Le service informatique est dirigé et animé par un chef de service.

Il est chargé, notamment, de :

- concevoir le plan de développement informatique de la direction générale de la sécurité sociale ;
- développer les outils de gestion, de traitement et d'analyse des données ;

---

[210] Articles 2 et 3
[211] Article 4

- contribuer au développement des bases de données des organismes de sécurité sociale ;
- géré les bases de données ;
- assurer le renforcement des capacités du personnel de la direction générale dans le domaine informatique ;
- procéder à l'archivage électronique des documents ;
- entretenir les équipements, les réseaux et les supports informatiques de la direction générale ;
- veiller à la bonne application de la fonction informatique dans les organismes de sécurité sociale.[212]

**Section 3. Le service de la communication et des relations publiques**

**382.** Le service de la communication et des relations publiques est dirigé et animé par un chef de service. Il est chargé, notamment, de :

- concevoir et mettre en œuvre la politique de communication de la direction générale ;
- assurer la vulgarisation des textes législatifs et règlementaires en matière de sécurité sociale ;
- développer les supports appropriés de communication sur la sécurité sociale ;
- faciliter la diffusion et la circulation de l'information sur la sécurité sociale ;
- organiser les relations de la direction générale avec l'extérieur.[213]

**Section 4. Le service des archives et de la documentation**

**383.** Le service des archives et de la documentation est dirigé et animé par un chef de service. Il est chargé, notamment de :

- centraliser, gérer et conserver les archives ;
- collecter, traiter et conserver la documentation ;
- constituer et gérer la bibliothèque ;
- réaliser les travaux d'impression, de reprographie et d'édition ;
- et, d'une manière générale, traiter toute question liée aux archives et à la documentation.[214]

---

[212] Article 5
[213] Article 6
[214] Article 7

### Section 5. La direction de la règlementation, de la sécurité sociale et des relations internationales

**384.** La direction de la règlementation de la sécurité sociale et des relations internationales est dirigée et animée par un directeur.

Elle est chargée, notamment, de :

- contribuer à l'élaboration des projets de textes législatifs et règlementaires en matière de sécurité sociale ;
- veiller au respect des dispositions du Code de sécurité sociale et de ses textes d'application, des conventions d'objectifs assignés aux organismes et autres intervenants de sécurité sociale ;
- suivre l'exécution des conventions d'objectifs assignés aux organismes et autres intervenants de sécurité sociale ;
- suivre l'application, par les organismes et autres intervenants de sécurité sociale, des directives de régulation de leur action ;
- définir et procéder au contrôle des normes de qualité des prestations des organismes de sécurité sociale ;
- veiller au respect des normes internationales en matière de sécurité sociale ;
- préparer les rapports destinés aux organisations et organismes internationaux spécialisés dans le domaine de la sécurité sociale ;
- élaborer les supports, les méthodes et les techniques nécessaires à la pratique de l'inspection de la sécurité sociale ;
- suivre, au niveau judiciaire, les suites réservées aux procès-verbaux d'infractions constatées par les inspecteurs de sécurité sociale ;
- connaître du contentieux en matière de sécurité sociale.

La direction de la règlementation de la sécurité sociale et des relations internationales comprend :

- le service de la règlementation de la sécurité sociale ;
- le service des relations internationales ;
- le service du contrôle et du contentieux.[215]

[215] Articles 8 et 9

### Section 6. La direction des études, du développement et de la prospective

**385.** La direction des études, du développement et de la prospective est dirigée et animée par un directeur.
Elle est chargée, notamment de :

- mener périodiquement des études sur les stratégies de développement et de financement du système de sécurité sociale ;
- mener toute étude utile à la viabilité et à l'amélioration des régimes de sécurité sociale en vigueur ;
- collecter, exploiter et tenir à jour les statistiques de la sécurité sociale ;
- développer les outils techniques, méthodologiques et opérationnels de prospective en matière de sécurité sociale ;
- proposer des stratégies adéquates d'extension du champ d'application de la sécurité sociale ;
- élaborer régulièrement les comptes de la sécurité sociale ;
- tenir à jour les indicateurs de performance des organismes de sécurité sociale ;
- contribuer au suivi et à l'évaluation des projets de développement de la sécurité sociale.

La direction des études, du développement et de la prospective comprend :

- le service des études et de l'évaluation des projets ;
- le service du développement et de la prospective ;
- le service des statistiques.[216]

### Section 7. La direction de la réforme, de l'assistance et de la promotion de la sécurité sociale

**386.** La direction de la réforme, de l'assistance et de la promotion de la sécurité sociale est dirigée et animée par un directeur.

Elle est chargée, notamment, de :

- proposer toute réforme utile au développement de la sécurité et en suivre le processus de mise en œuvre ;
- contribuer à l'élaboration de la politique nationale de sécurité sociale ;

---

[216] Articles 10 et 11

- suivre l'application de la politique générale de la nation en matière de sécurité sociale par les organismes de sécurité sociale ;
- favoriser l'action des intervenants privés nationaux et étrangers dans le domaine de la sécurité sociale par le conseil, l'assistance et la formation ;
- assister les porteurs de projets dans le choix des investissements ;
- promouvoir l'action sanitaire et sociale des assurés aux différents régimes et organismes de sécurité sociale ;
- intensifier le partenariat pour le développement de la sécurité sociale et la mobilisation des ressources ;
- faciliter les concertations entre l'Etat, les organismes de sécurité sociale et les partenaires ;
- préparer les dossiers à soumettre au comité national de financement de la sécurité sociale et en assurer le secrétariat.

La direction de la réforme, de l'assistance et de la promotion de la sécurité sociale comprend :

- le service de la réforme et de l'assistance ;
- le service de la promotion de la sécurité sociale ;
- le service de la mobilisation des ressources.[217]

**Section 8. La direction de l'administration, de l'équipement et des finances**

**387.** La direction de l'administration, de l'équipement et des finances est dirigée et animée par un directeur. Elle est chargée, notamment de :

- assurer les services généraux, la gestion et l'administration du personnel ;
- veiller à la carrière administrative du personnel ;
- élaborer et exécuter le budget ;
- examiner les états de besoins des services ;
- assurer la diffusion des vacances de postes en provenance des organismes nationaux et internationaux compétents en matière de sécurité sociale ;
- gérer et conserver le patrimoine de la direction générale.

La direction de l'administration, de l'équipement et des finances comprend :

---

[217] Articles 12 et 13

- le service de l'administration et du personnel ;
- le service des finances et de l'équipement.[218]

## Section 9. Les directions départementales

**387 bis.** Les directions départementales de la sécurité sociale sont régies par des textes spécifiques. Les attributions et l'organisation des services et des bureaux à créer, en tant que de besoin, sont fixées par arrêté du ministre. Chaque direction centrale dispose d'un secrétariat dirigé et animé par un secrétaire qui a rang de chef de bureau.[219]

[218] Articles 14 et 15
[219] Articles 17 et 18

# TITRE 5: ORGANISATION ET FONCTIONNEMENT DES SERVICES DE LA CAISSE NATIONALE DE SECURITE SOCIALE[220]

## CHAPITRE 1. ORAGNISATION ET FONCTIONNEMENT

### Section 1. La direction générale :

**388.** La direction générale comprend : (en gras)

- le service études et relations internationales
- le service contentieux
- le centre informatique
- les directions régionales.

Le service Etude et relations internationales est chargé :

- de procéder à toutes les études relatives au fonctionnement de la Caisse, notamment celles se rapportant aux missions principales qui lui sont assignées conformément aux textes en vigueur ;
- de préparer les dossiers à soumettre au Comité de direction et au Conseil d'administration ;
- de préparer les documents d'information à l'attention des usagers de la Caisse ;

---

[220] Arrête n°1077 MTSSJ-CAB-05-14 portant organisation et fonctionnement des services de la caisse nationale de sécurité sociale ; en application de : la Constitution du 8 juillet 1979 ; la loi 076/81 du 7 décembre 1981 portant ratification certaines dispositions de la Constitution du 8 juillet 1979 ; la loi 45/75 du 15 mars 1975 instituant le Code du travail ; la loi n° 004/86 du 25 février 1986 instituant le Code de Sécurité sociale ; le décret n°89/166 du 21/02/89 portant composition et fonctionnement du Conseil d'administration de la Caisse nationale de Sécurité Sociale ; l'arrêté n°1076 du 03/03/09 fixant la composition et le fonctionnement du Comité de Direction de la Caisse nationale de sécurité sociale ; le décret n° 84/856 du 8 août 1984 portant nomination du Premier Ministre ; le décret n° 88/624 du 30 juillet 1988 portant nomination les Membres du Gouvernement ; le décret n° 88/624 du 30 juillet 1988 portant organisation des intérims des membres du gouvernement

- de procéder au contrôle médical en matière d'accident de travail, maladies professionnelles et invalidité ;
- de veiller au suivi des relations avec les organisations internationales du travail et de sécurité sociale ;
- d'inspecter tous les services en vue de se rendre compte de leur fonctionnement ;
- de préparer les rapports trimestriels et annuels d'activité.

**389. Le service contentieux est chargé :**

- du recouvrement des cotisations auprès des employeurs défaillants ;
- de la défense des intérêts de la Caisse dans les litiges qui l'opposent à son personnel et aux assujettis.

**Le centre informatique est chargé :**

- de l'analyse de la programmation et de l'exploitation des informations ;

**Les directions générales sont chargées :**

- de la gestion des dossiers des assurées ;
- de la liquidation des prestations ;
- de l'action sanitaire et sociale ;
- de toute autre tâche à elle confiée par la direction générale.

Les directions sont structurées en un ou plusieurs services qui comportent une ou plusieurs sections.[221]

**Section 2. L'agence comptable**

**390. L'agence comptable comprend : deux services :**

- le service comptable
- le service contrôle et vérification.

**Le service comptable est chargé :**

- de la collecte, la saisie, l'exploitation et la diffusion des données comptables ;
- de la tenue de tous les documents comptables ;

[221] Articles 3 à 8

- de l'établissement du fichier d'immobilisation et d'amortissement ;
- de la concordance des recettes à recouvrer avec la direction du recouvrement ;
- de la réception des titres de paiement ;
- des opérations de retrait et de dépôt des fonds ;
- de l'établissement des situations de trésorerie ;
- des opérations de paiement et d'encaissement ;
- de la comptabilité matière.

**Le service contrôle et vérification est chargé :**

- du contrôle de l'exactitude des documents comptables ;
- de l'imputation des dépenses ;
- du contrôle de l'exécution du budget ;
- de la vérification des documents comptables ;
- de la centralisation des documents comptables en provenance des directions régionales ;
- du respect des dispositions règlementaires sur la comptabilité publique.[222]

## Section 3. La direction du personnel et de l'équipement

**391.** La direction du personnel et de l'Equipement comprend deux services :

- les services généraux
- les services du personnel et de la solde.

**Les services généraux sont chargés :**

- de la centralisation des besoins en matériel ;
- de l'élaboration du budget ;
- de l'inventaire des biens de la Caisse ;
- de la tenue des comptes budgétaires et de l'exécution du budget ;
- de la réception des commandes ;
- de la distribution du matériel et des fournitures ;
- de la tenue des fiches des stocks ;
- de la réalisation des travaux de menuiserie ;
- de la gestion du patrimoine immobilier.

[222] Articles 9 à 11

**Le service du personnel et de la solde est chargé**

- de l'exécution de la politique de gestion du personnel ;
- de la préparation de la paie ;
- de l'exécution de toutes les opérations de paie.[223]

**Section 4. La direction des prestations**

**392.** La direction des prestations comprend :

- le service gestion des assurés.

**Le service des assurés est chargé :**

- de l'immatriculation des travailleurs et des assurés volontaires ;
- de la gestion des comptes, fiches et fichiers des assurés sociaux.[224]

**Section 5. La direction du recouvrement**

**393.** La direction du recouvrement comprend :

- le service cotisant
- le service du contrôle des assujettis.

**Le service cotisant est chargé :**

- de l'immatriculation, de la suspension et de la radiation des employeurs ;
- de l'action du recouvrement des cotisations ;
- de la tenue et de la gestion des comptes et fichiers.

Le service contrôle des assujettis est chargé :

- des enquêtes ;
- de la vérification de l'exactitude des déclarations des employeurs ;
- de la détection des employeurs non affiliés.

---

[223] Articles 12 à14

[224] Articles 15 et 16

**La direction de l'action sanitaire et sociale comprend :**

- le service sanitaire ;
- le service social ;
- le service pharmacie.

Le service sanitaire est chargé de développer l'action préventive et curative en faveur des assurés et de leurs familles.

**Le service social est chargé :**

- de la surveillance et de l'application des programmes d'enseignement dans les crèches et jardins.
- de la fonction sociale.

**Le service pharmacie est chargé :**

- de la préparation des commandes de médicaments
- de la gestion des médicaments et matériel médical
- du fonctionnement des laboratoires d'analyses.[225]

[225] Articles 17 à 23

# TITRE 6 : ORGANISATION ET FONTIONNEMENT DE LA CAISSE NATIONALE DE SECURITE SOCIALE[226]

## CHAPITRE 1. DISPOSITIONS GENERALES

**394.** L'organisation et le fonctionnement de la Caisse nationale de la Sécurité sociale sont définis par le présent décret pris en application de l'article 6 de la loi n°004/86 du 25 février 1986, instituant le Code de la Sécurité sociale. La Caisse nationale de Sécurité sociale, dénommée ci-après est un établissement public à caractère social, doté de la personnelle et de l'autonomie financière.

Son siège est fixé à Brazzaville.

Il peut toutefois être transféré en tout autre lieu du territoire après avis du Conseil d'administration. La Caisse est placée sous la tutelle du Ministre chargé de la Sécurité Sociale.

Elle est chargée de gérer le régime de Sécurité Sociale comprenant :

- la branche des prestations familiales et de maternité ;
- la branche des risques professionnels (prestations en cas d'accidents du travail ou de maladie professionnelles) ;
- la branche d'assurance vieillesse, invalidité et décès ;
- tout autre branche qui pourra être créée par la loi.

[226] Décret n°89/165 du 21 février 1989 portant organisation et fonctionnement de la Caisse nationale de sécurité Sociale. En application de :
La Constitution du 8 juillet 1979 ; la loi n°76/84 du 7 décembre 1984, portant ratification de l'ordonnance 219/84 du 23 août 1984, portant modification de certaines disposition de la Constitution ; la loi n°45/75, instituant le Code de travail ; la loi n°004/86 du 25 février 1986, instituant le Code de Sécurité sociale ; le décret n°84/856 du 8 août 1984, portant nomination des Membres du Gouvernement ; le décret n°88/625 du 30 juillet 1988, portant organisation des intérims des Membres du Gouvernement ; le décret n°88/721 du 8 octobre 1988, organisant l'intérim du Premier ministre ; le rectification n°88/715 du 26 septembre 1988, au décret n°88/688 du 30 juillet 1988, portant nomination des membres du Gouvernement ;

## CHAPITRE 2. ORGANISATION ET FONCTIONNEMENT

**395.** La Caisse est composée des organes ci-après :

- le Conseil d'administration ;
- le Comité de direction ;
- la direction générale.

L'organisation et le fonctionnement du Conseil d'administration et de la direction seront déterminés respectivement par décret pris en Conseil des Ministres et par arrêté du Ministre de tutelle. La Caisse est dirigée par un directeur général nommé par décret pris en Conseil des Ministres sur proposition du Ministre de tutelle après avis du Conseil d'administration. Il est responsable de la mission et de la bonne marche de la Caisse nationale de sécurité sociale et coordonne toutes les activités.

Il est chargé notamment :

- d'exécuter les décisions du Conseil d'administration ;
- d'établir les instructions nécessaires au fonctionnement de la Caisse nationale de sécurité sociale à la gestion des diverses branches de Sécurité Sociale ;
- de prendre toute décision que comporte la gestion du personnel notamment ; nommer aux emplois, procéder aux licenciements, régler l'avenir et assurer la discipline conformément à la règlementation en vigueur.
- de soumettre annuellement au Conseil d'Administration le projet de budget, le bilan et le rapport d'activités ;
- d'engager et ordonner les dépenses, de constater les créances et des dettes et d'émettre les ordres de recettes et de paiement ;
- de gérer le contentieux général de la Sécurité Sociale ;

La Caisse nationale de Sécurité sociale comprend outre la direction générale :

- une agence comptable ;
- les directions divisionnaires ;
- les directions régionales.

L'Agence comptable est dirigée par un agent comptable nommé par :

- décret pris en Conseil des Ministres, sur propositions du Ministre de tutelle, après avis du Conseil d'Administration.

- l'Agent comptable est placé sous l'autorité administrative du directeur général.

L'Agent comptable est chargé, sous sa responsabilité propres sous le contrôle du Conseil d'administration, de l'ensemble des opérationnels des membres de la Caisse en recettes et en dépenses, et du maniement des deniers.

Il doit tenir une comptabilité à la disposition du Directeur général et lui fournir sur sa demande toutes informations dont ce dernier peut avoir besoin.

Les comptes de l'Agent comptable sont soumis au jugement de la Cour des comptes.[227]

**Les directions divisionnaires sont :**

- la direction du personnel et de l'équipement ;
- la direction des prestations ;
- la direction du Recouvrement ;
- la direction de l'Action Sanitaire et Sociale.

**396.** Chaque direction divisionnaire est dirigée par un directeur nommé par décret du Premier Ministre, sur proposition du Ministre de tutelle, Conseil d'administration. Les directeurs divisionnaires sont chargés :

1) Pour le directeur du personnel et de l'équipement :
- de l'acquisition, de la gestion et de la conservation patrimoine de la Caisse ;
- de la gestion du personnel ;
- de la préparation du budget et de son exécution.

2) Pour le directeur des prestations :
- de l'application de la législation en matière de Sécurité Sociale ;
- de la gestion du fichier central des assurés.

3) Pour le directeur du recouvrement :
- de l'immatriculation des employeurs ;
- du recouvrement des cotisations ;
- du contrôle des employeurs ;
- de l'exploitation des déclarations annuelles des salaires.

4) Pour le directeur de l'action sanitaire et sociale
- de l'élaboration et de l'application du programme d'action humanitaire et sociale ;

---

[227] Articles 4 à 9

- de la gestion des centres médicosociaux et jardin d'enfants.

La Direction générale et les directions divisionnaires et les services dont l'organisation et le fonctionnement sont nommés par arrêté du Ministre chargé de la Sécurité sociale. Les services sont dirigés par les chefs de service nommés par arrêté du Ministre chargé de la Sécurité sociale sur proposition de la direction générale de la Caisse nationale de Sécurité sociale après avis du comité de direction.

Les services comprennent des sections dirigées par des chefs de services nommés par le directeur général de la Caisse. Les directions régionales sont créées par arrêté du Ministre de la sécurité sociale après avis du Conseil d'administration. Les directions régionales sont rattachées au directeur général. Le personnel de la Caisse est recruté indifféremment dans les secteurs public et privé conformément aux règles qui les régissent. Le personnel de la Caisse est placé sous l'autorité du directeur général.[228]

**397. Disposition financières.** Les opérations en recettes et en dépenses de la Caisse nationale de la Sécurité sociale font l'objet d'un budget annuel présenté par le directeur général et délibéré par le Conseil d'administration à la deuxième quinzaine du mois du novembre.

Les ressources de la Caisse sont constituées par :

- les cotisations destinées au financement des différentes branches ;
- les majorations encourues pour cause de retard dans le paiement des cotisations ;
- les produits des placements de fonds ;
- les revenus des valeurs mobilières ;
- les revenus des placements immobiliers ;
- les subventions, les dons et legs ;
- toutes autres ressources attribuées à la Caisse par un texte législatif ou règlementaire.

Les dépenses de la Caisse sont constituée par :

- les dépenses de paiement des prestations sociales ;
- les dépenses de fonctionnement ;
- les dépenses d'investissement ;
- les dépenses d'action sanitaire et sociale,

[228] Articles 10 et11

- les dépenses du programme de prévention des risques professionnels ;
- les dépenses imputables aux placements immobiliers.

Les deniers de la Caisse sont insaisissables et aucune opposition ne peut être pratiquée sur les sommes dues à cet organisme. Les créanciers porteurs de titres exécutoires, à défaut de décision du Conseil d'administration, peuvent saisir le Ministre de tutelle aux fins d'inscription au budget de la Caisse, des crédits nécessaires.[229]

[229] Articles 16 à 19

# TITRE 7. LE REGLEMENT DES DIFFERENDS DU TRAVAIL

## CHAPITRE 1. LE DIFFEREND INDIVIDUEL

### Section 1. Le jugement

**398.** Le jugement peut ordonner l'exécution immédiate, nonobstant ou appel et par prévision avec dispense de caution. Cette exécution ne pourra porter que sur ses droits légaux ou conventionnels qui ne se heurtent à aucune contestation. Pour le surplus l'exécution provisoire peut être ordonnée à charge de fournir caution. Copie du jugement, signée par le Président et le greffier doit être remise aux parties sur demande. Mention de cette délivrance, de sa date et de son heure est faite par le greffier en marge du jugement.[230]

### Section 2. La conciliation préalable devant l'inspecteur du travail et des lois sociales

**399.** Tout travailleur ou tout employeur pourra demander aux services de l'inspection du travail de régler le différend à l'amiable. Dès réception de cette demande, l'inspecteur du travail convoque les parties aux fins de conciliation. De ce fait le délai de prescription prévu à l'article 99 est interrompu jusqu'à la date du procès-verbal qui clôt la tentative de conciliation. Les parties sont tenues de se présenter devant l'inspecteur du travail aux dates et heures fixées dans la convocation. En cas de refus d'obtempérer, l'inspecteur du travail constate l'infraction par procès-verbal. L'inspecteur du travail vérifie si les parties sont disposées à se concilier immédiatement sur la base des normes fixées par la loi, la règlementation ou les conventions collectives et le contrat individuel. En cas de conciliation, la formule exécutoire est apposée par ordonnance du Président du tribunal du travail prise à la requête de la partie le plus diligente sur le procès-verbal de conciliation établi par l'inspecteur du travail. L'exécution est poursuivie comme un jugement du tribunal du travail. Le Président du tribunal compétent est celui dans le ressort duquel le procès-verbal de conciliation a été signé.[231]

---

[230] Article 232 nouveau

[231] Article 240. nouveau

## CHAPITRE 2. LE DIFFEREND COLLECTIF

**400.** Toutes revendications professionnelles et collectives doivent être formulées dans le cahier de revendications et soumises à l'employeur en vue de négociations. Celles-ci doivent s'ouvrir au plus tard dans les sept jours suivant la date de dépôt des revendications, sauf empêchement de l'une des parties dûment signalé et justifié à l'autre partie au moins 24 heures avant l'ouverture prévue des négociations. Dans ce cas les parties s'accordent sur une seconde date d'ouverture des négociations. Dans tous les cas les négociations doivent s'ouvrir au plus tard dans les 7 jours suivant la date de dépôt des revendications. En cas d'échec des négociations internes, l'inspecteur du travail territorialement compétent est saisi par écrit par la partie la plus diligente pour conciliation. Les parties sont convoquées par l'inspecteur du travail ou par le fonctionnaire responsable du bureau de contrôle du travail du ressort qui procède à la conciliation. Elles peuvent se substituer un représentant ayant qualité pour se concilier. Si l'une des parties ne comparaît pas ou ne se fait pas valablement représenter, l'inspecteur du travail ou le fonctionnaire responsable du bureau de contrôle du travail du ressort la convoque à nouveau dans un délai qui ne peut excéder deux (2) jours francs sans préjudice de sa condamnation à une sanction prononcée par la juridiction pénale sur procès-verbal dressé par l'autorité compétente ci-dessus désignée conformément à l'article 255 nouveau du Code.

**401.** Les accords de conciliation sont consignés dans un procès-verbal établi séance tenante signé par les parties qui en reçoivent ampliation. Ils sont obligatoires et deviennent exécutoires au jour du dépôt prévu à l'article 247.[232] En cas de désaccord, l'inspecteur du travail établit un procès-verbal de non conciliation, signé par les parties et faisant ressortir les points de désaccord. La négociation se poursuit suivant la procédure prévue aux articles 243 à 248 du Code, relative à la commission de recommandation. En cas de refus de négocier opposé notamment par l'employeur et dûment constaté par l'Inspecteur du travail au sein de l'entreprise, les travailleurs peuvent user immédiatement de leur droit de grève.[233] La commission de recommandation a les plus larges pouvoirs pour s'informer de la situation économique des entreprises et de la situation sociale des travailleurs concernés par le conflit. Dans ce but elle peut, notamment, enquêter auprès des entreprises et ses syndicats

[232] Article 242 nouveau
[233] Article 242-2-3

réclamer aux parties tous documents ou renseignements d'ordre comptable de l'éclairer tels que les experts comptables agréés. Les experts sont tenus au secret professionnel quant aux documents à eux communiqués. Sur leur demande les parties sont entendues par la commission de recommandation. Elles peuvent déposer tous mémoires qu'elles estiment de nature à éclairer la commission. Dans un délai de sept (7) jours, la commission dresse un rapport motivé de ses investigations. Les conclusions de ce rapport établissent, sous forme de recommandation, un projet de recommandation, un projet de règlement des points en litige.[234]
Est considérée comme grève, tout arrêt concerté et collectif de travail en vue de faire aboutir des revendications professionnelles déjà déterminées dans un cahier de revendications et non satisfaites par l'employeur soit par échec de procédure de négociation de conciliation, d'arbitrage et de recommandation, soif par refus de négocier opposé par l'employeur. Sont réputées licites, toutes grèves déclenchées suite à une ou plusieurs revendications professionnelles et collectives non satisfaites soit par échec des négociations, d'arbitrage, de conciliation et de recommandation, soit par refus de négocier opposé par l'employeur.
Sont notamment réputées illicites ou abusives :

- la grève déclenchée au mépris des dispositions des articles 242 nouveau, 242-2, 242-3, 248-15, 248-16 ;
- la grève pour motif politique ;
- la grève de solidarité lorsque les salariés solidaires ne sont concernés d'aucune manière par le motif.

Sauf faute lourde du salarié, la grève suspend le contrat de travail.
L'employeur est ainsi dispensé du paiement de salaire aux grévistes pendant la durée de la grève. Toutefois, celui-ci est intégralement conservé si un accord de fin de grève porte que les journées de grève seront payées, ou si la grève a été provoquée par une faute manifeste de l'employeur.[235]

**402.** L'employeur est autorisé à déduire les jours de grève lorsqu'il s'agit de déterminer les jours de congés annuels auxquels peut prétendre le salarié. Il est également autorisé à superviser ou à réduire proportionnellement à la durée de la grève toutes les primes et indemnités directement liées à la prestation de travail. L'employeur est tenu de garantir aux travailleurs présents dans l'entreprise pendant la grève les

---

[234] Article 245. nouveau
[235] Article 248- 2-3-4-5-6 nouveau

moyens d'effectuer leur prestation de travail. Les heures perdues du fait de la grève ne peuvent être récupérées sauf accord entre les parties.
Pendant les jours de grève, les salariés conservent le bénéfice des prestations sociales définies par la législation et la règlementation en vigueur, les conventions et accords collectifs. Les faits suivants sont constitutifs de faute lourde pendant la grève sans que cette énumération soit limitative et sous réserve de l'appréciation de la juridiction compétente :

- l'occupation des locaux
- les coups et blessures volontaires sur la personne de l'employeur ;
- la séquestration de l'employeur ;
- l'entrave à la liberté de travail ;
- le sabotage, le vol ou la destruction de marchandise ou de matériel de l'entreprise ;
- la participation à une grève illicite.

Dans ces cas, la rupture du contrat de travail s'effectue dans les formes prévues par les dispositions des articles 41 nouveau du Code. Outre leur incidence sur le contrat de travail, les faits signalés plus haut sont susceptibles de poursuite pénale.[236] Les dispositions du présent titre s'appliquent au personnel des entreprises, des organismes et des établissements publics ou privés lorsque ces organismes, entreprises ou établissements sont chargés de la gestion d'un service employant des salariés régis par le Code de travail. Lorsque les personnels mentionnés à l'article 248-13 font usage du droit de grève, la cessation concertée du travail doit être précédée d'un préavis. Le préavis émane de la décision de l'assemblée générale des travailleurs de l'entreprise, organisme ou service intéressé, il précise les motifs du recours à la grève. Le préavis doit parvenir sept (7) jours francs avant le déclenchement de la grève à la direction de l'établissement, de l'entreprise ou de l'organisme intéressé, il fixe le lieu, la date et l'heure du début ainsi que la durée, limitée ou non de la grève envisagée. Pendant la durée de préavis, les parties intéressées peuvent continuer à négocier. L'inobservation du préavis entraîne l'illicéité de la grève.
Le droit de grève dans le service public sera limité par l'institution d'un service minimum indispensable pour la sauvegarde de l'intérêt général et organisé par l'employeur. Le refus pour les salariés désignés par l'employeur d'assurer le service minimum est constitutif de faute lourde.[237] Le Lock-out est une mesure de fermeture temporaire de

---

[236] Article 248-7-8-9-10-11-12 nouveau
[237] Article 248-13-14-15 nouveau

l'établissement ou de l'entreprise décidée par l'employeur du fait de la détérioration du climat social en son sein. Il est réputé licite lorsque :

- le chef d'entreprise peut faire la preuve de l'impossibilité d'assurer le fonctionnement de l'entreprise ;
- le lock-out peut être présenté comme une réponse à une exécution défectueuse de travail ne pouvant être assimilée à l'exercice normal du droit de grève.
- l'ordre et la sécurité dans l'entreprise sont suffisamment compromis.

L'employeur est dispensé du paiement des heures ou des journées non travaillées lorsque le lock-out intervient dans le cas visés à l'article précité.

La grève et le lock-out ne peuvent intervenir qu'après épuisement des procédures définies ci-dessus. Le caractère illicite de la grève ou du lock-out sera apprécié par la juridiction compétente.[238]

[238] Article 249- 2-3-4 nouveau

# TITRE 8. LES PENALITES

## CHAPITRE 1. LES CONTRAVENTIONS

**403.** Seront punis d'une amende de 10.000 francs à 20.000francs et en cas de récidive de 20 000 francs à 36 000 francs CFA.

a) Les auteurs d'infractions aux dispositions des articles 71, 72, 74, 85, 87 (3), 88, 182 (avant dernier paragraphe) ;
b) Les auteurs d'infractions aux dispositions des arrêtés et décrets prévus par les articles 25, 75, 105, 181, et 182 (1er ) ;
c) Les employeurs fondés de pouvoirs ou leurs préposés responsables du défaut d'affichage conforme aux dispositions de l'article 103.

En ce qui concerne les infractions à l'arrêté prévu à l'article 182 (1et), l'amende sera prononcé autant de fois qu'il y aura d'inscriptions omises ou erronées. Seront punis d'une amende de 15 000francs à 25 000 francs CFA et en cas de récidive d'une amende de 25 000francs à 100. 000 francs CFA.

a) Les auteurs d'infractions aux dispositions des arrêtés et décrets prévus par l'article 118 ;
b) Les auteurs d'infractions aux dispositions des articles 9, 117 (2), 134 ;
c) Les auteurs d'infractions aux dispositions de l'article 141 alinéa 1 et 4, les employeurs ne tenant pas de registre de sécurité, de visites médicales des accidents de travail et des maladies professionnelles et à caractère non professionnel.

Les infractions des articles 184 à 187 inclus, 199 et 206 seront poursuivies contre les directeurs, administrateurs des syndicats et punies d'une amende de 25 000 à 30 000 francs CFA. En cas de fausse déclaration relative aux statuts et aux noms et qualités des Administrateurs et Directeurs, l'amende pourra être portée à 36 000 francs CFA. Les peines prévues par la législation commerciale en vigueur contre les auteurs de contrefaçon, apposition, imitation ou usage frauduleux des marques de commerce sont applicables en matière de contrefaçon, opposition, imitation, ou usage frauduleux des marques syndicales ou labels.[239]

[239] Articles 251 à 253 nouveaux

## CHAPITRE 2. LES DELITS

**404.** Seront punis d'une amende de 36 000 francs à 100 000francs CFA et en cas de récidive de 60 000 francs à 200 000francs CFA :

a) Les auteurs d'infractions aux décrets et arrêtés prévus aux articles 76, 77, 108, 109, 110 (2), 113, 114, 142, 143, 155, (e-4) ;
b) Les auteurs d'infractions aux décrets et arrêtés prévus aux articles 108, 112, 116, 137, et 173 (nouveau).

La double récidive est punie d'un emprisonnement de 12 à 20 jours. Sera punie d'une amende de 100 000francs CFA à 250 000 francs CFA en cas de récidive d'une amende de 200 000 francs à 500.000 francs CFA toute personne qui n'aura pas respecté le principe d'égalité de rémunération (au sens de l'article 73-3). La double récidive est punie d'un emprisonnement de 15 à 20 jours. Outre les sanctions prévues en cas d'inobservation des dispositions limitant les cas de rupture anticipée ou du délai de prévenance, les infractions constatées en matière de contrat de travail à durée déterminée sont punies d'une amende de 100 000 francs à 500 000 francs CFA prononcée autant de fois qu'il y a de recrutements opérés dans les conditions irrégulières. En cas de double récidive, l'emprisonnement de 15 jours au plus est prononcé. Seront punis d'une amende de 150 000 francs à 400 000 francs CFA et en cas de récidive d'une amende de 300 000 francs à 600 000 francs CFA quiconque aura porté ou tenté de porter atteinte soit à la libre désignation des membres du bureau syndical, soit à l'exercice régulier de leurs fonctions. En cas de double récidive l'emprisonnement de 20 jours est prononcé.[240] Sera punie d'une amende de 200 000 francs à 500 000 francs à 1000 000 francs CFA, toute personne qui n'aura pas respecté le principe de l'égalité d'accès aux avantages collectifs en matière de travail temporaire. En cas de double récidive, l'emprisonnement d'un mois est prononcé.

**405.** Seront punis d'une amende de 600.000 francs à 900 000 à 1.100 000 francs CFA :

a) les auteurs d'infractions aux dispositions des articles 4 sur l'interdiction du travail forcé 87 (2) sur le paiement du salaire en

---

[240] Articles 254 à 256 nouveaux

alcool ou boisson alcoolisées, 103, sauf en matière d'affichage, 104 et 166.

b) Les personnes qui auront fait volontairement une fausse déclaration d'accident du travail ou de maladie professionnelle.
c) Toute personne qui par violence, menace ou tout autre moyen de pression aura contraint ou tenté de contraindre un travailleur à s'embaucher contre son gré ou qui, par les mêmes moyens aura tenté de l'empêcher ou l'aura empêché ou de remplir les obligations imposées par son contrat.
d) Toute personne qui en faisant usage d'un contrat fictif ou d'un carnet de travailleur contenant des indications inexactes, se sera fait embaucher ou se sera substitué volontairement à un autre travailleur.
e) Tout employeur, fondé de pouvoirs ou préposé, qui aura porté volontairement sur le carnet du travailleur, le registre d'employeur ou tout autre document des attestations mensongères relatives à la durée et aux conditions du travail accompli par le travailleur, ainsi que tout travailleur qui aura sciemment fait usage de ces attestations ;
f) tout employeur, fondé de pouvoir ou préposé, qui aura volontairement engagé, tenté d'engager ou conserver à son service un travailleur encore lié à un autre employeur par un contrat de travail, un apprenti encore lié par un contrat d'apprentissage ou un stagiaire en cours de formation dans un centre de formation professionnelle, indépendamment du droit à dommages-intérêts qui pourra être reconnu à la partie lésée.
g) toute personne qui aura exigé ou accepté du travailleur une rémunération quelconque à titre d'intermédiaire dans le règlement ou le paiement des salaires, indemnités, allocations et frais de toute autre nature.
h) Toute personne exerçant l'activité d'entrepreneur de travail temporaire malgré une interdiction.

**406.** En cas de double récidive, l'emprisonnement d'un mois en prononcé.[241]
Sera punie d'une amende de 300 000 francs à 1000.000 francs CFA et en cas de récidive de 600 000 francs à 1000 000francs CFA, tout utilisateur :

a) Ayant fait recours à un intermédiaire pour un motif non autorisé par la loi pour une durée supérieure à la durée maximale ou en

[241] Article 257 nouveau

méconnaissance des dispositions sur la fixation du terme ou le renouvellement ;

b) Ayant fait recours à un intérimaire en méconnaissance des dispositions sur les interdictions de recourir au travail temporaire (grève, travaux dangereux) ;
c) Qui n'aura pas respecté les dispositions sur le recours au travail temporaire après un licenciement économique ;
d) Qui n'aura pas respecté le délai de carence entre deux contrats ;
e) Qui aura fait recours à un intermédiaire sans avoir conclu dans le délai prévu un contrat de mise à disposition conforme aux prescriptions légales ou en ayant fourni dans le contrat de mise à disposition des indications volontairement inexactes.

**407.** En cas de double récidive, l'emprisonnement de deux à quatre mois est prononcé.
Sera puni d'une amende de 500.000 francs à 1.100.000francs CFA en cas de récidive d'une amende de 1000 000 francs à 3000 000francs CFA, tout entrepreneur de travail temporaire :

a) qui aura mis à la disposition d'un intérimaire sans conclusion dans le délai prévu un contrat de mise à disposition avec l'utilisateur ;
b) qui aura embauché un intérimaire sans avoir adressé dans le délai prévu de contrat écrit ou en ayant conclu un contrat ne comportant pas certaines mentions (mentions du contrat de mise à dispositions, rémunération), ou encore en ayant conclu un contrat comportant des mentions volontairement inexactes ;
c) exerçant l'activité d'entrepreneur de travail temporaire à titre exclusif ou sans déclaration à l'autorité administrative ou sans obtention d'une garantie financière.

En cas de double récidive, l'emprisonnement de 2 à 6 mois est prononcé.[242]
Dans les cas cités aux articles 254 nouveau (c,d,e), 255-2, 256-1, 257 nouveau (h), 257-2 et 257-3, le tribunal peut ordonner, aux frais de l'entrepreneur de travail temporaire ou de l'utilisateur condamné, l'affichage du jugement aux portes de l'entreprise et sa publication dans les journaux qu'il désigne. Le tribunal peut, en ce qui concerne les dispositions prévues à l'article 73-14, procéder soit à l'interdiction d'exercer pour une durée de deux à dix ans pour l'entrepreneur de travail temporaire soit à la fermeture de l'entreprise pour une durée n'excèdent

[242] Article 257 -2-3 nouveau

pas deux mois. Seront punis d'une amende de 900 000francs à 1500 000francs et en cas de récidive de 1500 000 à 2.000 000 francs CFA :

a) les auteurs d'infractions aux dispositions des articles 132, 133, 135, 140, 141, 146 et 147
b) les auteurs d'infractions aux dispositions des décrets et arrêtés prévus aux articles 137, 142, et 148. En cas de double récidive, l'emprisonnement de 40 jours est prononcé.[243]

Sera punie d'une amende de 500.000 francs et 1000 000 francs à 2000 000 francs CFA, toute personne qui s'est opposée ou a tenté de s'opposer à l'exécution des obligations ou à l'exercice des pouvoirs qui incombent aux fonctionnaires du corps de l'inspection du travail et aux chefs des circonscriptions administratives agissant comme suppléants de l'inspecteur du travail. En cas de récidive, l'emprisonnement de 2 à 6 mois et obligatoirement prononcé. Les dispositions du Code pénal qui prévoient et répriment les actes de résistance, les outrages et les violences contre les officiers de police judiciaire sont en outre, applicables à ceux qui se rendent coupables des faits de même nature à l'égard des Inspecteurs du travail et des lois sociales ou de leurs suppléants. Le paiement des sommes dues aux titres des sanctions pécuniaires prévues à l'article 154 et de la loi est exigible dans un délai maximum de 15 jours à compter de la notification du montant de ces sommes. Les dispositions du Code pénal en matière de défaillance du délinquant sont applicables à toute personne qui ne s'est pas acquittée à tout employeur pour les infractions prévues et réprimées au présent titre. Les dispositions du Code pénal en matière de sursis sont applicables à tout employeur pour les infractions prévues et réprimées au présent titre. Lorsqu'une amende est prononcée en vertu du présent titre, elle est encourue autant de fois qu'il y a eu d'infractions, sans que cependant le montant total des amendes infligées puisse excéder cinquante fois les taux maxima prévus ci-dessus. Cette règle s'applique notamment au cas où plusieurs travailleurs auraient été employés dans des conditions contraires à la loi. Pour l'application des articles 251 à 253 nouveaux il y a récidive lorsque dans les 12 mois antérieurs au fait poursuivi, le contrevenant a déjà subi une condamnation pour un fait identique. Il y a double récidive lorsque le contrevenant pour un fait identique s'est déjà trouvé dans une situation de récidive. Toutefois, la double récidive ne s'applique qu'en cas de délit.[244]

---

[243] Article 257-4-5

[244] Article 258 à 260-nouveaux

## CHAPITRE 3. LES DISPOSITIONS TRANSITOIRES

**408.** Les syndicats et les associations professionnelles existants à la date d'entrée en vigueur de la loi, doivent dans les six (6) mois qui suivent sa promulgation s'y conformer. Les entrepreneurs de travail temporaire exerçant leur activité de la date d'entrée en vigueur de la loi droit sont tenus aux déclarations prévues à l'article 73-2. Les dispositions de la présente loi sont de plein droit applicables aux contrats individuels en cours. Elles ne peuvent constituer une cause de rupture de ces contrats. Toute clause d'un contrat en cours qui ne serait pas conforme aux dispositions de la loi, d'un décret ou arrêté pris pour son application, sera modifiée dans un délai de six (6) mois à compter de la publication de la loi, du décret ou arrêté en cause. En cas de refus de l'une des parties, la juridiction compétente pourra ordonner, sous peine d'astreinte, de procéder aux modifications qui seront jugées nécessaires. Pour les dispositions qui ne sont pas contraires à la loi, la règlementation existante prise en application des lois du 15 décembre 1952, 10/64 du 25 juin 1964 et 45/75 du 15 mars 1975 demeura en vigueur jusqu'à la mise en place des textes prévus par le Code.[245]

[245] Article 262 et 263 nouveaux

# CINQUIEME PARTIE : LES SYNDICATS CONGOLAIS

# TITRE I. LE MOUVEMENT SYNDICAL

**409.** Il est étudié au triple plan :

- international ;
- africain ;
- congolais.

## CHAPITRE 1. HISTORIQUE

**410.** Le mouvement syndical international n'a jusqu'ici suscité aucun attrait particulier pour les acteurs contemporains du monde du travail. Ce peu d'intérêt pour le sujet est révélateur d'une pratique syndicale actuelle, de plus en plus désuète et éloignée des idéaux des pionniers du mouvement. La simple évocation du thème, à l'occasion de la célébration du 1$^{er}$ mai, souvent truffé d'erreurs sur l'historicité et les faits, prouve à suffisance qu'il ne reste aujourd'hui des évènements de Chicago et les phases successives qui ont jalonné leur évolution, qu'un vague et lointain souvenir. La bibliographie s'y rapportant est rare et les quelques bribes d'écrits disponibles, très parcellisées, manquent de fil conducteur offrant plus de lisibilité et de visibilité sur la problématique. Ainsi, en dehors des publications de l'OIT (organisation internationale du travail) et des Bureaux du BIT (Bureau international du travail) et des Bureaux régionaux du BIT (Bureau international du travail) les auteurs sur le mouvement ouvrier ou syndical ne sont pas légion. L'alternative à ce vide se fera encore longtemps attendre. Le mouvement ouvrier, puis syndical, s'est construit au fil des siècles et se décline à travers huit grandes étapes constitutives de son histoire. Après son apparition aux Amériques pour des raisons évidentes (industrialisation, manufactures, etc.) il a gagné l'Europe par la Grande Bretagne pour les mêmes raisons, puis l'Italie, la Bulgarie, la France, l'Allemagne, où il a évolué sous l'impulsion des ''INTERNATIONALES'', avec plus ou moins de bonheur, tout au long du 19$^{e}$ siècle et la première moitié du 20$^{e}$ siècle.

La bipolarisation du monde, consécutive aux guerres et par la volonté des ''VAINQUEURES'' consacra la constitution des deux grands blocs (EST-OUEST). Le mouvement syndical qui épousa et se greffa à cette bipolarisation a donné naissance à la FSM (Fédération syndicale mondiale), marxiste, d'obédience soviétique qui regroupe l'URSS et les pays satellites de l'EST d'une part, la CISL (Confédération internationale des syndicats libres) capitaliste, d'obédience américaine, qui regroupe les USA et l'Europe occidentale, d'autre part. On enregistre par ailleurs, la

CMT (Confédération Mondiale du Travail), Syndicat confessionnel (Chrétien), de taille moyenne, évoluant quant à elle, dans la périphérie de la CISL. D'ailleurs, on n'a pas attendu longtemps pour voir la CISL et la CMT, fusionner et donner naissance à la CSI (Confédération syndicale internationale).

# CHAPITRE 2. EVOLUTION DU MOUVEMENT OUVRIER INTERNATIONAL

**411. Première étape : (1ère moitié du 18e siècle : 1748)**

1/- Apparition du prolétariat industriel en Grande Bretagne.
2/- Naissance de la classe ouvrière et enregistrement des premiers mouvements sociaux (temps de travail, conditions de travail, salaires).
Vers la fin du 18e siècle, les premiers syndicats font leur apparition (Trade Unions) : Unions Professionnelles. Premier enseignement : Les syndicats font leur apparition avant les partis politiques. Toujours vers la fin de cette période, on enregistre la promulgation des premières lois anti-ouvrières qui tentent de freiner le mouvement ouvrier.
- 1831-1834 : On enregistre la révolte des tisserands en France ;
- à la même époque, des charters sont organisés en Angleterre.
- On enregistre par ailleurs des pétitions avec des revendications à caractère économique et politique.
NB : Cette 1ère étape se caractérise par des soulèvements désordonnés et isolés.

**412. Deuxième étapes : 1848-1871.** En 1848, une série de résolutions sont prises en Hongrie et en France où la bourgeoisie radicalise sa position et récupère les revendications ouvrières. C'est à cette époque que la théorie marxiste prend naissance.[246] Le manifeste du Parti communiste est publié. En 1864, la 1ère internationale ouvrière voit le jour. C'est la naissance du mouvement ouvrier international organisé ; 1864-1878 : Durée de vie de la 1ère internationale découlant de la chute de la Commune de Paris. La Commune de Paris (72 jours), fut, en 1871, la 1ère révolution prolétarienne ; l'absence d'un parti organisé constituera la cause de la chute de la Commune de Paris.

**413. Troisième étape : 1871-1917.** Elle est marquée par la personnalité de LENINE. La 2e internationale regroupe les partis socio-démocrates et socialistes, ainsi que les partis bourgeois réformistes (P.S. de France). La 2e internationale est morte de l'éclatement de la 1ère guerre mondiale (1914-18), chaque syndicat soutenant son pays.

**414. Quatrième étape : 1917-1939**

- la révolution d'octobre est un évènement majeur ;
- naissance de la 3e internationale communiste (1919).

---

[246] Le capital de Karl Marx

En 1918, à Amsterdam, naissance de l'Internationale socialiste (organisation jugée réformiste).
En 1921, à Moscou, naissance de l'international syndical rouge.

NB : La 4e étape fut déplorable. En l'absence de l'unité ouvrière, le fascisme prend le pouvoir. On note l'émergence de beaucoup de dictatures dans plusieurs pays.

**415. Cinquième étape : 1939-1945**

**La 2e guerre mondiale.** Les efforts de la communauté syndicale internationale ont été orientés contre le nazisme. Les syndicats ont été très actifs sous la résistance en Europe (900.000 combattants, vers la fin de la guerre). Cette armée était influencée par le Parti Communiste Français (PCF), qui, en 1944, avait toutes les chances d'accéder au pouvoir ; mais la présence de l'armée américaine et l'opposition de De Gaulle, l'en empêcha, en désamorçant l'activité communiste.

**416. Sixième étape : 1945-1960.** Elle se caractérise par :

- la formation du système socialiste mondial ;
- la chute de l'empire colonial ;
- l'apparition de nouveaux partis socialistes en Asie et en Afrique. La crise du capitalisme d'exacerbe.

**417. Septième étape : 1960-1990.** Le capital, l'idéologie, le positionnement confessionnel divisent le mouvement syndical mondial.
- la FSM est créée en 1945 ;
- la CISL, est créée en 1949, à la suite de la scission de la FSM ;
- la CMT est créée en 1950, anciennement appelée Confédération syndicale chrétienne.

**418. Huitième étape : 1990 à nos jours**

- désintégration du bloc socialiste marxiste, chute du mur de Berlin ;
- mise en veilleuse de la FSM ;
- réforme du mouvement syndical capitaliste.

  - Dissolution de la CISL
  - Dissolution de la CMT
  - Création de la CSI par la fusion CISL/CMT

La Conséquence de ce brouillement syndical est l'affaiblissement du mouvement ouvrier.

**Pays capitalistes**
- chômage massif ;
- délocalisation des entreprises et précarité de l'emploi.

**Pays Socialistes**
- Dislocation du bloc ;
- la quasi-totalité des pays de l'Europe de l'Est ont changé de camp en adhérant à l'UE.

**Pays du tiers monde**
- endettement prohibitif ;
- dépendance économique totale ;
- L'OMC dominée par le grand capital dicte les prix des matières premières.

**419. La fête du 1^er^ mai : Signification.** Le 1^er^ mai a d'abord un sens historique. A l'origine, c'est en 1884, à Chicago (USA) qu'à la suite des revendications portant sur la journée de travail de 8 heures, l'amélioration des conditions de travail, les libertés syndicales et l'augmentation des salaires, qu'une répression policière arracha à la vie 300 ouvriers. En 1890, le 1^er^ mai fut reconnu, comme fête légale du travail et jour férié par plusieurs gouvernements du monde. Le 1^er^ mai est par ailleurs la journée internationale de solidarité ouvrière.

**420. Le mouvement syndical africain.** Ce mouvement, pauvre dans son essence, sans substance réelle, ne présente pas beaucoup de perspectives. Pour faire court, on peut noter au passage quelques repères.
- la CASL (Confédération africaine des syndicats libres), filiale de la CISL, ancêtre de l'ORAF-CISL, puis de la CSI Afrique, aujourd'hui, est d'obédience américaine.
- la FSM a enregistré beaucoup d'adeptes, d'inspiration marxiste en Afrique.
L'organisation du syndicat en Afrique est symptomatique de la division bipolaire du monde (Est-Ouest), quand bien même la chapelle marxiste s'est désintégrée. Au niveau des forums africains, la CSI-Afrique Centrale, Afrique de l'Est), en dépit de quelques barouds d'honneur,, il n'y a plus lieu de parler de mouvement syndical Africain.

# CHAPITRE 3. MOUVEMENT SYNDICAL CONGOLAIS

**421.** Le mouvement syndical du Congo, qui a accompagné les évolutions politiques du pays puise son essence dans les syndicats français pour les uns et américains (CAAT) pour les autres et tire son inspiration dans les luttes pour l'indépendance nationale. A l'instar des premiers partis politiques congolais de la 2e moitié des années 40, les syndicats congolais ont été, eux aussi de constitution partisane, sous l'angle des partis politiques d'une part, et des syndicats étrangers d'autre part. Des accointances nettes et sans équivoque les liaient aux formations politiques, elles-mêmes, rattachées aux partis du pays colonisateur, la France.

## Section 1. Nomenclature des partis politiques de l'époque

**422.** Pour mieux appréhender la nature des syndicats avant l'indépendance du Congo, il y a lieu, avant tout, de jeter un regard introspectif sur la nature des partis politiques de cette même époque.

**1/.** Le PPC (Parti Progressiste Congolais) fondé par Félix Tchicaya en 1946, a son siège) à Pointe-Noire. Il est affilié au Parti Communiste français (PCF). Il demeure longtemps, la section congolaise du Rassemblement Démocratique Africain (RDA) fondé à Bamako en octobre 1946. Il recrute la quasi-totalité de ses militants, essentiellement en milieu Vili, au Kouilou.

**2/.** Le M.S.A (Mouvement Socialiste Africain) de Jacques Opangault, est rattaché à la S.F.I.O (de France). Son siège est à Brazzaville et son vivier naturel est l'ethnie M'bochi dans la partie nord du Congo ainsi que les quartiers nord de Brazzaville.

**3/.** L'UDDIA (Union pour la défense des Intérêts Africains) de l'Abbé Fulbert Youlou, est créée en 1956. Même si on ne lui reconnaît pas une collusion avec une formation politique dans l'Hexagone (France), il se préoccupe d'organiser à Brazzaville, notamment en milieu Lari, un pouvoir aux assises tribales. L'UDDIA, s'emploie à instrumentaliser les ethnies de la partie sud du pays (Vilis de la côte contre Vilis de la forêt), dans les pays du Niari, sans oublier la partie septentrionale du Congo. Il étend son recrutement en milieu religieux ; ce recrutement a un caractère social.

## Section 2. Nomenclature des principaux syndicats

**423.** Le pluralisme syndical se traduit par l'existence de la CATC, la CGAT, la CCSL et quelques syndicats indépendants et autonomes, dont celui des employés des PTT.

1/ La CATC (Confédération Africaine des Travailleurs Croyants), filiale de la Confédération Française des Travailleurs Croyants, affiliée à la CMT, rassemble les forces du Christianisme social. Il affiche clairement son anticommunisme. Au plan politique, il est proche de l'UDDIA de Fulbert Youlou.

2/ La CGAT (Confédération Générale Africaine du Travail), filiale de la CGT (France), affiliée à la Fédération Syndicale Mondiale, FSM. Il est proche du MSA d'Opangault. Ses principaux animateurs sont marxistes.

3/. La CCSL (Confédération Congolaise des Syndicats Libres), filiale de la CASL (Confédération Africaine des Syndicats Libres), affiliée à la CSL (aujourd'hui CSI), Confédération Syndicale Internationale, d'obédience Force Ouvrière, est d'inspiration socio-démocrate. Il y a lieu de noter que l'expérience politicienne des partis politiques sur fond d'ethnocisme, va déboucher en 1959 à Brazzaville, sur une guerre tribale opposant les Laris de Youlou (UDDIA) et les Mbochis d'Opangault (MSA).

Il devient dès lors difficile de sceller l'unité nationale. Il va sans dire que les syndicats n'évoluaient pas en marge de la crise politique en gestation. Pour en sortir, le Président Youlou, sous l'inspiration du modèle guinéen, imagine une formule d'unification dans un seul moule de toutes les forces vives nationales, en vue de la création d'un Parti unique. Il demande alors aux syndicalistes d'y adhérer individuellement, mais ces derniers préférént l'adhésion sous le label d'une centrale syndicale unique, ce que refuse le Président Youlou. Les réticences de certains syndicats, le confortent dans cette position.

Finalement, au terme de beaucoup de tractations, l'unité d'action des syndicats prime et prend le dessus sur les divergences doctrinales. Ainsi, les Centrales suivantes :

La CATC, dirigée par Okemba Morlende, Fulgence Biyaoula et Gilbert Pongault,

La CGAT dirigée par Julien Boukambou, aimé Matsika et Abel Thauley Ganga,

La CCSL (Confédération Congolaise des Syndicats Libres), dirigée par Léon Angor, Maurice Miamy, Dieudonné Miakassissa annoncent leur fusion :

Le Comité de fusion mis en place à cet effet, a pour Président, Okemba Morlendé.

Assurant la doublure du Comité de Fusion, les stratèges syndicaux mettent en place un autre organe, le Comité d'Entente responsabilisé pour participer éventuellement aux débats sur la création du Parti unique.
Le Comité d'entente est composé de : Abel Thauley Ganga, Julien Boukambou, Dieudonné Miakassissa, François Dandou.
N.B : Le rôle politique des syndicats est incontestable.

## Section 3. Les évènements d'août 1963

**424.** La dégradation du climat social est manifeste. Les travailleurs sont en première ligne dans les changements politiques qui s'opèrent chaque jour. Les Partis politiques affaiblis par la mauvaise gouvernance et les alliances artificielles sans fondements durables, perdent le contrôle de la scène politique. Le Comité de fusion qui siège sans désemparer à la Bourse de Travail de Brazzaville accule le gouvernement par des revendications tous azimuts, allant de la création du Parti unique avant le 15 Août 1963, à la mise en place d'un bureau politique provisoire dont le rôle est de :
- désigner les membres devant former le gouvernement, sans se référer au préalable au Président de la République sommé d'avaliser et de publier par décret présidentiel, ledit gouvernement ;
- préparer les élections législatives en vue du renouvellement de l'Assemblée nationale ; celle en poste, totalement immorale, devrait quitter la scène.[247]

Le slogan général est : « il faut que ça change » émis le 23 juillet 1963, dans une déclaration conjointe signée par : Okemba Morlende, pour le Comité de Fusion et Abel Thauley Ganga, pour le Comité d'Entente.
Les syndicalistes veulent d'un gouvernement de 8 membres ; le Président Youlou s'y oppose catégoriquement. Malgré des débats âpres, les négociations de la Commission d'études du Parti unique, piétinaient et échouent le 9 Août 1963, à l'Hôtel de ville de Brazzaville. Le départ des syndicalistes de la table de discussion est la goutte d'eau qui fait déborder le vase.
En sus de l'interdiction des réunions syndicales, de l'insécurité qui planait sur les syndicalistes, placés sous haute surveillance et la suppression du droit de grève, c'est la rupture du dialogue qui contribue à crisper une situation déjà délectère, allant de mal en pis. Comme pour enfoncer irrémédiablement le clou, le Comité de fusion prend une nouvelle résolution signifiant plus clairement son positionnement politique ; ceci entraînant cela, cette déclaration considérée par le chef de

[247] cf. achat de conscience, corruption

l'Etat comme une déclaration de guerre, va se solder par l'arrestation des syndicalistes. Comme suite logique, la grève générale décrétée en réplique par le Comité de fusion, est observée à 100% à Brazzaville, Pointe-Noire et Dolisie. Cette grève, amplifiée par les émeutes populaires, eut raison du Président Youlou, le 15 Août 1963.

**425. Remarque :** A ce stade, le grand enseignement à tirer est que le projet de parti unique concocté par le Président Youlou, est devenu le cheval de bataille des syndicats. L'amalgame est total ! Le Comité de fusion, institué pour les besoins de la cause, n'a plus réussi à se départir de l'ambiance révolutionnaire, consécutive à la chute du régime. C'est alors que, prenant goût aux délices du pouvoir politique, et à la suite de la création du MNR (Mouvement National de la Révolution), les syndicats prennent le relais, tiennent le 8 novembre 1964, le congrès constitutif de la CSC (Confédération Syndicales Congolaise), affiliée à la FSM et l'OUSA par la suite. La création de la CSC, Syndicat unique, sur les cendres du pluralisme syndical, est un fait syndical hautement historique qui engage les syndicats congolais eux-mêmes.

## Section 4. L'influence du politique sur le syndicat

**426.** Au demeurant et au fil de l'histoire, l'implication directe des syndicats dans la politique est avérée au point où leur inféodation avec le pouvoir politique les éloigne des idéaux initiaux du mouvement syndical. Deux faits majeurs illustrent cette assertion :
- le rôle politique dans la chute du premier régime en 1963, et l'implication dans l'articulation des trois Co (Codétermination, Codécision, Coresponsabilité), au milieu des années 1970, qui a projeté et propulsé le syndicat unique aux commandes des Entreprises et des Administrations, sous le fallacieux prétexte que le syndicat est une école de gestion et d'administration. De cette doctrine marxiste, la République Populaire du Congo n'a enregistré, sur le plan économique, que déboires et faillites des Entreprises d'Etat, qui ont entraîné des licenciements massifs, le chômage endémique et la misère. La suite est bien connue : la dégradation du tissu social et économique.

### *Paragraphe 1. Période d'avant 1991*

**427.** - la grève syndicale de 1976 déclenchée par la CSC, présidée par le Secrétaire Général Anatole Kondo, membre du Comité Central du PCT, a porté un coup dur au pouvoir. Le Président Marien Ngouabi qui réagit

vigoureusement à ce mouvement n'a pu que constater les dégâts collatéraux.
- la chute du Président Jacques Joachim Yombi Opango le 05 février 1979 a été rendue possible grâce entre autres, à la participation active de la CSC, présidée par le Secrétaire Général Bokamba Yangouma, qui est, par la suite, nommé, membre du Bureau politique du PCT, chargé de l'organisation.
- au 8e congrès de la CSC en 1990, le politique a pris le dessus sur le syndical. Déjà à cette époque, le pouvoir du PCT est fortement étiolé et le Président Denis Sassou Nguesso en sort affaibli.

***Paragraphe 2. Période d'après 1991***

**428.** - Pendant la Conférence Nationale de 1991, la CSC, sous la direction du Secrétaire Général Bokamba Yangouma, joue un rôle éminemment politique ; Au terme de ce processus, la CSC, connaît de graves soubresauts internes : La prise de position de la FESYTREF (Régie Financière) présidée par Andzouana Albert, qui réclamait la clarification et le réajustement de la position de la CSC, s'avère comme un élément détonateur. Relayant la régie financière, la FESTRAGEM (Administrations Générales et Municipalités) présidée par Louis Gondou, amplifie ce mouvement de contestation. La scission qui s'ensuit en 1993, porte Louis Gondou à la tête d'un nouveau syndicat, la CSTC. Jusqu'ici, la collusion des syndicats avec la politique n'est point démentie ; les mêmes causes produisent les mêmes effets !
- encore une fois, la CSC, sous la présidence du Secrétaire Général Daniel Mongo, donne une caution sans réserve à la politique économique du Président Pascal Lissouba, avec pour point d'orgue, l'abattement de 27, 5% des salaires et le blocage des effets financiers des avancements et autres promotions de travailleurs de la fonction publique.
- la CSTC de Louis Gondou n'est nullement en reste de la de l'activisme politique. Collaborant dans le fond avec les partisans du régime du Président Pascal Lissouba, il gèle les actions revendicatives de la C.S.T.C. Au sortir de son 1er congrès ordinaire de décembre 1994, la C.S.T.C. décrète une grève générale illimitée qui n'a jamais été levée. La pétition nationale initiée pour la circonstance n'a jamais réuni suffisamment de voix.
Cette ambivalence a coûté cher à la C.S.T.C.
- en 1996, le meeting organisé au rondpoint Koulounda, par la CSTC, en l'absence de Louis Gondou et commandité par des acteurs politiques, est une preuve d'une implication politique incontestable qui a failli tourner à des troubles majeurs, nul été l'intervention de la force publique.

# CHAPITRE 4. LES ENJEUX DU SYNDICALISME CONGOLAIS

**429.** « Sous les effets conjugués de la politisation excessive des syndicats, la corruption, la cupidité et le gain facile, le mouvement syndical s'est désintégré, vendant son âme, violant sa conscience et brisant ses repères ». Telle est la critique formulée dans l'opinion. La solidarité s'est ébranlée, l'unité d'action dans la lutte revendicative a disparu ; la notion d'assistance mutuelle, définitivement sous éteignoir, n'a plus cours dans la vie syndicale. La crise du syndicalisme et la désyndicalisation qui en est résulté sont légion ! Bien malin est celui qui va prétendre qu'avec l'orientation doctrinale des syndicats actuels, les travailleurs Congolais vont apercevoir le bout du tunnel. En définitive, depuis la nuit des temps, le problème qui se pose, ce n'est nullement l'existence des Rapports Syndicats-Employeurs-Gouvernement-Patronnât, dès lors que ces derniers sont des partenaires qui sont condamnés à négocier sans cesse avec la diligence de chacun des acteurs. Le problème qui se pose est en réalité, la nature de ces relations. La résolution de ce problème passe par deux considérations, véritable alternative.

## Section 1. Vis-à-vis des employeurs (Gouvernement-Patronnât)

**430.** Pérenniser un dialogue social sain, fondé sur des valeurs et des relations professionnelles clairement codifiées et strictement respectées est à instaurer.

## Section 2. Vis-à-vis des Syndicats eux-mêmes

**431.** Eriger un cadre réellement démocratique, régi par des textes clairs. Ce fonctionnement est régulier par le cordon ombilical, la navette sommet-base ; ce qui devra éloigner des directions syndicales, ''les autocrates et autres aristocrates syndicaux'' ; en mal de discernement et d'inspiration, ces dirigeants gangrènent, même à la retraite, les organisations syndicales. On dit même qu'ils sont le problème majeur des syndicats : La sclérose ! Le Syndicalisme de salariés est secoué aujourd'hui par la dépression économique ; ses effectifs diminuent ; ses objectifs vacillent ; sa légitimité est remise en cause ; Comme pour couronner le tout, la désyndicalisation est là, bien à l'ordre du jour. Et pourtant, le syndicalisme est un fait universel imparable. Il recouvre des réalités si diverses, dans le temps comme dans l'espace, qu'il convient de s'interroger sur la pertinence du singulier. Quelles sont les actions spécifiquement syndicales et quelles sont celles qui reviennent exclusivement au mouvement ouvrier ? Où se situe la passerelle ou la frontière entre le mouvement ouvrier et le syndicalisme ? Comment en dessiner les contours. N'est-ce pas l'une des problématiques de la question syndicale qui permet de comprendre les divisions qui émaillent l'histoire du syndicalisme ? Tout d'abord, il faut faire une compilation des matériaux de base, essentiels à la compréhension du problème :

***Paragraphe 1. Premier groupe d'éléments d'approche***

**433.** - les conditions de l'action revendicative ne sont pas identiques dans les entreprises artisanales, les PME/PMI, les grandes entreprises nationales, les multinationales etc ;
- le statut juridique de l'entreprise est à prendre en ligne de compte ;
- la syndicalisation ne se pose pas dans les mêmes termes dans le privé, dans les entreprises publiques, dans la fonction publique etc ;
- le secteur d'activité, à savoir, le primaire, le secondaire, le tertiaire, joue incontestablement un rôle ;
- les structures de la base sociale sur laquelle le syndicalisme se construit, contribuent aussi à le définir

**434. Remarque :** Il ne faut pas oublier qu'originairement ouvrier, le syndicalisme a subi le contre coup des évolutions techniques et plus largement, sociales. Il a englobé les employés, les salariés agricoles, les pêcheurs, les fonctionnaires, les techniciens, les ingénieurs, les cadres, bref, l'ensemble des salariés. C'est cet œcuménisme syndical qui est la caractéristique fondamentale du syndicalisme contemporain.

***Paragraphe 2. Deuxième groupe d'éléments d'approche***

**435. Au plan international,** on peut retenir que :
- l'ancienne CISL (aujourd'hui CSI) mène toute son action sur la base de la social-démocratie ;
- la défunte FSM était d'inspiration marxiste ;
- la défunte CMT (après la fusion avec la CISL) rassemblant les forces du Christianisme social ;
- à ces trois cartels, il faut ajouter la Confédération internationale des cadres (CIC) dont l'horizon était catégoriel. De même, en France, la Fédération de l'éducation nationale (FEN) s'inscrivait dans la même logique.

## Section 3. Le Syndicalisme et l'action politique

**436.** Expression du salariat qu'il contribue à façonner, le syndicalisme établit des relations avec des employeurs privés et publics et se situe par rapport au politique.
Cette dernière dimension est le plus souvent considérée sous l'angle particulier, particulièrement en France, où la Charte d'Amiens a valorisé l'autonomie du mouvement syndical, proclamé comme étant le seul véritable parti du travail. A partir de cet instant, l'activité syndicale s'extériorise en politique dès lors que les syndicats :

- recherchent les services d'un instrument parlementaire propre (cas du T.U.C avec le Labour Party, en Grande Bretagne)
- négocient avec les pouvoirs en place, sans préférence marquée (Confédération d'obédience C.S.I, ex-CISL)
- articulent leur action avec celle d'un parti reconnu avant-garde (Confédération d'essence Communiste).

Les syndicats sont dans l'impossibilité de déconnecter réellement le professionnel du pouvoir politique. Obtenir des réformes économiques et politiques, favoriser une transformation globale de la société, le débat a traversé le mouvement ouvrier et cristallisé l'Opposition PROUDHON/MARX. Les partis qui se prévalaient de la Classe Ouvrière et les Syndicats n'ont pas tous répondu de la même manière à cette question et les Relations entre les deux Composantes du Mouvement Ouvrier s'en sont trouvés affectées.

## Section 4. Quelques cas concrets

**437.** Illustrons cette situation par l'étude de quelques cas concrets :

- le syndicalisme Anglais incarné par le T.U.C, en optant pour la création d'un instrument politique, qui lui soit propre, dans le but de faire voter les lois en faveur des travailleurs a décidé de soutenir une représentation au parlement : le Labour party (parti travailliste) a résulté de cette initiative. C'est le T.U.C. (Principale Confédération Syndicale en Grande Bretagne) qui finance le parti travailliste.
- La DGB (Confédération Syndicale Allemande) se distingue du T.U.C, par une distanciation plus grande du parti social-démocrate allemand. Le SPD a cessé de se référer au marxisme et se présente comme parti du peuple tout entier. Il bénéficie de la puissance financière de la DGB. Les systèmes syndical et politique s'imbriquent. Ici la carrière politique couronne souvent l'itinéraire syndical.

**438. Remarque.** A ce stade, on le voit bien, en Grande Bretagne comme en Allemagne, ce sont les Syndicats qui financent les partis politiques. Le cas français diffère des pays socio-démocrates, où le syndicalisme sert ouvertement de support à la Force politique. De même, il se distingue des pays comme la Belgique, ou les PAYS-BAS, où le parti libéral, le parti démocrate-chrétien et le parti socialiste ont leur partenaire syndical. Toutefois, ce qui demeure constant, c'est qu'en France la CGT, la CFDT, Force Ouvrière ne sont pas déconnectées de l'expression partisane même s'il n'y a pas isomorphisme complet entre le système partisan et le système syndical. On sait cependant que pendant les consultations électorales :

- la CGT est polarisée à gauche (PCF)
- la CFDT se situe aux côtés du PS
- force ouvrière vote à droit, (RPR, UMP).

**1. Le syndicalisme Italien (CGTI)**

Il s'est forgé une voie propre et se distingue par :

- une forte mobilisation ouvrière ;
- un processus unitaire inachevé, mais réel,
- une forte sensibilisation à l'immigration et au sous-développement du sud italien ;
- la nécessité de répondre au terrorisme (brigades rouges), en plaçant la défense de la démocratie et la rénovation de l'Etat au rang des tâches intrinsèques de l'action syndicale.

**2. En Afrique**

- en Afrique du Sud, il est de notoriété publique que la COSATU est alliée principale de l'ANC. La COSATU est le creuset inépuisable de cadres de l'ANC ;
- en Algérie l'union générale des travailleurs algériens (UGTA)
- a lutté aux côtés du Front National de Libération (FNL), contre le colonialisme
- au Niger, les syndicats ont infléchi la politique gouvernementale, pourtant inspirée par les institutions financières internationales ;
- en Guinée (Conakry), les syndicats sont allés jusqu'à proposer un Premier Ministre. Récemment proche du premier ministre qu'ils soutiennent, donnant ainsi l'impression, que ce dernier était le Président bis de la Guinée.

- au Congo, les syndicats d'avant l'indépendance, d'ailleurs tous appendices des centrales syndicales françaises, ont été le principal artisan de la chute du premier régime. Ils revendiquaient entre autres, le départ du Ministre Nzalankanda, du gouvernement. Ceux des dirigeants syndicaux qui soutenaient le régime, avaient choisi le chemin de l'exil.
La CSC, créée en 1964 dans la foulée de la révolution des 13, 14, 15 Août 1963 était aux ordres du MNR ; La CSTC, dont la création en 1993, était inspirée par le PCT, était proche de l'opposition. Le PCT réalisait ainsi sa volonté de contrebalancer l'influence de la CSC ; En 1976 et 1990, on a vu la CSC s'empêtrer dans des mouvements politiques hostiles au régime politique. Son congrès de 1990, le 8ème de la série, était plus politique que syndical ;
- en 1996, le meeting du Rondpoint Koulounda, organisé par la CSTC, pour braver le pouvoir en place, était à la limite du syndical. En 1991, la Conférence Nationale qui a rétabli et proclamé le multipartisme a ouvert la voie au pluralisme syndical. La race ou la génération des syndicalistes qui en ont résulté totalement ''infléchis'' ont toujours confondu la liberté syndicale, avec la connaissance et la maîtrise de l'action et de la pratique syndicales. Des pamphlets revendicatifs diffusés à foison, ne sont étayés sur aucun argumentaire d'essence syndicale.

## Section 5. Les stratégies syndicales et leurs difficultés d'application

**439.** Pour s'en tenir à l'essentiel, trois orientations principales traversent le monde syndical contemporain.

1. La Première stratégie qui se réclame de la lutte des classes se propose d'assurer et de conserver les acquis et, par des avancées permettant d'ouvrir une issue socialiste de la société.
2. La seconde Ligne Syndicale consiste à s'engager sur la voie des adaptations modérées aux politiques d'austérité.
3. La troisième problématique entend articuler les concessions quantitatives sur un nouveau pacte salarial qui comporte des réformes de structures et de nouvelles solidarités.

### *Paragraphe 1. La stratégie de « défense des acquis »*

**439 bis.** La CGT (en France) incarne la première stratégie, avec pour ligne éditoriale « la lutte pour les conquêtes sociales comme chemin conduisant à créer les conditions du changement de société ». Le recul social ne se négocie pas, il se combat ; la régression économique tout autant ! Il faut lutter contre la crise profonde et durable du capitalisme. A ce jour, cette vision est une véritable chimère avec la ruine du communisme.

*Paragraphe 2. La stratégie des concessions limitées*

**440.** Des similitudes d'attitudes existent entre la première stratégie et la seconde. En effet, les syndicats d'inspiration sociale- démocrate demeurent attachés à la croissance. Leur logique reste insensible aux éloges de la rigueur, aux vertus de l'austérité. Ils pensent en termes d'augmentation du pouvoir d'achat, de satisfaction des besoins collectifs. Un plan Marshall en faveur des pays du tiers monde est préconisé ; de même les syndicats d'inspiration CSI (ex- CISL), se prononcent pour une relance des investissements créateurs d'emplois. La force ouvrière soutient ces propositions de mesures coordonnées et concertées. Elle combine refus et acceptation, mises en garde et ouverture. Ces syndicats considèrent que l'intransigeance de la CGT relève de la politique du pire, voire de la terre brûlée. Pour améliorer le compromis, le syndicalisme CSI ex-CISC envisage le recours à la grève cependant, la négociation prime. L'action est perçue et envisagée pour modifier le point de vue de l'interlocuteur. La CFDT admet que la recherche du compromis puisse passer par le conflit, si nécessaire. Elle reste ouverte d'abord à la négociation constructive.

*Paragraphe 3. La stratégie du nouveau pacte entre les salariés*

**441.** C'est la stratégie du syndicalisme Italien. Eviter de tuer l'Etat ou l'Entreprise et négocier sans cesse jusqu'au compromis, voilà l'idéologie de la CGTI.

**Conclusion**

**442.** Refuser les sacrifices et contrattaquer ; préserver l'essentiel, obtenir par l'acceptation des concessions, la création d'emplois et l'instauration d'une nouvelle solidarité par les salariés ; lutter pour l'obtention d'un droit de regard sur l'organisation du travail, les trois stratégies en présence ont leur cohérence qui se fonde sur l'analyse des faits et se relie à la lecture des rapports de forces politiques et syndicaux. En raison des résistances internes et externes, chacune des grandes options ne se déploie pas librement. La tactique intervient, qui tempère les choix et brouille les oppositions tranchées. Mise en œuvre quotidiennement, les stratégies perdent de leur pureté et l'interprétation de leurs résultats, participe de cette opacité. Réaliser l'indispensable dosage entre les pratiques syndicales et l'action politique est une véritable gageüre dont les ressorts sont à rechercher dans le dialogue social actif. Où que l'on se trouve, aux Amériques, en Europe, en Afrique et mieux, en Asie, en tout cas, nulle part on ne retrouve d'apolitisme syndical ! Toujours, il y a une connotation politique quelque part ! Ce qui importe, ce n'est pas le fait politique à l'intérieur des syndicats, ce qui est important, c'est l'osmose du professionnel d'avec le fait politique : la rencontre des objectifs essentiels poursuivis. L'imaginaire collectif des syndicalistes congolais doit être à même de créer les conditions permissives d'une réelle synthèse dans laquelle se retrouvent le syndicaliste et le citoyen.

# TITRE 2 : LA VIE SYNDICALE

## CHAPITRE 1. LA BASE DU SYNDICAT DANS L'ENTREPRISE

**443.** A l'observation du mouvement syndical contemporain au Congo, on constate une floraison de centrales syndicales. Alors que la plupart d'entre elles n'ont ni fédérations affiliées, ni comités syndicaux confédérés, ou ne représentent qu'une entreprise. Certaines autres sont nées du simple fait d'une déclaration de création de quelques braves dirigeants éclairés. Pourtant il ne suffit pas de réunir de façon éparse des travailleurs sans mandat de leur base, pour se satisfaire de la conditionnalité sine qua non de création d'un syndicat :

- le syndicat prend sa source à l'entreprise par la volonté des travailleurs de cette entreprise, sur la base des aspirations et revendications communes, particulières et spécifiques adoptées, sur les lieux de travail ;
- c'est sur la dynamique de ce principe que la fédération fonde son action de coordination des actions sectorielles sur l'ensemble des entreprises (sections syndicales) sous tutelle, avec le concours de la section fédérale du ressort ;
- de même, la confédération coordonne les actions syndicales de l'ensemble des fédérations, évalue et apprécie chacune d'elles en vue de mettre en branle la solidarité entre les différentes branches professionnelles, et, en situation, de saisir le gouvernement.
- contrairement à la pratique d'aujourd'hui, il n'existe pas de passerelle directe entre l'entreprise (la base) et la Confédération.

Le suivi des entreprises passe par les sections syndicales, les sections fédérales, les fédérations professionnelles.

Recentrer l'action syndicale est l'objectif poursuivi. Chacun à sa place, doit jouer correctement sa partition dans un système intégré, au mieux des intérêts des travailleurs.

**444. Schéma de l'action syndicale**

Entreprise → Patron → - Capital
- Machines

Entreprise → Travailleurs (Salariés) → - Savoir faire
- Force de travail

} Production

Entreprise ↓

- Secteur productif (BRASCO)

- Secteur des Services (OCI)

- Secteur Public (SNE)

Travailleurs (Salariés) ↓

- Nombre
- Rôle dans la production

- lieu de l'activité créatrice de l'homme,
- lieu de rencontre de tous les travailleurs
- lieu où naissent les aspirations et les Revendications des travailleurs.

} → - Conditions de travail
- Condition de vie

N.B : Seul et isolé, sans pouvoir de négociation, le travailleur ne peut rien, il est vulnérable

D'où la nécessité d'organiser l'action syndicale

Déduction → Le syndicat est l'émanation des travailleurs. Il n'est pas une institution créée par décret ou par le fait d'une simple déclaration de quelques dirigeants.

Le syndicat est une organisation sociale démocratique, libre, représentant une force collective.

En conclusion, le syndicat naît à l'entreprise par la conjugaison de plusieurs facteurs :

1) Besoin de défendre les intérêts des travailleurs ;
2) Nécessité de se donner les moyens d'agir ;
3) Nécessité de jeter les bases d'une organisation ouverte à tous. D'où quelques conditions

Pour mener une activité syndicale, il faut une bonne connaissance de l'entreprise qui passe par :

**445. 1) Connaître les travailleurs :**
- effectifs
- catégories
- qualifications
- répartition par âge, sexe etc.

**2) Connaître les textes de lois et autres règlementations du travail :**
- Code de travail ;
- convention collective ;
- Règlement intérieur ;
- conventions fondamentales du travail 87 et 98 etc.

**446. 3) Connaître les réalités économiques de l'entreprise :**
- chiffre d'affaires ;
- bilan ;
- conjoncture etc.

Par ailleurs, il faut savoir que les travailleurs constituent un véritable corps vivant à l'entreprise.

Pour projeter et soutenir les aspirations et revendications, ce corps vivant a besoin de :
- l'efficacité ;
- la cohésion ;

↓ Pour

- prendre des décisions ;
- appliquer ces décisions.

Ce qui implique une manière de fonctionner, c'est-à-dire, la nécessité d'organisation.

L'organisation est donc la manière dont les parties composant le corps vivant sont disposées pour remplir certaines fonctions. Aucune action coordonnée ne peut se concevoir sans prendre appui sur l'assisse d'une solide organisation (pour impulser une activité revendicative puissante)

L'entreprise est le lieu de production des travailleurs :

a) c'est le lieu même où les travailleurs prennent le plus facilement conscience de leurs conditions de travail ;

b) c'est dans l'entreprise que cohabitent le patron et les travailleurs. L'organisation des travailleurs est nécessaire sur le lieu du travail. Cette organisation est non seulement nécessaire, mais elle est aussi possible, car les travailleurs sont déjà rassemblés dans l'entreprise pour la production. Leur force que constituent leur nombre et leur rôle dans l'entreprise permettent de donner satisfaction aux revendications : Les luttes coordonnées et menées de façon particulière sont mieux organisées et plus efficaces à l'entreprise.

c) Les intérêts communs sont mieux perçus (conditions de travail et de rémunération) :

- l'entreprise est donc le lieu où peut se réaliser l'unité des travailleurs ;
- c'est encore à l'entreprise que les travailleurs comprennent mieux qu'ils ont besoin d'être unis dans un syndicat.

**Section 1. Fédéralisme (Cas de la Confédération syndicale des travailleurs du Congo (CSTC).**

**447. Assise juridique :** Les statuts de la CSTC définissent le fédéralisme.

L'unité ou l'entité syndicale de base est la section syndicale, sans laquelle, il n'y a point de syndicat viable. L'ensemble des sections syndicales d'une branche professionnelle ou d'une corporation, réunies en assemblée générale donne naissance à la section fédérale (par département ou par commune). Les sections fédérales constituent la clé de voûte portée par deux (2) piliers fondateurs de la confédération, au double plan, vertical, c'est la fédération professionnelle, horizontal, c'est le Comité syndical de département ou de commune : le plénum des fédérations et des comités syndicaux (Congrès) donne naissance à la *confédération*. La sève vivifiante qui se forme dans les sections syndicales, irrigue toutes les articulations des sections fédérales, qui, par leur dynamisme et par effets multiplicateurs, inondent les branches professionnelles et les organisations confédérées que sont les comités syndicaux de départements et de communes. De ce fait, les instances et organes confédéraux sont revitalisés. L'ascenseur monte et descend, et dans ce mouvement répétitif, assure la fluidité de l'action syndicale au double plan vertical et horizontal, respectivement au niveau national et au niveau départemental ou communal.

**Premier enseignement.** C'est seulement lorsque la section syndicale et la section fédérale vivent au double plan organisationnel et fonctionnel que l'on peut parler décemment de Fédération et de Comité syndical de département ou de commune.

**Deuxième enseignement.** Ce n'est que lorsque ce premier enseignement est une réalité, qu'il est sérieux de parler de confédération viable. Autrement on se retrouve dans la situation d'aristocratie syndicale, prenant assisse sur des fédérations et Comités syndicaux en lambeaux.

**448. Approche conceptuelle**

- le fédéralisme est un mode de vie commune qui régit le fonctionnement de toutes les structures de la CSTC et à tous les niveaux ;
- le fédéralisme prend le contre-pied de tout centralisme, instaure l'autonomie de fonctionnement, de décision de chaque structure et la mise en commun des moyens de réflexion et d'action ;
- le fédéralisme s'applique aux organisations syndicales à partir desquelles s'édifie de façon démocratique, la pyramide syndicale aboutissant à la confédération ;
- en dépit des prérogatives statutaires des fédérations, la nécessité d'une action syndicale exige un certain nombre de règles de vie commune. Justement, c'est après avoir lu et approuvé les statuts de la CSTC que la fédération formule sa demande d'affiliation. La STC est une organisation soudée autour des principes définis par ses statuts et ouverte à la pluralité des opinions, à la différence d'appréciation, à l'expression des sensibilités les plus diverses. Tout autant la CSTC combat la constitution des tendances organisées qui braquent le débat et ouvrent la voie au travail fractionnel. Les organisations de base de la CSTC, ne peuvent à elles seules couvrir le terrain complexe du combat syndical ; elles sont, de ce fait, amenées à se grouper au niveau professionnel dans leurs fédérations et au niveau interprofessionnel, dans les comités syndicaux assurant les responsabilités professionnelles au plan national, alors que les comités syndicaux assurent les responsabilités interprofessionnelles au plan départemental ou communal. Les différents mécanismes de fonctionnement sont régulés par la Centrale. La CSTC est donc une force organisée qui fonctionne selon des règles et des principes. Un syndicat sans structure, sans les différents paliers du système de direction, est incapable de faire participer véritablement les travailleurs syndiqués à son action, faute de relais. La CSTC, tout en sacralisant le fédéralisme, ne saurait totalement se départir du droit de suivre également la vie des grandes entreprises nationales, sans les sortir, bien entendu, du giron fédéral. La Centrale conserve la prérogative d'interférer sans préavis dans la vie syndicale à ce niveau, en cas d'absolue nécessité, en toute parfaite harmonie avec la fédération du ressort de l'entreprise concernée. La fluidité de l'action au sein de la CSTC combat tout cloisonnement et toute chasse gardée, ce qui n'est qu'antivaleur. En définitive :

**Autant la fédération**

- incarne la branche professionnelle ou la corporation ;
- jouit de l'entière liberté d'action et de sa pleine autonomie ;
- décide de toute action qu'elle juge utile sous réserve d'en informer la confédération.

**Autant la confédération**

- détermine l'orientation générale de l'action de l'ensemble de la confédération ;
- impulse cette action ;
- supervise l'action des organisations confédérées ;
- suit et apprécie l'action des organisations affiliées ;
- suit, concomitamment avec les fédérations, la vie des grandes entreprises.

# CHAPITRE 2. LA FORMATION SYNDICALE

**449.** Le rôle pratique de l'éducation est d'améliorer et enrichir la vie individuelle et communautaire. Dans ce sens, l'éducation ouvrière est conçue comme un lien entre l'apprentissage de la vie, en ce lien dépend le désir inné de l'individu d'apprendre et de se développer. L'éducation transforme l'individu en un citoyen actif dans la société dans laquelle il vit. Elle permet à l'individu d'acquérir les moyens nécessaires à la maîtrise des affaires publiques et lui donne la possibilité de contribuer au changement social grâce à une participation démocratique. Elle est un moyen naturel de développement et de préservation de la santé de la société. L'éducation ouvrière est l'enclume sur laquelle l'on crée et adapte la culture syndicale aux besoins changeants. Son principal objectif est de permettre aux dirigeants syndicaux de mieux comprendre leurs organisations syndicales et de renforcer leur capacité à jouer un rôle constructif, résolu et créatif dans la vie socioéconomique et politique de leur secteur d'activité et de leur nation. Grâce à l'éducation ouvrière, les syndicats se sont rendus compte que leur plus précieux atout est la matière grise, puisque leurs membres sont plus, à même de revendiquer leurs intérêts et de faire des choix éclairés de manière à façonner leurs propres destinées. On se contente de dire que le mouvement syndical risque d'être confronté à une vague de médiocrité s'il échoue de mettre l'accent sur l'éducation de ses membres, surtout à l'ère de l'interdépendance mondiale et du progrès technologique.

## Section 1. Fonctions et actions

**450.** Depuis le début du syndicalisme, l'éducation est la pierre angulaire du mouvement syndical. La formation syndicale cherche à répondre au mieux à ses évolutions. La tâche est complexe ! Les défis auxquels doit répondre le syndicat, nécessitent de définir, en matière de formation syndicale, la relation entre responsabilité et formation syndicale, relation entre responsabilité et impulsion confédérale d'une part, et d'autre part les responsabilités des organisations au regard des principes du syndicalisme libre, indépendant et démocratique. La confédération fait de la formation l'un de ses principes d'organisation, priorité visant à accompagner sa stratégie d'action et de développement, à renforcer sa capacité d'influence et son efficacité, et pour cela, à développer la capacité d'analyse et d'action de chacun. La formation syndicale participe à la cohésion d'ensemble et aux pratiques de l'organisation, au renforcement et à la résolution de l'identité de la confédération. La formation syndicale remplit quatre (4) fonctions : identitaire, stratégique, démocratique et opérationnelle, quatre (4) fonctions indissociables, présentes à des degrés différents, dans chaque action de formation. Elle assure ainsi son rôle essentiel d'éducation et d'émancipation des travailleurs.

La formation est un moyen de développement et d'accompagnement de la stratégie globale de la confédération. Elle participe pleinement à sa construction et à sa consolidation, en développant des capacités individuelles et collectives d'analyse et d'anticipation permettant de gérer, au-delà de l'adaptation aux mutations à venir, leurs conséquences sur l'environnement, sur le rapport aux travailleurs et leur traduction dans les modes d'organisation et d'action. Au service des objectifs de transformation et d'adaptation, la formation syndicale vise les quatre (4) fonctions citées ci-dessus.

**Section 2. Fonction stratégique**

**451.** La formation syndicale doit développer la capacité de réaction du syndicat, capacité collective et individuelle, permettant d'anticiper et de maîtriser les mutations, les évolutions, les changements, les ruptures avec l'environnement et d'apporter les réponses pertinentes dans son action et son fonctionnement. Le syndicat doit participer au développement quantitatif et qualitatif de ses membres par la mise en place des pratiques syndicales afin de renforcer son identité et développer son influence. La marque (ou la griffe) de la C.S.T.C. doit être perceptible clairement. La formation doit viser à soutenir et renforcer l'action revendicative. Elle doit concourir à développer et à mieux structurer le travail sur le terrain.

**a. Fonction démocratique**

La formation syndicale développe l'analyse de chacun dans l'entreprise aux fins de participer à son niveau, à l'élaboration des analyses et des décisions de l'organisation. Cette capacité d'analyse est un des gages du renouveau de l'action et de l'efficacité des reformes d'un syndicalisme moderne.

**b. Fonction identitaire**

La formation syndicale participe à la cohésion de la Centrale : par la transmission des acquis et des pratiques de la CSTC, à tous les niveaux, par la compréhension des mécanismes et des composants de la culture d'organisation : C.S.T.C et une contribution permanente à sa diffusion et son évolution. Cette cohésion identitaire s'appuie également sur une meilleure connaissance de l'histoire de la Centrale, de son identité, de ses valeurs, de sa stratégie, du syndicalisme libre et démocratique.

**c. Fonction opérationnelle**

La formation permet d'améliorer et de renforcer la qualification des responsables à tous les niveaux. Elle prend en compte l'apprentissage démocratique et contribue à la mise en œuvre des pratiques syndicales participatives.

**d. Priorité à l'adhérent**

La confédération fait de la section syndicale, le point de départ de la formation syndicale. En l'absence d'animateurs formés, toute action revendicative est vouée à l'échec (cas de négociation collective). Cette vérité est également valable pour la confédération. Il est nécessaire de ce fait de revivifier par la formation, le tissu syndical dans les entreprises et Administrations.

**e. En direction des responsables**

Il sera élaboré le contenu des formations spécifiques et d'outils pédagogiques spécifiques à chaque mandant (Fédération, Comité Syndical).

**f. En direction de l'exécutif confédéral**

Le secrétariat devra être à même de :
- piloter (impulser, coordonner, sectionner les objectifs et assurer la régulation du système de formation) ;
- animer le réseau des responsables de formation.

**g. En direction du centre de formation**

Le centre devra :
- organiser une fonction d'expertise et de recherche avec pour finalité la production des outils pédagogiques adaptés aux besoins réels exprimés à différents niveaux.
- faire de sorte que (grâce au mécanisme de relais), chaque fédération, chaque comité syndical soit un acteur de démultiplication et de décentralisation de formation.

**h. En direction des élus et autres mandatés** (Délégués du personnels, représentants syndicaux).Le but de la formation est de leur permettre de recueillir et d'accompagner les doléances des travailleurs, de développer leur rôle d'élaboration et de conduite de l'action revendicative afin de comprendre la place qu'ils occupent dans le fonctionnement de la confédération.

# CHAPITRE 3. DEMOCRATIE SYNDICALE

**452.** La démocratie syndicale fait partie du corpus des principes fondamentaux du syndicalisme moderne, contemporain.
La démocratie syndicale est à la fois un but et un moyen.
- un but, car en faisant participer le maximum de travailleurs à l'élaboration de revendications, à la définition des moyens d'action, elle aide à la prise de conscience et développe l'esprit de responsabilité de chacun.
- un moyen, car les grands problèmes économiques et sociaux ne se règlent qu'avec la participation active de la masse des travailleurs. La démocratie signifie en conséquence, assurer la participation systématique des travailleurs à tous les aspects de la vie syndicale. Cela implique, des réunions, le débat où chaque adhérent donne son opinion en toute liberté. Cela implique aussi la prise de décision par la majorité la plus large possible. Mais la démocratie signifie aussi que les décisions étant prises, leur respect et leur application s'impose à tous. La démocratie veut dire enfin que les directions syndicales à tous les niveaux sont élues par les syndiqués et qu'elles sont, autant que faire se peut, représentatives des diverses composantes des catégories socio-professionnelles.

# CHAPITRE 4. INDEPENDANCE SYNDICALE

**453.** Organisation des travailleurs, le syndicat ne saurait être dépendant de l'employeur public et privé. L'indépendance syndicale vis-à-vis du patronat et de l'Etat, s'affirme comme principe fondamental en ce que :

- les intérêts du patronat sont différents de ceux des employés ;

- de même, le syndicat, défenseur des intérêts des travailleurs doit être indépendant des pouvoirs publics, puisque l'Etat a en charge les intérêts de toute la société.

- indépendant également des partis politiques, des confessions religieuses et autres mouvements philosophiques, car la syndicat rassemble tous les travailleurs, dans le strict respect de la dignité de leurs opinions et de leur liberté de conscience.

Cependant, l'indépendance ne veut pas dire neutralité irresponsable. Le syndicat juge les partis et leurs prises de position par rapport aux problèmes des travailleurs, et à leurs actes. Son instrument de mesure est la référence à son propre programme, à ses propres appréciations des faits. Dès lors qu'un programme de gouvernement recoupe ou recouvre les préoccupations syndicales, le syndicat qui se détermine, lui-même, avec ses adhérents, selon ses règles de fonctionnement démocratique, le soutient.

## Section 1. La CSTC et le concept d'indépendance

**454.** La CSTC définit son rôle d'organisation syndicale en toute indépendance, à partir de son programme, de ses orientations, de ses propositions définies à partir des intérêts des travailleurs. La CSTC n'ignore pas les dimensions politiques de la lutte pour la défense des intérêts des travailleurs. Sa conception de l'indépendance ne peut se confondre avec une quelconque neutralité face aux évènements qui engagent l'avenir du pays. Mais quelles que soient les circonstances, elle entend déterminer ses prises de position, en toute liberté, en dehors de toute considération que requiert la prise en compte des intérêts des travailleurs à l'appui de son programme et de ses propres positions. Cette démarche, s'applique partout à l'égard de toutes les forces sociales et politiques (Partis, Gouvernement ou Eglises). Les partis et Syndicats agissent sur un plan différent. Ils ont un rôle, des objectifs et des responsabilités différentes. Dans les rapports qu'elle peut avoir avec les partis, la CSTC conserve et entend conserver sa totale liberté de jugement, de décision ou de critique, tout en reconnaissant le même droit aux autres syndicats. Elle ne saurait, en aucun cas, se considérer engagée par les programmes des différents partis, les alliances qui peuvent exister, et n'entend pas interférer dans les débats entre partis ni déterminer son propre comportement à leur égard en fonction de ces programmes, de ces alliances ou des divergences pouvant exister. La CSTC reconnaît à chaque parti le droit de définir ses orientations en toute indépendance et entend faire respecter partout un droit identique en ce qui la concerne. De la même façon, la CSTC ne saurait être indifférente à l'action du pouvoir et du gouvernement. Elle fixe sa ligne de conduite à partir des faits, par référence à son programme, n'hésitant jamais à soutenir toute mesure qu'elle considère positive pour les travailleurs ou à combattre des dispositions illégales. Dans tous les cas, elle se détermine à partir de son programme, de ses orientations, de sa propre conception des intérêts des travailleurs, de leurs revendications en dehors de toute autre considération. Elle conduit son action dans le même esprit, avec la ferme volonté de faire triompher des solutions positives et la profonde conviction que l'engagement des travailleurs dans l'action représente bien l'élément fondamental de l'évolution de la situation. De même, le principe d'indépendance de la CSTC ne s'oppose pas à la liberté, pour chaque membre de la CSTC (dirigeant ou simple adhèrent).

# TITRE 3 : LES MODES DE FONCTIONNEMENT DES SYNDICATS

## CHAPITRE 1. L'UNIVERS SYNDICAL ET LA DESYNDICALISATION

**455.** L'usage s'est répandu de désigner la baisse des effectifs syndiqués par la notion de ''désyndicalisation''. Au premier abord, la chose paraît simple, cependant, elle recouvre des réalités diverses qu'il faut préciser. Les organisations syndicales ne sont pas univers homogènes et, en leur sein, la désyndicalisation se manifeste de multiples façons.

### Section 1. La désyndicalisation

**456.** Une organisation syndicale peut se comparer à un réservoir. Le niveau interne dépend de deux choses : l'alimentation du réservoir – les adhésions – qui pousse le niveau vers le haut ; les départs qui font baisser ce niveau. La syndicalisation est donc fonction de ces deux mouvements et de leur ampleur respective. Depuis quelques années, le niveau des effectifs syndiqués diminue constamment ; il reste à déterminer si c'est la faute des nouveaux adhérents ou à cause des départs plus nombreux que par le passé ou, enfin, du fait d'une combinaison défavorable de ces deux facteurs. Ce dernier cas est le plus probable : il pose une nouvelle question : quelle est la contribution respective de chacun des facteurs ?

Le terme *désyndicalisation* désigne spécifiquement les départs d'adhérents et la non-syndicalisation, le tarissement des adhésions nouvelles. Même si les deux choses sont étroitement liées et ont souvent les mêmes causes, il est nécessaire de les distinguer. Aux questions quantitatives s'ajoutent des problèmes d'ordre plus qualitatif tenant notamment à l'extraordinaire hétérogénéité des univers syndicaux. Cette hétérogénéité reflète celle du monde du travail. Il s'y ajoute les relations diverses que les salariés peuvent entretenir avec les organisations syndicale. Ces relations peuvent être décrites à l'aide d'une autre métaphore : celle des cercles concentriques.

### Section 2. Les trois cercles

**457.** Vues de l'extérieur, les organisations syndicales peuvent sembler relativement homogènes, l'étiquette et la personnalité du leader étant les symboles de cette unicité. Mais la réalité est moins simple. Sans parler des divergences, souvent graves, qui les traversent, les organisations sont sociologiquement très hétérogènes. De plus, les contributions qu'elles reçoivent de leurs membres se révèlent très diverses. De ce point de vue, la distinction entre adhérent et militant est commode pour simplifier les choses. Il convient d'ajouter à ces deux catégories une troisième : celle des *sympathisants.*

**Section 3. Les sympathisants**

**458.** Les sympathisants constituent la couronne extérieure du syndicalisme. Par leur intermédiaire, s'établit une communication entre l'univers syndical et le reste de la société. Ces sympathisants votent pour le syndicat (délégués du personnel), ils propagent les idées et les mots d'ordre, ils jouent le rôle d'agents électoraux. Il ne faudrait pas réduire le sympathisant à l'électeur. En effet les sympathisants peuvent ne pas être électeurs soit qu'ils n'en possèdent pas la qualité (personnes ne remplissant pas les conditions requises pour figurer sur la listes électorales…), soit parce qu'il n'y a pas d'élection de délégués sans section syndicale. Et certains électeurs n'ont pas de sympathie spéciale pour le syndicat pour qu'ils votent en l'absence de l'organisation de leur préférence… A l'époque de la désyndicalisation, ces couronnes extérieures sont-elles un refuge pour les vagues de reflux, un potentiel qui s'actualise lors d'une conjoncture meilleure ou un vestige destiné à dépérir au fur et à mesure que s'amenuise la présence syndicale sur les lieux du travail ?

La notion de ''sympathisant'' se révèle composite et plus difficile à cerner que celle d'adhérent ou de militant. Elle repose autant sur des opinions que sur des actes d'ailleurs difficiles à caractériser et à quantifier. Elle est pourtant indispensable. D'une part, elle signifie qu'on ne considère pas les non-syndiqués comme un bloc uniforme alors qu'ils sont susceptibles d'adopter une grande variété d'attitudes vis-à-vis du syndicalisme. Ces sympathisants sont l'oxygène du professionnel comme l'adhérent de base l'est pour le militant. Ils fournissent un soutien électoral fidèle, une communication avec les salariés, ils sont également les bénéficiaires privilégiés des ressources contrôlées par les syndicalistes. Ils évitent une coupure trop nette entre les salariés et les professionnels, détenteurs des moyens importants mais toujours menacés d'être accusés, des privilégiés, des technocrates sans scrupules, voire de former une obligation anti démocratique, puis de multiples degrés que l'on gravit.

## Section 4. Les adhérents

**459.** Les distinctions adhérent-militant doit plutôt être pensée comme une sorte de continuum ou une gradation : le militantisme serait l'aboutissement logique de salarié par les états successifs de sympathisant, d'adhérent puis de multiples degrés que l'on gravit. C'est le critère de la pratique syndicale qui permet de ranger le salarié considéré sur cette'' échelle de l'engagement''. Au sein des adhérents de base, on rencontre d'abord les adhérents passifs qui ne participent pas à la vie de leur section. Dans un véritable ''syndicalisme de masse'', cette catégorie est relativement importante mais sans doute moins que celle des adhérents actifs. Ces derniers paient leur cotisation, participent à la vie de leur section. Ils forment le ''vivier'' dans lequel se recrutent les militants. La plupart du temps, c'est à l'occasion d'élections dans l'entreprise que l'adhérent franchit, sans toujours en avoir clairement conscience, le pas décisif qui le fait pénétrer dans le cercle plus restreint des militants.

## Section 5. Les militants et les permanents

**460.** Parmi les militants de base, plusieurs cas de figure peuvent se rencontrer. Au premier échelon de l'engagement, figure le militant de section. Il se distingue de l'adhérent actif, par la prise en charge régulière d'une ou plusieurs tâches matérielles simples. Le délégué syndical est la figure type de ces militants de section dont les tâches sont le plus souvent bénévoles. Le syndicalisme moderne repose d'abord sur ces militants de section et leur dévouement est la principale ressource dont a longtemps disposé la confédération. L'on distingue :

- les militants élus assurent également les tâches évoquées ci-dessus mais, en sus et à titre principal, ils exercent un mandat de représentation de l'ensemble des travailleurs, ou non.

- les militants professionnels sont des personnes qui consacrent l'essentiel de leur temps au syndicalisme. On les assimile parfois à des '' fonctionnaires syndicaux''.

- au-dessus d'eux, l'on trouve les permanents fédéraux et départementaux. Ce sont les cadres de l'appareil syndical. Permanents à plein temps, ils ont en charge les organes permanents décentralisés du système, c'est-à-dire les fédérations professionnelles et les unions interprofessionnelles territoriales.

- enfin, au sommet de la pyramide, les permanents confédéraux ; c'est-à-dire les dirigeants de l'organisation et qui l'incarnent aux yeux de l'opinion et des adhérents de base. Notons en particulier, une dernière précision à cette typologie : la notion d'adhérent englobe celle de militant. Sont ''adhérent'', le secrétaire général comme l'adhérent passif qui se contente de laisser son syndicat prélever une cotisation sur son compte sans même y réfléchir. A priori, la ''désyndicalisation'' définie comme le fait de ne plus payer sa cotisation ou de ne plus reprendre sa carte (suivant les pratiques en vigueur) n'est pas un phénomène qui se limite aux adhérents de base. Elle concerne l'ensemble de la pyramide ; ne se manifestant pas avec la même intensité à tous les niveaux et dans les différents milieux professionnels, elle modifie la composition de l'organisation et sa sociologie. A l'issue de ce panorama, quelques certitudes se dégagent. En premier lieu les syndicats ont eu, dans un passé récent, un nombre important d'adhérents et une implantation réelle dans le monde du travail.

# CHAPITRE 2. L'ADHESION ET LA VIE SYNDICALE

**461.** Le départ de l'adhérent se matérialise par l'arrêt de sa participation aux activités sans que cet arrêt ne s'accompagne la plupart du temps d'aucune autre manifestation observable. Ainsi, le départ de milliers d'adhérents est silencieux et n'entraîne pas la rupture de tous les liens.

## Section 1. Les motifs de l'adhésion

**462.** Comme tout comportement social, celui d'adhérer à un syndicat est à la fois une réponse à des sollicitations extérieures à l'individu et l'expression des choix personnels de nature pragmatique ou idéologique.

### *Paragraphe 1. Les circonstances de la syndicalisation*

**463.** On distingue deux éléments caractéristiques. En premier lieu, un nombre significativement grand d'ouvriers met en avant le besoin d'être défendu pour expliquer l'adhésion. A l'opposé, chez les cadres, on note une propension un peu plus forte que la moyenne à insister sur les idées et les principes.

### *Paragraphe 2. La vie syndicale*

**464.** Le geste d'adhérer ouvre la possibilité de participer aux activités de son syndicat. Dans quelle mesure l'ancien adhérent a-t-il profité de cette possibilité ? A-t-il été passif, se contentant pour toute obligation de payer sa cotisation ? Ou, au contraire, participait-il à la vie de la section en exerçant par exemple des mandats électifs ? Ces questions sont importantes car elles concernent la qualité du potentiel humain du syndicalisme. On peut apporter des éléments de réponse, grâce à trois indicateurs : l'assistance aux réunions, la prise de responsabilités et la participation aux mouvements sociaux.

**L'assistance aux réunions.** L'assistance aux réunions est le critère le plus simple pour distinguer le militant du simple adhérent. Le second participe occasionnellement ou pas du tout à la vie de son organisation alors que le premier assiste régulièrement aux activités syndicales.

**465. Les adhérents de base et les militants.** Plus encore que l'assiduité aux réunions, la prise de responsabilité c'est-à-dire, la plupart du temps, l'acceptation d'un mandat électif permet de distinguer clairement l'adhérent de base du militant. Ce tableau confirme l'hypothèse des trois cercles de l'adhésion. Il permet également d'en donner une évaluation chiffrée.

- le premier cercle est composé des anciens '' militants d'appareil'', c'est-à-dire des cadres ayant pris des responsabilités au-delà de leur section syndicale d'entreprise.

- le second cercle est composé des '' militants de base''. En majorité, il s'agit d'élus (délégués du personnel, élus au comité d'entreprise, aux commissions administratives paritaires…). Le syndicalisme est avant tout une affaire des militants d'entreprise, d'établissement.

- le troisième cercle comprend les adhérents de base. Le personnage clef est le militant, non pas l'adhérent.

**466. La participation aux mouvements sociaux.** La grève a été un élément clef de ''la culture ouvrière'' et que l'identité collective des travailleurs se forgeait très souvent dans cette pratique. La baisse très forte du nombre de conflits du travail ainsi que la nouvelle ligne confédérale moins favorable à la grève peuvent provoquer, sur le court terme, une perte d'identité et accélérer le mouvement des départs.

# CHAPITRE 3. LA PRESENCE SYNDICALE SUR LE LIEU DU TRAVAIL

**467.** La réalité de l'entreprise met en lumière l'importance de la présence syndicale dans le milieu professionnel, que ce soit pour actualiser les prédispositions à l'adhésion ou pour la mobilisation des syndiqués. Cette caractéristique mérite d'être précisée. L'audience du syndicat est connue par les résultats aux élections…Deux situations sont à prendre en ligne de compte.

- la réunion régulière de la section syndicale selon une périodicité fixe, à des heures favorables à la participation de tous, paraît avoir été une condition du dynamisme des militants, la réunion de groupe est, en effet, le lieu où la conscience collective s'élabore, où les messages vers les sympathisants et les autres salariés sont produits avant d'être diffusés sous forme de mots d'ordre, de tracts, de discussions sur les lieux de travail à partir des zones de forte implantation. Tout dysfonctionnement à ce niveau a des conséquences sérieuses, en amont sur la syndicalisation et en aval sur la désyndicalisation.

- dans le panorama des pratiques syndicales ''efficaces'', il faut également citer le rôle du collecteur des cotisations. Ce personnage est plus qu'un percepteur de ''l'impôt syndical''. Il établit un lien humain entre les bureaux et les ateliers, entre l'ensemble de la section et les adhérents isolés dans les fiefs des organisations rivales ou dans les vastes'' déserts syndicaux''…

## Section 1. La confiance

**468.** Grâce à cette présence sur le terrain, il s'est produit une identification mythique, partielle… mais réelle des syndiqués à leur organisation. A vrai dire, la cristallisation s'opérait sur tel ou tel militant ou groupe de syndiqués et rarement sur l'organisation proprement dite. Sans avoir besoin ici de recourir à des concepts comme ceux d'autorité charismatique, on peut dire que ces militants prêtaient leur visage à l'organisation. Le mécanisme de l'adhésion se déroulait en deux temps. On n'adhérait pas à l'organisation ; on rejoignait un groupe d'hommes, par conformisme, par attirance, sous la pression du collectif et l'on s'y agrégeait plus ou moins profondément.

*Paragraphe 1. La pratique syndicale*

**469.** Les principaux aspects de la vie syndicale qui peuvent générer ou faciliter l'adhésion sont : un fonctionnement harmonieux de la section, la collecte régulière des cotisations ou, mieux, les tournées des délégués dans l'établissement et l'utilisation d'instruments comme les cahiers de revendication.

**470. Le fonctionnement de la section.** Le meilleur élu, le délégué, a toujours été la figure centrale du syndicalisme et l' adhérent joue un rôle effacé. L'honnêteté et la rigueur dans l'utilisation des heures de délégation est la première qualité que l'on attribue unanimement au ''bon délégué''. En outre, les constatations recueillies sur les conditions de l'adhésion et sur la vie, les pratiques, le tissu syndical, font ressortir l'importance des relations personnelles de qualité dans un syndicalisme de proximité. Beaucoup d'adhésions ont été provoquées par ce ''syndicalisme de terrain '', l'ambiance sympathique, les qualités humaines des responsables. La participation des adhérents de base à la vie de la section est également tributaire de ce climat de confiance et de dévouement. De ces constatations sur l'importance du tissu et de la pratique syndicale dans les ateliers, les bureaux et les administrations, on peut tirer trois conclusions principales. Premièrement, il y a des degrés dans l'adhésion. En effet, la pratique autant que la théorie considèrent que l'adhérent se trouve dans une situation transitoire dont l'engagement militant forme une sorte de couronnement normal. Une fois l'adhésion acquise, souvent un peu au corps défendant de l'intéressé, se pose le problème du militantisme. Cet enchaînement, cette pression à l'engagement peuvent également jouer un rôle de repoussoir auprès de nombreux sympathisants ou adhérents de base. Deuxièmement, le tissu syndical dans l'entreprise, et l'ambiance qu'établissent les syndicalistes sur le lieu du travail sont le principal facteur de syndicalisation. Dès lors, une bonne partie de la crise du syndicalisme renvoie à la perte de substance humaine dans les sections. La syndicalisation fait apparaître avec acuité les difficultés auxquelles est naturellement confrontée toute collectivité humaine fondée sur la libre adhésion lorsqu'elle doit affronter l'adversité. Les incompatibilités d'humeur, les antagonismes personnels, les défauts personnels passent au premier plan et peuvent entraîner l'éclatement du groupe. Troisièmement, l'adhésion se fonde sur des attirances, des répulsions, des mécanismes identitaires ou l'âge, les opinions, les conceptions du travail et de la société jouent un grand rôle. C'est pourquoi la syndicalisation n'est pas un phénomène régulier mais se déroule par vagues. Les avancées et les reflux dessinent parmi les anciens adhérents autant de générations singulières qui ont remodelé le visage du syndicalisme.

# CHAPITRE 4. LES CAUSES INDIVIDUELLES DE DESSYNDICALISATION

## 471. Section 1. Les raisons tenant à la vie personnelle et à la vie professionnelle

Elles sont de deux sortes :
- la retraite ;
- le chômage.

En dehors des cas de retraits temporaires examinés ci-dessus, certains évènements de la vie professionnelle peuvent être également causes de désyndicalisation. Parmi ces évènements, il faut citer en premier lieu la répression antisyndicale.

### 1) La répression antisyndicale

Plusieurs enquêtes expliquent leur départ par les pressions de leur employeur. Il est difficile de sauvegarder son emploi et de faire du syndicalisme dans ces conditions.

### 2) Les mutations et les promotions

Les changements d'entreprise voire d'établissement, d'atelier ou de service dans les grandes entreprises sont des causes de syndicalisation beaucoup plus fréquentes. Il arrive qu'il n'y ait pas de section syndicale sur le nouveau lieu du travail ou pas de militant à proximité : les liens se défont…

La promotion est une cause majeure de désyndicalisation. La non syndicalisation était le prix à payer pour obtenir cette promotion, mais, autant qu'on puisse reconstituer l'histoire personnelle des individus, il apparaît que les pressions implicites ou explicites sont rares. Il est remarquable de constater que l'ouvrier qualifié qui devient chef d'atelier, le cadre promu responsable d'un service, toutes ces personnes se sentent normalement obligées de quitter le syndicat et le font souvent à contrecœur… La pression pour tenir hors du syndicat les personnes investies d'une autorité ne vient pas seulement des directions ; elle émane également des autres syndiqués qui craignent des compromissions avec la hiérarchie.

### 3) Le découragement

C'est un sentiment d'impuissance lié à des situations sociales ou à des échecs antérieurs du syndicat. Il est la cause de plusieurs échecs dans la lutte syndicale.

# CHAPITRE 5. LES CARENCES DU SYNDICALISME SUR LES LIEUX DU TRAVAIL

**472. Les cas de carences sont de deux sortes :**
- Le sentiment d'avoir été abandonné revient régulièrement. Au-delà des questions de personnes, la responsabilité en est attribuée au mauvais fonctionnement de l'organisation et, en premier lieu, aux problèmes qui existent.
- A l'origine des difficultés actuelles, il y a le déclin de la section syndicale comme mode de présentation et d'organisation des salariés dans l'entreprise. Cela ne saurait surprendre puisque nous avons vu que la présence des militants dans les ateliers, les bureaux et leurs pratiques syndicales représentaient le premier facteur de syndicalisation. Il est donc logique que l'affaiblissement de cette présence et la modification de ces pratiques soient une des premières causes de départ.

**a) La dégradation du tissu syndical dans l'entreprise**

L'entreprise ne manque pas d'organes de représentation des salariés. Ce sont : le représentant syndical désigné par le syndicat et titulaire du droit de négocier, les délégués du personnel élus, les représentants élus aux comités d'entreprise. Mais c'est la section syndicale, avec les droits de réunion et d'affichage dans l'entreprise, qui incarne le mieux aux yeux des salariés la présence syndicale. Une présence qui se matérialise par des réunions de section mais aussi par les visites des responsables de la hiérarchie syndicale.

**Les carences dans la défense syndicale**

Le dysfonctionnement de la section peut également pousser au départ.

**b) Le déclin de la pratique syndicale**

Le déclin de la pratique syndicale met en jeu la vitalité du tissu syndical mais aussi la confiance envers les responsables syndicaux et suscite des doutes sur l'accomplissement de leur mission. Elle nourrit une suspicion réciproque entre les salariés et les militants élus.

**c) La perte de vitalité de la présence syndicale**

Dans un syndicalisme de militants, toute défaillance humaine peut avoir des répercussions qui affectent l'ensemble du tissu syndical.

# CHAPITRE 6. L'AFFAIBLISSEMENT DES RELATIONS

**473.** La désyndicalisation est rarement une rupture au sens fort du terme, un drame qui remet en cause les certitudes d'autrefois. Il s'agit le plus souvent de l'aboutissement d'un lent processus de détachement : l'assistance aux réunions de section se fait de moins en moins fréquente. D'ailleurs, pour nombre d'entre eux, le départ n'est qu'une prise de recul qui se manifeste aussi par une participation moindre dans la vie collective.

## Section 1. Le soutien électoral

**474.** La fidélité électorale est une caractéristique importante des anciens adhérents et semble être une conséquence logique de la relative sympathie conservée envers l'organisation et l'absence d'hostilité envers la section. En premier lieu, on entend du syndicaliste qu'il soit disponible et ouvert à ce que les syndiqués ont à dire. On estime qu'il doit s'attacher aux revendications des salariés de son entreprise au lieu de plaquer sur elle des solutions ou des programmes élaborés trop loin d'eux notamment en développant une meilleure information et, dans les établissements victimes de la crise, en défendant l'emploi. Enfin, les syndicats doivent organiser une entreprise à plusieurs établissements ou plusieurs sites afin de ''s'adapter aux réalités du terrain''. Pour cela, le syndicalisme doit d'abord en finir avec ''les divisions'' et la ''guéguerre syndicale'' en trouvant, sur le terrain, les voies de l'unité dans le respect du pluralisme auquel les adhérents sont presque tous attachés. Dans ce syndicalisme d'établissement, le rôle des militants de base est fondamental ; ils sont présents sur le lieu du travail, ils créent un réseau assez informel au sein de l'entreprise, un tissu syndical qui engendre à son tour une ambiance favorable à la syndicalisation. Le départ de ces militants (ou leur absence) relatif du fait de l'institutionnalisation du syndicat déchire ce tissu et fait dépérir cette ambiance. Ce qui engendre chez les adhérents le sentiment qu'ils sont abandonnés. Deux observations méritent d'être faites :

- avec la désyndicalisation, disparaît la figure traditionnelle du militant de base. A sa place s'affirme le syndicaliste professionnel. A ce propos, on a même pu affirmer que : ''les syndicats sont devenus une petite confrérie de délégués contre les licenciements et disposent également de temps : les heures de délégation… ''

- le cumul des mandats entre les mains de quelques responsables et leur non renouvèlement compromettent à terme, le fonctionnement des organes de base quand ils ne remettent pas en cause leur existence. Ce phénomène accentue la coupure entre l'organisation et certaines catégories sociales notamment les jeunes, les femmes et les travailleurs précaires. D'où une crise d'identité : les salariés se reconnaissent de moins en moins dans des organisations dont l'utilité sociale est évidente à leurs yeux.

# TITRE 4 : LES PRINCIPES DE BASE DES SYNDICATS

## CHAPITRE 1. LA REPRESENTATIVITE DES SYNDICATS

**475.** Le caractère représentatif d'un syndicat ou d'un groupement professionnel est déterminé par le Ministère du travail, qui réunira tous les éléments d'appréciation et prendra l'avis de l'Inspecteur du travail et des lois sociales.

Les éléments d'appréciation comprendront notamment :

- le résultat des élections des délégués du personnel ;
- l'indépendance ;
- les effectifs ;
- les cotisations ;
- l'expérience du syndicat, l'étendue et la nature de son activité.

La décision du Ministre du travail est susceptible de recours, dans un délai de trente (30) jours, devant la juridiction administrative. Les dispositions qui précèdent ne pourront être interprétées comme autorisant l'administration à prendre connaissance des registres d'inscription des adhérents et des livres de trésorerie du syndicat.[248]

[248] Article 192 bis nouveau

## CHAPITRE 2. LA LIBERTE SYNDICALE

**476.** Dans toutes les entreprises installées au Congo, le libre exercice du droit syndical est reconnu aux salariés, dans le respect des droits et libertés garantis par la Constitution. De même les syndicats professionnels ont le droit de s'organiser librement au sein des dites entreprises.

Dans les entreprises d'au moins 30 travailleurs, chacun des syndicats représentatifs ayant au moins un délégué du personnel en fonction peut constituer des sections syndicales chargées d'assurer la représentation des intérêts professionnels, de leurs adhérents auprès de l'employeur. La section syndicale a pour mission essentielle :

- l'affichage des communications syndicales ;
- la publication et la diffusion des documents d'informations syndicales ou professionnelles auprès des travailleurs ;
- la collecte des cotisations syndicales à l'intérieur de l'entreprise ;
- la tenue des réunions périodiques avec ses adhérents dans l'enceinte de l'entreprise ;
- la négociation des accords d'établissement ou d'entreprise.

**477.** Dans les entreprises où sont occupés au moins 50 salariés, les sections syndicales doivent disposer d'un local commun mis à leur disposition par l'employeur pour l'exercice de leurs missions. Les conditions d'utilisation de ce local sont déterminées d'accord parties avec le chef d'entreprise. Les membres du bureau de la section syndicale bénéficient de la même protection que les délégués du personnel en matière de licenciement.

Un arrêté du Ministre du travail, pris après avis de la commission nationale consultative du travail détermine les conditions d'exercice de l'activité syndicale au sein des entreprises et fixe notamment :

- la répartition du nombre des membres du bureau de la section syndicale en fonction de l'effectif de l'entreprise ;
- le mode de désignation des membres du bureau de la section syndicale et les conditions que ceux-ci doivent remplir pour être choisis.[249]

[249] Article 210-2-3-4-5-6-7 nouveau

# TITRE 6. L'OBJET DES SYNDICATS PROFESSIONNELS ET LEUR CONSTITUTION

**478.** Les syndicats professionnels ont exclusivement pour objet l'étude et la défense des intérêts économiques industriels, commerciaux et agricoles. Les personnes exerçant la même profession, les métiers similaires ou des professions connexes concourant à l'établissement de produits déterminés, ou la même profession libérale, peuvent constituer librement un syndicat professionnel. Tout travailleur ou employeur peut adhérer librement à un syndicat de son choix dans le cadre de la profession. Les fondateurs de tout syndicat professionnel doivent déposer les statuts et les noms de ceux qui, à un titre quelconque, sont chargés de son administration ou de sa direction. Ce dépôt a la lieu à la mairie ou au siège de la circonscription administrative où le syndicat est établi, et copie des statuts est adressée à l'inspecteur du travail et des lois sociales, au Procureur de la République du ressort et au Ministre du travail et de la prévoyance sociale. Les modifications apportées aux statuts et les changements survenus dans la composition de la direction ou de l'administration du syndicat doivent être portés, dans les mêmes conditions, à la connaissance des mêmes autorités. Les membres chargés de l'administration ou de la direction d'un syndicat doivent être citoyens congolais, ou s'ils sont étrangers avoir séjourné au Congo au moins pendant 5 ans, jouir de leurs droits civils, ne pas avoir encouru de condamnations comportant la perte des droits civiques ni de condamnation à une peine correctionnelle, à l'exception toutefois :
1° des condamnations pour délits d'imprudence hors le cas de délit de fuite concomitant ;
2° des condamnations prononcées pour infractions (autres que les infractions qualifiées délits) à la législation sur les sociétés mais dont cependant la répression n'est pas subordonnée à la preuve de la mauvaise foi de leurs auteurs et qui ne sont passibles que d'une amende.[250]
Les femmes mariées exerçant une profession ou un métier peuvent, sans l'autorisation de leur mari, adhérer aux syndicats professionnels et participer à leur administration ou à leur direction dans les conditions fixées à l'article précédent. Les mineurs âgés de plus de 16 ans peuvent adhérer aux syndicats. Peuvent continuer à faire partie d'un syndicat professionnel les personnes qui ont quitté l'exercice de leur fonction ou de leur profession, sous réserve d'avoir exercé celle-ci au moins un an. Tout membre d'un syndicat professionnel peut s'en retirer à tout instant nonobstant toute clause contraire sans préjudice du droit, pour le

[250] Articles 184 à 187

syndicat, de réclamer la cotisation afférente aux 6 mois qui suivent le retrait d'adhésion. En cas de dissolution volontaire, statutaire ou prononcée par la justice, les biens du syndicat sont dévolus conformément aux statuts ou, à défaut de dispositions statutaires, suivant les règles déterminées par l'assemblée générale. En aucun cas, ils ne peuvent être répartis entre les membres adhérents.[251]

[251] Articles 188 à 192

# CHAPITRE 1. LA CAPACITE CIVILE DES SYNDICATS PROFESSIONNELS

**479.** Les syndicats professionnels jouissent de la personnalité civile. Ils ont droit d'ester en justice et d'acquérir, sans autorisation, à titre gratuit ou à titre onéreux, des biens meubles et immeubles. Ils peuvent, devant toutes les juridictions, exercer tous les droits réservés à la partie civile, relativement aux faits portant un préjudice direct ou indirect à l'intérêt collectif de la profession qu'ils représentent. Ils peuvent affecter une partie de leurs ressources à la création de logements de travailleurs, à l'acquisition de terrains de culture ou de terrains d'éducation physique à l'usage de leurs membres. Ils peuvent créer, administrer ou subventionner des œuvres professionnelles telles que : institutions de prévoyance, caisse de solidarité, laboratoires, champs d'expérience, œuvre d'éducation scientifique, agricoles ou sociales, cours et publications intéressant la profession. Les immeubles et objets mobiliers nécessaires à leurs réunions à leurs bibliothèques et à leurs cours d'instruction professionnelles sont insaisissables. Ils peuvent subventionner des sociétés coopératives de production ou de consommation. Ils peuvent passer des contrats ou conventions avec tous autres syndicats, sociétés, entreprises ou personnes. Les conventions collectives du travail sont passées dans les conditions déterminées par le chapitre III du titre II.
S'ils y sont autorisés par leurs statuts, et à condition de ne pas distribuer de bénéfices, même sous forme de ristournes, à leurs membres, les syndicats peuvent :
1° Acheter pour le louer, prêter ou répartir entre leurs membres tout ce qui est nécessaire à l'exercice de leur profession, notamment les matières premières, outils, instruments, machines, engrais, semences, plantes, animaux et matières alimentaires pour le bétail.
2° Prêter leur entremise gratuite pour la vente des produits provenant exclusivement du travail personnel ou des exploitations des syndiqués ; faciliter cette vente par exposition, annonces, publications, groupements de commandes et d'expéditions, sans pouvoir l'opérer sous leur nom, et sous leur responsabilité. Ils peuvent être consultés sur tous les différends et toutes les questions se rattachant à leur spécialité. Dans les affaires contentieuses, les avis du syndicat sont tenus à la disposition des parties qui peuvent en prendre communication et copie.[252]

[252] Articles 193 à 200

## CHAPITRE 2. LES MARQUES SYNDICALES

**480.** Les syndicats peuvent déposer, dans les conditions déterminées par arrêté du Ministre du travail et de la prévoyance sociale pris après avis de la Commission nationale consultative du travail, leurs marques ou labels. Ils peuvent, dès lors, en revendiquer la propriété exclusive dans les conditions dudit arrêté. Ces marques ou labels peuvent être apposés sur tout produit ou objet de commerce pour en certifier l'origine et les conditions de fabrication. Ils peuvent être utilisés par tous les individus ou entreprises mettant en vente ces produits. Est nulle et de nul effet toute clause de contrat collectif, accord ou entente aux termes de laquelle l'usage de la marque syndicale par un employeur de ne conserver ou de ne prendre à son service que les adhérents du syndicat propriétaire de la marque.[253]

[253] Article 201

## CHAPITRE 3. LES CAISSES SPECIALES DE SECOURS MUTUELS ET DE RETRAITES

**481.** Les syndicats peuvent, en se conformant, aux dispositions des lois en vigueur, constituer entre leurs membres des caisses spéciales de secours mutuels et de retraites. Les fonds de ces caisses spéciales sont insaisissables dans les limites déterminées par la loi. Toute personne qui se retire d'un syndicat conserve le droit d'être membre de sociétés de secours mutuels et de retraites pour la vieillesse à l'actif desquels elle a contribué par des cotisations ou versements de fonds.[254]

[254] Article 202 à 204

## CHAPITRE 4. LES UNIONS SYNDICALES

**482.** Les syndicats professionnels régulièrement constitués d'après les prescriptions de la loi peuvent librement se concerter pour l'étude et la défense de leurs intérêts économiques, industriels, commerciaux et agricoles. Ils peuvent se constituer en union sous quelque forme que ce soit. Les dispositions des articles 184, 186, 187, 188 et 189 sont applicables aux unions de syndicats qui doivent, d'autre part, faire connaître dans les conditions prévues à l'article 186, le nom et le siège social des syndicats qui les composent. Leurs statuts doivent déterminer les règles selon lesquelles les syndicats adhérents à l'union sont représentés dans le conseil d'administration et dans les assemblées générales. Ces unions jouissent de tous les droits conférés aux syndicats professionnels par les chapitres II, III et IV du présent titre. Des locaux pourront être mis à la disposition des unions des syndicats pour l'exercice de leur activité sur leur demande.

## CHAPITRE 5. LES ASSOCIATIONS PROFESSIONNELLES

**483.** Les associations professionnelles reconnues par arrêté du Ministre du travail et de la prévoyance sociale sont assimilées aux syndicats professionnels en ce qui concerne l'application des articles 194, 197, 198, 201, 202.

Elles peuvent :

1° Acheter pour le louer, prêter ou répartir entre leurs membres tout ce qui est nécessaire à l'exercice de leur profession, notamment les matières premières, outils, instruments, machines, engrais semences, plantes, animaux et matières alimentaires pour le bétail ;

2° Prêter leur entremise gratuite pour la vente des produits provenant exclusivement du travail personnel ou les exploitations des membres de l'association

3° faciliter cette vente par exposition, annonces, publications, groupements de commandes et d'expéditions, sans pouvoir l'opérer sous leur nom, et sous leur responsabilité.[255]

[255] Article 209

## CHAPITRE 6. LA LIBERTE SYNDICALE

**484.** Il est interdit à tout employeur de prendre en considération l'appartenance à un syndicat ou l'exercice d'une activité syndicale pour arrêter ses décisions en ce qui concerne notamment l'embauchage, la conduite et la répartition du travail, la formation professionnelle, l'avancement, la rémunération et l'octroi d'avantages sociaux, les mesures de discipline et de congédiement. Le chef d'une entreprise ou ses représentants ne devra employer aucun moyen de pression en faveur ou à l'encontre d'une organisation syndicale quelconque. Toute mesure prise par l'employeur, contrairement aux dispositions des alinéas précédents, sera considérée comme abusive et donnera lieu à des dommages-intérêts.[256]

[256] Article 210

# SIXIEME PARTIE : LES DELEGUES DU PERSONNEL

# TITRE I : L'INSTITUTION DES DELEGUES DU PERSONNEL[257]

## CHAPITRE 1. LA DEFINITION DE L'ETABLISSEMENT ET DE L'ENTREPRISE

**485.** L'établissement au sens du présent arrêté s'entend d'un groupe de personnes travaillant sous l'autorité d'un ou plusieurs représentants d'une même autorité directrice, personne physique ou morale, publique ou privée.

L'Etablissement est caractérisé par l'exercice d'une activité collective en un lieu donné, le mot lieu étant employé dans le sens d'usine, local, chantier de travail ou de point de rassemblement des travailleurs et non dans le sens de ville ou de circonscription. L'entreprise est une organisation économique de forme juridique déterminée (propriété individuelle ou collective) constituée par une production de biens destinés à la vente ou à la fourniture de services rémunérés. Une entreprise peut donc comprendre un ou plusieurs établissements.[258]

---

[257] Arrêté n°1110/MTFPSS/DGT relatif à l'institution des délégués du personnel pris en application de : la Constitution du 15 mars 1992 ; la loi n°45/75 du 15 mars 1975 instituant un Code du travail de la République du Congo ; la loi n°6-96 du 6 mars 1996 modifiant et complétant certaines dispositions de la loi n°45/75 du 15 mars 1975 instituant un Code du travail de la République du Congo ; le décret n°95/25 du 15 janvier 1995 portant nomination des Membres du Gouvernement ; l'arrêté n°6 055/MTERPPS du 3 juillet 1985 relatif au fonctionnement du Bureau Syndical dans l'entreprise ; l'avis émis par le Commission Nationale Consultative du travail en sa session du 24 mai 1994 ;

[258] Article 2

## CHAPITRE 2. LES DELEGUES DU PERSONNEL

**486.** Les délégués du personnel sont obligatoirement élus dans les entreprises ou établissements installés en République du Congo où sont groupés au moins sept (7) travailleurs reconnus comme tels au sens de l'article 2 du code de travail.

La représentation des travailleurs au sein de l'entreprise ou de l'établissement est assurée par les délégués du personnel. Un arrêté du ministre, pris après avis de la commission nationale consultative du travail fixe :

1° le nombre de délégués à élire et leur répartition en collège ;

2° la durée considérée comme temps de travail dans l'accomplissement de leur fonctions, ainsi que les moyens mis à leur disposition.

3° Les conditions dans lesquelles ils seront reçus par l'employeur ou son représentant ;

4° les conditions de révocation du délégué par le collège des travailleurs qui l'a élu.

**487.** Les délégués sont élus au sein de chaque établissement sur les listes établies par les organisations syndicales, s'il en existe, ou à défaut par les membres du personnel eux-mêmes. Il existe au moins deux collèges électoraux au sein de l'établissement, l'un groupant les ouvriers et employés, l'autre les techniciens, agents de maîtrise et assimilés. Lorsque l'importance de l'établissement le justifie, le nombre des collèges peut être augmenté afin de permettre séparément la représentation des ouvriers des employés, d'agents de maîtrise ou assimilés ainsi que des ingénieurs et chefs de service. Le nombre de collèges électoraux et la répartition des sièges entre les différentes catégories font l'objet d'un accord entre le chef d'établissement et les organisations syndicales intéressées. Dans le cas où cet accord est reconnu impossible, l'inspecteur du travail ou son représentant légal décide du nombre de collèges et la répartition des sièges entres différentes catégories. L'inspecteur du travail et des lois sociales peut, à la demande du chef d'établissement ou des organisations syndicales ou à défaut des membres du personnel, autoriser des dérogations aux conditions d'ancienneté dans l'établissement prévues à l'article 174 nouveau dans le cas où leur application aurait pour effet de réduire à moins du quart de l'effectif le nombre des salariés remplissant ces conditions dans chaque collège. L'élection des délégués du personnel a lieu chaque année au mois de décembre pour les mandats de l'année suivante.

**488.** Le vote a lieu dans l'établissement. Le jour, le lieu, les heures d'ouverture ou de fermeture du scrutin sont fixés par le chef de

l'établissement ou son représentant en accord avec les organisations syndicales. Ces indications sont annoncées 15 jours au moins avant la date du scrutin par un avis affiché par les soins du chef d'établissement ou de son représentant aux emplacements habituellement réservés pour les avis donnés au personnel. En cas de carence constatée du chef d'entreprise, l'inspecteur du travail organise les élections en fixant le lieu, le jour, les heures d'ouverture et de fermeture de scrutin. Les listes des candidats établies par les organisations syndicales de l'établissement sont affichées par les soins du chef d'établissement ou de son représentant dix (10) jours au moins avant la date du scrutin aux mêmes emplacements que l'avis de scrutin. Ces listes doivent faire connaître les noms, prénoms, âges et durée des services des candidats ainsi que les syndicats qui les représentent éventuellement, les dérogations accordées par l'inspecteur du travail en application de l'article 173-3 ci-dessus.[259]
L'élection a lieu au scrutin secret et sous enveloppe. Il est procédé aux votes des membres titulaires et suppléants en même temps à la représentation proportionnelle. Chaque liste est établie par les organisations syndicales les plus représentatives, séparément ou en commun. Les listes électorales ne peuvent comprendre un nombre de candidats supérieur à celui de siège. Le panachage est interdit. Seuls sont valables les votes allant à l'une des liste en présence. Il n'est pas tenu compte des bulletins blancs ou nuls. Si le nombre de votants, déduction faite des bulletins blancs ou nuls est inférieur à la moitié des électeurs inscrits, il est procédé dans un délai de deux semaines à un autre scrutin pour lequel les électeurs peuvent voter pour des listes autres que celles présentées par les organisations syndicales.

**489.** Il est attribué à chaque liste autant des sièges que le nombre de voix recueillies par elle. Elle contient autant de fois le quotient électoral, celui-ci étant égal au nombre total des suffrages valablement exprimés par les électeurs du collège divisé par le nombre de sièges à pouvoir.
Au cas où il n'aurait pu être pourvu à aucun siège ou s'il reste des sièges à pourvoir, les sièges restant sont attribués sur la base de la plus forte moyenne. A cet effet, le nombre de voix obtenu pour chaque liste est divisé par le nombre, augmenté d'une unité, des sièges attribués à la liste des moyennes ainsi obtenues. Le premier siège non pourvu est attribué à la liste ayant la plus forte moyenne. Il est procédé successivement à la même opération pour chacun des sièges non pourvus jusqu'au dernier. Dans le cas où deux listes ont la même moyenne ou s'il ne reste qu'un siège à pourvoir, ledit siège est attribué à la liste qui a le plus grand

[259] Article 173- 2-3-4-5 nouveaux

nombre de voix. Si deux listes ont également recueilli le même nombre de voix, le siège est attribué au plus âgé des deux candidats susceptibles d'être élus. Le chef d'établissement ou son représentant est chargé de l'organisation et du déroulement des élections, notamment de la constitution du bureau de vote, de la rédaction du procès-verbal du vote secret sous enveloppe. Il préside le bureau de vote là où il est assisté d'un représentant non candidat de chacune des listes en présence. Ces représentants des listes prennent place au bureau, assistent au vote et au dépouillement du scrutin et signent le procès-verbal avec le représentant de l'employeur. Le chef d'établissement ou son représentant est tenu d'établir en plusieurs exemplaires le procès-verbal dont le premier exemplaire est adressé à l'inspecteur du travail du ressort sous quatre (4) jours (par lettre recommandée avec accusé de réception), le second est affiché et le troisième est conservé dans les archives de l'établissement et les autres aux différents syndicats.

**490.** La mission incombant au chef d'établissement en matière d'organisation des élections des délégués du personnel peut, sur sa demande et en cas d'empêchement, être confiée à une autre autorité par l'inspection du travail. Sont électeurs les travailleurs des deux sexes ayant au moins six mois d'ancienneté dans l'entreprise et n'ayant jamais été déchus de leurs droits civiques par décision de justice. Sont éligibles les travailleurs n'ayant jamais fait l'objet d'une condamnation pénale et qui ont travaillé dans l'entreprise sans interruption depuis douze (12) mois au moins. Ne sont éligibles pour une catégorie de personnel que les travailleurs inscrits comme électeurs dans cette même catégorie. Les contestations relatives à l'électorat, l'éligibilité des délégués du personnel ainsi qu'à la régularité des opérations électorales, sont de la compétence du tribunal d'instance. Pour être recevable, la contestation doit être introduite dans les trois jours qui suivent la publication de la liste électorale, si elle porte sur l'électorat ou l'éligibilité ; dans les quinze (15) jours qui suivent la proclamation des résultats, si elle porte sur la régularité des opérations électorales. Le tribunal d'instance se prononce dans les trente (30) jours qui suivent sa saisine.[260]
Chaque délégué a un suppléant élu dans les mêmes conditions, qui le remplace en cas d'absence motivée, de décès, démission, révocation, changement de catégorie professionnelle entraînant un changement de collège, résiliation du contrat de travail ou perte des conditions requises pour l'éligibilité. Tout licenciement d'un délégué du personnel envisagé par l'employeur ou son représentant doit être soumis à l'autorisation de la

[260] Article 173-8-9-10-11-12-13-14 et articles 174 nouveaux

commission de litiges prévue à l'article 39 (nouveau). Toutefois,, en cas de faute présumée lourde par l'employeur, celui-ci peut prononcer immédiatement la mise à pied conservatoire du délégué du personnel en attendant la décision définitive de la commission de litige. Cette mise à pied n'entraîne pas suspension du paiement du salaire de base. Tout délégué du personnel s'estimant abusivement licencié peut saisir immédiatement le tribunal du travail qui cite sans délais les parties à comparaître. Pendant la procédure judiciaire devant le tribunal, le délégué du personnel conserve son salaire de base jusqu'au prononcé du jugement sauf s'il a été licencié après autorisation de la commission des litiges. En cas de licenciement reconnu abusif, le juge de fond ordonne à compter du prononcé du jugement, soit la réintégration du délégué du personnel dans ses fonctions au sein de l'entreprise, soit le versement des dommages-intérêts dont le montant ne saurait être inférieur à douze (12) mois de salaire de base, versement pouvant se faire à échéance mensuelle sauf si l'intéressé exerce une activité lucrative pendant la même période.

**491.** En cas de licenciement irrégulier le tribunal décide soit la reprise de la procédure soit le paiement des dommages-intérêts correspondant au préjudice subi. Toutes les garanties ci-dessus sont applicables :

- aux anciens délégués du personnel pendant une durée de six (6) mois à partir de l'expiration du mandant ;
- aux candidats aux fonctions de délégués du personnel pendant la durée comprise entre la date de remise des listes de candidature au chef d'entreprise ou d'établissement et celle du scrutin ;
- aux candidats non déclarés élus pendant les trois mois qui suivent la date du scrutin ;

Les formes de contestation des décisions de la commission de litiges sont celles énumérées à l'article 39 alinéa 8 du Code.[261]

Les délégués du personnel ont pour mission :

- de présenter aux employeurs toutes les réclamations individuelles ou collectives qui n'auraient pas été directement satisfaites concernant les conditions de travail et la protection des travailleurs, l'application des conventions collectives, des classifications professionnelles et des salaires.
- de donner leur préalable avis pour tout licenciement collectif ou individuel motivé par une diminution d'activité de l'établissement ou par une réorganisation intérieure et selon la procédure fixée par l'article 39 du Code.

[261] Articles 175 et 176 nouveaux

- de saisir l'inspection du travail et des lois sociales de toute plainte ou réclamation concernant l'application des prescriptions légales ou règlementaires dont elle est chargée d'assurer le contrôle.
- de veiller à l'application des prescriptions relatives à l'hygiène et à la santé des travailleurs et à la sécurité sociale et de proposer toutes mesures utiles à ce sujet.
- de communiquer à l'employeur toutes suggestions utiles tendant à l'amélioration de l'organisation et du rendement de l'entreprise.

**492.** Pour l'accomplissement de leur mission, les délégués du personnel disposent de 20 heures par mois considérées et rémunérées comme temps de travail. En outre, les délégués du personnel, tant titulaires que suppléants bénéficient chaque année d'un congé payé d'éducation ouvrière de 10 jours ouvrables. Un arrêté du ministre du travail pris après avis de la commission nationale consultative du travail, ainsi qu'il fixe les conditions d'attribution du congé d'éducation ouvrière, pourra limiter le nombre de délégués de personnel pouvant bénéficier des dispositions ci-dessus dans les entreprises à faibles effectifs. Hormis les dispositions de l'article 176 4ème paragraphe sur la conservation du salaire du délégué du personnel pendant la procédure judicaire toutes les autres dispositions concernant la protection du délégué du personnel et celles concernant les congés d'éducation ouvrière s'appliquent également aux délégués syndicaux.[262]

[262] Articles 177 à 180 nouveaux

## CHAPITRE 3. NOMBRE DE DELEGUES

**493.** Le nombre de délégués du personnel est fixé comme suit :

- 7 à 20 travailleurs = 1 délégué titulaire et 1 délégué suppléant ;
- 21 à 50 travailleurs = 2 délégué titulaires et 2 délégués suppléants ;
- 51 à 100 travailleurs = 3 délégués titulaires et 3 délégués suppléants ;
- 101 à 200 travailleurs = 4 délégués titulaires et 4 délégués suppléants ;
- 251 à 500 travailleurs = 6 délégués titulaires et 6 délégués suppléants ;

Au-delà de 1000 travailleurs = 1 délégué titulaire et 1 délégué suppléant par tranche supplémentaire de 500 travailleurs. Pour la détermination du seuil de chaque entreprise, l'effectif à prendre en considération est celui des travailleurs occupés habituellement.

Cet effectif comprend :

- le personnel permanent ;
- les apprentis ;
- les travailleurs engagés à l'essai ;
- les travailleurs engagés ou rémunérés à l'heure ou à la journée, mais de façon assez régulière pour totaliser au cours d'une année l'équivalent de six (6) mois de travail au service de l'entreprise.[263]

[263] Article 4.

# CHAPITRE 4. ELECTION DES DELEGUES

**494.** Les délégués sont élus au sein de chaque établissement sur les listes établies par les organisations syndicales à défaut par les membres du personnel eux-mêmes. Il existe au moins deux collèges électoraux au sein de l'établissement, l'un groupant les ouvriers et employés, l'autre groupant les ingénieurs, les chefs de service, techniciens, agents de maîtrise ou assimilés. Lorsque l'importance de l'établissement le justifie, le nombre de collèges peut être augmenté afin de permettre séparément la représentation des ouvriers ainsi que les ingénieurs et chefs de service. Le nombre de collèges électoraux et la répartition des sièges entre les différentes catégories fait l'objet d'un accord entre le chef de l'établissement et les organisations syndicales intéressées. Dans le cas où cet accord est reconnu impossible, l'Inspecteur du travail ou son représentant légal décide du nombre de collège et la répartition des sièges entre les différentes catégories. Sont électeurs les travailleurs des deux sexes âgés de 18 ans révolus, ayant au moins six mois d'ancienneté dans l'entreprise, et n'ayant jamais été déchus de leurs droits civiques par décision de justice. Sont éligibles les travailleurs remplissant les conditions pour être électeurs et qui ont travaillé dans l'entreprise sans interruption depuis douze mois au moins.

Ne sont éligibles pour une catégorie de personnel que les travailleurs inscrits comme électeurs dans cette même catégorie. L'inspecteur du travail et des lois sociales peut à la demande du chef d'établissement ou des organisations syndicales, les plus représentatives ou des membres du personnel, autoriser des dérogations aux conditions d'ancienneté dans l'établissement prévues aux articles 6 et 7 dans le cas où leur application aurait pour effet de réduire à moins du quart de l'effectif et le nombre des salariés remplissant ces conditions dans chaque collège. L'élection des délégués du personnel a lieu chaque année au mois de décembre pour le mandat de l'année suivante.[264] Le vote a lieu dans l'établissement. Le jour, le lieu, les heures d'ouverture ou de fermeture du scrutin sont fixés par le chef de l'établissement ou son représentant en accord avec les organisations syndicales. Ces indications sont annoncées 15 jours au moins avant la date du scrutin par un avis affiché par les soins du chef d'établissement et prévoient un cadre réservé pour les avis donnés au personnel. En cas de carence constatée du Chef d'entreprise. L'Inspecteur du travail organise les élections en fixant le lieu, le jour, les heures d'ouverture ou de fermeture du scrutin. Les listes des travailleurs électeurs et éligibles établies par les organisations syndicales les plus

[264] Articles 5 à 8

représentatives de l'établissement sont affichées par le chef d'établissement ou de son représentant dix (10) jours au moins avant la date de scrutin aux mêmes emplacements que l'avis de scrutin. Ces listes doivent faire connaître les noms, prénoms, âgé et durée des services des candidats ainsi que le collège syndical auquel ils appartiennent et éventuellement les dérogations accordées par l'Inspecteur du travail en application de l'article 8 ci-dessus. S'il n'existe pas d'organisation syndicale suffisamment représentative au sein de l'établissement ou du collège électoral, ou si les organisations syndicales n'exercent pas leurs droits par l'affichage prévu à l'alinéa 4 de l'article 10 ci-dessus, cette carence est constatée par l'Inspecteur du travail ou son représentant légal qui autorise le vote pour les candidats non présentés par les organisations syndicales. Il en est de même lorsque le nombre de votants au premier scrutin est inférieur à la moitié des électeurs inscrits. Les travailleurs dont leur occupation hors de l'établissement au scrutin, ceux en congé et ceux dont le contrat de travail est suspendu pour des causes énumérées à l'article 47 du Code du travail peuvent voter par procuration.[265]

**495.** Si le nombre de votants, déduction faite des bulletins blancs ou nuls, est inférieur à la moitié des électeurs inscrits, il est procédé dans un délai de deux semaines à un scrutin pour lequel les électeurs peuvent voter pour des listes autres que celles présentées par les organisations syndicales. Il est attribué à chaque liste autant de sièges que le nombre de voix recueillies, elle contient au tant de fois le quotient électoral, celui-ci étant égal au nombre des suffrages régulièrement exprimés par les électeurs du collège divisé par le nombre des sièges à pouvoir.
Au cas où il n'aurait pu être pourvu à aucun siège, ou s'il reste des sièges à pourvoir, les sièges restants sont attribués sur la base de la plus forte moyenne. A cet effet, le nombre de voix obtenu pour chaque liste est divisé par le nombre augmenté d'une unité, des sièges attribués à la liste des moyennes ainsi obtenues. Le premier siège non pourvu est attribué à la liste ayant la forte moyenne, il est procédé successivement à la même opération pour chacun des sièges non pourvus jusqu'au dernier. Dans le cas où deux listes ont la même moyenne et, où il ne reste qu'un siège à pourvoir, ledit siège est attribué à la liste qui a le plus grand nombre de voix. Si deux listes ont également recueilli le même nombre de voix, le siège est attribué au plus âgé des deux candidats susceptibles d'être élus.
Le Chef d'établissement ou son représentant est chargé de l'organisation et du déroulement des élections, notamment de la constitution du bureau de vote, de la rédaction du procès-verbal, du vote, de la rédaction du

[265] Articles 10 à 12

procès-verbal, du vote sous enveloppe secret. Il préside le bureau de vote et il est assisté d'un représentant non candidat de chacune des listes en présence. Ces représentants des listes prennent place au bureau, assistent au vote et au dépouillement du scrutin et signent le procès-verbal avec le représentant de l'employeur. Le chef d'établissement ou son représentant est tenu d'établir en triple exemplaires le procès-verbal des élections des délégués du personnel, procès-verbal dont le premier exemplaire est adressé à l'inspecteur du travail du ressort quatre jours après la tenue du scrutin (par lettre recommandée avec accusé de réception), le second est affiché et le troisième est conservé dans les archives de l'établissement. La mission incombant au chef d'établissement en matière d'organisation des élections des délégués du personnel peut, sur sa demande et en cas d'empêchement, être confiée à une autre autorité par l'inspecteur du travail.[266]

[266] Articles 15 à 19

## CHAPITRE 5. EXERCCICE DE LEURS FONCTIONS

**496.** Le chef de l'établissement est tenu de laisser aux délégués titulaires 20 heures de liberté par mois pour l'exercice de leurs fonctions. Ce temps peut augmenter en cas de circonstance exceptionnelle. Ce temps est payé comme temps de travail et rémunéré au tarif normal s'il est pris d'accord parties en dehors de la durée légale. Il doit être utilisé exclusivement aux tâches afférentes à l'activité du délégué du personnel telles qu'elles ont été définies à l'article 177 (nouveau) de la loi -96 du 6 mars 1996. Les délégués du personnel peuvent pendant les heures de délégation se déplacer librement à l'intérieur de l'entreprise. Cependant, ils ne sont pas autorisés à provoquer un arrêt de travail des autres salariés. Les délégués du personnel ont le droit de sortir de l'entreprise pour remplir leur mandat. Toutefois, ils doivent informer le chef d'entreprise de leur sortie et justifier de l'accomplissement de leur mission pour obtenir le paiement des heures passées à l'extérieur. L'employeur qui refuse de payer des heures accomplies pour l'exercice du mandat de délégué du personnel se rend coupable d'entrave à la liberté syndicale. Toutefois, lorsque le crédit d'heures est utilisé par le délégué du personnel à des fins étrangères à son mandat l'employeur est en droit de lui exiger le remboursement des sommes indûment perçues.

Le temps passé à des réunions convoquées à l'initiative du chef d'entreprise ne peut être imputé sur les heures fixées ci-dessus. Les délégués peuvent faire afficher les communications qu'ils ont pour rôle de porter à la connaissance du personnel, soit sur les panneaux destinés aux communications syndicales ainsi que dans les locaux où se fait l'embauche. Un exemplaire de chaque communication est transmis simultanément au chef d'entreprise. Le contenu de la communication doit correspondre aux missions des délégués du personnel. L'employeur ne peut s'occuper de l'affichage d'une communication dont le contenu lui paraît incompatible avec les attributions des délégués ou injurieux à son égard. Il pourra cependant saisir le juge des référés dans le but d'obtenir le retrait de l'affiche.[267] Les délégués sont reçus collectivement par le chef d'établissement ou son représentant sur leur demande, soit par catégorie, soit par atelier, service ou spécialité professionnelle selon les questions qu'ils ont à traiter. Dans tous les cas, les délégués suppléants peuvent assister avec les délégués titulaires aux réunions avec les employeurs, sauf dispositions conventionnelles plus favorables. Cette prérogative ne comporte pas droit à rémunération. Dans le cas où les questions soumises par les délégués du personnel au chef d'établissement

---

[267] Articles 20 à 25

seraient du ressort d'une décision du Conseil d'Administration ou d'une direction générale hors du siège de l'établissement, le directeur de celui-ci en sera particulièrement saisi par lettre recommandée et disposera d'un délai d'un mois à dater de sa réception pour apporter la réponse de l'entreprise aux questions posées sous forme d'une copie certifiée conforme de la décision qui lui aurait été adressée par ses commettants.

**497.** Sauf circonstance exceptionnelle les délégués du personnel remettent au chef d'établissement ou à son représentant, deux (2) jours ouvrables au moins avant la date à laquelle ils doivent être reçus, une note écrite exposant sommairement l'objet de leur demande. Copie de cette note est transcrite à la diligence du Chef d'établissement, sur un registre de revendications de personnel. Il est mentionné dans ce même registre et dans un délai de 7 jours la réponse à cette note. Ce registre doit être tenu pendant un jour ouvrable par quinzaine, en dehors des heures de travail, à la disposition des travailleurs de l'établissement qui désirent en prendre connaissance. Il doit être tenu en permanence à la disposition de l'Inspecteur du travail et des lois sociales.[268] Les circonstances exceptionnelles supprimant l'obligation du préavis de deux (2) jours ouvrables pour la réception des délégués du personnel par le chef d'établissement doivent s'entendre : Des réclamations de nature urgente telle que l'installation d'un dispositif de sécurité après un accident de travail. Des réclamations liées au climat social au sein de l'entreprise, telle que la prévention d'un trouble grave ou la nécessité de rétablir l'entente entre employeurs et travailleurs. Dans tous les cas, l'objet de l'audience devra être en conformité avec les prérogatives du chef d'établissement. Lorsqu'ils sont reçus par l'employeur, les délégués du personnel peuvent se faire assister d'un représentant syndical de l'établissement.
Lorsqu'un délégué cesse ses fonctions pour l'une des raisons indiquées à l'article 176 du Code du travail et lorsqu'il se trouve momentanément absent pour une cause quelconque, son remplacement est assuré par un délégué suppléant de la même catégorie qui devient titulaire jusqu'au renouvèlement du mandat des délégués de l'entreprise. Sous réserve des dispositions de l'article 179 qui s'appliquent aux délégués suppléants et de la latitude visée à l'alinéa 3 de l'article 21 ci-dessus, les délégués suppléants ne bénéficient des droits et prérogatives des délégués titulaires et ne sont astreints à leurs obligations que lorsqu'ils les remplacent effectivement. L'institution des délégués du personnel n'exclut pas la

[268] Articles 26 et 27

faculté qu'ont les travailleurs de présenter eux-mêmes, leurs réclamations à l'employeur ou à ses représentants.
Le chef d'entreprise est tenu de mettre à la disposition des délégués du personnel un local pour leur permettre de ses réunir. Ce local pourra également servir aux délégués syndicaux. Les conditions d'utilisation de ce local seront déterminées par accord avec le chef d'entreprise.[269]

[269] Articles 28 à 32

## CHAPITRE 6. REVOCATION ET LICENCIEMENT DES DELEGUES DU PERSONNEL

**498.** Tout délégué du personnel peut être révoqué en cours de mandat sur proposition de l'organisation syndicale qui l'a présenté, approuvée au scrutin secret par la majorité du collège électoral auquel il appartient s'il n'a pas été présenté par une organisation syndicale, il peut être révoqué en cours de mandat sur pétition écrite signée de la majorité du collège électoral auquel il appartient et confirmée au scrutin secret par la majorité de ce collège. Dans ce cas, le délégué titulaire est remplacé par le délégué suppléant ; des élections complémentaires sont toujours possibles, d'accord parties pour la désignation d'un nouveau délégué suppléant. Tout licenciement d'un délégué du personnel envisagé par l'employeur doit être soumis à la Commission de litiges prévues à l'article 39 du Code de travail, et obéir à la procédure édictée à l'article 176 dudit code.[270]

[270] Articles 33 et 34

# SEPTIEME PARTIE : REPERTOIRE DE JURISPRUDENCE

## TITRE 1 : LIEN JURIDIQUE DE TRAVAIL

### 499. Absence de lien juridique de travail. Incompétence ratione loci NG... : EDDY CORPORATION

« Par requête en date à Pointe-Noire du 06 juillet 2004, Monsieur NG… a fait citer la société EDDY CORPORATION pour s'entendre déclarer irrégulier et abusif son licenciement, la condamner à lui payer des sommes d'argent au titre des salaires, droits et dommages-intérêts ; Au soutien de sa requête, il expose qu'il avait été embauché par la société sus-dénommée, prise en la personne de son Directeur général K..., courant février 1999, et chargé de commercialiser les produits congelés, en vertu d'un contrat de travail non écrit ; Qu'à cet effet, il est allé travailler au Cabinda, plus précisément à Tchoa ; Qu'après deux mois, revenu à Pointe-Noire pour un décès et, voulant regagner le lieu du travail, il lui était fait interdiction de repartir par le Directeur K… ; Que par la suite, il était convié à une réunion au sujet d'un litige opposant le partenaire K… et L…, mais puisqu'il en savait mieux sur la vente et les recettes, un silence lui a été imposé ;
Que, neuf (9) mois plus tard, il était appelé au téléphone par Monsieur P… de se rendre auprès du Président Directeur K… qui, à cet effet, a donné des instructions à Monsieur P… ; Que, contre toute attente, le 1er octobre 2003, il lui a été adressé, par la Direction locale de l'entreprise à Tchoa, une lettre de mise en chômage technique, suite à laquelle, après discussion, le tiers du salaire lui était octroyé ; Qu'après trois (3) mois, cette mesure persistait au point où rentré à Pointe-Noire pour en discuter avec la Direction générale, il lui était demandé de s'en référer à Monsieur P…, prétendument son employeur ;

Qu'il s'agit d'un licenciement déguisé, donc irrégulier et abusif, opéré malicieusement par la société EDDY CORPORATION ; Qu'il est donc fondé à s'adresser à justice pour qu'il soit statué tel que sollicité ; Par son conseil, la société EDDY CORPORATION a sollicité sa mise hors de cause, et a soulevé à titre subsidiaire l'incompétence du tribunal de céans, tout en faisant valoir ; Que c'est Monsieur P…, le Directeur de la société SOCOCAB TRADING, sise à Tchoa (CABINDA) qui l'avait recruté en février 2000 ; Que depuis près d'un an monsieur NG… avait arrêté les prestations qu'il fournissait à Tchoa pour le compte de Monsieur L…, alors partenaire de Monsieur P… ; Que la mise en chômage technique du requérant avait été décidée par la société SOCOCAB Trading, son employeur ; Que les bulletins de paie prouvent davantage que la société SOCOCAB Trading était l'employeur de N… ; Qu'il n' y a aucune relation entre les sociétés EDDY Corporation et SOCOCAB Trading, qui au demeurant, sont distinctes l'une de l'autre ; Que la société SOCOCAB est de droit angolais, et n'est pas une succursale de la Société EDDY Corporation ; Qu'il en découle que NG… avait été recruté sur le territoire angolais par une société de droit angolais, et y a exécuté son contrat de travail ; Qu'au regard des dispositions de l'article 212 du Code du travail, le Tribunal de céans doit se déclarer incompétent ; En date du 09 mars 2003, le Tribunal a prescrit, avant dire droit, une mesure d'enquête aux fins d'entendre les parties sur :

- l'embauche de NG… ;
- ses prestations à Tchoa ;

La rupture du contrat de travail.
Ce jugement a été exécuté (voir procès-verbal d'audition) ;
Sur quoi, le Tribunal ; Attendu que, sur le fondement d'un partenariat qui existe entre les sociétés EDDY Corporation et SOCOCAB Trading, Monsieur NG… revendique, à l'endroit de la société EDDY Corporation, le paiement des salaires, primes, indemnités et dommages-intérêts consécutifs à la rupture de son contrat de travail ; Qu'il fait valoir que la société SOCOCAB Trading dirigée par Monsieur P… à Tchoa (CABINDA) n'est qu'une succursale de la société EDDY Corporation dont le Président Directeur général est Monsieur K… ; Que la rupture de son contrat de travail, opérée de manière déguisée sous le simulacre d'un chômage technique, décidé par SOCOCAB Trading, est imputable à la société EDDY Corporation, ainsi que les conséquences qui peuvent en être inférées ; Mais attendu que la société EDDY Corporation, se dit distincte de la société SOCOCAB relevant strictement du droit angolais ; Qu'il n'y a aucun lien de partenariat entre ces deux sociétés commerciales. Qu'elle a fait relever que Monsieur NG a été recruté par la société et y a travaillé à Tchoa jusqu'au point où celle-ci a décidé de sa mise en chômage technique ; Attendu qu'aucune pièce du dossier n'établit le partenariat existant entre les sociétés EDDY Corporation et SOCOCAB Trading, et davantage, rien ne prouve, au travers des pièces produites, que la société SOCOCAB Trading est une succursale de la société EDDY Corporation ; Qu'en effet, les détails recueils au cours de l'audition des parties (voir procès-verbal du 19 avril 2005) ont suffisamment éclairé la réaction du Tribunal quant au recrutement de NG… par le Directeur de la société SOCOCAB Trading sise à Tchoa, sur les salaires toutefois payés par celle-ci et la mise en chômage technique décidée par elle ; Attendu que ces circonstances permettent, davantage, de constater que NG.. a été recruté par la société SOCOCAB Trading, établie à Tchoa (CABINDA°, autrement dit, en terre angolaise, où il

exerçait son activité professionnelle exclusivement pour le compte de celle-ci ; Que le lieu présumé de recrutement tient aux dispositions de l'article 212 du Code du Travail, la compétence territoriale est dévolue au Tribunal du lieu de travail et, par option, à celui du lieu de recrutement situé dans une autre localité, sous-entendu du même territoire ; Qu'il échet de se déclarer incompétent ratione loci et de renvoyer NG... à mieux se pouvoir ;
Par ces motifs ; Statuant publiquement, contradictoirement, en matière sociale et en premier ressort ; Constate le recrutement de Monsieur NG.. par la société SOCOCAB Trading et l'exécution du contrat de travail à Tchoa (CABINDA) ; Se déclare incompétent ratione loci ; Renvoie NG... à mieux se pourvoir ; Met les dépens à la charge du Trésor public ; »[271]

**500. Absence de lien juridique de travail, prescription de l'action, jugement avant dire droit**
**O... et B... / SAGA VOYAGES**

« Requête en revendication des droits et dommages-intérêts consécutifs à la rupture du contrat de travail, introduite par D... et B... en date du 05 février 2004, contre SAGA-VOYAGES ;
Il est exposé en substance, que D... et B... ont été engagés par la société SAGA-VOYAGES par un contrat non écrit ; Ils travaillaient tous les jours à l'aéroport ; Que par la suite, sans motif appréciable, le Directeur de SAGA a plutôt choisi un élément parmi les trois, qu'ils étaient, au point où leurs contrats ont été rompus ; La Société défenderesse a fait valoir que l'action de D... et B... est prescrite en application de l'article 99 du Code du travail ; Qu'en effet, les rapports d'entre les parties avaient pris fin en novembre 2000 ; Que d'ailleurs antérieurement à leurs contrats à durée indéterminée, les susnommés étaient des travailleurs occasionnels ; Attendu que les prétentions des parties n'édifient nullement le Tribunal sur les points de la cause ; Qu'en application des dispositions de l'article 228 du Code du travail, il échet d'ordonner une descente sur les lieux, l'audition des parties et de tout sachant sur ses fins ; Attendu qu'il convient de fixer la date au 05 avril 2005, tout en renvoyant la cause au 15 avril 2005 et en réservant les dépens ; Par ces motifs ; Statuant publiquement contradictoirement en matière sociale, et en premier ressort ; Avant dire droit ; Ordonne l'audition des parties et de

[271] Tribunal du Travail de Pointe-Noire, Rôle 141 année 2004 répertoire n°213 du 8 juillet 2005

tous sachant sur les rapports professionnels et leur rupture ; Fixe la date au 05 avril 2005 ; Renvoie la cause au 15 avril ; Reserve les dépens[272] ;

### 501. Absence de lien juridique de travail, prescription anale M... / CFCO et ATLANTIC SECURITY

« Requête en date du 24 octobre 2003, aux fins de paiement des droits et dommages intérêts introduite par les consorts M..., contre le Chemin de Fer Congo Océan et la société Atlantic Security ; Il est exposé ; Que M... et autres ont travaillé au sein de la Société Atlantic Security dont Monsieur M... est gérant ; Que cette société leur est restée redevable des salaires ; Qu'après cessation du travail, certains agents ont bénéficié des paiements de manière discriminatoire ; Qu'il y a impossibilité de joindre à ce jour le gérant devenu volatile et, ce qui traduit manifestement l'insolvabilité de ladite société ; Que la société Atlantic Security en tant que sous-entreprise exécutait ses activités dans les ateliers et chantiers du CFCO (entrepreneur principal) ; Qu'il y a lieu à application des dispositions de l'article 70 du Code du travail pour une action récursoire éventuelle ; Qu'il convient donc de condamner le CFCO à payer à titre d'apurement les sommes telle qu'indiquées dans la requête ; En réplique, le Chemin de Fer Congo Océan a conclu au débouté des consorts M... tout en soulevant la prescription annale, et en faisant valoir qu'il n'y a pas l'existence d'un contrat de sous entreprise ; Qu'il ne peut sous-traiter une activité qu'il ne maîtrise pas , à savoir, la sécurité des locaux et installations diverses ; Qu'au contraire, il s'était adressé à Atlantic Security qui est une entreprise autonome pour faire garder certains de ses locaux et installations ; Que d'ailleurs, même dans l'acception de la sous-entreprise, le jeu de l'article 70 du Code du travail ne peut se faire que lorsque l'insolvabilité du débiteur principal est établie ; Que la procédure initiée par les consorts M.. est incorrecte, et ne repose sur aucune base ; La société Atlantic Security n'a pas présenté ses moyens de défense bien que régulièrement citée ; Attendu que les requérants se prévalent d'une convention de sous-entreprise en vertu de laquelle l'insolvabilité de l'entreprise sous-traitée (Atlantic Security) emporte la substitution par l'entreprise principale (CFCO) ; Qu'à les en croire, l'activité de Atlantic Security s'exécutait dans les ateliers et chantiers du CFCO ; Mais attendu que le CFCO s'oppose à pareille substitution, en ce qu'il n' y a pas sous-traitance et, il n'est nullement rapporté l'insolvabilité ; Attendu qu'il

[272] Tribunal du travail de Pointe-Noire, Rôle n°023 année 2004 répertoire n°104 du 25/03/2005

résulte du contrôle des pièces du dossier que la sous-traitance invoquée par les requérants pour les besoins de leurs demande, n'est rapportée, au point de mettre en relief la relation qui entraine soit la substitution, soit la solidarité ; Qu'en pareilles circonstances, il échet de mettre hors de cause le CFCO ; Attendu qu'il est manifeste que les requérants ont travaillé pour le compte exclusif de la société Atlantic Security qui leur est restée redevable des sommes ci-après, au titre des salaires :

- M... 750.000frs CFA
- M... 3.285.000frs CFA
- L... 585.000frs CFA

Qu'il y sied de condamner ladite société à les leur payer ; Attendu que la société Atlantic Security n'a pas produit ses moyens et ne s'est pas présentée ou faite représenter, sans justifier d'un motif excusable ; Qu'il y a défaut de l'article 233 du Code du travail ; Attendu que l'exécution provisoire a été sollicitée en vertu de l'article 233 du Code du travail ; Qu'il convient de faire application de cette mesure ;Par ces motifs ; Statuant publiquement, contradictoirement pour le CFCO, par défaut pour la société Atlantic Security, en matière sociale, et en premier ressort ; Constate l'inexistence du contrat de sous-traitance d'entreprise entre le CFCO et Atlantic Security ; Met hors de cause le CFCO ; Condamne la société Atlantic Security à payer, au titre des salaires dus, à :

- M... 750.000frs CFA ;
- M... 3.285.000frs CFA ;
- L... 585.000frs CFA ;

Ordonne l'exécution provisoire, nonobstant opposition ; Met les dépens à la charge du Trésor public[273] ; »

**502. Absence de lien juridique de travail, jugement avant dire droit E... et autres / INFO-MECOM ET SCORE**

« Requête en paiement des droits et dommages-intérêts consécutifs à la rupture des contrats de travail, introduite le 19 septembre 2003 par le Représentant de la Confédération Syndicale Congolaise, pour le compte des consorts EK.., contre Info MECOM et SCORE ; En substance, les requérants exposent qu'ils ont été embauchés par les sociétés sus-dénommées en qualité de vendeurs en vertu des contrats non écrits, puis contrats à durée déterminée, alors en violation des dispositions légales ;

---

[273] Tribunal du travail de Pointe-Noire, Rôle n°199, année 2003, répertoire n°052 du 09/02/2005, inédit

Qu'ils ont par la suite été licenciés sans motifs valables ; Les sociétés défenderesses ont conclu au débouté tout en faisant valoir qu'il n' y a aucun lien entre Info MECOM et les requérants ;
Qu'ils ont eu des relations contractuelles avec la société SCORE, toutefois après la rupture de celles d'avec la société Info MECOM ; Attendu que les prétentions et moyens des parties n'édifient nullement le Tribunal sur les points de la cause ; Qu'en application des dispositions de l'article 228 du Code du travail, il échet d'ordonner l'audition des parties et de tous sachant sur les contrats de travail ayant lié les requérants à SCORE et Info MECOM, et sur la rupture qui en est intervenue ; Attendu qu'il convient de fixer la date de la mesure prescrite au 18 janvier 2005 tout en renvoyant la cause au 28 janvier 2005 et en réservant les dépens ; Par ces motifs ; Statuant publiquement, contradictoirement, en matière sociale, et en premier ressort ;
Avant dire droit ; Ordonne l'audition des parties sur :
- les contrats de travail ayant lié les requérants à SCORE et Info MECOM ;
- les circonstances de la rupture desdits contrats ; Fixe la date au 18 janvier 2005 ; Renvoie la cause au 28 janvier 2005 ; Réserve les dépens[274] ; »

## 503. Lien juridique de travail, procédure, jugement avant dire droit D… / Station Services LOSANGE

« Requête en revendication des droits et dommages-intérêts consécutifs à la rupture du contrat de travail, introduite par D…, en date du 12 mai 2003 contre la Station-Service LOSANGE ; Il est exposé en substance, que D… exerçait les fonctions de chauffeur au sein de la Station-Service LOSANGE depuis le 15 janvier 2002 ; Que le 13 février 2003, à la suite d'une permission d'absence obtenue auprès de son Chef hiérarchique, il a été licencié sans motif réel ; La société défenderesse a fait valoir que D…faisait plutôt partie des travailleurs occasionnels qui assumaient quelques prestations suivant le surcroît de l'activité ; Que, suite à l'interdiction du trafic des produits pétroliers entre le Kouilou et le Cabinda, la Station-Service LOSANGE a cessé de recourir aux prestations occasionnelles du susnommé ; Attendu que les prétentions des parties n'édifient nullement le Tribunal sur les points de la cause ; Qu'en application des dispositions de l'article 228 du Code du Travail, il échet d'ordonner l'audition des parties et tous sachant sur les prestations de

[274] Tribunal du travail de Pointe-Noire, Rôle n°179, année 2003, répertoire n°016 du 7 janvier 2005, inédit

D… et leur rémunération ; Attendu qu'il convient de fixer la date au 22 mars 2005, tout en renvoyant la cause au 25 mars 2005 et de réserver les dépens ; Par ces motifs ; Statuant publiquement contradictoirement, en matière sociale, et en premier ressort ; Avant dire droit ; Ordonne l'audition des parties et de tous sachant sur les prestations de D… et leur rémunération ; Fixe la date au 22 mars 2005 ; Renvoie la cause au 25 mars 2005 ; Reserve les dépens[275] ; »

**504. Retraite, frais de déplacement**
**M… / MAN FAI-TAI CONGO**

« Requête en date à Pointe-Noire, du 18 août 2004, aux fins de paiement des dommages-intérêts et de remboursement des frais de transport, introduite par Monsieur M.., contre la société MAN FAI TAI ; Il est exposé ; Que M… travaillait au sein de la société MAN FAI TAI et, après ses mutations à Dolisie de septembre 2001 à septembre 2003, puis à MILLA-MILLA de 2003 jusqu'en 2004 où il a été admis à la retraite, il a été abandonné avec sa famille de tous lieux sans moyen de transport ; Que par la suite, sur instructions du Directeur, un agent nommé O… a défoncé l'une des fenêtres et, ses effets ont été portés disparus ; Qu'il a ainsi perdu deux lits, 1 poste radio, des ustensiles de cuisine et une somme de 220.000frs CFA ; Qu'il s'estime fondé à s'adresser à justice pour obtenir le paiement des sommes ci-après :
- 804.168frs CFA au titre des billets ;
- 237.000frs CFA des frais de transport ;
- 1.750.000frs CFA de dommages-intérêts ;

La société MAN FAI TAI n'a pas produit ses moyens ;
Attendu qu'il ressort des énonciations de la requête que Monsieur M…, agent de la société sus-dénommé avait été muté à MILLA-MILLA jusqu'à la date où il a été admis à la retraite ;
Que cependant, son employeurs n'a nullement observé les prescriptions légales sur les frais de déplacement de son agent et famille, jusqu'au point où celui-ci a perdu certains effets ; Attendu que M… sollicite, à cet effet, le paiement des sommes sus-spécifiées ; Que le Tribunal dispose par contre de suffisants éléments pour ramener la demande aux proportions telles que les sommes de 883.000frs CFA pour les effets et frais de transport 450.000frs CFA à titre de dommages-intérêts ; Attendu que l'exécution immédiate est sollicitée ; Qu'il y a lieu d'ordonner l'exécution provisoire avec dispense de caution, en vertu des dispositions

[275] Tribunal du travail de Pointe-Noire, Rôle 054 année, 2003 répertoire 084 du 11 mars 2005, inédit

de l'article 23 (nouveau) du Code de travail ; Par ces motifs ; Statuant publiquement, par défaut, en matière sociale et en premier ressort ; Condamne la société MAN FAI TAI à payer à Monsieur M... les sommes de : 883.000frs CFA au principal et 450.000 frs CFA à titre de dommages-intérêts ; Ordonne l'exécution provisoire pour le principal, nonobstant appel ou opposition ; Déboute M... du surplus de sa demande ; Met les frais à la charge du Trésor public[276] ; »

**505. Accord d'établissement, cumul d'intérêts d'indemnité de départ à la retraite et de prime**
**Collectif des agents admis à la retraite / la société MAN FAI TAI**

« Par requête à Pointe-Noire, en date du 21 avril 2004, Monsieur M... et autres ont fait citer la société MAN FAI TAI pour s'entendre la condamner à leur payer la prime de départ à la retraite distincte, et le bonus de 500.000 frs CFA à titre de cadeau ; Au soutien de leurs demandes, les requérants exposent que le 08 septembre 2003, un accord d'Etablissement a été adopté ; Que l'article 19 de ce texte prévoit une prime de départ à la retraite, distincte de l'indemnité prévue en la matière par la convention collective applicable ; Que de même, ce texte prévoit un cadeau individuel en son article 19 alinéa 2 ; Qu'à dessein, leur ex-employeur crée une compression manifeste au point où ils en sont privés ; Que pourtant, il n'y a rien de commun dans la sémantique de ces deux mots ; Qu'ils s'estiment fondées à s'adresser à justice ; Par le truchement de son conseil, la société MAN FAI TAI a soulevé l'irrecevabilité de l'action des requérants pour défaut de qualité et a fait valoir qu'en tant que collectif, il s'agit d'une entité dépourvue de qualité juridique ; Qu'à titre subsidiaire, leur demande est infondée en ce qu'il n'y a pas de cumul de l'indemnité de départ à la retraite et de la prime prévue par l'accord d'établissement ; Qu'il s'agit en réalité de faire un choix d'application entre les dispositions conventionnelles et celles de l'accord d'Etablissement ; Que dans son avis donné le 10 mars 2004, le directeur départemental du travail au Kouilou a rappelé l'application du principe de la disposition la plus favorable ; Qu'il n'y a pas de cumul et, en ce qui concerne le cadeau, l'article 19 dudit accord d'Etablissement précise que la nature et la valeur en sont laissées à la discrétion de l'employeur ; Sur quoi le tribunal ; Attendu qu'en sus des dispositions conventionnelles prévoyant l'indemnité de départ à la retraite, les

[276] Tribunal du travail de Pointe-Noire, Rôle n°159 année 2004, répertoire n°136 du 22 avril 2005, inédit

consorts M… revendiquent le paiement de la prime de départ à la retraite, consacrée par l'accord d'établissement du 08 septembre 2003, ainsi qu'un bonus de 500.000francs CFA à titre de cadeau ;
Mais attendu que la société MAN FAI TAI évoque le principe de la disposition la plus favorable après avoir soulevé l'irrecevabilité de l'action des susnommés ; Attendu que l'irrecevabilité de l'action des consorts M… tirée de l'absence de qualité quant au collectif à travers lequel ils auraient agi, n'est pas relevée par la défenderesse après examen minutieux des pièces du dossier ; Attendu en effet, qu'au travers de la requête, les noms des demandeurs qui en sont signataires apparaissent clairement, au point où l'on dit : M…, M…, B…, F…, M…, M…, M…, K… ; Qu'il échet de recevoir leur action ;
Attendu que, pour faire échec à la demande des susnommés, la société défenderesse fait valoir un avis du directeur départemental du Travail au Kouilou, en vertu duquel le principe de la disposition la plus favorable exclut le cumul de l'indemnité et de la prime revendiquées ; Attendu que l'article 19 de l'accord d'Etablissement du 08 septembre 2003 évoqué est ainsi libellé. ''A l'occasion de son départ à la retraite, l'agent percevra une prime de départ équivalente à trois mois de salaire de base plus l'ancienneté. Elle concerne les travailleurs de l'usine et des forêts. Cette prime sera accompagnée d'un cadeau dont la nature et la valeur sont laissées à la discrétion de l'employeur'' ; Que les dispositions de l'article 23 alinéa 2 de la Convention collective des entreprises agricoles et forestières sont telles que le travailleur partant à la retraite bénéficier d'une indemnité de départ dont d'indemnité est égal à l'indemnité de licenciement ; Attendu que la lecture rapprochée de ces deux textes prouvent en toute suffisance qu'ils ne portent pas sur le même objet, en ce qu'il s'agit d'indemnité et de prime, distinctes l'une de l'autre ; Qu'une simple interprétation téléologique suffit pour comprendre qu'il n'y a pas de conflit entre ces deux institutions, l'une de portée générale, l'indemnité de départ, s'appliquant à tous les agents régis par la Convention Collective, et l'autre, de portée très restreinte, la prime de départ à la retraite, allouée exclusivement à une catégorie des travailleurs de la société MAN FAI TAI ;

Attendu que le principe de la disposition la plus favorable n'intervient que lorsqu'il s'agit d'un conflit suscité par des textes régissant un même objet ; Or, attendu qu'en l'espèce, la disposition conventionnelle et celle de l'accord d'établissement ne portent pas sur le même objet, tant au regard de l'esprit qui les ont conçues, qu'à celui des considérations économiques sur lesquelles elles se fondent ; Qu'il y a lieu à application combinée de ces deux ordres de dispositions ; Attendu que les requérants sollicitent outre le paiement de la somme de 500.000 francs CFA à chacun d'eux, à titre de cadeau ; Attendu que, cependant, le texte de l'article 19 de l'accord d'établissement précise que la nature et la valeur du cadeau sont laissées à la discrétion de l'employeur ; Qu'il échet de les débouter de ce chef de demande dépourvu de base juridique ; Par ces motifs ; Statuant publiquement, contradictoirement, en matière sociale et en premier ressort ; Dit qu'il y a lieu à application combinée des dispositions conventionnelles et celles de l'accord d'établissement ; Dit et juge que la détermination du cadeau relève du pouvoir discrétionnaire de l'employeur ; Déboute M… et autres du surplus de leur demande ; Met les dépens à la charge du Trésor public[277] ; »

### 506. Prise en charge des frais d'évacuation et dommages-intérêts G… / Port autonome de Pointe-Noire

« Par requête en date à Pointe-Noire, du 21 juillet 2005, dame G.. a fait citer son employeur, le Port Autonome de Pointe-Noire, pour s'entendre lui en joindre de prendre en charge les frais d'évacuation sanitaire, et le condamner à lui payer la somme de 30.000.000frs CFA à titre de dommages-intérêts ; Il est exposé ; Qu'à la suite d'un examen fait par le médecin de l'entreprise, il a été découvert que dame G.. avait un volumineux méningiome de la petite aile du sphénoïde ; Qu'elle a été ainsi évacuée en France, auprès d'un Centre hospitalier spécialisé en vue d'une opération chirurgicale ; Que le 22 septembre 2004, l'opération avait été faite ; Que, compte tenu de l'état avancé de la pathologie, les nerfs optiques avaient dégénéré un P.C.I. ; Que du 07 au 20 décembre 2004, elle avait cette possibilité de se faire contrôler et de suivre des soins supplémentaires ; Que cependant, son employeur le sommait de rentrer d'urgence au pays au risque de lui imputer l'abandon de poste ; Que la pression de son employeur a fait qu'elle ne pût faire les contrôles appropriés et, elle s'est vue obligée de rentrer au Congo ; Qu'elle a perdu les chances à cet effet, de bénéficier des soins supplémentaires et de se faire contrôler ; Que depuis son retour, il n'y a pas d'amélioration au regard de son état de santé ; Qu'elle est fondée à s'adresser à justice pour qu'il soit statué tel que sollicité ; Le port Autonome de Pointe-Noire n'a pas présenté ses moyens de défense et n'a nullement comparu ; Attendu qu'il ressort des énonciations de la requête que dame G.. a été évacuée en France, pour subir une intervention chirurgicale dans un Centre hospitalier approprié ; Qu'après l'opération chirurgicale, alors qu'elle

---

[277] Tribunal du travail de Pointe-Noire, Rôle n°081, année 2004, répertoire n°087/05 du 11/04/05, inédit

devait subir un contrôle pendant une période et, à l'effet de remédier au mal ayant atteint les nerfs optiques, elle a été sommée par son employeur de regagner son poste de travail ; Attendu que la pression exercée sur elle par son Employeur, l'a obligée de rentrer au Congo tout en lui faisant perdre les changes de contrôle et le bénéfice de nouveaux soins ;

Attendu qu'à ce jour, son état de santé ne s'est nullement amélioré au point où une évacuation dans le même Centre hospitalier s'avère salutaire pour elle ; Qu'il y a lieu de condamner le Port Autonome de Pointe-Noire au paiement des frais en vue d'une évacuation sanitaire de la susnommée pour un contrôle et des soins appropriés, tel que sollicité ; Attendu que dame G.. , a en sus sollicité le paiement des dommages-intérêts en réparation du préjudice subi du fait de son employeur ; Attendu qu'au regard de l'état de santé de la requérante, la pression exercée par son employeur jusqu'au point de la soustraire du contrôle médical a été éminemment préjudiciable ; Qu'il y a lieu de condamner ledit Port Autonome au paiement de la somme de sept (7) millions de francs CFA (7.000.000) à titre de dommages-intérêts, en sus des frais d'évacuation ; Attendu que l'exécution provisoire a été sollicitée en vertu des dispositions de l'article 232 (nouveau) du Code du travail ; Qu'il y a lieu d'ordonner cette mesure, avec dispense de caution, compte tenu de l'état de santé de la requérante ; Par ces motifs ; Statuant publiquement, par défaut, à l'égard du Port Autonome de Pointe-Noire, en matière sociale et d'évacuation en premier ressort ; Condamne le Port Autonome de Pointe-Noire à payer les frais de sanitaire de dame G... pour le contrôle et les soins de santé tels qu'ils seront fixés ; Le condamne également à lui payer la somme de sept millions de francs CFA (7.000.000) à titre de dommages-intérêts ; Ordonne l'exécution immédiate, avec dispense de caution, nonobstant appel, pour les frais d'évacuation ; Met les dépens à la charge du Trésor Public[278] ; »

**507.** ***Observations***

*C'est ce critère du lien juridique de subordination qui est utilisé par les tribunaux pour déterminer si une personne ayant une activité professionnelle est bien titulaire d'un contrat de travail. « La qualité de salarié implique nécessairement l'existence d'un lien juridique de*

[278] Tribunal du travail de Pointe-Noire, Rôle n°120, année 2005, répertoire n°257/05 du 05/08/05, inédit

*subordination »*[279]*. Le plus souvent, il n'y a pas d'hésitation possible. Lorsqu'on est tenu de travailler dans un lieu prescrit à un poste déterminé selon certains horaires, la subordination est évidente. La question peut se poser toutefois pour certaines personnes qui bénéficient dans leur travail d'une grande liberté, par exemple un médecin. Il est clair que, dans ce cas, la subordination est exclue pour tout ce qui touche à l'exercice même de l'art médical. Cependant, même dans ce cas, la subordination peut être constatée par les juges*[280]*. Il en sera ainsi si le médecin est tenu de respecter un horaire, de procéder à un nombre donné d'examens par mois, etc. Si son activité s'insère dans un service organisé qui s'impose à lui, il existe un indice fort du lien de subordination.*[281]

**508. *Requalification du contrat.*** *Quelle que soit la qualification donnée par les parties au contrat, les juges recherchent la réalité de leurs relations et requalifient fréquemment des contrats divers en contrats de travail. En effet, le juge doit rétablir la véritable qualification du contrat qui est d'ordre public et ne peut dépendre de la seule volonté des parties.*[282] *« L'existence d'une relation de travail salariée ne dépend ni de la volonté exprimée par les parties, ni de la dénomination qu'elles ont donnée à leur convention, mais des conditions de fait dans lesquelles est exercée l'activité des travailleurs ».*[283] *Il en va ainsi pour la gérance prétendument en franchise de la succursale d'une chaîne de magasins*[284] *ou de tournées de ramassage et de livraison de colis*[285]*, pour du faux artisanat*[286]*, pour des participants à une émission de « téléréalité »*[287]*, pour un stage de formation organisé par l'ANPE quand le stagiaire a accompli des tâches relevant d'un emploi normal et qu'il n'a bénéficié*

---

[279] Cass. 6 juill. 1931, Bardou

[280] Le CPH le plus souvent, mais aussi le TASS

[281] 2e Civ.25 mai 2004

[282] Cass. Ass. Plén. 4 mars 1983

[283] Soc. 20 janv.2010, PBR, La Croix Glorieuse

[284] Com. 3 mai 1995

[285] Soc. 25 févr. 1998

[286] Crim. 29 oct. 1985, Guégan ; Crim. 10 mars 1998

[287] CA Paris, 12 février 2008, pourvoi de « l'employeur » rejeté Soc. 3 juin 2009, Sté Glem devenue SAS TFI production –émission « Île de la tentation »

*d'aucune formation.*[288] *La jurisprudence n'est pas toujours stabilisée (exemple : pour le contrat de « location de véhicule équipé-taxi » : requalification en contrat de travail*[289]*, absence de requalification pour défaut de vérification de l'existence d'un pouvoir portant sur le travail et pas seulement sur l'objet du contrat.*[290] *La loi Madelin » (11 février 1994) avait prévu que les personnes physiques immatriculées au registre du commerce et des sociétés, au répertoire des milliers, au registre des agents commerciaux ou auprès des URSSAF pour le recouvrement des cotisations d'allocations familiales étaient présumées ne pas être liées à cette immatriculation. La loi du 19 janvier 2000 a écarté cette présomption de travail indépendant qui a été rétablie par la loi du 1er août 2003.*

**509. *Artistes.*** *Les artistes bénéficient d'une présomption de salariat sauf quand ils sont établis dans un Etat de l'UFE et viennent exercer leur activité en France comme prestataires de services.*[291]

**510. *Pompiers.*** *La loi n°2011-851 du 20 juillet 2011 relative à l'engagement des sapeurs-pompiers volontaires et à son cadre juridique prévoit que « l'activité de sapeur-pompier volontaire, qui repose sur le volontariat et le bénévolat, n'est pas exercée à titre professionnel, mais dans des conditions qui lui sont propres » ; ainsi, les sapeurs-pompiers volontaires ne sont plus des salariés... « L'engagement du sapeur-pompier volontaire est régi par la loi. Le Code du travail comme le statut de la fonction publique ne lui sont pas applicables, sauf dispositions législatives contraires, (...) », notamment pour les « règles d'hygiène et de sécurité » et en matière de formation professionnelle.*

**511. *Caractéristiques.*** *Une fois les cas litigieux réglés et lorsque l'on est bien en présence d'un contrat de travail, des conséquences importantes s'ensuivent. D'une part, la qualité de salarié est reconnue à l'intéressé et le droit du travail s'applique ; d'autre part, le CPH est compétent pour trancher tout litige qui oppose le salarié à son employeur et qui est à*

---

288 Soc. 19 décembre 2007
289 Soc. 19 décembre 2000, M. Labbane
290 Soc. 1er déc.2005
291 CJCE 15 juin 2006, loi 30 janvier 2008, L. 7121-3 et s.

*l'origine de leur saisine (toute clause attributive de juridiction incluse dans un contrat de travail est nulle et de nul effet). Le contrat de travail est soumis aux règles du droit commun droit civil : droit des obligations*[292]*. Pour que ce contrat soit valide, plusieurs conditions doivent être réunies*[293] *:*

- *le consentement des parties*[294] *; absence de dol, violence ou erreur) ;*
- *la capacité juridique de contracter*[295] *;*
- *un objet certain (prestation de travail, rémunération, horaires de travail etc)*[296]*... ;*
- *une cause licite*[297]*, respectant l'ordre public, les bonnes mœurs et la morale.*[298]

*Ce contrat est :*

- *synallagmatique*[299] *bilatéral à obligations réciproques entre les contractants). Ainsi, si l'employeur ne respecte pas ses obligations envers le salarié celui-ci est délié de ses obligations, et réciproquement, l'employeur est dispensé de verser le salaire si le salarié ne fournit pas le travail sauf dispositions conventionnelles notamment en matière d'arrêt pour maladie justifié). Les obligations de chaque partie sont donc subordonnées au respect par l'autre partie de ses obligations ;*
- *à titre onéreux*[300] *; chaque partie reçoit un avantage, la prestation de travail n'est pas « gratuite » en droit du travail) ;*
- *à exécution successive (les obligations de chaque partie sont échelonnées dans le temps) ; le contrat peut faire l'objet d'une révision*[301] *;*

---

[292] L. 1221-1, L.121-1
[293] Art.1108 Civ
[294] Art.1108 et 1109. C. Civ.
[295] Art.1108 Civ.
[296] Art. 1126 et 1129 Civ)
[297] Art.1131 Civ
[298] Art.1133 Civ
[299] Art.1102 Civ
[300] Art.1106 Civ
[301] Cf. Chap. IX la modification du contrat de travail

- *conclu intuitu personae, c'est-à-dire en considération de la personne du salarié, le contrat ne pouvant être transmis à une autre personne. Ce caractère n'est pas toujours vérifié du côté de l'employeur.*

*Ce contrat de travail entraîne des droits et des obligations pour l'employeur et pour le salarié. Le contrat de travail doit être exécuté de bonne foi*[302] *par chacune des parties.*

*Ainsi, l'employeur est tenu de :*

- *« fournir le travail convenu »*[303]*, donner au salarié les moyens de l'exécuter ;*
- *payer le salaire convenu et faire bénéficier le salarié de tous les avantages sociaux prévus notamment par la loi et la convention collective (congés payés, congé formation, etc...) ;*
- *respecter la qualification professionnelle convenue avec le salarié (ne pas lui confier des tâches qui n'y correspondraient pas) ; le salarié doit bénéficier de la classification, de la convention collective, qui correspond à ses fonctions réellement exercées*[304]*, peu important l'absence d'un diplôme qui n'est pas une condition de la classification) ;*
- *former le salarié, notamment pour lui permettre de suivre l'évolution de son métier et de maintenir son employabilité ;*
- *assurer le respect de sa santé au salarié ;*
- *respecter les droits et libertés de la personne du salariés ;*
- *informer le salarié (convention collective applicable ; couverture sociale*[305] *;*
- *l'employeur est responsable des conséquences d'une information incomplète).*

---

[302] L. 1222-1, L.120-4

[303] Soc. 3 nov.2010, Sté Normande de presse

[304] Soc. 7 avril 2009

[305] L.221-6 Code de la mutualité, L. 932-6 CSS, L.141-4 Code des assurances, Soc. 12 mars 2008, SNCM, Civ. 2e 15 mai 2008, Royal Canin, Soc. 17 mars 2010

*Pour sa part, le salarié doit :*

- *fournir la prestation de travail convenue, personnellement ;*
- *obéir aux ordres et suivre les instructions de l'employeur (en particulier respecter les dispositions du règlement intérieur) ;*
- *ne pas révéler les secrets de fabrication (cependant, la production en justice de documents couverts par le « secret professionnel » peut être justifiée par l'exercice des droits de la défense*[306] *;*
- *s'abstenir de tout acte de concurrence envers l'employeur.*

[306] Soc 18 novembre 2009

# TITRE 2 : PROCEDURE, COMPETENCE, EXCEPTIONS, CONCILIATION

## 512. Grève, délégués du personnel, jugement avant dire droit, descente sur les lieux
## B... et autres / société SCORE

« Requête en revendication des droits et dommages-intérêts consécutifs à la rupture du contrat de travail, introduite par B.. et autres en date du 07 décembre 2004, contre la société SCORE ; En substance, il est exposé que Monsieur B... et autres délégués du personnel au sein de la société SCORE, ont été licenciés suite à une grève déclenchée par les travailleurs après avoir opposé leur refus quant au travail du jour de dimanche ; La société SCORE a fait valoir que le 31 juillet 2004, les consorts B... ont orchestré une grève qui terni son image jusqu'à ce jour ; Qu'en effet, à la suite des doléances exprimées, les susnommés s'étaient déterminés à déclencher une grève de manière insolite, alors que l'Inspecteur du travail avait attiré leur attention ; Qu'après une grève de 24 heures, imputable à ses acolytes, les travailleurs ont repris le service ; Attendu que les prétentions des parties n'édifient nullement le Tribunal sur tous les points de la cause ; Qu'en application des dispositions de l'article 228 du Code du travail, il échet d'ordonner une descente sur les lieux, au magasin SCORE, aux fins d'entendre tout sachant sur les circonstances de la grève et la procédure empruntée, le travail de dimanche quant aux négociations et leur aboutissement ; Attendu qu'il convient de fixer la date au 08 juin 2005 tout en renvoyant la cause au 10 juin 2005 et en réservant les dépens ; Par ces motifs ; Statuant publiquement, en matière sociale et en premier ressort ; Avant dire droit ; Ordonne une descente au magasin SCORE de Pointe-Noire aux fins d'entendre les parties et tout sachant sur :

- les circonstances de la grève et la procédure empruntée ;
- Le travail de dimanche quant aux négociations et leur aboutissement ;

Fixe la date au 08 juin 2005 ; Met les frais à la charge de SCORE ; Renvoie la cause au 10 juin 2005 ; Réserve les dépens[307] ; »

---

[307] Tribunal du travail de Pointe-Noire, Rôle n°232 année 2004 répertoire n°184/05 du 03/06/05

**513. Conciliation, non-paiement des avantages conventionnels, non reversements des cotisations sociales**
**K... et autres / ATLANTIC-NEGOCE et PELLIGRINI**

« Par requête en date à Pointe-Noire du 10 novembre 2004, Messieurs K..., M... et autres ont fait citer la société PELLIGRINI à leur payer des sommes d'argent au titre des soins médicaux, écarts de salaire, cotisations CNSS et dommages-intérêts pour licenciement abusif ; Ils exposent qu'ils ont été embauchés par la société Atlantic Negoce pour effectuer des prestations de travail dans le site Conkouaty pour le compte de la société PELLIGRINI ; Que leurs contrats de travail étaient devenus à durée indéterminée ; Qu'ils ont été privés de plusieurs avantages conventionnelles tels que les frais pharmaceutiques, les salaires non conformes à la convention de l'hôtellerie, le non versement des cotisations au titre de la sécurité sociale et la prime de fin d'année ; Que des revendications ont été faites à l'endroit de la société PELLIGRINI, entreprise utilisatrice ; Que, suite à ces revendications, la société Atlantic Negoce a saisi le Tribunal du travail et, en dépit de l'injonction faite de trouver une solution à l'amiable, il n'a fait pousser la procédure au niveau de la direction de la Marine Marchande ; Que la Marine Marchande est pourtant incompétente quant à connaître d'un contentieux qui relève du Tribunal du travail ; Que cependant, elle s'est permise d'établir un premier procès-verbal de conciliation, en date du 09 avril 2004 ; Que les termes de la conciliation n'ont pas été respectés intégralement, et les droits n'ont été payés qu'en partie ; Qu'une deuxième conciliation a eu lieu, au cours de laquelle il a été proposé d'établir à leur profit des contrats de travail à durée déterminée alors qu'ils sont régis par des contrats à durée indéterminée ; Qu'en considération de l'insolvabilité de la société Atlantic NEGOCE, la société PELLIGRINI devait faire droit à leurs revendications ; Qu'en ayant refusé d'accepter les nouveaux contrats à durée déterminée, ils se sont vus licenciés d'une manière déguisée ; Qu'il a été initié une procédure de rupture par mutuel consentement, qui au regard des prescriptions légales, est truffée de violations ; Qu'ils sont donc fondées à s'adresser à justice pour qu'il soit statué tel que sollicité ; La société Atlantic Negoce a conclu à l'irrecevabilité de l'action des consorts K... et a fait valoir qu'elle n'est pas conforme à la loi ; Que les susnommés ne justifient pas d'un permis de faire citer, délivré par la Marine Marchande, conformément aux dispositions de l'article 526 du Code de la Marine Marchande ; Que le différend qui les oppose à elle a été réglé et clos par un procès-verbal en date du 23 septembre 2004 ; Qu'elle sollicite reconventionnellement la somme de 5.000.000 frs CFA à titre de dommages-intérêts pour procédure abusive et vexatoire ; Attendu qu'il ressort des pièces du dossier un procès-verbal de conciliation, dûment paraphé par les parties, en date 2004, à travers lequel il a été admis par consentement mutuel, d'un préavis d'un mois ; Attendu qu'au sens de l'article 526 précité, du Code de la Marine Marchande, les litiges nés de l'engagement maritime sont portée devant le Tribunal du travail, après tentative de conciliation devant l'autorité maritime et, en cas de conciliation, celle-ci dresse un procès-verbal ; Or, attendu qu'au regard de l'article 240 (nouveau) du Code du travail, le procès-verbal de conciliation a force de jugement ; Qu'il y a lieu, en l'espèce, de déclarer l'action des consorts K... irrecevable, dès lors qu'il y a eu conciliation devant l'autorité compétente, et les droits ont été payés ; Attendu que la société Atlantic NEGOCE a sollicité reconventionnellement des dommages-intérêts pour procédure abusive et vexatoire ; Attendu que l'absence du droit n'est pas établi ; Qu'il échet de l'en débouter ; Par ces motifs ; Statuant publiquement, contradictoirement, en matière sociale, et en premier ressort ; Constate le procès-verbal de conciliation ; Déclare l'action irrecevable ; Déboute Atlantic Negoce de sa demande reconventionnelle ; Met les dépens à la charge des parties[308] ; »

**514. Procédure, transport sur les lieux, jugement avant dire droit Collectif des ex-travailleurs de la Boulangerie de la Cité / Boulangerie de la Cité et Ets CHANDREL**

« Requête aux fins de paiement des primes, salaires, indemnités et dommages-intérêts consécutifs à la rupture abusive du contrat de travail, introduite par les ex-travailleurs de la Boulangerie de la Cité, en date du 1er mars 2005, contre celle-ci et les Etablissements Chandrel ; En substance, il est exposé ; Que M..., MF... et autres ont été embauchés le 25 juillet 2004, par la Boulangerie de la Cité ;
Qu'à la suite d'une faute commise par un seul agent, K..., ils ont été tous licenciés, privés de leurs droits de rupture ; Les établissements Chandrel ont fait valoir que les susnommés ont été licenciés à la suite de nombreuses absences injustifiées ; Que d'ailleurs, la lettre de non renouvellement du contrat leur a été adressée ; Attendu que les prétentions des parties et les pièces du dossier n'édifient nullement le Tribunal sur les points de la cause, notamment, sur les circonstances réelles à l'origine de la rupture du lien contractuel et sur la procédure suivie ; Qu'il y a lieu, en application des dispositions de l'article 228 du

[308] Tribunal du travail de Pointe-Noire, Rôle n°197, année 2004, répertoire n°169 du 20 mai 2005, inédit

Code du travail, d'ordonner une descente à la direction des Etablissements Chandrel aux fins d'entendre celles-ci sur ces points ; Attendu qu'il convient de fixer la date du transport au 28 novembre 2005 et renvoyer la cause au 02 décembre 2005, tout en réservant les dépens ; Par ces motifs ; Statuant publiquement, contradictoire, en matière sociale et en premier ressort ; Avant dire droit ; Ordonne une descente à la direction des Ets Chandrel aux fins d'entendre les parties sur les circonstances réelles du licenciement, autrement dit, sur les absences relevées et la procédure suivie pour la rupture des rapports contractuels ; Fixe la date du transport au 28 novembre 2005 ; Met les frais à la charge de la Boulangerie de la Cité ; Renvoie la cause au 02 décembre 2005 ; Réserve les dépens[309] ; »

**515. Procédure, jugement avant dire droit**
**L... / PREZIOSO-CONGO**

« Requête en revendication des droits et dommages-intérêts consécutifs à la rupture du contrat de travail, introduite par L... ; Il est exposé en substance que L... a été embauché en qualité de peintre et, après cinq (5) ans et dix (10) mois de prestations de travail, il a été licencié sans motif appréciable ; La société défenderesse a fait valoir l'absence de qualité du mandataire et après rejet de ce moyen, elle n'a pas produit d'autres moyens ; Attendu que les prétentions des parties n'édifient nullement le Tribunal sur les points de la cause ; Qu'en application des dispositions de l'article 228 du Code du travail, il échet d'ordonner l'audition des parties et de tous sachant sur les circonstances réelles de la rupture ; Attendu qu'il convient de fixer la date au 05 avril 2005, tout en renvoyant la cause au 08 avril 2005 et en réservant les dépens ; Par ces motifs ; Statuant publiquement, contradictoirement, en matière sociale, et en premier ressort ; Avant dire droit ; Ordonne l'audition des parties sur les circonstance réelles de la rupture du lien contractuel ; Fixe la date au 05 avril 2005 ; Renvoie la cause au 08 avril 2005 ; Réserve les dépens ; Met les dépens à la charge du Trésor public[310] ; »

---

[309] Tribunal du travail de Pointe-Noire, Rôle n°032, année 2005, répertoire n°314 du 18/11/2005, inédit

[310] Tribunal du travail de Pointe-Noire, Rôle n°219 année, 2003 répertoire, n°111 du 25/03/05, inédit

**516. Procédure, disparition de pièces audition des parties**
**L... / TAMAN INDUSTRIE**

« Requête en revendication des droits et dommages-intérêts de L..., en date du 30 novembre 2004, contre la société TAMAN INDUSTRIES LMT ; En substance, il est exposé qu'embauché courant mois de mars 2001, par la société sus-dénommée, suivant un contrat de travail non écrit, L... a été licencié pour une disparition des pièces dont il avait la charge de transporter ; Que la perte desdites pièces lui a été signifiée quinze (15) jours plus tard ; Qu'il conteste ces faits et fait relever que son employeur a usé de ses blancs seings pour signer des contrats de travail à durée déterminée ; La société TAMAN Industries a fait valoir que L... était lié à elle par un contrat à durée déterminée, qui, au demeurant, était arrivé à l'expiration ; Qu'il n'y a pas rupture abusive ; Attendu que les prétentions des parties n'édifient nullement le tribunal sur tous les points de la cause ; Qu'en application des dispositions de l'article 228 du Code du travail, il échet d'ordonner l'audition des parties sur la nature des relations contractuelles et les circonstances de leur rupture ; Attendu qu'il convient de fixer l'audition au 20 septembre 2005 et de renvoyer la cause au 23 septembre tout en réservant les dépens ;
Par ces motifs ; Statuant publiquement, contradictoirement, en matière sociale, et en premier ressort ; Avant dire droit ; Ordonne l'audition au 20 septembre 2005 ; Renvoie la cause au 23 septembre 2005 ; Réserve les dépens[311] ; »

**517. Procédure, opposition, congé de maternité, conciliation, jugement par défaut, réformation du jugement**
**M... / Groupe Scolaire GEDEON**

Par acte du 07 janvier 2005, le groupe scolaire GEDEON a fait opposition du jugement par défaut en date du 06 août 2004, dont le dispositif en ses termes essentiels est le suivant :
''Dit et juge qu'il y a licenciement abusif ; Condamne le groupe scolaire GEDEON à payer à M... les sommes ci-après : 430.200frs CFA d'arriérés de salaires ; 600.000frs CFA de dommages-intérêts ; Attendu que l'opposition a été faite dans les délais de l'article 233 du Code du travail ; Qu'elle est recevable ;'' Au fond ; Après opposition et, répliquant à la requête en paiement des primes salaires et dommages-intérêts consécutifs au licenciement abusif, en ce que M... aurait été mise

[311] Tribunal du travail de Pointe-Noire, Rôle n°226 année, 2004 répertoire, n°237 du 22 juillet 2005, inédit

en congé de maternité avec un salaire gelé, le Groupe GEDEON a conclu au débouté de la susnommée, tout en faisant valoir qu'elle avait sollicité un congé de maternité d'un mois, au terme duquel elle n'avait pas regagner son poste de travail ; Que d'ailleurs, la grille salariale dont elle se prévaut n'est qu'un simple projet ; Qu'il y a eu une conciliation partielle intervenue le 02 mars 2004 suivant laquelle celle-ci devait reprendre le service le lundi, 08 mars 2004, Qu'elle a été mise en congé de manière anticipée pour éviter le pire car elle ne pouvait plus travailler convenablement ; Que c'est après ce congé qu'elle a déserté son poste ; Cependant, dame M... a fait relever qu'elle a été mise en congé de maternité à cinq (5) mois de la grossesse ; Que ce congé lui a été accordé à temps précoce ; Qu'il s'agit d'un licenciement déguisé, donc abusif ; Attendu que dame M... se prévaut d'un licenciement abusif en ce que son employeur a décidé de matière précoce sa mise en congé de maternité alors qu'elle n'était enceinte que de cinq (5) mois ; Que cette façon de décider n'est autre chose qu'un licenciement déguisé ; Mais attendu que le Groupe GEDEON a plutôt fait relever que M... qui était en état de gestation n'exécutait plus convenablement ses prestations de travail ; Que pour ne pas arriver au pire, il avait jugé profitable pour elle et pour l'école de la mettre en congé de maternité ; Que par la suite elle n'avait regagné plus son poste de travail ; Qu'une telle désertion n'est, au contraire, pas un licenciement ;
Attendu qu'il ressort des confrontations des parties lors du préliminaire de conciliation que dame M... a été mise en congé de maternité compte tenu de son état qui n'était pas prédisposé à bien travailler en milieu scolaire ; Que son employeur qui avait relevé en elle une indisponibilité de travailler en toute ponctualité comme d'habitude, avait ainsi décidé de la mettre en congé de maternité au terme duquel elle devait regagner son poste de travail ; Qu'il a d'ailleurs offert en pleine conciliation à celle-ci de regagner son poste de travail, mais en vain ; Attendu que le fait de décider avant le délai légal de la mise en congé de maternité d'une salariée en état de grossesse, n'équivaut pas pour l'employeur à un licenciement déguisé dès lors qu'au terme dudit congé celle-ci devait reprendre ses prestations de travail ; Attendu que dame M... a sollicité le paiement des dommages-intérêts pour licenciement abusif, et les arriérés de salaires ; Mais attendu que le premier chef de demande est sans fondement ; Qu'il échet de l'en débouter tout en réformant le jugement par défaut en ce sens ; Attendu que, cependant, il est établi que le Groupe GEDEON doit à la requérante les arriérés de salaires d'un montant de 430.000frs CFA, alors non contestés ; Qu'il y a lieu de le condamner à les lui payer tout en précisant que la présente décision est exécutoire nonobstant appel et, en application des dispositions de l'article 233 du

Code du travail ; Attendu que le Groupe GEDEON a sollicité les dommages-intérêts à titre reconventionnel pour procédure abusive et vexatoire ; Attendu qu'en l'espèce l'abus du droit n'est pas établi contre la requérante ; Qu'il y a lieu de l'en débouter ; Par ces motifs ; Statuant publiquement, contradictoirement, en matière sociale et en premier ressort ; Reçoit l'opposition ; Vu le procès-verbal de conciliation partielle ; Reforme le jugement par défaut rendu le 06 août 2004 ; Statuant à nouveau ; Condamne le Groupe Scolaire GEDEON à payer à Madame M… la somme de 430.000frs CFA au titre des arriérés de salaires ; Déboute M… du surplus de sa demande ; Dit que la présente décision sera exécutoire nonobstant appel ; Déboute le Groupe Scolaire GEDEON aux dépens[312] ; »

**518. Procédure, désistement d'instance, radiation de l'affaire**
**La société GOD / Les consorts O…**

« En la forme ;
Par acte en date du 14 mai 2004, le conseil de la société GOD, a relevé opposition du jugement par défaut rendu le 26 mars 2004, dont la teneur du dispositif est la suivante :
''Condamne la société GOD à payer à chacun des consorts O…, la prime de fin d'année avec de dommages-intérêts ; Attendu que l'opposition a été faite dans les délais de l'article 233 du Code du travail, soit dans l'intervalle de deux jours ; Qu'elle est recevable ; Au fond ; Pour répliquer à la requête des consorts O…, en date du 24 décembre 2004, aux de paiement de la prime de fin d'année et dommages-intérêts, la société GOD a conclu à l'irrecevabilité de la requête, tout en faisant valoir que les requérants ont déclaré n'avoir jamais initié une telle demande devant le tribunal ; Que leurs propos sont consignés dans le procès-verbal signé le 1er juillet 2004 ; Qu'il y a irrégularité d'ordre public entraînant l'irrecevabilité soulevée ; Qu'à défaut, et à titre subsidiaire, il convient d'orner l'audition des parties sur ce point ; Les requérants n'ont fait valoir aucune observation sur cette allégation de la défenderesse ;

Le 24 septembre 2004, un jugement avant dire droit a été rendu aux fins d'entendre les parties et la direction de la société SOCECA sur l'action initiée par les requérants ; Cette décision a été exécutée (voir procès-verbal d'audition en date du 9 novembre 2004) ; Attendu qu'il ressort des

---

312 Tribunal du travail de Pointe-Noire, Rôle n°28 année, 2004 répertoire, n°120 13/04/05, inédit

pièces du dossier et des renseignements recueillis au cours de l'audition, que les parties au procès demeurent à ce jour liées par un contrat de travail ; Que la prime revendiquée est toutefois payée et, elles optent pour un règlement à l'amiable ; Que de même, parmi les requérants, il y en a qui ont réfuté, devant leur employeur, tel que fait foi le procès-verbal versé aux débats, avoir initié toute action en revendication ; Attendu que les circonstances ont conduit à reformer le jugement entrepris le 26 mars 2004, tout en constatant le désistement des requérants ; Qu'il échet d'ordonner la radiation pure et simple de l'affaire ; Par ces motifs ; Statuant publiquement, contradictoirement, en matière sociale, et en premier ressort ; Réforme l'opposition ; Reforme en toutes ses dispositions le jugement par défaut en date du 26 mars 2004 ; Statuant à nouveau ; Constate le désistement des requérants de leur action ; Ordonne la radiation pure et simple de l'affaire ; Met les dépens à la charge du Trésor public[313] ;

**519. Procédure, renouvèlement des contrats de travail, licenciement abusif, réintégration**
**M... / Société Rick ASPI SERVICES**

« En la forme ; Par acte en date du 13 mai 2003, le Conseil de la société RICK-ASPI services a fait opposition du jugement par défaut rendu le 22 novembre 2002, signifié en date du 07 mai 2003, dont la teneur essentielle du dispositif est la suivante : ''Déclare le licenciement irrégulier et abusif ; Ordonne la réintégration ; A défaut ; Condamne la société RICK-ASPI et Services à payer à chacun des consorts M..., les sommes de 350.000frs CFA à titre de dommages-intérêts pour licenciement abusif et 150.000F CFA pour non remise de certificat de travail ;'' Attendu que l'opposition a été relevée dans les délais de l'article 233 du Code du travail, en d'autres termes dans l'intervalle de dix (10) jours tel qu'en font foi les actes du dossier ; Qu'elle est recevable ; Au fond ; Pour répliquer aux énonciations de la requête des consorts M..., aux fins de paiement des droits et dommages-intérêts, essentiellement articulée en termes de licenciement abusif, la société RICK-ASPI et Services a conclu au débouté, tout en faisant valoir qu'il n'y a pas eu transformation de contrat ; Que, dans le cadre du contrat commercial qui la lie à la société Agip Congo, elle a procédé à la mise à disposition des requérants ; Qu'un contrat à durée déterminée a été

---

[313] Tribunal du travail de Pointe-Noire, Rôle n°239 année, 2002 répertoire, n°002 du 7 janvier 2005, inédit

renouvelé et par la suite, la société utilisatrice (AGIP) lui demandait de réduire les effectifs de vingt (20) à quinze (15) ; Que c'est ainsi que les contrats des susnommés ont été rompus ; Qu'en réalité ils n'ont pas été utilisés pendant trois ans ; Que du 1er au 15 janvier 2001, lors des négociations avec la société utilisatrice, ces requérants étaient en repos ; Que la rupture de leurs contrats à été exigée par l'entreprise utilisatrice ; Qu'il s'agit d'une procédure abusive et vexatoire dirigée de manière incorrecte à son encontre ; Qu'elle demande reconventionnellement à chacun des requérants la somme de 200.000frcs CFA à titre de dommages-intérêts ; En instance d'opposition, un jugement avant dire droit a été rendu le 26 novembre 2004, ordonnant l'audition des parties sur la période de négociation entre RICK et AGIP, le dernier contrat, la rupture et le sort des droits ; Cependant, carence a été constatée à l'égard de R.A.S ;

Sur quoi, le Tribunal ; Attendu que les consorts M… se prévalent des contrats à durée indéterminée par voie de renouvellement, alors rompus abusivement, et ils sollicitent le paiement des droits et dommages-intérêts ; Attendu qu'il ressort des écritures des parties, que les contrats de travail des consorts M… ont été stipulés pour un an, alors renouvelés une fois pour la même période et, reconduits tacitement après un repos d'une semaine, pendant les négociations des partenaires ; Qu'au cours de l'exécution du troisième contrat, sur instructions de la société utilisatrice quant à réduire les effectifs, les requérants ont cessé leurs prestations ; Attendu qu'en soi, la période de repos, ayant intercalé les deux premiers contrats au troisième, est réputée s'inscrire dans les rapports contractuels des parties dès lors qu'elles ne s'étaient pas données congés ; Que le contrat tacitement reconduit n'est pas autonome des premiers, au point d'effacer la durée indéterminée aux rapports contractuels des dites parties ; Attendu qu'il en résulte donc un lien contractuel à durée indéterminée, en ce que reconduit tacitement, au sens de l'article 32 (nouveau) du Code du travail ; Attendu que dans le cadre de la sous-traitance, la rupture du contrat de travail du salarié par l'employeur qui se sert des instructions de la société utilisatrice, ne procède pas d'un motif légitime au regard des dispositions, de l'article 42 (nouveau) du Code précité ; Attendu qu'en l'espèce, la société R.A.S. invoque les instructions de la société utilisatrice, Agip Congo, pour avoir ordonné la rupture des contrats des consorts M… ;

Attendu qu'en procédant d'office à ladite rupture qui semblerait être fondée sur le motif économique structurel, sans plutôt solliciter l'autorisation de la Commission des litiges prévue à l'article 39 (nouveau) du même code, la société R.A.S. n'en rapporte pas la pertinence du motif ; Qu'il y a lieu de déclarer abusive ladite rupture ;

Attendu que le texte de l'article 42 (nouveau) précité prévoit, en cas de rupture abusive, les dommages-intérêts distincts des droits légaux et conventionnels ; Attendu qu'en ce qui concerne les dommages-intérêts, tel que sollicités dans la requête ; Qu'il y a lieu de ramener lesdites demandes en dommages-intérêts aux justes proportions de 350.000frs CFA à chacun ; Attendu que les requérants n'ont pas reçu leurs certificats de travail il convient, de condamner la société R.A.S de payer à chacun d'eux la somme de 150.000 frs CFA à titre de dommages-intérêts ; Par ces motifs ; Statuant publiquement, contradictoirement, en matière sociale, et en premier ressort ; Reçoit l'opposition ; Réitère le jugement par défaut rendu le 22 novembre 2002 sur les droits légaux et conventionnels ; Le réforme en toutes autres dispositions ; Statuant à nouveau ; Condamne la société Rick Aspi Service à payer à chacun d'eux M...., L..., K..., M... et P... les sommes de 350.000frs CFA à titre dommages-intérêts pour licenciement abusif et 150.000Frs CFA pour non remise de certificat de travail ; Déboute M... et autres du surplus de leurs demandes ; Met les dépens à la charge du Trésor public[314] ; »

**520. Procédure, transport sur les lieux**
**M... / Société UNIVERSAL SODEXHO et A.E. SERVICES**

« Requête en date du 9 février 2004, aux fins de paiement des droits et dommages-intérêts, introduite par M... et autres, contre les sociétés SODEXHO, A.E-SERVICES et GALAXIE ;
En substance, il est exposé : Que, anciens travailleurs de la société EUROCATERING, M... et autres ont été recommandés à la société UNIVERSAL SODEXHO par la société TOTAL FINA ELF ; Que SODEXHO les a confiés à deux sociétés sous-traitantes, AE-SERVICES et GALAXIE ; Que le 21 novembre 2003, à la suite d'un incident produit entre leur collègue, K..., avec un agent de la société SODEXHO, ils ont été tous licenciés prétendument pour insubordination et, suite à l'autorisation de la Commission des litiges pour les neuf (9) travailleurs protégés ; Qu'il s'agit d'un licenciement abusif et les droits incorrectement calculés par l'Inspecteur du travail ; la société UNIVERSAL SODEXHO a sollicité sa mise hors de cause tout en se prévalant de l'absence de tout lien contractuel entre elle et les consorts M... ; La société AE SERVICES n'a pas produit ses moyens de défense ; Attendu que les prétentions des parties n'édifient nullement le tribunal sur tous les points de la cause, autrement dit, sur le recrutement des

---

[314] Tribunal du travail de Pointe-Noire, Rôle 061 année 2002, répertoire n°077 du 9 mars 2005, inédit

requérants, l'établissement de leurs contrats de travail, les circonstances de la rupture des rapports contractuels et le paiement des droits ; Qu'il échet d'entreprendre une enquête sur ces points à la direction de la société SODEXHO, en application des dispositions de l'article 228 du Code du travail ; Attendu qu'il convient de fixer la date au 23 février 2005, tout en renvoyant la cause et en réservant les dépens ; Par ces motifs ; Statuant publiquement, contradictoirement, à l'égard de SODEXHO et par défaut à celui de AE SERVICES, en matière sociale, et en premier ressort ; Avant dire droit ; Ordonne un transport à la direction de la société UNIVERSAL SODEXHO pour entendre les parties, en l'occurrence, les consorts M.., SODEXHO et AE SERVICES,
- le recrutement et l'établissement des contrats de M… et autres ;
- les circonstances du licenciement ;
- le paiement des droits ;

Fixe la date au 28 février 2005 ; Met les frais à la charge des sociétés SODEXHO et A.E. Services pour moitié chacune ; Renvoie au 04 mars 2005 ; Réserve les dépens[315] ; »

**521. Procédure, saisine**
**D… / société EDDY CORPORATION**

« Pour répliquer à la requête en revendication de salaires, droits de rupture et dommages-intérêts, introduite par D… et autres, en date du 07 janvier 2005, contre la société EDDY CORPORATION, le Conseil de celle-ci a opposé l'irrecevabilité de la requête ; Au soutien de ce moyen, la société sus-dénommée a fait valoir que, contrairement aux dispositions de l'article 33 du Code de Procédure Civile, Administrative, Commerciale et Financière, la requête introductive d'instance ne contient ni les noms, ni les adresses ; Qu'en pareil état, elle est recevable ; Attendu qu'aux termes de l'article 221 du Code du travail, l'action peut être introduite mieux par simple déclaration au greffe ; Attendu que ces dispositions spéciales pour la saisine du Juge social suffisent à elles seules de déclencher une action devant la Juridiction sociale ; Attendu qu'il convient d'enjoindre à la société EDDY CORPORATION de conclure au fond et de renvoyer la cause au 17 juin 2005, tout en réservant les dépens ; Par ces motifs ; Statuant publiquement, contradictoirement, en matière sociale, et en premier ressort ; Déclare la requête recevable ; En joint à la société EDDY CORPORATION de conclure au fond ; Renvoie la cause au 17 juin 2005 ; réserve les dépens ;

[315] Tribunal du travail de Pointe-Noire, Rôle n°026, année 2004, répertoire n°063 du 18 février 2005, inédit

En foi de quoi, la présente décision a été signée après lecture faite par Monsieur le Président qui l'a rendue et par le Greffier audiencier[316] ; »

**522. Procédure, nullité de procédure, exceptions de procédure, objection de pièces**
**M... / société CHEVRON**

« Pour répliquer à la requête en paiement des primes indemnités et dommages-intérêts consécutifs à la rupture du contrat de travail, introduite par Monsieur C..., en date du 25 mai 2005, la société CHEVRON, par son Conseil M..., a soulevé, à l'en croire, des exceptions de procédure articulées sur :
- l'identité du requérant ;
- la non-conformité de la requête aux exigences de l'article 33 du CPC.CAF ;
- l'exigence d'une traduction en français des pièces n° 1 à 4 ;
- le retrait de la pièce n°13 portant contrat de travail de l'ancien Directeur général de la société CHEVRON ;
Ainsi, il est exposé :
Qu'une modification a été opérée sur l'orthographe d'un nom du requérant, notamment, au lieu de C... tel que porté dans la photocopie de son passeport, il est plutôt écrit C... dans la requête ; Que la défenderesse sus-dénommée ne saurait souscrire à pareille modification si Monsieur M... n'excipe pas d'un jugement du tribunal d'Instance ayant consacré une semblable correction, conformément aux dispositions de l'article 98 du Code de la famille ; Que l'article 33 du Code de procédure civile, commerciale, administrative et financière dispose que la requête doit contenir les noms, prénoms, profession, situation matrimoniale, nationalité et domicile des parties ; Que par analogie, ce texte s'applique en matière sociale, tel que prévu à l'article 222 du Code du travail sur la citation à comparaître ; Qu'il ne peut s'agir d'une fonction anciennement occupée par le requérant, mais plutôt, il s'agirait d'une activité habituellement exercée ; Que les pièces n°1 à 4, censées justifier son embauche et ses différentes mutations, sont rédigées en langue anglaise, alors qu'en République du Congo, la langue officielle est le Français ; Qu'une traduction en langue française s'impose ; Que la pièce n°13 est plutôt le contrat de travail de l'ancien Directeur général de la société CHEVRON subrepticement versé par Monsieur M... qui se doit de

[316] Tribunal du travail de Pointe-Noire, Rôle n°006, année 2005, répertoire n°183 du 03/06/05, inédit

déclarer s'il entend toujours s'en servir ou la retirer ; Par le truchement de son Conseil, Monsieur M... a fait relever que sur la prétendue modification de l'orthographe d'un des noms, la société CHEVRON ne tire pas la conséquence de son allégation ; Qu'il s'agit d'un moyen inopérant en droit ; Que la nullité d'une requête ne saurait être tirée de sa non-conformité aux dispositions de l'article 33 du CPCCAF étant donné que l'article 24 du Code du travail laisse apparaître l'existence d'une profession au moyen du contrat de travail ; Que d'ailleurs, il n'y a pas de nullité d'acte de procédure qui n'ait été prévue par la loi, tel qu'en dispose l'article 190 du CP C.C.A.F. ; Que les pièces alléguées, dont la traduction en français s'imposerait, n'émanent que de la Société CHEVRON ; Que contester lesdites pièces reviendrait alors à nier les relations contractuelles ayant régi les deux parties ; Que la pièce n°13 ne peut être contestée que par la procédure de vérification d'écriture ; Sur quoi le tribunal ; Attendu que, se prévalant des exceptions de procédure, la société CHEVRON a invoqué, d'une part, la modification de l'orthographe d'un des noms du requérant, la nullité de la requête, et d'autre part, la traduction en français de quelques pièces du dossier, ainsi que le retrait du contrat de travail d'un ancien Directeur de l'Entreprise, versé au dossier ; Qu'il convient de les examiner tour à tour, en leur fondement, tout en inférant les conséquences ;
Sur la modification de l'orthographe d'un des noms du requérant, et la nullité de la requête ; Attendu que la Société CHEVRON allègue que l'orthographe du nom C... porté dans le passeport est modifiée dans la requête et l'on dit C..., sans justification légitime ; Attendu qu'une simple peccadille apparente, sur un prénom, avéré comme lapsus calami, et procédant par substitution de lettres, fixation, ni altération de celui-ci ; Attendu qu'en l'espèce, le prénom du requérant, écrit C... dans les pièces d'état civil, est porté C... par glissement de main dans la requête ; Qu'il ne s'agit nullement d'un changement soumis aux prescriptions de l'article 98 du Code de la famille ; Attendu que, de même, il est allégué que la requête est nulle en ce qu'elle ne contient pas les indications de l'article 33 du Code de procédure civile, commerciale, administrative et financière ; Qu'à l'en croire, cette nullité s'érige en termes d'exception ;
Mais attendu qu'au sens de l'article 190 du Code précité, la nullité d'un acte de procédure ne peut se comprendre sans texte de loi ; Or, attendu qu'en l'espèce, la nullité invoquée n'est qu'une simple inférence de la société CHEVRON qui, au demeurant, n'apporte pas un texte de loi prévu à cet effet, pour ainsi l'intégrer dans l'énumération limitative de l'article 179 du même Code ; Qu'il y a lieu de recevoir la requête ; Sur la traduction en français des quelques pièces et le retrait du contrat de l'ancien Directeur ; Attendu que la société CHEVRON pose un préalable

en terme d'exception, pour voir le requérant produire la traduction en français des pièces n°1 à 4, ainsi rédigées en anglais ; Attendu qu'il est constant que ces pièces émanent de CHEVRON ; Qu'en exiger la traduction n'opère en rien ; Attendu que, davantage, la gamme des exceptions de procédure, prévue au même article 179 du Code de procédure civile, ne peut s'étendre à un préalable de traduction de documents ; Qu'au contraire, si telle est une exigence incontournable, elle serait plutôt au gré des ressources du tribunal qui s'en réfèrerait à un expert ; Attendu au surcroît, qu'il est objecté le retrait de la pièce 14 portant contrat de travail de l'ancien Directeur général de CHEVRON en ce que, produite de matière subreptice par le requérant, elle aurait frôlé la condencialité des documents de l'entreprise ; Attendu que, cependant, pour le besoin de sa revendication, le demandeur ne souffre pas d'interdiction d'apporter tout élément qu'il juge utile pour faire asseoir la vérité sur la contestation ; Attendu que le retrait d'une pièce obtenue de manière subreptice, et produite au dossier, ne s'obtient que suivant la procédure de faux incident civil prévue aux articles 261 et suivants du Code de procédure civile, commerciale, administrative et financière ;
Or, attendu qu'en l'espèce, il importe de relever que la pièce n°14, objectée, n'est pas argüée de faux suivant la procédure appropriée ; Qu'il sied d'en rejeter le retrait sollicité ; Attendu qu'au travers des objections ainsi examinées, étalées sur les règles substantielles de procédure, à en croire la défenderesse ni la série des premiers points, ni celle portant sur les pièces, ne peuvent conduire à une exception de procédure, au sens de l'article 179 du Code précité ; Qu'il échet d'enjoindre à la société CHEVRON de conclure et de renvoyer la cause au 28 octobre 2005, tout en réservant les dépens ; Par ces motifs ; Statuant publiquement, contradictoirement, en matière sociale et en premier ressort ; Constate l'orthographe du prénom du requérant ; Dit qu'il n'y a ni altération, ni modification ; Reçoit la requête ; Constate, de même, l'énumération limitative de l'article 179 du Code de procédure civile ; Rejette les exceptions soulevées ; Dit et juge que la pièce 14 n'est pas argüée de faux suivant la procédure appropriée ; Rejette le retrait sollicité ; En conséquence ; Enjoint à la société CHEVRON OVERSEAS CONGO LIMITED de conclure au fond ; Renvoie la cause au 28 octobre 2005 ; Réserve les dépens[317] ; »

---

[317] Tribunal du travail de Pointe-Noire, Rôle n° 081, année 2005, répertoire n°287 du 21/10/05, inédit

**523. Procédure, compétence ratione loci**
**D… / société DISPHARMA**

« Suite à la requête en paiement des droits et dommages-intérêts, introduite par D…, en date du 12 mai 2005, la société DISPHARMA a soulevé l'incompétence ratione loci, en faisant valoir que les dispositions de la loi du 20 août 1992 portant organisation du pouvoir judiciaire en République du Congo, prescrivent le principe de la territorialité des juridictions ; Que la compétence est dévolue au tribunal du lieu du travail ; Que Monsieur D… a assuré les fonctions de First Line Manager à Brazzaville et, la compétence est donc dévolue au Tribunal de Brazzaville ; Au contraire, Monsieur D… se prévaut des dispositions de l'article 212 alinéa 2 du Code du travail qui confère au travailleur l'option entre le lieu de recrutement et celui du travail et, nonobstant toute attribution conventionnelle de juridiction ; Attendu qu'en l'espèce le travailleur a été recruté à Pointe-Noire et, le contrat des parties attribue la compétence exclusive au tribunal de céans ; Qu'il échet de se déclarer compétent et d'enjoindre à la société sus-dénommée de conclure au fond tout en renvoyant la cause au 28 janvier 2005 et en réservant les dépens ; Par ces motifs ; Statuant publiquement, contradictoirement, en matière sociale, et en premier ressort ; Se déclare compétent ratione loci ; Enjoint à la société DISPHARMA de conclure au fond ; Renvoie la cause au 28 janvier 2005 ; Réserve les dépens[318] ; »

**524. Procédure, descente sur les lieux, commission de litiges, délégués du personnel**
**La société MAN-FAI TAI / NS… et N…**

« Requête aux fins de résolution judiciaire des contrats de travail, introduite le 08 février 2005, par la société MAN FAI-TAI ; contre N… et NS… ; En substance, il est exposé que N… et NS… ont amené devant les bureaux de l'entreprise le corps d'une personne qui ne faisait plus partie de ses effectifs ; Qu'en leur qualité de délégués du personnel, la Commission des litiges a été saisie afin d'obtenir leur licenciement ; Que devant cette commission, leur acolyte qui n'est pas délégué du personnel, a reconnu qu'ils ont agi de concert ; Que ces faits justifient la résolution judiciaire des contrats des susnommés ; En réplique, N… et NS… ont succinctement fait valoir qu'il n'ont pas amené le corps d'une personne devant les bureaux de MAN FAI-TAI ; Qu'en effet, feu B… dont il est

[318] Tribunal du travail de Pointe-Noire, Rôle n°010, année 2004, répertoire n°010 du 7/01/05, inédit

question, travaillait au garage n°3 de MAN FAI-TAI ; Que le 23 décembre 2004, vers 11 heures, celui-ci était gravement malade et avait demandé à ses chefs hiérarchiques de l'amener à l'hôpital ; Quelques heures après, il était ramené mort et le chauffeur était passé avec le corps devant les bureaux. Attendu que les prétentions des parties et les pièces du dossier n'édifient pas le Tribunal sur les points de la cause, notamment, sur la décision de ramener le corps de feu B... dans l'enceinte de l'entreprise ; Qu'en application des dispositions de l'article 228 du Code du travail, qu'il y a lieu d'ordonner une descente à la direction de la Société MAN FAI-TAI aux fins d'entendre les parties et tous sachant sur ce point ; Par ces motifs ; Statuant publiquement, contradictoirement en matière sociale, et en premier ressort ; Avant dire droit ; Ordonne une descente sur lieux à l'effet d'entendre les parties et tous sachant sur la décision de ramener le corps de feu B... dans l'enceinte de l'entreprise et son exécution ; Fixe la date au 02 octobre 2005 ; Renvoie la cause au 05 octobre 2005 ; Met les frais à la charge de MAN FAI-TAI ; Réserve les dépens[319] ; »

### 525. Procédure, compétence, nature de l'engagement M... / la société Atlantic-NEGOCE

« Pour répliquer à la requête en paiement des droits légaux et dommages-intérêts consécutifs au licenciement abusif, introduite le 11 juillet 2005 par Monsieur M..., le conseil de la société Atlantic-NEGOCE a fait valoir, suivant note en délibéré du 04 novembre 2005, l'irrecevabilité des moyens et prétentions du susnommé au motif que l'action a été engagée en violation des dispositions du Code de la Marine Marchande ; Que celui-ci, marin de son état, ne justifie pas d'un permis de citer délivré par l'autorité maritime compétente, à savoir, la direction de la Marine Marchande ; Qu'en son esprit, l'article 526 du Code précité prévoit que les litiges relatifs au contrat d'engagement maritime ne peuvent être portés devant le Tribunal du travail qu'autant qu'il y a échec de conciliation devant l'autorité maritime ; Qu'au préalable, M... devait s'adresser à l'autorité maritime ; Qu'il conviendra donc de déclarer irrecevable sa requête et de le renvoyer à mieux se pourvoir ; Attendu qu'il ressort des pièces du dossier que M... est lié à la société Atlantic-NEGOCE par un contrat de travail et non par un engagement maritime ; Attendu qu'il n'appartient pas au Juge de substituer à la convention des parties un sens contraire à leur volonté ; Qu'en présence d'un contrat de

---

[319] Tribunal du travail de Pointe-Noire, Rôle n°021, année 2005, répertoire 245 du 29, inédit

travail, auquel la contestation doit sa source, il y a lieu de recevoir la requête de Monsieur M..., tout en renvoyant la cause au 02 décembre 2005 et de réserver les dépens ; Par ces motifs ; Statuant publiquement, contradictoirement, en matière sociale, et en premier ressort ; Constate le contrat de travail de M... et sa qualité de buandier ; Reçoit le susnommé en sa requête ; Renvoie la cause au 02 décembre 2005 ; Réserve les dépens[320] ; »

**526. Procédure, jugement par défaut**
**MB... / la société EDDY CORPORATION**

« Par acte en date du 08 février 2005, la société EDDY CORPORATION a relevé opposition du jugement rendu par défaut le 06 août 2004, dont le dispositif en ses termes essentiels est le suivant : ''Condamne la société EDDY CORPORATION à payer à M... les sommes de 589.434frs CFA en principal et 200.000frs CFA à titre de dommages-intérêts ''; Attendu que l'opposition est faite dans l'éventail des délais de l'article 233 du Code ; Qu'elle est recevable ; Au fond ; Attendu que la société EDDY CORPORATION n'a nullement présenté ses moyens après opposition ; Qu'il y a lieu de constater sa défaillance et de statuer par itératif défaut à son égard, tout en réitérant en son entièreté le jugement par défaut rendu le 06 août 2004, et en précisant que la présente décision est exécutoire nonobstant appel en application des dispositions de l'article 233 du Code du travail ; Par ces motifs ; Statuant publiquement, par itératif défaut, en matière sociale, et en premier ressort ; Reçoit l'opposition ; Constate la défaillance de la société EDDY CORPORATION ; Réitère en toutes ses dispositions le jugement par défaut rendu le 06 août 2004 ; Dit que la présente décision est exécutoire nonobstant appel ; Met les dépens à la charge du Trésor public[321] ; »

**527. Opposition, réformation du jugement par défaut**
**CFCO / M...**

« Par acte en date à Pointe-Noire, du 04 février 2004, le Chemin de fer Congo Océan (CFCO) a fait opposition du jugement par défaut rendu le 07 juin 2002, dont le disposition, en ses termes essentiels, est articulé comme suit : ''Ordonne le paiement des sommes dues à M...,

---

[320] Tribunal du travail de Pointe-Noire, Rôle n°109, répertoire n°313 du 18 novembre 2005, inédit

[321] Tribunal du travail de Pointe-Noire, Rôle n°088, année 2004, répertoire n°081, inédit

correspondant à l'échelle 12 C à partir du 18 janvier 1996 ; Son avancement à l'échelle 13 à partir de janvier 1998 ; Son avancement à l'échelle 15 à partir de son admission à la retraite'' ; Attendu que l'opposition a été faite dans les délais de l'article 233 du Code du travail ; Qu'elle est recevable ; Au fond ; Pour répliquer aux énonciations de la requête du sieur M... faisant état de son avancement aux échelles 12 à partir de janvier 1996, 13 pour compter 1998, et 15 à partir du 1er avril 1999 jusqu'à son admission à la retraite et, avec ancienneté normale, le Chemin de Fer Congo Océan a conclu au débouté de celui-ci tout en faisant valoir ; Que sa demande manque de fondement ; Que contrairement à ses prétentions, Monsieur M...a bénéficié de l'échelle 12 le 1er janvier 1996, suivie d'un effet financier en date du 1er décembre 1998 ; Que l'article 10 alinéa 4 (titre II, chapitre 1er paragraphe 4) prévoit l'inscription de l'agent à promouvoir sur un tableau d'aptitude pour le grade à acquérir ; Qu'il en résulte que nul ne peut être promu à un grade s'il ne figure au tableau d'aptitude pour ce grade ; Que concernant les exercices 1997, 1998 et 1999, M... n'était pas inscrit au tableau d'aptitude parce qu'il n'a pu obtenir la note requise à cet effet ; Qu'il n'est pas en droit de réclamer sa promotion aux échelles 13 et 15 respectivement en 1998 et 1999 ; Qu'il s'agit d'une procédure abusive et vexatoire contre laquelle, l'entreprise sollicite reconventionnellement des dommages-intérêts, soit la somme de 500.000frs CFA ; Attendu qu'il ressort de l'état descriptif de la carrière de M..., tel que produit au dossier, que celui-ci a été avancé à l'échelle 12 pour compter de janvier 1996 ; Que cet avancement a été suivi d'effet financier en décembre 1998 ; Mais attendu que l'avancement à l'échelle 15, sollicité par le requérant est soumis à une condition sine qua none, autrement dit, à l'inscription au tableau d'aptitude ; Or, attendu que le susnommé ne rapporte pas la preuve de ce qu'il avait rempli cette condition ; Qu'il y a lieu de le débouter de ce chef de demande et de rétracter le jugement par défaut, rendu le 07 juin 2002, en cette disposition ; Attendu que, l'avancement à l'échelle 13, objecté par M..., et le maintien de l'ancienneté y afférente, n'ont nullement fait l'objet d'une discussion par le CFCO au point de les réfuter ; Qu'il y a lieu de maintenir ces chefs de demande et de réitérer en ces points le jugement entrepris, tout en précisant que la présente décision est exécutoire nonobstant appel ; Par ces motifs ; Statuant publiquement, contradictoirement, en matière sociale, et en premier ressort ; Reçoit l'opposition ; Réforme le jugement par défaut rendu le 07 juin 2002 en ses dispositions sur l'avancement de M... à l'échelle 15 à partir du mois d'avril 1999 ; Le réitère quant aux autres dispositions ; Dit que la présente décision est exécutoire nonobstant appel ; Met les dépens à la charge du Trésor public[322] ; »

**528. Jugement avant dire droit, convention de partenariat, résiliation de l'accord**
**Collectif des ex-travailleurs de la société SOCOSERMA**

« Requête en date du 28 juillet 2004, en revendication de la somme de 581.000.000frs CFA à titre des droits légaux et conventionnels, introduite par les travailleurs de l'ex SOCOSERMA, contre le chemin de fer Congo océan (CFCO) ; En substance, il est exposé ; Qu'en date du 07 juin 1986, une convention a été conclue entre le CFCO et la société SOCOSERMA portant sur la manutention et le convoyage des colis sur le trafic ferroviaire ; Que ladite convention a été résiliée par le CFCO qui, à travers une transaction, devait allouer une somme d'argent à la société SOCOSERMA ; à titre de réparation du préjudice subi ; Que le CFCO n'a jamais tenu son engagement alors que la société SOCOSERMA était placée sous redressement judiciaire, jusqu'au point où elle est devenue insolvable ; En réplique, le CFCO a fait valoir que la convention de sous-traitance avait été rompue ; Que les requérants n'ont aucun lien direct avec le CFCO ; Que c'est à tort qu'ils évoquent les dispositions de l'article 70 du Code du travail ; Attendu que les prétentions des parties n'édifient nullement le tribunal sur tous les points de la cause ; Qu'en application des dispositions de l'article 228 du Code précité, il échet d'ordonner l'audition des parties sur la convention de sous-entreprise entre le CFCO et la société SOCOSERMA et les sommes dues aux requérants ; Attendu qu'il convient de fixer la date de l'audition au 24 mai 2005, tout en renvoyant la cause au 27 mai 2005 et en réservant les dépens ; Par ces motifs ; Statuant publiquement et contradictoirement, en matière sociale et en premier ressort ; Avant dire droit ; Ordonne l'audition des parties sur la convention de sous-entreprise entre le CFCO et la société SOCOSERMA et les sommes dues aux requérants ; Fixe l'audition au 24 mai 2005 ; Réserve les dépens[323] ; »

---

[322] Tribunal du travail de Pointe-Noire, Rôle n°031, année 2002, répertoire du 3 juin 2005, inédit

[323] Tribunal du travail de Pointe-Noire, Rôle n°148, année 2004, répertoire n°159 du 13/05/05, inédit

**529.** ***Observations***

***Le pouvoir disciplinaire du chef d'entreprise***[324]

- *constitue une sanction toute mesure, autre que les observations verbales, prises par l'employeur à la suite d'un agissement du salarié, considéré par lui, comme fautif, que cette mesure soit de nature à affecter immédiatement ou non la présence du salarié dans l'entreprise, sa fonction, sa carrière ou sa rémunération ;*
- *aucune sanction ne peut être infligée au salarié sans que celui-ci soit informé dans le même temps et, par écrit, des griefs retenus contre lui ;*
- *les amendes ou autres sanctions pécuniaires sont interdites ;*
- *toute disposition ou stipulation contraire est réputée non écrite..'' ;*
- *en cas de litige, le tribunal apprécie la régularité de la procédure suivie et si les faits reprochés au salarié sont de nature à justifier une sanction. Au vu des éléments fournis par l'employeur et de ceux fournis par le salarié à l'appui de ses allégations, le tribunal forme sa conviction après avoir ordonné, en cas de besoin, toutes les mesures d'instruction qu'il estime utiles. Si un doute subsiste, il profite au salarié.*

**530.** *Le tribunal peut annuler une sanction irrégulière en la forme, ou injustifiée, ou disproportionnée à la faute commise. Il existe donc un véritable contrôle du pouvoir disciplinaire du chef d'entreprise. Aucun salarié ne peut être sanctionné ou licencié à raison de :*

- *son origine ;*
- *son sexe ;*
- *sa situation de famille ;*
- *son appartenance à une ethnie, une nation ;*
- *ou sa race ;*
- *ses opinions religieuses ou politiques ;*
- *ses activités syndicales.*

---

[324] Loi Auroux du 4 août 1982 : concernant la protection des salariés et le droit disciplinaire

*''Toute disposition contraire est nulle de plein droit''. En plus de la représentation du personnel*[325] *nous voyons de suite :*

- *le droit d'expression des salariés*[326] *dans les entreprises et établissements énoncés dans le paragraphe concernant le règlement intérieur la loi Auroux ajoute que : les salariés bénéficient d'un droit à l'expression directe et collective sur le contenu et l'organisation de leur travail, ainsi que sur la définition et la mise en œuvre d'actions destinées à améliorer les conditions de travail dans l'entreprise ;*
- *les opinions dans le cadre du droit défini au présent titre, par les salariés, quelle que soit leur place dans la hiérarchie professionnelle, ne peuvent motiver une sanction ou un licenciement ;*
- *le droit d'expression des salariés s'exerce sur les lieux et pendant le temps de travail. Il est payé comme tel ;*
- *dans les entreprises et organismes privés comptant au moins deux cents salariés, les modalités d'exercice du droit à l'expression sont définies par un accord conclu entre l'employeur et les organisations syndicales représentatives dans l'entreprise.*

*Cet accord comporte des annulations relatives :*

*1°) le niveau, le mode d'organisation, la fréquence et la durée des réunions permettant l'expression des salariés.*
*2°) Les mesures destinées à assurer la liberté d'expression de chacun, et la transmission des vœux et des avis à l'employeur.*
*3°) les conditions dans lesquelles l'employeur fait connaître aux salariés concernés aux organisations syndicales représentatives, aux comités d'entreprise, au comité d'hygiène et de sécurité, ou à toute commission compétente légalement instituée dans l'entreprise, la suite qu'il a réservé à ces vœux et avis.*
*Dans les entreprises de moins de deux cents salariés, à défaut de négociation, le chef d'entreprise doit obligatoirement consulter les organisations syndicales lorsqu'elles existent, le comité d'entreprise ou, à défaut, les délégués du personnel sur les modalités d'exercice du droit d'expression des salariés. Il est à noter l'originalité et la nouveauté de ce*

---

[325] Loi du 28 octobre 1982
[326] Loi du 4 août 1982

*droit à l'expression des salariés institué par la loi Auroux du 4 août 1982. Ce droit à l'expression des salariés prend place dans le Code du travail.*

# TITRE 3 : CHANGEMENT DANS LA SITUATION JUIRIDIQUE DE L'EMPLOYEUR

## 531. Succession d'employeur, procédure, exception d'incompétence MB... et autres / la société TAMAN INDUSTRIES LIMITED

« Requête en date du 29 septembre 2003, aux fins de paiement des dommages-intérêts, introduite par Maître NZ..., avocat à la Cour, Conseil des ex-travailleurs de la société BOPLAC, contre la société TAMAN INDUSTRIES LIMITED ; En substance, il est exposé que les actifs de la société BOPLAC ont été cédés à la société TAMAN INDUSTRIES LIMITED ; Qu'aux termes de l'acte de cession en date du 22 novembre 2000, à son article 12, la société TAMAN INDUSTRIES LIMITED s'engageait, à qualification, compétence et expérience égales, à reprendre en priorité les ex-travailleurs de la société BOPLAC ; Que l'esprit de cet acte rejoint les prévisions de l'article 45 du Code du travail ; Que cependant, la société TAMAN tarde à respecter son engagement et, toute démarche entreprise à ce sujet, est demeurée vaine ; Que les travailleurs non repris de l'ex-BOPLAC sont fondés à s'adresser à justice ; En réplique, le conseil de la société TAMAN INDUSTRIES LIMITED a soulevé l'exception d'incompétence, tout en faisant valoir que l'acte de cession-vente des actifs a été signé entre les liquidateurs de BOPLAC et PLACONGO d'une part, et la société TAMAN INDUSTRIES LIMITED d'autre part ; Qu'il s'agit d'actes auxquels les ex-travailleurs n'ont pas participé, et qui ne concernent plutôt que les entreprises en liquidation et TAMAN INDUSTRIES LIMITED ;
Qu'au regard de l'article 12 de l'acte de cession invoqué, il n'est pas fait obligation à la société TAMAN INDUSTRIES LIMLITED de reprendre tout le personnel des entreprises BOPLAC et PLACONGO ; L'exception d'incompétence, ayant été jointe au fond, la société TAMAN INDUSTRIES LIMLITED a fait observer, par la suite, qu'elle a respecté l'exigence de la loi et les clauses de la convention des parties ; Qu'elle a embauché une partie d'anciens travailleurs des entités liquidées ; Qu'elle ne s'est jamais engagée à reprendre l'ensemble du personnel de l'ex-BOPLAC ; Qu'elle devait toutefois organiser cette reprise en adéquation avec son développement et, au travers des critères précis de qualification, compétence et expérience ; Mais à l'inverse, le conseil des travailleurs de l'ex-BOPLAC a fait remarquer que TAMAN INDUSTRIES LIMLITED n'a jamais honoré son engagement ; Qu'il est d'autant vrai qu'elle a toujours éludé une enquête sur les lieux ;
Sur quoi, le tribunal ; Attendu que, face à la priorité de réembauche étayée par un engagement conventionnel, pris par la société TAMAN

INDUSTRIES LIMLITED, les travailleurs de l'ex-BOPLAC revendiquent le paiement des dommages-intérêts ; Attendu que l'exception d'incompétence a été, par ailleurs, jointe au fond ; Qu'il convient de purger l'exception soulevée, avant l'examen de la demande ; Sur l'exception d'incompétence ; Attendu que société TAMAN INDUSTRIES LIMLITED fait valoir, pour l'essentiel, que l'acte au soutien duquel les travailleurs de l'ex-BOPLAC sollicitent réparation, ne les lie nullement à elle en ce qu'il ne les concerne pas ; Que le tribunal du travail ne peut connaître de l'interprétation de l'acte de cession d'actifs entre les sociétés cédantes et la société cessionnaire, en ce qu'il est strictement commercial ; Attendu qu'il n'est nullement soumis au tribunal de céans l'interprétation de l'acte de cession d'actifs ; Qu'il s'agit plutôt d'une action en paiement des dommages-intérêts fondée sur l'inexécution de l'obligation de réembauche, soutenue dans l'engagement fait par la société cessionnaire aux travailleurs d'une société cédante ; Attendu que cet engagement s'entend dans l'obligation légale de réembauche, qui de par essence, met en présence un employeur et un travailleur ;

Or, attendu qu'au sens de l'article 211 du Code du travail, le juge du contrat de travail est compétent pour connaître des différends qui opposent le travailleur à l'employeur ; Qu'il échet de rejeter l'exception soulevée et de se déclarer compétent ; Sur la revendication ; Attendu que les moyens des parties et les pièces versées au dossier n'édifient nullement le tribunal sur tous les points de la cause ; Qu'il y a lieu, en application des dispositions de l'article 228 du Code précité, d'ordonner une descente à la direction de société TAMAN INDUSTRIES LIMLITED, aux fins d'entendre les parties sur l'organisation de l'embauche suivant l'acte de cession d'actifs et son exécution ; Attendu qu'il importe de fixer la date au 20 avril 2005, tout en renvoyant la cause au 22 avril 2005 et en réservant les dépens ; Par ces motifs ; Statuant publiquement, contradictoirement, en matière sociale, et en premier ressort ; Constate l'acte de cession et de vente d'actifs ; Constate l'action des ex-travailleurs de la société BOPLAC ; Se déclare compétent ; Avant dire droit ; Ordonne un transport à la direction générale de la société TAMAN INDUSTRIES LIMLITED aux fins d'entendre les parties sur :

- l'organisation de l'embauche telle que prévue par l'acte de cession d'actifs ;
- son exécution ;

Fixe la date au 20 avril 2005 ; Met les frais à la charge de TAMAN INDUSTRIES ; Renvoie la cause au 22 avril 2005 ; Réserve les dépens[327] ; »

**532. Succession d'employeurs, cumul de contrats, rupture abusive K.. / la société MAN MAKER et SODEXHO**

« Requête aux fins de paiement des droits et dommages-intérêts consécutifs à la rupture du contrat de travail, introduite le 15 mai 2003 par K..., contre la société SODEXHO ; Il est exposé ; Que K... a été engagé le 24 novembre 1990 par la société SOCOREST, actuelle SODEXHO, en qualité de Buandier, et mise à la disposition de plusieurs contractants, dont la société MAN MAKER ; Qu'après deux ans, MAN MAKER lui a notifié la fin de son contrat, mais renouvelé sur instructions de la société SODEXHO ; Que le cumul des contrats conclus a excédé deux ans et a conféré au lien contractuel une durée indéterminée avec les conséquences de droit ; Qu'il en est ainsi que la rupture de son contrat n'a pas obéi aux prescriptions légales ; Qu'il en infère un licenciement irrégulier et abusif, justifiant le paiement solidaire par SODEXHO et MAN MAKER des droits et dommages-intérêts ; Qu'en effet, SODEXHO a conservé les prérogatives de choix et de direction du personnel ; Par le truchement de son conseil, la société SODEXHO a sollicité sa mise hors de cause tout en faisant valoir que K... est un agent de la société MAN MKER ; Qu'il avait été recruté par cette société le 22 juillet 2002, après avoir exécuté un contrat à durée déterminée de 15 jours pour le compte de SODEXHO ; Qu'il n'existe aucun lien juridique entre elle et la susnommée ; Que celui-ci ne rapporte aucune preuve des instructions données par SODEXHO quant à son licenciement ; Qu'elle sollicite reconventionnellement le paiement des dommages-intérêts pour procédure abusive et vexatoire, soit la somme de 2.000.000frs CFA ; La société MAN MAKER n'a pas produit ses moyens de défense, malgré moult renvois ; Le Ministère public a conclu à la mise hors de cause de la société SODEXHO ; Sur quoi le tribunal ; Attendu que, se prévalant d'un contrat de travail à durée indéterminée par renouvèlement, K... en conteste la rupture, et revendique le paiement des indemnités et dommages-intérêts par les sociétés SODEXHO et MAN MAKER, prises solidairement ; Qu'il convient de déterminer la nature du lien contractuel et de restituer aux sociétés susnommées leurs qualités respectives pour faire jouer la solidarité ;

[327] Tribunal du travail de Pointe-Noire, Rôle n°178, année 2003, répertoire n°117 du 13 avril 200, inédit

Sur la nature du contrat de travail de K… ; Attendu que K… se prévaut d'un contrat de travail à durée indéterminée, en ce que, les rapports professionnels se sont étirés au-delà de deux ans ; Que ces contrats à durée déterminée se sont d'ailleurs cumulés et, leur rupture devait obéir aux prescriptions de l'article 39 du Code du travail ; Mais attendu que sur ce point, la société SODEXHO qui a sollicité sa mise hors de cause, ne s'est pas préoccupée de répondre, tout comme la société MAN MAKER ; Attendu que K… a produit huit (8) contrats de travail à durée déterminée, qui se sont renouvelés ; Attendu qu'au sens de l'article 32-5 du Code du travail, le contrat à durée déterminée ne peut être renouvelé qu'une seule fois ; Qu'il s'est donc transformé en contrat à durée déterminée ; Sur la qualité d'employeur et le jeu de solidarité ; Attendu que K… sollicite la condamnation solidaire des sociétés SODEXHO et MAN MAKER en ce qu'à l'en croire, SODEXHO avait les prérogatives de choix et de direction du personnel ; Que de même, la société MAN MAKER a renouvelé son contrat sur instruction de SODEXHO ; Mais attendu que SODOXHO a sollicité plutôt sa mise hors de cause, parce que se disant étrangère au contrat d'entre MAN MAKER et K… ; Que selon elle, les instructions évoquées par le susnommé n'ont jamais été rapportées ; Attendu qu'il ressort de l'examen des pièces du dossier que tous les contrats de travail de K… ont été conclus avec MAN MAKER, sans trace de participation de SODEXHO ; Qu'il y a lieu de relever la qualité d'employeur de ladite société MAN MAKER à l'égard du requérant, et de mettre hors de cause la société SODEXHO ;
Attendu que la solidarité passive de SODEXHO et MAN MAKER, sollicitée par K… en vue du paiement des droits et dommages-intérêts, manque de base ; Attendu qu'en effet, au sens de l'article 1202 du Code Civil, la solidarité ne se présume point, elle est soit conventionnelle, soit légale ; Qu'en l'espèce, la mise hors de cause de SODEXHO et l'absence de toute stipulation expresse ne peuvent l'exposer, a contrario, au paiement solidaire des sommes sollicitées ; Attendu que c'est sans motif légitime que la société MAN MAKER a procédé à la rupture du contrat de travail de K… et, au mépris des dispositions légales ; Qu'il y a lieu de déclarer irrégulière et abusive ladite rupture ; Attendu que K… a sollicité la paiement solidaire par SODEHXO et MAN MAKER des sommes suivantes :
- 203.558frs CFA de préavis ;
- 1.118.194frs CFA d'indemnité de licenciement ;
- 54.804frs CFA de congés supplémentaires ;
- 189.000frs CFA de gratification ;
- 21.000 frs CFA de gratification au prorata ;
- 5.000.000frs CFA de dommages-intérêts pour licenciement abusif ;

Attendu qu'au sens de l'article 1202 du Code civil, la solidarité ne se présume pas ; elle est soit conventionnelle soit légale ; Or, attendu qu'en l'espèce la société SODEXHO est mise hors de cause, en ce que, n'étant pas employeur du requérant ; Que la solidarité sollicitée est inopérante ; Attendu que c'est sans motif légitime que la société MAN MAKER a procédé à la rupture du contrat de travail de K.. et, au mépris des dispositions légales ; Qu'il échet de déclarer irrégulière et abusive ladite rupture, conformément aux dispositions des articles 41 et 42 (nouveaux) du Code du travail ; Attendu que, suivant les dispositions du même article 42 (nouveau) , toute rupture abusive du contrat de travail donne lieu à la réintégration, ou en cas de refus, au paiement des dommages-intérêts distinctes des indemnités de rupture ; Qu'il sied d'ordonner la réintégration du requérant, ou à défaut, de condamner la société MAN MAKER à lui payer les sommes ci-après :
203.558frs CFA de préavis ;
610.654frs CFA de rappel congés ;
54.804frs CFA de congés supplémentaires ;
189.000frs CFA de gratification ;
21.000frs CFA de gratification au prorata ;
1.118.194frs CFA d'indemnité de licenciement ;
3.000.000frs CFA de dommages-intérêts pour licenciement abusif ;
Attendu que l'exécution provisoire est demandée ; Qu'il convient d'ordonner cette mesure, en application des dispositions de l'article 232 (nouveau) du Code du travail ; Attendu que MAN MAKER n'a produit des moyens de défense, bien que régulièrement citée et, sans justification légitime ; Qu'il y a défaut de l'article 233 du même Code ; Par ces motifs ; Statuant publiquement, contradictoirement à l'égard de SODEXHO, par défaut à celui de la société MAN MAKER, en matière sociale, et en premier ressort ; Dit qu'il y a contrat de travail à durée indéterminée entre MAN MAKET et K... ; En déclare le rupture abusive ; Met hors de cause la société SODEXHO ; Condamne la société MAN MAKER à payer à K... les sommes ci-après :
- 203.558frs CFA de préavis ;
- 610.674frs CFA à titre de rappel congés ;
- 54.804frs CFA de congés supplémentaires ;
- 189.000frs CFA de gratification ;
- 21.000frs CFA de gratification au prorata ;
- 1.118.194frs CFA d'indemnité de licenciement ;
- 3.000.000frs CFA de dommages-intérêts ;

Ordonne l'exécution provisoire, avec dispense de caution sauf pour les dommages-intérêts, nonobstant opposition ou appel ; Déboute

SODEXHO de sa demande reconventionnelle ; Met les dépens à la charge du Trésor public[328] ; »

**533. Succession d'employeurs, incompatibilité des fonctions, liquidateur judiciaire de la société, non reversement des cotisations sociales**
**Collectif des ex-travailleurs de la société CONGO Loisirs / La société CONGO Loisirs**

« Par requête en date du 21 janvier 2004, Messieurs TCH..., MB.. et autres, ont fait citer la société CONGO Loisirs pour obtenir le paiement des salaires, primes, droits conventionnels, bonus de séparation et dommages-intérêts ; Au soutien de leur requête, ils exposent ; Qu'ils ont, pour la plupart, une ancienneté de douze (12) ou treize (13) ans au sein de la société CONGO Loisirs ; Que son Directeur, Monsieur CH...a vendu son fonds de commerce sans aviser au préalable les délégués du personnel et l'Inspection du travail ; Que le nouveau patron sera disposé de retenir une moitié du personnel selon son choix, alors qu'en pareille circonstance, il serait fait application des dispositions de l'article 45 du Code du travail ; Qu'il est toutefois à rappeler l'existence d'une fraude au sein de la société sus-dénommée sur les cotisations CNSS qui ne sont pas reversées et, en violation des dispositions du Code de Sécurité Sociale ; Que cette société est redevable envers la Caisse de sécurité sociale d'une somme de 13. 675.953frs CFA ; Que la plupart des travailleurs ne bénéficient pas des allocations familiales et, malgré les revendications à cet effet, aucune solution n'a été trouvée ; Qu'ils s'estiment fondés à s'adresser à justice pour obtenir le remboursement desdites cotisations et le paiement des droits, primes, ainsi que des dommages-intérêts ;
En instance de conciliation, le Gérant de la société CONGO Loisirs, Monsieur CH.., a payé aux requérants la somme de 2.248.000francs CFA représentant les salaires du mois de décembre 2003 et la gratification ; En réplique, le Conseil de la société CONGO Loisirs a conclu à la mise hors de cause de celle-ci tout en sollicitant la substitution par les personnes citées la requête introductive d'instance ; Avant que ce moyen ne soit purgé, le conseil des requérants a sollicité qu'il soit ordonné par le tribunal, le retrait de toutes les écritures produites au dossier par le Cabinet d'avocats C... en même temps liquidateur de la société CONGO Loisirs et conseil, tout en développant ce moyen, les requérants ont fait valoir que la constitution de Maître E..., avocat à la Cour, du Cabinet

[328] Tribunal du travail de Pointe-Noire, Rôle N°098, année 2003, répertoire n°048 du 9 février 2005, inédit

C… est irrégulière ; Qu'il ne peut en même temps être Conseil de CONGO Loisirs et liquidateur dont il assume les fonctions ; Par jugement avant dire droit du 11août 2004, le tribunal a ordonné le retrait des conclusions et toutes écritures produites par Maître E.. ou Cabinet C… pour le compte de CONGO-Loisirs, tout en enjoignant à celui-ci de conclure au fond ; Cependant, d'autres moyens n'ont nullement été produits ; Attendu qu'il est constant que le gérant de la société CONGO Loisirs a cessé d'exercer ses fonctions et entend vendre son fonds de commerce ; Que ni les délégués du personnel n'ont été avisés au préalable et, ni les droits des travailleurs n'ont été versés ; Que les salaires du mois de décembre 2003 et la gratification n'ont été payés qu'en instance de conciliation ; Attendu d'avantage, qu'il est de toute évidence que la société CONGO Loisirs est en liquidation ; Qu'il convient plutôt d'appeler en la cause le Syndic Liquidateur désigné à cet effet ; Attendu que les travailleurs de l'ex-CONGO Loisirs ont sollicité le paiement des droits conventionnels et légaux ; Attendu que la liquidation d'une société s'assimile à un licenciement prononcé aux torts de l'employeur et donnant droit au paiement des indemnités de rupture ; Qu'il y a lieu de condamner la société ex CONGO Loisirs prise en l'organe de liquidation de payer à chacun de ses travailleurs, autrement dits M…, les droits légaux et conventionnels dont les calculs seront effectués par les services de l'Inspection du travail ;
Attendu que les requérants ont sollicité en outre le paiement des dommages-intérêts à hauteur de 500.000.000frs CFA, le remboursement des cotisations CNSS et un bonus de séparation ; Attendu que les circonstances de la rupture des contrats de travail desdits requérants procèdent de la vente du fonds de commerce par le Gérant de la société CONGO Loisirs de manière impromptue et, sans qu'il soit alors avisé les délégués du personnel ; Que pareille attitudes sont assimilables à une rupture déguisée des rapports contractuels, donc abusive ; Attendu qu'au sens de l'article 42 (nouveau) du Code du travail toute rupture abusive donne lieu au paiement des dommages-intérêts distincts des indemnités y afférentes ; Qu'il échet de condamner l'ex CONGO Loisirs pris en l'organe liquidateur, à payer à chacun des requérants la somme de deux millions (2.000.000) francs CFA à titre de dommages-intérêts ; Attendu que la demande sur le remboursement des cotisations CNSS et le paiement du bonus de séparation est injustifiée ; Qu'il sied d'en débouter les requérants ; Attendu que l'exécution provisoire est sollicitée en vertu des dispositions de l'article 232 (nouveau) du Code du travail ; Qu'il sied d'ordonner cette mesure pour les droits légaux et conventionnels dès lors qu'ils prêtent nullement à contestation ; Par ces motifs ; Statuant publiquement, contradictoirement, en matière sociale et en premier

ressort ; Constate la liquidation de CONGO Loisirs ; Condamne CONGO Loisirs pris en l'organe liquidateur, à payer aux consorts M..., à chacun, en sus des droits légaux et conventionnels calculés par l'Inspection du travail, la somme de deux millions (2.000.000)francs CFA à titre de dommages-intérêts ; Déboute les consorts M... du surplus de leur demande ; Ordonne l'exécution provisoire pour les droits légaux, nonobstant appel ou opposition ; Met les dépens à la charge du Trésor public ;[329] »

**534. Modification du contrat de travail, transaction**
**La société K.E.P.M / MF...**

« Par acte en date du 28 mai 2003, Monsieur K..., agissant au nom de la société K.E.P.M, a fait opposition au jugement par défaut rendu le 31 juillet 2003, dont le dispositif, en ces termes essentiels, est articulé comme suit :

''Condamne la société K.E.P.M à payer MF... les sommes ci-après :

- au titre des salaires ;
- rappel prime de caisse ;
- rappel congé ;
- rappel prime d'ancienneté ;''

Attendu que l'opposition a été relevée dans les délais de l'article 233 du Code du travail ; Qu'elle est recevable ; Au fond ; Pour répliquer aux énonciations de la requête qui ont servi de motifs au jugement entrepris, la société K.E.P.M a soulevé l'incompétence tout en faisant valoir ; Que, contrairement aux prétentions de Monsieur MF... à la suite des revendications élevées sur une prétendue modification du contrat de travail, les parties s'étaient entendues de mettre fin au litige en procédant à une transaction ; Qu'un protocole d'accord a été ainsi signé, suivant lequel lesdites parties devaient saisir le Tribunal de grande instance en cas de différend ; monsieur MF... a fait relever, en substance, qu'il n'y a pas eu un protocole d'accord, sauf une simple proposition ; Que les sommes d'argent n'ont pas été payées ; En date du 21 juillet 2004, le Tribunal a ordonné, avant dire droit, l'audition des parties sur le protocole d'accord et les revendications ;

Cette décision n'a pas été exécutée et carence a été relevée à l'endroit de la société K.E.P.M ; Attendu qu'il ressort des pièces du dossier un acte rédigé à la main et signé par les parties, portant la date du 09 septembre 2002, intitulé protocole d'accord transactionnel ; Que dans ses

[329] Tribunal de Pointe-Noire, Rôle n°017, année 2004, répertoire N°138/05 du 22/4/05, inédit

dispositions essentielles, ledit acte purge le litige opposant les parties au moyen d'un paiement consenti et échelonné, ainsi qu'il prévoit, en cas de contestation sur son exécution, le recours à la compétence du Tribunal de grande instance ; Or, attendu que la requête du sieur MF... ne porte pas sur cet acte transactionnel, mais plutôt sur la revendication des droits et dommages-intérêts consécutifs à la rupture du contrat de travail ; Qu'il y a lieu de se déclarer compétent, conformément aux dispositions de l'article 211 du Code du travail ; Attendu qu'au regard du jugement entrepris, la société K.E.P.M a été condamnée au paiement des primes, salaires et indemnités sur les simples énonciations de la requête ; Attendu qu'il est constant que les parties ont rédigé un manuscrit dûment signé et daté, portant transaction sur ces points, avant la décision de condamnation ; Qu'il sied de reformer la décision attaquée et de statuer à nouveau sur tous les points de la cause ; Attendu qu'au sens de l'article 1322 du Code civil, l'acte sous seing privé reconnu par celui auquel on l'oppose, a la même foi que l'acte authentique ; Or, attendu qu'en l'espèce, le manuscrit rédigé et signé par les parties, portant protocole transactionnel, n'est nullement contesté ; Qu'il échet de relever la transaction portant sur l'objet de la demande, et de déclarer l'action irrecevable, tout en renvoyant lesdites parties à l'exécution de leur protocole d'accord ; Par ces motifs ; Statuant publiquement, contradictoirement, en matière sociale, et en premier ressort ; Reçoit l'opposition ; Reforme en toutes ses dispositions le jugement par défaut rendu le 31 janvier 2003 ; Statuant à nouveau ; Se déclare compétent ; Constate le protocole d'accord du 09 septembre 2002 ; Dit qu'il y a transaction ; Renvoie les parties à son exécution ; Déclare l'action irrecevable ; Met les dépens à la charge du Trésor public[330] ; »

**535. Modification dans la situation juridique de l'employeur, licenciement abusif**
**MP... / Sté IEA ex CABM**

« Par requête en date à Pointe-Noire, du 15 septembre 2004, Dame MP... a fait citer la société I.E.A. (Ex CABM) pour obtenir le paiement des indemnités de rupture et dommages-intérêts ; Au soutien de sa requête, dame MP... expose qu'elle a été embauchée par la société CABM, en qualité de Secrétaire Comptable, en vertu d'un contrat de travail à durée indéterminée et exerçait ses fonctions à Brazzaville, lieu de recrutement ; Qu'à la suite de la guerre civile de juin 1997, cette société a été transférée

[330] Tribunal du travail de Pointe-Noire, Rôle n°159, année 2002, répertoire n°168 du 20 mai 2005, inédit

à Pointe-Noire, dans les locaux de l'ex Brossette, sis au Rondpoint KASSAIE ; Qu'étant à Pointe-Noire, courant novembre 1997, elle avait repris le travail, exerçant les mêmes fonctions ; Que cependant, son salaire a été rabattu de 83.434frs CFA à 80.000frs CFA, alors payé sans bulletin ; Que courant juillet de la même année, ladite société changeait de nom et devenait Ingénierie Etudes Architecture, dite I.E.A, ayant son siège à Pointe-Noire, avec les mêmes actionnaires et le même Directeur général ; Que, contre toute attente, le 1er mai 1999, il lui était servi une lettre antidatée dans laquelle son employeur invoquait la mise en dissolution de la société CABM et la nomination prochaine d'un administrateur ou syndic liquidateur ; Qu'en date du 1er mars 1999, elle avait été licenciée en toute méconnaissance de la procédure et, sans motif réel ; Que de même, une lettre antidatée du 19 avril 1999 lui était adressée le 04 septembre en vue du paiement de ses droits de rupture, émanant alors de Monsieur E…, prétendument Liquidateur ; Qu'en dépit de sa réaction, ni le nouvel employeur, ni le prétendu liquidateur n'ont pu justifier la légalité de leur acte ; Que la prime de fin d'année, les congés de trois ans ainsi que les congés supplémentaires n'ont pas été payés ; Qu'elle est fondée à s'adresser à justice pour qu'il soit statué tel que sollicité ; la société I.E.A. a conclu au débouté tout en faisant valoir que MP… n'a pas la qualité à agir ; Qu'elle est plutôt liée à CABM ; Qu'il n' y a pas eu transfert d'entité économique entre CABM et I.E.A ; Que la société IEA a été créée à Brazzaville en date du 21 juillet 1998 tel qu'en font foi ses statuts ; Que, par contre, CABM était une SARL dont le siège était fixée à Brazzaville et, suite aux évènements de juin 1997, elle avait été complètement pillée ; Que c'est ainsi qu'elle avait été dissoute et un liquidateur avait été nommé ; Que MP… a été licenciée par le liquidateur de CABM et non par la société I.E.A ; Qu'au sens de l'article 45 du Code du travail, la modification juridique dans la situation de l'employeur ne peut se comprendre que lorsqu'il y a transfert d'une entité économique conservant son identité, et dont l'activité est poursuivie ou reprise ; Que telle est l'interprétation de ce texte par la jurisprudence ;
Que subsidiairement, l'action de dame MP… est couverte par la prescription annale, dès lors qu'il est écoulé plus d'un an entre la date de paiement des droits de la susnommée (4 septembre 1997) et celle de sa requête au 30 septembre 2001 ; En date du 20 mai 2003, le tribunal a rendu un jugement avant dire droit ayant ordonné une descente à la direction générale de la société I.E.A sur l'activité de CABM en novembre 1997, les circonstances de la reprise du service par dame MP…, et le licenciement intervenu en septembre 1999 ; Cependant, la société I.E.A ne s'est nullement présentée en dépit des convocations et du jugement signifié et, carence a été relevée à son égard ; Sur quoi, le

Tribunal ; Attendu que dame MP… se prévaut d'une rupture abusive de son contrat de travail, et revendique le paiement des congés, primes de fin d'année et dommages-intérêts à l'endroit de la société I.E.A ayant absorbé la société CABM, son employeur ; Qu'ayant reçu une lettre de la part de son employeur lui annonçant une prétendue dissolution de CABM, il lui était signifié son licenciement, puis quelques mois plus tard, le paiement de ses droits de rupture, sans prise en compte des congés ainsi que de la prime de fin d'année ; Que les prétendus droits lui étaient signifiés suivant une lettre du 04 septembre 1999, antidatée du 19 avril 1999 ; Qu'en effet, le CABM était absorbé par la société I.E.A depuis juillet 1997 avec le même Directeur et les mêmes actionnaires ; Attendu que la société I.E.A fait valoir qu'elle est une entité économique différente du CABM qui, au demeurant, avait été pillée et l'on ne saurait parler d'absorption ou de fusion ; Que la requérante a été plutôt licenciée par le liquidateur du CABM et, à supposer l'existence des congés et prime à payer, la prescription annale a accompli son œuvre ; Attendu qu'il ressort des pièces du dossier que la société CABM a été liquidée en mars 1999 alors que, pendant ce temps, dame MP… exerçait ses fonctions au sein de la société I.E.A créée en août 1998, tels qu'en font foi ses statuts ;

Qu'en effet, cette société IEA s'était installée en lieu et place de la société CABM, tel qu'en fait foi le procès-verbal de carence ; Que la transformation de CABM en IEA est toute évidente au point de faire application de l'article 45 du Code du travail ; Attendu que rien ne prouve à travers les pièces du dossier que le contrat de travail de la requérante a été rompu avant la création de IEA qui est une image transformée de CABM, ou avant qu'elle n'y exerçât ses fonctions ; Qu'il importe d'imputer plutôt cette rupture à la société I.E.A dès lors que ledit contrat était en cours ; Or, attendu qu'il a été procédé à ladite rupture sans motif réel ou appréciable ; Qu'elle est abusive, suivant les dispositions de l'article 42 (nouveau) du Code précité, et donne lieu au paiement des dommages-intérêts ; Attendu qu'à cet effet, la requérante a sollicité les sommes ci-après :

- les congés payés 250.000frs CFA
- les congés supplémentaires 19.254frs CFA
- la prime de fin d'année 72.333frs CFA
- reliquat salaire 27.472frs CFA
- dommages-intérêts pour non remise du certificat de travail 500.000frs CFA
- dommages-intérêts pour licenciement abusif 15.000.000frs CFA

Attendu qu'il est indiscutable qu'il s'est écoulé plus d'un an entre la date du licenciement et celle de la demande en justice ; Qu'il y a lieu de déclarer prescrits les congés, salaires et primes revendiqués, en application de l'article 99 du Code du travail ; Attendu qu'en vertu des dispositions de l'article 42 du même Code, évoquées plus haut, le licenciement abusif donne lieu à des dommages-intérêts ; Qu'il sied donc de condamner la société I.E.A à payer à la requérante la somme de 4.000.000 frs CFA, ramenée à de justes proportions ; Attendu qu'il est indiscutable qu'à la rupture du contrat de la susnommée, la société I.E.A, absorbant l'ex CABM, n'avait nullement remis à celle-ci son certificat de travail ; Qu'il échet, en application des dispositions de l'article 46 du même Code, de la condamner également à des dommages-intérêts soit la somme judicieuse de 150.000frs CFA ; Attendu que l'exécution provisoire a été demandée ; Attendu qu'au regard des prescriptions de l'article 232 (nouveau) du Code du travail les conditions en la matière ne sont pas réunies ; Qu'il n'y a pas lieu d'ordonner cette mesure, et il convient d'en débouter la requérante ; Par ces motifs ; Statuant publiquement, contradictoirement, en matière sociale, et en premier ressort ; Déclare le licenciement abusif ; Dit que les salaires, primes et indemnités sont prescrits ; Condamne par ailleurs la société Ingeniering Etudes Architectures (I.E.A) à payer à dame MP… les sommes ci-après à titre de dommages-intérêts ;

- 4.000.000frs CFA pour licenciement abusif ;
- 150.000frs CFA pour non remise du travail certificat de travail

Déboute MP… du surplus de sa demande ; Condamne Ingeniering Etudes Architectures (I.E.A) aux dépens[331] ; »

**536. Succession d'employeurs, absence de lien juridique de travail M… / La société SAIPEM**

« Requête en revendication des droits et dommages-intérêts, introduite le 19 mars 2003 par M…, contre la société SAIPEM ; En substance, il est exposé que M… a été embauché par la société SAIPEM en vertu d'un contrat de travail à durée déterminée de trois (3) mois, renouvelé ; Qu'après ce contrat, il a été embarqué en mer sur l'ordre de SAIPEM ; Qu'il n'y a fait qu'une semaine, car à la suite d'une fausse manœuvre, il a été blessé ; La société SAIPEM a fait relever qu'elle n'était plus en relation de travail avec M… du moment que son contrat était parvenu à terme ; Qu'il était plutôt suivi par la société CLIN TRUCKS ; Attendu

---

[331] Tribunal du travail de Pointe-Noire, Rôle n°200, année 2001, répertoire n°214 du 8 juillet 2005, inédit

que ces circonstances ne permettent nullement d'examiner la cause sans s'en référer à la société CLIN TRUK'S ; Qu'il y a lieu d'ordonner sa mise en cause ; Par ces motifs ; Statuant publiquement, contradictoirement, en matière sociale, et en premier ressort ; Avant dire droit ; Ordonne la mise en cause de la société KLIN TRUCKS ; Renvoie la cause au 27 mai 2005 ; Réserve les dépens[332] ; »

**537. Succession d'employeurs, exception d'incompétence, exception de communication de pièces**
**T… / MAN FAI TAI**

« Par requête en date à Pointe-Noire du 18 mai 2004, Monsieur T…, représenté par Maître B…, avocat à la Cour, a fait citer la société MAN FAI TAI CONGO, pour obtenir le paiement de :

- 19.622.000frs CFA des salaires impayés ;
- 8.000.000frs CFA à titre de dommages-intérêts ;

Au soutien de sa demande, il expose :
Qu'il a été licencié par la société STCPA-BOIS, pour motif économique, lors de la vente de celle-ci à la société MAN FAI TAI CONGO, Qu'à cette occasion, MAN FAI TAI CONGO avait pris l'engagement de payer ses salaires et indemnités de rupture ; Que, malgré moult réclamations, celle-ci n'a daigné payer alors qu'elle a déjà désintéressé tous les autres travailleurs se trouvant dans cette situation ; Que le décompte des sommes qui lui sont dues s'établit comme suit :

- Salaire du mois de juin 2003
  2.000.000frs CFA
- Salaire d'août, droit légaux et titre de transport
  17.622.200frs CFA
- Dommages-intérêts
  8.000.000frs CFA

Qu'il est fondé à poursuivre le recouvrement des sommes sus-spécifiées à l'endroit de la société MAN FAI TAI CONGO ; Que de même, il appelle en cause la liquidation de la société STCPA-BOIS afin de produire définitivement les preuves de la vente ci-dessus citée ; Qu'en garantie du recouvrement de sa créance, il a obtenu une ordonnance du Président du Tribunal de grande instance lui autorisant de pratiquer des saisies conservatoires sur les biens de MAN FAI TAI CONGO ; Qu'il est ainsi fondé à s'adresser à justice pour qu'il soit statué tel que sollicité ; La société MAN FAI TAI CONGO a soulevé deux exceptions, l'une

---

[332] Tribunal du travail de Pointe-Noire, Rôle n°153, année 2003, répertoire n°153 du 11/05/05, inédit

d'incompétence, l'autre de communication de pièces, tout en faisant valoir qu'il n'y a pas de lien contractuel entre elle et T... ou au contraire, celui-ci n'a pas produit les pièces relatives à l'engagement pris ; La société STCPA a sollicité sa mise hors de cause tout en précisant qu'il est constant que la société MAN FAI TAI a racheté cette entreprise ; Que tous les autres travailleurs de la STCPA BOIS ont perçu la totalité de leurs droits de rupture du contrat ; Qu'en application des dispositions de l'article 45 du Code du travail, la société MAN FAI TAI CONGO s'était ainsi substituée à la STCPA BOIS ; Qu'en conséquence, il revient à MAN FAI TAI CONGO de payer les droits de Monsieur T... ; Sous la teneur des conclusions de la STCPA-BOIS, la société MAN FAI TAI CONGO a répliqué en faisant relever que celle-ci se prévaut d'une vente sans en apporter la preuve ; Qu'elle lui reviendrait de produire l'acte de vente en vertu duquel la société MAN FAI TAI CONGO est tenu ; Que, de même, c'est de triviole que l'article 45 du Code du travail est interprété par le STCPA-BOIS ; Qu'en effet, le contrat de T... a été rompu, et il ne faisait plus partie des travailleurs de l'entreprise, au point de faire application du principe de la subsistance des contrats avec la société MAN FAI TAI ; Au regard de ces développement, il appert que la société MAN FAI TAI CONGO s'est proposée une défense au fond, au point où il appartiendra au Tribunal d'examiner la cause en même temps que les incidents de procédure, autrement dit, les exceptions soulevées ; Sur quoi, le Tribunal ; Attendu que, sur la base d'un engagement de régler le passif de la société STCPA BOIS alors rachetée par la société MAN FAI TAI CONGO, Monsieur T.... revendique, en sus des dommages intérêts, le paiement des droits de rupture par celle-ci, tel qu'elle s'est exécutée à l'égard de tous les autres travailleurs ; Que tenant compte des moyens soulevés par la défenderesse, soit en guise d'exception, ou comme défense au fond, il convient, avant d'entreprendre l'examen de la demande, de purger les exceptions d'incompétence et de communication des pièces ;
Sur les exceptions soulevées ; Attendu que, pour résister à la demande du sieur T... la société MAN FAI TAI CONGO a fait relever primo, l'incompétence du Tribunal du travail, en ce qu'il n'y a entre les parties ni contrat de travail ni contrat d'apprentissage au regard de l'article 211 du Code du travail, et secundo, elle s'est prévalue de la non communication des pièces par le susnommé, au point où elle ne peut constater l'engagement allégué ; Mais attendu qu'il ressort des écritures versées au dossier que la STCPA a été racheté par la société MAN FAI TAI CONGO qui, à défaut de se faire appliquer les dispositions de l'article 45 du Code du travail, s'était engagée à régler le passif de celle-ci ; Qu'ainsi tous les droits des autres travailleurs ont été payés par ladite

société MAN FAI TAI ; Attendu qu'il s'agit en l'espèce de l'exécution d'une obligation légale, en l'occurrence prévue par l'article 45 du Code de travail, alors substituée par un engagement pris et exécutée en sa quasi-totalité ; Qu'il échet de se déclarer compétent dès lors que la cause titre sa source dans le règlement des effets du contrat de travail ; Attendu qu'il ressort également des mêmes écritures que le rachat de la société STCPA BOIS par la société MAN FAI TAI est un fait indiscutable en sa matérialité, dès lors que la société rachetée s'est expliquée en terme d'aveu, à travers son conseil ; Qu'il sied de rejeter l'exception de communication des pièces, soulevée ; Sur la demande ; Attendu que T... revendique le paiement des sommes ci-après :

- 2.000.000frs CFA de salaire juin 2003 ;
- 17.622.200frs CFA de droits légaux, salaire d'août 2003 et titre de transport ;
- 8.000.000frs CFA des dommages-intérêts ;

Qu'il produit à cet effet un bulletin de paie faisant ressortir les montants dont le paiement est réclamé ; Attendu qu'il est également produit au dossier les bordereaux de caisse faisant foi de paiement des droits des travailleurs de la STCPA BOIS par la société MAN FAI TAI ; Que les paiements en soi, sont entrepris au profit de tous les travailleurs de la société sus-dénommée, sauf T... ; Attendu que l'existence de la créance des indemnités et salaires de T... pour la société MAN FAI TAI ne prête nullement à discussion, au regard de l'engagement pris par celle-ci et de l'exécution faite au profit des autres travailleurs ; Qu'il convient de faire droit à la demande du requérant relative aux salaires, indemnités et titre de transport, autrement dit, les sommes sus-spécifiées ;

Attendu qu'il est constant que MAN FAI TAI est restée sur ses étriers quant à ne vouloir payer les sommes réclamées, pour lesquelles elle s'était pourtant engagée, alors qu'elle s'est exécutée pour la quasi-totalité des travailleurs, sauf T... et, sans motif reconnu valable ; Qu'il y a résistance abusive particulièrement préjudiciable pour le requérant, dont la réparation est judicieusement fixée à la somme de 3.000.000frs CFA ; Attendu que l'exécution provisoire a été sollicitée en vertu des dispositions de l'article 232 (nouveau) du Code précité ; Qu'il y a lieu d'ordonner cette mesure avec dispense de caution, pour le paiement des salaires et indemnités de rupture ; Par ces motifs ; Statuant publiquement, contradictoirement, en matière sociale, et en premier ressort ; Constate la qualité de cessionnaire de la société MAN FAI TAI des actifs de STCPA BOIS et le paiement des droits des travailleurs effectué par celle-ci ; Constate également la créance des droits et salaires de T... sur l'ex STCPA BOIS ; Se déclare compétent ; Rejette l'exception de communication de pièces soulevée par MAN FAI TAI ; Condamne MAN FAI TAI à payer à Monsieur T… les sommes ci-après :

- 17.622.200frs CFA de droits légaux ;
- 2.000.000frs CFA de salaire ;
- 3.000.000frs CFA à titre de dommages-intérêts ;

Ordonne l'exécution provisoire, avec dispense de caution pour les droits et salaires, nonobstant appel ; Met hors de cause la STCPA BOIS ; Condamne MAN FAI TAI aux dépens[333] ; »

**538. Succession d'employeur, conciliation, licenciement abusif P… et Ng… / CMS-NOMECO et SITRAD-CONGO**

« Requête en date du 19 décembre 2003, en paiement des dommages-intérêts, introduite par P… et NG.., contre les sociétés CMS-NOMECO et SITRAD-CONGO ; Au soutien de la requête, il est exposé ; Que les requérants ont été embauchés par la société SITRAD, en qualité de Mécaniciens et, mis à la disposition de la société CMS-NOMECO pour servir sur la barge KONKOUATI ; Que sans motif légitime, le Directeur administratif de la société NOMECO les a licenciés en plein quai, alors que le contrat régissant les deux sociétés demeure encore ; Qu'il s'agit d'un licenciement abusif ; En réplique, la société SITRAD CONGO a conclu à l'irrecevabilité de l'action du fait de la transaction, et a fait valoir, à titre subsidiaire, que les requérants avaient été embauchés pour les travaux d'un chantier ;

Qu'à la fin desdits travaux, leurs contrats étaient arrivés à terme et la rupture qui en est intervenue est légitime ; La sociétés CMS-NOMECO a sollicité sa mise hors de cause tout en faisant valoir qu'il n'y a pas de lien contractuel entre elle et les requérants qui au demeurant, ont pour employeur la société SITRAD CONGO ; Attendu qu'il est constant que les sieurs P… et NG… ont été embauchés par la société SITRAD CONGO pour servir au chantier de la sociétés CMS-NOMECO, donc mis à la disposition de celle-ci ; Qu'il échet de déclarer SITRAD CONGO leur employeur et de mettre hors de cause la société NOMECO ; Attendu que, par ailleurs, le 28 août 2003, tel qu'il résulte des pièces du dossier, les parties se sont accordées sur les points de la demande et, un procès-verbal de conciliation a été dressé à cet effet, faisant ressortir que NG… et P… ont respectueusement perçu les sommes de 750.430frs CFA et 588.110frs CFA en réparation du préjudice subi ; Attendu qu'au sens de l'article 240 (nouveau) du Code

---

333 Tribunal du travail de Pointe-Noire, Rôle n°0898, année 2004, répertoire n°202 du 24 juin 2005, inédit

du travail, le procès-verbal de conciliation a valeur de jugement ; Qu'il échet de déclarer irrecevable l'action des susnommés ; Par ces motifs ; Statuant publiquement, contradictoirement, en matière sociale et en premier ressort ; Met hors de cause la société NOMECO ; Constate le procès-verbal de conciliation d'entre les requérants et la société SITRAD-CONGO ; Les déclare irrecevable en leur action ; Met les dépens à la charge du Trésor Public[334] ;

**539.** ***Observations***

***Transfert du contrat de travail.*** *En vue d'assurer la stabilité de l'emploi, des dispositions d'ordre public sont prévues : lorsque survient une modification dans la situation juridique de l'employeur, notamment par succession, vente, fusion, transformation du fonds ou mise en société, tous les contrats de travail en cours au jour de la modification subsistent entre le nouvel employeur et le personnel de l'entreprise.*[335] *En particulier, « ce texte, destiné à assurer aux salariés des emplois plus stables, doit recevoir application dans tous les cas où la même entreprise continue à fonctionner sous une direction nouvelle ».*[336] *La jurisprudence interne évolue sous l'influence du droit communautaire : directive de 1977, modifiée en 1998, codifiée dans la directive 2001/23/CE du 12 mars 2001, et jurisprudence de la CJUE (ancienne CJCE) de plus de 40 décisions.*

**540. *Conditions d'application.*** *L'entreprise dans laquelle travaille le salarié peut être absorbée par une autre entreprise. La fusion entre les deux entreprises entraîne un changement de direction. Dans une entreprise familiale, le fils succède au père comme patron de l'entreprise ; un commerçant vend son fonds de commerce ; etc... Dans ces circonstances et dans d'autres qui leur sont comparables, un nouvel employeur se substitue à celui avec lequel avaient été conclus les contrats de travail. En principe, les obligations souscrites par le premier employeur ne devraient se trouver rompus, mais une telle solution serait préjudiciable aux salariés et aux employeurs successifs. Les dispositions*

---

[334] Tribunal du travail de Pointe-Noire, Rôle n°237, année 2003, répertoire n°029 du 28/01/05, inédit

[335] L.1224-4, L. 122-12, al. 2

[336] Civ. 27 février 1934, Goupy

*d'ordre public sont applicables en cas de modifications dans la situation juridique de l'employeur (quelle que soit la nature du changement) et en cas de transfert d'une « entité économique ». A la suite de la jurisprudence communautaire*[337]*, les dispositions d'ordre public s'appliquent « même en l'absence d'un lien de droit direct (...), à tout transfert d'une entité économique conservant son identité et dont l'activité est poursuivie et reprise ».*[338] *Le transfert porte sur une « entité économique » maintenant son identité, c'est-à-dire un ensemble organisé de moyens, en vue de la poursuite d'une activité économique, essentielle ou accessoire.*[339] *La jurisprudence sur ces questions est abondante, notamment sur la notion d'entité économique distincte qui s'applique en cas de reprise de la représentation d'une marque avec la clientèle y afférente*[340] *ou dans la reprise de la concession des marchés d'une commune.*[341] *Le transfert des moyens d'exploitation, nécessaire à la poursuite de l'activité de l'entité, peut être indirect ; des locaux et équipements peuvent être mis à disposition par le donneur d'ordre aux prestataires successifs.*[342] *A l'inverse, un atelier « caisserie bois » a été considéré comme un simple démembrement de l'entreprise où il ne disposait d'aucune autonomie.*[343]

***IRP.*** *Le comité d'entreprise (CE) du cédant et celui du cessionnaire doivent être consultés sur le projet de transfert.*

**541. *Perte d'un marché*.** *Ces dispositions ne sont pas applicables dans le cas de la seule perte d'un marché*[344] *d'un prestataire de services (nettoyage, sécurité, etc.). Pour contrecarrer les effets de cette jurisprudence*[345]*, les partenaires sociaux ont, dans certains secteurs d'activité, dont le nettoyage et la restauration collective, conclu des accords de transfert des salariés au nouveau titulaire du contrat. La*

---

[337] CJCE 10 février 1988
[338] Cass. Ass. Plén. 16 mars 1990
[339] CJCE 14 avril 1994, Schmidt ; directive art. 1.1b
[340] Soc. 13 avril 1999
[341] Soc. 16 nov.1999
[342] Soc. 24 novembre 2009, service de restauration dans une clinique
[343] Soc. 18 juillet 2000
[344] Cass. Ass. Plén, 16 mars 1990
[345] Cass. Ass. Plén. 15 novembre 1985, Nova

*jurisprudence communautaire va dans ce sens pour affirmer le transfert des contrats : « Dans certains secteurs dans lesquels l'activité repose essentiellement sur la main-d'œuvre, une collectivité de travailleurs que réunit durablement une activité commune peut correspondre à une entité économique ».*[346]

**542. *Externalisation.*** *Ces dispositions légales ne s'appliquent pas à une opération d'externalisation (organisée par l'employeur pour justifier le transfert de contrat de travail d'une activité de palettes manquant d'autonomie*[347], *« La reprise par un autre employeur d'une activité secondaire ou accessoire de l'entreprise n'entraîne le maintien des contrats que si cette activité est exercée par l'entité économique autonome ».*[348]

**543. *Activité transférée au public.*** *Est sans importance que le cessionnaire soit une personne morale de droit public liée à son personnel par des rapports de droit public, ce qui est le cas d'une commune qui reprend en gestion directe une activité de service public qu'elle avait précédemment concédée au service privé.*[349] *L'entité publique doit proposer aux salariés un contrat de droit public.*[350] *Le refus des intéressés implique leur licenciement par la personne publique aux conditions prévues par le droit du travail et leur ancien contrat. L'acceptation n'implique pas pour autant un droit à titularisation.*[351] *Tant que le nouvel employeur public n'a pas placé les salariés dans un statut de droit public, le juge judiciaire, à savoir le CPH, est compétent pour connaître des litiges*[352], *mais ne peut se prononcer que sur le contrat de droit privé.*[353] *Lorsque l'activité d'une entité économique employant des salariés de droit privé est, par transfert de cette entité, reprise par une personne publique dans le cadre d'un service public*

---

[346] CJCE 24 janvier. 2002, Temco Service, § 26
[347] Soc. 18 juillet 2000, Perrier-Vittel
[348] Soc. 11 juillet 2007, Auchan ; dans ces affaires les salariés étaient opposés à leur transfert
[349] Soc. 14 janvier 2003
[350] loi du 26 juillet 2005
[351] CE 22 octobre 2004, Lamblin
[352] TC 13 janvier 2004 ; Soc. 12 juin 2007
[353] Soc. 1er juin 2010

*administratif, il appartient à cette personne publique de proposer à ces salariés un contrat de droit public, à durée déterminée ou indéterminée selon la nature du contrat dont ils sont titulaires. Sauf disposition légale ou conditions générale de rémunération et d'emploi des agents non titulaires de la personne publique contraires, le contrat dont les salariés sont titulaires, en particulier celle qui concernent la rémunération. En cas de refus des salariés d'accepter les modifications de leur contrat, la personne publique procède à leur licenciement dans les conditions prévues par le Code du travail et par leur contrat*

**544. *Effets.*** *Les dispositions légales et communautaires ont pour effet de maintenir des éléments individuels du contrat de travail en cas de changement d'employeur. Les obligations de l'ancien employeur sont transférées au nouveau et ce, quelle que soit la forme du contrat, même s'agissant d'un CDD comme le contrat d'apprentissage.*[354] *Par exception toutefois, la convention collective nationale des employés de maison prévoit qu'en cas de décès de l'employeur, le contrat de travail ne se poursuit pas automatiquement avec les héritiers.*[355] *Dans le cas général, chaque salarié conserve l'ancienneté qu'il avait acquise antérieurement ainsi que sa qualification, sa rémunération, etc. « La convention collective dont relève le cessionnaire s'applique immédiatement au salarié, les dispositions plus favorables de l'accord mis en cause continuant cependant à lui bénéficier ».*[356] *Sans doute le nouvel employeur peut-il décider de procéder à des licenciements pour motif économique. Ceci est fréquent après une fusion, mais dans ce cas, il devra mettre en œuvre les procédures prévues par la législation relative à ces licenciements et chaque salarié pourra se prévaloir des droits que lui confère son ancienneté totale notamment pour le montant de l'indemnité de licenciement s'entendent « pour priver les salariés des droits qu'ils tenaient de l'article L. 122-12, alinéa 2, du Code du travail, et éviter ainsi la poursuite des contrats de travail aux conditions en vigueur au jour du transfert ».*[357]

---

[354] Soc. 28 mars 1996

[355] Arrêté du 20 avril 1998

[356] Soc. 10 février 2010, PBR

[357] Soc. 14 février 2007

*Le licenciement d'un salarié prononcé à l'occasion du transfert d'une activité poursuivie, est, non pas nul*[358]*, mais « privé d'effet » et « le salarié peut, à son choix, demander au repreneur la poursuite du contrat du travail illégalement rompu ou demander à l'auteur du licenciement illégal, la réparation du préjudice en résultant ».*[359] *Les salariés licenciés par le cédant et non repris par le cessionnaire peuvent à la fois obtenir et l'indemnisation du préjudice qu'ils ont subi.*[360] *Quand les conditions légales sont réunies, le transfert du contrat de travail s'impose donc de plein droit au nouvel employeur, comme il s'impose aussi au salarié*[361] *qui ne peut prétendre au versement d'aucune indemnité.*[362] *Le refus individuel clairement établi produit les effets d'une démission*[363] *; le salarié se voit donc imposer un changement d'employeur, sauf à démissionner. Quand le contrat de travail est partiellement affecté à l'activité transférée, il est totalement transféré dès lors qu'il « s'exécutait pour l'essentiel dans le secteur d'activité repris »*[364] *; cette solution permet d'éviter le démembrement du contrat de travail.*

*En revanche, quand les conditions légales ne sont pas réunies, l'employeur doit recueillir l'accord du salarié.*[365] *Et « lorsque l'application de l'article L. 1124-1 du Code du travail entraîne une modification du contrat de travail autre que le changement d'employeur, le salarié est en droit de s'y opposer »*[366] *; « il appartient alors au cessionnaire, s'il n'est pas en mesure de maintenir les conditions antérieures, soit de formuler de nouvelles propositions, soit de tirer les conséquences de ce refus en engageant une procédure de licenciement », « à défaut, le salarié peut poursuivre la résiliation judiciaire du contrat, laquelle produit alors les effets d'un licenciement sans cause réelle et sérieuse, sans préjudice du recours éventuel contre les employeurs successifs ».*

---

[358] Soc. 30 juin 2004
[359] Soc. 20 mars 2002, Maldonado
[360] Soc. 13 mai 2008
[361] Soc. 11 mars 2003
[362] Soc. 14 décembre 2004, Auchan
[363] CJCE 16 décembre 1992, Katsiakis
[364] Soc. 30 mars 2010, Sté TTE
[365] Soc. 10 octobre 2006, deux arrêts
[366] Soc. 30 mars 2010, M.Z. C/ Sté Printer

*Le nouvel employeur est tenu de payer aux salariés, dont les contrats de travail subsistent, les dettes qu'aurait contractées à leur égard leur ancien employeur*[367]*; par exemple salaires, primes, heures supplémentaires, etc*[368]*. , un engagement unilatéral est transmis. Cet article ne s'applique pas dans le cadre d'une procédure de sauvegarde, de redressement ou de liquidation judiciaire ; ni lorsqu'il n'y a aucun lien juridique entre les deux employeurs successifs (c'est le cas des sociétés de services visées plus haut) ; ni enfin lorsque, par convention passée entre les deux employeurs successifs, il a été décidé que le nouvel employeur prenait en charge les dettes de l'ancien. Lorsque l'article s'applique, le premier employeur est tenu de rembourser les sommes acquitté par le nouvel employeur.*[369]

---

[367] L. 1224-2, L. 122-12-1
[368] Soc. 12 mars 2008
[369] Com. 18 septembre 2007

# TITRE 4 : ACCIDENTS DE TRAVAIL

**546. Accident de travail, maladies professionnelles, prescriptions médicales, réformation du jugement**
**Tch... / la société ISIS-SOIMI**

« Par acte à Pointe-Noire, en date du 31 mars 1999, le Chef du service administratif et du personnel de la société SOIMI-SPA a relevé opposition du jugement par défaut rendu le 12 février 1999, dont le dispositif, en ses termes essentiels, est articulé comme suite :
''Au fond ; Lui dit bien fondé ; Condamne la société SOIMI-SPA à lui payer la somme de 20.000.000frs CFA à titre de dommages-intérêts ; Dit qu'il n'y a lieu à exécution immédiate ;'' Attendu que l'opposition a été faite dans l'intervalle des délais de l'article 233 du Code du travail ; Qu'elle est recevable ; Au fond ; Suivant les énonciations de la requête en date du 11 septembre 1998, il est exposé ; Que le 1er octobre 1996, en plein accomplissement de ses fonctions de soudeur, monsieur TCH... a été atteint à l'œil droit par un corps étranger ; Qu'il a été opéré le 18 novembre 1996 pour cataracte post-traumatique ; Qu'après un mois de congé-maladie, il avait repris son travail soit, après cinq mois de l'accident ; Qu'il était exposé à diverses substances toxiques telles que poussière, vapeurs et autres liquides ou gaz, au point où il était atteint d'un syndrome pulmonaire ; Qu'en dépit de l'interdiction qui lui était faite d'exercer les tâches relatives aux fonctions de peintre ou soudeur, son employeur ne respectait nullement cette prescription médicale et, dans l'inobservation des dispositions de l'article 84 du Code de Sécurité sociale ; Que cette maladie pulmonaire n'était pas déclarée par son employeur ; Qu'il a subi un double préjudice résultant de sa vue désormais déréglée, et du syndrome pulmonaire dû à l'obstination de son employeur de lui confier les tâches qui l'exposaient aux produits toxiques ;
Répliquant à ces énonciations après oppositions, la société ISIS-SOIMI a opposé à titre principal, l'autorité de la chose jugée, tout en faisant valoir que le procès-verbal de séparation par mutuel consentement mettait un terme à tout litige né ou à naître entre les parties ; A titre subsidiaire, elle a fait relever que la maladie professionnelle dont se prévaut TCH... était déclarée à la Caisse Nationale de Sécurité Sociale en date du 12 août 1998 ; Que la déclaration en soi n'a jamais été rejetée ; Que d'ailleurs, l'article 141 alinéa 2 du Code du travail stipule que la déclaration peut être faite par le travailleur ou ses représentants jusqu'à l'expiration de la deuxième année suivant la date de l'accident ou la première constatation médicale de la maladie professionnelle ; Qu'en sa qualité d'employeur,

elle n'a commis aucune faute ; Qu'il est d'autant plus judicieux de relever qu'après avoir quitté ISIS, le sieur TCH... s'est fait embaucher par la société APAVE en qualité de soudeur ; Que pourtant, au sein de la société SOIMI il n'exerçait plus ces fonctions ; Par jugement avant dire droit du 06 octobre 2000, le Tribunal rejetait la fin de non-recevoir tirée de l'autorité de la chose jugée, ordonnait la mise en cause de la Caisse National de Sécurité Sociale (CNSS), et l'audition des parties sur les circonstances de la maladie ; Après carence relevée contre la société SOIMI en date du 25 novembre 2004, le Tribunal ordonnait l'audition de TCH... sur le Certificat Médical (voir Procès-verbal du 18 février 2005) ;
Sur quoi le Tribunal ;
Attendu que, se prévalant d'une maladie professionnelle non déclarée à la Caisse Nationale de Sécurité Sociale (CNSS), TCH..., a obtenu la condamnation de son ex-employeur, la société SOIMI, au paiement de la somme de 20.000.000frs CFA à titre de dommages-intérêts ; Mais attendu qu'après opposition la société défenderesse a fait relever à la fois qu'elle n'est pas en faute et, que la maladie professionnelle pouvait être déclarée par la victime ; Attendu qu'il ressort des écritures confrontées et des détails recueillis (voir procès-verbal d'audition du 18 février 2005) que le sieur TCH... avait entrepris des diligences auprès de la CNSS, au point où il a été indemnisé, le paiement de la rente étant alors subordonné à un contrôle médical au rythme annuel ; Qu'il y a lieu de reformer le jugement par défaut, rendu le 12 février 1999, tout en mettant hors de cause la CNSS, et de statuer à nouveau sur la réparation sollicitée ; Attendu que les diligences entreprises par la victime d'un accident du travail ou d'une maladie professionnelle d'en faire déclaration à la CNSS en cas de carence de l'employeur, tel que prévue à l'article 61-3 du Code de Sécurité sociale, tendent à faire couvrir l'étendue du préjudice subi ; Attendu qu'en l'espèce, la réparation allouée à TCH... en première instance visait à couvrir le préjudice résultant de la non déclaration de la maladie professionnelle dont il est victime, être rentier ou à se faire indemniser par la CNSS ;
Or, attendu que cette perte de chance ou de gain qui constituait en soi le préjudice allégué par le susnommé ne se justifie plus dès lors qu'après déclaration de la maladie professionnelle, il a été indemnisé par la CNSS et aligné parmi les rentiers ; Qu'en terme de dommage ou de préjudice subis, il échet plutôt de statuer sur les frais ou les efforts occasionnés par la procédure ayant abouti à ladite déclaration de maladie professionnelle, et de ramener la réparation à ses justes proportions, tout en la fixant à la somme de 800.000 frs CFA ; Attendu que l'exécution immédiate sollicitée en première instance a été rejetée ; Qu'il sied de réitérer en cette disposition le jugement attaqué , autrement dit, en déboutant le requérant

du surplus de sa demande ; Par ces motifs ; Statuant publiquement, en matière sociale et en premier ressort ; Reçoit l'opposition ; Reforme le jugement par défaut rendu le 12 février 1999 ; Statuant à nouveau ; Constate la déclaration de maladie professionnelle faite par TCH... ; Met hors de cause la Caisse National de Sécurité Sociale (CNSS) ; Condamne la société ISIS-SOIMI à payer à TCH... la somme de huit cent mille (800.000) francs CFA à titre de dommages-intérêts ; Déboute TCH... du surplus de sa demande ; Met les dépens à la charge du trésor public[370] ;

**547. Accident de travail, manœuvre journalier, rémunération à la tâche, transaction, accord de séparation**
**B... / Congo Tôles**

« Requête en date du 12 août 2004, en revendication des droits et dommages-intérêts consécutifs à la rupture du contrat de travail et à l'accident de travail, introduite par Monsieur B..., contre la société Congo Tôles ; Au soutien de ses demandes, le sieur B... expose qu'il a été embauché au sein de Congo Tôles de manière verbale, depuis août 2001 ; Qu'en février 2002, il a été victime d'un accident de travail lui ayant occasionné des brulures au bras gauche ; Que cet accident n'a pas été déclaré à la CNSS ; Qu'il produit ainsi un bulletin de paie ; Que par la suite, son contrat a été rompu verbalement, sans motif appréciable ; Qu'il s'agit d'un licenciement abusif et irrégulier ; Qu'il s'estime fondé à s'adresser à Justice pour qu'il soit statué tel que sollicité ; La société Congo Tôles a conclu au débouté tout en faisant valoir qu'il n'y avait aucun contrat entre les parties ; Que B... exécutait des tâches journalières moyennant une rémunération toutefois forfaitaire ; Que ses prestations étaient intermittentes et non permanentes ; Qu'ayant subi des brûlures à la main gauche, l'entreprise a supporté les soins ; Qu'à cet effet, il lui a été payé à titre proprement humanitaire une somme de 350.000frs CFA ; Que son caractère injurieux et discourtois avait commandé de se passer de ses prestations ; Que d'ailleurs, le bulletin de paie produit porte bien la mention ''Manœuvre journalier'' ; Que lors de la séparation, un protocole a été signé par les parties ;

Attendu que B... se prévaut d'un licenciement abusif et d'un accident de travail non déclaré, et sollicite à cet effet le paiement des droits et dommages-intérêts ; Mais attendu que la société Congo Tôles excipe de

[370] Tribunal du travail de Pointe-Noire, Rôle n°144, année 1998, répertoire n°075/05 du 09/03/05, inédit

l'absence de tout contrat de travail entre elle et le sieur B..., qui au demeurant exécutait des prestations journalières, de façon intermittente ; Qu'elle fait relever, en sus, que par la suite les parties sont séparées et un protocole d'accord a été signé à cet effet, en vertu duquel B... a perçu la somme de 350.000francs CFA ; Attendu qu'il ressort des pièces du dossier qu'il a exécuté des prestations au sein de Congo Tôles en qualité de manœuvre journalier rémunéré alors suivant la tâche ; Qu'il résulte également que le susnommé a été victime d'un accident dont les soins ont été supportés par la société Congo Tôles ; Qu'il est versé au dossier un protocole d'accord et une décharge signée par le sieur B... ; Attendu que le procès-verbal de séparation à l'amiable conjointement signé vaut transaction ayant l'autorité de la chose jugée au sens de l'article 2053 et suivants du Code civil ; Qu'il y a lieu de déclarer irrecevable l'action de Monsieur B... ; Par ces motifs ; Statuant publiquement, contradictoirement, en matière sociale et en premier ressort ; Constate le protocole de séparation ; Dit qu'il y a transaction ; Déclare l'action irrecevable ; Met les dépens à la charge du Trésor public[371] ; »

**548. Accident de travail, partage de responsabilité, incapacité totale temporaire, préjudice esthétique**
**K... / MAN FAI TAI**

« Requête en date du 28 octobre 2004, de Maître K... , conseil de K..., en paiement de la somme de 200.000.000frs CFA à titre de dommages-intérêts, introduite contre la société MAN FAI TAI ; Au soutien de la demande, il est exposé ; Qu'en date du 03 octobre 2003, au volant du véhicule automobile immatriculé sous le n°676 CG 6TT, appartenant à la société MAN FAI TAI ; et surchargé, K... a été victime d'un accident ; Qu'au lieu de charger 30m$^3$ de bois comme d'habitude, cette fois-ci il a été obligé de transporter un poids excessif malgré ses protestations, partant du village Mila-Mila à destination de Pointe-Noire ; Que parvenu à la grande montagne de L... vers 8h30, il n'arrivait plus à la gravir à cause de la surcharge ; Que vers 17 heures 30 minutes, un grumier de la société SYT s'était proposé de l'aider à franchir ladite montagne, mais chemin faisant, parvenu à la descente du Mont Ngoma-na-Ngoma, le système de freinage céda et le véhicule conduit par K... heurta celui-ci ; Que sous cet heurt, le timon pénétra de plein fouet dans la cabine au point où sa jambe droit fut fracturée ; Que transporté tardivement à l'hôpital de Pointe-Noire, K... a été amputé de cette jambe ; Que cet accident a été

---

[371] Tribunal du travail de Pointe-Noire, Rôle n°156, année 2004, répertoire n°129/05 du 13/04/05, inédit

déclaré à la Caisse Nationale de Sécurité sociale par son employeur et, après guérison, un certificat médical a été établi, relevant ;

- une incapacité totale temporaire de 160 jours ;
- séquelle : jambe droite amputée au 1/3 avec IPP80 ;
- préjudice esthétique très important ;
- pretium doloris moyen ;
- perte d'agrément très important.

Que la CNSS ne lui versera que les indemnités journalières et la rente viagère correspondant à l'IPP, la réparation du préjudice esthétique, du pretium doloris et la perte d'agrément incombent à la société MAN FAI TAI ; Qu'il réclame pour toutes les causes du préjudice la somme de 20.000.000frs CFA ; La société MAN FAI TAI a conclu à l'irrecevabilité de l'action tout en faisant valoir que l'accident étant déclaré, Monsieur K... ne peut se retourner contre elle que si les conditions prévues aux articles 98 et suivants du Code de sécurité sociale sont remplies ; Que cet article confère au salarié le droit de demander réparation conformément aux règles de droit commun dans des conditions suivantes ;

- si l'accident est dû à une faute de l'employeur ou de l'un de ses préposés ;
- si le préjudice n'est pas réparé par l'application du Code de Sécurité sociale ;

qu'en l'espèce, le principe du cumul des indemnités ne peut être retenu ; Sur quoi, le Tribunal ; Attendu que K... se prévaut d'un accident de travail dont tous les préjudices corporels n'ont pas été couverts par la Caisse nationale de sécurité sociale, sauf l'ITT et l'IPP, et sollicite par conséquent la réparation du dommage esthétique, du prix de la douleur et de la perte d'agrément ; Qu'il convient d'examiner le fondement de la réparation et d'en inférer les conséquences ; Sur le fondement de la réparation ; Attendu que K... invoque, pour la justification de son action, les dispositions de l'article 98 du Code de sécurité sociale qui prennent appui sur la faute inexcusable de l'employeur ou de l'un de ses préposés ; Qu'à l'en croire, le 03 octobre 2003, il a été contraint par le Chef cubeur faisant exécuter les ordres du Président directeur général de la société MAN FAI TAI, de transporter à bord du véhicule grumier n°41, immatriculé sous le n°670 CG6IT, une surcharge inhabituelle de 50m$^3$ de bois au lieu de 30m$^3$; Que les instructions de son chef hiérarchique étaient intangibles au point où son contrat de travail fut menacé de rupture ; Qu'en plein parcours de son chemin périlleux et, en dépit du secours d'un tiers usager, le système de freinage du véhicule céda sous le tonnage pondéreux et excessif qui lui était imposé ;

Mais attendu que la société MAN FAI TAI fait relever que le principe du cumul de réparation est inopérant en l'espèce, dès lors qu'il n'y a pas faute inexcusable de sa part ; Que la cause déterminante de l'accident a été les manœuvres de tractation alors que K.. avait la conscience du danger ; Que l'action ne peut s'exercer que suivant les règles d'indemnisation de droit commun ; Attendu qu'il est constant que le 03 octobre 2003, K.. avait reçu de son chef cubeur, Monsieur E…, traduisant les instructions du Président Directeur général, Monsieur P…, l'ordre formel de transporter 50m$^3$ de grume au travers des dangers d'un chemin reliant Mila-Mila à Pointe-Noire ; Que ce chargement excessif et inhabituel, aux conséquences pourtant prévisibles, exposait le chauffeur aux risques et périls du parcours ; Attendu que la rigueur d'un employeur, qui en dépit des normes et usages du transport, impose avec communication, à son salarié une surcharge à transporter sur l'itinéraire d'un chemin réputé scabreuse constitue une faute inexcusable au sens de l'article 98 du Code de sécurité sociale ; Qu'en l'espèce, il échet de relever le comportement fautif du Président Directeur général de la société MAN FAI TAI quant à la survenance de l'accident ; Qu'en effet, conscient du danger et, chemin faisant à hauteur d'une montagne, il a fait tracter son véhicule alors épuisé d'énergie cinétique, par un autre usager de la voie, au point d'échouer à toute action de freinage et de provoquer l'accident ;

Sur la demande formulée ; Attendu que K… sollicite la paiement de la somme de 25.000.000frs CFA en réparation du préjudice esthétique, du pretium doloris et de la perte d'agrément ; Qu'à cet effet, il a produit un certificat médical faisant état de :

- pretium doloris moyen ;
- préjudice esthétique très important ;
- perte d'agrément très important ;

Attendu que les circonstances de l'accident, cause des dommages corporels dont il est réclamé réparation, ont suffisamment permis au Tribunal de relever la faute inexcusable de la société MAN FAI TAI ; Attendu qu'il est également constant qu'en date du 03 octobre 2003, chemin faisant, le véhicule conduit par K… s'était avéré dépassé par le tonnage de grume ; Que parvenu à une montagne, celui-ci s'est attelé à le faire tracter par un autre usager, en l'occurrence, le grumier de la société ITT, sans égard aux conséquences qui en découleraient , soit au système de freinage, soit à l'œuvre automatique du moteur ou à celle de tout accessoire ; Que pourtant, chauffeur de son état, K.. n'ignorait ni l'état de la route ni la résistance des accessoires de son véhicule dans une pareille aventure ; Attendu qu'il est donc indiscutable que le comportement de la victime a contribué à la réalisation du dommage survenu ; Attendu qu'au sens de l'article 1382 du Code civil, il y a fautes conjuguées de l'employeur et de la victime ; Qu'il y a lieu de procéder à un partage de responsabilité dans les proportions souverainement appréciées par le tribunal, telles que 2/3 à la charge de l'employeur et 1/3 à celle de la victime, soit :

- au titre du préjudice esthétique très important : $\frac{4.500.000\text{frs} \times 2}{3}$ = 3.000.000frs CFA ;
- au titre du pretium doloris moyen : $\frac{3.600.000\text{ frs} \times 2}{3}$ = 2.400.000frs CFA ;
- au titre de préjudice d'agrément très important : $\frac{3.000.000\text{ frs} \times 2}{3}$ = 2.000.000frs CFA ;

Attendu que l'exécution provisoire est sollicitée ; Que tenant compte de l'urgence pour la victime et, en conformité avec les règles de droit commun, en d'autres termes les dispositions de l'article 58 du Code de Procédure civile, commerciale, administrative et financière, combinées avec celles de l'article 130 de la loi n°22/92, portant Organisation du Pouvoir judiciaire ; Qu'il échet d'ordonner cette mesure avec dispense de caution ; Par ces motifs ; Statuant publiquement, contradictoirement, en matière sociale et en premier ressort ; Dit que la faute inexcusable de l'employeur et celle de la victime sont à l'origine de l'accident ; Dit qu'il y a partage de responsabilité dans les proportions de 2/3 pour l'employeur et 1/3 pour la victime ; Condamne la société MAN FAI TAI à payer à K… les sommes ci-après ;

$\frac{4.500.000\text{frs} \times 2}{3}$ = 3.000.000 frs CFA au titre du préjudice esthétique ;

$\frac{3.600.000\text{frs} \times 2}{3}$ = 2.400.000frs CFA au titre du pretium doloris ;

Soit la somme de 7.400.000frs (sept millions quatre cent mille) franc CFA.

Ordonne l'exécution provisoire nonobstant appel ; Met les dépens à la charge du Trésor Public[372] ; »

**549. Accident de travail, incapacité temporaire du travail**
**L… / la société S.D.V**

« Requête en date à Pointe-Noire, du 08 avril 2004, aux fins de paiement des dommages-intérêts pour non déclaration d'accident de travail,

[372] Tribunal du travail de Pointe-Noire, Rôle n°188, année 2004, répertoire n°1755 du 3 juin 2005, inédit

introduite par L..., contre la société SDV Congo ; Il est exposé ; Que L... a été embauché par SDV en qualité de manutentionnaire depuis le 02 janvier 2001 ; Qu'il a été victime de trois (3) accidents, mais jamais déclarés à la Caisse nationale de sécurité sociale (CNSS) ; Que le dernier accident en date du 25 février 2004, lui a occasionné une blessure importante au niveau du doigt et a entraîné pour lui une incapacité de travail pendant 26 jours ; Que son employeur, la société SDV Congo, ne l'a pas déclaré à la CNSS, et il est abandonné à lui-même ; Qu'il en sollicite réparation, à hauteur de 7.000.000 frs CFA et, par provision ; La société SDV Congo a conclu au débouté du requérant tout en faisant valoir que celui-ci travaillait occasionnellement au service de la manutention ;

Que l'accident a été déclaré à la CNSS ; Qu'au regard des dispositions de l'article 87 du Code de sécurité sociale, il revient à cet organisme de lui payer les 26 jours pendant lesquels il a été paralysé ; Que d'ailleurs, la blessure dont excipe L... s'est déjà cicatrisé, au point où il n'a plus de préjudice à faire valoir ; Attendu qu'il est constant que L.. a été victime d'un accident au cours de l'exercice de ses fonctions de manutention ; Qu'il ressort des pièces versées au dossier que ledit accident prétendument déclaré à la Caisse Nationale de Sécurité sociale (CNSS) ne l'a pas été en réalité ; Attendu que l'article 61 du Code de sécurité sociale fait obligation à tout employeur de déclarer l'accident de son salarié dans un délai de quarante-huit heures ;

Or, attendu que la société SDV n'a pas observé cette obligation, provoquant ainsi une perte de chance pour la victime d'être prise en charge par la CNSS ; Qu'il y a manifestement un préjudice pour celui-ci : Attendu qu'à titre de réparation, L...demande la somme de 7.000.000frs CFA ; Attendu que cette demande, recevable en la forme, est exagérée au fond ; Que le Tribunal dispose de suffisants éléments d'appréciation pour la ramener à des proportions de l'article 232 (nouveau) au Code du travail ; Qu'il y a lieu d'ordonner cette mesure, avec dispense de caution, eu égard aux soins et contrôle que nécessite l'état de la victime ; Par ces motifs ; Statuant publiquement, contradictoirement, en matière sociale et en premier ressort ; Constate la non déclaration d'accident à la CNSS ; Condamne la SDV à payer à L... la somme de 750.000 frs CFA ; Ordonne l'exécution provisoire, sous caution, nonobstant appel ; Déboute L... du surplus de sa demande ; Met les dépens à la charge du Trésor Public[373] ; »

---

[373] Tribunal du travail de Pointe-Noire, Rôle n°073, année 2004, répertoire n°014 du 07/01/2005, inédit

**550. Accident de travail, non déclaration de l'accident, lien de subordination**
**M... / Savon PLUS**

« Par requête en date du 12 novembre 2004, Monsieur M... a fait citer les Etablissements SAVON PLUS, pris en la personne du sieur S..., pour s'entendre les condamner au paiement des dommages-intérêts et au remboursement des frais médicaux ; Au soutien de sa requête, M... expose ; Qu'en date du 07 novembre 2001, il a été victime d'un accident de travail lui ayant occasionné l'amputation de l'avant-bras au 1/3 inférieur ; Que cet accident n'a jamais été déclaré à la Caisse nationale de sécurité (CNSS) ; Que durant son contrat de travail, il était sous rémunéré et à cet effet, il sollicite le rappel de ses salaires ; Qu'il est donc fondé à s'adresser à Justice ; Par le canal de son Conseil Maître M..., avocat à la Cour, les Etablissements SDV Congo ont soulevé à titre principal l'incompétence du Tribunal de céans et, subsidiairement la prescription, tout en faisant valoir ; Que suivant ses propres affirmations de M..., il était rémunéré à 1000 francs le jour, pour une tâche accomplie de 19 heures à 07 heures du matin ; Qu'il est donc tâcheron et non salarié au sens de l'article 2 du Code du travail ; Qu'il ne travaillait qu'à sa volonté, sans obligation de revenir le lendemain, autrement dit, sans lien de subordination ; Qu'à cet effet, le tribunal de céans est incompétent ; Que dans l'extrême hypothèse où le Tribunal se déclarait compétent, il y a lieu de relever que l'accident date du 07 novembre 2001, alors qu'il n'en a saisi le Tribunal que le 12 novembre 2004 ; Qu'il y a manifestement prescription au sens de l'article 99 du Code précité ;
Dans ses conclusions du 03 2005, les Etablissements SAVON PLUS se sont engagés à acheter une prothèse à M.. et une parcelle de terrain au quartier périphérique de Pointe-Noire (Ngoyo) d'une valeur de 1.500.000frs CFA, tout en y érigeant un bâtiment de trois appartements ; Les dits Etablissements ont offert également de lui octroyer un fonds de commerce de 1.000.000frs CFA et de lui assurer un salaire égal au SMIC en attendant la prise en possession du bâtiment ; Sur quoi le Tribunal ; Attendu que, pour répliquer à l'action en paiement des dommages-intérêts et frais médicaux introduite par M... sur le fondement de l'accident de travail non déclaré, les Etablissements SAVON PLUS ont soulevé l'incompétence du tribunal de céans et la prescription ; Qu'il convient de les examiner, avant d'inférer les conséquences sur les demandes ; Sur l'incompétence et la prescription ; Attendu que les Etablissements SDV Congo ont fait valoir que M... était tâcheron exerçant sans aucun lien de subordination ses prestations, et rémunéré à 1000 francs CFA en fin de journée ; Qu'à cet effet, il échappe à la

définition de l'article 2 du Code du travail, et ce qui, par conséquent, entraîne l'incompétence du Tribunal de céans ; Attendu qu'à travers les débats, les Etablissements SAVON PLUS n'ont nullement rapporté la preuve de l'indépendance de M... dans l'exécution de ses prestations de travail, qui couvrait toutes les heures de nuit, de 19 heures à 7 heures du matin, sans que cela fût librement choisi par celui-ci ;

Attendu qu'un garçon qui se livre à des prestations, uniquement en temps de nuit, du soir au matin, avec une rémunération en contrepartie de celles-ci, à la qualité de travailleur au sens de l'article 2 du Code du travail ; Attendu qu'à ce titre, la contestation portant sur l'accident au fait de son activité ne peut être élevée que devant le Tribunal du Travail en vertu des dispositions de l'article 211 du Code précité ; Qu'il y a lieu de se déclarer compétent ; Attendu que lesdits Etablissements SAVON PLUS ont fait remarquer, à titre subsidiaire, que la prescription annale de l'article 99 a accompli son œuvre sur l'action de M... en ce qu'il s'est écoulé un temps considérable de novembre 2001 à novembre 2004 ; Attendu que la prescription annale de l'article 99 sus-invoqué s'applique plutôt sur les salaires et indemnités, alors qu'en l'espèce, le requérant revendique le paiement des dommages-intérêts à titre de réparation du préjudice subi du fait de l'accident de travail non déclaré par l'employeur ; Qu'elle est inopérante sur la présente cause ;

Sur les demandes ; Attendu que M... sollicite la paiement des sommes de 75.000.000 frs CFA, respectivement à titre de dommages-intérêts pour non déclaration d'accident de travail, et de remboursement des frais médicaux, en sus des arriérés de salaire élevés à 300.000 frs CFA ; Attendu qu'il est constant que l'accident de travail n'a pas été déclaré par l'employeur à la CNSS suivant les prescriptions de l'article 51 du Code du Sécurité sociale ; Attendu que M.. n'a pas produit le Certificat médical fixant les taux d'incapacité, mais seul un avis de sortie d'hospitalisation faisant état d'une amputation du 1/3 sémantique de la main gauche ; Qu'en pareille circonstances, le Tribunal se doit d'apprécier souverainement l'étendue du préjudice pour fixer le quantum de la réparation à la somme de 20.000.000frs CFA ; Attendu que, contrairement aux prétentions de la victime de l'accident, les frais médicaux ont été engagés par les Etablissements SAVON PLUS, tel qu'il ressort de ses explications au cours de l'audience de conciliation ; Qu'il sied de débouter M... de sa demande y relative ; Attendu Que le rappel des salaires est énoncé sans base de fait ou de droit ; Qu'il convient également de débouter M.. de ce chef de demande ; Attendu que face à cette offre, M... n'a élevé aucune contestation tout en maintenant sa demande en indemnisation ; Qu'il échet d'en donner acte aux Etablissements SAVON PLUS pris en la personne du sieur S... ; Attendu

que la situation de la victime nécessite des moyens appropriés ; Qu'il échet d'ordonner l'exécution provisoire ;
Par ces motifs ; Statuant publiquement, contradictoirement, en matière sociale et en premier ressort ; Se déclare compétent ; Dit qu'il y a accident de travail ; En constate la non déclaration à la Caisse Nationale de sécurité sociale (CNSS) ; Donne acte aux Etablissements SAVON PLUS pris en la personne de Monsieur S... de ce qu'ils offrent à M... ;

- l'achat d'une prothèse ;
- l'achat d'un terrain à Pointe-Noire dans un quartier périphérique ;
- la construction d'un bâtiment de trois appartements de 2 chambres, salon chacun ;
- l'octroi d'un fonds de commerce de 1 million francs CFA ;
- assurer au susnommé un salaire mensuel égal au SMIC jusqu'à l'entrée en possession du bâtiment ;

A défaut ; Condamner les Etablissements SAVON PLUS, pris en la personne de Monsieur S..., de payer à M... la somme de 20.000.000 francs CFA ; Ordonne l'exécution provisoire ; Déboute M... du surplus de sa demande ; Met les dépens à la charge du Trésor Public[374] ; »

**551. Accident de travail**
**M... / la société FORALAC**

« Requête aux fins d'indemnisation, introduite par Maître MB..., Avocat à la Cour, Conseil de Monsieur M..., en date du 11 août 2005, contre la société FORALAC ; Il est exposé ; Que M.. a été embauché par la société FORALAC le 26 avril 2002, en qualité d'aide chauffeur et, rémunéré à un salaire mensuel de 32.500 frs CFA, suivant un contrat de travail à durée indéterminée ; Qu'en date du 1er septembre 2004, exerçant ses fonctions à bord d'un grumier, à Makabana, il a été victime d'un accident lui ayant occasionné l'amputation de la jambe gauche au niveau de la cuisse ; Qu'il est devenu infirme et invalide ; Qu'il y a eu lenteur manifeste dès lors qu'à la suite de l'accident, il n'a été évacué à Pointe-Noire que le 02 septembre 2004 ; Que depuis sa sortie de la Clinique océan, le 12 mars 2005, il n'a jamais été examiné ; Qu'à ce jour, il est complètement négligé ; Que la promesse qui lui a été faite d'être évacué en Afrique du Sud afin de lui poser une prothèse, est demeurée lettre morte ; Que son état actuel, nécessite une évacuation en France, dans un Centre de santé doté d'infrastructures modernes ; Qu'il y a par conséquent urgence et péril en la demeure, au point où il est fondé à

[374] Tribunal du travail de Pointe-Noire, Rôle n°199, année 2004, répertoire n°082/05 du 11/03/05, inédit

solliciter le versement d'une provision de 25.000.000frs CFA par son employeur, pour l'évacuation et les soins appropriés ;
La société FORALAC a soulevé l'incompétence du Tribunal de céans et, tout en faisant relever à titre subsidiaire le mal fondé de la demande de M.., elle a fait valoir ; Qu'au regard de l'article 212 du Code de travail, le Tribunal compétent est celui du lieu du travail ; Qu'étant embauché à Makabana où il exerçait ses fonctions de chauffeur, le tribunal du travail de Dolisie est plutôt compétant ; Que d'ailleurs, l'accident a été déclaré à la CNSS de Dolisie ; Qu'en considération des dispositions des articles 59, 62, 67 et suivants du Code de Sécurité sociale, M... ne peut diriger sa demande contre son employeur ; Qu'elle a régulièrement déclaré l'accident à la CNSS ; Que les articles 70 et 72 du même Code indiquent mieux la procédure à suivre tout en définissant le traitement prévu au bénéfice de la victime, mais plutôt à la charge de la CNSS et non de l'employeur ; Qu'au surcroît, M... n'a nullement produit une facture pro-forma et un bilan sur son état de santé ; Que, pourtant, depuis la survenance de l'accident, l'entreprise prend soin de M... ; Que sa demande ne repose sur aucune base de droit et il convient de la rejeter ;
Sur quoi le Tribunal ; Attendu que, se prévalant d'un accident du travail lui ayant occasionné l'amputation d'une jambe non consolidée, M.. sollicite auprès de son employeur, le versement d'une provision de 25.000.000 frs CFA pour une évacuation dans un centre de soins appropriés ; Attendu que la société FORALAC a soulevé l'incompétence du Tribunal du travail de céans et opposé l'irrecevabilité de la demande ; Qu'à l'en croire, le requérant devait intenter son action devant le tribunal de travail de Dolisie et, contre la CNSS en ce qu'il a exécuté son contrat dans la circonscription de cette juridiction ;
Attendu que si l'article 212 du Code du travail prévoit que la compétence en matière sociale revient au tribunal du lieu du travail ou à celui du lieu du recrutement, la juridiction du siège de l'entreprise ne poserait pas gravement entorse aux règles de procédure, toutefois que le salarié se retrouve dans une situation l'empêchant de saisir l'un ou l'autre ; Attendu qu'en l'espèce, M.. étant dans une situation d'invalidité l'empêchant d'assigner son employeur devant le Tribunal du travail de Dolisie ; Attendu qu'en l'espèce, la demande de provision portée devant le Tribunal de céans est justifiée par le fait du rapprochement du salarié, devenu invalide, avec son employeur et le médecin de l'entreprise ; Qu'il y a lieu de se déclarer compétent ; Attendu qu'en vue d'une évacuation sanitaire à l'étranger, dans un centre de soins appropriés, M.. sollicite le versement d'une provision par son employeur, soit la somme de 25.000.000frs CFA ; Attendu qu'à l'état actuel le requérant se trouve en situation d'invalidité nécessitant son évacuation à l'étranger pour des

soins appropriés, tel qu'en font foi les pièces du dossier ; Attendu que, davantage, l'article 69 du Code de Sécurité sociale met à la charge de l'employeur les soins de première urgence qui s'entendent, au sens large, dans l'acceptation de toute mesure d'ordre thérapeutique ou médical ; Qu'il y a lieu, au regard de l'état actuel de la victime, de faire droit à sa demande dans les proportions judicieuses de 7.000.000frs CFA ; Attendu que l'exécution provisoire est sollicitée ; Que, compte tenu de l'urgence en la cause, il échet d'ordonner cette mesure ; Par ces motifs ; Statuant publiquement, contradictoirement, en matière sociale et en premier ressort ; Constate l'accident du travail ; Reçoit M… en sa demande ; Se déclare compétent ; Avant dire droit ; Ordonne le versement d'une provision de sept (7) millions francs CFA par la société FORALAC au profit de M… ; Ordonne l'exécution provisoire nonobstant appel ; Réserve les dépens[375] ; »

**552. Accident de travail, opposition, jugement par défaut M… / Restaurant le Requin Blanc**

« Par acte en date à Pointe-Noire du 05 novembre 2004, le Restaurant le Requin Blanc a fait opposition du jugement par défaut rendu le 26 mars 2003, dont le dispositif, en ses termes essentiels, est articulé comme suit : ''Dit qu'il y a rupture abusive du contrat de travail ; Constate la non déclaration de l'accident de travail ; Condamne le Restaurant le Requin Blanc à payer à M…, en sus des droits légaux et conventionnels, les sommes ci-après :

- 5.000.000frs CFA au titre de l'accident non déclaré ;
- 2.000.000frs CFA à titre de dommages-intérêts pour rupture abusive ;
- 150.000francs CFA pour non remise du certificat de travail ;''

Attendu que l'opposition a été relevée dans les délais de l'article 233 du Code du travail ; Qu'elle est recevable ; Au fond ; Après avoir fait opposition du jugement par défaut rendu le 26 mars 2003 dont l'articulation essentielle du dispositif est rappelée, le Restaurant le Requin Blanc n'a nullement répliqué à la requête de Monsieur M… ; Attendu qu'aux énonciations essentielles de ladite requête M… a fait valoir qu'il avait été embauché par le Restaurant le Requin Blanc suivant un contrat de travail à durée indéterminée ; Que par la suite, sans motif réel et sérieux, il a été licencié, quand bien même il avait été victime d'un

---

375 Tribunal de travail de Pointe-Noire, Rôle n° 131, année 2005, répertoire n°281 du 21/10/2005, inédit

accident de travail lui ayant entraîné l'amputation des deuxième et troisième doigts de la main droite ;
Que cet accident n'a pas été déclaré à la Caisse Nationale de Sécurité sociale, et il en est résulté un grave préjudice pour lui ; Attendu que les demandes de M.., soutenues par les énonciations de la requête et quelques pièces du dossier n'étant pas contestées par le Restaurant le Requin Blanc dont copie a été régulièrement adressée avec citation ; Qu'il y a lieu de réitérer en toutes ses dispositions le jugement entrepris ; Attendu que régulièrement cité de ce chef, le Restaurant le Requin Blanc n'a pas produit ses moyens de défense ; Qu'il y a lieu de constater la défaillance et statuer par itératif défaut, tout en réitérant le jugement querellé en toutes ses dispositions et en précisant que la présente décision est exécutoire nonobstant appel ; Par ces motifs ; Statuant publiquement, contradictoirement par itératif défaut à l'égard du Restaurant le Requin Blanc, en matière sociale et en premier ressort ; Reçoit l'opposition ; Constate la défaillance ; Réitère en toutes ses dispositions le jugement rendu le 26 mars 2004 ; Dit que la présente décision est exécutoire nonobstant appel ; Condamne le Restaurant le Requin Blanc aux dépens[376] ; »

**553.** ***Observations***

***Réparation complémentaire pour faute inexcusable de l'employeur***

*Le bénéfice de la faute inexcusable de l'employeur prévue à l'article L. 452-1 du Code de la Sécurité sociale est de droit pour le ou les travailleurs qui seraient victimes d'un accident du travail ou d'une maladie professionnelle, alors qu'eux-mêmes ou un représentant du personnel au CHSCT avaient signalé à l'employeur le risque qui s'est matérialisé.*[377] *En cas d'accident du travail survenant après que l'employeur a été ainsi alerté, celui-ci sera considéré comme ayant commis une faute inexcusable, ce qui entraînera notamment une majoration des rentes servies à la victime au titre de la législation relative aux accidents du travail. Selon la Cour de cassation, « en vertu du contrat de travail le liant à son salarié, l'employeur est tenu envers celui-ci d'une obligation de sécurité de résultat, notamment en ce qui*

[376] Tribunal du travail de Pointe-Noire, Rôle n°172, année 2003, répertoire n°230/05 du 22/07/05, inédit
[377] L. 4131-4, L. 231-8-1

*concerne les maladies professionnelles contractées par ce salarié du fait des produits fabriqués ou utilisés par l'entreprise ; que le manquement à cette obligation a le caractère d'une faute inexcusable, au sens de l'article L. 452-1 du Code de la Sécurité sociale, lorsque l'employeur avait ou aurait dû avoir conscience du danger auquel était exposé le salarié, et qu'il n'a pas pris les mesures nécessaires pour l'en préserver ».*[378]

*« En cas de faute inexcusable de l'employeur et indépendamment de la majoration de rente servie à la victime d'un accident du travail ou d'une maladie professionnelle, celle-ci peut demander à l'employeur, devant la juridiction de Sécurité sociale, la réparation non seulement des chefs de préjudice énumérés par le texte susvisé*[379]*, mais aussi de l'ensemble des dommages non couverts par le livre IV du Code de la Sécurité sociale »*[380] *; il peut ainsi être répondu favorablement à des demandes du salarié « d'indemnisation au titre de l'aménagement de son logement et des frais d'un véhicule adapté ». L'article L. 452-3 CSS vise la réparation des préjudices causés par les souffrances physiques et morales, esthétiques*

.

[378] Soc. 28 février 2002, arrêts Amiante

[379] L. 452-3 CSS

[380] Civ. 2e 30 juin 20111, PBR, Sté d'aménagement touristique de l'Alpe-d'Huez SATA ; DC 18 juin 2010

# TITRE 5 : LA NOTION DE FAUTE DANS L'EXECUTION DU CONTRAT DE TRAVAIL

**554. Faute, vol, détournement de deniers, abus de confiance, procédure, sursis à statuer**
**La société Trans SERVICES/ T…**

« Pour faire obstacle à la requête en paiement des indemnités et dommages-intérêts consécutifs au licenciement abusif, introduite par son ex-travailleur T…, la société Trans Services a sollicité le sursis à statuer, tout en faisant valoir ; Qu'avant toute défense au fond, elle entend demander le sursis à statuer compte tenu d'une procédure pendante devant le 4ème chambre d'instruction, engagée par elle sur les faits à l'origine du litige ; Qu'il s'agit en effet d'une plainte déposée contre le susnommé, pour vol, détournement des deniers et abus de confiance, ayant motivé la suspension de son contrat de travail ; Qu'en pareilles circonstances, le sursis à statuer s'impose au juge social ; Attendu que l'e-mail adressé au requérant par son employeur, en date du 07 mars 004, spécifie ce qui suit ;'' ton manque de respect à ton supérieur m'amène à te mettre aux arrêts à compter du 07 mars 2004 ; Tu retrouveras ta liberté pour t'engager ailleurs'' ; Que cependant, la plainte avec constitution de partie civile a été déposée pour vol, détournement et abus de confiance ;

Attendu que la règle ''le pénal tient le civil en l'état'', ne s'impose au juge social qu'autant que les faits à l'origine du licenciement, sont supposés caractériser une infraction pénale dont l'examen apporte en toute suffisance un éclairage à celui-ci ; Or, attendu qu'en l'espèce, le licenciement doit son origine à un prétendu manque de respect au supérieur et non aux détournements ou malversations suite auxquels l'employeur précise ; ''je t'ai maintenu en place en réduisant ton pouvoir pour te permettre de te racheter'' ; Qu'il échet de rejeter le sursis sollicité et d'enjoindre la société Trans Services de conclure au fond ; Par ces motifs ; Statuant publiquement, contradictoirement, en matière sociale et en premier ressort ; Avant dire droit ; Rejette le sursis à statuer sollicité ; Enjoint à la société Trans Service de conclure au fond ; Renvoie la cause au 28 janvier 2005 ; »[381]

---

[381] Réserve les dépens ; Tribunal du travail de Pointe-Noire, Rôle n°096, année 2004, Répertoire n°005 du 7 janvier 2005, inédit

**555. Délégué du personnel, faute lourde, commission du litige, heures supplémentaires**
**La Société SCORE / Les consorts B…**

« Requête aux fins d'interprétation des dispositions légales, introduite par le Conseil de la société SCORE, en date du 07 octobre 2004, dans la cause des consorts B… ; A l'appui de la requête, la société Score expose qu'en date du 04 août 2004, elle a procédé au licenciement de Messieurs T… et N… ; Que ce licenciement est intervenu pour faute lourde et elle refuse la possibilité de réintégration, quand bien même sollicitée par l'Inspecteur du travail ; Qu'en dépit de cette position, les susnommés s'obstinent à utiliser des procédés incorrects ; Que ces procédés ont toutefois insufflé des menaces à son égard, au point où le climat au sein de l'entreprise s'est alourdi ; Qu'ils sont tous des délégués du personnel et, une injonction de verser leurs salaires de base lui est faite ; Qu'il s'attache plutôt au prescrit de l'article 176 (nouveau) alinéa 4 du Code du travail ; Que les intéressés ont plutôt opté d'en saisir d'autres instances plutôt que le tribunal du travail ; Qu'elle offre de payer lesdits salaires de base par devant le Tribunal et le réserve de conclure au fond quant à la légitimité du licenciement ; En réplique, les consorts B… ont conclu au débouté et, tout en sollicitant reconventionnellement les dommages-intérêts, ils ont fait valoir qu'en leur qualité de travailleurs protégés, leur licenciement n'a pas été autorisé par la Commission des litiges ; Qu'à la suite d'un accord intervenu entre les parties, au sujet des heures supplémentaires de dimanche rémunérées à 100%, la société Score a, d'autorité rabattu le taux à 50% ; Que par la suite, ils ont été saisis des lettres de licenciement ; Que le Tribunal constatera que le licenciement est intervenu sans l'autorisation préalable de la Commission des litiges ; Qu'il leur appartient de saisir le Tribunal et d'en tirer les conséquences sur la sécurité de la société sus-dénommée ; Que cependant, il ne revient nullement au Tribunal de prendre acte de ce que leur licenciement est acquis et, définitif ; Que le salaire de base qui doit leur être versé pendant la procédure judiciaire, comprendra également le sursalaire considéré comme élément intégré de celui-ci ; Qu'ils sollicitent, à titre reconventionnel, des dommages intérêts de 2.000.000 Frs CFA ; Sur quoi le tribunal. Attendu qu'il ressort des prétentions et moyens des parties, que la société Score a licencié les consorts B…, alors délégués du personnel, sans autorisation de la Commission des litiges ; Qu'elle sollicite de lui donner acte de ce que ledit licenciement est acquis et, définitif tout en ce qu'elle offre de payer aux défendeurs leurs salaires de base devant la procédure judiciaire ; Mais attendu que les consorts B… se prévalent d'un licenciement abusif, opéré d'autorité par leur employeur, sans l'autorisation de la Commission de litiges ; Qu'en leur qualité de délégués du personnel et, en application des dispositions de l'article 176 (nouveau) alinéa 4 du Code du travail, ils doivent conserver le paiement du salaire de base ; Que ce salaire de base, à les en croire, se compose également de sursalaire qui en est l'élément intégré ; Attendu qu'il est constant que les rapports d'entre les parties ont été rompus par la volonté unilatérale de l'employeur ; Qu'il y a lieu de constater le licenciement ; Attendu que les consorts B... sont des travailleurs protégés et, au sens de l'article 176 (nouveau) alinéa 4 du Code du travail, au cours de la procédure judiciaire devant le tribunal, le délégué du personnel conserve son salaire de base jusqu'au prononcé du jugement ; Attendu qu'en l'espèce, les susnommés sont des délégués du personnel et ont été licenciés sans autorisation de la Commission des litiges ; Or, attendu que la société Score offre de payer à B... et autres leurs salaires de base et par devant le Tribunal ; Qu'il échet de lui en donner acte ; Attendu que les défenderesses se prévalent d'un sursalaire en plus dudit salaire de base, en ce que l'élément intégré de celui-ci ; Attendu que la définition du salaire de base s'étend uniquement du salaire, sans autre élément ; Qu'il n'y a lieu de faire droit audit sursalaire objecté en ce que , sans base légale ou conventionnelle au regard de la définition dudit sursalaire ; Attendu qu'au surcroit, les consorts B... ont sollicité reconventionnellement le paiement de la somme de 2.000.000 Frs CFA à titre de dommages-intérêts ; Attendu que l'abus du droit n'est pas établi contre la société Score dans la présente procédure ; Qu'il échet de débouter les susnommés de leur demande ; Par ces motifs ; Statuant publiquement, contradictoirement, en matière sociale, et en premier ressort ; Constate le licenciement de B... et autres ; Donne acte à la société Score de ce qu'elle offre de payer par devant le tribunal le salaire de base de B..., BA..., M..., L..., T... et G... pendant la procédure judiciaire devant le tribunal ; Donne acte de ce que la société Score se réserve de conclure au fond ; Déboute B.. et autres de leur demande reconventionnelle ; Met les dépens à la charge du Trésor public ; »[382]

[382] Tribunal du travail de Pointe-Noire, Rôle n°173, année 2004, Répertoire n°065 du 18 février 2005, inédit

**556. Délégation du personnel, représentant syndical, démission, menaces physiques et psychologiques**
**B..., MP..., et M... / La société SERTRAP**

« Requête en date à Pointe-Noire, du 18 août 2004, aux fins de paiement des primes, indemnités et dommages-intérêts, introduite par B... ; MP..., M... et M..., contre la société SERTRAP ; Il est exposé ; Que les consorts B... ont été embauchés par la société SERTRAP en qualité d'ouvriers qualifiés, suivant contrats de travail à durée indéterminée, le 15 mars 2002 ; Que M.. et B... étaient des délégués du personnel, et MP... représentant syndical ; Que c'est après les élections que les problèmes ont commencé à surgir ; Qu'au-delà des chômages techniques répétés, ils ont été victimes des menaces psychologiques et physiques, rendant malsain le climat du travail ; Qu'ils ont réagi contre la décision de la Commission des litiges ayant autorisé le chômage économique ; Que les agents enquêteurs commis par la direction départementale du travail avaient reconnu dans leur rapport le bien fondé de leurs revendications et le non-respect des dispositions de l'article 47, 12 et 47 et 13 du Code du travail ; Que, bien des maux ont été dénoués à l'encontre de leur employeur ; Qu'ainsi, au niveau de l'Inspection du travail, celui-ci a été condamné au paiement des droits conventionnels ; Qu'ils sont ainsi fondés à s'adresser à justice pour qu'il soit statué tel que sollicité ; Suivant les écritures de son conseil, la société SERTRAP a conclu au débouté tout en faisant valoir ; Que suite aux difficultés économiques, elle a sollicité auprès de la Commission des litiges, la mise au chômage économique d'une partie de son personnel ; Que le chômage économique a été ainsi autorisé pour trois (3) mois et concernent les requérants ; Que la saisine de cette Commission a été faite dans l'observation des dispositions légales ; Que pendant cette période de mise au chômage économique, les susnommés ont démissionné, conformément à l'article 47, du Code du travail et, en toute bonne foi, elle leur a payé les salaires du mois d'avril 2004 ; Attendu qu'il ressort des pièces du dossier que pendant la période de mise au chômage économique, les consorts B... avaient adressé à leur Employeur, la société SERTRAP, les lettres de démission en termes non équivoque, au travers desquelles ils lui demandaient le remboursement des cotisations C.N.S.S. et le paiement de la prime de fin d'année ; Attendu que la démission est un mode de résiliation du contrat pour le travailleur, autrement dit, par ce fait, la rupture lui en est imputable ; Qu'il échet en l'espèce d'imputer la rupture du lien contractuel aux consorts B... ; Attendu qu'en cas de rupture du contrat par le travailleur, il ne lui est dû aucune indemnité, Attendu que, plutôt, l'article 47, 14 dispense le travailleur mis en chômage économique du préavis au cas où il trouve un emploi ailleurs ; Attendu que les requérants ont sollicité le paiement de :

- droits conventionnels ;
- primes de fin d'année au titre de 2000, 2001, 2002 ;
- des dommages-intérêts de 2.000.000Frs CFA chacun ;
- remboursement cotisations C.N.S.S.

Qu'au regard des considérations de droit surdéveloppées, les dommages-intérêts et droits conventionnels ne sont nullement dus au travailleur démissionnaire, et il convient par conséquent d'en débouter les susnommés ; Attendu que les cotisations C.N.S.S., si elles ne sont régulièrement reversées peuvent faire l'objet une pension correspondante ; Qu'il y a lieu également de débouter les consorts B… de ce chef de la demande ; Attendu que la prime de fin d'année est un droit acquis par le travailleur en compensation des prestations du passé ; Qu'il échet donc de condamner la société au paiement de ladite prime aux requérants pour les années 2000, 2001, 2002 ; Par ces motifs ; Statuant publiquement, contradictoirement, en matière sociale et en premier ressort ; Dit qu'il y a démission ; Impute la rupture du contrat de travail aux consorts B… ; Déboute B… et autres du surplus de leurs demandes ; Met les dépens à la charge du Trésor public ; »[383]

**557. Faute, licenciement légitime**
**Dame G… / La CNSS**

« Par requête en date à Pointe-Noire du 05 janvier 2005, Dame G…, née K…, a fait citer la Caisse nationale de sécurité sociale, dite CNSS, aux fins de s'entendre la condamner à lui payer la somme de 126.000.000 frc CFA à titre de dommages-intérêts en sus des droits légaux et conventionnels, consécutifs à la rupture du contrat de travail ; Il est exposé ; Que dame O… a été embauché par la Caisse Nationale de sécurité sociale en qualité de caissière ; Que, parallèlement à ses fonctions et, compte tenu de sa situation sociale, elle devait entreprendre d'autres activités pour soutenir sa progéniture ; Que pareille situation l'a poussée à profiter des erreurs de la CNSS ; Qu'ainsi, au lieu de renvoyer ce qui était en trop, par exemple une somme de 4.000.000frs CFA, elle en profitait pour payer la scolarité de ses enfants à l'étranger ; Que le 07

[383] Tribunal du travail de Pointe-Noire, Rôle n°165 année 2004, Répertoire n°206 du 08/07/2005, inédit

novembre 2003, elle a été suspendue de ses fonctions sur la base des faits similaires ; Que le 24 décembre 2003, elle était passée devant le Conseil de discipline qui lui a signifié pour une nouvelle fois la suspension de ses fonctions, cette fois-ci à partir du 12 décembre 2002 ; Que pendant la suspension il lui était versé son salaire jusqu'en février 2004 où, concomitamment à une note de mise en congés, elle a reçu une lettre de licenciement par l'intermédiaire du Directeur départemental de CNSS au Kouilou ; Que la lettre de licenciement était datée du 02 février 2004, mais parvenue à son niveau le 28 décembre 2004 ; Qu'elle avait pourtant offert de rembourser cette dette par retenues à la source ; Qu'il s'agit d'un licenciement abusif, en ce que sans motif légitime, en application des dispositions de l'article 42 (nouveau) du Code du travail, et irrégulier parce que la procédure appropriée n'a pas été respectée ; Que le tribunal statuera tel qu'il est sollicité et ordonnera l'exécution immédiate de la décision ; La Caisse Nationale de sécurité sociale a conclu au débouté de la requérante, tout en faisant valoir qu'il s'agit d'une rupture régulière et légitime, justifiée par un motif réel et appréciable, entreprise dans l'observation des dispositions légales ; Qu'en effet, courant novembre 2003, dame K… avait profité d'un mandat passé par erreur au profit d'un pensionnaire nommé B…, d'une somme de 1.584.000 frs CFA, au lieu de payer le montant réel qui était 158.400frs CFA ; Que concrètement, elle avait perçu trois (3) mandats d'une valeur de 1. 584.000frs CFA ; Qu'elle a été entendue par la commission de discipline qui, après être convaincue de la faute commise par la susnommé, avait décidé de son licenciement ; Que cette décision lui a été régulièrement signifiée ; Qu'il s'agit d'une faute lourde, privative d'indemnité de licenciement et de préavis ; Que les congés qui lui ont été payés relèvent de son droit ; Le Ministère public a relevé la légitimité de la rupture du contrat et le mal fondé des demandes formulées ;

Sur quoi, le Tribunal ; Attendu que dame K… se prévaut d'un licenciement abusif et sollicite le paiement des droits de rupture et des dommages-intérêts ; Qu'il convient d'examiner le motif de la rupture du contrat, avant d'en inférer les conséquences ; Sur le motif du licenciement ; Attendu qu'à en croire la requérante, son licenciement a été effectué sans motif réel et appréciable, en ce que, les faits allégués par son employeur, ne sont pas d'une gravité particulière ; Que, suite au manquant constaté, elle avait repris le travail, s'était proposée de le rembourser au moyen des retenues à la source et, elle avait même bénéficié des congés ; Qu'il s'agit d'un licenciement intervenu tardivement ; Attendu que, par contre, la Caisse nationale de sécurité sociale (CNSS) soutient que le fait de subtiliser un mandat émis en trop au profit d'un pensionnaire à qu'il est plutôt payé le montant réel, tout en

utilisant le reliquat à des fins personnelles, est constitutif de faute lourde ; Que la susnommé a encaissé un montant de 1. 584.000frc CFA tout en payant à l'attributaire de la pension une somme de 158.400 frs CFA ; Attendu que la décision n°026/D4/FI/LNM du 02 février 2005 portant rupture du contrat de travail de dame G... née K... fait état d'une faute lourde spécifiée dans la décision de suspension n°211/DPE/SCE du 12 décembre 2003 ; Attendu qu'il ressort des prétentions des parties et des pièces du dossier que courant novembre 2003, dame G... avait subtilisé un mandat émis en trop au profit du nommé B... qui, en réalité avait droit à la somme de 158. 400frs CFA ; Que ce montant qui était plutôt porté par inadvertance à la somme 1.584.000frs CFA, a été encaissé par la susnommée prétendument pour résoudre ses problèmes sociaux ; Que s'en étant ainsi aperçue, la Caisse Nationale de sécurité sociale en a érigé une faute lourde ayant entrainé la suspension de son contrat de travail, tout en l'invitant à s'exprimer sur les faits et, au point où elle a été licenciée par la suite ; Attendu que les faits à l'origine de la rupture du contrat de travail de la requérante s'analysent en une malversation constitutive de faute lourde ; Qu'il y a donc motif réel et sérieux rendant légitime ladite rupture ; Attendu que le contrat a été suspendu tout en permettant à l'intéressée de s'exprimer sur ces faits, donc suivant la procédure de l'article 41 (nouveau) du Code du travail ; Que ladite rupture est donc régulière ;
Sur les demandes ; Attendu que dame G.. sollicite le paiement des droits légaux et dommages-intérêts sur le fondement du licenciement abusif ; Attendu qu'au regard des dispositions de l'article 42 (nouveau) du Code précité, le paiement des droits et dommages-intérêts par l'employeur n'intervient qu'en cas de rupture abusive du contrat de travail ; Or, attendu qu'en l'espèce, l'analyse du motif du licenciement, entrepris ci-dessus, en a fait relever la légitimité ; Que les droits et dommages-intérêts sollicités sont dénués de base légale et il convient d'en débouter la susnommée ; Par ces motifs ; Statuant publiquement, contradictoirement en matière sociale et en premier ressort ; Déclare le licenciement légitime ; Déboute madame G... née K... de sa demande. La condamner aux dépens ; »[384]

[384] Tribunal du travail de Pointe-Noire, Rôle 244 année 2005, répertoire n°244 du 29/07/05, inédit

**558. Commission de litige, incompétence du tribunal, délégation du personnel, faute**
**MB… / la société COMASER DIETSMAN**

« Par requête en date à Pointe-Noire du 23 mars 2005, monsieur MB… a fait citer la société COMASER DIETSMAN pour s'entendre la condamner à lui payer les indemnités consécutives à la rupture abusive de son contrat de travail ; Au soutien de sa demande, MB… expose qu'il a été embauché par la société COMASER DIETSMAN le 08 novembre 1994 ; Que le 08 août 2004, sans motif appréciable, sinon sur simples imputations d'avoir participé à une prétendue sortie frauduleuse de bidons vides appartenant à la société TOTAL ; Qu'en effet, un bon de sortie de bidons vides a été établi par monsieur K… et, acheminé par G…, sans qu'il n'ait eu une présence d'esprit ; Qu'à la sortie, ils ont été tous interpelés par le représentant de la sécurité ; Qu'au départ, les présomptions étaient portées sur sa personne, mais il n'en était rien de tout cela ; Que le représentant de DIETSMAN l'a importuné en lui demandant d'accepter les faits ; Que son contrat a été suspendu par la suite, et le licenciement prononcé ; Que cette sanction s'avère trop sévère pour un travailleur de sa trempe, ayant une ancienneté de 10 ans ; La société DIETSMAN a soulevé l'incompétence du Tribunal du travail tout en faisant valoir que M… est délégué du personnel, et a été entendu par la Commission des litiges ; Qu'à l'issue des débats contradictoires, celle-ci a autorisé son licenciement pour faute lourde ; Qu'au demeurant, MB… a fait des aveux devant ladite commission ; Attendu qu'il ressort des pièces du dossiers qu'en date du 02 novembre 2004, la société DIETSMAN a saisi la Commission des litiges sur la sortie frauduleuse de dix-neuf (19) bidons, effectuée par MB…, alors délégué du personnel ; Que par décision n°1713/ARTK.01/31 du 12 novembre 2004, ladite commission a autorisé le licenciement pour faute lourde ; Attendu qu'il est de jurisprudence constante qu'il ne revient pas au juge judiciaire de contrôler les motifs d'une décision rendue par la Commission des litiges, qui par essence, est un organe administratif ; Qu'il y a lieu par conséquent de se déclarer incompétent ; Par ces motifs ; Statuant publiquement, contradictoirement, en matière sociale, et en premier ressort ; Constate la décision de la Commission des litiges ; Se déclare incompétent ; » [385]

---

[385] Tribunal du travail de Pointe-Noire, Rôle n°049, année 2005, Répertoire n°197 du 24 juin 2005, inédit

**559. Résolution judiciaire du contrat de travail, faute lourde, délégué du personnel, commission de litiges**
**La Pharmacie MAVRE / NG...**

« Requête en date du 28 août 2003 aux fins de résolution judiciaire du contrat de travail, introduite par la pharmacie MAVRE, contre NG... ; Il est exposé ; Qu'en date du 15 juillet 2003, la pharmacie MAVRE a saisi la commission de litiges aux fins d'obtenir l'autorisation de licencier son agent, délégué du personnel, Monsieur NG..., pour faute lourde ; Qu'en effet, le 24 juillet 2003, son employeur monsieur TROUYET lui confiait la mission d'aller à la Mairie centrale de Pointe-Noire pour se faire délivrer une attestation de vente de son véhicule ; Que NG... et le représentant du futur acquéreur se sont détournés la mission pour se rendre plutôt à Dolisie ; Que, sans en informer son employeur, il a abandonné son poste de travail de travail pendant trois (3) jours et, rentré à Pointe-Noire, à la suite d'un entretien en présence d'un délégué du personnel qui l'assistait, il reconnaissait les faits ; Que lors de la réunion devant la Commission de litiges, il s'est avéré que les deux acolytes se sont rendus chez NG... pour prendre une glacière afin de faire des courses pendant le trajet pour Dolisie ; Que NG... a donc outrepassé la mission confiée et n'a pas respecté les instructions qui lui étaient dues ; Que cette attitude est constitutive de faute lourde justifiant son licenciement ; Que cependant, la Commission des litiges a refusé de donner l'autorisation du licenciement, au motif que NG... serait l'objet de manipulation d'un malfrat ; Qu'en pareilles circonstances, l'employeur est fondé à s'adresser à justice aux fins d'une résolution judiciaire du contrat de travail qui les lie ; En réplique, NG... a conclu au débouté et, tout en faisant valoir sa qualité de délégué du personnel, il a revendiqué le paiement de son salaire, avec effet rétroactif, durant la procédure judiciaire ; En effet, il a fait relever qu'il s'agit d'une procédure abusive et vexatoire ; Que son employeur avait présumé une faute lourde pour laquelle il avait procédé à la suspension de son contrat ; Que la Commission de litiges, saisie en vue d'autoriser le licenciement pour faute lourde, l'avait plutôt refusé ; Que ce refus impliquait la reprise effective du travail par lui, sans laisser subsister l'effet suspensif ; Que davantage, la pharmacie MAVRE n'a exercé aucun recours contre la décision de ladite Commission ; Qu'elle a plutôt usé des manœuvres dilatoires ; Que la voie de la résolution judiciaire prévue par l'article 1184 du Code civil n'affecte en rien les dispositions de l'article 176 du Code du travail, prévoyant la protection des représentants du personnel ; Qu'en sus du paiement de salaire, il revendique les dommages-intérêts de 1.500.000frs CFA pour procédure abusive et vexatoire ; Le Ministre public a relevé le bien-fondé de l'action de la pharmacie MAVRE ; En date du 24 septembre 2004, par jugement avant dire droit, le Tribunal a ordonné une enquête par l'audition des parties sur les circonstances ayants conduit monsieur NG… à Dolisie ; Cette décision a été exécutée (voir procès-verbal du 09 novembre 2004) ; Sur quoi, le Tribunal ; Attendu que la pharmacie MAVRE sollicite la résolution du contrat de travail de NG…, délégué du personnel, suite au refus de la Commission des litiges d'autoriser son licenciement sur la base des présomptions de faute lourde ; Attendu qu'à l'opposé, NG… revendique reconventionnellement le paiement des salaires avec effet rétroactif , et des dommages-intérêts pour procédure abusive et vexatoire ; Qu'il convient d'examiner les demandes respectives des parties ;

Sur la résolution du contrat de travail ; Attendu que pour vaincre le refus d'autoriser le licenciement opposé par la Commission des litiges, la pharmacie MAVRE se fonde sur les dispositions de l'article 1184 du Code Civil, suivant lequel dans tout contrat synallagmatique, la condition résolutoire est sous-entendue ; Qu'à l'en croire, il lui est permis de saisir le Tribunal du travail, après refus de la Commission des litiges d'autoriser le licenciement de son salarié protégé, pour faute lourde ; Mais attendu que NG… fait remarquer que les dispositions de l'article 176 du Code du travail, relatives à la protection des représentants du personnel, priment celles du droit commun régissant les relations contractuelles ; Attendu que s'il est vrai qu'au regard des dispositions de l'article 1184 du Code Civil, le contrat de travail peut en courir la résolution devant le juge, de par sa nature synallagmatique, il demeure indiscutable ; Que, suivant l'article 37-2 du Code du travail, cette résolution procède de l'inexécution de ses obligations par l'une des parties ; Attendu qu'en l'espèce, la faute lourde articulée en terme d'abandon de poste repose sur le fait pour NG… d'avoir prétendument détourné l'itinéraire assigné par son employeur ; Mais attendu qu'au cours de la confrontation des parties (voir procès-verbal d'audition du 9 novembre 2004), il a été établi que NG… a été transporté à Dolisie par les manœuvres d'un tiers ; Qu'en effet, ayant reçu la mission de se rendre à la Mairie centrale de Pointe-Noire pour obtenir une attestation de vente du véhicule, le représentant du client de son patron, qui était au volant, a usé de manœuvres et de subterfuges pour se diriger au Mayombe jusqu'à Dolisie où NG… saisit la Gendarmerie et la Police ; Or attendu que ces circonstances ne sont pas de nature à caractériser l'abandon du poste pour ainsi relever à l'encontre du susnommé l'inexécution de ponctualités ; Qu'il échet de déclarer la pharmacie MAVRE mal fondée en sa demande de résolution judiciaire du contrat de son salarié ;

Sur la demande reconventionnelle ; Attendu que NG… se prévaut des dispositions de l'article 176 du Code du travail et revendique le paiement de son salaire de base, à compter de la date de la suspension de son contrat du travail ; Attendu que l'article 176 (nouveau) du Code prévoit le maintien du salaire du travailleur protégé durant la procédure devant le Tribunal ; Qu'il y a lieu de faire droit à cette demande ; Attendu qu'au surcroît, NG… sollicite la réintégration en sus des dommages-intérêts ; Attendu qu'il est constant que NG… n'a pas été licencié ; Qu'il est de bon droit d'enjoindre à son employeur de lever la mesure de suspension tout en procédant à sa réintégration ; Mais attendu que les dommages-intérêts ne sont dus qu'en cas de licenciement reconnu abusif ; Qu'en l'espèce ce chef de demande est sans base de fait ou de droit, et commande d'en débouter le susnommé ; Attendu que l'exécution immédiate a été sollicitée en vertu des dispositions de l'article 232 (nouveau) du Code du travail ; Attendu que le paiement des salaires du requérant à cet effet ne prête nullement à contestation ; Qu'il sied d'ordonner cette mesure ; Par ces motifs ; Statuant publiquement, contradictoirement, en matière sociale et en premier ressort ; Reçoit la requête de la pharmacie MAVRE ; L'en dit mal fondée ; La déboute de sa demande ; Reçoit NG… en sa demande reconventionnelle ; Condamne la pharmacie MAVRE à lui payer le salaire de base pendant la procédure judiciaire devant le tribunal et, avec effet rétroactif, à compter de sa suspension ; Ordonne la réintégration ; Ordonne l'exécution immédiate, avec dispense de caution, nonobstant appel ; Déboute NG… du surplus de sa demande ; Met les dépens à la charge du Trésor public ; »[386]

**560. Faute, concurrence déloyale, négligence professionnelle, absence, insoumission, licenciement abusif, réintégration**
**La société FROID CLIMATISATION / M…**

« En la forme ; Par acte en date du 29 avril 2005, la société FROID CLIMATISATION a fait opposition du jugement par défaut le 25 novembre 2004, dont le disposition en ses termes essentiels, est le suivant : ''Déclare le licenciement irrégulier et abusif ; Ordonne le réintégration ; A défaut ; Condamne la société FROID CLIMATISATION à payer les droits légaux et conventionnels, 5.000.000frs CFA de dommages-intérêts pour licenciement abusif et 150.000 frs CFA pour non remise de certificat de travail'' ; Attendu que l'opposition a été relevée dix (10) jours dans l'intervalle de la

[386] Tribunal du travail de Pointe-Noire, Rôle 148 année 2003, Répertoire n°114 du 25/03/05, inédit

signification de la décision ; Qu'en application des dispositions de l'article 233 du Code du travail, elle est recevable ; Au fond ; Attendu que, dans ses moyens de défense contre l'action en paiement des indemnités de rupture et dommages-intérêts, intentée par M... qui, à cet effet a fait relever que le licenciement effectué à son endroit ne s'était reposé sur aucun motif, la société FROID CLIMATISATION a plutôt fait valoir qu'il s'agit d'un licenciement régulier et légitime ; Qu'en effet, dans l'exécution de son contrat de travail, Monsieur M... s'est fait distinguer dans une concurrence déloyale ; Qu'il a écopé pour ce fait de nombreuses sanctions ; Qu'il a, de même ; écopé d'une mise à pied, d'un avertissement et d'une mise en garde, tantôt pour négligence professionnelle et absence, tantôt pour refus de se soumettre aux visites médicales ; Qu'en ce qui concerne le motif de son licenciement, ayant reçu l'ordre d'acheter une pièce de rechange (clixon d'un cheval et demi), M... a présenté une facture établie par une maison dénommé KOFEL FROID, après achat, au prix d 13. 500frs CFA ; Qu'après examen de la facture, il en était résulté que le signataire en était M... lui-même et le numéro du l'entreprise qu'il avait utilisé ; Que ladite société était introuvable dans la ville de Pointe-Noire et, il s'agissait d'une structure élevée par le susnommé ; Que plusieurs pièces disparaissaient dans les ateliers de la société ; Qu'invité de s'exprimer, M... a nié les faits et n'a nullement reconnu avoir été sanctionné pour un motif quelconque ; Que l'impertinence de ses moyens de défense a commandé de prononcer son licenciement, conformément aux dispositions de l'article «39 du Code du travail ; Qu'il s'agit d'une procédure abusive et vexatoire pour laquelle elle sollicite reconventionnellement des dommages intérêts d'un montant de 5.000.000F CFA. M... a précisé que d'usage, la société FROIDE CLIMATISATION lui demandait toutefois de procurer toute pièce qui manquait auprès des vendeurs informels, lorsque les magasins visuels n'en disposait pas ; Que de ce fait, la facture était toujours présentée à la défenderesse par les Etablissements KOFEL FROID ; Que de même par les travaux de peu d'intérêts les facturations étaient toujours faites par la société FROID CLIMATISATION et M... les faisait exécuter par lui, agissant au nom des Ets KOFEL FROID ; Que les facturations étaient toujours faites par les Ets KOFED FROID et le numéro du téléphone était le sien en plus de la boîte postale 1445 ; Que le vrai fait réside plutôt dans la revendication des primes ; Que suite au refus injustifié opposé à ces revendications, il avait décidé de ne plus participer aux dépannages en mer qui ne faisaient nullement parties de ses obligations contractuelles ;

Sur quoi, le Tribunal ; Attendu que M... a érigé la rupture de son contrat de travail en licenciement abusif et sollicité le paiement des indemnités

subséquentes, ainsi que les dommages-intérêts ; Qu'il importe d'examiner le motif du licenciement et d'en inférer les conséquences sur la demande ; Attendu que M... se prévaut de l'absence de motif sérieux et réel à l'origine de son licenciement, en dehors de justes revendications faites et de la décision prise par lui de ne plus participer aux interventions de dépannage en mer, qui ne rentrent pas dans la gamme de ses obligations contractuelles ; Que la facture établie au nom de KOFED FROID, n'est qu'un faux fuyant pour la société FROID CLIMATISATION qui avait toujours recours à lui pour l'achat des pièces auprès de vendeurs informels et, pour le compte de laquelle il apposait toujours son numéro téléphonique ;
Mais attendu que la société FROID CLIMATISATION s'en tient plutôt à cette facture établie au nom d'une société dite KOPEL FROID, n'existant pas dans la ville de Pointe-Noire, et qui n'est qu'une invention du requérant ; Qu'il en déduit une activité toute indépendante exercée par lui, sous forme de concurrence de loyale ; Que bien d'autres faits avaient été reprochés à celui-ci ; Attendu que la lettre de licenciement, en date du 10 novembre 2003, adressée à M..., fait état d'actes frauduleux et de concurrence déloyale et d'utilisation de la boîte postale de l'entreprise pour des fins du commerce personnel ; Attendu que ces faits ne sont pas rapportés par la société FROID CLIMATISATION qui, au contraire s'est attelée sur la facture relative à l'achat d'une pièce de 13.500frs CFA, alors délivrée par les Etablissements KOFED FROID ; Que sur ce point, le requérant, M... a insisté sur la pratique admise entre lui et son employeur de recourir toutefois aux soins des vendeurs informels en cas de besoin d'une pièce qui s'avèrerait introuvable dans les magasins, au point où les factures étaient signées par KOFEL FROID, avec le numéro de son téléphone et la boite postale de l'entreprise ; Qu'il en était toujours de même pour des travaux véniels que M... exécutait ; Que les sanctions écopées dans le passé, invoquées par la société FROID CLIMATISATION pour alourdir la faute du requérant, ne peuvent justifier le licenciement entrepris, dès lors que ces fautes du passé, ont été absoutes par ces sanctions ; Or, attendu que la concurrence déloyale telle que s'en prévaut la société FROID CLIMATISATION ne peut se comprendre en l'absence d'actes soutenus et exécutés toutefois par le salarié pour obstruer les chances de l'entreprise, notamment en le privant de ses chalands ; Que le motif allégué est spécial et le licenciement entrepris est abusif au regard des dispositions de l'article 42 (nouveau) du Code du travail ; Attendu que, par ailleurs, la procédure de l'article 41 (nouveau) du Code précité a été observée ; Qu'il sied de déclarer régulier ledit licenciement ;

Sur les demandes ; Attendu que, prenant en compte des énonciations de la requête, le tribunal a condamné la société FROID CLIMATISATION au paiement des droits conventionnels en sus des dommages-intérêts d'un montant de 5.000.000frs CFA pour le licenciement abusif et 150.000frs CFA pour non remise du certificat de travail ; Attendu que cette décision a les mérites quant à l'abus avéré dans la résiliation du contrat de travail et sur le principe de l'évaluation des dommages-intérêts ; Qu'il échet de statuer à nouveau sur le quantum des dommages-intérêts en les ramenant à justes proportions de 2.000.000frs CFA pour le licenciement opéré, de maintenir l'exécution provisoire ; Par ces motifs ; Statuant publiquement, contradictoirement, en matière sociale, et en premier ressort ; Reçoit l'opposition ; Reforme le jugement par défaut rendu le 26 novembre 2000 sur l'irrégularité du licenciement et le quantum des dommages-intérêts tout en le réitérant dans ses dispositions autres ; Statuant à nouveau ; Déclare le licenciement abusif ; Ordonne la réintégration ; A défaut ; Condamne la société FROID CLIMATISATION à payer à Monsieur M..., en sus des droits légaux et conventionnels (calculés) par l'Inspection du travail) les sommes ci-après :
- 2.000.000frs CFA de dommages-intérêts pour licenciement abusif ;
- 150.000frs CFA de dommages-intérêts pour non remise de certificat de travail ; Ordonne l'exécution provisoire, avec dispense de caution pour les droits légaux et conventionnels, nonobstant appel ; Condamne FROID CLIMATISATION aux dépens ; »[387]

**561. Faute lourde, indemnité de rupture, commission de litiges S... / Les Etablissements CHANDREL**

« Requête en date du 16 décembre 2003, aux fins de revendication des droits et dommages-intérêts consécutifs à la rupture du contrat de travail, introduite par S..., contre les Etablissements CHANDREL ; Au soutien de son action, le requérant expose qu'il a été embauché par les Etablissements sus dénommés, sous-traitante de STT en date du 02 mars 1998, en qualité de chauffeur, suivant un contrat à durée indéterminée ; Qu'en pleine exécution de ses prestations de travail, en date du 24 août 2003, son employeur a suspendu son contrat, prétendûment pour des imputations de faute lourde à base des dégâts subi par un véhicule ; Qu'il s'agit d'un licenciement irrégulier, effectué dans l'inobservation des

---

[387] Tribunal du travail de Pointe-Noire, Rôle n°115, année 2004, répertoire n°190 du 24 juin 2005, inédit

dispositions de l'article 41 du Code du travail, et abusif parce que sans motif légitime ; La société CHANDREL a conclu au débouté tout en faisant valoir que le licenciement de S... est légitime et régulier, fondé sur un motif réel, effectué dans le strict respect de la procédure légale ; Qu'en effet, étant délégué du personnel, S... a endommagé l'aile du véhicule qu'il conduisait, en faisant présenter celui-ci à un autre véhicule garé dans l'enceinte du garage ; Que des mesures conservatoires ont été prises et le licenciement sollicité auprès de la Commission des litiges a été autorisé ; Que c'est suite à l'autorisation de cette Commission qu'il a été licencié pour faute lourde ; Sur quoi le Tribunal ; Attendu que S... se prévaut d'une rupture abusive de son contrat de travail, et revendique par conséquent le paiement des indemnités et dommages-intérêts ; Qu'avant de passer ses demandes au crible, il convient d'examiner le motif de cette rupture ;

1- Sur le motif du licenciement ; Attendu que S... a relevé l'absence d'un motif appréciable, légitimant la rupture de son contrat ; Qu'à l'en croire, les faits invoqués par son employeur sont spéciaux en ce que, au volant d'un véhicule, au sein du garage de l'entreprise STT, il avait présenté un véhicule garé, arrachant ainsi l'aile du sein ; Qu'il n' y a nullement faute lourde en ce que, cet endroit était mal éclairé et ce n'est pas un fait intentionnel ; Mais attendu que la Société Chandrel a fait valoir la légitimité du motif ayant sous-tendu la rupture du contrat de son salarié, en d'autres termes les faits d'inattention constitutifs de faute lourde ; Qu'en effectuant une manœuvre dans un garage suffisamment éclairé, celui-ci a fait pivauter l'aile de son véhicule à un autre qui était garé, au point où cette aile a été arrachée ;

Attendu qu'il est constant au travers des écritures confrontées, des pièces versées aux débats, étayées par les détails et précisions recueillies (voir procès-verbal de transport sur les lieux en date du 06 août 2004), qu'aux environs de 23 heures, S... qui se rendait au garage, alors éclairé était en vitesse ; Qu'il dépassait un grumier garé, préférait aller à la station où il n'y avait pas de place, alors qu'on ne s'approvisionne pas la nuit ; Qu'en effectuant une manœuvre pour virer, les câbles de la remorque ont pris le rétroviseur de l'autre véhicule en arrachant la cabine et, pendant ce temps il roulait, sans s'en apercevoir ; Qu'il n'a pu arrêter sa course que quand le gardien a sifflé ; Attendu que ces faits qui s'analysent par l'inattention manifeste jumelée de maladresse, caractérisent suffisamment la faute lourde au regard de la jurisprudence ; Attendu qu'en effet, le licenciement effectué procède d'un motif réel et sérieux ; Qu'il est légitime ;

2- Sur les demandes formulées ;
Attendu que S... sollicite le paiement des sommes ci-après, avec l'exécution provisoire :
- 5.000.000 frs CFA à titre de dommages-intérêts pour licenciement abusif ;
- 5.000.000 frs CFA d'indemnité de préavis ;
- 150.200 frs CFA de gratification ;
- 6.000.000 frs CFA des droits légaux et conventionnels ;
Attendu que ces demandes sont dénuées de tout fondement, en ce que la faute lourde à l'origine du licenciement est privative de toute indemnités, de même qu'il n'y a dommages-intérêts qu'autant que le juge relève un caractère abusif ; Qu'il échet de l'en débouter ; »[388]

**562. Faute de l'employé, procédure, jugement avant dire droit N... / La société CONGO PIECES**

« Requête en date à Pointe-Noire du 03 juin 2005, aux fins de paiement des droits de rupture et dommages-intérêts, introduite par N..., contre la société CONGO PIECES ; En substance, il est exposé ; Que N.. a été embauché par la société CONGO PIECES en qualité de gardien en vertu d'un contrat de travail à durée indéterminée ; Que, sans motif appréciable, le 05 novembre 2004, il a été licencié de façon verbale ; La société CONGO PIECES a répliqué qu'après conciliation, N... a refusé de réintégrer l'entreprise et, il était l'objet des recherches policières pour motif de vol opéré au préjudice de celle-ci ; Attendu que les prétentions et allégations des parties n'édifient nullement le Tribunal sur la reprise du travail par N... et le sort actuel de leurs rapports ; Qu'il y a lieu, en application des dispositions de l'article 228 du Code du travail, d'ordonner l'audition de celles-ci sur ces points ; Attendu qu'il sied de fixer l'audition au 15 novembre 2005 et de renvoyer la causse au 18 du même mois tout en réservant les dépens ; Par ces motifs ; Statuant publiquement, contradictoirement, en matière sociale, et en premier ressort ; Avant dire droit ; Ordonne l'audition des parties sur la reprise du travail par N... et le sort actuel du contrat ; Fixe l'audition au 15 novembre 2005 ; Réserve les dépens ; »[389]

---

[388] Tribunal du travail de Pointe-Noire, Rôle 234 année 2003, répertoire n°033 04/02/2005, inédit

[389] Tribunal du travail de Pointe-Noire, Rôle n°001, année 2005, répertoire n°304/05 du 11/11/05, inédit

**563. Opposition, licenciement abusif et irrégulier, abandon du poste de travail, démission**
**La société Global Conseil Assurances / Sieur O…**

« Par acte en date à Pointe-Noire, du 24 mars 2005, Maître M…, avocat à la Cour, a fait opposition du jugement par défaut rendu le 09 février 2005, dont le dispositif, en ses termes essentiels, est articulé comme suit : ''Déclare le licenciement abusif et irrégulier ; Ordonne la réintégration ; A défaut, condamne la société Global Conseil et Assurances à payer à O… en sus des droits légaux et conventionnels, les sommes de :
- 10.000.000frs CFA de dommages-intérêts pour licenciement abusif ;
- 200.000frs CFA pour non remise de certificat de travail ;
- 2.000.000 frs CFA frais de commissions'' ;
Attendu que l'opposition a été faite dans les délais de l'article 233 du Code du travail ; Qu'elle est recevable ; Attendu que, pour résister aux dénonciations de la requête du sieur O…, la société Global Conseil et Assurances a conclu au débouté tout en faisant valoir que celui-ci avait abandonné son poste de travail ; Qu'il n'y a pas licenciement, au contraire il s'agit d'une démission . Attendu qu'au travers des motifs du jugement par défaut rendu le 09 février 2005, il est établi que la société Global Conseil et Assurances a procédé à la résiliation du contrat de travers du sieur O… sans motif réel et sérieux, sans pour autant respecter la procédure légale prévue à cet effet ; Mais attendu que la société défenderesse s'est prévalue d'une désertion de poste par le susnommé, sans en apporter la moindre preuve établissant ce motif ; Qu'il y a lieu d'adopter les motifs du jugement attaqué et de le réintégrer en toutes ses dispositions tout en précisant que la présente décision est exécutoire nonobstant appel ; Par ces motifs ; Statuant publiquement, contradictoirement en matière sociale, et en premier ressort ; contradictoirement ; Reçoit l'opposition ; Réitère en toutes ses dispositions le jugement par défaut en date du 09 février 2005. Dit que la présente décision est exécutoire nonobstant appel ; Met les dépens à la charge du Trésor public ; »[390]

[390] Tribunal du travail de Pointe-Noire, Rôle 154, année 2004, répertoire n°310 du 18/11/05, inédit

**564. *Observations***

***Faute.*** *Il s'agit des « agissements du salarié considérés comme fautifs » par l'employeur. Mais il n'existe pas de définition juridique légale de la faute disciplinaire, qui découle souvent d'une faute contractuelle. La jurisprudence encadre le pouvoir d'appréciation de l'employeur. Une faute légère du salarié ne constitue pas une cause réelle et sérieuse de licenciement. Une faute sérieuse justifie un licenciement (des absences répétées pourront être jugées comme des fautes sérieuses).*

**565. *Faute grave.*** *« La faute grave résulte d'une violation des obligations découlant du contrat de travail ou des relations de travail qui rend impossible le maintien du salarié dans l'entreprise ».*[391] *La Cour de cassation exerce un contrôle de qualification de la faute grave.*[392] *Le maintien du salarié dans l'entreprise n'exclut toutefois pas toujours la qualification de faute grave. Il en va ainsi par exemple si l'employeur ressent la nécessité, avant toute décision, de vérifier certains faits*[393] *ou s'il a attendu le retour de congés du salarié pour réagir.*[394] *Le licenciement pour faute grave permet à l'employeur de ne pas verser les indemnités de rupture du contrat de travail (indemnités de préavis et de licenciement). Mais l'employeur qui octroie au salarié une indemnité compensatrice de préavis ne peut être privé du droit d'invoquer la faute grave.*[395] *Le contentieux du licenciement pour faute grave est l'un des plus important et une abondante jurisprudence existe en la matière.*

**566. *Faute non retenue.*** *Dans certains cas, le comportement du salarié n'est pas jugé fautif :*

- *le fait pour une salariée de porter à la connaissance du parquet « des agissements (...) qui, s'ils étaient établis, seraient de nature à caractériser des infractions pénales, ne constitue pas une*

[391] Soc. 10 novembre 2010
[392] Soc. 10 novembre 2010
[393] Soc. 11 janvier 1995
[394] Soc. 1er mars 1995
[395] Soc. 2 février 2005

*faute » ; la salariée a droit au paiement des jours de mise à pied*[396] *;*

- *le témoignage en justice d'un salarié ne peut, sauf abus, constituer (...) une faute »*[397] *; « chacun est tenu d'apporter son concours à la justice ».*[398]
- *« Exercer une liberté collective en dehors du temps de travail », même en cas de « trouble créé dans l'entreprise », ne peut constituer une faute.*[399]
- *Un emprunt de documents strictement nécessaires à la défense du salarié en justice*[400]*, « M. X..., avisé du projet de son employeur de rompre son contrat de travail, a appréhendé des documents dont il avait eu connaissance à l'occasion de l'exercice de ses fonctions et dont la production était strictement nécessaire à l'exercice de sa défense dans la procédure prud'homale qu'il a engagée peu après ».*[401]

**567.** ***La faute grave n'est pas retenue :***

- *pour un retard de retour de congés d'un salarié ayant 24 ans d'ancienneté*[402] *;*
- *pour une simple négligence sans conséquence*[403] *;*
- *pour un vol, vu « la modicité de ce vol », par une salariée qui « n'avait fait l'objet d'aucune remarque durant les sept années passées dans l'entreprise »*[404] *la jurisprudence selon laquelle « Qui vole un œuf, vole un bœuf » est bien abandonnée. L'ancienneté du salarié et son comportement habituel peuvent constituer des circonstances atténuantes.*[405]

---

[396] Soc. 12 juillet 2006
[397] Soc. 6 juin 2007
[398] Art.10 C. civil
[399] Soc. 23 mai 2007
[400] Crim. 16 juin 2011, PBRI
[401] Voir déjà Crim. 11 mai 2004 et Soc. 30 juin 2004
[402] Soc. 26 avril 2007
[403] Soc. 23 mai 2007
[404] Soc. 29 janvier 2008
[405] Soc. 10 novembre 2010

**568.** ***Vie personnelle.*** *Un fait relevant de la vie personnelle ne peut constituer une faute disciplinaire*[406]*, même quand il occasionne un trouble dans l'entreprise.*[407] *« La Cour de cassation réaffirme avec force le principe de la séparation entre les faits relevant de la vie privée, sur lesquels l'employeur ne peut pas s'appuyer pour prononcer une sanction disciplinaire, et ceux relevant de l'exercice du contrat de travail ».*[408] *« Un fait de la vie professionnelle ne peut justifier un licenciement disciplinaire. » Il en est ainsi quand « les faits reprochés (...) ne constituaient pas de manquements à ses obligations professionnelles »*[409]*. Par exception, un acte relevant de la vie personnelle peut justifier une sanction quand « le fait litigieux se rattache à la vie de l'entreprise »*[410]*, « les propos injurieux tenus par le salarié concernaient sa supérieure hiérarchique et avaient été prononcés devant trois adultes qu'il étaient chargé d'encadrer », les propos ayant pourtant été prononcés en dehors du temps et du lieu de travail*[411] *; participation à une affaire de vol et trafic de véhicules pour un cadre d'une banque*[412]*, salariée d'une CAF ayant cherché à bénéficier de prestations indues alors qu'elle était chargée dans ses fonctions professionnelles de poursuivre de tels comportements). Un harcèlement sexuel commis hors de l'entreprise peut être sanctionné : « Les propos à caractère sexuel et les attitudes déplacées du salarié à l'égard de personnes avec lesquelles l'intéressé était en contact en raison de son travail ne relevaient pas de sa vie personnelle » (licenciement pour faute grave du salarié superviseur d'une équipe de standardistes.*[413] *Sur les réseaux sociaux, de type Facebook, lorsque l'accès à la page est largement ouvert, les propos tenus ne relèvent plus de la sphère privée et peuvent, le cas échéant, faire l'objet d'une sanction par l'employeur*[414]*, licenciement de trois salariés jugés justifiés pour faute grave, pour dénigrement de leur hiérarchie,*

---

[406] Soc. 16 décembre 1997, préc.
[407] Soc. 9 mars 2011, RFI
[408] Rapport 2008 de la Cour de cassation ; Soc. 3 mai 2011, Sté Challancin ; CE 15 décembre 2010
[409] Soc. 23 juin 2009
[410] Soc. 10 décembre 2008
[411] Soc. 19 mars 2008 ; Soc. 25 janvier 2009
[412] Soc. 25 février 2003
[413] Soc. 19 octobre 2011, M. X c/ SN Groupement taxi
[414] CPH Boulogne-Billancourt, 19 novembre 2010

*leurs propos étant accessibles à 11 salariés de l'entreprise classées « amis »).*

**569. *Faute retenue.*** *En revanche, peuvent, suivant les circonstances (conditions d'exécution du travail, environnement, ancienneté du salarié, préjudice pour l'entreprise, etc.), constituer des fautes graves :*

- *une mauvaise exécution de la prestation de travail ;*
- *des abus d'exception de la prestation de travail ;*
- *des abus d'expression : « accusations mensongères »[415], propos inconvenants à l'égard d'une collègue[416] ;*
- *l'utilisation de son courriel pour diffuser des propos racistes[417] ; l'échange de propos entre salariés par courriels dénigrant leur hiérarchie[418] ;*
- *l'absence de dénonciation d'un délit, imposée par la loi[419] ;*
- *des actes malhonnêtes révélant un manque de loyauté : l'emprunt sans motif légitime du mot de passe d'un salarié pour se connecter au poste informatique du directeur de la société[420], le concours technique apporté à la création d'une société en concurrence[421] ;*
- *le fait de se faire rembourser des frais fictifs, des dépenses payées avec le chéquier de l'entreprise, une dépense personnelle, etc.[422] ;*
- *l'utilisation du matériel de l'entreprise pour prendre des paris pendant le temps de travail[423] ;*
- *l'usage de la connexion internet de l'entreprise pour une durée d'environ 41 heures au cours d'un mois[424] ; « l'utilisation de sa messagerie pour la réception et l'envoi de documents à caractère*

---

[415] Soc. 21 juin 2006
[416] Soc. 20 juin 2007
[417] Soc. 2 juin 2004
[418] Soc. 2 février 2011
[419] Soc. 21 mai 2008, art. 434-1 CP
[420] Soc. 21 décembre 2006
[421] Soc. 4 juillet 2007
[422] Soc. 10 novembre 2010
[423] Soc. 14 mars 2000
[424] Soc. 18 mars 2009

*pornographique et la conservation sur son disque dur d'un nombre conséquent de tels fichiers »*[425] *;*

- *l'atteinte grave à la réputation de l'employeur : en volant même pour une valeur modique dans un hypermarché relevant de son secteur de prospection*[426] *; « Le vol commis par un salarié au préjudice d'un client de l'employeur caractérisant, alors même que l'objet soustrait serait de faible valeur, une faute grave »*[427] *;*
- *un manquement à l'obligation de sécurité*[428] *;*
- *le refus réitéré à l'examen du médecin du travail*[429] *;*
- *le fait de fumer dans un local de l'entreprise, en violation d'une interdiction imposée en raison du risque d'incendie*[430] *;*
- *le harcèlement sexuel, qui constitue « nécessairement » une faute grave*[431] *;*
- *des violences, notamment morales*[432] *;*
- *etc...*

**570.** ***Faute lourde.*** *La faute lourde se caractérise par une faute révélant une intention du salarié de nuire à l'employeur, telle que la destruction volontaire de matériel appartenant à celui-ci, des malversations, etc. Elle est privative des indemnités de rupture (préavis, licenciement) et des indemnités de congés payés (pour les seuls congés de la période en cours ; cette privation de l'indemnité de congés payés apparaît désormais contraire au droit communautaire.*[433] *Elle ne prive pas des sommes dues au titre de la participation et de l'intéressement.*[434] *Elle est désormais peu fréquente en jurisprudence (« intention de nuire, manifestée par la persistance de manquements divers du de débauchage du personnel ».*[435] *« La responsabilité pécuniaire d'un salarié à l'égard de son employeur ne peut résulter que de sa faute lourde ».*[436]

---

[425] Soc. 15 décembre 2010, M. X C/ Sté Coca-Cola
[426] Soc. 3 décembre 2002
[427] Soc. 16 janvier 2007
[428] Soc. 28 février 2002
[429] Soc. 28 février 2002
[430] Soc. 1er juillet 2008
[431] Soc. 24 septembre 2008, M. R.
[432] Soc. 12 mai 2010, manipulation via l'internet
[433] CJCE 20 janvier 2009, en matière de droit aux congés payés
[434] Soc. 9 mars 1989 et 12 octobre 1995
[435] Soc. 24 septembre 2008, M. P
[436] Soc. 21 oct. 2008, Connex Rhodalia

# TITRE 6 : LICENCIEMENT, RUPTURE DU CONTRAT DE TRAVAIL

## 571. Rupture abusive, réintégration, désistement
## B... et M... / SOCOREST, MAN MAKER et GALAXIE SERVICES

« Par requête en date du 24 décembre 2002, Messieurs B… et M.. ont fait citer les sociétés Universal SODEXHO ex-SOCOREST, MAN MAKER et Galaxie Services pour obtenir le paiement des indemnités de rupture du contrat de travail et dommages-intérêts ; Au soutien de leurs demandes, ils exposent : Qu'ils ont été embauchés depuis 1992 par la société SOCOREST, actuelle Universal SODEXHO, en qualité de cuisinier pour B… et boulanger pour M… ; Qu'en 2001, dans le cadre du partenariat, ils étaient mis par SOCOREST à la disposition de MAN MAKER et Galaxie Services ; Que le 27 juillet 2002, le salaire de B… était gelé, et le 25 septembre 2002, il en a été de même pour M… ; Que leurs contrats ont été rompus par la suite, sans préavis alors qu'ils se trouvaient déjà régis par des relations de travail à durée indéterminée ; Que les certificats de travail ne leur ont pas été remis ; Qu'il s'agit, ipso facto, d'un licenciement abusif ; Qu'ils s'estiment fondés à s'adresser à justice ; Par lettre en date à Pointe-Noire, du 07 novembre 2003, B… s'est désisté de la procédure ; Par le truchement de son conseil Maître C…, avocat à la Cour, la société Universal SODEXHO a conclu au débouté et, tout en sollicitant des dommages-intérêts à titre reconventionnel pour procédure abusive et vexatoire, elle fait valoir ; Qu'il n'y a pas de lien contractuel entre elle et M… ; Que B.. et M… ont été employés par elle et leurs contrats de travail à durée déterminée étaient arrivés à leurs termes respectifs courant l'année 2000 ; Qu'ils se sont par la suite faits embaucher par les sociétés MAN MAKER et Galaxie Services ; Qu'elle ignorait les termes de ces nouveaux contrats avec les autres sociétés et, après que ceux-ci aient engagé une action en justice contre elle et ces sociétés, B… s'en est par la suite désisté ; Que M… reconnait qu'après la rupture de son contrat avec SODEXHO, il a loué ses services à ces sociétés ; Qu'il n'y a aucun lien entre SODEXHO et celui-ci ; Qu'elle doit être mise hors de cause ; Que s'agissant des cotisations CNSS, au cours des différents contrats, elle les reversait régulièrement pour le compte de M… ; Qu'à la fin de leurs rapports contractuels, M… avait reçu son certificat de travail ; Qu'il s'agit d'une action manifestement abusive ; Le conseil de la société MAN MAKER a fait relever que les pièces versées par M… sont insuffisantes et disproportionnées ; Qu'elle soulève l'exception de communication des pièces ; La société GALAXIE n'a pas produit des moyens de défense et n'a nullement comparu. Le 12 mai 2004, le Tribunal a rendu un jugement avant dire droit ayant ordonné l'audition des parties, tout en évacuant l'exception de communication des pièces soulevée par la société MAN MAKER ; Bien qu'en ayant reçu signification, les défenderesses, sauf la société SODEXHO, n'ont pas comparu pour l'audition ;

Sur quoi le Tribunal ; Attendu qu'en raison de plusieurs contrats de travail à durée déterminée conclus avec la société SODEXHO qui, toutefois le mettait à la disposition de ses prestataires MAN MAKER et GALAXIE Services, M... se prévaut d'une relation contractuelle à durée indéterminée, alors rompue abusivement, et sollicite par conséquent le paiement des indemnités et dommages-intérêts ; Qu'en sus, tout en réclamant le remboursement des cotisations CNSS, il fait relever qu'il avait été recruté par la société SODEXHO et était mis à la disposition d'une société à l'autre par celle-ci, sans note de service ; Mais attendu que la société SODEXHO a, de son côté, fait relever que les contrats conclus par M... et elle, étaient arrivés à leur terme, sans savoir ce qu'il y avait dans de nouveau lien entre celui-ci et MAN MAKER ainsi qu'avec GALAXIE Services ; Qu'elle n'avait aucun lien avec ces sociétés qui étaient devenues respectivement employeurs de M... ;

Attendu qu'il ressort de l'audition (voir procès-verbal du 26 novembre 2004), que M... et B.. ont été recrutés par la société SODEXHO ; Qu'après onze (11) mois, un bateau allait en Côte d'Ivoire et ils n'ont pas été embarqués, au point où les relations de travail avait pris fin ; Attendu qu'il est constant qu'après l'arrivée du terme des contrats à durée déterminée avec SODEXHO, M... et B... ont continué à exécuter leurs prestations de travail tantôt au sein de la société MAN MAKER, parfois au niveau de GALAXIE Services ; Qu'en dépit du Certificat de travail faisant prétendument constater la fin des rapports contractuels des parties et, dont se prévaut SODEXHO, celle-ci ne s'était nullement retenue quant à mettre les requérants à la disposition de ses prestataires MAN MAKER et GALAXIE ; Attendu qu'il appert de ces circonstances que le rôle de la société SODEXHO a été déterminant dans le nouveau lien contractuel, en ce qu'elle a engagé les requérants pour les mettre à la disposition des sociétés intermédiaires, en l'occurrence MAN MAKER et GALAXIE ; Que de façon manifeste, la gestion de ce contrat couvert par une singulière apparence de nouveauté, a été exercée conjointement par elle et ses prestataires, au point où elle ne saurait se soustraire à la rupture qui en est intervenue ; Or, attendu que ladite rupture des contrats de M.. et B... a été opérée sans motif réel ou appréciable ; Qu'elle est abusive au sens des dispositions de l'article 42 (nouveau) du Code du travail ; Attendu qu'à l'inverse de M... qui a sollicité le paiement de l'indemnité de préavis à 500.000 franc CFA, l'indemnité de congé à 308.000 francs

CFA, l'indemnité de licenciement à 5.000.000 francs CFA et les dommages-intérêts à 250.000.000frs CFA, B... s'est désisté de son action ; Qu'il échet de lui en donner acte ; Attendu qu'aux termes de l'article 42 (nouveau) cité, toute, rupture abusive du contrat de travail donne lieu à la réintégration, ou en cas de refus, au paiement des dommages-intérêts distincts des indemnités y afférentes ; Attendu que M... revendique les sommes sus spécifiées ;
Qu'il y a lieu de condamner in solidum les sociétés MAN MAKER, GALAXIE et SODEXHO à lui payer, en sus des droits légaux et conventionnels (calculés par les services de l'Inspection du travail), la somme de 2.000.000francs CFA à titre de dommages-intérêts pour rupture abusive du contrat de travail ; Attendu qu'au surcroît, ces sociétés n'ont pas établi d'avoir remis au susnommé son certificat de travail après rupture du contrat, tel qu'il leur est fait obligation par la loi ; Qu'il convient de les condamner également à lui payer la somme de 150.000 francs CFA à titre de dommages-intérêts ; Attendu que la société GALAXIE n'a ni comparu, ni produit des moyens de défense ; Qu'il y a défaut à son encontre ; Attendu que l'exécution provisoire de la présente décision est sollicitée ; Qu'il y a lieu d'ordonner cette mesure avec dispense de caution, nonobstant appel, en application des dispositions de l'article 232 (nouveau) du même Code ;
Attendu que M.. a, en outre, revendiqué le remboursement des cotisations CNSS toutefois opérées, mais sans être reversées ; Attendu que ce chef de demande n'est soutenu par aucune base matérielle ; Qu'il y a lieu de l'en débouter ; Attendu que la société SODEXHO sollicite, à titre reconventionnel, des dommages-intérêts pour procédure abusive et vexatoire ; Attendu que l'abus du droit n'est pas établi contre le requérant ; Qu'il sied de l'en débouter ; Par ces motifs ; Statuant publiquement, contradictoirement à l'égard des sociétés SODEXHO et MAN MAKER et GALAXIE et MAN MAKER, par défaut à celui de la société GALAXIE, en matière sociale et en premier ressort ; Donne acte à B... de ce qu'il s'est désisté ; Condamne in solidum les société SODEXHO MAN MAKER et GALAXIE à payer à M..., en sus des droits légaux et conventionnels (calculés par les services de l'Inspection du travail), les sommes ci-après, à titre de dommages-intérêts ;

- 2.000.000frs CFA pour licenciement abusif ;
- 150.000frs CFA pour non remise du Certificat de travail ;

Ordonne l'exécution provisoire, avec dispense de caution pour les droits, nonobstant appel ou opposition ; Déboute M... du surplus de sa demande ; Déboute également SODEXHO de sa demande reconventionnelle ; Met les dépens à la charge du Trésor Public[437] ; »

**572. Licenciement irrégulier et abusif, réintégration, opposition I… / Sté DELTA DISTRIBUTION**

« Par acte en date du 09 juin 2005, Maître B…, Conseil de la société DELTA Distribution, a fait opposition du jugement par défaut rendu le 06 juin 2003, dont le dispositif, en ses termes essentiels est articulé comme suit :

''Déclare le licenciement irrégulier et abusif ; Ordonne la réintégration ; A défaut ; Condamne la société DELTA Distribution à payer à dame L…, en vue des droits légaux et conventionnels, les sommes ci-après :

- 2.600.000frs CFA de salaires ;
- 2.000.000frs CFA à titre de dommages-intérêts
- 200.000frs CFA de dommages-intérêts pour non remise de certificat de travail ;

Attendu que l'opposition a été relevée dans les délais de l'article 233 du Code du travail ;'' Qu'elle est recevable ; Au fond ; Après avoir fait opposition, la société DELTA Distribution n'a nullement produit ses moyens de défense ; Par ces motifs ; Statuant publiquement, par itératif défaut, à l'égard de la société DELTA Distribution, en matière sociale, et en premier ressort ; Reçoit l'opposition ; Réitère en toute ses dispositions le jugement par défaut rendu le 06 juin 2003 ; Dit que la présente décision est exécutoire nonobstant l'appel ; Met les dépens à la charge du Trésor public[438] ; »

**573. Rupture légitime du contrat, vol, faute de l'employé MB… / la société ATLANTIC-NOGOCE**

« Par acte en date du 22 juillet 2004, la société PELLIGRINI a fait opposition du jugement rendu par défaut en date du 20 février 2004, dont le dispositif, en ses termes essentiels, est articulé comme suit : ''Condamne la société ATLANTIC-NOGOCE à payer à MB…, en sus des droits légaux et conventionnels, les sommes suivantes à titre de dommages-intérêts ; 100.000 frs CFA pour licenciement irrégulier ; 1.500.000frs CFA pour licenciement abusif ; 150.000frs CFA pour non

---

[437] Tribunal du travail de Pointe-Noire, Rôle n°234, année 2002, répertoire n°150/05 du 22/04/05, inédit

[438] Tribunal du travail de Pointe-Noire, Rôle n°051, année 2003, répertoire n°332 du 16/12/05, inédit

remise du Certificat de travail ;'' Attendu que l'opposition a été faite dans les délais de 10 jours, conformément aux dispositions de l'article 233 du Code du travail, soit relevée le 22 juillet 2004 après signification du jugement en date du 28 juillet 2004 ; Qu'elle est recevable ; Au fond ; Pour répliquer aux énonciations de la requête du sieur MB..., en date du 19 juillet 2003 et, aux fins de paiement des indemnités de ruptures et dommages-intérêts, la société ATLANTIC-NOGOCE a fait valoir ; Qu'en date du 12 juillet 2002, la société utilisatrice, en l'occurrence, la société PELLIGRINI lui a adressé un rapport suivant lequel il remettait le susnommé à sa disposition pour un motif de vol à bord de la plate-forme CONKOUATI ; Qu'un solde de tout compte a été établi, et une marée lui a été accordée à titre humanitaire ; Que l'intéressé n'avait pas jugé opportun de retirer son certificat de travail ; Cependant, MB... s'en tient à l'absence de motif ; Le Ministère Public a relevé le mal fondé de l'action de MB... quant aux paiements des droits et dommages-intérêts ; Attendu qu'il résulte des détails recueillis, tant en conciliation qu'en audience publique, que M... a été surpris avec un morceau de viande par son supérieur hiérarchique relevant de la société PELLIGRINI ; Attendu que MB... a tenté en vain de nier les faits à l'origine de la rupture du lien contractuel alors que le rapport dressé à cet effet est éloquent ; Attendu que le vol est constitutif de faute lourde privative des droits de rupture ; Qu'il échet de débouter le licenciement légitime et, tout en statuant à nouveau, de débouter MB... de sa demande en paiement des droits et dommages-intérêts ;
Mais attendu que la société ATLANTIC n'a pas remis au requérant son certificat de travail tel qu'en dispose l'article 46 de Code du travail ; Qu'il convient de la condamner à lui payer la somme de 150.000 frs CFA à titre de dommages-intérêts ; Par ces motifs ; Statuant publiquement, contradictoirement en matière sociale, et en premier ressort ; Reçoit l'opposition ; Réforme en toutes ses dispositions le jugement par défaut en date du 20 février 2004 ; Statuant à nouveau ; Déclare la rupture du contrat légitime ; Par ailleurs, condamne la société ATLANTIC-NOGOCE à payer à Monsieur MB... la somme de 150.000frs CFA à titre de dommages-intérêts ; Déboute MB... du surplus de ces demandes ; Met les dépens à la charge du trésor public[439] ; »

[439] Tribunal du travail de Pointe-Noire, Rôle 135, année 2003, répertoire n°046 du 04/02/05, inédit

**574. Licenciement déguisé, réintégration**
**K... / AERO-SERVICE**

« Requête en date à Pointe-Noire, du 10 mars 2005, en revendication des droits légaux et dommages-intérêts consécutifs au licenciement abusif, introduite par K.., contre la société AERO-SERVICE ; Il est exposé que K... est employé de comptoir au sein de AERO-SERVICE depuis le 1er juillet 1995, en vertu d'un contrat à durée indéterminée ; Qu'à la suite des évènements de 1997, cette société avait transféré son siège, à Pointe-Noire où il a perçu son salaire du mois d'août 1995 ; Qu'à ce jour, tout le personnel avait déjà repris le travail tant à Brazzaville qu'à Pointe-Noire à l'exception de K..., en dépit des réclamations ; Qu'il ne peut exécuter ses obligations contractuelles par l'indifférence de son employeur ; Qu'il revient donc au tribunal d'ordonner sa reprise effective du travail et, en cas de refus, condamner la société susnommée à lui payer, en sus des indemnités légales, les dommages-intérêts, soient les sommes ci-après ;

- 200.000frs CFA pour licenciement irrégulier ;
- 5.000.000frs CFA pour licenciement abusif ;
- 500.000frs CFA pour non remise de Certificat de travail ;

La société AERO-SERVICE n'a pas produit des moyens de défense bien que régulièrement citée ; Attendu que suivant les énonciations de la requête, K... n'a plus repris ses prestations de travail depuis le mois d'août 1997, à la suite du transfert de la direction générale de AERO-SERVICE à Pointe-Noire ; Qu'en dépit des réclamations répétées, son employeur n'a cru donner écho favorable ; Attendu que pareille attitude de l'employeur s'analyse en un licenciement déguisé, donc abusif ; Attendu que l'article 42 (nouveau) du Code du travail dispose que les licenciements effectués sans motif légitime sont réputés abusifs ; Que le même texte prévoit à son alinéa 6 que les licenciements entrepris en dehors des procédures des articles 41 et 176 du même Code sont irréguliers ; Or, attendu qu'en l'espèce le licenciement de K... est intervenu de manière déguisée, sans motif appréciable et, au mépris de l'article 41 sus-énoncé ; Qu'il est abusif et irrégulier ; Attendu que suivant les mêmes dispositions de l'article 42 (nouveau) sus-évoqué, toute rupture abusive du contrat de travail donne lieu à la réintégration, ou à défaut, au paiement des dommages-intérêts distincts des indemnités de rupture ; Attendu que K... a sollicité la reprise de travail, ou en cas du refus de son employeur, le paiement des droits légaux et dommages-intérêts de 5.000.000frs CFA ; Qu'il y a lieu d'ordonner sa réintégration, ou à défaut, de condamner AERO-Services à lui payer, en sus des droits légaux (calculés par l'Inspecteur du travail), de dommages-intérêts, soit la somme de 1.500.000frs CFA ;

Attendu qu'il est relevé que la rupture déguisée est intervenue de manière irrégulière ; Qu'il y a lieu également de condamner AERO-Services à des dommages-intérêts, soit la somme de 100.000frs CFA ; Attendu qu'au surcroît des énonciations de la même requête, la société AERO-Services n'a jamais remis à K... son certificat de travail ; Qu'il y a lieu de la condamner à lui payer la somme de 100.000 à titre de dommages-intérêts ; Attendu que l'exécution provisoire est sollicitée en vertu des dispositions de l'article 232 (nouveau) du Code précité ; Attendu qu'en l'espèce, les critères d'application de ce texte ne sont nullement réunis ; Qu'il échet de n'y faire droit, et de débouter le requérant de cette demande ; Par ces motifs ; Statuant publiquement, contradictoirement, par défaut à l'égard de la société AERO-Services, en matière sociale et en premier ressort ; Déclare le licenciement abusif et irrégulier ; Ordonne la réintégration ; A défaut ; Condamne la société AERO-Services à payer à K..., en sus des droits légaux et conventionnels (calculés par l'Inspecteur du travail) les sommes de :

- 100.000frs CFA licenciement irrégulier ;
- 1.500.000frs CFA licenciement abusif ;
- 100.000frs CFA non remise de certificat de travail ;

Déboute K... du surplus de sa demande ; Condamne AERO-Services aux dépens[440] ; »

### 575. Opposition, licenciement abusif, réintégration B... / la société G.A services

« Par acte en date du 26 octobre 2004, la société G.A services a fait opposition du jugement par défaut rendu en date du 20 février 2004, dont le dispositif en ses termes essentiels est articulé comme suit : ''Ordonne la réintégration ; A défaut ; Condamne la société G.A services à payer à chacun des consorts B..., en sus des droits légaux et conventionnels, la somme de 1.500.000frs CFA à titre de dommages-intérêts ; Attendu que le jugement a été signifié le 07 octobre 2004 et l'opposition relevée le 26 octobre 2004'' ; Attendu qu'au regard des dispositions de l'article 233 du Code du travail, l'opposition ne peut être faite que dans les dix (10) jours de la signification ; Qu'il y a lieu en l'espèce de déclarer irrecevable l'opposition formulée ; Par ces motifs ; Statuant publiquement ; par itératif défaut, en matière sociale, et en premier ressort ; Déclare

---

[440] Tribunal du travail de Pointe-Noire, Rôle n°055, année 2005, répertoire n°228 du 22/07/2005, inédit

l'opposition irrecevable ; Met les dépens à la charge du Trésor public[441] ; »

**576. Licenciement déguisé, transaction, réintégration M… / la société CFCO**

« Par requête à Pointe-Noire, en date du 23 octobre 2004, de son conseil Maître Z…, avocat à la Cour, M… a fait citer le Chemin de Fer Congo Océan (CFCO) pour s'entendre ordonner sa réintégration, ou à défaut, la condamner à lui payer les droits légaux, arriérés de salaires et dommages-intérêts ; Au soutien de sa requête, il expose : Qu'il avait été embauché par la société Chemin de Fer Congo Océan (CFCO) le 1er avril 1973 en qualité d'électricien ; Qu'il avait été affecté à l'atelier d'électricité du Département matériel de KM4 ; Qu'au sujet d'une activité qu'il avait créée lors des évènements sociopolitiques de 1999-2000, il lui a été adressé une demande d'explication ; Qu'en effet, il s'agissait d'une entité économique qu'il avait créée, dénommée AEA, qui travaillait avec les sociétés de la place, aussi bien qu'avec le CFCO ; Qu'il avait fourni des bindix pour réparation du démarreur Co 500, des produits ayant servi à la réparation de 22 moteurs risquant l'immobilisation, ainsi qu'il avait entrepris le rebobinage de 2 ventilateurs CC 500 ; Que le bon de commande avait été dûment signé par l'autorité compétente ; Que cependant, pour se dérober de ses engagements pris devant la société AEA dont il était le Directeur général, le CFCO l'a suspendu de ses fonctions ; Que ; concomitamment, ledit CFCO en a saisi la Gendarmerie Ferroviaire qui, par la suite, l'a déféré devant le Procureur de la République et, une information a été ouverte pour escroquerie, faux et usage de faux ; Que ces poursuites ont achoppé à un non-lieu, alors régulièrement notifié aux parties ; Que malheureusement, depuis le 05 mai 2004, date à laquelle il a été suspendu, le CFCO n'a pu oser le rappeler ni lui payer son salaire, au point où il comptabilise maintenant huit (8) mois ; Que le CFCO semble s'appuyer sur un prétendu non-respect de l'article 18 du règlement ? page 13, relatif à l'exercice d'une activité lucrative parallèle ; Qu'il s'agit à n'en point douter d'un licenciement déguisé, donc abusif et irrégulier ; Par correspondance de son Conseil Maître T…, Avocat à la Cour, le CFCO a fait valoir un arrangement amiable, à intervenir et, ayant abouti à la réintégration de Monsieur M… ; Dans ses conclusions du 06 mai 2005, le Conseil de M… a explicité que la transaction a porté sur le licenciement et ses

[441] Tribunal du travail de Pointe-Noire, Rôle n°142, année 2003, répertoire n°038 du 4 février 2005, inédit

effets ; Que sur ce point, elle a abouti à la réintégration ; Qu'au-delà de cette transaction, M... sollicite le paiement des arriérés de salaire, soit les sommes de 7.820.000frs CFA et les dommages-intérêts ; Le ministère public a plutôt demandé la communication des pièces portant sur le règlement intérieur et l'autorisation d'exercer une activité lucrative parallèle ; Attendu qu'il ressort des pièces du dossier une note de service 663/CFCO-DG du 14 mars 2005, portant réintégration de M... ; Qu'en ce qui concerne la revendication sur les droits et dommages-intérêts consécutifs au licenciement abusif, il y a lieu de relever la transaction ; Attendu qu'il est cependant constant que le CFCO est redevable envers son travailleurs, alors suspendu de ses fonctions des arriérés de salaire de 7.820.000frs CFA, demeurés à l'abri de la transaction entreprise ; Qu'il sied de le condamner au paiement de dette somme ; Attendu que M... a sollicité en sus le paiement de la somme de 15.000.000frs CFA à titre de dommages intérêts ; Attendu que des dommages-intérêts ne peuvent tirer leur source dans la suspension du contrat de travail, dès lors qu'il y a transaction, mais plutôt dans la résistance abusive du dudit CFCO ; Qu'il y a lieu de ramener cette réparation dans les proportions judiciaires de l'étendue du préjudice subi, et de la fixer à 1.000.000frs CFA ; Attendu que l'exécution immédiate a été sollicitée ; Qu'il convient d'ordonner cette mesure en application des dispositions de l'article 232 (nouveau) du Code du travail, pour les arriérés de salaires et, avec dispense de caution ; Par ces motifs ; Statuant publiquement, contradictoirement, en matière sociale et en premier ressort ; Constate la note de service n°663/CFCO-DG du 14 mars 2005 portant réintégration de M... ; Condamne par ailleurs le Chemin de Fer Congo Océan à lui payer les sommes de 7.820.300frs CFA d'arriérés de salaires et 1.000.000frs CFA à titre de dommages-intérêts ; Ordonne l'exécution immédiate avec dispense de caution pour les arriérés de salaires, nonobstant appel ou opposition ; Met les dépens à la charge du Trésor Public[442] ; »

**577. Licenciement abusif, réintégration**
**B... / DELTA DISTRIBUTION**

« Requête en date à Pointe-Noire du 11 janvier 2005, aux fins de paiement des salaires, primes, indemnités et dommages-intérêts, introduites par M..., contre la société Delta-Distribution ; Il est exposé ; Que M... a été embauché par la société Delta-Distribution en qualité de chauffeur, le 17 octobre 2001, en vertu d'un contrat de travail à durée

[442] Tribunal du travail de Pointe-Noire, Rôle n°195, année 2004, répertoire n°192 du 24 juin 2005, inédit

indéterminée ; Qu'il a été par la suite licencié sans motif précis et, privé de droits ; La société Delta-Distribution ne s'est nullement présentée et n'a pas produit des moyens, bien que régulièrement citée ; Attendu qu'il ressort des énonciations de la requête que Monsieur M.. a été licencié sans motif appréciable, sinon, à en croire la lettre de licenciement, pour une faute lourde caractérisée par le fait d'avoir utilisé le véhicule de l'entreprise à des fins personnelles ; Attendu que, cependant citée pour expliciter la faute reprochée à son salarié, la société Delta-Distribution ne s'est pas présentée, sans alors soutenir une prétendue faute lourde invoquée dans la lettre de licenciement ; Qu'il en appert que les faits ayant sous-tendu le licenciement querellé sont, pour le moins, invraisemblables ; Attendu qu'au sens de l'article 42 (nouveau) du Code du travail, le licenciement entrepris sans motif légitime, autrement dit sérieux et appréciable, est abusif et donne lieu à la réintégration, ou à défaut, au paiement des dommages-intérêts, distincts des droits légaux et conventionnels ; Qu'en application des dispositions de cet article, le licenciement de M... n'étant pas fondé sur un motif sérieux et appréciable, est abusif et donne lieu à la réintégration, ou à défaut, au paiement des droits tels qu'ils sont calculés ; Attendu que M... a sollicité le paiement des sommes ci-après :

- indemnité de licenciement 413.437frs CFA
- congé payés 236.250frs CFA
- congés supplémentaires 11.178frs CFA
- gratification 150.000frs CFA
- congés gratification 400.000frs CFA
- gratification 2003 200.000frs CFA
- rappel retenues sur salaire 2.000.000frs CFA
- transport 15.600frs CFA

Attendu que les sommes ci-dessus s'analysent en des primes, droits légaux et conventionnels ; Que tout en faisant droit à ces chefs de demande, il sied d'en soumettre le calcul aux services de l'Inspection du travail ; Attendu qu'il est sollicité également des dommages-intérêts à 5.000.000 frs CFA ; Qu'il y a lieu d'y faire droit dans des justes proportions de 1.000.000francs CFA ; Par ces motifs ; Statuant publiquement, par défaut à l'égard de Delta-Distribution, en matière sociale et en premier ressort ; Déclare le licenciement abusif ; Ordonne la réintégration ; A défaut, condamne Delta-Distribution à payer à M..., les droits légaux et conventionnels (calculés par l'inspecteur du travail) en sus de la somme de 1.000.000frs CFA à titre de dommages-intérêts ; Met les dépens à la charge du trésor Public[443] ; »

**578. Licenciement abusif, perte de confiance**
**B… / l'Institut Jane Goodall Congo**

« Par requête en date du 13 novembre 2002, Monsieur B… a fait citer son ex-employeur, l'Institut Jane Goodall Congo, aux fins de s'entendre le condamner à lui payer, à défaut de réintégration, des sommes d'argent à titre de rémunérations supplémentaires et dommages-intérêts, consécutifs à la rupture de son contrat de travail ; Au soutien de sa requête, il expose ; Qu'il a été embauché, par l'Institut JANE GOODALL CONGO le 22 janvier 1992, en qualité d'Agent de logistique, en vertu d'un contrat de travail à durée indéterminée ; Que ce contrat a été signé le 1er janvier 1995 ; Qu'il a, en outre, exercé les fonctions de soudeur électricien, sans rémunération ; Qu'en pleine exécution de ses fonctions, il lui a été notifié une lettre de licenciement sans motif appréciable, sinon, après avoir emprunté des motifs spéciaux et imprécis ; Que le licenciement a été prononcé au mépris de la procédure de l'article 41 (nouveau) du Code du travail ; Qu'il s'agit, en effet, d'un licenciement abusif et irrégulier, pour lequel il est fondé à s'adresser à justice ; L'Institut Jane Goodall Congo a conclu au débouté de B… tout en faisant valoir qu'il s'agit d'une rupture régulière et légitime, justifiée par un motif réel, entreprise dans l'observation des dispositions légales ; Qu'en effet, utilisé à titre permanent comme Chauffeur de Madame G… et, en dépit d'autres tâches qu'il exécutait dans le domaine de l'électricité, celui-ci a été relevé de ses fonctions habituelles, au profit d'un autre chauffeur ; Que cette relève n'était pas du goût de Monsieur B… ;
Qu'à partir de cette relève, le sanctuaire de TCH… s'est retrouvé confronté à un certain nombre de problèmes mettant en péril sa survie, dont notamment le sabotage du matériel électrique ainsi que du panneau solaire, les menaces insurrectionnelles des travailleurs et des fétiches enterrés à certains endroits du sanctuaire ; Qu'à base des présomptions et certaines indications émanant des travailleurs mécontents des troubles fomentés, la direction de l'Institut retirait à Monsieur B… la confiance et l'estime ; Que son licenciement a été effectué pour perte de confiance audit Institut ; Qu'il a ainsi procédé, à la résiliation du lien contractuel sur la base de cette perte de confiance ressentie, constitutive de faute grave ;

[443] Tribunal du travail de Pointe-Noire, Rôle n°009, année 2005, répertoire n°231/05 du 22/07/05, inédit

Attendu que la lettre de licenciement, en date du 08 octobre 2002, fait état d'une perte de confiance non articulée par des faits précis ;Attendu qu'il ressort des conclusions du défendeur, que ladite perte de confiance alléguée a été insufflée par des menaces insurrectionnelles des travailleurs, la découverte des fétiches enterrés à certains endroits du lieu du service, et le sabotage du matériel électrique ainsi que du panneau solaire ;

Attendu que, cependant, les déclarations confrontées des parties et des détails recueillis de tous sachant lors de l'enquête du premier décembre 2004 (voir procès-verbal de transport sur les lieux), n'ont nullement établi l'imputabilité de ces faits à B… ; Attendu que la perte de confiance invoquée par l'Institut Jane Goodall Congo pour justifier la résiliation du lien contractuel, ne réside que dans des énonciations simplistes, tissées par des supputations imprécises ; Que le licenciement de B… est intervenu sans motif réel et sérieux, sinon par une légèreté blâmable de l'employeur ; Or, attendu que l'article 42 (nouveau) du Code précité, définit le licenciement abusif par la rupture du contrat procédant du fait injustifié de l'employeur ; Qu'en l'espèce, le licenciement effectué est abusif ; Sur la régularité du licenciement ; Attendu que, de même, B… se prévaut d'un licenciement irrégulier, prononcé au mépris des prescriptions de l'article 41 (nouveau) du Code précité ; Qu'à l'en croire, avant d'être rompu, son contrat de travail n'a pu être suspendu en vue de pouvoir lui permettre de présenter sa défense, assisté d'une personne de son choix ;

Attendu qu'à l'inverse, l'Institut Jane Goodall Congo a fait relever que le susnommé a été licencié pour faute grave motivée par la perte de confiance ; Que la procédure édictée à l'article 41 (nouveau) dont se prévaut celui-ci, n'intervient que dans l'acceptation d'une rupture justifiée par une faute lourde ; Attendu qu'il est constant que B… a été licencié pour perte de confiance et a été couvert des indemnités légales et conventionnelles de rupture, tel qu'en font foi les pièces du dossier ; Que pareilles circonstances laissent apparître la faute grave à base de la rupture du lien contractuel, bien que non spécifiée par l'employeur ; Or, attendu que les dispositions de l'article 41 (nouveau) sus évoquées ne doivent être tenues au respect que par l'employeur qui décide de rompre le contrat de travail sur le fondement de la présomption de faute lourde du salarié ; Qu'en l'espèce, le licenciement revêt une forme régulière ; Sur les demandes formulées ; Attendu que le sieur B… a sollicité le paiement des sommes ci-après :

- 3.000.000frs CFA pour rémunération des fonctions supplémentaires ;
- 2.000.000frs CFA pour licenciement irrégulier ;

- 13.000.000frs CFA pour licenciement abusif ;
- 1.000.000frs CFA pour non délivrance du certificat de travail ;

Attendu qu'il a été établi au cours des débats, que les fonctions supplémentaires n'étaient pas exercées de façon permanente, mais purement à titre occasionnel ; Qu'en ce qui concerne le Certificat de travail, les mentions exigées par la loi, notamment les dates d'entrée, de sortie, ainsi que les différentes fonctions occupées ont été portées ; au point où l'inconformité de celui-ci allégué par le requérant ne s'avère nulle part ; Attendu en conséquence, que les chefs de demande portant sur ces points ne sont aucunement fondés ; Qu'il y a lieu d'en débouter ledit requérant ; Attendu que les dommages-intérêts sollicités pour réparer l'irrégularité du licenciement entrepris manquent de base légale, dès lors qu'il est d'ailleurs démontré plus haut que la rupture du contrat de travail pour faute grave, non privative des indemnités, n'obéit pas à la procédure de l'article 41 (nouveau du Code du travail) ; Qu'il échet de même de débouter le susnommé de ce chef de demande ; Mais attendu qu'il est établi que le licenciement opéré est abusif ; Or, attendu que l'article 42 (nouveau) du même Code prévoit à cet effet, le paiement des dommages-intérêts distincts des droits de rupture ; Que le Tribunal est en droit de ramener cette demande à des justes proportions, soit à la somme de trois millions cinq mille francs CFA (3.500.000frs CFA) ; Attendu que l'exécution provisoire est également sollicitée ; Attendu que s'agissant du paiement des dommages-intérêts, les exigences de l'article 232 (nouveau) du Code précité ne sont nullement acquises ; Qu'il échet d'en débouter le requérant ; Par ces motifs ; Statuant publiquement, contradictoirement, en matière sociale et en premier ressort ; Déclare le licenciement régulier, mais abusif ; Ordonne la réintégration ; A défaut ; Condamne l'Institut Jane Goodall Congo à payer à B… la somme de 3.500.000frs CFA à titre de dommages-intérêts ; Déboute B… du surplus de sa demande ; Condamne l'Institut Jane Goodall Congo aux dépens[444] ; »

**579. Insubordination, licenciement régulier, certificat de travail N… / GETMA CONGO**

« Considérant que par acte régulièrement enregistré au greffe du travail de céans en date du 30 mars 2005, monsieur N… agissant pour son propre compte a interjeté appel du jugement contradictoire rendu en date du 25 mars 2005 par le même tribunal dans la cause qui l'oppose à la société GETMA CONGO dont le dispositif et ainsi libellé ; ''Par ce

---

[444] Tribunal du travail de Pointe-Noire, Rôle n°211, année 2002, répertoire n°155 du 11/05/2005, inédit

motif ; Statuant publiquement, en matière sociale et en premier ressort ; par ailleurs déclare le licenciement régulier et légitime, condamne la société GETMA CONGO à payer à N…, la somme de 150.000F pour non remise du certificat de travail ; Déboute N… du surplus de sa demande ; Mets les dépens à la charge du trésor public ; que cet appel relevé dans la forme et délai légal, doit être déclaré régulier et recevable ; Au fond ; Considérant que dans ses conclusions du 27 juillet 2005, monsieur N… sous la plume de son conseil maître K…, avocat à la Cour reproche aux premiers juges d'avoir appliqué le cumul de sanction à lui infligées par son employeur pour conclure à la prétendue insubordination dudit appelant alors que la loi et la jurisprudence interdisent ledit cumul des sanctions d'une part ; de n'avoir pas répondu aux observations de l'appelant sur :

1°) la suspension de son contrat de travail pendant deux mois sans lettre ; 2°) le cumul de sanctions relatives aux faits ayant déjà été sanctionnés par un avertissement assorti d'une amende en violation de l'article 76 du Code du travail ; 3°) le caractère imaginaire de l'insubordination reprochée, celle-ci n'ayant jamais été établie ; 4°) la sortie d'argent alors que l'appelant s'est vu pratiquer des retraits de sommes d'argent qu'il a dû verser aux services des douanes ; d'avoir retenu la faute lourde à l'encontre de l'appelant pour justifier son licenciement en violation de l'article 41 alinéa 4 du Code du travail d'autre part ; que sur la base de ces observations, la Cour d'appel devra censurer la décision querellée en l'infirmant en toute ses dispositions ; Que statuant à nouveau ; déclarer irrégulier et abusif le licenciement de l'exposant susdit ; En conséquence condamner la société GETMA CONGO à payer à l'appelant N… les droits légaux et indemnités conventionnelles de rupture aussi que les sommes suivantes ;

- 3.000.000F pour rupture irrégulière du contrat du travail ; 600.000F CFA pour non remise du certifiant de travail ; Ordonner l'exécution immédiate de l'arrêt à intervenir pour les droits légaux et indemnités conventionnelles ; Considérant que de son côté, la société GETMA CONGO, ayant pour conseil maître M…, avocat à la Cour n'a pas conclu ; Qu'il échet de se référer à ses conclusions en première instance en ce qui ; Sur la procédure de licenciement ; Que l'appelant N… reconnaît expressément que son contrat de travail a été préalablement suspendu ; Qu'ensuite, il a présenté sa défense auprès de son employeur à sa demande expresse ; Que pour mémoire, la suspension du contrat de travail de l'appelant a duré jusqu'au moment où ce dernier a décidé de présenter sa défense ;

Sur les motifs du licenciement ; Que la partie adverse ne reconnaît pas avoir commis un cumul de fautes ayant abouti à la rupture de son contrat de travail, notamment les innombrables incidents avec ses collègues, les responsables du service transit chargés de superviser son travail ; Que celle-ci tente de circonvenir la religion de la justice en invoquant la convention sur la législation douanière qui, suivant ses termes serait sanctionné doublement ; Qu'il est présomptueux pour cette dernière de soutenir que son licenciement est irrégulier dans la mesure où il a été prononcé dans le respect scrupuleux des formes présentées par l'article 41 nouveau du Code de travail ; Qu'au regard de ce qui précède, il sied de confirmer le caractère régulier de ce licenciement et de rejeter purement et simplement les allégations et demande formulées par monsieur N… ; Sur quoi la cour ; Considérant qu'il ressort des pièces du dossier qu'un litige oppose l'appelant N…, représenté par son conseil Maître K…, avocat à la Cour à l'intimée la société GETMA CONGO ayant pour conseil ou maître M…, avocat à la Cour, suite à la rupture d'un contrat de travail ; Que ce contrat a été sanctionné par le jugement dont appel au bénéfice de l'intimée la société GETMA CONGO ; Que pour l'appelant la Cour d'appel de céans devra infirmer en toutes ses dispositions le jugement entrepris en ce que les premiers juges ont fait cumul de sanctions à lui infligées par son employeur en concluant à la prétendue insubordination d'une part, statué infra petita pour n'avoir pas répondu à ses chefs de demandes et violé l'article 41 alinéa 4 nouveau du Code de travail d'autre part ; Considérant que l'intimée pour sa part n'ayant pas conclu en appel mais selon ses prétentions en première instance sollicitait de la juridiction compétente le débouté pure et simple de la partie adverse tout en précisant qu'il s'agit d'une rupture régulière et légitime, justifiée par un motif réel dans l'observation des textes légaux ; Considérant que suite à l'examen des pièces produites aux dossiers et aux débats, il résulte que ce licenciement est dû à la succession des fautes, notamment l'insubordination à l'égard de ses chefs hiérarchiques et de multiples incidents avec les partenaires (les douanes) entraînant des pertes financières ; Que surabondamment, au travers des écritures confrontées notamment le contenu du procès-verbal du 30 novembre 2004 versé aux débats, il résulte que l'appelant N… suspectait les consignes des chefs ; Que ces faits s'analysant en une insubordination notoire, constituent une faute lourde au regard de la jurisprudence, et justifient aussi le licenciement dont s'agit ; Considérant que eu égard à ce qui précède c'est à bon droit que les premiers juges ont bien apprécié les faits et appliqué la loi ; Que la Cour d'appel de céans n'aura aucun obstacle à confirmer en toutes ses dispositions le jugement attaqué tout en déboutant l'appelant de toutes ses demandes, fins et conclusions ; Considérant que l'intimée, la société GETMA CONGO n'a pas conclu ; Il échet de statuer par défaut à son encontre ; Par ces motifs ; Statuant publiquement, par défaut à l'égard de l'intimée, en matière sociale et en dernière ressort; » En forme ; Reçoit N... en son appel ; Au fond ; Dit qu'il est bien jugé et mal appelé ; Confirme en conséquence en toutes ses dispositions le jugement attaqué[445] ; »

**580. Rupture légitime, certificat de travail, dommages et intérêts B... / la société I.B.T.C**

« Statuant sur l'appel régulièrement interjeté le 14 mars 2005 par monsieur B... d'un jugement contradictoire rendu le 11 mars 2005 par le tribunal du travail de Pointe-Noire dans la cause l'opposant à son employeur la société I.B.T.C dont le dispositif est le suivant : ''Par ces motifs ; Statuant publiquement contradictoirement en matière sociale et en premier ressort ; Constate le contrat de travail à durée déterminée ; En déclare la rupture légitime ; Par ailleurs condamne la société I.B.T.C, à payer à B... la somme de 150.000 F CFA à titre de dommages intérêts pour non remise du certificat de travail ; Déboute B... du surplus de sa demande ; Mets les dépens à la charge du trésor public'' ; Considérant que ce recours est conforme aux prescriptions légales en la matière ; Qu'il echet de le déclarer régulier et donc recevable ; Au fond ; Se prévalant d'une rupture abusive de son contrat de travail par son employeur, monsieur B... a fait citer la société I.B.T.C devant le tribunal du travail suivant requête datée du 15 octobre 2004 pour obtenir le paiement des sommes d'argent au titre de salaire indemnités et dommages et intérêts ; Qu'en réponse la société I.B.T.C soutenait avoir été liée par deux contrats à durée déterminée avec B... ; Que ces contrats sont arrivés à terme et que tous les droits dûment calculés ont été payés à l'employé ; Qu'après cet échange entre les parties, le tribunal a rendu le jugement présentement querellé ; Considérant qu'en cause d'appel toutes les parties ont conclu ; Que pour l'appelant la Cour doit infirmer le jugement entrepris au motif que les premiers juges ont fait une mauvaise appréciation des faits de la cause ; Que l'intimé de son côté sollicite la confirmation en toutes ses dispositions du jugement attaqué ; Sur quoi la cour ; Considérant qu'il est discuté de la nature du contrat de travail ayant lié les parties ; Considérant qu'il est pourtant constant au regard des pièces du dossier qu'après une première expérience, les relations entre les parties relevaient d'un contrat de travail à durée déterminée signé le 1er juin 2003 et dont le terme convenu était fixé au 1er octobre 2003 ; Qu'il ressort de la correspondance datée du 13 septembre 2003 reçue par B...

[445] CA. Pointe-Noire, Rôle sociale n°040, année 2005, répertoire n°066 du 14 décembre 2005, inédit

que le contrat de travail à durée déterminée devrait bien se terminer à la date prévue, soit le 1er octobre 2003 ; Que c'est donc bien de manière confuse que B... sollicite l'infirmation du jugement entrepris sur la base de l'argumentation fondée sur la nature du contrat de travail ayant lié les parties ; Qu'en effet, l'on ne saurait dans le cas d'espèce faire application des dispositions relatives à la rupture du contrat de travail à durée indéterminée ; Que pour avoir jugé tel qu'ils l'on fait, les premiers juges ont donné une base légale à leur décision qui mérite d'être confirmé par les juges d'appel tant sur la nature du contrat que sur les dommages intérêts accordés à B..., pour la non remise du certificat du travail ; Par ces motifs ; Statuant publiquement, contradictoirement en matière sociale et en dernier ressort ; En la forme ; Reçoit l'appel ; Au fond ; Confirme en conséquence en toutes ses dispositions le jugement attaqué ; Mets les dépens à la charge du trésor public[446] ; »

**581. Commission de litige, délégation du personnel, motif économique, licenciement légitime**
**MB... / la société COPHARCO**

« Requête de monsieur MB..., en date du 13 juillet 2005 à Pointe-Noire, aux fins de paiement des salaires et primes différentiels, des droits et dommages-intérêts consécutifs au licenciement abusif, contre la société COPHARCO ; Au soutien de ses demandes, monsieur MB... a exposé qu'il a été embauché par la société COPHARCO le 1er juillet 2003, en qualité de caissier secondaire, suivant un contrat de travail à durée déterminée : Que dans la pratique il avait à sa charge une caisse principale et une caisse secondaire et, au cours d'une mission ponctuelle, les inspecteurs du travail avaient constaté cette irrégularité et avaient procédé à une injonction faite à la direction de COPHARCO dans le sens de remédier à cette situation ; Qu'ainsi, le reclassement du susnommé avait été décidé le 21 juin 2004 ; Que par la suite, MB... a été élu délégué du personnel et, dans la même période, la direction de COPHARCO a voulu faire signer des contrats à durée indéterminée sous pression du personnel qui en a exigé des avenants ; Que par la suite, une mesure de licenciement collectif a été prise par la direction de COPHARCO sans respecter le privilège de l'article 79 du Code du travail, au regard des délégués du personnel ; Que pourtant, le poste de caissier de l'agence de Pointe-Noire, ne répondait pas au critère de suppression ; Qu'il a été

---

446 CA. Pointe-Noire, Rôle sociale n°005, année 2007, répertoire n°0032 du 18 juillet 2007, inédit

licencié sans raison valable, sinon pour des activités syndicales et, il n'avait jamais été immatriculé à la C.N.S.S ; Qu'il est fondé à s'adresser à justice pour qu'il soit statué tel que sollicité ;
Par le truchement de son conseil, la société COPHARCO a conclu au débouté tout en faisant valoir que le licenciement de MB... a été autorisé par la Commission des litiges ; Qu'il est régulier et légitime ; Qu'en effet, à la suite de sérieuses difficultés économiques, une réduction des effectifs du personnel a été décidée et, la direction départementale du travail du Kouilou a réuni la Commission des litiges ; Qu'en vue des documents et renseignements, il a été autorisé le licenciement de cinq agents dont MB... ; Que ceux-ci ont régulièrement perçu leur solde de tout compte ; Qu'en ce qui concerne la qualité de délégué du personnel de MB...., il est à noter que tous ses pairs (délégués du personnel avaient été saisis au préalable de la mesure envisagée ; Que si le susnommé entend contester la décision de la Commission des litiges, il lui revient d'exercer son recours soit devant le ministre du travail, soit devant la juridiction administrative ; Que par conséquent, il ne peut prétendre au paiement à qui que ce soit dans le mesure où il a été intégralement couvert de sa rémunération et de son solde de tout compte ; Par jugement avant dire droit du 12 mai 2006, le tribunal a ordonné l'audition des parties sur le montant des sommes payées, le rappel des salaires et l'immatriculation de MB.. à la CNSS ; Cette mesure a été exécutée (voir P.V. d'audition du 04 juillet 2006) ; Le ministère public a relevé la légitimité et la régularité du licenciement, tout en faisant droit aux demandes des salaires ; Sur le licenciement intervenu ; Attendu que, se prévalant de sa qualité de délégué du personnel, monsieur MB... soutient avoir été licencié sans lui accorder le privilège de l'article 79 du Code du travail ; Que cependant, la COPHARCO a fait relever que les délégués du personnel ont été préalablement saisis tel que le veut la loi, de la mesure de réduction du personnel suite aux difficultés économiques de l'entreprise ; Que la commission en a, par la suite, été saisie, et a autorisé le licenciement sollicité ; Attendu qu'il ressort des écritures, des pièces du dossier, ainsi que des détails recueillis tant au cours du préliminaire de conciliation qu'en enquête avant dire droit, que le licenciement de MB... a été autorisé par la commission des litiges en date du 11 juin 2005 ; Qu'il est légitime ; Sur les demandes formulées ; Attendu qu'il ressort, de même, des pièces du dossier que les droits consécutifs à la rupture du contrat de MB... ont été payés, mais sans tenir compte de sa rémunération catégorielle recommandée par l'inspection du travail, à tel point que COPHARCO lui est redevable des différentiels de salaires, toutefois revendiqués d'un montant de 1.379.880F CFA ; Qu'il y a lieu d'y faire droit ; Attendu, au surcroît qu'à partir de la prise en compte du salaire

catégoriel recommandé, le solde de tout a plutôt laissé un écart de 208.714frs CFA en faveur de MB… ; Qu'il revient à COPHARCO de la couvrir ; Attendu que MB… a sollicité les dommages-intérêts d'une somme de 3.779.594Frs CFA ; Qu'il y a plutôt lieu de ramener le quantum de cette demande à la somme de 500.000Frs CFA non sur la base du licenciement abusif, mais sur la résistance de la COPHARCO ; Attendu que l'exécution immédiate a été demandée ; Qu'en vertu des dispositions de l'article 232 (nouveau) du Code du travail, il convient d'ordonner cette mesure, avec dispense de caution pour le salaire et le solde de tout compte, nonobstant appel ; Par ces motifs ; Statuant publiquement, contradictoirement, en matière sociale, et en premier ressort ; Constate la décision de la commission des litiges ; Constate la lettre de mise en demeure de la direction départementale du travail ; Déclare le licenciement légitime ; Condamne par ailleurs la société COPHARCO à payer à MB… les sommes ci-après :

- 1.370.880 Frs CFA différentiel de salaire ;
- 208.714Frs CFA différentiel solde ;
- 500.000 Frs CFA dommages-intérêts ;

Ordonne l'exécution immédiate, avec dispense de caution, pour les salaires et solde, nonobstant appel ; Déboute MB… du surplus de sa demande ; Met les dépens à la charge du trésor public ; »[447]

**582. Evacuation sanitaire, jugement avant dire droit**
**Le chemin de Fer Congo Océan, CFCO / F…**

« Par acte d'appel en date du 22 juin 2005, Maître TS… avocat à la Cour , agissant au nom et pour le compte du C.F.C.O, interjetait appel de ladite décision ; Par ordonnance à Pointe-Noire en date du 13 décembre 2005, enregistrée ensuite de la requête, le premier Président de la Cour d'appel de Pointe-Noire, fixait à l'intimé un délai pour produire ses moyens de défense et ordonnait que l'affaire serait appelée à l'audience du 14 décembre 2005 ; Advenue cette dernière, audience du 28 décembre 2005 la Cour vidant son délibéré a rendu l'arrêt contradictoire suivant ; La Cour ; Vu les pièces du dossier ; Oui, Monsieur le Président B… en son rapport ; les parties n'ont pas conclu, bien que régulièrement citées ; Oui le ministère public, entendu ; Après en avoir délibéré conformément à la loi ; En la forme ; Statuant sur appel interjeté le 22 juin 2005 par maître TS… pour le compte du C.F.C.O d'un jugement prononcé

---

[447] Tribunal de travail de Pointe-Noire, Rôle n°116, Rép n°211 du 24-11-2206, inédit

contradictoirement le 11 mai 2005 par le tribunal du travail de Pointe-Noire dans la cause opposant cette société au nommé K… son employé et dont le dispositif est libellé ainsi qu'il suit :
Par ces motifs ; Statuant publiquement, contradictoirement en matière sociale et en premier ressort ; Avant dire droit ; Condamne le C.F.C.O à payer à monsieur K… la somme de 30.000.000F CFA par provision au titre des frais d'évacuation sanitaire ; Ordonne l'exécution provisoire nonobstant opposition ou appel, réserve les dépens ; Considérant qu'il ressort des dispositions de l'article 237 du Code de travail que l'appel peut être interjeté dans les délais de 15 jours du prononcé du jugement ; Qu'en l'espèce l'appel formé par le C.F.C.O le 22 juin 2005 contre le jugement avant dire droit du 11 mai 2005 est largement tardif ; Qu'il convient de le déclarer irrecevable pour forclusion et permettre au jugement attaqué de produire ses pleins et entiers effets ; Par ces motifs ; Statuant publiquement, par défaut à l'égard de toutes les parties, en matière sociale et en dernier ressort, déclare irrecevable l'appel de C.F.C.O pour forclusion ; Dit en conséquence que le jugement attaqué produira ses pleins et entiers effets ; Met les dépens à la charge du Trésor public[448] ; »

**583. Evacuation sanitaire, prise en charge, dommages et intérêts La SNE / D…**

« En la forme ; Statuant sur les appels régulièrement interjetés par les deux parties du jugement contradictoire prononcé dans la cause opposant la Société nationale d'énergie et D… et dont le dispositif est ainsi libellé ; ''Par ces motifs ; Statuant publiquement, contradictoirement en matière sociale et en premier ressort ; Constate la décision n°469/96/SARS du 29 décembre 1999 de la Société Nationale d'Energie dite S.N.E. ; Enjoint à la société nationale d'énergie S.N.E de l'exécution ; Dit que l'exécution s'effectuera dans un délai de 02 mois à défaut ; Condamne la Société Nationale d'Energie S.N.E à payer à D… la somme de 10 Millions de frs CFA à titre de dommages-intérêts ; Ordonne l'exécution provisoire avec dispense de caution nonobstant opposition en appel ; Met les dépens à la charge du Trésor public'' ; Considérant que tant l'appel de la Société Nationale d'Energie formé le 22 décembre 2002 que celui incidemment interjeté le 27 décembre par Monsieur D… sont réguliers et donc recevables ; Au fond ; Monsieur D… agent comptable de la Société

---

[448] CA. Pointe-Noire, Rôle social n°31, année 2005, répertoire n°076 du 8 décembre 2005, inédit

Nationale d'Energie avait fait l'objet d'une décision d'évacuation sanitaire en date du 29 décembre 1995 sous le n°469/95/SAR/DRHP/D.A.G.R.H/DGP. Que malgré cette décision émanant du Directeur général Président du conseil d'administration de la Société Nationale d'Energie autorisant sa prise en charge par l'entreprise, celle-ci s'est plutôt montrée réticente à s'exécuter ; C'est ainsi que par requête en date à Pointe-Noire du 05 juillet 2001, D... quoique admis à la retraite a attrait son ancien employeur, la Société Nationale d'Energie devant le Tribunal de travail de céans pour s'entendre ordonner son évacuation sanitaire et la condamner au paiement de la somme de 150.000.000frs CFA à titre de dommages-intérêts sous astreinte comminatoire de la somme de 50.000frs CFA par jour de retard ; Qu'en réponse à cela, la Société Nationale d'Energie par le biais de son avocat Maître M... a sollicité la mise en cause de la direction générale de la Société Nationale d'Energie en évoquant les dispositions de l'article 40 alinéa 6 et 14 de la loi n°13/81 du 14 mars 1981 instituant la charte des entreprises de l'Etat ; Qu'après échange entre les parties le Tribunal a rendu en date du 06 décembre 2002 le jugement dont appel ; Considérant qu'en cause d'appel, toutes les parties ont conclu ; Que pour la Société Nationale d'Energie , la Cour doit infirmer le jugement entrepris en constatant, dire et juger que la décision n°469LSARS/DRHP/DAGRM/DGP du 29 décembre 1995 autorisant la prise en charge de Monsieur D... pour visite et soins médicaux en milieu hospitalier en République Sud-Africaine a été prise par la directeur général de la Société Nationale d'Energie dont on doit ordonner la mise en cause dans la présente ; Qu'à défaut de cela, la Cour doit remanier le montant alloué par les premiers juges à D... à de plus justes proportions parce que exagéré Qu'en réponse D... concluant sous la plume de son conseil Maître R... sollicite l'infirmation partielle du jugement entrepris en ce qu'il a minoré le montant des dommages-intérêts à lui alloués ; Que pour lui la Cour constate que la Société Nationale d'Energie n'a pas exécuté son engagement de l'évacuer ; Qu'il attend depuis 10 ans déjà, que c'est bien la Société Nationale d'Energie qui a toujours été attraite et qui conclut ;

Qu'en conséquence, la Cour devra rejeter la demande de mise en cause de la direction générale et condamner la Société Nationale d'Energie, à lui payer la somme de 50.000.000frs CFA à titre de dommages-intérêts toutes causes de préjudice confondue ; Considérant que dans les conclusions du 07 février 2006 le Ministère public sollicite l'infirmation partielle du jugement entrepris en ce qu'il a alloué des dommages-intérêts trop élevés à D... ; Sur quoi la Cour ; Considérant que Monsieur D... a sollicité du juge le renvoi de la Société Nationale d'Energie à l'exécution de sa décision du 29 décembre 1995 portant sur son évacuation sanitaire avec prise en charge des frais médicaux ou à défaut sa condamnation à lui payer la somme de 150.000.000frs CFA à titre de dommages-intérêts toutes causes de préjudice confondues, au besoin assortir la dite condamnation d'une astreinte comminatoire de 50.000frs CFA par jour de retard ; Dire que cette exécution s'effectuera dans les 30 jours du jugement à intervenir et en ordonner l'exécution immédiate ; Que cette injonction ne parait pas conforme à la demande du requérant ; Qu' il convient d'annuler le jugement attaqué pour avoir statuer ultra petite ; Considérant que le conseil de la Société Nationale d'Energie a sollicité la mise en cause de la direction générale de la Société Nationale d'Energie ; Que cette demande est superfétatoire ; Qu'il échet de l'en débouter ; Considérant qu'à défaut pour la Société Nationale d'Energie de s'exécuter il doit être condamné à des dommages-intérêts subséquents ; Par ces motifs ; Statuant publiquement, contradictoirement, en matière sociale et en dernier ressort ; En la forme ; Reçoit les appels ; Au fond ; Annule le jugement attaqué ; Evoquant et statuant à nouveau ; Renvoie la Société Nationale d'Energie à s'exécuter de sa décision n°469/95/SARS/DRHP/DAGRM/DGP du 29 décembre 1995 ; autorisant la prise en charge de Monsieur D... ; A défaut ; Condamne la Société Nationale d'Energie à lui payer la somme de 10.000.000 frs CFA à titre de dommages-intérêts ; Déboute la Société Nationale d'Energie de sa demande de mise en cause de la direction générale ; Met les dépens à la charge du Trésor public [449] ; »

**584. Licenciement régulier et légitime, vol, faute lourde**
**L.../ SNR**

« Par requête en date à Pointe-Noire du 12 Février 2004, monsieur L... a fait citer le service national de reboisement (SNR) pour s'entendre ordonner sa réintégration, à défaut, le condamner à lui payer les droits consécutifs à la rupture de son contrat de travail ;
Au soutien de sa demande, L... expose qu'il a été engagé au Service national de reboisement depuis 2001, en qualité de Reboiseur ; Que, sans motif appréciable et, après un mois, il a été licencié ; Qu'à l'inspection du travail, son employeur avait accepté de payer ses droits ; Que pour un an et huit mois, il n'a été remercié que par une modique somme de 40.000

[449] CA. Pointe-Noire, Rôle social n°035, année 2005, répertoire n°014 du 12 avril 2006, inédit

Frs CFA, qu'il a d'ailleurs refusée ; Qu'il s'agit d'un licenciement irrégulier et abusif ; Par le truchement de son conseil, le Service national de reboisement a conclu au débouté tout en faisant valoir que le licenciement est régulier et légitime ; Qu'en effet, le 30 juin 2002, jour du vote et pendant la ville morte, L… s'est rendu à la pépinière sise à Ngondzi où il s'est déployé à voler du charbon de NZ…, un de ses collègues qui avait confectionné un four dans la prairie ; Qu'à cet occasion, il s'est, de surcroît, déployé à démonter les vitres de la salle de conférence qu'il a emportées avec un seau et des produits d'entretien ; Que le 26 août 2002, une reconstitution des faits a été décidée ; Que cependant, au moment du départ sur les lieux, il s'est éclipsé ; Qu'il n'en demeure pas moins qu'un procès-verbal de carence a été dressé ; Que sans égard à l'employeur, L… n'a choisi de ne pas se présenter à tel point qu'il a rendu impossible sa défense préalable ; Qu'il s'agit d'un licenciement régulier et légitime, dès lors que le vol en soi constitue une faute lourde privative de toute indemnité de rupture ; Attendu qu'il ressort des allégations de l'employeur, étayées par les pièces du dossier que le requérant a été attrapé en flagrant délit de vol de vitrines et d'un seau contenant des produits chimiques ; Qu'invité aux fins d'une reconstitution des faits, il s'est éclipsé, au point où il s'est empêché de présenter sa défense ;
Attendu que le salarié qui s'abstient à se présenter à une confrontation en vue de permettre à l'employeur d'apprécier les circonstances d'une faute mise à sa charge, ne peut faire grief à celui-ci sur l'inobservation des délais de défense prévus à l'article 41 (nouveau) du Code du travail ; Qu'en pareille situation, le licenciement opéré est régulier ; Attendu que le vol est constitutif de faute lourde demeurée vivace, même après un mois, lorsque de par son pouvoir discrétionnaire, l'employeur décide de la reconstitution des faits et invite le salarié à cet effet ; Que le licenciement prononcé sur la base de ces faits est légitime sans qu'il soit considéré comme une sanction tardive ; Attendu qu'en soi, la faute lourde est privative de toute indemnité de rupture du contrat de travail ; Que la demande en paiement des droits consécutifs au licenciement, formulée par L… est dépourvue de base juridique, et il sied de l'en débouter ; Par ces motifs ; Statuant publiquement, contradictoirement, en matière sociale, et en premier ressort ; Déclare le licenciement régulier et légitime ; Déboute L… de sa demande ; Met les dépens à la charge du trésor public ; »

**585. Licenciement régulier, rapport d'enquête, demande reconventionnelle**
**P… / la société MTN**

« Considérant qu'en date du 26 octobre 2007 à Pointe-Noire, au greffe du tribunal du travail, maître L…, avocat à la Cour, agissant au nom et pour le compte de P…, a relevé appel d'un jugement rendu le même jour par le tribunal de Pointe-Noire, dans la cause l'ayant opposé à la société MTN et dont le dispositif est le suivant ; Par ces motifs ;Statuant publiquement, contradictoirement en matière sociale et en premier ressort ; constate le rapport d'enquête en date du 19 août 2006 ; dit que le licenciement est légitime ; déboute P… de sa demande ; déboute également la société MTN de sa demande reconventionnelle ; Met les dépens à la charge du trésor public'' ; Que cet appel interjeté conformément aux dispositions de l'article 237 du Code de travail est régulier et recevable ;
Au fond ; Considérant qu'à la veille d'une foire du mobile organisée à Pointe-Noire, P…, précédemment en service à la société MTN en qualité d'agent de distribution a monnayé la participation à cette foire alors qu'elle était déclarée gratuite. Cette pratique dénoncée par M…, une des victimes, a occasionné la rupture du contrat de travail de P… ; Saisi d'une requête en réparation du préjudice subi, le tribunal du travail de Pointe-Noire a plutôt déclaré légitime le licenciement de P… ; Considérant qu'en cause d'Appel, P… a conclu à l'infirmation du jugement attaqué en toutes ses dispositions ; Qu'il fait observer ; Que le document interne établi de manière unilatérale n'est pas signé par lui et ne saurait par conséquent lui être opposable ; Que les faits reprochés à P… n'ont plus été approuvés par la société MTN Congo ; Que l'employeur n'a aucun motif réel et sérieux pour justifier le licenciement ; Qu'il fait en effet valoir que les premiers juges négligeant les éléments portés à leur connaissance, se sont fondés sur un rapport d'enquête unilatéralement établi par la société MTN Congo, lequel ne constituant pas un procès-verbal d'audition ou de confrontation ne peut être opposable à l'appelant ; Qu'il apparaît que la société MTN Congo a procédé au licenciement de P… sur la base des faits qui se sont avérés infondés dès lors que mademoiselle MB…, appelée à témoigner à charge, a plutôt témoigné à décharge ; Que faute d'un motif réel et sérieux, le licenciement prononcé contre P… est purement et simplement abusif ;
Considérant que par le canal du cabinet C…, la société MTN Congo a par contre conclu à la confirmation en toutes ses dispositions, du jugement entrepris estimant d'une part que les premiers juges ont objectivement apprécié le caractère sérieux et réel des faits reprochés à P… pour avoir été discuté contradictoirement lors de l'audition à la barre du 27 juillet

2007 ; Qu'elle prétend qu'il ne peut être reproché au tribunal d'avoir déclaré le licenciement légitime sur la base d'un rapport d'enquête établi par l'employeur dès lors qu'aux termes de l'article 142 du Code de procédure civile, le juge dispose d'un pouvoir souverain retenir tel ou tel fait résultant des débats ; Que le juge est parfaitement habilité à tenir compte du rapport dont s'agit s'il est utile à la manifestation de la vérité et à la bonne administration de la justice, d'autant plus que ce rapport a été contradictoirement débattu en première instance lors d'une audition à la barre et qu'il a résulté de cette audition que les déclarations de H…et celles de l'appelant sont celles qui ont été reproduites dans le rapport du 19 août 2006 ; Que la Cour constatera que les premiers juges n'ont tiré que les conséquences juridiques de ces déclarations ; Que faute pour P… d'avoir formulé une critique sérieuse sur la motivation des premiers juges, la Cour constatera que les faits ont été bien appréciés et que le droit a été bien dit ; Que concluant à l'audience du juillet 2008 par le truchement de maître M…, avocat à la Cour, la société MTN Congo réitérant ses conclusions a fait valoir que la teneur d'une décision de justice ne saurait se renfermer à son dispositif, lequel n'est que le résumé d'une motivation des faits et du droit ayant conduit au licenciement de sieur P… ; Qu'en l'espèce, les premiers juges ont pris en considération, tous les faits résultant des débats ainsi que des pièces versées ;

Sur quoi la cour ; Considérant qu'à la suite d'une lettre non datée adressée par T… au directeur commercial de MTN contre P…, il a été reproché à celui-ci d'avoir monnayé la participation à la foire du mobile sous la complicité de demoiselle M… sa collègue de service ; Que ces faits sont réfutés par l'employé susnommé qui fait valoir un défaut de preuve et une légèreté des allégations de son employeur ; Considérant qu'en droit, le licenciement qui ne trouve pas son fondement dans une faute sérieuse de l'employé doit être déclaré abusif ; Que tel principe justifie la contestation du jugement par l'appelant qui estime que la légitimité du licenciement déclarée par les premiers juges trouve son fondement dans une faute imaginaire et dans des déclarations traduites dans un procès-verbal dressé par l'employeur, non opposable à un travailleur qui ne l'a pas signé ; Considérant qu'il apparaît cependant dans les faits que pendant l'exercice de ses fonctions de responsable de distribution de la société MTN-CONGO, le nommé P… a eu, à compter du 03 août 2006, soit à la veille de la foire du mobile, un contact physique avec M…, prétendant exposant à cette foire ; Que ce premier contact a été suivi avec communications répétées au téléphone entre P…, M… et M… par M… des pratiques de P… au préjudice de certains clients de la société MTN-CONGO ; Considérant qu'au soutien de ses allégations et pour justifier le licenciement de P…, la société MTN-

CONGO verse aux débats plusieurs pièces dont des références des communications au téléphone entretenues entre P..., M... et MB... et un rapport de l'enquête menée au sein de la société MTN-CONGO relativement à ces faits et la lettre de dénonciation non datée , adressé par Thian Africom au directeur commercial de la société MTN ; Considérant qu'on ne saurait reprocher à un employeur à qui incombe la preuve de la faute commise par son travailleur, de produire au tribunal des déclarations faites par celui-ci pendant qu'il organisait sa défense préalable au licenciement même si elles ne se trouvent consignées que dans un rapport unilatéralement établi par l'employeur ; Que si ce rapport ne peut en l'espèce établir de preuves suffisantes des faits dénoncés, les communications répétées entre P..., M... et MB... qui ne trouvent pas leur justification par l'appelant, expriment vraisemblablement sa volonté d'effacer les indices des pratiques sordides exercées au préjudice de la société MTN Congo ; Qu'il n'est d'ailleurs pas surprenant qu'au lendemain de ces communications, M... ait retiré par lettre du 26 septembre 2006 adressée au directeur général de la société MTN, ses propos contenus dans la lettre de dénonciation ;
Qu'or il est inimaginable que la lettre de dénonciation de T... soit une chimère par la société MTN Congo dans l'optique de légitimer le licenciement éventuellement prononcé contre son agent ; Qu'il appert de ce qui précède que les exigences exprimées en amont par P... à l'endroit du représentant de T... sont révélatrices des pratiques sordides indubitables ; Considérant que constitue une faute sérieuse les actes frauduleusement commis par un travailleur, qui mettent en mal la réputation de son employeur ; Que devant les pratiques sordides de P... et faute pour lui d'avoir tenu une défense convaincante, la Cour ne trouve aucun motif d'infirmation du jugement attaqué ; Considérant qu'en matière sociale, les dépens de la procédure sont à la charge du trésor public. Par ces motifs ; Statuant publiquement contradictoirement, en matière sociale et en dernier ressort ; En la forme ; Reçoit l'appel ; Au fond ; Dit qu'il a été bien jugé et mal appelé ; Confirme en conséquence en toutes ses dispositions le jugement attaqué ; Met les dépens à la charge du trésor public[450] ;

[450] CA. Pointe-Noire, Rôle social : n°016, année 2008, répertoire n°056 du 07 janvier 2009, inédit

**586. Prime de départ à la retraite, demande de paiement de diverses sommes d'argent**
**NG... / la société SAIPEM**

« Par requête en date à Pointe-Noire, du 09 juillet 2005, de Maître E..., Avocat à la Cour, Monsieur G... a fait citer la société SAIPEM pour obtenir le paiement de :

- 1.875.045frs CFA au principal ;
- 6% d'intérêts ;
- 850.000frs CFA dommages-intérêts ;

Il est exposé ; Que Monsieur G.. a été employé par la société SAIPEM et, le 02 janvier 2005, il a été admis à la retraite ; Que lors du décompte de ses droits à la retraite, son employeur, SAIPEM, a déduit la somme de 1.875.045frs CFA au mépris des dispositions de l'article 88 de la loi des Finances 2005 ; Que pourtant, la prime de départ à la retraite est affranchie de tous impôts ; Que toutes les démarches en vue du remboursement se sont avérées infructueuses ; Qu'il est fondé à s'adresser à justice pour qu'il soit statué tel que sollicité ; Suivant les écritures de son conseil, Maître P..., la société SAIPEM a sollicité sa mise hors de cause tout en faisant valoir que la somme déduite sur l'indemnité de départ à la retraite a été versée à la direction générale des Contributions directes et indirectes de Pointe-Noire ; Qu'il s'agit d'assigner l'Etat Congolais bénéficiaire de cette somme ; Attendu qu'il ressort des écritures des parties et des pièces du dossier qu'une somme de 1.825.045frs CFA a été retenue sur la prime de départ à la retraite de Monsieur G.. par la société SAIPEM au titre d'IRPP ; Attendu que cette déduction a été faite de manière insolite en ce que l'article 38 du Code général des Impôts, reprécisé par l'article 93 bis de la loi des Finance 2005 prévoit l'exonération en la matière ; Qu'il y a lieu de condamner ladite société au remboursement de cette somme ; Attendu que, malgré maintes réclamations, la société SAIPEM qui, à bon escient a opéré la déduction querellée n'a jugé nécessaire de rembourser la somme ainsi retenue ; Attendu que cette attitude dénote d'une résistance abusive, particulièrement préjudiciable pour le requérant ; Qu'il y a lieu à réparation dans de juste proportions de 500.000frs CFA au regard de ce chef de demande ; Attendu que la taux d'intérêts de 6% sollicité par G... et, à être grevé sur la somme revendiquée manque de base de droit ; Qu'il échet de débouter le susnommé de cette demande ; Attendu que l'exécution immédiate a été sollicitée en application des dispositions de l'article (232) nouveau du Code du travail ;

Qu'il y a lieu d'ordonner cette mesure, avec dispense de caution, pour le paiement de la somme principale, nonobstant appel ; Par ces motifs ; Statuant publiquement, contradictoirement en matière sociale et en premier ressort ; Condamne la société SAIPEM à payer à Monsieur NG… les sommes ci-après :

- 1.825.045frs CFA à titre principal ;
- 500.000frs CFA dommages-intérêts ;

Ordonne l'exécution immédiate, avec dispense de caution pour le paiement de la somme principale, nonobstant appel ou opposition ; Déboute NG… du surplus de sa demande ; Met les dépens à la charge du Trésor public[451] ; »

**587. Droit conventionnels, licenciement légitime, inadaptation professionnelle**
**M…/ SOSEP**

« Requête en date du 11 mars 2003, de Maître MB…, conseil de M… aux fins de paiement des droits et dommages-intérêts pour rupture abusive du contrat de travail, contre la société SOSEP ; Il est exposé ; Que M.. a été embauché par la société SOSEP depuis 1994 en qualité de chauffeur en vertu d'un contrat de travail à durée indéterminée ; Que le 27 mars 2002, son employeur a procédé à son licenciement sans motif appréciable, sinon à base de simples supputations d'incapacité physique et, dans l'inobservation de la procédure légale ; Qu'en effet, en date du 13 août 2001, au cours des visites annuelles au sein du service, il avait une crise d'hypertension lui ayant occasionné une hospitalisation ; Qu'au sortir de l'hôpital, il lui avait été interdit de conduire ; Que malheureusement, son employeur n'a daigné respecter les prescriptions médicales et s'est adjugé de le licencier ; Qu'il s'agit d'un licenciement abusif ; La société de Sépulture (SOSEP) a conclu au débouté tout en faisant valoir que la rupture du contrat de M.. a été effectuée suivant la procédure requise par la loi et, à base d'un motif légitime ; Qu'en effet, le susnommé a toutefois souffert d'une crise d'hypertension et, de temps à autre, il a été hospitalisé ; Que les frais d'hospitalisation ont toujours été à sa charge ; Que par la suite, le médecin traitant a prescrit de l'utilisatiser dans un poste sédentaire dont l'entreprise ne dispose pas malheureusement ; Que la solution convenable a été celle de résilier son contrat de travail ;

---

[451] Tribunal du travail de Pointe-Noire, Rôle n°114, année 2005, répertoire n°001 du 20 janvier 2006, inédit

Sur le motif et la régularité de la rupture ; Attendu que le requérant soutient avoir été licencié sans motif légitime en ce qu'il revenait à son employeur de lui trouver un autre poste de travail ; Que son employeur n'a pas respecté les prescriptions du médecin traitant ; Mais attendu que la société SOSEP fait valoir qu'il s'agit d'une rupture légitime, sous-tendue par un motif réel et sérieux, effectuée dans le respect de la procédure légale ; Attendu que la lettre de licenciement en date du 27 mars 2002, fait état d'une rupture du contrat pour cause d'inadaptation professionnelle ; Attendu qu'il ressort des pièces du dossier, des écritures confrontées et des débats que M… est victime d'une hypertension nécessitant son utilisation dans un poste sédentaire strict ; Qu'au regard de sa qualité de chauffeur, la société SOSEP n'a pu pourvoir à un tel poste qui n'existe nulle part en son sein ; Que les droits lui ont été payés et, devant le Directeur Régional du travail, une conciliation était intervenue ; Sur les demandes ; Attendu que, sur le fondement du licenciement abusif, Monsieur M… revendique la somme de 30.000.000 frs CFA à titre de dommages-intérêts ; Attendu que cette demande recevable en la forme, n'est pas fondée, dès lors que, le licenciement n'est pas abusif ; Qu'il échet d'en débouter le requérant ; Par ces motifs ; Statuant publiquement, contradictoirement, en matière sociale et en premier ressort ; Constate le paiement des droits conventionnels ; Déclare le licenciement légitime ; Déboute M… de sa demande ; Met les dépens à la charge du Trésor public[452] ; »

**588. Délégué de personnel, licenciement abusif, dommages et intérêts S.N. Imprimerie Saint Joseph / M… et autres (CSC)**

« Considérant que Maître L… a pour le compte de sa cliente SN Imprimerie Saint Joseph, interjeté appel le 27 juillet 2004 du jugement rendu le 21 juillet 2004 par le Tribunal du travail de Pointe-Noire dont le dispositif est libellé ainsi qu'il suit ; ''Statuant publiquement, contradictoirement en matière sociale et en premier ressort ; Constate la qualité de délégué du personnel de M… ; Déclare le licenciement abusif à son égard, mais légitime à l'égard de G…, NG…, D…, B… et T… ; Condamne l'Imprimerie Saint Joseph à payer à M…, la somme de 2.000.000frs CFA à titre de dommages-intérêts ; Déboute M… du surplus de sa demande ; Met les dépens à la charge du Trésor public'' ; Qu'il importe d'examiner cet appel en la forme et au fond ; En la forme ; Considérant que Maître L.. au nom et pour le compte de l' Imprimerie

[452] Tribunal du travail de Pointe-Noire, Rôle n°163, année 2003, répertoire du 11 mars 2005, inédit

Saint Joseph a interjeté appel dans les délais et formes des articles 237 du Code du travail ; Qu'il est recevable ; Au fond ; Faits et procédure ; Considérant que l'appelante souligne qu'elle limite les effets de son appel aux seules dispositions du jugement intéressant M… ; Qu'elle demande la confirmation pure et simple des autres dispositions ; Considérant que l' Imprimerie Saint Joseph confrontée à de sérieuses difficultés économiques depuis plusieurs mois se heurtait à une baisse d'activités préjudiciable aux intérêts de l'entreprise ; Que les causes de cette méforme économique étaient de plusieurs ordre, notamment ;

- La prolifération des imprimeries nouvelles, l'adoption des ordinateurs dans les entreprises qui a pour effet d'amener ces dernières à se passer des services des imprimeries ; la fermeture de certaines entreprises avec pour conséquence la réduction significative de la clientèle traditionnelle des imprimeries ;
- Le ralentissement volontaire du travail des employés ;
- Les marchés parallèles de ces employés dont les conséquences étaient de détourner une bonne partie de la clientèle des caisses de l'entreprise pour un travail réalisé au sein de l'entreprise, mais rémunéré directement dans les poches des employés ;

Que se trouvant dans l'impossibilité de faire face à ses charges d'exploitation courantes, l' Imprimerie Saint Joseph était contrainte d'envisager des mesures allant dans le sens de l'allègement de ces charges ; Qu'ainsi, courant décembre 1999, la direction de l' Imprimerie Saint Joseph informait pour avis le délégué du personnel de son intention de diminuer les effectifs par la mise en œuvre d'une mesure de compression du personnel ; Que le 5 février 2000, elle saisissait le Président de la Commission des litiges d'une demande d'autorisation de compression ; Qu'en date du 10 janvier 2000, le Directeur de l' Imprimerie Saint Joseph était invité à se présenter le 12 janvier 2000 devant le bureau de conciliation de la direction régionale du travail pour examen par la Commission des litiges de sa demande de compression ; Que le 11 janvier 2000, chacun des employés frappés par la mesure de compression était informé de ce qu'il était retenu sur la liste des agents à compresser ce 12 janvier 2000 ; Qu'effectivement le 12 janvier 2000, après le déroulement normal de leur journée de travail, les employés concernés étaient invités à cesser le travail, conformément à la lettre reçue le 11 janvier 2000 ; Que le 14 janvier 2000, la Commission des litiges s'était réunie en autorisant la compression du personnel de 7 agents sollicités par l' Imprimerie Saint Joseph ; Moyens et prétentions ; Considérant que l'appelante fait grief au premier juge d'avoir déclaré abusif le licenciement de M… en condamnant l' Imprimerie Saint Joseph à lui payer la somme de 2.000.000frs CFA à titre de dommages-intérêts ;

Que cette condamnation se fonde sur les dispositions de l'article 176 nouveau alinéa 5 du Code du travail stipulant qu'en cas de licenciement reconnu abusif le juge de fond ordonne à compter du prononcé du jugement, soit la réintégration du délégué du personnel dans ses fonctions au sein de l'entreprise soit le versement de dommages-intérêts dont le montant ne saurait être inférieur à 12 mois de salaire de base, versement pouvant se faire à échéance mensuelle ; Qu'elle croit devoir souligner qu'il ne s'agit dans le cas d'espèce d'un licenciement abusif mais plutôt irrégulier du fait que licenciement de M.. n'avait pas été spécifiquement autorisé par la Commission des litiges ; Qu'en revanche pour n'avoir pas respecté les formes prescrites par le Code du travail s'agissant du licenciement d'un délégué du personnel, il s'agit bel et bien, dans la présente espèce, d'un licenciement irrégulier ; Que dans ces conditions, la disposition applicable se révèle être, non pas l'alinéa 5 de l'article 176 nouveau, applicable dans le cas d'un licenciement abusif, mais plutôt l'article 6 du même texte ; Qu'elle sollicite l'infirmation du jugement déféré se rapportant à M… et la confirmation de la décision entreprise en toutes ses dispositions ;
Considérant que monsieur TS… représentant de la CSC pour les appelants incidents, conclut par l'infirmation en toutes ses dispositions le jugement rendu par le Tribunal du travail le 21 juillet 2004 ; Qu'il soulève six motifs entrainant l'infirmation de la décision attaquée relatifs aux dispositions de l'article 5 de l'arrêté 1108/MTFPSS-DGT ; Qu'en outre il rappelle les dispositions des articles 39 alinéa 6 et 7, 41 alinéa, 176 nouveaux du Code du travail et conclut par l'infirmation en toutes ses dispositions le jugement déféré pour inobservation des textes de loi suscités ; Qu'il fait remarquer également la décision de la Commission des litiges autorisant le licenciement postérieurement prise ; Sur quoi la Cour ; Considérant que les sept employés licenciés étaient sous contrat de travail à durée indéterminée ; Que l'article 39 alinéa 6 du Code du travail dispose que seront licenciés en premier après autorisation de la Commission de litiges présidée par l'Inspecteur du travail, les salariés présentant les moindres aptitudes professionnelles pour les emplois maintenus… ; Que de ce fait les travailleurs sont couverts par cette disposition, à savoir ; Qu'ils ne doivent être licenciés par l'employeur qu'après autorisation préalable de la Commission litiges ; Considérant que les lettres de licenciement versées au dossier sont datées du 11 janvier 2000 ; Qu'ainsi le licenciement de M… ; D… et autres doit être déclaré irrégulier conformément aux articles 39 alinéa 6 et 176 du Code du Travail ; Qu'il s'ensuit que la Cour d'appel infirmera le jugement entrepris à l'égard de D… et autres et condamnera la SN Imprimerie Saint Joseph au paiement des dommages intérêts ; Par ces motifs ;

Statuant publiquement, contradictoirement en matière sociale et en dernier ressort ; En la forme ; Reçoit les appels ; Au fond ; Infirme le jugement attaqué en ce qu'il a débouté D… et autres de leurs demandes ; Statuant à nouveau ; Condamne l' Imprimerie Saint Joseph à leur payer la somme de 300.000frs CFA chacun à titre de dommages-intérêts ; Les déboute du surplus de leurs demandes ; Confirme le jugement attaqué en ses autres dispositions ; Met les dépens à la charge du Trésor public[453] ; »

**589. Modification des conditions de travail, licenciement abusif, réintégration, dommages et intérêts**
**La société DISPHARM / D…**

« Considérant que le 17 octobre 2005, la société Diffusion Internationale de spécialités pharmaceutiques dite DISPHARM représentée par Me P…, a relevé appel d'un jugement rendu par le tribunal du travail de Pointe-Noire le 14 octobre 2005, dans l'affaire qui l'a opposé à monsieur D… dont le dispositif est ainsi conçu ;''Par ces motifs ; Statuant publiquement, contradictoirement, en matière sociale et en premier ressort ; impute la rupture du contrat de travail à la société Dispharm ; La déclare irrégulière et abusive ; Ordonne la réintégration ; A défaut ; Condamne la société Dispharm à payer à D… en sus des droits légaux et conventionnels (calculés par l'inspection du travail) les sommes ci-après à titre de dommages-intérêts :

- 1.000.000frs CFA licenciement irrégulier ; 10.000.000frs CFA pour licenciement abusif ; Ordonne l'exécution provisoire avec dispense de caution ; Pour les droits légaux et conventionnels nonobstant appel ; Déboute D…du surplus de sa demande ; Déboute la société Dispharm de sa demande reconventionnelle ; Met les dépens à la charge du Trésor public'' ;

Considérant que cet appel dont acte a été dressé au greffe du tribunal du Travail de Pointe-Noire au troisième jour du jugement est régulier et doit être déclaré recevable ; Au fond ; Considérant que par contrat du 02 avril 2002 conçu à Genève en Suisse, Monsieur D… s'est engagé pour une durée indéterminée, à servir à la société Diffusion Internationale de spécialités pharmaceutiques dite DISPHARM en qualité de First Line Manager ; Qu'à la suite des lettres à lui adressées les 04 décembre 2003 et 05 janvier 2004, D…n'a pas accepté un changement de fonction justifié par une réorganisation structurelle de la société quoique bénéficiant des mêmes salaires et avantages ; Qu'il l'a assimilé à une

---

[453] CA. Pointe-Noire, Rôle sociale n°21, année 2004, répertoire n°40 du 20 juillet 2005, inédit

rupture de son contrat initial, laquelle est à l'origine du jugement attaqué ; Considérant que la société Dispharm critique la décision des premiers Juges et sollicite sa réformation en toutes ses dispositions ;
Qu'elle fait valoir qu'alors que le contrat de travail de D..., son salaire et ses avantages sont maintenus celui-ci avait de son propre gré abandonné son poste de travail ; Que cet abandon est constitutif de faute lourde n'imposait pas à la société Dispharm d'observer les dispositions de l'article 41 du Code de travail d'autant plus que la rupture des liens n'était pas expressément déclarée par l'employeur ; Que l'abandon par D... de son poste de travail est d'ailleurs doublé d'une insubordination caractérisée par des refus successifs d'exécuter les ordres de l'employeur ; Qu'en effet la critique de la décision des premiers juges est d'autant plus fondée qu'ils n'ont pas recherché en vertu de leur pouvoir souverain d'appréciation, si le motif d'abandon de poste invoqué par la société Dispharm était établi ; Que pour la jurisprudence, l'abandon de poste par un salarié à la suite de la modification de ses conditions de travail constitue une faute grave ;
Qu'or la Cour constatera que le Tribunal s'est contenté d'invoquer une réflexion sur la rupture du contrat par mutuel consentement ou une extrapolation qui en réalité n'a jamais eu lieu ; Que pour ne l'avoir pas fait, sa décision s'expose à des critiques ; Qu'au surplus l'insubordination du salarié est considérée par une jurisprudence constante comme un motif légitime de licenciement ; Que l'insubordination caractérisée par des refus successifs opposés par D..., constitue un motif réel et sérieux ; Qu'en définitive, D... a de son propre chef a abandonné son poste de travail et a de ce fait commis une faute grave qui légitime son licenciement ; Qu'une mesure d'enquête en application de l'article 150 du Code de procédure civile, commerciale, administrative et financière permettra d'éclairer la religion de la Cour ; Que la Cour n'éprouvera aucune difficulté à l'ordonner pour la clarté des débats ; Considérant qu'en réplique, D... ayant pour conseil Maître N... a conclu à la confirmation du jugement dans son principe et son infirmation sur le quantum des dommages intérêts ; Qu'il soutient que la faute n'est pas probante et que son appréciation est laissée à la seule souveraineté du juge ;
Que D.. reproche à la société Dispharm de n'avoir pas observé les dispositions de l'article 41 du Code du travail selon lesquelles, l'employeur prenant l'initiative de la rupture, se devrait d'observer le délai de préavis ou celui accordé par le législateur à l'employé même fautif pour assurer sa défense ; Qu'or cette possibilité de se défendre ne lui a plus été accordée la lettre de licenciement n'ayant pas été précédée d'une suspension du contrat ; Que l'inobservation de ces dispositions du

Code du travail ainsi que la procédure de licenciement prescrite dans le règlement intérieur de l'entreprise expose l'employeur au paiement d'une indemnité de préavis et à des dommages-intérêts dont le montant est apprécié par le Juge en tenant compte du temps passé par le travailleur au sein de l'entreprise ainsi que la qualité des services rendus ;
Que concluant sur le caractère abusif du licenciement, D… a fait observer que la formation de First Line Manager a été déterminante pour la signature du contrat de travail du 02 avril 2002 ; Que la Dispharma voulant supprimer cette fonction a manqué de sérieux en ce que les lettres de mutation des 04 décembre 2003 et 12 janvier 2004 ayant pollué leurs relations, sont adressées par une autorité incompétente et rendent conséquemment le licenciement abusif ; Qu'en effet, en considération de l'organigramme de la société Dispharm, une décision de mutation du First Line Manager ne pouvait être signée que par la direction générale ; Qu'une autorité différente ne pouvait agir que sur délégation de pouvoir écrit tant il avait déjà été jugé abusif un licenciement décidé par une personne non habilitée à le faire ; Que les lettres de mutations écrites et signées par un Directeur Régional, perdent leur valeur juridique et remettent D… dans ses fonctions initiales issues du contrat du 22 avril 2002 ; Sur quoi la Cour ; Considérant que les conclusions des parties et autres pièces produites au dossier sont de nature a éclairer la Cour qui ne juge pas utile d'ordonner la mesure d'enquête sollicitée ; Considérant que la restructuration de la société Dispharm a eu pour effet non seulement la suppression de la fonction de First Line Manager précédemment assurée par D… mais aussi un déclassement de celui-ci appelé à servir désormais en qualité de délégué Médical ; Qu'aux termes de l'article 15 du contrat de travail, si un laboratoire cesse de confier à la société Dispharm S.A. la distribution de ses produits, il sera établi l'incidence de cette cessation sur l'activité du First Line Manger ; Que si la suppression du poste de First Line Manager paraît justifiée, la survie de la société et la poursuite de son activité initiale commandent une nomination de D… à un poste identique pour écarter la thèse d'un déclassement délibéré d'un agent qui n'a pas commis la moindre faute pendant l'exécution de son contrat de travail ; Que ce déclassement se caractérise par le placement de D… sous les ordres d'un Directeur Régional, précédemment considéré comme son égal ; Que telle attitude de la société Dispharm S.A a vraisemblablement exprimé une volonté délibérée d'entraîner son agent dans un désintéressement de l'activité entreprise ; Que par cette attitude fautive, la Dispharm S.A a tacitement pris l'initiative de la rupture du contrat de travail et s'est exposée conséquemment au respect de la procédure de licenciement édictée dans le Code du travail à l'article 41, faisant de la suspension du contrat de travail un préalable au licenciement ; Que

l'inobservation de cette procédure est d'ailleurs une cause de condamnation à une indemnité de préavis ainsi qu'à des dommages intérêts ; Par ces motifs ; Statuant publiquement contradictoirement, en matière sociale et en dernier ressort ; En la forme ; Reçoit l'appel ; Au fond ; Dit qu'il a été bien jugé et mal appelé ; Confirme en toutes ses dispositions le jugement sociale n°276 du 14 octobre 2005 ; Met les dépens à la charge du Trésor public[454] ; »

**590. Licenciement abusif, réintégration, droits légaux et conventionnels, dommages et intérêts**
**T… / la Société SOSEP**

« Sur la recevabilité de l'appel ; Considérant que la question de la recevabilité a déjà été réglée par Arrêt avant dire droit ; Sur le fond ; Considérant que Me N…, avocat à la Cour agissant au nom et pour le compte de Madame T…, a conclu à l'infirmation du jugement et pour cause ; Que dame T…, caissière à la société SOSEP était suspendue de ses fonctions le 26 janvier 2006 et le 24 février, elle était licenciée pour avoir commis des manquants ; Qu'un tel licenciement est irrégulier et abusif parce que d'une part dame T… incriminée d'avoir commis une faute lourde au sein de la société SOSEP n'a pas présenté sa défense en présence d'une personne de son choix ainsi que le prescrit l'article 41 du Code du travail ; Que d'autre part, pendant que l'expertise ayant révélé les prétendus manquants se faisait, dame T… était en congé ;
Que ce contrôle ou cette expertise n'étant pas contradictoire ne peut être opposé à dame T… qui a sollicité une contre-expertise, mais refusée par la société SOSEP ; Qu'enfin, les conclusions prises dans cette affaire par l'inspecteur du travail n'ont pas établi une faute professionnelle à l'encontre de T… ; Considérant que par la lettre datée du 27 juin 2008 le Directeur général de la SOSEP a conclu à la confirmation du jugement ; Sur quoi la Cour ; Considérant que les éléments du dossier prouvent de façon indéniable, notamment le rapport du Directeur Départemental du travail du Kouilou que T… a été licenciée sur la base du rapport d'expertise du Cabinet CEMAC ; Que pendant que ce contrôle était fait dame T... était en congés administratif, ce qui rend le contrôle non contradictoire à son égard ; Que mieux, le rapport n'incrimine pas dame T… et les conclusions y relatives n'ont pas établi une faute professionnelle de T… ; Considérant qu'au regard de ce qui précède le licenciement de dame T… est manifestement en abusif ; Par ces motifs ;

[454] CA. Pointe-Noire, Rôle sociale n°024, année 2008, répertoire n°007 du 20 février 2008, inédit

Statuant publiquement, contradictoirement, en matière sociale et en premier ressort ; En la forme ; Vu l'arrêt avant dire droit ayant déclaré l'appel recevable ; Au fond ; Infirme le jugement entrepris en toutes ses dispositions ; Statuant à nouveau ; Dit que le licenciement de dame T... est irrégulier et abusif ; En conséquences, ordonne sa réintégration, à défaut ; Condamne la société SOSEP à lui payer les droits légaux et conventionnels calculés par l'inspection du travail ; Condamne en outre la société SOSEP à payer à dame T... la somme de 2.000.000frs CFA à titre de dommages-intérêts ; Déboute dame T... du surplus de sa demande ; Dit n'y avoir à ordonner l'exécution provisoire ; Met les dépens à la charge du trésor Public[455] ; »

**591. Licenciement abusif, dommages et intérêts**
**G... / Full Power Pointe-Noire**

« Considérant que Maître MB..., avocat à la Cour a pour le compte de G..., relevé appel, suivant déclaration faite en date du 19 décembre 2006, du jugement social n°220 rendu le 15 décembre 2006 par le Tribunal du travail de Pointe-Noire et dont le dispositif porte ; ''Par ce motifs ; Statuant publiquement, contradictoirement, en matière sociale et en premier ressort ; Constate la lettre de la société Friendlander et le solde de tout compte ; Déclare le licenciement légitime ; Déboute G.. de ses demandes ; Met les dépens à la charge du Trésor public'' ; Considérant que ce recours, exercé dans le délai requis, est en la forme recevable ; Considérant, au fond que Monsieur G..., agent de la société Full Power et utilisé auprès de la société Friedlander sur la base d'un contrat de prestation de service, a été renvoyé par son employeur pour travail insatisfaisant et par manque de motivation pour le travail ainsi que pour les retards répétés au service, reproches contenus dans une correspondance de la société Friedlander en date du 28 novembre 2005 à l'adresse de Full Power ; Considérant que, pour la cause, aucune fiche technique n'a été produite au dossier aussi bien par Friedlander que par Full Power propre à laisser penser que G... aurait fourni un travail insatisfaisant tout comme le manque de motivation reproché à ce dernier ; Que faute de preuve, il y a lieu de déclarer le licenciement de G... comme abusif contrairement à l'opinion du premier juge qui, pour déclarer le jugement légitime, s'est borné à faire foi aux mentions contenues dans la lettre précitée faisant état des causes du licenciement selon l'employeur ; Considérant qu'il résulte des pièces du dossier que G... a été rempli de tous ses droits légaux et conventionnels et qu'il reste

[455] CA. Pointe-Noire, année 2008, répertoire n°0051 du 17 décembre 2008, inédit

donc à examiner du tout uniquement la demande en dommages et intérêts pour licenciement abusif ; Considérant que, sur ce point, G... a sollicité la somme de 15.000.000frs CFA ; Considérant que ce montant parait exagéré et qu'il y a lieu de le modifier à la baisse ainsi qu'il suit au dispositif du présent arrêt ; Par ces motifs ; Statuant publiquement, contradictoirement en matière sociale et en dernier ressort ; En la forme ; Reçoit l'appel ; Au fond ; Infime le jugement entrepris en toutes ses dispositions ; Statuant à nouveau ; Déclare abusif le licenciement de G... ; En conséquence, ordonne sa réintégration, à défaut condamne la société Full Power à lui payer la somme de 2.500.000frs CFA à titre de dommages intérêts ; Constate que l'employé à déjà perçu les droits légaux et conventionnels ; Le déboute du surplus de sa demande en dommages intérêts ; Met les dépens à la charge du Trésor Public[456] ; »

**592. Licenciement abusif, indemnité de réintégration préavis et de licenciement certificat de travail**
**Dame D... et Y... / Dame F...**

« Considérant qu'en date du 18 avril 2008, Maître TCH..., avocat à la Cour, Agissant au nom et pour le compte de dame D... et Y... a relevé appel du jugement rendu le 08 avril 2008 par le tribunal du travail de Pointe-Noire dans la cause les opposant à Dame F... et dont le dispositif est le suivant ; Par ces motifs ; Statuant publiquement, contradictoirement en matière sociale et en premier ressort ; Dit qu'il y a licenciement abusif ; Condamne dame D... et Yves à payer à F..., les sommes ci-après :

- 60.000frs CFA préavis
- 700.000frs CFA dommages et intérêts pour licenciement
- 150.000frs CFA dommages et intérêts pour non remise de certificat du travail ;

Ordonne l'exécution provisoire pour le préavis nonobstant appel ; Met les dépens à la charge du Trésor public'' ; Considérant que ce recours est conforme aux prescriptions légales en la matière notamment celles de l'article 237 du Code du travail ; Qu'il convient de le déclarer régulier et donc recevable ; Au fond ; Considérant qu'il ressort de l'ensemble des pièces du dossier les faits suivants :
Dame F... travaillait en qualité de ménagère auprès des époux Y..., en date du 02 novembre 2005, dame F... a saisi le Tribunal du travail de Pointe-Noire pour s'entendre payer la somme de 7.800.000frs au titre de

---

[456] CA. Pointe-Noire, Rôle sociale n°028, année 2007, répertoire n°004 du 06 février 2008, inédit

droits légaux et conventionnels, dommages intérêts pour licenciement abusif. Cette procédure a abouti à une conciliation sanctionnée par un procès-verbal ; Que malheureusement suite à la persistance du mauvais climat de travail caractérisé par des suspicions incessantes, les relations de travail liant les parties ont été rompues en date du 15 juillet 2006 sur l'initiative de l'employeur ; Que saisi de nouveau par D… F… en date du 20 juillet 2006, le tribunal du travail de céans après échange entre les parties a rendu le 08 avril 2008 le jugement querellé et présentement soumis à la censure des juges d'Appel ; Considérant qu'en cause d'appel nul n'a conclu ; Sur quoi la Cour ; Considérant qu'en interjetant appel, les époux Y… s'étaient fait réserver leur droit de produire leurs conclusions le moment venu devant la Cour siégeant ; Que cependant en cause d'Appel Maître TCH… avocat à la Cour et Conseil des appelants qui est régulièrement domicilié au siège même de la Cour n'a pas daigné conclure, en dépit de la magnanimité dont la Cour a fait montre à son égard en lui concédant plusieurs renvois pour présenter ses moyens de défense ; Que face au mutisme observé par les appelants, la Cour se trouve dépourvue de la matière à apprécier faute de la révélation des griefs ayant émaillé selon eux le jugement entrepris ; Que la Cour peut toutefois relever les insuffisances juridiques contenues dans le jugement querellé ; Considérant qu'il apparaît nettement que les premiers juges ont omis d'ordonner la réintégration avant de prononcer les condamnations pécuniaires tel que le prévoit l'article 42 du Code du travail ; Que cette violation d'ordre public entraîne l'annulation dudit jugement ; Que de même il convient de réajuster le montant du préavis qui en l'espèce est de 14.400frs CFA au lieu de 60.000frs comme préalablement retenu par les premiers juges ; Considérant cependant que pour le reste, les premiers juges on fait en la cause, une bonne appréciation des faits ainsi qu'une bonne application de la règle de droit y afférente ; Considérant que dans ses conclusions datées du 31 octobre 2008, le Ministère Public a abordé dans le même sens ; Par ces motifs ;Statuant publiquement, contradictoirement, en matière sociale et en dernier ressort ; En la forme ; Reçoit l'appel ; Au fond ; Annule le jugement attaqué en toutes ses dispositions ; Evoquant et statuant à nouveau ; Dit qu'il y a licenciement abusif ; Ordonne la réintégration ou à défaut ; Condamne dame D… et Y à payer à F… les sommes ci-après :

- 14.400frs CFA préavis ;
- 700.000frs CFA dommages et intérêts pour licenciement abusif ;
- 150.000frs CFA dommages et intérêts pour non remise du certificat du travail ;

Déboute F… du surplus de sa demande ; Met les dépens à la charge du Trésor Public[457] ; »

**593. Licenciement abusif, réintégration**
**La Menuiserie Coulombo / M…**

Considérant que suivant extrait d'acte d'appel matérialisé au greffe du Tribunal du travail de Pointe-Noire le 29 juillet 2005 ; Monsieur M… de la Menuiserie Coulombo a interjeté appel le 29 mars 2005 du jugement prononcé le 26 novembre 2004 dans la cause l'opposant à son ex-employé le sieur M… et dont le dispositif est libellé ainsi qu'il suit ; Par ces motifs ; Statuant publiquement, contradictoirement, en matière sociale et en premier ressort ; Déclare le licenciement abusif et irrégulier ; Ordonne la réintégration, à défaut ; Condamne la Menuiserie Coulombo prise en la personne de monsieur M… à payer à M… les sommes ci-après ;

- 62.400frs CFA à titre de préavis ;
- 150.000frs CFA à titre de dommages intérêts pour non remise du certificat de travail ;
- 100.000 frs CFA à titre de licenciement irrégulier ;
- 1.000.000frs CFA à titre de dommages-intérêts pour licenciement abusif ;

Ordonne l'exécution provisoire pour le paiement du préavis ; Met les dépens à la charge du Trésor public'' ; Considérant qu'il ressort des pièces du dossier notamment de la signification commandement d'un jugement social émanant de Maître M…, Huissier de justice que le jugement social du 26 novembre 2004 a été signifié le 23 mars 2005 à Monsieur M…représentant légal de la Menuiserie Coulombo ; Qu'il s'ensuit que son appel daté du 29 mars 2005 est régulier et convient d'être déclaré recevable ; Au fond ; Considérant qu'il ressort des pièces du dossier que suite à son licenciement intervenu le 21 février 2004, le nommé M… a saisi par requête datée à Pointe-Noire du 27 février 2004 le Tribunal du travail de céans pour s'entendre condamner son ex-employeur la Menuiserie Coulombo, à lui payer diverses sommes d'argent ; Qu'il soutient avoir été irrégulièrement et abusivement licencié pour avoir rétorqué quant à la décision de l'employeur de ne pas payer les journées de rupture d'électricité ; Qu'après échange entre les parties, le Tribunal a rendu en date du 26 novembre 2004 le jugement dont appel ; Considérant qu'en cause d'appel nul n'a conclu ; Qu'il ressort tout de

[457] CA. Pointe-Noire, Rôle social n°042, année 2008, répertoire n°028 du 21 janvier 2009, inédit

même du dossier que pour juger tel qu'il l'a fait le Tribunal du travail s'est fondé sur les dispositions des articles 41 nouveau et 42 nouveau du Code du travail pour justifier l'irrégularité et le caractère abusif du licenciement de M… et prononcer la condamnation contre son ex-employeur la Menuiserie Coulombo ; Sur quoi le Tribunal ; Considérant que l'appelant en la présente cause notamment la Menuiserie Coulombo n'a pas daigné conclure, ni présenter de mémoire pour permettre à la Cour siégeant d'apprécier les griefs élevés contre le jugement soumis à sa censure ; Que nonobstant cette défaillance, et eu égard à l'effet d'évolutif de l'appel, la Cour examinant le jugement attaqué n'a pas relevé d'éléments de fait ou de droit de nature à entrainer sa réformation ou son annulation ; Que bien au contraire la motivation des premiers juges est soutenable ; Qu'en effet, un licenciement opéré au mépris des dispositions de l'article 41 nouveau de Code du travail est irrégulier ; Que de même le licenciement intervenu sans motifs légitime est abusif au regard des dispositions de l'alinéa 4 de l'article 42 nouveau du même Code ; Qu'il s'ensuit qu'en jugeant tel qu'ils l'ont fait, les premiers juges ont donné une base légale à leur décision qui mérite d'être confirmée par les juges d'appel en toutes ses dispositions ; Par ces motifs ; Statuant publiquement, par défaut à l'égard de toutes les parties, en matière sociale et en dernier ressort ; En la forme ; Reçoit l'appel ; Au fond ; Constate la défaillance de l'appelant ; Confirme en conséquence le jugement attaqué en toutes ses dispositions ; Met les dépens à la charge du Trésor public[458] ; »

**594. Commission de litige, licenciement abusif, réintégration, droits légaux et conventionnels, dommages et intérêts**
**NZ…/ La société MAN FAI TAI**

« Considérant que le 28 novembre 2003, sous le n°302, le Tribunal du travail, dans une cause entre NZ… et la société MAN FAI TAI, a rendu un jugement dont le dispositif ; ''Par ces motifs ; Statuant publiquement, contradictoirement, en matière sociale et en premier ressort ; Constate la décision de la Commission des litiges ; Déclare le licenciement légitime ; Déboute NZ… de sa demande ; Met les dépens à la charge du Trésor public'' ; Considérant que ce recours, en la forme, exercé dans le délai requis, ne souffre d'aucune contestation ; Qu'il y a lieu de le déclarer régulier et donc doit être recevable sur ce point ; Considérant, au fond, la cause s'analyse en une contestation par NZ… de son licenciement qu'il

---

[458] CA. Pointe-Noire, Rôle social n°047, année 2005, répertoire n°071 du 28 décembre 2005, inédit

estime abusif, au motif que la raison économique, cause de la rupture d'après l'employeur sur autorisation de la Commission de litiges, est une raison qui ne tient pas la route puisque, précise l'appelant, la société MAN FAI TAI, son employeur, avait préféré sous-traiter avec MATICE Group Sarl lequel a procédé immédiatement à des nouveaux recrutements, sans tenir compte du principe de la priorité d'embauche et de sa qualité de salarié protégé ; Qu'ainsi, il sollicite condamnation de la société MAN FAI TAI à lui payer les sommes tel que sollicité ; Considérant que la société MAN FAI TAI, de son côté expose que le licenciement de NZ... et autres est légitime dans la mesure ou la procédure de licenciement pour raison économique a été respectée par elle qui, sur autorisation de la Commission des litiges, a procédé au licenciement et que, en pareil cas, poursuit l'intimée dans ses explications, la qualité de salarié protégé n'a pas d'effet puisque tous les travailleurs sont placés désormais au même pied d'égalité ; Que dans tous les cas, pense en définitive l'intimée, pour terminer, la décision de la Commission des litiges ne saurait faire l'objet d'un examen devant le Tribunal en raison du principe de la séparation des pouvoirs entre le judiciaire et l'administratif ;

Considérant que pour le premier juge ce licenciement est régulier et légitime parce que ordonné par la Commission de litiges qui avait été régulièrement saisie d'une compression du personnel pour cause économique ; Considérant que, en droit, l'article 39 du Code du travail qui édicte que les décisions de la Commission des litiges sont susceptibles de recours, soit devant le Ministère du travail, soit devant la juridiction compétente, formule en des termes simples et clairs, la compétence du Tribunal du travail pour apprécier la décision de la Commission des litiges est définie ; Qu'ainsi retenu, pour la Cour, il se définit aisément que le motif économique, cause du licenciement, paraît injustifié en raison de ce qu'il est établi que la société MAN FAI TAI avait encore recruté en procédant par le système de la sous traitance ; Que cette circonstance seule est suffisante pour dire et juger qu'il s'agit là d'un licenciement économique abusif qui n'en est pas un ; Qu'il y a lieu donc de reformer le jugement entrepris en toutes ses dispositions et condamner du tout la société MAN FAI TAI à payer à NZ... tel que définit ci-dessous dans le dispositif du présent arrêt ; Par ces motifs ; Statuant publiquement, contradictoirement, en matière sociale et en dernier ressort ; En la forme ; Reçoit l'appel ; Au fond ; Infirme le jugement entrepris en toutes ses dispositions ; Statuant à nouveau ; Déclare abusif le licenciement de NZ... ; Ordonne sa réintégration et à défaut ; Condamne la société MAN FAI TAI à lui payer outre les droits légaux et conventionnels, la somme de 3.000.000frs CFA à titre de dommages-intérêts pour licenciement abusif ; Déboute NZ... du surplus de sa demande ; Met les dépens à la charge du Trésor public[459] ; »

**595. Licenciement abusif, indemnité de rupture, dommages et intérêts**
**Dame O... née K... / La CNSS**

« Considérant que par acte en date à Pointe-Noire du 04 août 2005 Maître C... avocat à la Cour agissant pour le compte de dame O... née K... a fait au greffe du Tribunal de Travail de Pointe-Noire, appel d'un jugement contradictoire rendu le 29 juillet 2005 par la juridiction précitée dans la cause qui opposait dame... O... née K... à la CNSS, lequel jugement a déclaré le licenciement légitime et a débouté dame D... née K... de sa demande ; Que cet acte formalisé selon les formes prescrites par la loi et à l'intérieur de délais requis est recevable ; Au fond ; Considérant qu'en cause d'appel, dame O... née K... par la plume de ses avocats Maître C... et Maître TS... a conclu à l'infirmation du jugement attaqué ; Dame O... née K... a été embauchée par la CNSS le 13 septembre 1989 en qualité de Caissière ; Qu'elle a exercé ses fonctions pendant environ une quinzaine d'années ; Que courant 2003 la Direction de la CNSS lui a attribué par erreur un montant excessif dont elle n'a pas restitué l'excédent ; Que s'en étant rendu compte la CNSS a suspendu son contrat de travail par le Directeur Départemental le 07 novembre 2003, une autre suspension intervenait décidée cette fois par le Directeur général de la CNSS, qui le 02 février 2003 résiliait ledit contrat, mais que la décision y relative était signifiée le 28 février 2004 ; Qu'estimant abusif le licenciement dont elle a été l'objet, dame O... née K... a saisi le Tribunal du travail de Pointe-Noire pour paiement des droits conventionnels et légaux ainsi que les dommages intérêts en réparation du préjudice subit ; Considérant que la CNSS, courant novembre 2003, a continué à l'occuper et à la payer régulièrement ses salaires des mois de novembre et décembre 2003 ainsi que le mois de janvier 2004 ; Que de surcroît le 17 septembre 2004, dame O... s'est vue notifiée la décision n°174/SCE. PERS./HRP/CO qui la mettait en congé régulier ; Considérant que la CNSS pour sa part fait valoir par le canal de son conseil M... que dame O... n'a jamais contesté les faits à elle reprochés notamment le détournement de la somme de 1.584.000f CFA ; Que conformément aux prescriptions de l'article 41 alinéa 4 du code de travail, l'Employeur avait offert la possibilité à dame O... de présenter sa

[459] CA Pointe-Noire, Rôle social n°029, année 2005, répertoire n°068 du 21 décembre 2005, inédit

défense ; Qu'ainsi en reconnaissant sans ambages ses faits dame O... savait pertinemment que son agissement s'analyse en un abus de confiance constitutif d'une faute lourde ; Que de par le caractère du motif de son licenciement elle était de droit privée de toutes indemnités compensatrices de préavis et de licenciement ; Que consécutivement à ce qui précède le premier Juge a raisonnablement jugé de régulier et légitime le licenciement prononcé contre dame O... ; Qu'il sied de confirmer purement et simplement le jugement entrepris, la sanction prise par la CNSS l'a été conformément à la loi et ne saurait dite de tardive ; Considérant que le Ministère Public a conclu à l'infirmation du jugement entrepris en toutes ses dispositions ; Sur quoi la Cour ; Considérant que dame O... a sollicité la réformation du jugement attaqué pour les motifs invoqués supra, notamment la violation des dispositions de l'article 4 du Code de travail ; Qu'il est établi à la lumière des pièces versées au dossier que dame O.. avait commis une malversation portant sur un montant de 1.584.000frs CFA, en sa qualité de caissière à la CNSS ; Que celle-ci en tirait argument pour la licencier pour faute lourde ; Que le contrat de travail de dame O... a fait l'objet de deux suspensions successives datées des 07 novembre et 12 décembre 2003 ; Considérant qu'il est aussi constant qu'il s'est écoulé 11 mois entre la note de suspension et la résiliation dudit contrat ; Que de même, le délai de suspension de 30 jours fixé par l'article 41 alinéa 4 du Code du travail était largement dépassé ; Qu'il ressort de ses dispositions législatives l'idée claire selon laquelle en cas de faute lourde, les relations de travail sont suspendues entre l'Employeur et son salarié pendant une période maximum de 30 jours au cours de laquelle ce dernier est tenu de présenter sa défense ; Que cela démontre le caractère irrégulier du licenciement en cause, étant donné que celui-ci est intervenu au mépris des règles de formes légales ; Qu'il s'ensuit que le licenciement de dame O.. entrepris devra être déclaré abusif de ce chef ; Considérant qu'il est de jurisprudence constante qu'en cas de faute lourde la sanction doit être appliquée dans les plus bref délais ; Qu'après la découverte de la faute commise, la CNSS a continué à occuper dame O.. et à la payer régulièrement, Qu'au surplus qu'il est constant que le licenciement pour faute lourde entraîne la perte de tous les droits (congé, préavis, indemnités diverses...) ; Or qu'en l'espèce la CNSS a réglé à dame O... l'indemnité de congé par décision n°174 pour la période du 1er octobre 2004 au 16 février 2005 ; Que c'est aveu implicite qu'il n'y a pas faute lourde ; Qu'à contrario, il est admis par la jurisprudence constante qu'un licenciement pour faute lourde sanctionné tardivement revêt dans ses conditions un caractère abusif ; Qu'il sied dans l'intérêt de l'appelante d'infirmer le jugement entrepris sur le licenciement tardif en violation du délai prévu à l'article 41 du Code du travail ; Par ces motifs ; Statuant publiquement, contradictoirement en matière sociale et en premier ressort ; En la forme ; Reçoit l'appel de dame O… en ce qu'il est régulier ; Au fond ; Infirme le jugement entrepris en ce qu'il a déclaré le licenciement légitime et a débouté dame O… de sa demande ; Statuant à nouveau ; Déclare le licenciement de dame O… irrégulier et abusif ; Ordonne la réintégration de l'intéressée ou à défaut condamne la CNSS à lui payer ce qui suit :

- indemnité légales et conventionnelles de rupture, calculées par l'Inspection du travail ;
- dommage intérêts pour licenciement abusif 3 millions ;
- la déboute du surplus de ses demandes ;
- met les dépends à la charge du Trésor public[460] ; »

**596. Licenciement abusif, réintégration, indemnité de préavis, indemnité de licenciement abusif, rappel de salaires, prime de transport, prime de diplôme**
**La société JEC Immobilier / B…**

« Considérant que le Tribunal du travail de Pointe-Noire rendait le 23 juillet 2004 le jugement dont le dispositif est ainsi conçu ; ''Par ces motifs ; Statuant publiquement, contradictoirement, en matière sociale et en premier ressort ; Déclare le licenciement abusif ; Ordonne la réintégration ; A défaut ; Condamne la société JEC Immobilier à payer à Mademoiselle B…, les sommes ci-après

- 66.840frs CFA indemnité de préavis ;
- 405.288frs CFA indemnité de licenciement ;
- 1.266.720frs CFA rappel différence de salaire ;
- 452.400frs CFA rappel prime de transport ;
- 174.000frs CFA rappel prime de diplôme ;
- 800.000frs CFA dommages-intérêts pour licenciement abusif ;

Ordonne l'exécution immédiate pour le paiement des primes et salaires nonobstant appel ; Déboute Mademoiselle B… du surplus de sa demande ; Met les dépens à la charge du Trésor public'' ; Considérant que par acte daté du 23 juillet 2004, maître O… avocat à la Cour, agissant au nom et pour le compte de J.E.C Immobilier. a relevé appel du jugement rendu le même jour c'est-à-dire le 23 juillet 2004 dans la cause opposant JEC Immobilier à Mlle B… ; que Mlle B… a également relevé appel incident de cette décision ; Que ces appels intervenus dans les

---

[460] CA. Pointe-Noire, Rôle social n°062, année 2006, répertoire n°045 du 12 juillet 2006, inédit

termes et délais légaux, doivent être considérés comme étant réguliers et recevables ; Considérant que devant la Cour de céans, JEC Immobilière, par le biais de son conseil maître O… a d'abord relevé que les premiers juges ont omis de statuer sur la prescription soulevée par la JEC Immobilier ; Qu'il a soutenu ensuite que le licenciement prononcé à l'encontre de dame B… est légitime ; Que par conséquent celle-ci devra être déboutée de toutes ses demandes, moyens, fins et conclusions en infirmant en toute son entérite la décision querellée ; Considérant d'autre part que dame B… ayant pour conseil Maître M…, avocat à la Cour, résiste aux prétentions de l'appelant principal JEC Immobilier ;
Qu'il fait observer que les premiers juges avaient examiné la prescription anale à Mademoiselle B… ; Qu'il s'ensuit que la Cour d'Appel de céans devra confirmer en toutes ses dispositions le jugement entrepris ; Qu'il demande incidemment à la Cour d'allouer à l'intimée la somme de 5.000.000frs CFA à titre de dommages-intérêts pour appel abusif et vexatoire ;
Sur quoi la Cour ; Considérant qu'il ressort des pièces du dossier que les premiers juges avaient examiné avec dextérité la question de la prescription anale ; Que la demande portant sur cet effet ne peut prospérer ; Qu'en outre, les fautes qui ont généré le licenciement de dame B… de la part de son employeur n'ont aucun support comme étant fondées sur des motifs réels et sérieux et ne peuvent constituer une faute lourde caractéristique d'une gravité particulière dont se prévaut l'employeur ; Que c'est donc à bon droit que les premiers juges ont décidé que le licenciement de dame B… est abusif et lui ont alloué les sommes subséquentes ; Par ces motifs ; Statuant publiquement, contradictoirement, en matière sociale et en premier ressort ; En la forme ; Reçoit les appels ; Au fond ; Dit qu'il a été bien jugé et mal appelé ; Confirme le jugement attaqué en toutes ses dispositions ; Met les dépens à la charge du Trésor public[461] ; »

**597. Licenciement abusif, certificat de travail, dommages et intérêts Consort M… et autres / la société RICK ASPI Services**

« Considérant que, pour le compte des consorts M… et autres, Monsieur TS…, agissant en vertu du mandat syndical à lui confié, a, en date du 22 mars 2005 relevé du jugement social n°077 rendu le 9 mars 2005 pat le tribunal de Pointe-Noire dans la cause entre les précités et la société RICK ASPI Services ; Considérant que ce jugement a fait également

[461] CA. Pointe-Noire, Rôle social n°045, année 2005, répertoire n°007 du 15 mars 2006, inédit

l'objet d'un appel incident, en date du 13 avril 2005 de la part de Maître Z… avocat à la Cour, agissant pour le compte de la société RICK ASPI Services ; Considérant, au fond, que le jugement attaqué, rendu après oppositions du jugement du 22 novembre 2002, aux termes de son dispositif, se présente ainsi qu'il suit : ''Par ces motifs ; Statuant publiquement, contradictoirement, en matière sociale, et en premier ressort ; Reçoit l'opposition ; Réitère le jugement par défaut rendu le 22 novembre 2003 sur les droits légaux et conventionnels ; Le reforme en toutes autres dispositions ; Statuant à nouveau ; Condamne la société RICK ASPI Services à payer à chacun des M…, L… K…, dommages et intérêts pour licenciement abusif et 150.000frs CFA pour non remise de certificat de travail ; Déboute M… et autres du surplus de leurs demandes ; Met les dépens à la charge du Trésor Public[462] ; »

**598. Licenciement abusif, demande reconventionnelle**
**La société Schlumberger LOGELCO / D…**

« Considérant que le 15 juillet 2004, Maître K… au nom et pour le compte de la société Schlumberger LOGELCO INC interjetait appel contre un jugement rendu le 14 juillet 2004 par le Tribunal du travail de Pointe-Noire dans la cause D… contre Schlumberger, jugement dont le dispositif est libellé ainsi qu'il suit : ''Statuant publiquement, contradictoirement, en matière sociale, et en premier ressort ; Déclare le licenciement abusif ; Condamne la société Schlumberger LOGELCO à payer à monsieur D… la somme de 4.000.000f CFA (quatre millions de francs) à titre de dommages et intérêts ; Déboute D… du surplus de sa demande ; Met les dépends à la charge de trésor public'' ; Considérant que D… a fait appel incident ; Que cet appel est également recevable ; Au fond ; Considérant qu'en cause d'appel, Maître C… a conclu à l'infirmation du jugement et pour cause ; Que D… n'a pas respecté les instructions formelles de son chef hiérarchique selon lesquelles, il devait réceptionner le ciment dans le silo de 60 (soixante) tonnes, équipé d'un système de pesage ; Que de ce fait, il a fait occasionner un manquant considérable de 21 tonnes de ciment correspondant à une hauteur de 1, 174m ; Que la perte d'une telle quantité de ciment ne permettait plus à Schlumberger de conserver sa confiance à D… ; Qu'il a donc été licencié pour un motif légitime ; Que reconventionnellement, il doit être condamné à payer à SCHUNBERGER la somme de 21 millions à titre de dommages et intérêts pour préjudice subi ;

---

[462] CA. Pointe-Noire, Rôle social n°033, année 2005, répertoire n°013 du 12 avril 2006, inédit

Considérant que dans sa plaidoirie, Maître C… a soulevé la nullité du jugement, motif pris de ce que le premier juge a violé l'article 42 du Code du travail qui donne lieu à la réintégration et en cas de refus de réintégration, l'employeur est condamné à des dommages et intérêts ; Que le premier juge aurait dû, avant de condamner Schlumberger au paiement des dommages et intérêts, ordonner la réintégration de D… ; Que ne l'ayant pas fait, il a donc violé la loi ; Considérant qu''en réplique, Maître L… a pour le nom et le compte de D… conclu à la confirmation partielle du jugement et a sollicité, du fait de son appel incident que Schlumberger soit condamnée à lui payer de la somme de 25.000.000frs CFA à titre de dommages-intérêts ; Que son licenciement a un caractère abusif ; Que le prétendu grief à lui fait selon lequel il n'aurait pas respecté les instructions de sa hiérarchie qui lui avait demandé de mettre le ciment réceptionné dans le silo de 60 tonnes ne peut tenir à son encontre parce que le système de pesage était en panne ; Que plus d'une fois, il avait attiré l'attention de son employeur sur le fait que l'inexistence du système de pesage électronique empêchait de contrôler les quantités des stocks à l'entrée comme à la sortie ; Que malheureusement, les réclamations n'avaient jamais trouvé d'écho favorable auprès de son employeur ; Qu'il ne peut donc être tenu pour responsable de la perte de ciment ; Que pire, son employeur l'a licencié en violation flagrante des dispositions de l'article 41 du code du travail ; Que l'employeur ne lui a pas permis de présenter ses moyens de défense en présence d'une personne de son choix dans un délai de trente jours ;
Qu'enfin il a servi sans relâche pendant 13 ans Schlumberger qui ne cessait de lui adresser des lettres de félicitations pour sa participation au développement de la société ; Qu'au regard de son ancienneté avec les difficultés actuelles d'obtenir un emploi, il sollicite que soient revus à la hausse les dommages et intérêts qui doivent être fixée à 25 millions de francs CFA ;
Sur quoi le Tribunal ; Sur le licenciement ; Considérant que tant le premier juge et la Cour qui ont tour à tour, fait des transports sur les lieux, se sont rendus à l'évidence que les réclamations de D… selon lesquelles le pesage électronique qui était en panne ne pouvait mécaniquement permettre le contrôle des quantités des stocks tant à l'entrée qu'à la sortie, étaient fondées et que Schlumberger pour n'avoir pas pensé à les remplacer ou à les dépanner a mis son employé dans des conditions tels qu'il ne pouvait pas bien travailler et que par voie de conséquence, le grief à lui fait ne pouvait justifier son licenciement ; Que sur ces faits, le premier juge a donc bien apprécié les faits et a dit le bon droit ; Considérant en outre que Schlumberger à licencié D… en violation de l'article 41 du code de travail ; Que sur ce second point, le

premier juge a bien dit le droit ; Sur les dommages et intérêts de Schlumberger ; Considérant que le prétendu préjudice subi par Schlumberger n'est pas imputable à D… ; Que les dommages et intérêts ne sont dons pas dus ; Sur les dommages et intérêts de D… ; Considérant que le premier juge en allouant 4 millions à D.. a bien jugé ; Sur la nullité du jugement ; Considérant que le juge a constaté la rupture abusive du contrat ; Que conformément à l'article 42 du contrat du travail, il aurait dû d'abord ordonner la réintégration avant de procéder au paiement de dommages et intérêts ; Que ne l'ayant fait, il a violé la loi ; Que sur ce point, le jugement doit être annulé ; Qu'en vertu du pouvoir d'évocation, la Cour d'appel dans sa chambre sociale a retenu ce qui suit ; Par ces motifs ; Statuant publiquement, contradictoirement, en matière sociale et en dernier ressort ; En la forme ; Reçoit l'appel principal de Schlumberger et l'appel incident de D… ; Au fond ; Annule le jugement entrepris pour violation de l'article 42 du code du travail ; Evoquant et statuant à nouveau ; Déclare le licenciement abusif ; Ordonne la réintégration de D… ; A défaut, condamne Schlumberger à lui payer la somme de 4.000.000frs (quatre millions) à titre dommages et intérêts ; Déboute D… du surplus de sa demande ; Déboute Schlumberger de sa demande reconventionnelle ; Met les dépens à la charge du trésor public[463] ; »

**599. Rupture abusif, réintégration, droit légaux et conventionnels, dommages et intérêts, demande reconventionnelle**
**Société SGSP Congo / M…**

« Par acte d'appel en date du 11 août 2008, Maître B.., avocat à la Cour, agissant pour le compte de sa cliente, la Société S.G.S.P Congo, interjetait appel du jugement contradictoire rendu le 1er août 2008 ; Par ordonnance à Pointe-Noire en date du 28 août 2008, enregistré ensuite de la requête, Madame le Premier Président de la Cour d'Appel de Pointe-Noire fixait à l'intimé un délai pour produire ses moyens de défense et ordonnait que l'affaire serait appelée à l'audience du 12 septembre 2008 ; Conformément aux dispositions des articles 89, 90 et suivants de la loi 51/83 du 21 avril 1983, les requête et ordonnance ont été notifiées aux parties ainsi qu'il résulte des pièces du dossier ; L'affaire inscrite au rôle du 12 septembre 2008, a été renvoyée au 17 septembre 2008, 22 septembre 2008 pour réciter toutes les parties, puis mis en délibéré pour arrêt être rendu le 29 novembre 2008, puis prorogé au 5 novembre 2008,

---

463 CA. Pointe-Noire, Rôle sociale n°12, année 2004, répertoire n°039 du 07 juin 2006, inédit

rabattu au même jour pour changement de composition ; Advenue cette dernière audience du 5 novembre 2008, la Cour vidant son délibéré a rendu l'arrêt contradictoire suivant : La Cour ; Vu les pièces du dossier ; Oui Monsieur le Président B... en son rapport ; Oui les conclusions de S.G.S.P. Congo par son Conseil, Maître P... ; Nul pour M... ; Oui le Ministère public en ses réquisitions orales ; Après en avoir délibéré conformément à la loi ; En la reforme ; Considérant que suivant requête spéciale en date à Pointe-Noire du 21 août 2008, la société SGSP Congo prise en son représentant légal dont le siège social est situé à l'immeuble de l'ex cinéma Vox et ayant pour conseil Maîtres P... et E... , avocats à la Cour, a saisi la Cour d'Appel de céans à l'effet d'obtenir la défense à exécution provisoire attachée au jugement social rendu 1er août 2008 par le Tribunal du travail de Pointe-Noire ; Que le dispositif de ce jugement est libellé ainsi que qu'il suit :
''Par ces motifs ; Statuant publiquement, contradictoirement, en matière sociale et en premier ressort ; Dit qu'il y a contrat de travail à durée indéterminée ; Ordonne la réintégration ; A défaut ; Condamne la société SGSP à payer à M... en sus des droits légaux et conventionnels (calculés par l'Inspection du travail) la somme de 7.000.000frs CFA à titre de dommages intérêts ; Ordonne l'exécution provisoire avec dispense de caution pour des droits nonobstant appel ; Déboute la S.G.S.P Congo de sa demande reconventionnelle ; Met les dépens à la charge du Trésor public'' ; Considérant que la société SGSP Congo se prévaut de la qualité d'appelant (confère acte d'appel du 11 août 2008 versé au dossier) ; Que quant au fond, la société SGSP soutient que les premiers juges ont violé les dispositions de l'article 232 nouveau du code du travail ; Qu'ils auraient dû s'interdire d'ordonner l'exécution provisoire de leur décision puisque les droits sur lesquels elle porte sont contestés ; Sur quoi la Cour ; Considérant qu'il est sollicité en l'espèce la défense à exécution provisoire du jugement social rendu par le Tribunal de céans en date du 1er août 2008 ; Considérant cependant qu'en la matière, la procédure spéciale de défense à exécution provisoire n'est nullement ouverte contre les décisions rendues en matière sociale ; Qu'il n y a lieu a recevoir la présente requête spéciale pour défaut de fondement légal ; Par ces motifs ; Statuant publiquement, contradictoirement en matière sociale et en premier et dernier ressort ; Déclare irrecevable la requête spéciale aux fins de défense à exécution provisoire introduite par la société S.G.S.P ; Met les dépens à la charge du Trésor public[464] ; »

[464] CA. Pointe-Noire, Rôle social n°53, année 2008, répertoire n°040 du 5 novembre 2008, inédit

**600. Licenciement abusif, indiscrétion, réintégration M....et autres / Société SAIPEM**

« Considérant que pour la société SAIPEM, l'appel des consorts M... est tardif pour être intervenu en date du 15 juin 2006 alors que le jugement est du 14 avril 2006 ; Qu'en réponse les appelants soutiennent que leur appel est des plus régulier dans la mesure où ils étaient absents le jour dudit jugement tel que le jugement lui-même dans son dispositif ; Considérant qu'il résulte des pièces du dossier notamment de l'expédition du jugement querellé dans son dispositif que les parties étaient absentes lors de son prononcé ; Que cela suffit pour déclarer régulier et recevable l'appel dont s'agit ; Au fond ; Considérant qu'il résulte de l'ensemble des pièces du dossier que la société SAIPEM Congo a régulièrement embauché les consorts B... suivant contrats de travail en date à Pointe-Noire du 24 juillet 2001 ; Que suite à des contrats de prestation de services intervenus courant 2003 entre SAIPEM Congo et diverses sociétés de sous-traitances, les consorts B... se sont trouvés transférés à KLEYN-TRUCKS et INTERIM 2000 où des contrats dits courant pour une marée de 14 jours leur étaient proposés à chaque montée en mer jusqu'au moment où ils ont constaté qu'ils n'étaient plus embarqués ; Se disant licenciés dès lors les consorts B... saisissaient le tribunal de travail de céans qui a rendu le jugement présentement querellé. Considérant qu'en cause d'appel les consorts B... sollicitent l'infirmation du jugement attaqué en ce qu'il a déclaré leur licenciement légitime ; Qu'ils dénoncent le caractère erroné de l'interprétation des faits de la cause par les premiers juges ; Qu'il soutiennent qu'ils sont restés exclusivement au service de leur employeur la société SAIPEM CONGO et n'ont jamais signés des contrats de travail avec d'autres employeurs comme il ressort des allégations de SAIPEM retenues par le jugement en cause ; Qu'il réitèrent alors leurs demandes de dommages-intérêts fixés à la somme de 50.000.000frs CFA chacun ; Qu'en réplique la société SAIPEM Congo conclu à la confirmation en toutes ses dispositions du jugement du 14 avril 2006 et sollicite reconventionnellement la somme de 50.000.000frs CFA, à titre de dommages-intérêts à chacun des appelants pour procédure abusive et vexatoire ; Sur quoi la Cour ; Considérant que les sieurs M... et M... se prévalent d'un licenciement abusif et sollicitent des dommages et intérêts ; Considérant que le débats achoppe sur le caractère du licenciement intervenu ; Sur le caractère du licenciement ; Considérant qu'il est constant que les consorts M... ont été licenciés par la société SAIPEM Congo ; Considérant que si les appelants se disent avoir été licenciés sans motif légitime donc abusivement, la SAIPEM à l'inverse allègue des agissements d'indiscrétion contre les

appelants, caractérisés par le fait d'avoir été concomitamment au service d'autres entreprises de la place notamment KLEYN-TRUCKS et INTERIM 2000 ; Qu'il s'agit des contrats d'engagement maritime à durée déterminée conclus juste pour des besoins de marées ; Que d'ailleurs lesdits contrats précisent bien que leur exécution se passe sur les chantiers SAIPEM ; Qu'en effet l'article 2 du contrat de travail du 5 avril 2002 stipule : « le présent contrat est conclu pour une marée de 14 jours sur le chantier SAIPEM sur la barge SCARABEO 3 » ; Que l'article 2 du contrat de travail du 5 août 2002 stipule quant à lui : « le présent contrat est conclu pour une durée d'une marée de 14 jours au chantier SAIPEM sur le site Loango » ; Qu'en outre le certificat de travail délivré à M... daté du 19 novembre 2003 indique : « Monsieur M... a été employé dans notre société en qualité de soudeur du 22/07/2003 au 13/10/2203 en catégorie 4 échelon 1 de la convention collective des entreprises de services pétroliers pour le compte de la société SAIPEM sur le chantier IMI (Loango) » ;
Considérant qu'il découle de ces constatations que les appelants n'ont pas pu se rendre responsables des indiscrétions telles que dénoncées par la société SAIPEM ; Qu'en définitive les consorts M... ont été licenciés sans motif légitime par la société SAIPEM Congo ; Que la Cour devra infirmer le jugement attaqué sur ce point, statuer à nouveau et faire application des dispositions de l'article 42 nouveau du code du travail ; Considérant qu'en l'absence de tout abus de droit imputable aux appelants qui ont comme tout plaideur de bonne foi, il y a lieu de débouter la société SAIPEM de sa demande reconventionnelle ; Par ces motifs ; Statuant publiquement, contradictoirement en matière sociale et en premier ressort ; En la forme ; Reçoit l'appel ; Au fond ;Dit qu'il a été mal jugé et bien appelé, infirme en conséquence le jugement attaqué en toutes ses dispositions ; Statuant à nouveau ; Déclare abusif le licenciement de M... et MI... ; En conséquence, ordonne leur réintégration à la société SAIPEM Congo à leur payer outre les droits légaux et conventionnels calculés par l'inspection du travail, la somme de 10.000.000frs CFA (dix millions) chacun à titre de dommages-intérêts ; Les déboute du surplus de leur demande ; Déboute la société SAIPEM Congo de sa demande reconventionnelle ; Met les dépens à la charge du Trésor public[465] ; »

[465] CA. Pointe-Noire, Rôle social n°004, année 2007, répertoire n°028 du 18 juillet 2007, inédit

**601. Licenciement abusif, réintégration certificat de travail, dommages et intérêts**
**Groupe God et CNSS / B…**

« Après avoir délibéré conformément à la loi ; En la forme ; Statuant sur l'appel formé le 8 décembre 2004 par Monsieur N…, représentant du Groupe God contre le jugement rendu à Pointe-Noire, le 26 novembre 2004 dans la cause l'opposant à Monsieur B… ; Que le dispositif dudit jugement est libellé ainsi qu'il suit ; ''Par ces motifs ; Statuant publiquement, contradictoirement, en matière sociale et en premier ressort ; Déclare le licenciement abusif ; Ordonne la réintégration ; A défaut ; Condamne le Groupe God à payer à Monsieur B… les sommes ci-après :
1.000.000frs CFA de dommages intérêts ; 150.000frs pour non remise de certificat de travail ; 100.000frs CFA pour licenciement abusif ; 93.000frs CFA de salaire de juillet 2003 ; Ordonne l'exécution immédiate pour le paiement du salaire ; Met les dépens à la charge du Trésor public ; ''Considérant que cet appel est régulier et donc recevable ; Au fond ; Considérant qu'en cause d'appel, l'appelant par le canal de son conseil Maître O.., tient expressément répétées toutes les prétentions développées en première instance ; Considérant qu'en réplique le sieur B… sollicite la mise en cause de la CNSS ; Que cela fut fait par le jugement avant dire droit en date du 23 juillet 2003 ; Que le Groupe God n'a plus produit ses moyens de défense et la CNSS a sollicité sa mise hors de cause tout en faisant valoir qu'elle ne peut répondre de la négligence de l'employeur en dépit des prescriptions de l'article 61 alinéa 3 du Code de sécurité sociale ; Que l'accident n'ayant pas été déclaré, et la requête intervenue ; Sur quoi la Cour
Considérant qu'il est constant au vu du certificat médical initial versé au dossier que B… a été victime d'un accident de travail le 22 avril 1999. Que l'accident n'a jamais été déclaré à la CNSS ni par l'employeur ni par l'employé ; Qu'à la suite, le contrat de travail a été rompu sans motif réel ou sérieux ; Par ces motifs ; Statuant publiquement, contradictoirement, en matière sociale et en dernier ressort ; En la forme ; Reçoit l'appel ; Au fond ; Dit qu'il a été bien jugé et mal appelé ; Confirme la décision entreprise en toutes ses dispositions ; Met les dépens à la charge du trésor public[466] ; »

---

[466] CA. Pointe-Noire, Rôle social n°006, année 2006, répertoire n°050 du 02 août 2006, inédit

**602. Licenciement abusif**
**M... / Sté SOTRANE**

En la forme ; Par acte en date à Pointe-Noire, du 16 août 2007, Monsieur ND..., agissant pour le compte de la société SOTRANA, a relevé opposition du jugement par défaut, rendu le 31 mai 2007, dont le dispositif, en ses termes essentiels est le suivant ; ''Déclare le licenciement abusif et irrégulier ; Ordonne la réintégration ; A défaut ; Condamne la société SOTRANA à payer, en sus des droits légaux, 171.000frs CFA pour les salaires ; 100.000 frs CFA dommages-intérêts pour licenciement irrégulier ; 4.000.000frs CFA dommages-intérêts pour licenciement abusif ; Exécution immédiate pour les salaires et les droits légaux ; Attendu que l'opposition a été relevée dans les délais de l'article 233, dans l'intervalle de dix (10) jours ; Qu'elle est recevable ; Au fond ; Attendu qu'en instance d'opposition, le Conseil de la société SOTRANA, Maître M..., par ses conclusions du 07 novembre 2007, a fait valoir que la réintégration et le paiement du salaire du requérant rentrent dans le cadre de l'exécution du jugement attaqué et ne sont pas des éléments de justification ou d'explication quant au motif du licenciement contesté ; Or, attendu que l'exécution des décisions de justice obéit à une procédure qui ne s'écarte nullement des offices d'un Huissier de justice ; Qu'en l'espèce, il y a lieu de constater et de relever, en même temps, que l'offre faite n'entame en rien le jugement querellé, ne constitue pas en soi un moyen rattaché à la justification de la rupture du contrat de travail ;
Mais attendu que le jugement de condamnation, soumis à l'examen a consacré des dommages intérêts de 4.000.000francs CFA, éminemment au-delà du préjudice subi par le requérant quant à l'abus du droit de résiliation fait par la société SOTRANA ; Qu'il échet de reformer le jugement entrepris sur le quantum des dommages-intérêts et de le ramener à des proportions raisonnables soit la somme de 1.500.000francs CFA, tout en spécifiant que la présente décision est exécutoire nonobstant appel ; Attendu qu'il sied d'entériner les autres dispositions dudit jugement et de spécifier que la présente décision est exécutoire nonobstant appel ; Par ces motifs ; Statuant publiquement, contradictoirement, en matière sociale et en premier ressort ; Reçoit l'opposition ; Reforme le jugement par défaut rendu le 31 mai 2005 sur le quantum des dommages-intérêts ; Statuant à nouveau ; Condamne la société SOTRANA à payer à M... la somme de 1.500.000francs CFA à titre de dommages-intérêts ; Le réitère en toutes autres dispositions ; Dit

que la présente décision est exécutoire nonobstant appel ; Met les dépens à la charge du Trésor public[467] ; »

**603. Licenciement abusif, réintégration**
**NK... / Société EDVT**

« Par requête sans date, à Pointe-Noire, Monsieur NK... a fait citer la société EDVT, pour obtenir le paiement des droits et dommages-intérêts consécutifs au licenciement abusif et irrégulier, à défaut de réintégration ; Il est exposé ; Que NK... a été embauché par la société EDVT le 09 décembre 2005, de manière verbale, en qualité de picciniste ; Que le 28 février 2007, il a été invité par son employeur, Monsieur L..., pour lui signifier la rupture de son contrat de travail, sans justification ; Qu'il lui a été remis une somme de 85.000frs CFA, tout en lui demandant de se rapprocher de l'Inspection du travail pour le calcul de ses droits ; Qu'il a été privé de ses droits à congé ; Qu'il s'agit d'un licenciement abusif ; Par son conseil, la société EDVT a conclu au débouté tout en faisant valoir ; Que NK... a persisté dans des actes préjudiciables à l'image de l'entreprise envers de ses clients ; Qu'il a été ainsi procédé à la suspension de son contrat de travail, et par la suite l'Inspection du travail a été saisie en vue de régler le litige à l'amiable ; Qu'après avoir, perçu son salaire, la somme de 85.000frs CFA, NK... a refusé de prendre la lettre de suspension ; Que la lettre de suspension a énuméré avec précision les fautes professionnelles de NK..., soient :

- le non-respect des heures de travail ;
- l'abandon répété de poste ;
- le non-respect des instructions, d'où perte de confiance ;
- l'indiscipline caractérisée ;
- la mauvaise orientation des clients ;

Qu'il n'a droit qu'au préavis ; Qu'il est débiteur de l'entreprise, d'une somme de 134.000cfa CFA, qu'elle revendique reconventionnellement ; Par jugement avant dire droit du 14 mars 2008, le Tribunal a ordonnée l'audition des parties sur les circonstances de la rupture du contrat de travail et le solde de tout compte ; Décision exécutée (voir procès-verbal du 1erv juillet 2008) ; Attendu que l'article 42 (nouveau) du code du travail met à la charge de l'employeur la preuve de la faute du salarié à l'origine du licenciement ; Attendu qu'en l'espèce, dans ses prétentions, la société EDVT à invoqué, au travers de ses conclusions du 25 mai 2005, un chapelet de fautes pour justifier la rupture du contrat de travail

---

[467] Tribunal du travail de Pointe-Noire, Rôle n°074, année 2006, répertoire n°012/08 du 11/01/08, inédit

de NK… ; Que cependant, au cours, de la confrontation, il n'a été fait état de manière singulière que de l'abandon de poste ; Qu'au demeurant, cette faute en soi, contestée par le susnommé n'a donné lieu ni à un avertissement ni à un blâme au préalable ; Qu'il est donc invraisemblable que l'abandon de poste répété soit toutefois contemplé par l'employeur sans attirer l'attention du travailleur par écrit ; Attendu que le motif à l'origine du licenciement de NK… n'est pas réel et sérieux, au point où il n'est pas légitime au regard des exigences de l'article 42 (nouveau) du code du travail ; Que le licenciement affecté est abusif ; Attendu que, de même, le licenciement du susnommé, qui s'est traduit par la privation des droits, devait procéder d'une faute lourde ; Or, attendu que la procédure de l'article 41 (nouveau) du Code précité n'a nullement été observée, en ce que la société EDVT ne rapporte pas la lettre de suspension avec le délai imparti au travailleur pour sa défense ; Qu'il s'agit d'un licenciement irrégulier ; Attendu que dans sa requête, NK… sollicite la réintégration, ou à défaut, le paiement par son employeur des droits et dommages-intérêts de 11.000.000frs CFA ; Attendu que l'article 42 (nouveau) susvisé prévoit, en cas de licenciement abusif, la réintégration, ou à défaut le paiement des droits distincts aux dommages-intérêts ; Qu'il y a lieu d'ordonner la réintégration, ou à défaut, de condamner la société EDVT au paiement des droits légaux et conventionnels (calculés par l'Inspection du travail) en sus des dommages-intérêts ramenés à de justes proportions de 1.500.000frs CFA ;
Attendu que l'exécution immédiate est sollicitée ; Qu'en vertu des dispositions de l'article 232 (nouveau) du même Code, il convient d'ordonner cette mesure, pour les droits, avec dispense de caution ; Attendu que la société EDVT a demandé reconventionnellement, le paiement de la somme de 134. 000frs CFA au titre d'un prêt consenti à son ex-salarié ; Attendu que cette créance n'est pas prouvée ; Qu'il sied de la débouter de sa demande ; Par ces motifs ; Statuant publiquement, contradictoirement en matière sociale et en premier ressort ; Déclare le licenciement irrégulier et abusif ; Ordonne la réintégration ; A défaut ; Condamne, la société EDVT à payer à NK…, en surplus des droits légaux et conventionnels (calculés par l'Inspection du Travail), la somme de 1.500.000frs CFA à titre de dommages-intérêts ; Ordonne l'exécution immédiate, avec dispense de caution, pour les droits, nonobstant appel ; Déboute la société EDVT de sa demande reconventionnelle ; Met les dépens à la charge du trésor public[468] ; »

[468] Tribunal du travail, Rôle n°033, année 2008, répertoire n°07/11/2008 du 14 mars 2008, inédit

**604. Licenciement abusif**
**MB… et autres / Main d'Afrique Construction (M.A.C)**

Requête en date du 06 juin 2003, aux fins de paiement de l'indemnité de préavis et dommages-intérêts, introduite par MB… et autres, contre la société Main d'Afrique Construction (MAC) ; Au soutien de leur requête, les consorts MB… exposent qu'ils ont conclu un engagement à l'essai d'une durée de trois (3) mois, avec la société susnommée, en qualité de gardien, en date du 30 mars 2003 ; Qu'après l'expiration de cet engagement, ils ont continué de faire leurs prestations de travail jusqu'au 20 septembre 2003, date à laquelle ils ont initié leur pétition à l'égard de leur employeur, pour obtenir l'amélioration des conditions de travail ; Que cependant, le 30 septembre 2003, il a été mis fin à leurs contrats ; Qu'ils étaient désormais régis par des contrats à durée indéterminée ; Que malheureusement, leur employeur a exhibé à l'inspection de Travail un contrat à durée de six (6) mois, signé par leur collègue M… ; Qu'il s'est agi d'un faux contrat initié pour le besoin de la cause et, ledit employeur n'a plus su soutenir la rupture entreprise ; Qu'il en résulte un licenciement abusif ; Attendu que la société Main d'Afrique Construction (MAC) a conclu au débouté tout en faisant valoir qu'ils ont conclu un contrat d'une durée de six (6), parvenu alors à son terme ; Que le contrat à l'essai, évoqué, n'est qu'une imagination de leur part ; Qu'ils ne l'ont jamais produit ; Que la charge de la preuve leur en incombe ; Qu'il s'agit d'une rupture régulière en ce que leur contrat était à durée déterminée ; Qu'ils n'ont jamais produit le contrat à l'essai et, à l'expiration duquel les parties se sont entendues pour de nouveaux rapports ; Qu'elle est fondée à demander reconventionnellement des dommages-intérêts pour procédure abusive et vexatoire, d'un montant de 8.000.000francs CFA ;
Par jugement avant dire droit du 17 décembre 2004, le Tribunal a ordonné une enquête pour audition des parties sur la nature des relations contractuelles et les contrats versés au dossier ; Que cette mesure a été exécutée (voir procès-verbal du 22 février 2005) ; Sur quoi le Tribunal ; Attendu que, se prévalant des contrats de travail à durée indéterminée par le fait de la prolongation des rapports, mais rompus les consorts MB… demandent qu'il leur soit payé des dommages-intérêts, soit chacun la somme de 2.000.000frs CFA, en sus par la suite, les consorts MB… revendiquent le préavis; Qu'il convient d'examiner la nature du lien contractuel ayant régi les parties, avant la rupture qui s'en est suivie, tout en inférant les conséquences sur les demandes ; Sur le lien contractuel des parties et de sa rupture ; Attendu que les consorts MB… allèguent un engagement à l'essai signé le 30 mars 2003, d'une durée de trois mois, à l'expiration duquel ils ont poursuivi les prestations de travail jusqu'au 30

septembre 2003 ; Mais attendu que la société Main d'Afrique Construction excipe d'un contrat de six mois, rompu à l'arrivée du terme et, signé par l'un des requérants M… ; Attendu que les consorts MB… allèguent un contrat à l'essai et que leurs contrats n'ont pas été produits par les requérants au motif qu'ils auraient été confisqués par leur employeur ; Qu'à l'inverse, le contrat exhibé par la société Main d'Afrique Construction a été contesté par ceux-ci ; Attendu qu'il appert des supputations des parties, au cours de l'audition, que le contrat exhibé par la société défenderesse est spécieux et n'a été versé que pour le besoin de la cause ; Qu'il ne revêt nullement la signature authentique de l'intéressé et ne se limite qu'à celui-ci, alors qu'il aurait concerné les autres requérants ; Attendu qu'il est établi de manière indiscutable qu'après l'engagement à l'essai, les consorts MB… ont continué à exercer leurs fonctions jusqu'au 30 septembre où le lien contractuel a été rompu ; Qu'il en résulte une prolongation de par la volonté des parties, conférant alors à ce lien contractuel une durée indéterminée, suivant les dispositions de l'article 32 (nouveau) alinéa 2 du Code du travail ;
Sur la nature et les demandes formulées ; Attendu que les requérants MB… et autres ont soutenu qu'il a été mis fin à leurs contrats sans motif appréciable, alors qu'ils étaient désormais dans la logique d'un contrat à durée indéterminée ; Mais attendu qu'en dehors du contrat à durée déterminée , produit et dont la nature apocryphe est relevée, la société Main d'Afrique Construction n'a justifié ni la résiliation entreprise, ni l'existence d'un contrat réel à durée limitée ; Qu'il s'agit d'une rupture abusive au regard des dispositions de l'article 42 (nouveau) du Code du travail ; Or attendu qu'au sens de cet article toute rupture abusive du contrat de travail donne lieu à la réintégration, ou à défaut au paiement des dommages-intérêts, distincts des indemnités y afférentes ; Qu'il y a lieu en l'espèce, d'ordonner la réintégration des consorts MB… ; Attendu que les requérants ont sollicité le paiement des dommages-intérêts, soit chacun la somme de 2.000.000 francs CFA ; en sus du préavis évalué à 80.785 frs CFA ; Attendu que, bien que fondée, cette demande est exagérée en son quantum ; Qu'il convient de la ramener, quant au chef des dommages-intérêts, à ses justes proportions de 150.000frs CFA chacun, compte tenu de la durée dudit lien contractuel, rétrécissant l'étendu du préjudice en soi, et à 42.500 francs CFA à titre de préavis ;
Attendu que l'exécution provisoire a été demandé en vertu des dispositions de l'article 232 (nouveau) du Code précité ; Que eu égard au caractère alimentaire de la créance de l'indemnité de rupture, il échet d'ordonner cette mesure pour le préavis ; Attendu que la société Main d'Afrique Construction a demandé reconventionnellement les dommages-intérêts de 8.000.000 francs CFA pour procédure abusive et

vexatoire ; Attendu qu'en l'espèce, l'abus de droit n'est pas établi ; Qu'il sied de l'en débouter ; Par ces motifs ; Statuant publiquement, contradictoirement, en matière sociale et en premier ressort ; Constate l'avis d'infirmation ; Dit que les rapports ont été précédés d'un essai ; Dit qu'il y a contrat de travail à durée indéterminée ; En déclare la rupture abusive ; Condamne la société Main d'Afrique Construction à payer à chacun des MB..., MA... et NG..., les sommes de 42.500frs CFA à titre de préavis et 150.000frs CFA de dommages-intérêts ; Ordonne l'exécution provisoire pour le préavis ; Déboute la société Main d'Afrique Construction de sa demande reconventionnelle ; Met les dépens à la charge du Trésor public[469] ; »

**605. Licenciement abusif**
**M... / Société SOTRANE**

En la forme ; Par acte en date à Pointe-Noire, du 16 août 2007, Monsieur N..., agissant pour le compte de la société SOTRANA, a relevé opposition du jugement par défaut, rendu le 31 Mai 2007, dont le dispositif, en ses termes essentiels est le suivant ; ''Déclare le licenciement abusif et irrégulier ; Ordonne la réintégration ; A défaut ; Condamne la société SOTRANA à payer, en sus des droits légaux ;

- 171.000frs CFA pour les salaires ;
- 100.000frs CFA de dommages-intérêts pour licenciement irrégulier ;
- 4.000.000frs CFA de dommages-intérêts pour licenciement abusif ;

Exécution immédiate pour les salaires et les droits légaux ''; Attendu que l'opposition a été relevée dans des délais de l'article 233, dans l'intervalle de dix (10) jours ; Qu'elle est recevable ; Au fond ; Attendu qu'en instance d'opposition, le Conseil de la société SOTRANE, Maître MF..., par ses conclusions du 07 novembre 2007, a fait valoir que celle-ci offre la réintégration et le paiement du salaire de janvier 2006, soit 171.000frs CFA ; Attendu que l'offre de réintégration et le paiement du salaire du requérant rentrent dans le cadre de l'exécution du jugement attaqué et ne sont pas des éléments de justification ou d'explication quant au motif du licenciement contesté ; Or, attendu que l'exécution des décisions de justice obéit à une procédure qui ne s'écarte nullement des offices d'un Huissier de justice ; Qu'en l'espèce, il y a lieu de constater et de relever, en même temps, que l'offre faite n'entame en rien le jugement

---

[469] Tribunal du travail de Pointe-Noire, Rôle n°210, année 2003, répertoire n°102/05 du 25/3/05, inédit

querellé, et ne constitue pas en soi un moyen rattaché à la justification de la rupture du contrat de travail ; Mais entendu que le jugement de condamnation, soumis à l'examen a consacré des dommages-intérêts de 4.000.000frs CFA, éminemment au-delà du préjudice subi par le requérant quant à l'abus du droit de résiliation fait par la société SOTRANE ;

Qu'il échet de reformer le jugement entrepris sur le quantum des dommages-intérêts et de le ramener à des proportions raisonnables soit la somme de 1.500.000 frs CFA, tout en spécifiant que la présente décision est exécutoire nonobstant appel ; Par ces motifs ; Statuant publiquement, contradictoirement, en matière sociale et en premier ressort ; Reçoit l'opposition ; Reforme le jugement par défaut rendu le 31 mai 2005 sur le quantum des dommages-intérêts ; Statuant à nouveau ; Condamne la société SOTRANA à payer à M... la somme de 1.500.000frs CFA à titre de dommages-intérêts ; Le réitère en toutes autres dispositions ; Dit que la présente décision est exécutoire nonobstant appel ; Met les dépens à la charge du Trésor public[470] ; »

**606. Licenciement abusif, réintégration**
**NS... / CONGO PETROLUM WORS**

« Par requête en date à Pointe-Noire, du 21 octobre 2005, Monsieur NS... a fait citer la Sté CONGO PETROLUM WORS pour obtenir le paiement des droits et dommages-intérêts consécutifs au licenciement abusif, à défaut de réintégration ; Il est exposé ; Que NS... a été embauché par la Société CONGO PETROLUM WORS en qualité de Cabiner ; Que sans motif réel et sérieux, sinon par de simples supputations de vol, son contrat de travail a été résilié en date du 16 juin 2005 ; Qu'il s'agit d'un licenciement abusif ; Qu'il a été privé des droits et du certificat de travail ; Qu'il est fondé à s'adresser à justice pour qu'il soit statué tel que sollicité ; La société CONGO PETROLUM WORS a conclu au débouté tout en faisant valoir qu'elle avait reçu une lettre par laquelle la Sté CODEXHO lui faisait état d'un réseau de voleurs dont NS..., son agent ; Que celui-ci a été remis à sa disposition et, le 30 août 2005, il a été mis fin à son contrat ; Que l'un de ses collègues, en l'occurrence, Monsieur M..., l'avait dénoncé tout en précisant qu'ils volent de concert des cartons d'eau Mayo ; Que le vol étant un motif constitutif de faute lourde, son licenciement est légitime ; Le Ministère public a relevé la légitimité du licenciement et le caractère sérieux du

[470] Tribunal du travail de Pointe-Noire, Rôle n°074, année 2006, répertoire n°012/08 du 11/01/08, inédit

motif allégué par l'employeur ; Par jugement avant dire droit du 12 juillet 2006, le Tribunal a ordonné l'audition des parties et tous sachant sur le vol reproché à NS... ; Cette mesure a été exécutée (voir procès-verbal du 25 janvier 2007) ;

Sur ces motifs, le Tribunal ; Attendu que NS... revendique les droits et dommages-intérêts consécutifs au licenciement abusif ; Qu'il convient d'examiner le motif et d'inférer les conséquences ; Sur le motif du licenciement ; Attendu que NS... se prévaut de l'absence d'un motif réel et sérieux, à l'origine de son licenciement, dès lors que son employeur n'établit pas qu'il fait partie des voleurs dont le réseau a été dénoncé ; Qu'il s'agissait plutôt d'un règlement de compte ourdi à son encontre ; Attendu qu'il ne ressort nullement des pièces du dossier et des détails recueillis au cours des débats la participation de NS... au réseau des voleurs dénoncés par la Sté Universal SODEXHO à l'employeur de celui-ci ; Que la lettre de SODEXHO, invoquée par la Sté CONGO PETROLUM WORS, par laquelle elle lui demandait d'éradiquer les cas de vol imputables à ses agents, ne visait pas NS... ;

Que d'ailleurs, au cours des débats du 25 janvier 2007, NG... le chef de personnel, qui a été entendu sur ce point, a précisé qu'il s'agissait d'un règlement de compte ; Que M... avait fait fausse déclaration et sa lettre ne visait qu'à charger gratuitement NS... ; Attendu que les éléments ci-dessus restitués permettent de relever l'absence d'un motif réel et sérieux à base de la résiliation du contrat de NS... ; Que le licenciement est abusif au regard de l'article 42 (nouveau) du Code du travail ; Sur les demandes ; Attendu que NS... a demandé, en sus des droits légaux, les dommages-intérêts, soient les sommes ci-après ;

- 15.000.000f pour licenciement abusif ;
- 5.000.000f pour non remise du certificat de travail ;
- Le mois de salaires à rappeler ;

Qu'en application des dispositions de l'article 42 (nouveau) précité, il échet de condamner la Sté CONGO PETROLUM WORS à lui payer ;

- 69.735 de préavis ;
- 32.000frs de congés ;

Attendu que la demande sur le rappel des salaires de 4 mois ne se justifie pas ; Qu'il convient d'en débouter le susnommé ; Attendu que la Sté CONGO PETROLUM WORS n'a pas remis le certificat de travail de l'intéressé, au moment du licenciement, tel que le prévoit l'article 46 du Code précité ; Qu'il y a lieu, également, de la condamner à lui payer la somme de 150.000F de dommages-intérêts ; Attendu que l'exécution provisoire est sollicitée ; Qu'il y a lieu d'ordonner cette mesure pour le préavis et les congés, en application de l'article 233 (nouveau) du même code ; Par ces motifs ;Statuant publiquement, contradictoirement, en matière sociale, et en premier ressort ; Déclare le licenciement abusif ; Ordonne la réintégration ; A défaut ; Condamne la Sté CONGO PETROLUM WORS à payer à NS… les sommes ci-après ;

- 69.772F CFA de préavis ;
- 32.000F CFA de congés au prorata ;
- 1.000.000F CFA de dommages-intérêts
- 150.000F CFA pour non remise de certificat de travail ;

Ordonne l'exécution provisoire pour le préavis et le congé, nonobstant appel ; Déboute NS… du surplus de sa demande ; Met les dépens à la charge du Trésor public[471] ; »

**607. Licenciement abusif, réintégration**
**E… / NOMECO/CONGO-REP et PORION**

« Par requête en date à Pointe-Noire, du 10 mai 2005, le représentant de la Confédération syndicale Congolaise (CSC), agissant au nom et pour le compte de Monsieur E… , a fait citer les sociétés CMS-NOMECO et PORION pour s'entendre les condamner à lui payer les sommes suivantes :

- 953.356frs CFA de préavis
- 376.978 frs CFA de congés ;
- 100.000.000frs CFA de dommages-intérêts pour licenciement abusif ;

Il est exposé au soutien de la requête que la société CMS NOMECO a fait passer à Monsieur EN… un test dans ses installations ; Que E… a été retenu avec succès et devait accéder directement à la catégorie de cadre suivant les dispositions de la convention collective applicable ; Qu'au lieu de l'embaucher directement, la société CMS NOMECO l'a plutôt envoyé à la société CPS, non pour être utilisé, mais tout simplement pour percevoir les salaires ; Qu'il en a résulté incontestablement un marchandage à but lucratif interdit par la loi ; Qu'à la suite de son admission au test, Monsieur E… devait être embauché en qualité d'opérateur de procès et classé en 10$^{e}$ catégorie tel que le prévoit la convention collective des entreprises de services Pétroliers ; Qu'il était sous-rémunéré par la CPS, et il a associé ses réclamations à celles de ses collègues auprès de la société CMS NOMECO ; Que celle-ci les a enjoint de démissionner de CSP qui est consciente de les avoir embauchés, elle les a recommandés auprès d'une autre société, en l'occurrence, la société PORION et, en dépit d'une petite amélioration du salaire, celle-ci ne

---

[471] Tribunal du travail de Pointe-Noire, Rôle n°152, année 2005, répertoire 87 du 27 avril 2007, inédit

remplissait nullement ses devoirs et obligations quant au reversement des IRPP et cotisations CNSS prélevées ; Qu'il en était de même pour les autres indemnités rattachées au salaire, et qui ne trouvaient aucune application ; Que ces manquements graves de la société PORION ont obligé le sieur E... à faire directement des revendications ; Que ces mêmes revendications faites jadis à CPS avaient poussé la société CMS NOMECO à y faire démissionner E... et autres au profit de PORION ; Qu'au lieu de s'atteler à l'examen des réclamations ou revendications faites, la société PORION en a érigé un motif de licenciement pris en termes de dénonciations calomnieuses et diffamations ; Que, pourtant, la société PORION n'a jamais démontré la régularité sur les reversements des impôts et cotisations CNSS, ainsi que la rémunération des indemnités rattachées au traitement des cas sociaux ; Qu'il s'agit d'un licenciement sans motif sérieux ou réel, donc abusif dont CMS-NOMECO et PORION doivent répondre en ce que la première a lancé l'appel d'offre et recruté et, la seconde a géré le salaire et la situation administrative ; La société CMS NOMECO a sollicité sa mise hors de cause, tout en faisant valoir qu'il n'y a pas de lien contractuel entre elle et Monsieur E... ; Qu'en effet, le contrat de travail, les bulletins ainsi que le certificat de travail, attestent que celui-ci a été salarié de la société PORION ; Qu'il a été plutôt mis à sa disposition par PORION qui, à la suite des revendications, a procédé à la rupture de son contrat de travail ; La société PORION a conclu au débouté de sieur E... tout en soutenant qu'il a été mis à la disposition de la société CMS NOMECO et affecté au chantier CONKOUATI ; Qu'au cours de l'exécution du contrat, il a adressé une première correspondance à la société CMS NOMECO à travers laquelle il s'attaquait directement à (PORION) tout en l'informant de la caducité du contrat qui les liait à celle-ci ;

Que dans une deuxième correspondance, il insistait sur le même fait, le caractère caduc de son contrat de travail, et se proposait d'en faire un transfert pour le compte de G.A. Service ; Que, tenant compte des insinuations transcrites dans les correspondances, elle a, dans un premier temps, suspendu le contrat de travail de Monsieur E..., conformément aux dispositions de l'article 41 (nouveau) du Code du travail ; Qu'il a été invité à présenter ses moyens de défense et ayant promis de le faire le 10 mars 2004, qu'il a saisi le Tribunal du travail par requête en date du 09 mars 2004 ; Qu'à travers ladite requête, Monsieur E... a tenté de justifier son comportement en ces termes ; ''en effet faire un peu de chantage dans l'esprit de concurrence pour améliorer les conditions salariales de l'agent en citant un autre prestataire ;'' Que par la suite, les explications fournies par E.. n'ont pas été convaincantes, d'où le licenciement a été prononcé ; Qu'en effet, E... a porté expressément à l'attention de la société CMS NOMECO les faits emprunts de dénonciations mensongères dans le but de nuire aux intérêts de l'entreprise ; Qu'il a d'ailleurs demandé d'affecter le contrat commercial régissant les sociétés CMS NOMECO et PORION au profit d'un autre prestataire, la société G.A Services ; Qu'il a tenu des propos diffamatoires à l'endroit de la société PORION alors qu'il a toujours été l'agent le mieux traité au sein de l'entreprise ; Que ces procédés et errants constituent les motifs réels et sérieux du licenciement, qui au demeurant, s'analysent en une faute lourde ; Que par conséquent, ses demandes ne peuvent aboutir dès lors que la faute est de nature à justifier son licenciement ; Qu'il s'agit d'une procédure abusive et vexatoire contre laquelle elle sollicite reconventionnellement des dommages-intérêts d'un montant de 10.000.000F CFA ; Le Ministère public a relevé le caractère irrégulier et abusif du licenciement tout en approuvant les demandes formulées ; En date du 10 février 2006, par jugement avant dire droit, le Tribunal du travail a ordonné une enquête pour audition des parties sur le recrutement de Monsieur E..., les prestations de travail et les circonstances de leur rupture ; Cette décision a été exécutée en date du 07 mars 2006 avec relevée contre la société PORION ; Sur quoi le Tribunal ; Attendu qu'à la suite des lettres écrites, adressées à la société CMS NOMECO qui l'avait recruté, Monsieur E..., alors congédié par la société PORION qui lui avait établi un contrat de travail, réclame à l'endroit de l'une et l'autre des droits et dommages-intérêts ; Qu'il convient, à cet effet, d'entreprendre l'examen de la relation contractuelle ayant régi les parties, avant de passer au crible le motif du licenciement et d'en inférer les conséquences sur les demandes ; Sur la relation contractuelle d'entre la société CMS NOMECO, E... et la société PORION ;

Attendu que le sieur E... se prévaut de la qualité de travailleur tant à l'égard de la société CMS NOMECO qu'à celui de la société PORION, en ce que la première l'a recruté et la seconde lui a établi un contrat de travail, pour le licencier bien après ; Qu'en considération de la convention de sous-traitance qui régit ces deux sociétés, au lieu que ce fût PORION de la recruter pour le mettre à la disposition de la société CMS NOMECO, il s'est retrouvé plutôt dans une situation inversée, reflétant le marchandage de la main d'œuvre ; Attendu que tout en demandant sa mise hors de cause la société CMS NOMECO a soutenu n'avoir aucune relation contractuelle avec E..., au sens de l'article 26 du Code du travail, tout en spécifiant que les salaires du susnommé ont été toute fois versés par la société CMS PORION qui, suite au motif librement apprécié par elle a mis fin au contrat de travail et lui a délivré un certificat à cet effet ; Qu'en sa qualité de société utilisatrice, elle n'avait que suscité l'appel d'offre auquel E... a passé un test ; Attendu que la société PORION n'a nullement réfuté la qualité d'employer du sieur E… partant du contrat de travail établi et des salaires toutefois reversés ; Que, dans le cadre du contrat qui le lie à la société CMS NOMECO, celle-ci est l'entreprise utilisatrice à la disposition de laquelle E.. a été affecté ; Attendu qu'il ressort des pièces du dossier et des détails recueillis au cours de l'audition des parties, qu'à la suite d'un appel d'offre, la société CMS NOMECO avait fait passer un test au sieur E… qui y avait réussi avec brio ; Qu'il avait été affecter chez celle-ci qui lui avait fait établir un contrat de travail par un prestataire de services, en l'occurrence la société CPS et, à la suite des incongruités relevées, elle lui avait demandé de démissionner pour l'affecté à un autre prestataire de services dénommé société PORION ; Qu'il y a lieu de constater, sans ambages, que le recrutement du susnommé a été entrepris par ladite société CMS NOMECO ; Attendu davantage, qu'au-delà de l'acte de recrutement, le rôle de la société CMS NOMECO s'est ponctué sans relâche dans la sphère contractuelle qui l'a régi avec E… notamment par le fait de le recommander, tout tour, auprès de ses prestataires de services ; Qu'en fait, après des indélicatesses dans le paiement des salaires au niveau de la société CPS, la société CMS NOMECO a enjoint à E…de démissionner pour lui demander de conclure un nouveau contrat de travail avec la société PORION, également son prestataire de services ; Que d'ailleurs sans cette recommandation, E… et la société PORION n'avaient aucun intérêt à conclure un contrat de travail, dès lors que les deux parties n'avaient eu ni contact au préalable, ni intention à cet effet ; Attendu qu'au regard des dispositions de l'article 26 du Code du travail, la relation contractuelle entre employeur et travailleur réunit de manière indissociable l'exercice de la direction de l'activité, celui de l'autorité et le paiement d'une rémunération ; Attendu qu'au travers des composantes de cette relation, les orientations grevées d'instructions, données par une société à un agent recruté par elle, et dont elle paie le salaire par l'intermédiaire d'un prestataire de services, rentrent dans le cadre du pouvoir de direction et de l'autorité qui caractérisent le contrat de travail ; Attendu qu'en l'espèce, le comportement de la société CMS NOMECO ne se limite nullement à la qualité d'entreprise utilisatrice ; Qu'il y a lieu de relever sa qualité d'employeur à l'égard de E… ; Attendu qu'à l'observation des mêmes rapports contractuels, la société PORION s'est adjugée d'établir le contrat de travail de E… sur les instructions de la société CMS NOMECO et, en vertu d'une convention de sous-traitance qui les lie ; Que toutefois, elle lui a versé les salaires convenus avec ladite société CMS-MONECO, jouant de manière simpliste un rôle d'intermédiaire ayant charge de gérer ce contrat ;

Attendu que le rôle assigné à un intermédiaire d'emploi, limité au fait d'établir un contrat de travail et de reverser le salaire à un agent recruté par l'entreprise utilisatrice, ne lui confère la qualité d'employeur vis-à-vis de celui-ci qu'à titre secondaire et non principal, dès lors que son intervention ne s'inscrit qu'à posteriori dans cette relation contractuelle ; Attendu qu'en la cause la société PORION n'est intervenue dans la situation contractuelle de E... que sur instruction de la société CMS-NOMECO ; Qu'il y a lieu de la déclarer sous-employeur de celui-ci ; Sur le licenciement intervenu et les demandes formulées ; Attendu qu'en soi, E... attribue son licenciement à un abus de droit exercé par la société PORION sous-employeur de CMS-NOMECO ; Qu'en effet, le motif allégué, érigé en termes de diffamations et de dénonciations mensongères est spécieux, d'autant plus qu'il procède des revendications à la connaissance de la société CMS NOMECO qui l'avait recruté et recommandé par la suite à ladite société PORION, il n'a accompli aucun acte de nature à nuire à ses intérêts économiques ; Mais attendu que la société PORION a invoqué les lettres adressées par E... à sa cliente, CMS-NOMECO, par lesquelles, peu ou prou, il déblatérait contre elle et dénonçait le caractère caduc de son contrat de travail ;
Qu'à l'en croire, cette attitude reconnue par lui et consistant à faire un peu de chantage dans l'esprit de concurrence caractérise les faits emprunts de dénonciation calomnieuses, constitutifs de faute lourde ; Que la procédure de l'article 41 (nouveau) du Code du travail a été respectée, et la rupture a été prononcée sur la base d'un motif légitime ; Attendu qu'il ressort des pièces du dossier et des déclarations des parties au cours de l'enquête par audition, que les indélicatesses contre lesquelles E... et d'autres travailleurs d'entant avaient déclaré contre la société CPS, sous-traitance de CMS-NOMECO, se sont également avérées au niveau de la société PORION quant aux retenues au titre des cotisations CNSS et IRRP ; Que Monsieur E... avait plutôt emprunté la première démarche entreprise contre la société CPS pour dénoncer auprès de CMS-NOMECO les pratiques qu'il avait qualifiées d'insolites ; Qu'il avait demandé comme auparavant, à l'entreprise de l'affecter au soin d'une autre sous-traitance, en l'occurrence GA-SERVICES ; Attendu que les débordements d'un travailleur dépassé par le comportement d'une entreprise chargé de gérer son contrat, et qui se plaît à tripatouiller dans les salaires et autres avantages, ne constituent pas une dénonciation mensongère, lorsqu'ils ont pour objet de sensibiliser la société utilisatrice qui l'a recruté, ayant le pouvoir de le réorienter ailleurs ;
Attendu que, de toute évidence, les revendications du sieur E... ont été plutôt dans le sens d'éveiller l'attention de CMS-NOMECO, et voir d'obtenir de sensibles améliorations à cet effet ; Que le motif allégué par

la société PORION n'était pas sérieux, le licenciement effectué est abusif au regard des dispositions de l'article 42 (nouveau) du Code du travail ; Attendu que partant du caractère abusif du licenciement, le sieur E... sollicite le paiement par CMS-NOMECO et PORION des sommes d'argent au titre des droits légaux et conventionnels en sus des dommages-intérêts ; Qu'il y a lieu de faire droit à ces demandes tout en affectant le calcul des droits aux services de l'inspection du travail, et en ramenant judicieusement les dommages-intérêts à la somme de 9.000.000F CFA (neuf million francs CFA) ; Attendu qu'il est ci-dessus démontré la qualité d'employeur et de sous-employeur respectivement avérée à CNS-NOMENO et PORION ; Qu'il y a lieu de les condamner in solidum au paiement des sommes afférentes aux droits et dommages-intérêts ; Attendu que l'exécution immédiate a été demandée ; Qu'il sied d'ordonner cette mesure en application des dispositions de l'article 232 (nouveau) du Code du travail, avec dispense de caution, pour les congés nonobstant appel ; Attendu qu'en la cause, l'abus de droit n'est pas établi contre le requérant ; Qu'il convient de débouter PORION de cette demande ; Par ces motifs ; Statuant publiquement, contradictoirement, en matière sociale et en premier ressort ; Constate le recrutement de Monsieur E... par la société CMS NOMECO et la gestion de son contrat par la société PORION ; Constate et juge que CMS-NOMECO est employeur de E... et PORION sous-employeur ; Déclare le licenciement abusif ; Ordonne la réintégration ; A défaut ; Condamne in solidum les sociétés CMS-NOMECO et PORION à payer à E..., en sus des droits légaux et conventionnels (calculés par l'inspection du travail) et la somme de neuf (09) millions de francs CFA[472] ; »

**608. Jugement par défaut, licenciement abusif, réintégration**
**Dame B... / la société DELTA DISTRIBUTION**

« Par acte en date du 9 juin 2005, Maître B... conseil de la Sté DELTA DISTRIBUTION, a fait opposition du jugement par défaut rendu le 06 juin 2003, dont le dispositif, en ses termes essentiels est articulé comme suit : ''Déclare le licenciement irrégulier et abusif ; Ordonne la réintégration ; A défaut ; Condamne la Sté DELTA DISTRIBUTION à payer à dame B..., en sus des droits légaux et conventionnels, les somme ci-après ;
2.600.000frs de salaires
2.000.000frs CFA de dommages-intérêts

[472] Tribunal du travail de Pointe-Noire, Rôle n° 163, année 2004, répertoire n°108/06 du 02/06/06, inédit

200.000frs CFA de dommages-intérêts pour licenciement irrégulier ;
150.000frs CFA de dommages-intérêts pour non remise de certificat de travail ;''

Attendu que l'opposition a été relevée dans les délais de l'article 233 de Code du travail ; Qu'elle est recevable ; Au fond ; Après avoir fait opposition, la Sté DELTA DISTRIBUTION n'a nullement produit ses moyens de défense ; Par ces motifs ; Statuant publiquement par itératif défaut, à l'égard de la Sté DELTA DISTRIBUTION, en matière sociale, et en premier ressort ; Reçoit l'opposition ; Réitère en toutes ses dispositions le jugement par défaut rendu le 06 juin 2003 ; Dit que la présente décision est exécutoire nonobstant l'appel ; Met les dépens à la charge du trésor public[473] ; »

**609. Réintégration, salaires, dispense de caution**
**H… / la société SUD ENGINERING**

« Requête en date à Pointe-Noire, du 04 novembre 2005, aux fins de paiement des droits et dommages-intérêts consécutifs au licenciement abusif de Monsieur H…, contre la société SUD ENGINERING ; Il est exposé que H… a été embauché par la société SUD ENGINERING courant 2005 en qualité de chauffeur, et a été mis à la disposition de la société BCP ; Qu'à la suite d'un accident survenu le 24 juin 2005, provoqué par le véhicule en stationnement dont il était conducteur, il a été décidé immédiatement de la suspension de son contrat ; Que H… en a saisi le directeur départemental du travail et, après confrontation, sa réintégration a été ordonnée ; Que cependant, la société SUD ENGINERING est restée campée sur sa position ; Que plutôt, à la suite d'un exploit d'huissier, elle inclinait la responsabilité à la société BCP ; Qu'il s'agit d'un licenciement irrégulier et abusif, et il s'estime fondé à s'adresser à justice pour qu'il soit statué tel que sollicité ; Par le truchement de son conseil, la société SUD ENGINERING a conclu au débouté tout en faisant valoir qu'elle offre de réintégrer H… et lui payer 815.000 francs CFA au titre des salaires de juin, juillet août et septembre 2005 ; Que le contrat devait prendre fin le 18 août 2005 selon l'entreprise utilisatrice ; Qu'une transaction dans les termes de l'offre avait été décidée mais les exigences de l'huissier l'ont retardée ;

Attendu qu'il ressort des pièces du dossier et des écritures confrontées, que le contrat de travail avait été rompu par la suite, sans motif

[473] Tribunal du travail de Pointe-Noire, Rôle n°051 année 2003 répertoire n°332 du 15/12/05

appréciable et, dans l'inobservation des prescriptions légales ; Attendu que la rupture qui s'en est suivie a été opérée dans l'inobservation des dispositions de l'article 41 (nouveau) du Code du travail ; Qu'elle est abusive ; Attendu que H...sollicite le paiement des salaires, avantages, indemnités ainsi que des dommages-intérêts de 12.000.000frs CFA ; Attendu que l'article 42 (nouveau) précité prévoit la réintégration en cas de rupture abusive, ou à défaut, le paiement des droits et dommages-intérêts ; Qu'il y a lieu d'ordonner la réintégration, ou à défaut, le paiement des droits légaux et conventionnels (calculés par l'inspection du travail), en sus des dommages-intérêts ramenées à la somme de 2.000.000frs CFA ; Attendu que les salaires des mois de juin, juillet, août, septembre, octobre et novembre 2005 sont revendiqués ; Qu'il sied d'y faire droit ; Attendu que l'exécution immédiate est demandée ; Qu'en application des dispositions de l'article 232 (nouveau) du même code, il sied d'y faire droit quant au paiement des salaires, avec dispense de caution et nonobstant appel ; Par ces motifs ; Statuant publiquement, contradictoirement, en matière sociale et en premier ressort ; Déclare le licenciement irrégulier et abusif ; Ordonne la réintégration ; A défaut ; Condamne la société SUD ENGINERING à payer à Monsieur H... , en sus des droits légaux et conventionnels (calculés par l'inspection du travail), la somme de deux millions (2.000.000)frs CFA à titre de dommages-intérêts ; La condamne également au paiement des salaires au titre des mois de juin à novembre 2005 ; Ordonne l'exécution immédiate pour les salaires, avec dispense de caution nonobstant appel ; Met les dépens à la charge du trésor public[474] ; »

**610. Licenciement abusif, conciliation**
**M... / TRABEC**

« Par requête du 05 septembre 2000, Monsieur M..., représenté par la confédération syndicale congolaise (CSC), a fait citer son ancien employeur, la société TRABEC, pour s'entendre déclarer irrégulier et abusif son licenciement, la condamner au paiement des dommages-intérêts et, constater la conciliation partielle sur les droits conventionnels ; Au soutien de sa requête, Monsieur M... expose qu'il a été engagé aux services de la société TRABEC en qualité d'aide menuisier industriel, classé à la troisième catégorie, premier (1er) échelon de la convention collective de l'industrie ; Qu'après un contrat à durée déterminée allant du 23 octobre 1996 au 23 novembre 1996, la société

[474] Tribunal du travail de Pointe-Noire, Rôle n°188, année 2005, répertoire n°116/06 du 16/06/06, inédit

TRABEC l'a soumis à 18 autres contrats de façon successive ; Que ces contrats se sont échelonnés pendant trois ans et neuf mois, et ont donné lieu à un contrat de travail à durée indéterminée, en sus de l'article 31-5 du Code du travail ; Que, sans motif réel et sérieux, la société TRABEC a mis fin à leurs rapports contractuels, sans lettre de licenciement et, sans payer ses droits ; Que s'estimant abusivement licencié, il a été obligé de saisir le tribunal de céans pour s'entendre être couvert dans ses droits ; En dépit du fait que la société TRABEC fut citée, il n'existe nullement au dossier des conclusions faisant foi de ses moyens au fond, en dehors du procès-verbal de conciliation partielle ; Attendu que M… a travaillé au sein de la société TRABEC du 29 octobre 1996 au 03 juillet 2000, soit pendant trois (3) et 9 mois, sous une série de contrats à durée déterminée, toutefois renouvelés, transformés ipso facto en un contrat à durée indéterminée ; Que ce contrat était dès lors, soumis aux prévisions de l'article 39 (nouveau) du Code de travail quant à sa résiliation ; Attendu que la société TRABEC a résilié ledit contrat du travail sans en respecter le délai de préavis ; Qu'il échet de constater purement et simplement le paiement ;

Attendu que la rupture en soi n'a pas été notifiée par écrit, tel qu'en dispose le texte suscité et, n'a été sous-tendue par un motif réel ou sérieux, selon l'esprit de l'article 42 (nouveau) du même Code ; Qu'il y a lieu de la déclarer irrégulière ou abusive ; Attendu que M… a sollicité des dommages-intérêts pour licenciement irrégulier et abusif, respectueusement chiffrés à 3 millions et 4 millions cinq cents mille francs CFA ; Que le tribunal les ramène judicieusement à 100.000frs CFA et 450.000frs CFA ; Attendu qu'il a également demandé la somme 500.000frs CFA pour non remise du Certificat de travail ; Qu'en application des dispositions de l'article 46 du code de travail, il y a lieu d'y faire droit, tout en ramenant ce montant à 150.000frs CFA ; Attendu qu'il n'existe nullement au dossier les conclusions de TRABEC ou la trace pour elle s'être présente en dépit du fait qu'elle fut citée ; Qu'il convient de faire application de l'article 224 du code du travail et donner défaut à son encontre ; Par ces motifs ; Statuant publiquement, contradictoirement, par défaut à l'égard de la société TRABEC, en matière sociale et en premier ressort ; Dit et juge que le licenciement de M… est irrégulier et abusif ; Constate la conciliation sur le paiement des droits légaux et conventionnels ; Condamne la société TRABEC à lui payer ; 450.000frs CFA à titre de dommages-intérêts pour licenciement abusif ;

- 100.000frs CFA de dommages-intérêts pour licenciement irrégulier ;

- 150.000frs CFA pour non remise du certificat de travail ; Met les dépens à la charge du trésor public[475] ; »

**611. Licenciement abusif, conciliation**
**L.../ la société SAAMIEX**

« Requête en date du 05 décembre 2003, de Monsieur L..., en paiement des sommes de 1.240.684frs CFA au titre des droits conventionnels, et 7.000.000frs CFA à titre de dommages-intérêts, introduite contre la société SAAMIEX ; A l'appui de sa requête, Monsieur L... soutient qu'il a été embauché le 1er septembre 2001 à la société SAAMIEX, en qualité de commis vendeur, suivant un contrat de travail conclu de manière verbale ; Qu'en date du 09 novembre 2003, il lui fût soumis une lettre d'engagement portant la qualité d'aide vendeur, alors qu'il était en réalité commis vendeur ; Qu'en raison des indications contraires, portées dans ladite lettre, la convention des parties n'entrait plus dans les prévisions légales et devait donner lieu à réparation tel qu'en dispose l'article 1882 du Code civil ; Qu'il a élevé une revendication qui a donné lieu à la rupture du rapport contractuel ; Qu'il a été donc licencié sans motif réel et sérieux ; Qu'il en a saisi l'inspection du travail et, après calcul des droits, le chef de service relation professionnelle, en l'occurrence Monsieur M..., s'est avéré complaisant à l'égard de la société SAAMIEX ; Qu'il s'estime fondé à s'adresser à justice, pour qu'il soit statué tel que sollicité ; En réplique, la société SAAMIEX a conclu à l'irrecevabilité de l'action de L... tout en faisant valoir qu'il y a EN transaction ; Qu'en effet, l'article 2052 du Code civil prévoit que les transactions ont, entre les parties, l'autorité de la chose jugée, elles ne peuvent être attaquées que pour cause d'erreur ou de lésion ; Sur quoi le Tribunal ; Attendu que sieur L... revendique le paiement des droits de rupture de son contrat de travail et les dommages-intérêts ; Mais attendu que son employeur, la société SAAMIEX, se prévaut d'une transaction et soulève l'irrecevabilité de l'action ; Attendu qu'il ressort des pièces du dossier un procès-verbal de conciliation dressé par l'inspection du travail puis revêtu de la formule exécutoire ; Par ces motifs ; Statuant publiquement, contradictoirement, en matière sociale et en premier ressort ; Constate le procès-verbal de conciliation qui en est suivie ;

---

[475] Tribunal du travail de Pointe-Noire, Rôle n°173, année 2000, répertoire n°179 du 14-12-2001, inédit

Déclare l'action irrecevable ; Met les dépens à la charge du trésor public[476] ; »

**612. Rupture abusive du contrat de travail**
**B.../ la société SOCEMA**

« Par requête à Pointe-Noire, en date du 13 octobre 2004, le conseil de B..., Maître TS..., a fait citer la société SOCEMA pour, à défaut de réintégration, obtenir le paiement des droits et dommages-intérêts consécutifs au licenciement irrégulier et abusif ; Au soutien de la demande, il est exposé ; Que B... a été embauché par la société SOCEMA en qualité de chauffeur, le 10 septembre 1990 ; Que par la suite, son contrat de travail a été suspendu sous prétexte de détournement des affaires de l'entreprise à son profit ; Que n'ayant pas des éléments de preuve, son employeur ne lui versait plus aucun salaire, depuis le mois d'août 2002. Qu'il y a licenciement irrégulier et abusif ; la société SOCEMA a sollicité le sursis à statuer tiré du principe ''le criminel tient le civil en l'état'' parce que, à l'en croire, elle avait déposé une plainte avec constitution de partie civile devant le juge d'instruction ; Cependant, cette mesure sollicitée a été rejetée, et le jugement y relatif, frappé d'appel, a été confirmé au point où la cause est renvoyée devant le tribunal de céans pour vider sa saisine ; Par des conclusions ultérieures, ladite société a fait valoir que les faits reprochés à B... ne sauraient être contestés ; Qu'il est constant qu'il lui a été reproché le détournement des biens de la société pour usage personnel ; Qu'en effet, il a utilisé des engins pour travailler aussi bien au Consulat de France que dans d'autres sites ; Qu'ainsi, son contrat de travail a été suspendu pour faute lourde ; Qu'il est d'ailleurs loisible au tribunal d'ordonner une audition des parties afin d'être édifié sur les faits ; Que les sommes réclamées n'ont aucun fondement et il convient de l'en débouter ;
Sur quoi le tribunal ; Attendu qu'il est invoqué, par la société SOCEMA, le détournement des engins de l'Entreprise en vue d'un usage personnel, pour justifier la faute lourde de son salarié, B..., Qu'à l'exception des énonciations toutes signatures, aucun élément de preuve n'a été rapporté et, l'audition des parties, sollicitée après avoir demandé le sursis à statuer, n'a pu retenir la curiosité du tribunal du travail, sur le motif réel et sérieux du licenciement ; Or, attendu qu'au sens de l'article 42 (nouveau) du Code du travail, le licenciement effectué sans motif légitime, autrement dit réel et sérieux, est abusif ; Qu'il y a lieu, en

[476] Tribunal du travail de Pointe-Noire, Rôle n°226, année 2003, répertoire n°257 du 02/07/2004, inédit

l'espèce, de relever le caractère abusif du licenciement dénoncé ; Attendu qu'au-delà du caractère abusif, la procédure de l'article 41 (nouveau) du même code n'a pas été observée, en ce que, la suspension n'a pu être suivie d'une défense accordée au travailleur ; Que ledit licenciement est irrégulier ; Attendu que l'article 42 (nouveau) sus-évoqué prévoit, en cas de rupture abusive, la réintégration, ou à défaut, le paiement des droits et dommages-intérêts ; Attendu que les circonstances de la cause souverainement appréciées par le Tribunal, ne permettent pas d'ordonner la réintégration ; Qu'il y a lieu, plutôt, de condamner la société SOCEMA à payer à Monsieur B..., en sus des droits légaux et conventionnels (calculés par l'inspection du travail), la somme de 4.000.000frs CFA, judicieusement ramenée aux dommages-intérêts sollicités ; Ordonne la société SOCEMA à payer à B... en sus des droits légaux et conventionnels (calculés par l'inspection du travail) la somme de 4.000.000frs CFA à titre de dommages-intérêts ; Ordonne l'exécution immédiate, avec dispense de caution, pour les congés et salaires nonobstant appel ; Met les dépens à la charge du Trésor public[477] ; »

**613. Licenciement, abusif, opposition, défaut**
**M... / la société GALAXIE SERVICES EURL**

« En la forme ; Par acte en date à Pointe-Noire du 19 mai 2008, Maître I... agissant au nom et pour le compte de la société GALAXIE SERVICES EURL, a relevé opposition du jugement par défaut rendu le 23 novembre 2007 et dont le dispositif en sa teneur essentielle est le suivant ; ''Déclare le licenciement irrégulier et abusif ; Ordonne la réintégration ; A défaut ;
Condamne la société GALAXIE SERVICES EURL à payer les droits légaux et conventionnels ; 300.000frs pour licenciement irrégulier ; 1.000.000frs pour licenciement abusif ; Attendu que l'opposition a été faite dans les délais de l'article 233 du Code du travail ; Qu'elle est recevable ; Au fond ;'' Attendu qu'après opposition et malgré plusieurs renvois, le conseil du défendeur n'a pas produit ses moyens de défense ; Qu'il y a itératif défaut à son encontre tout en entérinant les dispositions du jugement sus évoqué, ainsi que la forme exécutoire de la présente décision ; Par ces motifs ; Statuant publiquement et par itératif défaut à l'égard de la société GALAXIE Services, en matière sociale et en premier ressort ; Réitère en toutes ses dispositions le jugement par défaut

[477] Tribunal du travail de Pointe-Noire, Rôle n°181, année 2004, répertoire n°024 du 18/01/08, inédit

rendu le 23 novembre 2007 ; Dit que la présente décision est exécutoire nonobstant appel ; Met les dépens à la charge du Trésor public [478]; »

**614. Licenciement, abusif, réintégration**
**I… / la société L.P.F**

« Par requête non datée, monsieur I… a fait citer son ex-employeur, la société L.P.F. pour s'entendre ; Déclarer irrégulier et abusif son licenciement ; Condamner ladite société au paiement des droits légaux et conventionnels ; Condamner également au paiement des dommages-intérêts pour non remise du certificat de travail et pour licenciement abusif ; A l'appui de sa requête, il expose qu'il a été embauché le 25 août 1997 par la société I.P.F, construction civile sise au Cabinda, en Angola ; Que leurs relations étaient régies par un contrat de travail à durée déterminée, renouvelable par tacite reconduction, toute exécution devait s'effectuer au Cabinda ; Que ledit contrat était assorti de clauses appropriées ; Que le 29 juin 2000, il recevait une lettre de licenciement fondant ses motifs sur les allégations du beau-frère de son employeur qui prétendait l'avoir aperçu en pleine activité dans une autre entreprise similaire ; Qu'il n'a pu présenter sa défense auprès de son employé, assisté d'une personne de son choix et, dans les délais légaux ; Qu'en dépit de ses droits qui avaient été calculés par l'inspection du travail, son employeur n'a pu daigner s'exécuter ; Qu'il s'agit en tout état de cause d'un licenciement irrégulier et abusif ; Suivant les conclusions de son conseil, Maître K… avocat à la Cour, la société L.P.F a sollicité le débouté de I…, tout en prétextant qu'il a été licencié à la suite d'une faute lourde ; Qu'il avait violé les dispositions de son contrat de travail qui lui interdisait de s'intéresser ou prêter concours à toute autre personne ; Qu'en agissant contrairement à cette interdiction prévue dans son contrat, il a commis une faute lourde privative des droits. Qu'ils a entrepris vainement des démarches auprès d'elle pour quérir son certificat de travail ; Qu'il revient plutôt de constater que la non remise dudit certificat de travail lui est imputable ; Dans ses conclusions, le Ministère public a retenu le caractère irrégulier et abusif du licenciement prononcé contre I…, en ce que la société L.P.F n'a pas rapporté les faits constitutifs de faute lourde ; Attendu que la société L.P.F a procédé au licenciement de son employé pour des faits constitutifs de concurrence déloyale, qui ne sont aucunement rapportés ; Qu'à en croire les explications écrites du requérant, non contestés alors par celle-ci, il s'agirait de simples potins

[478] Tribunal du travail de Pointe-Noire, Rôle n°106, année 2007, répertoire n°122 du 31 juillet 2009, inédit

rapportés par le beau-frère de son employeur à celui-ci ; Attendu que l'article 42 (nouveau) alinéa 4 du Code du travail prévoit qu'en cas de contestation, la preuve de l'existence d'un motif légitime de licenciement incombe à l'employeur ; Attendu que le motif du licenciement n'a pas été rapporté par la société L.P.F ; Qu'en soi, le licenciement est réputé abusif ; Attendu que se prévalant d'une prétendue faute lourde de son employé, la société L.P.F n'a pas observé les prescriptions de l'article 41 (nouveau) alinéa 3 du même code ; Qu'il échet de déclarer irrégulier le licenciement entrepris ; Attendu que le même texte dispose que le licenciement réputé abusif, effectué sans motif légitime, donne lieu à la réintégration et, en cas de refus, des dommages-intérêts sont fixés ; Qu'il échet de procéder ainsi, autrement dit, en cas de refus de réintégration, de faire droit à la demande de I…, tant sur l'indemnité de licenciement que sur les droits légaux et conventionnels ; Attendu que I… a sollicité, en sus de ses droits, des dommages-intérêts pour licenciement irrégulier, abusif et pour non remise du certificat de travail prévue par l'article 46 du code de travail ; Par ces motifs ; Statuant publiquement, contradictoirement, en matière sociale et en premier ressort ; Déclare irrégulier et abusif le licenciement de I… ; En conséquence, ordonne sa réintégration ; A défaut, condamne la société L.P.F à lui payer les sommes suivantes :

- 320.027 frs à titre de préavis ;
- 208. 418 frs à titre d'indemnité de licenciement ;
- 156.014 frs au prorata et congés ;
- 64.998 frs à titre de gratification
- 40.000 frs à titre de frais de déplacement des bagages ;
- 600.000frs à titre de dommages-intérêts pour licenciement abusif ;

Déboute I… du surplus de sa demande ; Met les dépens à la charge du Trésor-public[479] ; »

**615. Licenciement abusif**
**NT…/ la société INDICA**

« Requête en date du 30 décembre 2006, aux fins de paiement des droits et dommages-intérêts consécutifs à la rupture abusive du contrat de travail, introduite par monsieur NT…, contre la société INDICA ; Il est exposé que NT… a été embauché par la société INDICA le 27 mai 2004, en qualité de superviseur des sites ferrailles, en vertu d'un contrat de

[479] Tribunal du travail de Pointe-Noire n°003, année 2001, Rôle n°018 année du 18 janvier 2002, inédit

travail à durée indéterminée ; Qu'il était rémunéré à 70.977 frs CFA par mois ; Qu'il n'avait pas de prime et, de temps en temps, il était arrêté par la police ; Qu'en date du 13 février 2006, il a reçu une lettre de fin de contrat sous prétexte d'avoir commis une faute lourde privative de droits de rupture ; Que par la suite, après qu'il se soit rapproché de la direction de l'entreprise, la lettre en soi avait changé de termes tout en précisant qu'il devait bénéficier de ses droits ; Qu'il en a saisi l'inspection du travail, et un règlement à l'amiable est intervenu ayant conclu au paiement de ses droits, mais malheureusement son employeur ne s'est pas exécuté ; Qu'il s'agit d'un licenciement abusif pour lequel il est fondé à s'adresser à justice ; La société INDICA a conclu au rejet de l'action du requérant tout en soulevant la prescription de l'article 99 du Code du travail, à l'en croire, en termes d'exception ; Que la rupture du contrat a pris effet en date du 10 février 2005, alors que la requête a été introduite au tribunal le 30 novembre 2006 ; Sur quoi, le Tribunal ; Attendu que NT… se prévaut d'un licenciement abusif et revendique les droits et dommages-intérêts ; Que cependant, prenant appui sur la prescription de l'article 99 du Code du travail, la société INDICA n'a jugé utile de discuter du licenciement effectué ; Attendu que la prescription annale évoquée ne couvre pas l'indemnité de licenciement, ni les dommages-intérêts en terme d'exception, qui, au sens de la définition légale, n'est plutôt qu'une fin de non-recevoir, et n'opère de plano qu'autant qu'il n'est nullement intervenu un fait interruptif ; Or, attendu qu'en l'espèce, après le licenciement la contestation a été toutefois soumise aux services de l'Inspection du travail ; Que ce moyen ne peut opérer ; Attendu qu'il ressort des énonciations de la requête non réfutées par la défenderesse, que sieur NT… a été licencié sans motif réel ou sérieux ; Qu'il s'agit d'un licenciement abusif suivant les dispositions de l'article 42 (nouveau) du même code ; Qu'au surcroît, ce texte prévoit, en cas de licenciement, la réintégration ou à défaut, le paiement des droits distincts des dommages-intérêts ; Or, attendu qu'en la cause l'attitude blâmable de l'employeur ne permet pas d'ordonner la réintégration ; Qu'il y a lieu de le condamner au paiement des droits légaux et conventionnels (calculés par l'inspection du travail et des dommages-intérêts dans les proportions de 2.500.000frs CFA après examen de la demande ; Attendu que l'exécution provisoire, peut être ordonnée par le juge en vertu des dispositions de l'article 232 (nouveau) du Code précité ; Qu'il y a lieu d'ordonner cette mesure, avec dispense de caution, pour les droits, nonobstant appel ; Par ces motifs ; Statuant publiquement, contradictoirement, en matière sociale et en premier ressort ; Déclare le licenciement abusif ; Ordonne la société INDICA prise en la personne du Directeur général à payer à NT…, en sus des droits légaux et conventionnels (calculés par l'Inspection du travail) la somme de 2.500.000 frs CFA à titre de dommages-intérêts ; Ordonne l'exécution provisoire, avec dispense de caution pour les droits, nonobstant appel ; Met les dépens à la charge du Trésor public[480] ; »

**616. Licenciement abusif, procès-verbal de carence, réintégration B.../ la pâtisserie la citronnelle**

« Requête en date du 24 septembre 2008 aux fins de paiement des droits et dommages-intérêts subséquents au licenciement abusif introduite par B..., contre la Pâtisserie la Citronnelle ; Il est exposé ; Que B... a été embauchée par la Pâtisserie la Citronnelle en qualité de serveuse, en date du 1er août 2001 suivant un contrat de travail à durée indéterminée ; Que le 08 août 2008, pendant qu'elle était en repos médical, elle a reçu une demande d'explication ; Que son contrat de travail a été suspendu ; Qu'en dépit des explications données et, sans motif réel ou sérieux, son employeur a prononcé son licenciement pour faute lourde, et elle a été sevrée des droits légaux et conventionnels ; Que le 5 août 2008, son contrat de travail a été rompu sans motif appréciable et, au mépris des formes prévues aux articles 41 et 176 du Code du Travail ; Que la Pâtisserie la Citronnelle a orchestré des manœuvres et, ce n'est que bien après qu'elle reconnaîtra la qualité de syndicaliste de la susnommée ; Qu'elle a obtenu de la Commission de litiges l'autorisation du licenciement sans qu'elle ne fût entendue par celle-ci ; Que moins encore ladite Commission n'avait nullement été convoquée, non plus elle n'avait siégé ; Que, pour preuve, B... n'avait jamais été convoquée, devant cette Commission et jusqu'au jour où elle a saisi le Tribunal ; Qu'il s'agit d'un licenciement abusif et irrégulier ;
En réplique, la Pâtisserie la Citronnelle a conclu à l'irrecevabilité de l'action par le truchement de son conseil Maître E..., avocat à la Cour, tout en faisant valoir ; Que le licenciement de B... est régulier et légitime ; Qu'en effet, elle a été licenciée après autorisation de la Commission des litiges ; Que le 24 juillet 2008, B... a été surprise de remettre à une cliente de la salle (1) la monnaie sortant de sa poche qui selon elle concernait une cliente de la salle (6) qui aurait offert un jus (GM) à une cliente de la salle (1) et la différence devant être remise à celle-là ; Que le bon de la salle (6) ne portait pas la mention d'un jus GM ; Que pour se justifier à la suite d'une demande d'explication elle a envoyé à son employeur un certificat d'arrêt de travail de pure

[480] Tribunal du travail de Pointe-Noire, Rôle n°193, année 2006, répertoire n°35 du 23/02/07, inédit

complaisance ; Qu'après sa mise à pied conservatoire, son licenciement a été prononcé suivant autorisation de la Commission des litiges ; Par jugement avant dire droit du 28 novembre 2008, le Tribunal a ordonné l'audition des parties sur les circonstances du licenciement, la demande d'explication et la décision de la Commission des litiges ; Cette mesure d'enquête n'a pas été exécutée, faute de comparution de la Pâtisserie la Citronnelle (voir procès-verbal de carence du 03 mars 2009) ;
Sur quoi, le tribunal ; Attendu que, sur la base d'un licenciement abusif et irrégulier, B… sollicite le paiement des droits et dommages-intérêts ; Qu'il convient d'examiner le motif en soi, et d'inférer les conséquences sur les demandes ; Sur le motif du licenciement ; Attendu que B… soutient qu'elle a été licenciée sans motif appréciable et, en violation de la procédure prévue par la loi, en ce que, la décision de la Commission des litiges, exhibée par son employeur, est un simulacre d'acte puisqu'elle n'a jamais été convoquée et, parce que les faits prétendument constitutifs de faute lourde sont spécieux ; Attendu que l'enquête ordonnée par le tribunal (suivant jugement avant dire droit du 28 novembre 2008) n'a pas été entreprise de par la non comparution de la Citronnelle ; Qu'en effet, il revenait à celle-ci d'élucider la religion du tribunal sur la décision de la Commission des litiges au sujet de laquelle dame B… a élevé le doute ; Qu'à l'en croire, cette Commission n'a jamais siégé et décidé de manière contradictoire sur son licenciement pour faute lourde ;
Attendu que la Pâtisserie la Citronnelle n'a daigné établir devant le tribunal le caractère contradictoire de la décision de la Commission des litiges ayant autorisé le licenciement de dame B…, tant contesté par celle-ci ; Que tout porte à croire qu'elle a été obtenue de façon subreptice, cessant ainsi d'être le support de la légitimité du licenciement de la susnommée ; Qu'en pareilles circonstances, sans se heurter à l'appréciation de cet acte relevant d'un organe administratif, le juge social pris au sens large du juge judiciaire, a la latitude d'examiner le motif du licenciement contesté par le salarié ; Attendu qu'en l'espèce, la Pâtisserie la Citronnelle a fait valoir dans le récit des circonstances le licenciement prononcé contre son employée, B…que celle-ci avait été surprise avec la monnaie sortant de sa poche qui, selon elle, concernerait une cliente de la salle (6) qui aurait offert un jus à une autre cliente de la salle (1) ; Que le bon de la salle (6) ne portant pas de jus, une demande d'explication lui fut adressée, mais elle dût se prévaloir d'un repos médical ; Que la Citronnelle n'a pu envisager d'entamer la procédure du licenciement après l'expiration du repos médical pour ainsi se faire établir une décision de la Commission des litiges l'autorisant à licencier la susnommée pour faute lourde ; Que, telle qu'elle est relevée supra,

cettc décision a été contestée par dame B… quant à son caractère contradictoire, en ce qu'elle n'a pas été convoquée au niveau de cette commission, moins encore, elle n' y a jamais été entendue ; Attendu qu'au-delà de cette décision de la Commission de litiges suspectée d'invraisemblance, la faute prétendument lourde à l'origine n'est pas rapportée avec précision par la Pâtisserie la Citronnelle ; Qu'en effet, l'article 42 (nouveau) alinéa 3 du Code du travail prescrit qu'en cas de contestation, la charge de la preuve du motif du licenciement incombe à l'employeur ; Qu'en l'espèce et, bien au contraire, le reproche fait à dame B… d'avoir sorti de sa poche une monnaie à l'occasion d'un jus offert par un client de la salle 6 à un autre client de la salle 1, alors qu'il n'en serait pas le cas, suscite en soi une indétermination ;

Que le juge sociale, enclin à s'interroger sur le fait constitutif de faute lourde, il reviendrait à la Citronnelle de lui apporter des éléments d'appréciation, soit dans le sens d'une manœuvre présumée de vol, soit dans celui d'un comportement aux fins la perte de confiance, ou au plus, d'une attitude proche de recel de monnaie ; Attendu que la faute lourde en soi, telle que retenue dans la décision de la Commission des litiges et mise en doute de façon irréductible, n'est qu'une énonciation singulière, non entourée de fait précis ; Attendu, en revanche, que la Citronnelle n'a pas rapporté ce fait précis tant recherché pour en ériger un motif réel et sérieux au regard de l'article 42 (nouveau) précité alinéa 1 ; Que le licenciement effectué est abusif ; Attendu que ladite Citronnelle n'est pas parvenue à établir (voir procès-verbal de carence) en date du 3 mars 2008) le caractère contradictoire de la décision de la Commission des litiges exhibée par elle, alors que dame B…, syndicaliste, est demeurée ferme sur ses étriers quant au caractère apocryphe de cet acte ; Qu'il en résulte que les dispositions de l'article 176 (nouveau) du même code ont été violées et le licenciement est par conséquent irrégulier ; Sur les demandes formulées ; Attendu que B… a sollicité le paiement des sommes ci-après ;

2.235.555f CFA de droits légaux et conventionnels ;

35.000.000f CFA de dommages-intérêts toutes sortes de préjudice subi ;

160.000f CFA de rappel de deux (2) mois de salaires

500.000f CFA pour non remise de certificat de travail ;

Attendu que ces demandes sont recevables en la forme, et méritent d'être écrémées au fond ; Attendu que l'article 42 (nouveau) ci-dessus appliqué prévoit, en cas de licenciement abusif, la réintégration ou à défaut, le paiement des dommages-intérêts en sus des droits légaux et conventionnels ; Qu'il échet en la cause d'ordonner la réintégration de B…, ou à défaut, de condamner la Citronnelle à lui payer en sus des

droits légaux et conventionnels (calculés par l'inspection du travail) les sommes suivantes :
160.000frs CFA salaires août et septembre 2008 ;
3.000.000 frs CFA somme ramenée à de justes proportions ;
Attendu que le certificat de travail a été mis à la disposition de dame B.... ; Qu'il y a lieu de la débouter de ce chef de demande ; Attendu que l'exécution immédiate est demandée ; Qu'en vertu de l'article 232 (nouveau) du même code, il convient d'ordonner cette mesure pour les salaires, avec dispense de caution, nonobstant appel ; Par ces motifs ; Statuant publiquement, contradictoirement, en matière sociale, et en premier ressort ; Constate le doute élevé sur la décision de la Commission des litiges et le procès-verbal de carence dressé par la suite ; Déclare le licenciement irrégulier et abusif ; Ordonne la réintégration ; A défaut ; Condamne la Pâtisserie la Citronnelle à payer à dame B..., en sus des droits légaux et conventionnels (calculés par l'inspection du travail) les sommes ci-après :
160.000frs CFA deux (2) mois de salaires ;
3.000.000 frs CFAS dommages-intérêts ;
Ordonne l'exécution immédiate, avec dispense de caution, pour les salaires nonobstant appel ; Met les dépens à la charge du Trésor public[481] ; »

**617. Rupture abusive du contrat de travail**
**La Clinique Médicale Nouvelle / NG...**

« Requête en date à Pointe-Noire, du 31 juillet 2008, de Maître S..., avocat à la Cour, pour le compte de la Clinique Médicale Nouvelle, aux fins de paiement des dommages-intérêts, contre dame NG.. née M... ; Il est exposé : Que dame NG... a été embauchée par la Clinique Médicale Nouvelle le 03 janvier 2000, suivant des contrats de travail à durée déterminée, renouvelés ; Qu'en 2004, elle a été nommée Directrice par intérim chargée de la gestion intégrante du personnel et des affaires administratives ; Qu'en date du 28 avril 2006, elle a abandonné son poste de travail de manière toute brutale ; Qu'il s'agit d'une rupture abusive, particulièrement préjudiciable pour la Clinique Médicale Nouvelle, conformément aux dispositions de l'article 37-5 du Code du travail, donnant ainsi lieu au paiement des dommages-intérêts ; Dame NG... née M... n'a pas produit des moyens de défense ; Attendu qu'il ressort des énonciations de la requête que dame NG... née M... a rompu sans motif

---

[481] Tribunal du travail de Pointe-Noire, Rôle n°169, année 2008, répertoire n°49 du 30 mars 2009, inédit

appréciable, autrement dit réel et sérieux, le contrat de travail qui la liait à la Clinique Médicale Nouvelle ; Attendu que cette rupture abusive du contrat de travail donne lieu à des dommages-intérêts en sus de l'indemnité de préavis ; Attendu que la Clinique Médicale Nouvelle a sollicité le paiement de la somme de 4.000.000 frs CFA à titre de dommages-intérêts ; Qu'en sus du préavis qui est d'office de droit, parce que, prévu par la loi, il convient de condamner dame NG… née M… à lui payer la somme de 2.500.000 frs CFA ramenée à de justes proportions ; Attendu que l'exécution immédiate est demandée ; Qu'il y a lieu d'y faire droit pour le préavis, avec dispense de caution, nonobstant opposition et, en vertu des dispositions de l'article 232 (nouveau) du Code du travail ; Attendu que dame NG… n'a pas comparu et ne s'est pas faite représentée, alors qu'elle a été régulièrement citée ; Qu'il y a défaut à son encontre conformément aux dispositions de l'article 233 du même Code ; Par ces motifs ; Statuant publiquement par défaut à l'égard de dame NG… née M…, en matière sociale et en premier ressort ; Dit qu'il y a rupture abusive du contrat de travail ; Condamne dame NG… née M… à payer à la Clinique Médicale Nouvelle en sus du préavis (calculé par l'inspection du travail), la somme de 2.500.000frs CFA à titre de dommages-intérêts ; Ordonne l'exécution immédiate pour le préavis, avec dispense de caution, nonobstant opposition ; Met les dépens à la charge du Trésor public[482] ; »

**618. Licenciement abusif, réintégration**
**M…/ Le consulat général de France**

« Requête en revendication des droits et dommages-intérêts consécutifs au licenciement abusif, introduite par M…, en date du 08 octobre 2008, contre le Consulat général de France ; Il est exposé : Que M.. a été employé du Consulat général de France depuis le 30 mars 1990 ; Que par la suite et, sans motif appréciable, sinon à base du simple fait d'avoir aidé un agent de la société GEMA-Services à rédiger une demande de visa, il a été licencié sans droit ; Qu'il a pourtant aidé l'entreprise GEMA-Services, sous-traitante de celui-ci, à être en relation d'affaires ; Que vraisemblablement, le motif du licenciement, spécieux à tous égards, trouve plutôt ses origines ailleurs ; Que le fait d'aider quelqu'un à rédiger la demande de visa ne saurait constituer une faute ; Qu'il s'agit d'un licenciement abusif et M… est fondé à s'adresser à justice pour qu'il soit statuer tel que sollicité ; Le Consulat général de France n'a pas produit

[482] Tribunal du travail de Pointe-Noire, Rôle n°138, année 2008, répertoire n°058 du 27/03/2009, inédit

ses moyens de défense ; Attendu qu'il ressort des énonciations de la requête que M… a été licencié sans motif réel ou sérieux, autrement dit, légitime ; Qu'il s'agit d'un licenciement abusif au regard des dispositions de l'article 42 (nouveau) du Code du travail ; Attendu que cet article prévoit que tout licenciement abusif donne lieu à la réintégration, ou en cas de refus, au paiement des dommages-intérêts en sus des droits légaux et conventionnels ; Qu'il échet d'ordonner la réintégration de M…, ou à défaut, de condamner le Consulat général de France à lui payer en sus des droits légaux et conventionnels (calculés par l'inspection du travail) la somme de 4.000.000frs CFA à titre de dommages-intérêts ; Attendu que l'exécution immédiate est sollicitée ; Qu'il y a lieu d'y faire droit en application de l'article 232 (nouveau) du Code précité, avec dispense de caution, pour les droits légaux nonobstant opposition ; Met les dépens à la charge du Trésor public[483] ; »

**619. Rupture abusif**
**M… / la société SAIPEM**

« Par requête en date du 02 novembre 2007, dame M… a fait citer la société SAIPEM pour s'entendre la condamner, selon les conclusions de son conseil Maître E…, avocat à la Cour, à lui payer les indemnités, primes et dommages-intérêts consécutifs au licenciement abusif ; Au soutien de sa requête, elle expose ; Qu'elle était toutefois rémunérée sans bulletin et, ce n'est qu' en 2003, lorsqu'elle a été remise à la disposition de la société Gos, sous-traitance de celle-ci, qu'elle a commencé à percevoir son salaire à base d'un bulletin ; Que le 13 mai 2007, qu'elle a été informée par SAIPEM de son départ à la retraite, sans lui payer l'indemnité y afférente, et qu'elle n'a jamais été affiliée à la Caisse Nationale de Sécurité Sociale ; Qu'il s'agit d'un licenciement abusif ; Par ses conseils, Maître C… et P…, avocats à la Cour, la société SAIPEM a demandé sa mise hors de cause et a fait valoir que dame M.. n'apporte pas la preuve du contrat qui les lie ; Qu'elle était ménagère auprès d'un expatrié qui travaillait à Agip Recherches et, à la fin du contrat elle a été confiée à son ami, qui était DAF au sein de l'entreprise ; Qu'en 2003, la société Gos, sa sous-traitance a consenti avec le sieur R… d'employer dame M.., et elle a travaillé à la base vie SAIPEM/BOSCONGO ; Qu'en 2007, cette base vie a été démolie et la susnommée ne pouvait plus continuer à donner ses prestations ; Qu'une lettre à cet effet a été servie à la sous-traitance Gos Services ; Qu'elle n'a jamais été employeur de

[483] Tribunal du travail de Pointe-Noire, Rôle n°180, année 2008, répertoire n°234 du 28 novembre 2008, inédit

dame M.. et, elle reconnaît avoir été utilisée par plusieurs sociétés à compter de 2003 ; Par la suite, tout en soutenant le caractère abusif du licenciement et la relation d'employeur à salarié entre SAIPEM et dame M…, le conseil de celle-ci a sollicité une mesure d'enquête aux fins d'établir le lien contractuel d'entre les parties, cependant, la société SAIPEM en a fait relever l'inopportunité ; Le Ministère public a opiné sur la mesure d'enquête aux fins d'établir les relations contractuelles entre M… et divers sociétés ;

Attendu qu'il ressort des énonciations de la requête, non contrastées, que dame M… avait été embauchée par la société SAIPEM ; Et par la suite, gérée tour à tour par les sociétés SAIPEM qui devait, toutefois, décider sur la situation de la susnommée ; Que des années durant, celle-ci était rémunérée à la main par SAIPEM qui, à dessein, devrait décider de son sort ; Attendu que SAIPEM n'apporte nullement la preuve de la mise à sa disposition de dame M… par les sous-traitances sus-dénommées ; Que bien au contraire, elle l'a toutefois confiée tour à tour à ces sociétés dites prestataires de services ; Attendu que l'apparence que présente une société en sous-traitance ou en prestation de services avec une autre société afin de couvrir celle-ci en sa qualité d'employeur vis-à-vis d'un salarié, qu'elle a embauchée, n'affecte en rien le contrat de travail originel, dès lors qu'il n'est pas établi que ce salarié a conclu ultérieurement un nouveau contrat avec cette société qui la gère : Attendu qu'il n'est pas contrasté que SAIPEM avait toutefois payé la salaire de M.., après l'avoir embauchée ; sans qu'elle n'eût conclu un nouveau contrat de travail ailleurs ; Qu'il y a lieu de déclarer la société défenderesse, SAIPEM, son employeur ;

Attendu que la rémunération de dame M… a été toutefois effectuée par simple tradition, soit à la main, sans bulletin de paie ; Qu'il y a lieu de constater que son employeur, SAIPEM n'a nullement procédé à son affiliation à la Caisse Nationale de Sécurité Sociale (CNSS) ; Attendu que le contrat des parties, n'ayant pas été consacré par écrit, qu'il est présumé, de manière irréfragable d'être à durée indéterminée, suivant l'article 36 du Code du travail ; Attendu que la rupture qui s'en est suivie, opérée par la société SAIPEM sous le couvert d'une suppression de poste non sollicitée auprès de l'inspection du travail, tel que le prévoit l'article 39 du Code précité, est sans motif sérieux et réel ; Qu'au regard des exigences de l'article 42 (nouveau) du même code, il s'agit d'une rupture abusive ; Attendu que dame M... revendique les sommes ci-après :

- 806.250frs CFA indemnité de licenciement ;
- 150.000f CFA préavis ;
- 150.000frs CFA congés ;
- 75.000frs CFA sainte barbe ;

- 75.000frs CFA arbres de noël ;
- 637.500frs CFA indemnité de départ à la retraite : la lettre
- 1.000.000frs CFA non remise du certificat de travail et de l'indemnité de licenciement ;
- 5.000.000frs CFA dommages-intérêts pour le licenciement abusif ;

Attendu qu'en sus des dommages-intérêts que le Tribunal ramène à leurs justes proportions de 3.000.000frs CFA et l'indemnité de départ à la retraite de 637.500f CFA, telle que sollicitée, d'autres sommes relèvent des droits légaux et conventionnels dont le calcul sera confié aux soldes de l'inspection du travail ; Attendu que l'exécution immédiate est sollicitée ; Qu'en vertu des dispositions de l'article 232 (nouveau) du Code précité, il convient de faire droit à cette mesure, avec dispense de caution pour les droits et l'indemnité de départ à la retraite ; Par ces motifs ; Statuant publiquement, contradictoirement en matière sociale et en premier ressort ; Déclare la société SAIPEM employeur de M… ; constate la non affiliation à la CNSS ; Dit qu'il y a contrat de travail à durée indéterminée ; En déclare la rupture abusive ; Condamne la société SAIPEM à payer à la susnommée, en sus des droits légaux et conventionnels (calculés par l'inspection du travail), les sommes ci-après :

637.500frs d'indemnité de départ à la retraite ;

3.000.000frs de dommages-intérêts ; Ordonne l'exécution immédiate pour les droits et indemnité de retraite, ave dispense de caution, nonobstant appel ; Déboute SAIPEM de sa demande reconventionnelle ; Met les dépens à la charge du Trésor public[484] ; »

**620. Licenciement abusif et irrégulier**
**TCH…et autres / la société SOCOGAP**

« Attendu que par requête en date du 06 août 2009, les nommés TCH…, B… et B… ont assigné la société SOCOGAP devant le tribunal du travail de Pointe-Noire, pour entendre condamner leur ancien employeur au paiement de leurs arriérés de salaire et au paiement de 5.000.000frs à titre de dommages-intérêts pour licenciement irrégulier et abusif et pour non remise de leur certificat de travail ; Attendu qu'ils exposent au soutien de leur requête, qu'ils ont été embauchés par la société SOCOGAP en mai 2005 pour le premier, en juin 2004 et mars 2005 pour les deux autres en qualité de second Bosco, treuilliste et matelot suivant contrat de travail à

---

[484] Tribunal du travail de Pointe-Noire, Rôle n°… année 2007, répertoire n°142 du 13/08/2008, inédit

durée indéterminée ; Qu'ils déclarent en outre que leur licenciement est intervenu verbalement au moment où l'employeur leur reste devoir au titre des salaires 1.200.000frs pour TCH…, 1.500.000 pour B… et 1.700.000frs pour B… et malgré que cette rupture du contrat soit intervenue sans motif, ils sont davantage surpris que l'employeur ait recruté d'autres agents qui actuellement travaillent à leur place ; Que ce licenciement étant irrégulier et abusif, il y a donc lieu de condamner la société SOCOGAP à leur payer les sommes sollicitées ; Que la société SOCOGAP a comparu mais n'a daigné déposer de mémoire pour sa défense ;
Discussion ; Attendu qu'il ressort des faits exposés ci-dessus que TCH…et autres liés à la société SOCOGAP par un contrat de travail à durée indéterminée ont vu ledit contrat être rompu par leur employeur, sans motif ; Que le licenciement prononcé dans ces conditions est irrégulier et abusif et il justifie la condamnation de leur employeur à la somme par eux sollicitée ; Mais attendu que cette demande en paiement bien que justifiée dans son principe est cependant exagérée dans son montant ; Qu'il échet de la ramener dans de proportions raisonnables et de débouter les requérants du surplus de leur demande ; Attendu que nonobstant le fait que la société SOCOGAP qui leur reste devoir des salaires a pu cependant recruter d'autres agents qui travaillent actuellement aux postes occupés naguère par les requérants ; Qu'il sied eu égard à cette mauvaise foi de l'employeur, de condamner la société SOCOGAP à payer aux requérants leur salaires au titres d'arriérés ; Attendu que la société SOCOGAP a été régulièrement citée mais elle n'a déposé pour sa défense aucune conclusion ; Qu'il sied de constater défaut à son égard ; Par ces motifs ; Statuant publiquement par défaut, en matière sociale et en premier ressort ; Déclare le licenciement de TCH…, B… et B… abusif et irrégulier ; Condamne la société SOCOGAP à payer respectivement aux susnommés les sommes de 1.200.000frs et 1.700.000 au titre d'arriérés de salaire et de 1 million à chacun au titre de dommages-intérêts ; Les déboute du surplus de leur demande ; Les déclare mal fondés en leur demande de délivrance de leurs Certificat de travail par voie de justice ; Met les dépens à la charge du Trésor public[485] ; »

[485] Tribunal du travail de Pointe-Noire, Rôle n°188, année 2009, répertoire n°49 bis du 28/05/2010, inédit

**621. Arrêt de travail, grève illicite**
**Consorts T... / Sté SOMAC-SA**

Par requête en date à Pointe-Noire du 05 mars 2008, Mademoiselle T..., Messieurs I..., K... et autres ont fait citer la société SOMAC-SA, pour obtenir le paiement des droits et dommages-intérêts subséquents au licenciement irrégulier et abusif ; Il est exposé ; Que les susnommés font partie des agents qui avaient fait des revendications le 19 août 2004 et le 25 octobre 2007 à la suite du mauvais traitement que l'employeur entretenait à leur égard depuis l'année 2000 ; Qu'il s'agissait d'interpeler la conscience de celui-ci quant à son insensibilité vis-à-vis des problèmes des travailleurs, car de par le manque d'assistance, un agent avait trouvé la mort à la suite d'une maladie ; Que le protocole d'accord élaboré les 23, 24 et 25 août 2004 n'avait jamais été appliqué par la direction de l'entreprise ; Qu'un nouveau protocole d'accord a été conclu les 12 et 13 décembre 2007, tenant compte de l'élargissement du champ d'activité de la société, et les deux parties s'étaient accordées de se retrouver à l'inspection du travail le 12 février 2008 pour un travail de finalisation ; Que cependant, le 1er février 2008, étant tous au service, ils avaient été tous surpris par un communiqué qui les invitait à se rendre à la direction départementale du travail où un état des droits conventionnels leur a été présenté avec leurs certificats de travail ; Que les inspecteurs qui les avaient reçu n'étaient pas au courant de ce qui se passait au sein de l'entreprise et n'avaient nullement connaissance d'un protocole d'accord signé par les deux parties ; Qu'il s'agit d'un licenciement effectué sans motif réel et sérieux, et ils sollicitent en conséquence des dommages-intérêts, le paiement du 7e jour, l'octroi des carnets CNSS ainsi que le remboursement des IRPP et autres cotisations ;
Suivant les conclusions de son Conseil Maître O..., avocat à la Cour, la société SOMAC a conclu au débouté tout en faisant valoir ; Que la rupture des relations de travail est intervenue pour perte de confiance ; Qu'en effet, les consorts T... se sont mis en grève de façon insolite et, cette grève sauvage tendait à ralentir la cadence du travail ; Qu'en sus, ils ont fermé le bureau du Chef d'Agence, l'empêchant ainsi de travailler et, particulièrement I... et Z... étaient en état d'ébriété, jusqu'au point où ils s'étaient battus dans l'enceinte de l'entreprise ; Par jugement en date du 20 juin 2008, le tribunal a ordonné, avant dire droit, une enquête à la direction de la société SOMAC-SA, mais cette décision n'a pas été exécutée (voir PV de carence en date du 19 janvier 2009) ;
Sur quoi le tribunal ; Sur le fondement d'une rupture irrégulière et abusive du contrat de travail, les consorts T... sollicitent en sus du remboursement de toutes cotisations, le paiement du reliquat des salaires

et des dommages-intérêts ; Ainsi, convient-il d'examiner les circonstances dans lesquelles les contrats de travail des susnommés ont été rompus, pour en inférer les conséquences sur les demandes ; Sur le motif de licenciement effectué ; Attendu que, par contraste avec les prétentions de T… et autres, selon lesquelles la société SOMAC-SA a rompu leurs contrats de travail sans motif réel et sans respect aux règles de forme prévues à cet effet, celle-ci a plutôt invoqué une perte de confiance sous-tendue par une grève déclenchée de manière insolite et sauvage, en vue de paralyser l'activité de l'entreprise ; Qu'à la suite d'une enquête non exécutée par l'obstruction des deux parties, entêtement des demandeurs (travailleurs) et outrecuidance des représentants de l'employeur, l'appréciation du tribunal s'est attelée sur leurs prétentions et moyens ; Que par un jeu de conclusions en date du 27 janvier 2009, la société SOMAC a, davantage, surenchéri qu'à l'issue de l'évaluation des points du protocole d'accord du 25 août 2004, les consorts T… ont déclenché une grève jusqu'à la fermeture du bureau du Chef d'Agence et l'utilisation d'armes blanches ; Que les relations de travail ont été rompues du fait de cette grève illicite et sauvage, constitutive de faute lourde ; Que ces griefs sont demeurés constant et les consorts T… n'y ont pas élevé la moindre dénégation ; Attendu que le rapport d'évaluation du protocole d'accord du 25 août 2004, dressé par l'inspection du travail en date du 17 décembre 2007, fixait une nouvelle rencontre des parties au 12 février 2009 ; Que, avant cette date et, contre toute attente, les consorts T… se sont ameutés pour déclencher un arrêt de travail tout en se servant d'armes blanches jusqu'à fermer le bureau du Chef d'Agence et l'utilisation d'armes blanche ; Que les relations de travail ont été rompues du fait de cette grève illicite et sauvage, constitutive de faute lourde ; Attendu que dans l'intervalle des négociations devant l'inspecteur du travail, les salariés qui imposent un arrêt d'activité au sein de l'entreprise tout en utilisant les méthodes d'intimidation et de brigandage, se livrent à une grève illicite, constitutive de faute lourde, telle que prévue par l'article 248-4 du Code du travail ; Attendu que le licenciement des consorts T… est intervenu à la suite d'une grève déclenchée par eux de manière insolite et farouche ; Qu'il est légitime au regard des dispositions de l'article 42 (nouveau) du Code précité[486] ; »

[486] Tribunal du travail de Pointe-Noire, Rôle n°041, année 2008, répertoire n°040/09 du 06/03/09, inédit

### 622. Licenciement irrégulier et abusif
### M.../ ERTO

« Attendu que par requête en date du 25 octobre 2009 M… a attrait la société ERTO devant le tribunal du travail pour s'entendre constater, dire et juger irrégulier et abusif le licenciement intervenu à son encontre ; Attendu qu'il expose ; Qu'il a travaillé au sein de la société ERTO en vertu d'un contrat de travail à durée déterminée transformé en contrat à durée indéterminée et au cours de laquelle il a été licencié pour complicité de vol d'huile dont K… l'auteur, l'a innocenté par devant l'inspection du travail du Kouilou et dont la société ERTO n'a du reste rapporté aucune preuve de sa culpabilité ; Que devant le refus de la société ERTO de réintégrer le requérant dans l'entreprise et devant son intransigeance de payer les droits légaux et conventionnels du salarié en vue de la séparation amiable convenue, M… vient solliciter à ces fins la condamnation de l'employeur à lui payer la somme de 10 millions de frs CFA à titre de dommages-intérêts pour licenciement irrégulier et abusif et celle de 500.000frs pour non remise du Certificat de travail ; Que contre ces griefs, la société ERTO n'a pas comparu, ni produit de mémoire pour sa défense ;
Discussion ; Attendu qu'il ressort des pièces du dossier en l'occurrence le procès-verbal de conciliation du 17 juin 2009 que le délit de complicité de vol qualifié de faute lourde justifiant le licenciement de M…, n'a pas été prouvé par l'employeur ; Que mieux, le nommé K.. , auteur du vol, a lui-même reconnu expressément n'avoir été aidé ou assisté par le requérant dans la commission de ce fait infractionnel ; Que par conséquent, le licenciement de M… prononcé en violation de la loi, est abusif en raison de ce qu'il est intervenu sans aucun motif ; Qu'il y a lieu de faire droit aux demandes formulées par le requérant ; Mais attendu que ces demandes bien que fondées dans leur principe, sont cependant exagérées dans leur montant ; Qu'il y a lieu de les ramener dans des proportions raisonnables ; Attendu que M… a demandé qu'il lui soit payé la somme de 500.000 frs pour non remise du certificat de travail ; Mais attendu qu'il ne peut être fait droit à cette demande, le certificat de travail étant quérable et non portable ; Que M… n'a pas apporté la preuve qu'il a été éconduit par l'employeur lorsqu'il est allé solliciter la remise dudit certificat ni le préjudice par lui subit du fait de cette non remise ; Que dans ces conditions il doit être déclaré mal fondé en cette demande en paiement ; Que de même, pour le dernier grief formulé, le requérant ne saurait justifier sa demande de remboursement des cotisations CNSS ;
Qu'il ressort des dispositions expresses de l'article 182 du Code de sécurité sociale, qu'en matière de cotisation exigibles, c'est à la caisse

qu'il incombe de devoir engager des poursuites à l'encontre de l'employeur en cas de non versement des sommes d'argent prélevées sur les salaires de ses employés ; Qu'en d'autres termes, cette demande aurait dû être formulée par la CNSS et non par le requérant ; Qu'il y a donc lieu sur le fondement de la disposition légale de déclarer l'action de M.. irrecevable pour défaut de qualité et de le débouter de ces demandes ; Attendu que la société ERTO bien que régulièrement citée n'a ni comparu ni produit de mémoire pour sa défende ; Que le présent jugement est rendu par défaut à son égard ; Par ces motifs ; Statuant publiquement par défaut à l'égard de la société ERTO, en matière sociale et en premier ressort ; Déclare le licenciement de M... irrégulier et abusif ; Condamne l'employeur au paiement de ses droits légaux et conventionnels calculés par l'inspection du travail ainsi que de la somme d'un million cinq cent mille frs (1.500.000)frs à titre de dommages intérêts pour le licenciement irrégulier et abusif ; Déboute du surplus de sa demande ; Le déclare mal fondé en sa demande en paiement pour non remise du Certificat de travail et sa demande en remboursement des cotisations de la CNSS ; Met les dépens à la charge du trésor public[487] ; »

### 623. Licenciement irrégulier et abusif, contrat de travail Consorts M... / Ets Zoumba Intérim Service

« Attendu que les nommés M..., D..., M... et autres ont fait citer à comparaître devant le tribunal du travail leur ancien employeur les Etablissement ZOUMBA Intérim Services, pour entendre ordonner leur réintégration ou à défaut, ordonner le paiement de diverses sommes d'argent au titre de dommages intérêts pour licenciement abusif et irrégulier ; Attendu qu'ils exposent ; Qu'ils ont été employés à Pointe-Noire par les Etablissements ZOUMBA comme ouvriers et sans contrat de travail écrit puis, mis à la disposition de la société SOCOFRAN qui les affecté à Loudima le 11 décembre 2009 pour exercer leur fonction. Que les journées du 24 et 31 décembre 2009 ont été déclarées continues par la direction de la société SOCOFRAN pour permettre le déplacement des agents auprès de leur famille respectives à Pointe-Noire ; Qu'au lieu de travailler en journée continue, les requérants ont plutôt travaillé en temps plein jusqu'à 18 heures et onze parmi eux détenant leurs titres de transport, ont quitté Loudima pour Pointe-Noire vers 22 heures par train ; Que les autres agents demeurés sur place ont travaillé le reste des jours et pour ne quitter la localité qu'en date du 30 décembre 2009 à 14 heures ;

[487] Tribunal du travail de Pointe-Noire, Rôle n°211, année 2009, répertoire n°62, inédit

Que contre toute attente, tous les vingt-huit (28) agents ont été désagréablement surpris de la rupture définitive de leurs relations de travail avec les Etablissements ZOUMBA à la suite d'un rapport de la société SOCOFRAN, leur reprochant d'avoir abandonné leur poste de travail dans la journée du 24 décembre 2009 ; Que présentement les requérants sont au nombre de quinze à ne pas avoir été repris comme les treize autres qui actuellement travaillent au sein des Etablissements ZOUMBA ; Que les quinze agents ne reconnaissent pas avoir commis les faits à eux reprochés mais l'employeur ne leur a pas donné la possibilité de présenter leur moyen de défense ; Qu'ils s'estiment dans ces conditions abusivement licenciés et viennent réclamer le paiement de dommages-intérêts ; Attendu que les Etablissements ZOUMBA bien que régulièrement cité, n'a pas comparu ni présenté ses moyens de défense ; Discussion ; Attendu que les consorts M… ont été engagés par les Etablissements ZOUMBA puis placés à la disposition de la société SOCOFRAN pour l'accomplissement de leurs tâches respectives en qualité de mécanicien, conducteur, coffreur, ferrailleur et maçon ; Que pour les susnommés, la mission devait être accomplie depuis le 11 décembre 2009 à Loudima ; Que remis à la disposition des Etablissements ZOUMBA par la société SOCOFRAN le 31 décembre 2009 pour abandon de poste, aucune note provenant de la société utilisatrice ou de l'employeur n'est venue apporter la preuve de cet abandon de poste ; Qu'avant que leur employeur ne puisse se prononcer sur la rupture des relations de travail avec les susnommés, il y avait nécessité de s'assurer si l'abandon de poste reproché aux travailleurs était réellement établi ; Attendu que la note portant cessation définitive des relations de travail de la direction des Etablissements ZOUMBA visait les vingt-huit (28) travailleurs affectés à Loudima ; Que curieusement treize travailleurs ont été récupérés et à travailler tandis que quinze d'entre eux ont été laissés à leur triste sort ; Que les faits d'abandon de poste n'ont aucun fondement dès lors que les treize qui travaillent actuellement, sans qu'ils aient eu à se justifier sur la faute à eux reprochés, ont été autorisés à exercer leurs prestations ; Que si l'employeur s'était d'abord rassuré de la culpabilité des treize travailleurs, il l'aurait également fait pour les quinze autres travailleurs délaissés ; Que si aucune action n'a été menée dans ce sens, ce qui suppose que même à l'égard des quinze travailleurs, il n'y a aucune faute à leur reprocher ;

Que ceux-ci, soutiennent avoir tous travaillé la journée du 24 décembre 2009 spécifiant que pour les chantiers hors de Pointe-Noire, seuls les gardiens devaient assurer la permanence, par contre les travailleurs étaient autorisés à descendre à Pointe-Noire le 24 décembre 2009 au matin ; Que c'est donc de façon fantaisiste que l'employeur à mis fin à leurs relations de travail ; Que le motif de la rupture n'étant ni réel ni sérieux, cette rupture sera déclarée abusive ; Attendu qu'il apparaît sur les bulletins de paie de M… et autres qu'ils étaient mis à la disposition de SOCOFRAN pour un contrat à durée de chantier, soit un contrat de travail à durée déterminée ; Mais attendu que l'article 32-3 nouveau du Code du travail stipule que le contrat de travail à durée déterminée doit être écrit, et qu'à défaut d'un écrit, il est présumé conclu pour une durée indéterminée ;

Que les requérants se trouvaient donc liés à leur employeur par un contrat de travail à durée indéterminée ; Que l'employeur a qualifié leur faute commise d'une faute lourde puis a décidé de la rupture brutale de leurs relations de travail, mais sans pour autant respecter les prescriptions de l'article 41 nouveau du même code ; Qu'à défaut d'observer cette prescription légale, la rupture intervenue entre les parties doit être jugée d'irrégulière ; Que cette rupture du contrat de travail déclarée irrégulière et abusive justifie la condamnation de l'employeur au paiement des sommes qui seront déterminées par le tribunal ; Attendu que les consorts M… ont demandé le paiement de la somme de 15.500.000frs de dommages-intérêts pour les ouvriers hautement qualifiés, 10.500.000frs pour les ouvriers qualifiés et 5.500.000frs pour les ouvriers professionnels pour le licenciement irrégulier et abusif ;

Attendu que cette demande bien que fondée dans son principe est cependant exagérée ; Qu'en fonction des éléments suffisants d'appréciation que le Tribunal dispose, ces montants seront ramenés dans des proportions raisonnables et les requérants seront déboutés du surplus de leurs demandes ; Attendu que les requérants ont en outre demandé le paiement de la somme de 500.000frs à chacun pour non remise du certificat de travail, mais sans pour autant qu'ils aient rapporté la preuve du refus de l'employeur quant à leur remettre leurs certificats de travail une fois qu'ils s'étaient déplacés pour aller faire la demande ; Que la preuve du dommages subi n'a pas non plus été apportée du fait de cette non remise ; Qu'ils doivent être déclarés mal fondés en cette demande en paiement ; Attendu que les Etablissements ZOUMBA Intérim Services bien que cité, n'ont pas comparu ; Qu'il échet de constater défaut à son égard ; Par ces motifs ; Statuant publiquement par défaut à l'égard des Etablissements ZOUMBA Intérim Services, en matière sociale et en premier ressort ; Déclare le licenciement de M… et autres abusif et irrégulier ; Condamne l'employeur à leur payer à chacun la somme d'un million à titre de dommages-intérêts pour licenciement irrégulier et abusif ; Les déboute du surplus de leur demande ; Les déclare cependant mal fondés en leur demande en paiement de la somme de 500.000 frs à chacun pour non remise de leur certificat de travail ; Les déboute ; Mets les dépens à la charge du Trésor public[488] ; »

**624. Licenciement irrégulier et abusif**
**B… / Complexe scolaire BIZI**

« Attendu que par requête en date du 18 février 2009, B… a fait citer à comparaître devant le tribunal du travail son ancien employeur, Monsieur M…, Promoteur du Complexe scolaire « BIZI », pour s'entendre déclarer son licenciement abusif puis obtenir paiement des dommages-intérêts, des droits légaux et conventionnels, de ses salaires impayés, ses congés et pour non remise du Certificat de travail ; Attendu qu'il expose ; Qu'il a été recruté au Complexe scolaire BIZI en qualité de Surveillant général en 2007 suivant contrat verbal, lequel s'analyse en contrat à durée indéterminée ; Qu'il accomplissait convenablement la tâche qui lui revenait malgré le fait qu'au quotidien il était l'objet des menaces et injures par les élèves et recevait parfois des ordres de sa hiérarchie qui venaient le frustrer ; Que les méthodes rigoureuses qu'il imposait aux élèves permettaient que la discipline règne devant celles qui plutôt, donnaient une mauvaise réputation à l'école et instaurées par le promoteur lui-même ; Que son travail était apprécié par des parents d'élèves soucieux d'une bonne éducation pour leurs enfants ; Que lors de sa prise de service, il n'avait pu obtenir de connaître le montant de son salaire ; Qu'il ne l'a su qu'après un mois effectif de travail et il le conteste puisqu'il est inférieur à celui que gagnent d'autres agents de l'école moins travailleurs que lui, mais ont l'avantage d'avoir des affinités avec le Promoteur ; Que sans lui préciser les griefs retenus à son encontre, l'employeur a décidé de son licenciement alors qu'il ne se reproche de rien et n'a jamais reçu ni blâme ni un quelconque avertissement ; Qu'en réplique aux prétentions du requérant, l'employeur a fait savoir qu'il s'étonnait d'apprendre que B… était mal payé et que dans ces conditions ce dernier aurait dû communiquer les salaires perçus par les autres agents, surveillants d'école comme lui ; Que les tâches qu'il a eu à exercer ne sont définies que par le règlement intérieur de l'établissement, lequel s'inspirait des dispositions du Ministère de l'Enseignement sur les tâches à accomplir par le personnel administratif des écoles ; Qu'en outre dans chaque établissements d'enseignement privé le contrat est à durée déterminée portant uniquement sur les neuf (9) mois de l'année scolaire ; Que B… s'absentait souvent de son poste

[488] Tribunal du travail de Pointe-Noire, Rôle n°020, année 2010, répertoire n°71 du 18 juin 2010, inédit

de travail, il y avait plusieurs manquements dans l'exercice de ses fonctions et qu'à cet effet, il lui avait été fait plusieurs reproches.
Discussion ; Attendu qu'en sa qualité de surveillant général de l'établissement, B... était lié à son employeur par un contrat à durée déterminée lequel se renouvelait par tacite reconduction ; Qu'il était à son service depuis septembre 2007 et jusqu'au mois de décembre 2008 où l'employeur a mis fin à leurs relations contractuelles ; Attendu que les deux parties n'ont pas versé au dossier le contrat écrit, ce qui suppose que le contrat qui les liait était un contrat verbal alors que la loi a prévu pourtant que tout contrat de travail à durée déterminée doit être écrit et de même celui-ci doit prendre fin à l'expiration du terme fixé ; Qu'en outre le contrat à durée déterminée ne peut être rompu avant le terme prévu qu'avec l'accord des parties ; Qu'il n'existe non plus des lettres d'avertissement ou de blâme de la direction de l'école à l'endroit du requérant pour confirmer la thèse du promoteur sur les manquements constatés dans les fonctions exercées par le requérant et sur ses absences répétées ; Qu'en d'autres termes, Monsieur M... ne pouvait rompre le contrat qu'en cas de faute lourde, et les termes utilisés dans sa lettre de licenciement : « vos prestations... n'avait pas satisfait nos attentes... », sont imprécis et n'édifient nullement le Tribunal sur les faits reprochés à l'employé ; Que l'employeur qui entend rompre le contrat de travail avec son employé est tenu au respect de la procédure que la loi dans ces conditions donne la faculté de demander la résolution judiciaire lorsque l'une des parties constate que l'autre n'exécute pas ses obligations ; Que dans la situation présente, l'employeur a décidé unilatéralement de la rupture du contrat et sans pour autant que le motif soit réel et sérieux ; Que dans ces conditions, le licenciement intervenu est irrégulier et abusif ;
Sur les demandes formulées par B... ; Attendu qu'en sa qualité de surveillant général, B... émargeait des effectifs du personnel de l'administration lequel débutait ses prestations déjà vers le début du mois de septembre ; Qu'il est cependant établi que toute activité professionnelle exercée sous la direction et l'autorité d'une autre personne implique qu'en contrepartie une rémunération soit versée ; Que ce qui explique que les mois de juin et septembre 2008 pour lesquels B... réclame le paiement de ses salaires qui ne lui ont jusque-là jamais été payés, cette demande doit être agrée, l'employeur devant être condamné à lui payer les salaires de ces deux mois, et de même pour ses prestations fournies pour la moitié du mois de septembre 2007, pour cette rubrique, il doit lui être payé la moitié de son salaire ; Attendu qu'en outre le requérant a sollicité le paiement des dommages-intérêts pour le préjudice par lui subi du fait de son licenciement ; Qu'il convient de faire droit à

cette demande d'autant plus que du fait de la rupture anticipée, la loi a prévu qu'il lui soit accordé certains avantages, ainsi, en sus des dommages-intérêts qui lui seront alloués, il sera accordé également un montant pour ne lui avoir pas remis son certificat de travail au moment où il formulait sa demande ;
Mais attendu que la demande en paiement des congés formulée par B... ne sera pas prise en compte pour la raison simple que le personnel enseignant et de l'administration des écoles privées n'est rémunéré qu'à partir des frais de scolarité et donc uniquement pendant la période scolaire ; Que le personnel bénéficie des congés mais non rémunérés ; Que cette demande formulée par le requérant ne peut être accueillie, de même que la demande en paiement des droits légaux et conventionnels ;Par ces motifs ; Statuant publiquement, contradictoirement, en matière sociale et en premier ressort ; Constate que B... était lié à son employeur par un contrat de travail à durée déterminée ; Déclare irrégulier et abusif le licenciement de B... ; Condamne son employeur au paiement de deux mois de salaire non perçu pour les mois de juin 2008 et septembre 2008 ainsi que le paiement de la moitié du salaire pour les prestations fournies au mois de septembre 2007, de la période allant du 15 septembre 2007 au 30 septembre 2007 ; Condamne en outre l'employeur à lui payer la somme de 150.000 frs pour non remise du Certificat de travail et 50.000frs à titre de dommages-intérêts ; Déboute B... du surplus de sa demande ; Le déclare mal fondé en ses demandes en paiement des congés et d'indemnités de rupture du contrat ; L'en déboute ; Met les dépens à la charge du Trésor public[489] ; »

**625. Licenciement irrégulier et abusif, réintégration**
**O.../ Les Ets HIRIAC et Frères**

Requête en date du 06 octobre 2008, aux fins d'indemnisation, introduite par Maître M..., avocat à la Cour, pour le compte de Monsieur O... , contre les Etablissements HIRIAC et Frères ; Il est exposé ; Que O... a été embauché par les Etablissements HIRIAC et Frères le 20 juillet 2005 et, courant 2007, il a été nommé chef d'équipe ; Que le 12 janvier 2008, son contrat de travail a été suspendu de façon verbal et, sans motif ; Que ses salaires sont demeurés impayés depuis le mois de janvier 2008 ; Qu'il s'agit d'un licenciement irrégulier et abusif ; les Etablissements HIRIAC et Frères n'ont pas produit des moyens de défense ; Attendu qu'il ressort des énonciations de la requête que le contrat de travail de O... a été

[489] Tribunal du travail de Pointe-Noire, Rôle n°036 année 2009 répertoire n°143/09 du 16/10/09

suspendu indéfiniment depuis le mois de janvier 2008, sans motif et au mépris des formes requises par la loi ; Qu'il s'agit d'un licenciement irrégulier et abusif, au regard des dispositions des articles 41 (nouveau) et 42 (nouveau) du Code du travail ; Attendu que O... a sollicité le paiement des sommes ci-après : 200.000f CFA préavis ; 200.000frs CFA dommages-intérêts certificat de travail ; 4.000.000frs CFA indemnité de licenciement ; 15.000.000frs CFA dommages-intérêts pour licenciement abusif ;
Attendu que l'article 42 (nouveau) précité prévoit qu'en cas de licenciement abusif, il y a lieu d'ordonner la réintégration, ou à défaut, de condamner l'employeur au paiement des droits et dommages-intérêts ; Qu'il échet en l'espèce, d'ordonner la réintégration, ou à défaut, de condamner les Etablissements HIRIAC et Frères, à payer à Monsieur O..., en sus des droits légaux et conventionnels (calculés par l'inspection du travail), les sommes ci-après à titre de dommages-intérêts ; 3.000.000frs CFA dommages-intérêts pour licenciement abusif ; 150.000frs CFA pour non remise de Certificat de travail ; Attendu que l'exécution immédiate est demandée ; Qu'il y a lieu d'ordonner cette mesure pour les droits, avec dispense de caution, en application de l'article 232 (nouveau) du même code ; Attendu que les Etablissements HIRIAC et Frères n'ont pas comparu, ni produit des conclusions ; Qu'il y a défaut au regard de l'article 232 du Code précité ; Par ces motifs ; Statuant publiquement, par défaut à l'égard des Etablissements HIRIAC et Frères, en matière sociale, et en premier ressort ; Dit qu'il y a licenciement irrégulier et abusif ; Ordonne la réintégration ; A défaut ; Condamne les Etablissements HIRIAC et Frères à payer à O... des droits légaux et conventionnels (calculés par l'inspection du travail), les sommes ci-après à titre de dommages-intérêts ; 3.000.000frs CFA pour licenciement abusif ; 150.000frs CFA non remise de certificat de travail ; Ordonne l'exécution immédiate, avec dispense de caution[490] ; »

### 626. Licenciement irrégulier et abusif K... / le Restaurant Bar le Cercle RHINO PERFO Express

« Requête en date à Pointe-Noire, du 20 février aux fins de paiement des droits et dommages-intérêts, introduite par Maître M..., avocat à la Cour, pour le compte de K..., contre le cercle RHINO PERFO EXPRESS ; Il est exposé ; Qu'en date du 9 novembre 2007, Monsieur K... a été embauché par le cercle RHINO PERFO EXPRESS, en qualité de

[490] Tribunal du travail de Pointe-Noire, Rôle n°196, année 2008, répertoire 09/02/2009, inédit

cuisinier ; Que le 15 juillet 2008, suite au vol d'un ordinateur dans le bureau de son employeur, il a été arrêté par trois policiers, vers 20 heures, au lieu de travail ; Que le 19 juillet 2008, après que M… ait avoué qu'il avait été l'auteur de la disparition dudit ordinateur K… a été libéré pour reprendre le travail ; Que le 12 janvier 2009, il a été licencié pour un prétendu motif d'absence dans l'inobservation des formes légales ; Qu'il a été sevré de ses droits ainsi que de son certificat de travail ; Le cercle RHINO PERFO EXPRESS n'a pas produit des moyens de défense ;

Attendu qu'il ressort des énonciation de la requête que K... a été licencié sans motif réel ou sérieux et, dans l'inobservation des prescription légales ; Qu'il s'agit d'un licenciement abusif et irrégulier au sens des articles 41 (nouveau) et 42 (nouveau) du Code de travail ; Attendu que Monsieur K… sollicite le paiement des sommes ci-après ; 50.250 frs CFA congés
150.750frs CFA préavis ; 450.000f CFA licenciement irrégulier ; 800.000frs CFA licenciement abusif ; Attendu que l'article 42 (nouveau) précité prévoit, en cas de licenciement abusif, la réintégration, ou en cas de refus, le paiement des droits distincts aux dommages et intérêts ; Attendu qu'en l'espèce, les rapports des parties contractantes ne permettent pas d'ordonner la réintégration ; Qu'il y a plutôt lieu de condamner le cercle RHINO PERFO EXPRESS au paiement des droits légaux et conventionnels (calculés par l'inspection du travail), en sus de la somme de 2.000.000frs CFA à titre de dommages-intérêts ramenés à leur juste proportions ; Attendu que le cercle RHINO PERFO EXPRESS ne s'est pas présenté et, ne s'est nullement fait représenter bien que régulièrement cité ; Qu'il convient de juger par défaut, en application de l'article 233 du Code du travail ; Attendu que l'exécution immédiate est demandée en vertu des dispositions de l'article 232 (nouveau) du Code précité ; Qu'il échet de l'ordonner, avec dispense de caution, pour les droits conventionnels ; Par ces motifs ; Statuant publiquement par défaut à l'égard du cercle RHINO PERFO EXPRESS, en matière sociale, et en premier ressort ; Déclare le licenciement irrégulier et abusif ; Condamne le Restaurant Bar RHINO PERFO EXPRESS à payer à K… , en sus des droits légaux et conventionnels (calculés par l'inspection du travail) les sommes ci-après, à titre de dommages-intérêts ; Ordonne l'exécution immédiate, avec dispense de caution pour les droits nonobstant opposition ; Met les dépens à la charge du Trésor public[491] ; »

[491] Tribunal du travail de Pointe-Noire, Rôle n°037, année 2009, répertoire n° 74 du 15/4/2009, inédit

**627. Licenciement irrégulier, mais légitime**
**K… / Etablissements Monsieur Club**

« Par requête en date du 12 septembre 2006, Monsieur K… a fait citer les établissements Monsieur Club pour obtenir le paiement des droits et dommages-intérêts subséquents au licenciement abusif ; Il est exposé ; Que K… a été recruté par les Etablissements Monsieur Club en août 2005 ; Que par la suite, il a été affecté à Nkayi, mais la direction se trouvait à Madingou, le Directeur desdits Etablissements qui s'était rendu à son lieu d'affectation, avait procédé à la fermeture de cette agence dont il était devenu le Chef ; Les Etablissements Monsieur Club ont fait valoir que pendant que K… se trouvait à Nkayi, il n'a pu effectuer des versements, alors que son salaire était toutefois payé ; Que de janvier à février 2006, il était absent de son poste de travail ; Qu'il travaillait, par ailleurs, à SARIS ; Qu'après un constat, il lui a été demandé de faire le point de son activité ; Que rien n'a été promettant, et il lui été demandé de rentrer à Pointe-Noire ; Par jugement avant dire droit du 13 avril 2007, le Tribunal a ordonné l'audition des parties ; Cependant cette mesure n'a pas été exécutée ; Attendu qu'il ressort des écritures des parties et des débats que K…, bénéficiaire d'une promotion de Chef d'Agence au sein des Etablissements Monsieur Club et, muté à Nkayi, s'était livré aux services de la société SARIS Congo, tout en abandonnant son poste de service ; Attendu que le fait pour un salarié de se livrer aux services d'un autre employeur auquel il est lié, constitue une faute lourde au point de rendre impossible le maintien des relations de travail avec l'ancien employeur ; Qu'il y a lieu, en l'espèce, de relever que le motif invoqué par les Etablissements Monsieur Club est réel et sérieux ; Mais attendu que ledit licenciement n'a pas obéi à la procédure de l'article 41 (nouveau) du Code du travail ; Qu'il est irrégulier et pour cette inobservation des formes requises par la loi, il convient de condamner les Etablissements Monsieur Club à payer à K… la somme de 100.000 frs CFA à titre de dommages-intérêts ; Par ces motifs ; Statuant publiquement, contradictoirement, en matière sociale et en premier ressort ; Dit qu'il y a licenciement irrégulier, mais légitime ; Condamne les établissements Monsieur Club à payer à K… la somme de 100.000 (cent mille) frs CFA à titre de dommages-intérêts ; Met les dépens à la charge du Trésor public[492] ; »

[492] Tribunal du travail de Pointe-Noire, Rôle n°165, année 2006, répertoire n°47 du 13/07/2007, inédit

**628. Perte de confiance, faute grave, licenciement légitime**
**A… / la société PUMA**

« Par requête en date à Pointe-Noire, du 15 septembre 2008, Maître M…, Avocat à la Cour, agissant pour le compte de Monsieur A…, a fait citer la société PUMA International aux fins de s'entendre la condamner au paiement des sommes d'argent au titre de perte de garantie à la retraite, anomalie visuelle, indemnités et dommages-intérêts subséquents au licenciement abusif ; Il est exposé ; Que Monsieur A… a été embauché par la société PUMA International le 31 octobre 2003, en qualité de comptable, suivant un contrat de travail à durée indéterminée ; Qu'en décembre 2004, l'employeur a modifié la qualification professionnelle en Opérateur Comptable ; Que par le fait du surcroit de travail qu'il exécutait sans repos, il a été victime d'une anomalie visuelle ; Qu'il a encadré et assuré la formation des personnes externes et internes à l'entreprise, transmettant ainsi ses connaissances acquises en dehors de celle-ci ; Que parmi ces personnes, il y a M.. à qui il a demandé de le renseigner sur la pratique du taux de bitume par ANGOBETUMES ; Que celui-ci a posé une conditionnalité qui ne l'a pas intéressé et, dans le cadre amical, il lui a rappelé la formation acquise à PUMA de par son encadrement ; Que M… s'en est référé à son employeur, la société PUMA qui, sur ces entrefaites, a rompu le contrat de travail sans forme de procès ; Que le motif invoqué à la base de la rupture du contrat est la perte de confiance découlant de trois faits, à en croire la société PUMA ; Qu'il lui est ainsi reproché :

- Un dénigrement voilé de la société ;
- L'utilisation du matériel de la société à des fins personnelles
- Des propos injurieux à l'endroit d'un collègue ;

Qu'il s'agit d'une faute imaginaire à base de laquelle la société PUMA a violé les dispositions de l'article 41 du Code du travail ; Qu'il a été privé des indemnités de rupture ; Suivant les écritures de son Conseil Maître T…, Avocat à la Cour, la société PUMA International a conclu au débouté tout en faisant valoir ; Que A… a exécuté son contrat de travail sans reproche, mais par la suite, il est rentré en relation d'affaires avec un sujet angolais de la société ANGOBETUMES, projetant ainsi de vendre du bitume en utilisant le matériel de l'entreprise ; Qu'en étant informé par Monsieur M… de ladite société ANGOBETUMES, elle s'est rendue compte que Monsieur A… demandait des informations relatives aux opérations financières effectuées par PUMA ENERGIE société mère dans le cadre des livraisons de bitume en Angola ; Que le 13 août 2008, A… a été entendu sur ces faits en présence d'un huissier de justice ; Qu'il a été relevé des propos comminatoires tenus par A… à l'égard de

Monsieur M…, Directeur administratif, du genre ; Tu ne verras jamais tes petits fils ; Je suis Mbochi et je suis prêt à tout ; J'irai voir même le Président de la République pour ce problème ; Qu'une lettre de licenciement lui a été adressée avec son Certificat de travail et le solde de tout compte ; Que le licenciement n'a pas été prononcé pour faute lourde obligeant l'employeur au respect de l'entretien préalable prévu par l'article 41 alinéa 4 du Code du travail ; Que les indemnités de préavis et de licenciement lui ont été payés ; Qu'au regard de l'article 39 du Code du travail, le contrat à durée indéterminée peut cesser par la volonté de l'une des parties, à la charge d'un préavis donné par celle qui prend l'initiative de la rupture ; Que la jurisprudence et la doctrine partagent le même avis ; Qu'il s'agit donc d'un licenciement légitime ; Que les demandes de A… sont vouées au rejet, en ce que, non fondées et, pour l'absence de congés pendant 4 ans, la prescription anale est acquise ;
Sur quoi le Tribunal ; Attendu que, sur la base d'un licenciement abusif et irrégulier, A… revendique des droits et dommages-intérêts ; Qu'il convient d'examiner le motif en soi, et d'inférer les conséquences sur les demandes ; Sur le motif du licenciement ; Attendu que A… soutient qu'il a été licencié sans motif appréciable, sinon pour des faits imaginaires et, en violation de la procédure prévue par la loi, en ce que, la perte de confiance invoquée est plutôt un motif spécieux ; Que de même, le prescrit de l'article 41alinéa 4 du Code du travail n'a pas été observé ; Attendu que la lettre de licenciement en date du 13 août 2008, adressée par la société PUMA International à A… fait état d'une perte de confiance caractérisée par des agissements débordants, nuisibles et vexatoires sous forme de dénigrement portant atteinte à l'intégrité et au ménagement de la société ; Attendu qu'il ressort des pièces du dossier et des écritures confrontées, que le sieur A… entretenait des relations épistolaires avec Monsieur M… de la société ANGO BETUMES (située à LUNDA) au sujet des informations secrètes sur les opérations relatives à la vente de bitume ; Que des correspondances électroniques à cet effet, ont été versées aux débats ; Qu'il en est ainsi du courrier message du 06 août 2008, dont le contenu essentiel est le suivant ; ''M… pour le compte de mon grand frère qui est Conseiller au cabinet du Président de la République, je souhaite recevoir de vous, les informations nécessaires concernant le prix de vente, à votre niveau, courant 1er et 2e trimestre à ce jour, du prix en dollar par tonne de bitume 60/70, en emballage par fut et en emballage par conteneur'' Achille ; Qu'il en est de même, du courrier électronique du 07 août 2008, libellé comme suit : ''Pour ton information, le logiciel SUN et mes connaissances en comptabilité, je l'ai ai appris à ECO, donc à PUMA (TRAFIGURA) je n'ai rien appris sauf la surcharge dans le travail… Je n'ai reçu ni de PUMA ni de TRAFIGURA

une prime spéciale pour cela. Aujourd'hui tu es devenu chef du département grâce à mes enseignements. Mais tu ne peux pas me rendre un petit service ; ''

Que le nommé M.., censé donner des informations requises par A…, lui répond en s'interrogeant : Est-ce que D…, M…, G… et Y… sont-ils au courant ? Attendu que ces correspondances sont éloquentes au point où l'on ne peut élever le doute sur le projet d'affaire que le sieur A… entend entreprendre, portant sur une activité similaire à celle de son employeur, à savoir la vente de bitume, tout en utilisant l'outil de celui-ci ; Qu'au regard du besoin pressant exprimé par le susnommé, cette activité devait se faire à base des données financières de la société PUMA, son employeur, qui lui avaient été communiquées par son correspondant M… de la société ANGO BETUMES ; Que la recherche des données en soi, est faite de manière subreptice au moyen du matériel dudit employeur qui, plutôt a été sidéré par une mise en éveil de la part du sieur M… à son endroit ; Qu'en conséquence, il est établi que ces données ont été recherchées en patois par le susnommé A… dans le sens strict de son intérêt, sans le moindre scrupule de frôler, en tant que comptable dans l'entreprise, la confiance de son employeur quant à observer les règles du marketing commercial ; Attendu que les agissements d'un salarié, comptable de surcroît, qui consistent à fureter auprès d'une entreprise en liaison commerciale avec son employeur, les données financières liées aux opérations de vente des produits pour s'en servir dans le noir au profit d'une projection d'affaire personnelle, constituent un motif suffisant du licenciement élevé sur la perte de confiance ;

Attendu qu'en l'espèce la perte de confiance reprochée à A… est caractérisée ; Que le licenciement effectué est légitime en ce qu'il repose sur un motif réel et sérieux, suivant le prescrit de l'article 42 (nouveau) du Code du travail ; Attendu qu'au surcroît, le sieur A… a objecté l'irrégularité du licenciement pour défaut d'observation des délais de défense prévus à l'article 41 (nouveau) du Code du travail ; Attendu que cet article n'impose l'observation des délais de défense à l'employeur que dans l'hypothèse où il entend licencier le salarié pour une faute présumée lourde, privative d'indemnités de rupture ; Qu'à l'inverse, l'obligation qui lui incombe en termes d'alternative, en vertu de ce texte, est soit d'observer le délai de préavis, soit d'en payer une indemnité compensatrice ; Or, attendu qu'en l'espèce, le sieur A… a été couvert des indemnités de préavis et de licenciement, qui ne sont aucunement dues en cas de rupture pour faute lourde ; Que le grief élevé sur ce point ne s'accommode nullement des exigences de la loi ; Sur les demandes formulées ; Attendu que A… a sollicité le paiement des sommes ci-après ;

42.260.400frs CFA pour perte de garantie de retraite ;
24.000.000frs CFA pour absence de congés ;
50.000.000frs CFA pour anomalie visuelle ;
90.000.000 frs CFA pour indemnité pour formation du personnel ;
3.652.800 frs CFA pour indemnité de licenciement ;
456.600 frs x3 pour indemnité de préavis ;
500.000 frs CFA pour congé au prorata de 10 mois ;
200.000.000frs CFA pour dommages-intérêts ;
Attendu que les chefs de demande sur la garantie de la retraite, l'anomalie visuelle et l'indemnité pour formation du personnel manquent de base pouvant permettre au tribunal de les apprécier ; Que de même, les congés, à les supposer échus, ont été couverts par la prescription annale de l'article 99 du Code du travail ; Que les indemnités de préavis et de licenciement lui ont été payées comme en font foi les pièces du dossier ; Que les dommages-intérêts sont en la cause objectés sans fondement légal dès lors que le licenciement est légitime ; Attendu qu'il en résulte que ces diverses demandes sont infondées ; Qu'il y a lieu d'en débouter purement et simplement le susnommé A... ; Par ces motifs ; Statuant publiquement, contradictoirement, en matière sociale et en premier ressort ; Constate les messages électroniques ; Dit qu'il y a perte de confiance ; Constate le solde de tout compte ; Déclare le licenciement légitime pour faute grave ; Déboute A... de ses demandes ; Met les dépens à la charge du Trésor public[493] ; »

**629. Licenciement abusif, réintégration**
**B.../ La Compagnie Minière du Chaillu**

« Requête en revendication des droits et dommages-intérêts consécutifs à la rupture abusive du contrat de travail, en date du 16 décembre 2008, introduite par B..., contre la Compagnie Minière du Chaillu ; Il est exposé ; Qu'en date du 1er février 2007, B... a été embauché par la Compagnie Minière du Chaillu , suivant un contrat de travail présumé à durée indéterminée ; Que, sans motif appréciable, sinon à base de simples supputations d'absence au poste de travail, la Compagnie Minière du Chaillu sus-dénommée a procédé à la suspension de son contrat, suivie de la rupture, d'une manière verbale ; Qu'il a été privé de ses droits et de son Certificat de travail ; Qu'il s'agit d'un licenciement abusif et irrégulier ; La Compagnie Minière du Chaillu ne s'est pas présentée et n'a aucunement présenté ses moyens de défense ; Attendu qu'il ressort

[493] Tribunal du travail de Pointe-Noire, Rôle n°162, année 2008, répertoire n°036/09 du 20/02/09, inédit

des énonciations de la requête que B… a été licencié sans motif réel ou sérieux, autrement dit légitime et, dans l'inobservation des prescriptions de l'article 41 (nouveau) du Code du travail ; Qu'il s'agit d'un licenciement abusif et irrégulier au sens de l'article 42 (nouveau) du Code précité ; Attendu que cet article prévoit que tout licenciement abusif donne lieu à la réintégration, ou en cas de refus, au paiement des dommages-intérêts en sus des droits légaux et conventionnels ; Qu'il y a lieu d'ordonner la réintégration du requérant, ou à défaut de condamner la Compagnie Minière du Chaillu à lui payer les droits tels que demandés (calculés par l'inspection du travail) et la somme de 3.000.000 frs CFA, ramenée à de justes proportions de dommages-intérêts ; Par ces motifs ; Statuant publiquement par défaut à l'égard de la Compagnie Minière du Chaillu, en matière sociale, et en premier ressort ; Dit qu'il y a licenciement abusif ; Ordonne la réintégration ; A défaut, Condamne la Compagnie Minière du Chaillu à payer à B…, en sus des droits légaux et conventionnels (calculés par l'inspection du travail), la somme de 3.000.000frs à titre de dommages-intérêts ; Met les dépens à la charge du Trésor public[494] ; »

**630. Demande de paiement de diverses sommes d'argent M…/ la Société WATOL'S et Overseas**

« Par requête en date à Pointe-Noire, du 18 juillet 2008, Monsieur M… a fait citer les sociétés WATOLL-S et Overseas à lui payer les salaires et dommages-intérêts ; Au soutien de la demande, il est exposé ; Que de janvier à février 2007, il a été employé par la société Overseas en qualité de marin, mis à la disposition de la société WATOLL'S ; Qu'il a effectué trois (3) voyages correspondant à trois mois de salaires accomplis ; Que le contrat a été verbal et le salaire fixé à 240.000 frs CFA, par mois ; Que, les autres marins ont été payés, sans lui et, en violation de l'article 80 du Code du travail ; Qu'il est fondé à s'adresser à justice ; La sociétés WATOLL'S a fait valoir que M… été embauché par la société Overseas qui entretient des relations commerciales avec elle ; Qu'elle est distincte de ladite société Overseas ; Attendu qu'il ressort des pièces du dossier et de la requête que M… est plutôt salarié de la société Overseas ; Qu'il y a lieu de mettre hors de cause la société WATOLL'S ; Attendu que des mêmes pièces du dossier et des prétentions du requérant, il ressort que les salaires de celui-ci n'ont pas été payés, soit la somme de 240.000frs CFA en trois (3) mois ; Qu'il y a lieu de condamner la société Overseas lui

---

[494] Tribunal du travail de Pointe-Noire, Rôle n°229, année 2008, répertoire n°45 du 20/03/2009, inédit

payer la somme ci-après, à titre des salaires dus, soit 240.000frs CFA x 3=720.000frs CFA ; Attendu que le contrat a été rompu sans motif appréciable, et de ce fait le susnommé demande des dommages-intérêts de 5.000.000frs CFA ; Qu'il y a lieu de ramener ce montant à de justes proportions, soit 500.000frs CFA ; Attendu que le certificat de travail n'a pas été délivré à l'intéressé ; Qu'il y a lieu à réparation de ce chef, soit la somme de 150.000 frs CFA ; Attendu que l'exécution est sollicitée ; Qu'il y a lieu d'y faire droit en application de l'article 232 (nouveau) du Code du travail ; Par ces motifs ; Statuant publiquement, contradictoirement, à l'égard de la société WATOLL'S et par défaut à celui de la société Overseas, en matière sociale, et en premier ressort ; Dit que la société Overseas est employeur de M… ; Par conséquent ; La condamne à lui payer les sommes ci-après ; 720.000frs d'arriérés de salaires ; 150.000frs de dommages-intérêts pour non remise du certificat de travail ; 500.000frs CFA de dommages-intérêts pour résistance abusive ; Met hors de cause la société WALTOLL'S ; Ordonne l'exécution immédiate, avec dispense de caution pour les salaires nonobstant opposition ; Met les dépens à la charge du Trésor public[495] ; »

### 631. *Observations*

#### *I. La perte de l'emploi*

*Le risque de perdre son emploi est sans doute le plus grand de ceux qui pèsent sur le travailleur salarié et qui expliquent le sentiment d'insécurité dont il est souvent affecté. Cette perte entraîne en effet, celle du salaire, qui faisait vivre le travailleur. Si celui-ci retrouve rapidement un autre emploi, un trouble aura été apporté à ses conditions d'existence. S'il ne retrouve pas d'emploi équivalent, le préjudice subi est plus grave encore. Cette situation conduit, quand on envisage les causes de rupture du contrat de travail, à mettre à part le licenciement. La démission du salarié quittant volontairement son emploi ou l'arrivée d'un terme convenu entre les parties ne posent pas, en effet le problème de la protection du travailleur contre les initiatives de l'employeur. Si parmi les causes de rupture, on s'attache plus particulièrement au licenciement, on constate qu'une autre distinction s'impose entre les licenciements individuels et les licenciements collectifs.*

[495] Tribunal du travail de Pointe-Noire, Rôle n°131, année 2008, répertoire n°055 du 20/03/2009, inédit

**632.** ***A. Les causes de rupture du contrat de travail***

*Les parties au contrat peuvent naturellement s'entendre pour y mettre fin par consentement mutuel. Elles conviennent alors librement de la modalité de la rupture, à condition qu'il n'y ait pas de renonciation anticipée du travailleur à des avantages que lui garantit une législation d'ordre public.*

**633. *Evolution historique.*** *L'article 1780 du Code civil disposait, dans l'un des seuls textes régissant alors le contrat de travail ''on ne peut engager ses services qu'à temps ou pour une entreprise déterminée''. Mais la loi impliquait la liberté de rupture du contrat à durée indéterminée de la part de chacune des parties. La Cour de cassation déclarait donc qu'il est de principe que le louage de services, sans détermination de durée, peut toujours cesser par la libre volonté de l'un ou l'autre des contractants. L'employeur usant de son droit de résiliation unilatérale en licenciant le travailleur n'était tenu à son égard d'aucune indemnisation. Aucun progrès décisif ne fut réalisé dans la protection du travailleur contre le licenciement, par la loi du 19 janvier 1958, fixant une durée minimale au délai-congé, ou l'ordonnance du 13 juillet 1967, instituant une indemnité légale de licenciement. Néanmoins, ces textes rompaient pour la première fois avec une idée de réciprocité parfaite dans les droits de chacune des parties en matière de rupture du contrat de travail. La loi du 15 mars1975, reprend le principe du droit de résiliation unilatérale du contrat à durée indéterminée appartenant à chacune des parties. La théorie de la rupture abusive du contrat de travail continue à s'appliquer en cas de démission du salarié. Mais, des limitations sont apportées au droit de résiliation par l'employeur, tout au moins dans le cas où la procédure de licenciement organisée par la loi est applicable.*

**634. *L'obligation de préavis.*** *La faculté de résiliation unilatérale du contrat est assortie de l'obligation de prévenir à l'avance l'autre partie pour lui permettre de se préparer à la rupture : c'est le délai-congé ou délai de préavis.*

***Droit au préavis***

- *le préavis n'est prévu par la loi que pour les contrats à durée indéterminée ;*
- *il ne s'applique pas : pendant la période d'essai stipulée au contrat, en cas de nullité du contrat, en cas de faute grave de l'une des parties (inobservation du délai-congé en cas de faute grave de l'employé).*

**635.** ***Durée du préavis.*** *Elle est différente suivant qu'on se trouve devant une démission ou un licenciement. Dans le premier cas, aucun texte légal n'impose une durée minima de préavis, c'est donc en principe, la convention collective ou les usages qui déterminent l'existence et la durée du délai-congé. En cas de licenciement on impose une durée minima de préavis en fonction de l'ancienneté est inférieure à 6 mois, le délai-congé est déterminé comme en cas de démission du travailleur. Si elle est comprise entre six mois et deux ans, le délai-congé est d'un mois. S elle est supérieure à deux ans, le délai congé est porté à deux mois. Mais les conventions collectives prévoient souvent des délais plus longs et donc plus avantageux pour le salarié.*

**636.** ***Situation des parties pendant le délai-congé.*** *Elles demeurent tenues des obligations nées du contrat de travail. Par conséquent, l'employeur demeure tenu en principe de fournir du travail, et le travailleur de fournir ses services. La situation est identique dans le cas où le travailleur prend l'initiative de la rupture. L'inobservation du délai-congé par l'employeur est sanctionnée par le paiement d'une indemnité forfaitaire, de sorte que l'employeur jouit en fait d'une option entre l'exécution du contrat et le paiement de l'indemnité.*

**637.** ***B. Le licenciement individuel.*** *Depuis la loi du 15 mars 1975, il est soumis à un régime qui tranche sur celui de la démission du salarié. Alors que celle-ci reste libre, sous réserve de dommages-intérêts en cas d'abus, le licenciement est soumis à une procédure préalable et à des conditions relatives aux motifs qui le justifient. Les règles légales viennent restreindre sans le supprimer le droit de résiliation unilatéral du contrat de travail de la part de l'employeur.*

**638. *Protection.*** *La méthode la plus radicale pour protéger le travailleur consiste à subordonner le licenciement à un contrôle préalable d'une autorité administrative ou judiciaire. C'est celle qui a été utilisée pour la protection des représentants du personnel. Le législateur a préféré laisser à l'employeur la décision de licenciement en la soumettant après coup, au contrôle du juge. Une procédure précède toutefois, la décision. Mais elle est destinée seulement au travailleur de connaître les motifs du licenciement et d'en débattre avec l'employeur.*

***II. La procédure de licenciement***

**639. *Domaine d'application.*** *La procédure de licenciement établie par la loi du 15 mars1975 s'applique en principe aux licenciements de travailleurs liés par un contrat à durée indéterminée, mais sous réserve d'une série d'exclusions :*

- *elle ne concerne que les licenciements individuels ;*
- *elle ne s'applique pas dans les entreprises occupant moins de 11 salariés ;*
- *elle n'est pas applicable aux salariés ayant moins d'un an d'ancienneté.*

*Dans toutes ces hypothèses la seule formalité exigée pour le licenciement est la notification par lettre recommandée qui fixe le point de départ du délai-congé.*

**640. *Formalités à remplir.*** *L'employeur qui envisage de licencier un salarié doit :*

- *convoquer l'intéressé par lettre recommandée pour un entretien ;*
- *la lettre recommandée doit indiquer l'objet de l'entretien, la date, l'heure et le lieu de celui-ci ;*
- *l'employeur doit préciser que le salarié peut se faire assister par un autre travailleur durant l'entretien ;*
- *l'entretien préalable au licenciement a lieu entre l'employeur, ou la personne ayant qualité pour décider le licenciement et le salarié. Au cours de l'entretien, le salarié peut se faire assister par une personne de son choix appartenant au personnel de son*

*entreprise. Il s'agit habituellement, mais non nécessairement, d'un délégué du personnel ou d'un délégué syndical ;*

- *l'employeur indiquera au travailleur le ou les motifs de la décision envisagée et recevra ses explications ;*
- *après l'entretien : un délai de réflexion d'un jour franc est imposé à l'employeur avant la notification de la décision de licenciement si celle-ci est prise ;*
- *la notification : elle doit se faire par lettre recommandée avec accusé de réception. Il n'est pas obligatoire qu'elle contienne les motifs du licenciement ;*
- *mais, le travailleur peut demander que les motifs de licenciement soient énoncés par écrit. La demande du travailleur doit être faite par lettre recommandée avec accusé de réception dans les dix jours qui suivent la cessation du travail ;*
- *l'employeur dispose à son tour d'un délai de dix jours pour faire connaître par lettre recommandée les motifs du licenciement ;*
- *sanctions : la sanction prévue par l'article 24 est double : elle consiste à la fois dans l'obligation imposée à l'employeur d'accomplir la procédure légale de licenciement et dans une condamnation à une indemnité qui ne peut dépasser un mois de salaire.*

**641.** ***Les motifs de licenciement.*** *Depuis la loi de 1975, il faut distinguer deux catégories de licenciements :*

*Ceux qui sont soumis à la procédure préalable, doivent se fonder sur ''des causes réelles et sérieuses''. La manière dont les tribunaux préciseront la notion de cause réelle et sérieuse déterminera l'étendue des limites apportées par la loi au droit de licenciement. Il est certain que, si les motifs invoqués par l'employeur contre le salarié s'avèrent inexacts, par exemple si la faute qui lui est reprochée n'est pas le vrai motif d'un licenciement visant en réalité, à sanctionner une activité syndicale, le licenciement est irrégulier. Avant la loi de 1975, c'était au travailleur de donner la preuve que le licenciement était abusif. Actuellement, l'employeur doit établir l'existence d'une cause réelle et sérieuse de licenciement.*

### *III. Le licenciement collectif*

**642.** ***La procédure préventive.*** *Consultation du Comité d'entreprise. Le Code du travail prévoit que ''le Comité d'entreprise est obligatoirement saisi en temps utile des projets de compression d'effectifs ; il émet un avis sur l'opération projetée et ses modalités de réalisation''. La question doit figurer à l'ordre du jour de la séance où le Comité est consulté ; l'employeur doit lui remettre un document écrit sur les motifs et l'étendue du licenciement projeté. Un délai, variable suivant les causes et l'importance du licenciement, (8 jours à 3 mois), doit séparer la date de consultation du Comité et la décision définitive relative au licenciement. Ce délai permet une négociation sur les moyens d'éviter le licenciement ou d'en atténuer les effets. La violation de l'obligation de consulter le comité donne au congédiement un caractère abusif, même si les motifs économiques qui le fondaient étaient sérieux.*

**643.** ***Autorisation administrative****. Une ordonnance du 24 mai 1945 avait subordonné à une autorisation administrative toute embauche ou licenciement dans les établissements industriels et commerciaux. Elle est tombée en désuétude, mais subsiste pour les licenciements collectifs, et permet à l'administration de s'opposer à des licenciements qu'elle estime inopportuns. En fait, là encore, la règle permet surtout grâce au retard apporté à la décision, de négocier sur les solutions qui permettront de réduire les répercussions sociales des mesures imposées par les nécessités économiques.*

***Ordre des licenciements.*** *Il est fixé :*

- *soit par la convention collective ;*
- *soit par le règlement intérieur, compte tenu des charges de famille, de l'ancienneté de service dans l'établissement et des qualités professionnelles.*

**644.** ***Le reclassement des travailleurs licenciés.*** *L'accord interprofessionnel sur la sécurité de l'emploi de 1969 stipule ''que les entreprises doivent rechercher les possibilités de reclassement susceptibles de convenir aux salariés dont le licenciement collectif aura dû être décidé''.*

**645. *L'indemnisation du travailleur licencié.*** *Le préjudice subi par le travailleur licencié peut être réparé de diverses manières :*

- *la réparation en nature se traduisant par réintégration du travailleur dans son emploi, demeure l'exception ;*
- *certaines indemnités sont assimilables à un salaire : c'est le cas des indemnités de délai-congé et des indemnités compensatrices de congés payés.*

*Toutefois, le licenciement peut être réparé par des indemnités spécifiques.*

**646. *Indemnité de délai-congé.*** *Le préavis étant une obligation qui s'impose aussi bien au travailleur qu'à l'employeur, en cas de rupture unilatérale du contrat de travail, son inobservation peut entraîner le paiement, seulement de la part de l'employeur, d'une indemnité. Dans le cas où le travailleur avait droit à un préavis, son inobservation par l'employeur n'a pas pour conséquence d'avancer la date à laquelle le droit prend fin, mais elle ouvre droit à une indemnité compensatrice.*

**647. *Indemnité compensatrice de congés-payés.*** *Le travailleur empêché par son licenciement en Cours d'année de prendre le congé payé auquel il avait droit, et ne pouvant acquérir un droit complet à congé chez son nouvel employeur, du fait de l'insuffisance de son ancienneté doit recevoir, au moment de son départ de l'entreprise, une indemnité compensatrice de congés payés. Cette indemnité est due quelle que soit la cause de rupture du contrat.*

**648. *Rupture abusive.*** *La loi ne parle plus d'indemnité de licenciement abusif, qu'à propos des salariés travaillant dans des entreprises employant moins de onze personnes et ayant moins de deux ans d'ancienneté dans l'entreprise. Le droit à indemnité de congédiement abusif s'étend aux travailleurs victimes d'un licenciement collectif. L'indemnité est appréciée par les juges qui tiennent compte en particulier de la plus ou moins grande difficulté pour le salarié de retrouver du travail.*

**649.** ***Absence de cause réelle et sérieuse de licenciement.*** *Les travailleurs des entreprises occupant au moins onze salariés ont droit, au contraire, s'ils ont au moins deux ans d'ancienneté et sont victimes d'un licenciement individuel, non fondé sur une cause réelle et sérieuse, à un régime plus protecteur. Le tribunal peut prononcer leur réintégration dans l'entreprise. Si celle-ci est refusée par l'une ou l'autre des parties, le tribunal octroi au salarié une indemnité qui ne peut être inférieure aux salaires des six derniers mois.*

**650.** ***Indemnités de licenciement.*** *Même si l'employeur a respecté le délai-congé et si le licenciement a des causes réelles et sérieuses, le travail aura droit à une indemnité de licenciement s'il peut se prévaloir d'une ancienneté suffisante et s'il n'a pas commis de faute grave. L'indemnité légale de licenciement est calculée sur la base de 20 heures ou d'un dixième de mois de salaire par année de service dans l'entreprise selon que le travailleur est payé sur une base horaire ou mensuelle. Un employé licencié après 20 ans de service, par exemple, aura droit à une indemnité égale à deux mois de salaire. Le salaire servant de base de calcul de l'indemnité est le salaire moyen des trois derniers mois.*

### *IV. Obligations consécutives à la rupture du contrat de travail*

**651.** ***Certificat de travail.*** *Le certificat imposé par la loi contient exclusivement :*

- *la date d'entrée et de sortie du travailleur ;*
- *la nature de son emploi ou des emplois successivement occupés ;*
- *les périodes pendant lesquelles ces emplois ont été tenus.*

*L'employeur qui contrevient à l'obligation de remise du certificat de travail est passible d'une amende.*

**652.** ***Obligation de non-concurrence.*** *Le travailleur est tenu de ne pas faire de concurrence déloyale à son ancien employeur. Cela ne lui interdit pas de se mettre au service d'une entreprise concurrente, mais seulement d'employer des moyens déloyaux pour attirer, par exemple, chez le nouvel employeur les clients de l'ancien.*

# TITRE 7 : PROCEDURE

**653. Fin de non-recevoir**
**Restitution des sommes d'argent conciliation**
**M... / TAAG**

« Après en avoir délibéré conformément à la loi ; Considérant que suivant acte du greffe du 26 septembre 2000 Monsieur M... a relevé appel d'un jugement contradictoire rendu le 22 septembre 2000 par le tribunal du travail de Pointe-Noire, dont les termes essentiels du dispositif sont libellés comme suit : ''Reçoit en la forme la fin de non-recevoir soulevée par la société T.A.A.G ; Au fond ; Constate qu'une transaction est intervenue entre les parties matérialisée par le procès-verbal de conciliation en date du 21 avril 1999 ; Déclare en conséquence irrecevable la requête de Monsieur M... en date du 5 mai 1999 ; Met les dépens à la charge du Trésor public ;'' En la forme ; Considérant que l'appel a été interjeté dans les délais et formes de l'article 237 du Code du travail ; Qu'il est recevable ; Au fond ; Faits et procédure ; Considérant qu'en appel le sieur M... par le canal du conseil Maître Z... expose les circonstances de la cause ce qui suit : Qu'il a été engagé le 4 novembre 1987 en qualité de chef comptoir catégorie 1 échelon 5 par la société T.A.A.G (Angola-Airlines) par un contrat de travail à durée indéterminée et pour un salaire de base de 220.176 frs CFA ; Qu'ayant d'abord travaillé à l'Agence de Brazzaville de 1987 à juillet 1994, il a été affecté le 29 juillet 1994 à l'Agence de Pointe-Noire où, en fin d'année 1997, il a constaté un déficit de 3 400.500frs CFA ; Qu'il a aussitôt fait savoir à Maître P... alors conseil de la société par téléphone le jour même du constat avant qu'il ne quitte le bureau et au responsable de l'Agence qui lui a proposé un arrangement pour lui éviter des sanctions ; Que cet arrangement consistait à faire passer ce déficit de 3.400.500 francs accordé par la société moyennant un échéancier de remboursement successif à prélever sur le salaire ; Que cependant le 4 septembre 1998 et contre toute attente, le représentant local de la direction T.A.AG. Monsieur J... a dressé à Monsieur M... une lettre de suspension du contrat de travail pour une durée d'un mois consécutif à ce déficit de 3.400.500francs qui avait fait l'objet d'un arrangement amiable tout en demandant néanmoins à ce dernier de fournir quelques explications ; Que des explications fournies le 28 septembre 1998 par M..., il est ressorti que les griefs qui lui étaient faits ne relevaient non pas de manquements dans l'accomplissement de sa tâche, mais plutôt des disfonctionnement et de la mauvaise organisation des services de la société T.A.A.G, notamment avions programmés et non confirmés, informations souvent inexploitables parce que non conformes à la réalité ; Que le 8 mars 1999, la société T.A.A.G a dressé une lettre de licenciement à M... pour faute lourde, détournement et abandon de poste de travail ; Que l'inspection du travail avait été saisie et un procès-verbal de conciliation en résultait ; Que c'est ainsi que le 5 mai 1999, il a saisi le tribunal du travail pour faire valoir ses droits ; Qu'en date du 22 septembre 2000, le tribunal du travail rendait le jugement déféré en appel ; Considérant que la société T.A.A.G par le canal de son conseil Maître E... a conclu à la confirmation du jugement entrepris en toutes ses dispositions ; Que subsidiairement au cas où la décision serait infirmée et l'action de M.. déclarée recevable, il conviendra en application de l'article 181 du Code de procédure civile, commerciale administrative et financière de donner acte à la société T.A.A.G de ce qu'elle se réserve de conclure au fond après la décision de l'irrecevabilité de la requête ; Considérant que de son côté, le Ministère public a conclu à la confirmation de la décision querellée en toutes ces dispositions ;

Sur quoi la Cour ; Considérant qu'il ressort des pièces versées au dossier que c'est le sieur M... qui a saisi l'inspection du travail pour réclamer de son ancien employeur paiement de ses droits après le licenciement prononcé le 8 mars 1999 ; Que cela a eu lieu, sanctionné par un procès-verbal dit de conciliation signé par toutes les parties en date du 21 avril 1999, sans pour autant faire des réserves ; Qu'au vu des dispositions des articles 240 et 241 du Code du travail, l'inspection du travail par le canal de son représentant a conclu au paiement des mois et congés au profit de l'employé reconnu fautif pour avoir abandonné son poste de travail ; Que l'article 241 du Code du travail dispose ; En l'absence ou en cas d'échec du règlement amiable du litige, l'action est introduite devant le tribunal du travail dans les formes prévues à l'article 221 ; Que tel n'est pas le cas ; Considérant que l'article 240 nouveau du Code du travail dispose que tout travailleur ou tout employeur pourra demander aux services de l'inspection du travail de régler le différend à l'amiable ; Dès réception de cette demande, l'inspecteur du travail convoque les parties aux fins de conciliation de ce fait le délai de prescription prévue à l'article 99 est interrompu jusqu'à la date du procès-verbal qui clôt la tentative de conciliation ; Les parties ont tenues de se présenter devant l'Inspecteur du travail aux dates et heures fixées dans la convocation en cas de refus d'obtempérer, l'Inspecteur du travail constate l'infraction par procès-verbal ; L'Inspecteur du travail vérifie si les parties sont disposées à se concilier immédiatement sur la base des normes fixées par la loi, la règlementation ou les convocations collectives et le contrat individuel ; En cas de conciliation, la formule exécutoire est apposée par ordonnance du Président du tribunal du travail prise à la requête de la partie la plus

diligente sur le procès-verbal de conciliation établi par l'Inspecteur du travail ; L'exécution est poursuivi comme un jugement du tribunal du travail ;
Considérant que de ce qui précède, il est non contesté que le sieur M... et la TAAG ont définitivement réglé leur différend ; Qu'en signant le procès-verbal de conciliation sans réserve, cet acte a pleins pouvoirs comme un jugement du tribunal du travail ; Qu'il s'agit donc d'une fin de non-recevoir d'une action en justice ; Qu'en définitive, le sieur M... a été mal venu dans son action en justice contre la société T.A.A.G ; Que l'article 240 nouveau du Code du travail énonce de façon péremptoire l'exécution du procès-verbal de conciliation comme un jugement du tribunal du travail ; Qu'il sied donc, en application des dispositions de ce texte, de confirmer la décision querellée ; Par ces motifs ; Statuant publiquement, contradictoirement, en matière sociale et en premier ressort ; En la forme ; Reçoit l'appel ; Au fond ; Constate la conciliation intervenue entre les parties en date du 21 avril 1999 et leur en donne acte ; Met les dépens à la charge du trésor public[496] ; »

**654. Conseil de discipline, violence, menace et voies de fait, constitution de partie civile**
**SDV / D...**

« Considérant que Monsieur N..., Avocat à la Cour, à pour le compte de la société SDV Congo, relevé appel suivant déclaration faite en date du 31 mars 2006 du jugement avant dire droit rendu le 31 mars 2006 par le Tribunal du travail de Pointe-Noire et dont le dispositif porte : ''Statuant publiquement, contradictoirement, en matière sociale et en premier ressort ; Constate les termes de la requête et les demandes ; Constate le procès-verbal de conseil de discipline et la plainte avec constitution de partie civile ; Dit et juge que la décision au pénal n'a pas d'influence sur la contestation portée devant le juge social ;'' Par conséquent ; Rejette le sursis à statuer sollicité ; Renvoie la cause pour plaidoirie ; Réserve les dépens ; Considérant que ce recours en la forme exercé dans le temps requis ne souffre d'aucune contestation ; Que dans ce cas, il y a lieu de le déclarer recevable ; Considérant au fond que la cause s'analyse en une demande de sursis à statuer présentée par la société devant le tribunal de travail à l'occasion de la procédure dirigée contre elle par D... qui entendait obtenir paiement de diverses sommes d'argent relatives au licenciement ; Que pour la SDV, au soutient de sa demande, il est

---

[496] CA. Pointe-Noire, Rôle sociale n°015, année 2005, répertoire n° du 3 août 2005, inédit

question, avant que le tribunal de travail puisse poursuivre l'analyse au fond de l'action de D... , d'attendre le résultat de la plainte avec constitution de partie civile, déposée par l'employeur, SDV. Contre D... devant le juge d'instruction au motif que cette procédure au pénal pourrait avoir des effets sur l'action au social dans la mesure ou les faits de violences et voie de faits et menaces de mort reprochés à l'employeur devant le juge d'instruction ont été également identifiés comme motifs du licenciement ;
Considérant que le tribunal de travail, pour rejeter la demande de sursis à statuer, a motivé que, en la cause, les faits de violence et menaces de mort, mis à la charge du salarié et reconnu par celui-ci peuvent être appréciés par le juge du contrat de travail en toute souveraineté ; Considérant que D... pour sa part expose que l'autorité de la chose jugée au pénal n'a aucune influence sur le jugement de l'affaire sociale en cour au motif que les demandes par lui, présentées devant la juridiction du travail portent sur les salaires, la prime mensuelle de saisie, le non perçu de renvoi qui effectivement porte sur les violences et voies de fait exercés envers l'employeur, qui avait du tout invité D...de se présenter au service du personnel pour percevoir les droits ci-après :

- le salaire de présence ;
- l'indemnité de licenciement de congé et de préavis ;
- les gratifications au prorata temporis ;

Considérant que l'employé est revenu devant le tribunal de Travail pour obtenir la prime mensuelle de saisie, l'indemnité de licenciement et sur les salaires non perçus, demandes qui, de l'avis de la Cour, peuvent être examinées sans la procédure diligentée au pénal contre D... au motif pris de ce que le débat ne porte pas sur le caractère du licenciement qui est lié à la faute pénale ; Qu'il y a lieu donc de confirmer le jugement attaqué en toutes ses dispositions pour avoir statué suivant opinion non contraire à celle de la Cour ; Par ces motifs ; Statuant publiquement, contradictoirement en matière sociale et en dernier ressort ; En la forme ; Reçoit l'appel ; Au fond ; Confirme le jugement querellé en toutes ses dispositions ; Renvoie la cause devant les premiers juges pour vider sa saisine ; Met les dépens à la charge du trésor[497] ; »

---

[497] CA. Pointe-Noire, Rôle sociale n°017, année 2006, répertoire n°049 du 02 août 2006, inédit

**655. Sursis à statuer, renvoi**
**Crédit Lyonnais du Congo / Mr F…**

« Considérant que le 16/12/04, le Crédit Lyonnais du Congo, par le biais de son conseil Me M…, avocat à la Cour, a relevé appel, recours jugé régulier et donc recevable en la forme parce que exercé dans le temps requis du jugement social n°098 (bis) rendu le 3/12/04 par le tribunal du travail de Pointe-Noire et dont le dispositif du jugement attaqué ; ''Par ces motifs ;
Statuant publiquement, contradictoirement en matière sociale et en premier ressort ; Rejette les sursis à statuer sollicité ; En joint au Crédit Lyonnais du Congo de conclure au fond ; Renvoie la cause au 24 décembre 2004, réserve les dépens ;'' Considérant que, au fond, le jugement attaqué a rejeté la mesure de sursis à statuer, demandée par le Crédit Lyonnais du Congo qui tendait à faire comprendre, à la juridiction saisie, que l'action de Mr F… tendant à déclarer son licenciement abusif sur la base des faits, pénalement qualifiés de faux et usage de faux et de vol déjà pointés par le Procureur de la République doit connaître un sursis à statuer à l'effet d'attendre le résultat de la procédure pénale ; Considérant que pour statuer tel qu'il a fait le tribunal du travail a estimé qu'un soit transmis de police, ayant un caractère de lettre administrative, ne met nullement en mouvement l'action publique ; Considérant que l'intimé de son coté, s'emploie à démontrer que la saisine de la police judiciaire ne saurait mettre en mouvement l'action publique qui, selon l'article 19 du Code Pénal, est une prérogative seule du ministère public parce que cette autorité est seule à requérir l'application de la loi ; Considérant que, pour la Cour, selon l'article 19 du Code pénal, une procédure pénale qui comme enquête préalable de police ne peut produire d'effet pénal sanctionné que si le procureur de la République, seul maître des poursuites en pareil cas, en a donné suite ; Or en l'espèce le présent ne donne pas la preuve de la suite qui a été réservée par le Procureur de la République concernant cette affaire ; Qu'ainsi, faute d'une telle démonstration, le soit transmis de police garde sa nature de lettre administrative avec pour fin d'informer simplement le procureur de la République de l'existence des faits susceptibles d'ouvrir une action publique devant les juridictions ; D'où il suit de confirmer le jugement avant dire droit entrepris en toutes ses dispositions parce que bien jugé. Et dire, du tout que le dossier doit être renvoyé devant le premier juge pour vider sa saisine ; Par ces motifs ; Statuant publiquement, contradictoirement, en matière sociale et en dernier ressort ; En la forme ; Reçoit l'appel ; Au fond ; Confirme le jugement avant dire droit querellé

en toutes ses dispositions ; Renvoie la cause devant le premier juge pour vider sa saisine ; Met les dépens à la charge du Trésor public[498] ; »

**656. Forclusion de l'appel, demande reconventionnelle, paiement du salaire de base**
**Pharmacie MAVRE / N…**

« Considérant que par acte à Pointe-Noire en date du 13 mai 2005, maître M…, avocat à la Cour, agissant pour le compte de la pharmacie Mavré a relevé appel du jugement contradictoire rendu le 25 mars 2005 par le tribunal du travail de céans dans la cause l'opposant à N… dont le dispositif est le suivant ; ''Par ces motifs ; Statuant publiquement, contradictoirement, en matière sociale et en premier ressort ; Reçoit la requête de N… ordonnant à la pharmacie MAVRE à lui payer le salaire de base pendant la procédure judiciaire devant le tribunal et, avec effet rétroactif, à compter de sa suspension ; Ordonne la réintégration ; Ordonne l'exécution immédiate, avec dispense de caution, nonobstant appel ; Déboute N… du surplus de sa demande ; Met les dépens à la charge du Trésor public ; '' Considérant qu'il résulte des pièces du dossier que le jugement querellé a été rendu en date du 25 mars 2005 par le tribunal du travail de Pointe-Noire ; Que ce jugement a été rendu contradictoirement ; Que l'appel est intervenu le 15 mai 2005 par la pharmacie MAVRE ; Sur quoi la Cour ; Considérant que l'examen minutieux des pièces du dossier a permis de révéler qu'après le prononcé du jugement cité supra, l'appel a été révélé le 13 mai 2005 soit un (1) mois et dix-huit (18) jour en violation de l'article 237 du Code du travail qui dispose que dans les 15 jours du prononcé du jugement appel peut être interjeté dans les formes prévues à l'article 221 ; Qu'en l'espèce, il ne fait l'ombre d'aucun doute que cet appel doit être déclaré irrecevable pour forclusion en dépit des allégations de l'appelante susdite prétendant que ladite décision a été rendue réputée contradictoire, alors qu'il n'en est pas le cas ; Qu'il suit que le jugement attaqué produira ses pleins et entiers effets ; Par ces motifs ; Statuant publiquement, contradictoirement, en matière sociale et en dernier ressort ; En la forme ; Déclare l'appel irrecevable pour forclusion ; Dit que le jugement attaqué produira ses pleins et entiers effets ; Met les dépens à la charge du Trésor public[499] ; »

---

[498] CA. Pointe-Noire, Rôle social n°020, année 2005, répertoire n°064 du 23 novembre 2005, inédit

[499] CA. Pointe-Noire, Rôle social n°043, année 2005, répertoire n°011 du 29 mars 2006, inédit

**657. Autorité de la chose jugée, demande reconventionnelle, droits légaux et conventionnels**
**Y...et autres / SAIPEM**

Statuant sur l'appel interjeté par le consorts Y... en date du 30 novembre 2004 contre un jugement contradictoire rendu par le tribunal du travail de Pointe-Noire en date du 26 novembre 2004 et dont le dispositif est ainsi conçu ; ''Par ces motifs ; Statuant publiquement, contradictoirement en matière sociale et en premier ressort ; Constate le jugement du 21 décembre 2001 et l'arrêt de la chambre sociale de la Cour d'Appel de Pointe-Noire en date du 27 novembre 2002 ; Dit qu'il y a autorité de la chose jugée ; Déboute Y... et autres de leur action ; Déboute également la société SAIPEM de sa demande reconventionnelle ; Met les dépens à la charge du trésor public ;'' Considérant que cet appel est conforme aux prescriptions légales énoncées à l'article 237 du Code du travail ; Qu'il échet de le déclarer régulier et donc recevable ; Au fond ; Par requête en date du 3 octobre 2003 les sieurs Y..., M... et autres ex-travailleurs de la société SAIPEM, ont attrait devant le tribunal du travail aux fins de s'entendre condamner la société SAIPEM au paiement des indemnités de préavis, de congés, de licenciement, primes, salaires non perçus, prime de fin d'année, frais de pharmacie, allocation de sainte-barbe et arbre de noël ; Qu'ils ont soutenu que par une procédure précédente ils ont attrait leur employeur devant le tribunal du travail devant lequel ils ont sollicité et obtenu la condamnation de la société SAIPEM, leur employeur à leur payer les dommages intérêts, jugement du 21 décembre 2001 confirmé par l'arrêt du 27 novembre 2002 ; Que par la suite, ils sont revenus devant le même juge aux fins d'obtenir le paiement des indemnités légales et conventionnelles de rupture, mais suivant le jugement dont appel, leur demande a été rejetée au motif qu'il y aurait autorité de la chose jugée ; Considérant que les appelants ont conclu à l'infirmation du jugement querellé aux motifs que les premiers juges ont violé les dispositions de l'article 42 nouveau alinéa 7 du Code du travail ; Qu'ils ont confondu l'objet de l'arrêt confirmatif du jugement du 21 décembre 2001 à savoir le paiement des dommages intérêts pour licenciement abusif et l'objet de la présente procédure à savoir le paiement des droits légaux et conventionnels de rupture ; Qu'ils expliquent que la procédure ayant abouti au jugement du 21 décembre 2001 a pour objet le paiement des dommages-intérêts pour cause de licenciement abusif ; Que la présente procédure a pour objet le paiement des droits légaux et conventionnels pour cause de licenciement abusif ; Que dans la seconde procédure les consorts Y... et autres sollicitent le paiement des

indemnités légales et conventionnelles de rupture ; Qu'aux termes de l'article 42 nouveau alinéa 7 précité les dommages-intérêts alloués en cas de licenciement abusif ne se confondent ni avec l'indemnité de licenciement éventuellement prévue par le contrat ou la convention ; Qu'en conséquence c'est à tort que les premiers juges ont retenu l'autorité de la chose jugée ; Que s'agissant de l'exception de prescription des salaires tirée de l'article 99 du Code du travail, les consorts Y… et autres par le canal de leur conseil soutiennent que d'une part cette demande en prescription des salaires est nouvelle ; Qu'il est interdit de présenter des demandes nouvelles en appel en application de l'article 80 du Code de procédure civile, administrative et financière ; Que d'autre part, l'exception de prescription tombe dès lors que le demandeur a discuté du bien-fondé de la demande principale ; Qu'en effet les consorts Y… et autres ont été licenciés courant février 1999, la première action a été introduite en juin 1999 sanctionnée par un arrêt du 27 novembre 2002 de la deuxième chambre le 3 octobre 2003 ; Que du fait de la première procédure, le délai de prescription était donc suspendu ; Que la Cour constatera que la demande des consorts Y… et autres n'est pas prescrite ; Que concernant la demande reconventionnelle formulée par la société SAIPEM dans ses conclusions d'appel, les consorts Y… allèguent que cette demande est mal fondée en raison du fait que leur demande portant sur les indemnités légales et conventionnelles n'a pas été inspirée par une mauvaise foi ou par l'intention de nuire ; Que l'exercice de leur droit n'est pas abusif; Qu'au regard des circonstances des faits et des conditions de droit ci-dessus citées, la Cour devra infirmer en toutes ses dispositions le jugement entrepris et déclarer recevable et fondée leur action ; Considérant que la société SAIPEM Congo par le truchement de son conseil maître P.. a conclu à l'irrecevabilité de l'appel et à la confirmation en toutes ses dispositions du jugement attaqué ;
Qu'elle soutient que l'arrêt du 27 novembre 2002 ayant confirmé le jugement du 21 décembre 2001 aurait acquis le caractère d'une décision définitive et irrecevable dès l'instant où les appelants ont renoncé à l'entreprendre devant la juridiction supérieure et ont obtenu la reconnaissance de leurs droits et leur paiement sur son fondement ; Que le versement à leur profit des avantages pécuniaires consécutivement à leur renonciation s'analyse en une transaction et que l'autorité de la chose jugée attachée à la dite transaction a réglé définitivement ce litige en application des articles 2044 et 2053 du Code civil ; Que la société SAIPEM excipe qu'en la cause la chose demandée serait la même que celle précédemment examinée ; Qu'il est de bon a loi d'opposer à leurs nouvelles demandes la fin de non-recevoir tirée de la chose jugée prévue à l'article 1351 du Code civil ; Que la demande portant sur les indemnités

légales de rupture est définitivement et irrévocablement éteinte en application de l'article 99 alinéa 1 du Code du travail qui dispose que l'action en paiement des salaires, indemnités, primes, commissions et prestations diverses ou indemnités, présentatives de ces prestations se prescrit par un an ; Qu'enfin la société SAIPEM sollicite reconventionnellement le paiement de la somme de 200.000 frs CFA à titre de dommages-intérêts pour procédure abusive et vexatoire, et ce en application de l'article 87 du Code de procédure civile , commerciale, administrative et financière ; Considérant que le dossier est en état d'être jugé et que la Cour peut normalement statuer sur le fond ; Sur quoi, la Cour ; Sur la recevabilité de l'action des consorts Y ... et autres qui reprochent aux premiers juges d'avoir confondu l'objet de leur action en paiement des indemnités légales et conventionnelles de rupture à celui de leur action antérieure en réparation du préjudice subi suite à leur licenciement abusif, et d'avoir rejeté leur action en se fondant sur l'article 1351 du Code civil ; Considérant qu'en vertu de l'article 1351 l'autorité de la chose jugée n'a lieu que lorsque il y a triple identité des parties, d'objet et de cause ; Considérant que pour rejeter en l'état l'action introduite par les consorts Y… en revendication de leurs droits légaux et conventionnels de rupture, le juge a déclaré que les requérants n'en avaient nullement relevé soit à titre principal ou à titre incident pour ainsi soumettre au second juge de fond les chefs de demande non appréciés en première instance ; Qu'il en est de même de l'arrêt ayant déclaré l'appel irrecevable, qui n'a pas été attaqué par voie de cassation ; Que pour le premier juge cet arrêt est rentré en force de chose jugée au point où il est devenu définitif et que la demande formulée à savoir les indemnités, primes, congés, salaires intègrent les chefs de demande liés à la rupture des contrats dans l'ancienne cause ; Considérant qu'il est constant que les sieurs TCH…, K…, M…, MB…, K…, P…, T…, B…, MA…, NK…, MO…, NZ…, Y…, NG…, BO…, MAB…, avaient saisi le Tribunal du travail de Pointe-Noire pour s'entendre condamner leur employeur la société SAIPEM à leur payer des sommes d'argent à titre de dommages-intérêts pour licenciement abusif ; Qu'en sus de cette revendication d'ensemble, le nommé Y… pour son propre compte avait sollicité le remboursement des sommes d'argent relatives aux retenues indûment opérées sur son salaire ; Qu'en exécution de cette décision, la société SAIPEM payait à chaque travailleur la somme suscitée ; Que le 3 novembre 2003, ces mêmes travailleurs ont à nouveau introduit une assignation en paiement des indemnités de préavis, de congés et de licenciement, primes et salaires non perçus, prime de fin d'année de sainte barbe et arbre de Noël ; Considérant que l'espèce pose les questions de savoir si des employés qui ont sollicité et obtenu l'allocation des dommages-intérêts pour licenciement abusif sont-ils fondés à s'adresser à justice pour obtenir à nouveau les indemnités légales et conventionnelles de ruptures non sollicitées dans la procédure antérieure, sur le fondement de l'article 42 nouveau alinéa 7 du Code du travail ; Considérant qu'il est constant que les deux demandes tirent leur cause de la rupture abusive et irrégulière des relations de travail ayant existé entre l'employeur la société SAIPEM et les requérants ; Considérant qu'il est réel que suite à ce licenciement déclaré abusif dans la procédure initiale, les appelants qui avaient sollicité la réparation de ce préjudice ont obtenu cette réparation ; Que celle-ci est distincte des droits légaux et conventionnels ; Qu'en effet, aux termes de l'article 42 nouveau alinéa 7, les dommages-intérêts ne se confondent ni avec l'indemnité pour inobservation de préavis, ni avec l'indemnité de licenciement éventuellement prévue par le contrat ou la convention ; Qu'il importe de relever que dans les prétentions et moyens soutenant leurs demandes lors de l'action en réparation du préjudice subi suite au licenciement abusif, cette question des indemnités légales et conventionnels n'a jamais été posée par les requérants, qui d'ailleurs n'a qu'en plus, cette nouvelle action qui tire son fondement de l'article 42 alinéa 7 est distincte de la procédure ayant abouti au jugement du 21 décembre 2001 confirmé par l'arrêt du 27 novembre 2002 ; Qu'en l'espèce il n'y a pas identité d'objet entre les deux instances ; Que la disparité de ces deux actions permet au juge d'accueillir favorablement la demande des consorts Y... et autres en vertu de l'article 42 alinéa 7 du Code du travail et d'écarter l'exception de la chose jugée ; Que ne l'ayant pas fait, qu'il sied d'infirmer le jugement entrepris en toutes ses dispositions et de statuer à nouveau, en recevant l'action des Y... et autres ; Qu'il y a lieu de constater que le licenciement des consorts Y...était abusif et qu'ils n'ont pas perçu les indemnités légales et conventionnelles qui en vertu de l'article 42 alinéa 7 ne se confondent pas avec les dommages intérêts déjà perçus ; Qu'en conséquence, condamner la société SAIPEM au paiement des sommes correspondantes mais qui devront être calculées par les inspecteurs du travail conformément à la convention collective régissant leurs relations contractuelles ;

Sur la prescription ; Considérant que la société SAIPEM a sollicité le rejet de la demande des consorts Y... au motif que les indemnités légales et conventionnelles, les accessoires, des salaires seraient prescrits en application de l'article 99 du Code du travail ; Considérant qu'il ressort des pièces versées au dossier que les consorts Y... ont été licenciés courant février 1999, qu'ils ont introduit leur première action en juin 1999 sanctionnée par un arrêt du 27 novembre 2002 et la deuxième action en octobre 2003 ; Qu'entre la date de licenciement et celle de la première action, il s'est écoulé moins d'un an, que d'autre part du fait de la première procédure le délai de prescription était suspendu ; Que cette fin de non-recevoir est inopérante ; Qu'en conséquence il y a lieu de la rejeter et de condamner la société SAIPEM au paiement des indemnités de préavis, de congé et de licenciement, prime et salaires non perçus, prime de fin d'année, frais de pharmacie, allocation de sainte barbe et arbre de Noël conformément à la convention collective, et préalablement calculés par l'inspection du travail ; Par ces motifs ;Statuant publiquement, contradictoirement à l'égard de toutes les parties, en matière sociale et en dernier ressort ; En la forme ; Reçoit l'appel ; Au fond ; Infirme le jugement entrepris en toutes ses dispositions ; Statuant à nouveau ; Reçoit l'action des consorts Y... et autres ; Condamne la société SAIPEM à leur payer les droits légaux et conventionnels calculés par l'inspection du travail ; Met les dépens à la charge du Trésor public[500] ; »

**658. Jugement avant dire droit, renvoi**
**S.D.V Congo / P...**

« Considérant que, suivant déclaration d'appel faite en date du 8 juin 2005, la société SDV-Congo a relevé appel, recours jugé régulier et donc recevable en la forme parce que exercé dans le délai requis, du jugement social n°182 rendu le 3 juin 2005 par le Tribunal du travail de Pointe-Noire et dont le dispositif porte ; ''Par ces motifs ; Statuant publiquement, contradictoirement, en matière sociale et en premier ressort ; Joint l'exception au fond ; Enjoint à la société SDV-Congo d'y conclure ; Renvoie la cause au 17 juin 2005 ; Réserve les dépens ; ''Considérant que la cause s'analyse en une action de P... qui, après avoir obtenu l'annulation par le Ministre du travail de la décision de la Commission des litiges en date du 26 octobre 2004 ayant autorisée son licenciement pour négligences, estimées graves dans l'exercice de ses fonctions, à l'occasion de la sortie de trois véhicules, a saisi le tribunal du travail aux fins d'entendre prononcer les condamnations à des dommages-intérêts contre la société SDV-Congo, son ex employeur, pour licenciement abusif ; Qu'à l'occasion de cette audience, la société SDV-Congo a soulevé, avant tout débat au fond, l'exception du sursis à statuer au motif qu'elle avait fait un recours devant la Cour Suprême tendant à obtenir l'annulation de la décision du Ministre du travail précité ;

---

[500] CA. Pointe-Noire, Rôle social n°028, année 2005, répertoire n°028 du 10 mai 2006, inédit

Considérant que le tribunal du travail suivant jugement et appel a préféré joindre l'exception au fond en vertu des dispositions combinées des articles 181 et 401 du Code de Procédure civile, commerciale, administrative et financière, qui lui permettent d'agir tel qu'il a procédé ; Considérant que la société SDV-Congo, en cause d'appel, trouve l'attitude prise par le juge non conforme d'une bonne administration de la justice dans la mesure où, le sursis à statuer paraît obligatoire en l'espèce parce que la requête de P... se trouve essentiellement fondée sur la décision ministérielle du 26 octobre 2004 laquelle fait présentement l'objet d'un recours en annulation pour excès de pouvoir assorti d'une requête des parties aux fins de paiement des droits légaux et conventionnels; Considérant que l'intimé, dans ses conclusions en appel, n'a pas opiné sur la mesure sollicitée, il s'est borné simplement à répondre sur des questions touchant le fond ; Considérant que, pour la Cour, l'attitude prise par le premier juge en joignant l'exception au fond ne signifie pas que le juge a refusé de répondre sur la question soulevée mais il a simplement voulu pour des raisons d'économie et pour arrêter tout dessein dilatoire dans le traitement, pour les dispositions distinctes et dans un même jugement répondre sur l'exception et sur le fond ; Que cette attitude procédurale prise par le juge est conforme au droit judiciaire congolais suivant l'interprétation de l'article 181 du Code de procédure civile, commerciale, administrative et financière ; D'où il suit de confirmer le jugement avant dire droit querellé en toutes ses dispositions ; Par ces motifs ; Statuant publiquement, contradictoirement, en matière sociale et en premier ressort ; En la forme ; Reçoit l'appel ; Au fond ; Confirme le jugement avant dire droit attaqué ; Renvoie la cause devant le premier juge pour vider sa saisine ; Réserve les dépens[501] ; »

**659. Compétence ratione materiae, dispense de caution**
**La Société CORAF/ T...**

« Statuant sur les appels principal et incident interjetés respectivement les 2 et 19 juillet 2004 par Maître K... pour le compte de la Société CORAF et par Monsieur T... pour son propre compte du jugement contradictoire prononcé par le tribunal du travail de Pointe-Noire en date du 02 juillet 2004 et dont le dispositif est libellé ainsi qu'il suit ; ''Par ces motifs ; Statuant publiquement, contradictoirement en matière sociale, et premier ressort ; Se déclare compétent rationne materiae ; Constate le montant retenu à tort par la CORAF au titre de L'I.R.P.P ; La condamne à payer à

---

[501] CA. Pointe-Noire, Rôle n°038, année 2005, répertoire n°082 du 1er février 2006, inédit

Monsieur T…, les sommes de 2.195.012frs en principal et 1.000.000 frs à titre de dommages et intérêts ; Ordonne l'exécution immédiate, avec dispense de caution, pour la somme principale, nonobstant appel ; Met les dépens à la charge du trésor public ; ''Considérant que ces appels sont réguliers puisque conformes aux prescriptions légales en la matière ; qu'il échet de les déclarer recevables ; Au fond ; Considérant qu'en cause d'appel, la Société CORAF par le biais de son conseil, sollicite la réformation du jugement entrepris en ce que Monsieur T… n'a jamais rapporté la preuve de ses réclamations alors que les sommes d'argent prélevées sur lui ont été régulièrement versées à l'administration fiscale ; Que de son côté, T… sollicite la confirmation du jugement entrepris en toutes ses dispositions ;
Sur quoi la Cour ; Considérant que pour juger tel qu'ils l'ont fait les premiers juges ont motivé comme suit : Attendu que la Société CORAF ne conteste nullement le fait d'avoir retenu en trop la somme de 2.019512frs au titre de l'impôt sur le revenu du sieur T…, alors qu'au montant à retenir ne devait pas s'ajouter cette somme ; Attendu que l'article 1213 du Code civil dispose : ce qui a été payé sans être dû, est sujet à répétition ; Qu'il y a lieu de condamner la Société CORAF au remboursement du montant indûment perçu, soit la somme revendiquée malgré les démarches répétées et entreprises à cet effet ; Que pareille attitude constitue une résistance abusive préjudiciable pour le susnommé et, justifiant les dommages intérêts sur le fondement de l'article 1382 du Code civil ramenés à de justice proportion de 1.000.000frs ; Attendu que l'exécution immédiate a été sollicitée ; Que s'agissant des indemnités non contestées perçues en trop, il y a lieu d'ordonner cette mesure en application des dispositions de l'article 232 (nouveau) du Code du travail ; Considérant que cette motivation est des plus convenables sur le plan du droit ; Qu'il y a lieu de l'adopter totalement et confirmer en toute ses dispositions le jugement querellé ; Par ces motifs ; Statuant publiquement, contradictoirement, en matière sociale et en premier ressort ; En la forme ; Reçoit les appels ; Au fond ; Dit qu'il a été bien jugé et mal appelé ; Confirme en conséquence, le jugement attaqué en toutes ses dispositions ; Met les dépens à la charge du Trésor public[502] ; »

**660. Tâcheronnat, incompétence ratione materiane**
**Ex-travailleurs Socotrans / Socotrans**

« Considérant que suivant extrait d'acte d'appel du 28 septembre 2005, Monsieur L… a relevé appel pour le compte du collectif des ex-

---

[502] CA. Pointe-Noire n°003, année 2006, répertoire n°054 du 26 juillet 2006, inédit

travailleurs manutentionnaires de Socotrans le jour même du prononcé du jugement contradictoire par le tribunal du travail de Pointe-Noire le 24 juin 2005 ; Que le dispositif de ce jugement est libellé ainsi qu'il suit : ''Par ces motifs ; Statuant publiquement, contradictoirement, en matière sociale et en premier ressort ; Constate que les parties sont liées par le tâcheronnat ; Se déclare incompétent rationae matériae ; Met les dépens à la charge du Trésor public ; Que cet appel est régulier et donc recevable ; Au fond ; Sur les faits ; Les consorts P..., L..., et autres ont attrait la société Socotrans en justice pour s'entendre condamner celle-ci à leur payer diverses sommes d'argent pour rupture des contrats de travail ; Qu'ils ont soutenu avoir été embauchés par la société Socotrans en qualité de temporaires permanents en date du 05 juin 1995 avec une rémunération journalière de 7.700 frs CFA et 8.700frs CFA pour des prestations de nuit ; Que les jours fériés et les dimanche étaient payés à 11.000 frs CFA ; Que les salaires étaient payés après l'exécution du travail accompli et à la main sans bulletin ; Qu'ils étaient d'abord considérés comme des occasionnels avant d'être soumis à des cours accélérés d'acconage pendant une semaine en mai 1996, puis scindés en deux (2) groupes ;

Qu'ils ont travaillé durant des années avant de déposer le 26 janvier 2005 un cahier de charges pour obtenir l'amélioration de leurs conditions de travail ; Qu'au contraire, l'employeur les a invités à continuer de travailler avant de procéder à des bouleversements portant sur les deux équipes suivi de l'arrêt brutal de leurs activités sur instructions verbales du chef de personnel ; Qu'en réponse la société Socotrans a soulevé in limine litis l'incompétence du tribunal du travail sur le fondement des articles 2 et 26 du Code du travail et en considération du fait qu'il n'existe pas de contrat de travail entre les parties ; Que les neufs (9) années de travail invoquées par les requérants pour prétendre justifier leur qualité ne constituent pas un lien de travail continu dans lequel ceux-ci ont exécuté des tâches sous la direction et le contrôle de Socotrans ; Qu'ils accomplissent de temps à autre des tâches de manutention en équipe de relève à titre occasionnel selon le flux des navires au port maritime de Pointe-Noire ;

Qu'ils n'ont jamais travaillé de manière ininterrompue pendant neuf (9) ans sous l'autorité de la direction de Scotrans ; Que ce ne sont que des tâcherons communément appelés temporaires ; Que le terme temporaires permanent est un non-sens qui ne se justifie qu'en milieu portuaire pour désigner les temporaires régulièrement connus ; Que la prétendue formation n'était que des consignes de sécurité exigées par les armateurs dans le cadre du Code IDPS ; Que mieux les requérants ont opposé un refus catégorique quant à la proposition de poursuivre l'exécution de

leurs prestations à Socotrans ; Qu'on ne saurait d'ailleurs parler de licenciement dans la mesure où la lettre du Directeur Départemental du travail au Kouilou datée du 10 mars 2005 a précisé que les intéressés étaient des travailleurs occasionnels et il leur a été conseillé de reprendre leur tâches ; Que de plus la société Socotrans ne s'est jamais opposé à ce qu'ils continuent à poursuivre leurs prestations ; Considérant qu'après échange entre les parties et après examen des pièces du dossier, les premiers juges ont rendu le jugement dont appel ; Considérant qu'en cause d'appel, les deux parties ont conclu et sont revenues de plus fort chacune sur leurs arguments de première instance ;
Sur quoi, la Cour ; Considérant qu'il est constant puisque découlant des pièces du dossier que les consorts P… n'étaient liés à la société Socotrans que pour l'exécution des tâches momentanées suivant le flux des navires et rémunérés le même jour ; Qu'au regard des dispositions légales notamment l'article 211 du Code du travail, il s'agit là des relations de travail occasionnelles désignées sous le vocable de contrat de tâcheronnat et qui échappent à la compétence matérielle du tribunal du travail ; Considérant qu'en motivant dans ce sens les premiers juges ont donné une base légale à leur décision qui mérite confirmation par les juges d'appel ;Par ces motifs ; Statuant publiquement, contradictoirement, en matière sociale et en dernier ressort ; En la forme ; Reçoit l'appel ; Au fond ; Dit qu'il a été bien jugé et mal appelé ; Confirme en conséquence, le jugement attaqué en ses dispositions ; Met les dépens à la charge du Trésor public ; Ainsi fait, jugé et prononcé en audience publique les jours, mois et an que dessus ; En foi, le présent arrêt a été signé après lecture faite par Monsieur le Président qui l'a rendu et par le Greffier[503] ; »

### 661. Fin de non-recevoir, renvoi, exception d'incompétence E.N.I Congo / NK… et autres

« Considérant que la société ENI Congo, par le biais de son conseil Maître C.., avocat à la Cour, a, en date du 23 janvier 2006, relevé appel du jugement avant dire droit du tribunal du travail de Pointe-Noire rendu le 20 janvier 2006 sous le numéro 010 et dont le dispositif porte ; ''Par ces motifs ; Statuant publiquement, contradictoirement, en matière sociale et en premier ressort ; Avant dire droit ; Rejette la fin de recevoir opposée et l'exception soulevée ; Reçoit la requête ; Enjoint à la société ENI Congo de conclure au fond ; Renvoie la cause au 03 février 2006 ;

[503] CA. Pointe-Noire, Rôle social n°048, année 2005, répertoire n°005 du 1er mars 2006, inédit

Réserve les dépens ;'' Considérant que ce recours, exercé dans le temps requis, en la forme, ne souffre d'aucune contestation ; Qu'il y a lieu de le déclarer recevable ; Considérant, au fond, la cause présente à juger que K... et autres, après avoir perçu de leur employeur, la société ENI Congo, des droits relatifs à une séparation par mutuel consentement aux termes d'un protocole d'accord « de résiliation anticipée du contrat de travail », ont saisi, trois ans plus tard, le tribunal de Grande Instance par une requête tendant à corriger les erreurs de calcul, contenues dans le protocole précité, et vouloir obtenir du tout, à cet effet, réparation de ce préjudice ; Qu'ainsi le 20 octobre 2003, le tribunal de Grande Instance rendait un jugement, confirmé par la Cour d'Appel et ensuite, sur pourvoi de la société ENI Congo, cassé par la Cour Suprême, dans lequel les premiers juges prononcèrent la rescision des protocoles d'accord signés entre la société ENI Congo et chacun des vingt travailleurs tout en rejetant l'exception d'incompétence soulevée par la société ENI Congo qui, comme la Cour Suprême, dans son arrêt de cassation n°26 G.C.S. 2005, a estimé que la résiliation par mutuel consentement du contrat de travail, en l'occurrence le montant des droits dus à chaque travailleur, sont de la compétence du juge social conformément aux dispositions de l'article 211 et 212 du Code du travail d'une part et d'autre part que la transaction n'est pas forcement et dans tous les cas un contrat civil, dans la mesure où, en l'espèce, poursuit la Cour Suprême dans ces motifs, les indemnités dues après négociation aux travailleurs désireux de bénéficier d'un départ anticipé à la retraite sont intimement liées au contrat de travail et relèvent de la seule compétence du tribunal du travail en cas de contestation ;
Que finalement, pour se conformer à la décision de la Cour Suprême, les consorts K... et autres ont alors saisi pour les mêmes fins le tribunal du travail de Pointe-Noire qui, par jugement avant dire droit, comme pour répondre aux moyens de la société ENI Congo à l'occasion de cette seconde procédure ou elle entendait encore obtenir l'incompétence du juge social au motif que cette juridiction ne pouvait plus se saisir de cette affaire pour avoir apposé sa formule exécutoire et homologuée les protocoles d'accord ; a rejeté la fin de non-recevoir et l'exception soulevée et a demandé à la société ENI Congo de conclure au fond au motif que la cause sur la compétence du juge social avait été déjà réglée par la Cour Suprême et qu'il n'était plus question à cet effet, d'y revenir ; Considérant que l'article 133 du C.P.C.C.A.F. oblige la juridiction de renvoi de se conformer à la décision de la Cour Suprême sur le point de droit traité par elle de sorte que, aucun reproche ne saurait être fait au tribunal du travail pour avoir agi tel qu'il a fait ; D'où il suit de confirmer le jugement avant dire droit attaqué ; Par ces motifs ; Statuant

publiquement, contradictoirement, en matière sociale et en dernier ressort ; En la forme. Reçoit l'appel ; Au fond ; Confirme le jugement avant dire droit attaqué en toutes ses dispositions ; En conséquence, renvoie la cause devant le premier juge pour vider sa saisine ; Met les dépens à la charge du Trésor public[504] ; »

**662. Séparation à l'amiable, irrégularité de la procédure, dommages et intérêts, réintégration**
**G… / I… Société Implanti Industriali S.P.A Succurasale du Congo**

« Après en avoir délibéré conformément à la loi ; En la forme ; Considérant que suivant acte régulier et daté du 17 septembre 2004, maître Z…, avocat à la Cour a dûment relevé appel au nom et pour le compte de Monsieur G… en date du 05 septembre 2003 du jugement prononcé le 1er août 2003 par le tribunal de travail de Pointe-Noire dans la cause l'opposant à la société ISIS SOIMI et dont le dispositif est libellé ainsi qu'il suit ; ''Par ces motifs ; Statuant publiquement, contradictoirement, en matière sociale et en premier ressort ; Constate la séparation à l'amiable intervenue entre les parties, y relève cependant l'irrégularité de la procédure ; Condamne la société ISIS SOIMI à payer à Monsieur G.. la somme de 850.000frs CFA à titre de dommages-intérêts ; Ordonne l'exécution provisoire nonobstant appel ; Met les dépens à la charge du Trésor public'' ; Considérant que suivant arrêt avant dire droit du 1er mars 2006, la Cour avait déjà reçu cet appel ; Qu'il ne convient plus d'y revenir ; Au fond ; Considérant qu'il résulte de l'ensemble des pièces du dossier les faits suivants ; Suite à son licenciement intervenu courant novembre 1998 monsieur G… a attrait son ex-employeur la société ISIS-SOIMI qui se justifiait en soutenant que c'est la société utilisatrice même donc AGIP Recherche Congo qui l'avait enjoint à remplacer G… par un autre grutier suite à une mauvaise manœuvre en date du 06 octobre 1998 de ce dernier sur le chantier en haute mer ; Que ne pouvant l'utiliser ailleurs, la société ISIS SOIMI était obligée de s'en séparer en lui payant les droits dûment calculés ; Qu'après échange entre les parties, le tribunal du travail de Céans a rendu le 1er août 2003 le jugement dont appel ; Considérant qu'en cause d'appel toutes les parties ont conclu et sont revenues pour l'essentiel sur leurs arguments déjà développés en première instance ; Que pour l'appelant, Monsieur G… la Cour doit infirmer le jugement du 1er août 2003 en ce qu'il a déclaré son licenciement légitime et constaté plutôt qu'il s'agit d'un licenciement abusif déguisé ; Que la société ISIS S.P.A devra lui payer la somme de

---

[504] CA. Pointe-Noire, Rôle n°009 année 2006 répertoire n°044 du 12 juillet 2006

28.000.000f frs à titre de dommages intérêts ; Qu'en réponse la société ISIS SOIMI repousse toutes ces allégations et se borne à soutenir que c'est la société AGIP qui suivant correspondance datée du 30 octobre 1998 avait refusé de voir G... dans son chantier ;
Sur quoi la Cour ; Considérant qu'il est discuté le caractère du licenciement de G... intervenu à l'amiable selon les premiers juges alors qu'il revêt un caractère abusif selon l'appelant ; Considérant qu'au regard des pièces du dossier, le contrat liant G... à la société ISIS SOIMI a été rompu au mépris des dispositions du Code du travail ; Qu'il en ressort en effet que la société ISIS SOIMI se prévaut d'une injonction de la société AGIP Recherches Congo pour justifier le licenciement de son employé ; Considérant que la seule faute de l'employé à l'origine de son licenciement n'est pas prouvée de façon incontestable ; Que s'il s'agissait d'une mauvaise manœuvre de G... qui aurait engendré des dégâts, la société ISIS SOIMI n'aurait pas manqué de le licencier simplement par faute lourde plutôt que de négocier un licenciement à l'amiable ; Que cette seule indélicatesse suffit pour retenir l'absence de faute, donc le caractère abusif du licenciement intervenu ; Considérant par ailleurs que la société ISIS SOIMI n'a jamais notifié par écrit à G... le licenciement qui est pourtant consommé entre les parties de manière non équivoque ; Qu'en agissant de la sorte, la société ISIS SOIMI a transgressé les dispositions de l'article 39 alinéa 4 du Code du travail et s'est exposée à une condamnation à des dommages-intérêts ; Considérant que sur tous les autres points, le jugement attaqué mérite d'être confirmé ; Par ces motifs ; Statuant publiquement, contradictoirement, en matière sociale et en dernier ressort ; En la forme ; Reçoit l'appel ; Vu l'arrêt avant dire droit en date du 1er mars 2006 ; Au fond ; Infirme partiellement le jugement attaqué en ce qu'il a qualifié de séparation amiable le licenciement intervenu ; Statuant à nouveau ; Déclare le licenciement abusif et irrégulier ; Ordonne la réintégration ou à défaut ; Condamne la société ISIS SOIMI à payer à G... outre les droits légaux et conventionnels la somme de 3.000.000frs CFA à titre de dommages-intérêts ; Confirme ledit jugement en toutes ses autres dispositions ; Met les dépens à la charge du Trésor public[505] ; »

**663. Connexité de procédure, désistement**
**P... / Sté SDV Congo**

« Par requête en date à Pointe-Noire du 06 février 2007, Monsieur P... a déclaré former appel du jugement rendu le 31 janvier 2007 ; Par

---

[505] CA. Pointe-Noire, année 2004, répertoire n°068 du 22 novembre 2006, inédit

ordonnance du 25 juin 2007 madame le Premier Président de la Cour d'Appel de Pointe-Noire fixait à l'intimé un délai pour produire ses moyens de défense et ordonnait que l'affaire serait appelée à l'audience du 04 juillet 2007 ; Conformément aux dispositions des articles 89, 90 et suivants de la loi 51/83 du 21 avril 1983, les requêtes et ordonnances ont été notifiées aux parties ainsi qu'il résulte des pièces du dossier ; L'affaire inscrite au rôle du 04 juillet 2007, a été renvoyée au 18 juillet 2007, 19 septembre pour plaidoirie, au 21 novembre 2007, 28 novembre 2007 pour Maître MF..., puis mise en délibéré pour arrêt être rendu le 05 décembre 2007 ; Advenue cette dernière audience du 5 décembre 2007 la Cour vidant son délibéré a rendu l'Arrêt contradictoire suivant ; La Cour ; Vu les pièces du dossier ; Oui Monsieur le Président B... en son rapport ; Oui P... représenté par Maître MF... en ses conclusions en réplique ; Oui, le Ministère public en ses réquisitions ; Après en avoir délibéré conformément à la loi ; En la forme ; Statuant sur l'appel régulièrement interjeté par P... le 06 février 2007 du jugement social rendu le 31 janvier 2007 par le tribunal du travail de Pointe-Noire par lequel cette juridiction a constaté la connexité des procédures à sursis à statuer puis à renvoyer sinedi l'affaire tout en réservant les dépens ; Considérant qu'en date du 26 novembre 2007 monsieur P... a désisté de son appel suivant correspondance de son conseil Maître MF... ; Sur quoi la Cour ; Considérant qu'il ressort des pièces du dossier et notamment de la correspondance en date à Pointe-Noire du 26 novembre 2007 de Maître MF..., avocat à la Cour que le nommé P... appelant en la présente cause s'est désisté de son appel interjeté le 6 février 2007 contre le jugement rendu le 31 janvier de la même année ; Qu'il échet de lui en donner acte ; Par ces motifs ; Statuant publiquement, contradictoirement en matière sociale et en premier ressort ; Donne acte à P... de son désistement d'appel en date du 26 novembre 2007 ; Met les dépens à la charge du Trésor public[506] ; »

[506] CA. Pointe-Noire, Rôle n°030, année 2007 répertoire n°049 du 05 décembre 2007, inédit

# TITRE 8 : RECONSTITUTION DE CARRIERES, RECLASSEMENT, AVANCEMENT, QUALIFICATION PROFESSIONNELLE

**664. Indemnité de transport, indemnité de logement, prime de responsabilité**
**ATC-CFCO / Ayants droits de TCH...**

« Statuant sur les mérites de l'appel interjeté le 7 décembre 2004 par Maître O..., avocat à la Cour pour le compte de l'ATC-CFCO du jugement contradictoire rendu par le tribunal du travail de Pointe-Noire le 3 décembre 2004 dont le dispositif est libellé comme suit :
''Par ces motifs ; Statuant publiquement, contradictoirement en matière sociale et en premier ressort ; Constate les termes du décret n°070/159 du 21 mai 1970 portant sur les avantages financiers du contrôleur d'Etat ; Condamne l'ATC-CFCO à payer aux ayants droit de TCH... les sommes ci-après :

- 11.615.000frs CFA à titre des arriérés d'indemnités de transport ;
- 10.400.000frs CFA d'arriérés de primes de responsabilité ;
- 42.500.000frs CFA d'arriérés d'indemnités de logements ;

Ordonne l'exécution provisoire pour les arriérés de l'indemnité de transport et prime de responsabilité nonobstant appel ; Déboute les ayants droit du surplus de leurs demandes ; Met les dépens à la charge du Trésor public ;'' Considérant que cet appel est conforme aux prescriptions de l'article 237 du Code du travail ; Qu'il échet de le déclarer régulier et recevable ; Au fond ; Considérant qu'il résulte de l'ensemble des pièces du dossier les faits ci-après ; Suivant décret en date du 29 août 1992, feu TCH... avait été nommé contrôleur d'Etat auprès de l'Agence Transcongolaise de Communication dite A.T.C. ; Qu'à ce titre en contre partie des prestations fournies il avait droit à des avantages financiers prévus par le décret n°70/159 du 21 mai 1970 ; Que le 20 août 1999, les ayants droit de feu TCH... constant que ce dernier n'avait pu bénéficier de son vivant, des avantages inhérents à ses fonctions de contrôleur, ont fait citer l'ATC citer par devant le tribunal du travail de Pointe-Noire qui a rendu le jugement dont appel ; Considérant qu'en cause d'appel, Maître O..., Avocat à la Cour et conseil de l'ATC fait constater que cette entreprise a été dissoute ; Que cette dissolution entraîne ipso facto l'arrêt de toute poursuite judiciaire contre l'ATC, d'où l'inopportunité de la procédure suivie par les ayants droit de TCH... qui devront être renvoyés à mieux se pourvoir ; Qu'en réponse, les intimités par le biais de leur conseil Maître C... repoussent ses allégations, et tout en reconnaissant la dissolution de l'Agence Transcongolaise de Communication dite A.T.C suivant ordonnance du 16 février 2000, ils font observer que celle-ci a été précédée d'une scission du patrimoine de la société A.T.C en trois entités juridiques distinctes ; Que l'actif et le passif de l'ATC ont été transférés au Port Autonome de Pointe-Noire, le CFCO, le Port Autonome de Brazzaville et Ports secondaires ; Qu'il est clair que l'actif et le passif de l'ATC ont été transférés à l'entité juridique du Chemin de Fer Congo Océan pour ce qui est du présent contentieux ; Que cela est évident dans la mesure où feu TCH... a été contrôleur de l'ATC dans le cadre du Chemin de Fer Congo Océan ; Que la présente procédure est fondée et ne peut être qualifiée d'inopportune ; Qu'en définitive la Cour devra confirmer le jugement attaqué en toutes ses dispositions ;

Sur quoi la Cour ; Considérant que les ayants droit de feu TCH... revendiquent le paiement des primes, indemnités et dommages-intérêts au titre des avantages dus et préjudice subi ; Considérant qu'il est constant au regard des pièces du dossier notamment de la note fixant les taux des indemnités et du décret n°070/159 du 21 mai 1970 qui en sa qualité de contrôleur financier, feu TCH... avait droit à une prime de responsabilité non payée par l'ATC depuis sa prise de fonctions, de même que la prime de transport et de logement ; Considérant qu'en appel, l'ATC n'a pas conclu au fond quoique appelant ; Considérant que cette attitude traduit une carence d'arguments valables à opposer la réclamation des ayants droit de TCH... ; Qu'en définitive l'ATC n'a pas pu résister aux moyens présentés par les requérants ; Qu'il échet sans chercher à discuter d'avantage, d'adopter entièrement les motifs des premiers juges et confirmer en toutes ses dispositions le jugement maladroitement attaqué ; Par ces motifs ;

Statuant publiquement, contradictoirement en matière sociale et en dernier ressort ; En la forme ; Reçoit l'appel ; Au fond ; Dit qu'il a été bien jugé et mal appelé, en conséquence, confirme le jugement attaqué en toutes ses dispositions ; Met les dépens à la charge du Trésor public[507] ; »

### 665. Heures supplémentaires, prime de panier Société HALLIBURTON et C.P.S / M... et autres

« Considérant que suivant acte d'appel dressé au greffe du tribunal du travail de Pointe-Noire le 20 septembre 2005, Maître TCH... a relevé appel le 26 juillet 2005 pour le compte de la société HALLIBURTON du jugement du 22 juillet dans la cause opposant cette société à ses ex-employés les consorts M... ; Que le dispositif de ce jugement est libellé

[507] CA. Pointe-Noire, Rôle n°025, année 2005, répertoire n°065 du 14 décembre 2005, inédit

ainsi qu'il suit ; ''Par ces motifs ; Statuant publiquement, contradictoirement en matière sociale et en premier ressort ; Constate les lettres de réclamation des consorts M... et celles de la société CPS adressées à la société HALLIBURTON ; Constate les fiches de pointages d'heures supplémentaires ; Met hors de cause la société CPS ; Condamne la société HALLIBURTON à payer au titre des heures supplémentaires et la prime de panier les sommes ci-après ; à M... 4.746.000frs CFA ; à N... 4.056.000frs CFA à D... 3.366.000frs CFA ; Ordonne l'exécution immédiate avec dispense de caution nonobstant appel ou opposition ; Déboute les consorts M... du surplus de leurs demandes ; ''Considérant que cet appel relevé dans les délai légaux est régulier et donc recevable ; Que l'appel incident des intimés est également recevable ; Au fond ; Considérant qu'il ressort de l'ensemble des pièces du dossier que les nommés M.. et G... ont été embauchés par la société de courtage et de prestation de services dites (CPS) en qualité de chauffeur et mis à la disposition de la société HALLIBURTON ; Qu'ils ont travaillé sans repos hebdomadaire nuit et jour en dépit des revendications ; Qu'enfin de compte par requête en date à Pointe-Noire du 31 mars 2004 ils ont saisi et obtenu du tribunal du travail la condamnation de la société HALLIBURTON à leur payer des sommes d'argent à titre d'heures supplémentaires, et de prime de panier d'où le présent appel ; Que les premiers juges ayant omis de leur allouer des sommes d'argent à titre de dommages-intérêts, ils ont également relevé appel incident dudit jugement ; Considérant qu'en cause d'appel seuls les intimés ont conclu ; Qu'ils sont pour l'essentiel revenus sur leur argumentation de première instance en introduisant une demande supplémentaire pour appel abusif et vexatoire chiffrée à la somme de trois millions 3.000.000frs CFA) ; Sur quoi la Cour ; Considérant que l'espèce soumise à la censure des juges d'appel porte sur une revendication d'heures supplémentaires, la prime de panier et des dommages-intérêts subséquents ; Considérant que les premiers juges y ont accédé en partie ; Que l'appelante, principale la société HALLIBURTON, n'a pas daigné conclure ni présenter de mémoire pour relever les griefs portés contre le jugement querellé ; Que la Cour se trouve dépourvue de tous éléments de critique formulé à cet effet si ce n'est de la part des intimés, appelants incidents ; Que eu égard à l'effet dévolutif de l'appel, la Cour examinant la motivation des premiers juges constate que le jugement querellé mérite confirmation en ce qu'il a retenu la responsabilité de la société HALLIBURTON, société mère et utilisatrice en l'espèce et l'a condamnée au paiement des diverses sommes d'argent au titre d'heures supplémentaires et de prime de panier ; Que sur ce point la Cour adopte totalement les motifs des premiers juges ; Considérant cependant que le préjudice subi par les consorts M...

est constant ; Que les premiers juges auraient dû subséquemment condamner la société HALLIBURTON au paiement des dommages intérêts sollicités ; Considérant que le jugement attaqué sera partiellement infirmé sur ce point ; Qu'il sera alloué aux consorts M… la somme de 1.000.000frs CFA chacun à titre de dommages intérêts ; Que par contre la demande portant sur la somme de 3.000.000frs CFA pour appel abusif et vexatoire n'est nullement justifiée ; Qu'il y a lieu de les en débouter ; Par ces motifs ; Statuant publiquement, contradictoirement à l'égard des intimés et par défaut à l'égard de l'appelant en matière sociale et en dernier ressort ; En la forme ; Reçoit la société HALLIBURTON, ainsi que les consorts M.. en leurs appels principal et incident ; Au fond ; Infirme partiellement le jugement attaqué en ce qu'il n'a pas alloué des dommages-intérêts aux consorts M… ; Statuant à nouveau ; Condamne la société HALLIBURTON à payer à chacun des intimés la somme de 1.000.000 frs CFA à titre de dommages-intérêts ; Déboute les consorts M… du surplus de leur demande ainsi que des autres chefs de demande ; Confirme le jugement attaqué en toutes ses autres dispositions ; Met les dépens à la charge du Trésor public[508] ; »

**666. Reclassement, attribution de catégories supplémentaires, dommages et intérêts**
**B…/ Sté S.N.E**

« Considérant que Maître M…, avocat à la Cour, pour le compte de B…, a, en date du 26 décembre 1991, relevé appel d'un jugement contradictoire rendu le 20 décembre 1991par le tribunal du travail de Pointe-Noire et dont le dispositif porte ; ''Statuant publiquement, contradictoirement, en matière sociale et en premier ressort ; Déclare la requête de B… irrecevable, Le déboute ; Met les dépens à la charge du Trésor public ;'' Considérant que l'appelant entend être reclassé à la catégorie D, avec effet financier à compter de sa date d'embauche, qui, selon lui, se rattachait, au regard de la convention collective, à sa qualification d'aide comptable au moment de son embauche à la SNE au lieu de la catégorie E ; Qu'il veut également, dans cette démarche, que la SNE lui reconnaisse désormais la catégorie D5 pour avoir exercé la fonction de comptable, de 1982 à 1992, en remplacement de Monsieur B… qui l'a occupée avant lui et qui était classé à la catégorie D5 ; Qu'il entend aussi bénéficier de deux catégories supplémentaires au moment de son départ à la retraite comme avantage reconnu par la convention

[508] CA. Pointe-Noire, Rôle n°005, année 2006, répertoire n°032 du 10 mai 2006, inédit

collective applicable au personnel de la S.N.E ; Qu'enfin, au titre des dommages intérêts, il sollicite la condamnation de la SNE à lui payer la somme de 50.000.000frs CFA pour n'avoir pas à temps, malgré ses multiples lettres de rappel, régularisé sa situation professionnelle ; Considérant que le jugement dont appel, suivant une opinion non contraire à celle soutenue par la SNE dans sa défense, a déclaré irrecevable la requête de B… parce que ce dernier avait été déjà promu à la catégorie D, depuis 1989 par décision n°356/89/DAP/DGP portant promotion sur liste d'aptitude, prise par le Directeur général président du conseil d'administration de la SNE, de sorte que son action se présente désormais, selon le premier juge sans objet ; Considérant que les effets de droits ne peuvent courir à partir de cette décision portant promotion sur une liste d'aptitude qui s'analyse en un simple document dont la fonction est uniquement de désigner les personnes appelées à être avancés ; Qu'ainsi, en l'absence d'une autre décision portant avancement désormais de B… à la catégorie D, seul texte propre à faire produire les effets de droits, ce dernier n'est pas juridiquement, en raison du défaut de la décision d'avancement, reconnu comme étant à la catégorie D ; Que c'est donc normal que B… dirige son mérite contre la SNE pour obtenir, par régularisation, cette catégorie D, qu'il mérite d'ailleurs, puisque son nom figure, sur la liste d'aptitude, parmi les agents promus à ce grade ; Considérant que, par contre, Monsieur B… ne saurait être placé à la catégorie D5 au motif que l'intérim par lui du titulaire du poste de comptable se fait pour les besoins de service de sorte que cette fonction de comptable, exercée à titre temporaire, ne saurait s'analyser en une promotion, pire, jusqu'à vouloir obtenir le grade ou catégorie du remplacé qui n'est pas directement lié à la fonction mais qui tient compte également des performances personnelles et de certaines conditions rattachées à la personnes, c'est-à-dire l'ancienneté, les diplômes et les promotions régulièrement acquises ; Qu'ainsi raisonné, il y a lieu de débouter B… de sa demande tendant à vouloir obtenir la catégorie D5 pour la simple raison d'avoir assuré les fonctions de comptable en remplacement du titulaire qui était à la catégorie D5 ; Considérant que B… a sollicité, à titre de dommages-intérêts la somme de 50.000.000 frs CFA, pour préjudice subi ; Considérant que ce montant parait exagéré et qu'il y a lieu donc de la ramener à une juste proportion ainsi qu'il suit au dispositif ; Par ces motifs ; Statuant publiquement contradictoirement, en matière sociale et en premier ressort ; En la forme ; Reçoit l'appel ; Au fond ; Infirme le jugement attaqué en toutes ses dispositions ; Statuant à nouveau ; Ordonne le reclassement de B… à la catégorie D avec effet financier pour la fonction d' aide Comptable par lui occupée au moment de son embauche ; Ordonne également l'attribution à B… de deux catégories supplémentaires au moment du départ à la retraite de tout agent régi par la convention collective applicable au personnel de la SNE ; Rejette sa demande portant reclassement à la catégorie D5 ; Condamne la SNE à lui payer la somme de 800.000 frs CFA à titre de dommages-intérêts ; Déboute B… du surplus de sa demande ; Met les dépens à la charge du Trésor public[509] ; »

**667. Prime de séparation, bonus**
**K… / la société Bivac CONGO**

« Par requête en date à Pointe-Noire, du 14 juin 2006, de Maître M…, Monsieur K… a fait citer la société BIVAC-Congo pour obtenir le paiement des sommes suivantes ;

- 469.932frs CFA de prime du bonus ;
- 5.639.185frs CFA de prime de séparation ;
- 2.000.000frs CFA à titre de dommages et intérêts

Au soutien de ses demandes, K… a exposé qu'il a travaillé au sein de BIVAC CONGO en qualité de Responsable des opérations du 1er juillet 1999 au 05 mai 2006 ; Qu'en 2006, la société BIVAC-Congo a cessé toute son activité, et ses droits ont été escamotés au point où le bonus de l'année 2005 et la prime de séparation n'ont pas été payés ; Que ces droits sont d'usage, et la société sus-dénommée les a toujours payés durant ses six années d'exercice ; Que d'ailleurs, la société BIVAC-Congo avait annoncé le paiement du bonus par rapport aux bons résultats réalisés au cours de l'année 2005 ; Que par la suite, elle s'est départie de cette promesse prenant prétexte de la fermeture intervenue ; Que, de même, la prime de séparation qui est d'usage en droit Congolais lors d'une rupture des rapports contractuels par mutuel consentement, n'a nullement été payée ; Qu'il est donc fondé à s'adresser à justice pour qu'il soit statué tel que sollicité ; Par son conseil, la société BIVAC a conclu au débouté et sollicite à titre reconventionnel des dommages-intérêts pour procédure abusive et vexatoire tout en faisant valoir qu'il s'agit d'une action non fondée ; Qu'à la suite de la dissolution de l'entreprise, l'inspection du travail a été saisie, les droits des travailleurs ont été calculés et payés ; Qu'il en a été ainsi pour les indemnités de rupture du contrat de travail et du 13e mois au prorata ; Que K… a perçu tous ses droits après concertation devant le tribunal de céans ; Que d'ailleurs, la prime de séparation revendiquée, est une gratification bénévole et non obligatoire laissée à la l'entière discrétion de

---

509 CA. Pointe-Noire, Rôle sociale n° année 2004, répertoire n°050 du 07 novembre 2007, inédit

l'employeur d'en décider ; Qu'elle n'est ni un salaire ni un accessoire de salaire ; Que de même, le bonus peut être considéré comme une gratification pseudo contractuelle en raison de l'usage ;

Que bien des raison ont été à l'origine du non-paiement de ladite prime aux salariés qui, de ce fait, n'ont subi aucun préjudice ; Que davantage, depuis la perte du seul contrat autour duquel gravitait toute son activité économique, l'entreprise a continué à payer les salaires jusqu'au mois de mai 2006 ; Que K.. a touché une somme de 9.401.400frs CFA en sus des salaires toutefois perçus ; Qu'il s'agit d'une procédure abusive et vexatoire contre la société BIVAC laquelle est en droit de demander reconventionnellement des dommages –intérêts d'un montant de 10.000.00frs CFA ; Attendu qu'à la suite de la rupture de son contrat de travail due à la fin de l'activité de son employeur, Monsieur K.. revendique le bonus au titre de l'année 2005, d'un montant de 469.932frs CFA et la prime de séparation à 5.000.000frs CFA ; Qu'il fonde sa demande sur l'usage et la pratique toutefois consacrés au sein de la société BIVAC-Congo ; Mais attendu que la société BIVAC-Congo a fait relever plutôt la caractère d'une simple gratification bénévole rattachée à la prime de séparation et la nature pseudo contractuelle du bonus revendiqué ; Que le paiement ne peut en être une obligation pour elle ; Attendu qu'il ressort des pièces du dossier qu'à la suite de l'arrêt de l'activité, les travailleurs de la société sus dénommée ont revendiqué le bonus au titre de l'année 2005, prenant appui sur leurs résultats réalisés par celle-ci ; Que de même, sur l'usage et la pratique le paiement de cette prime concernant la prime de séparation, celle-ci a été objectée par les travailleurs et aucune réponse précise n'a été donnée par l'employeur ; Attendu qu'un bonus toutefois consenti par l'employeur à ses salariés à la suite des performances réalisées par l'entreprise au cour d'une année, n'est pas une gratification bénévole dès lors qu'il tend à récompenser ces efforts de travail exceptionnel déployé ; Que de même, eu égard aux usages et pratiques en la matière, les entreprises ayant de temps à autre payé une prime de séparation à leurs salariés à la suite d'une rupture du lien contractuel exclusive de toute faute, ont plutôt par ce fait instauré un usage servant de précédent et de règle aux situations similaires ; Qu'en considération desdits usages et pratiques cette prime ne peut, en pareilles circonstances avoir un caractère pseudo-contractuel ; Attendu que le paiement d'un bonus ou d'une prime de séparation consenti par un employeur de manière habituelle, crée un usage auquel celui-ci ne peut se soustraire ; Or, attendu que K.. se fonde sur l'usage et la pratique au sein de la société BIVAC-Congo pour asseoir sa revendication évaluée tel qu'il a été spécifié ci-dessus ; Qu'il y a lieu de faire consécration en la matière et de condamner la société BIVAC-Congo au paiement de 439.932frs CFA au titre du bonus et 4.000.000frs CFA s'agissant de la prime de séparation ; Attendu que l'exécution provisoire est sollicitée ; Qu'il y a lieu en application des dispositions de l'article 232 (nouveau) du Code du travail de prononcer cette mesure avec dispense de caution, pour le bonus de séparation ; Attendu que la société BIVAC-Congo a sollicité le paiement de la somme de 10.000.000frs CFA à titre de dommages et intérêts pour procédure abusive et vexatoire ; Attendu que l'abus du droit n'est pas établi contre K… ; Qu'il sied de débouter BIVAC de sa demande ; Par ces motifs ; Statuant publiquement, contradictoirement, en matière sociale et en premier ressort ; Constate les lettres de revendication ; Dit qu'il y a lieu à conservation des usages sur la prime de séparation et sur le bonus ; Condamne la société BIVAC-Congo à payer à Monsieur K… les sommes ci-après ;

- 469.932frs de bonus :
- 4.000.000frs de prime de séparation ;

Ordonne l'exécution provisoire, avec dispense de caution nonobstant appel ; Déboute la société BIVAC-Congo de sa demande reconventionnelle ; Met les dépens à la charge du trésor public ; »[510]

**668. Contrat de travail, congés, frais de mission**
**K… / Société la COPE**

« Requête en date du 14 août 2007, aux fins de paiement des salaires et frais de mission, introduite par Monsieur K…, contre la société LA COPE ; Au soutien de la demande, il est exposé ; Que courant l'an 2000, K… a effectué des prestations en informatique au sein de la société LA COPE ; Que par la suite, il a signé un contrat d'engagement à l'essai, classé alors à l'échelle 9 de la convention collective ; Que durant cinq (5) ans, les salaires ont été irréguliers mais les heures supplémentaires non payées, ainsi que les frais de mission ; Qu'il n'avait jamais bénéficié des congés ; la société LA COPE a soulevé l'exception de communication des pièces, mais rejetée suivant le jugement avant dire droit en date du 13 juin 2008, ayant en même temps ordonné l'audition des parties sur les salaires quant à l'échéance, les frais de mission et heures supplémentaires quant à leurs états et dates ; La mesure d'enquête n'a pas été exécutée (voir procès-verbal de carence en date du 22 août 20008) ;
Attendu que la société LA COPE a sollicité dans ses conclusions du 12 octobres 2007, la production du contrat de travail par K… ; Qu'elle a mis

[510] Tribunal du travail de Pointe-Noire, Rôle n° année 2006, répertoire n° du 24/11/2006, inédit

en doute les relations de travail ayant régi les parties ; Mais attendu que K… a produit des bulletins de paie et des ordres de mission ; Qu'au travers de ses pièces il est bien précisé que K… est agent de la société LA COPE ; Qu'il y a contrat de travail au sens de l'article 2 du Code du travail ; Attendu que K.. revendique les arriérés de salaire et congés d'un montant de 805.699 frs CFA, les frais de mission dont le montant global n'est pas déterminé, et les heures supplémentaires d'un montant estimé, à l'en croire, à 2.000.000frs CFA ; Attendu que, cependant, l'état des salaires dus et leur échéance ne sont pas rapportés ; Attendu qu'il est acquis que le congé et l'ordre de mission prêtent nullement à contestation ; Qu'il y a lieu de condamner la société LA COPE à leur paiement, tels qu'ils seront calculés par l'inspection du travail, et soumis à l'appréciation du tribunal ; Attendu que l'exécution immédiate est sollicitée en vertu des dispositions de l'article 233 (nouveau) du Code du travail ; Qu'il convient d'y faire droit ; Attendu que la société LA COPE a sollicité le paiement de la somme de 5.000.000frs CFA à titre de dommages-intérêts pour procédure abusive et vexatoire ;
Attendu que l'abus de droit n'est pas établi contre K… ; Qu'il y a lieu de débouter la société LA COPE de sa demande reconventionnelle ; Par ces motifs ; Statuant publiquement, en matière sociale, et en premier ressort ; Constate les bulletins de paie, les ordres de mission et les notes de service ; Dit qu'il y a contrat de travail ; Condamne la société LA COPE à payer à Monsieur K… les arriérés de congés et frais de mission (calculés par l'inspection du travail) ; Ordonne l'exécution immédiate, avec dispense de caution, nonobstant appel ; Déboute K… du surplus de sa demande ; Déboute LA COPE de sa demande reconventionnelle ; Met les dépens à la charge du trésor public[511] ; »

**669. Ancienneté des agents, exception de communication de pièces, dispense de caution**
**Consorts O… / CFCO**

« Par requête à Pointe-Noire, en date du 20 janvier Monsieur O… et d'autres agents de la classe 65, ont fait citer leur employeur, le Chemin de Fer Congo-Océan en sigle CFCO, pour s'entendre ordonner la reconstitution de leurs carrières avec effets financiers rétroactifs depuis leur recrutement et procéder à l'homologation de leurs diplômes, tout en le condamnant au paiement de la somme de 1.000.000 frs CFA à chacun à titre de dommages-intérêts ; Au soutien de leur requête, ils exposent ;

---

[511] Tribunal du travail de Pointe-Noire, Rôle n°121, année 2007, répertoire n°188 du 5 septembre 2008, inédit

Qu'ils ont été recrutés au sein du Chemin de Fer Congo Océan (CFCO) depuis 1991, et il n'a pas été tenu compte de leur ancienneté à partir de cette année ; Qu'à la suite de leurs revendications ce différend a abouti à un règlement par voie de conciliation devant le Directeur Départemental du travail du Kouilou, en date du 07 décembre 2001 ; Que ce procès-verbal a été revêtu de la formule exécutoire ; Qu'une décision a été prise à cet effet par le Chemin de Fer Congo Océan (CFCO) pour la prise en compte des effets financiers quant aux exercices précédents ; Que la décision n°887/CFCO-DG du 05 novembre 2004 établit pourtant l'ancienneté de chaque agent, et il est injustifiable que des agents ayant passé 15 à 20 ans de service puissent être classés à la même échelle et au même échelon que ceux ayant plutôt trois à quatre ans de service temporaire ; Par ses conseils, Maître M… et Maître O… avocats à la Cour, ont sollicité respectueusement, la communication des pièces, et conclu au débouté, tout en faisant valoir ; Que la Commission tripartite tenue en janvier 2002 et novembre 2003 s'était déjà prononcée pour l'attribution d'une échelle et d'un échelon à chaque agent ayant totalisé une ancienneté égale ou supérieure à trois (3) ans ; Que cette décision prise en novembre 2004 s'impose à tous les agents, y compris les requérants et, elle fait suite au procès-verbal de conciliation n°1972 du 07 décembre 2001 ; Que par ailleurs, la décision du 05 novembre 2004 a conforté cet avis ; Le Ministère public a relevé le bien-fondé de la demande de reconstitution de carrière tout en faisant remarquer que le reclassement de la classe 65 ainsi effectué, tel que rappelé par le CFCO, ne répond pas aux normes juridiques en la matière ; Sur quoi, le Tribunal ; Attendu que le CFCO a, au préalable, soulevé l'exception de communication des pièces ; Mais attendu que les énonciations de la requête sont suffisamment soutenues par des pièces y afférentes ; Qu'il y a lieu de rejeter cette exception ; Attendu qu'il ressort desdites pièces versées au dossier, que le différend opposant les requérants à leur employeur, le CFCO, avait fait l'objet d'une conciliation, au point où une transaction a été faite sur une ou deux échelles dans la classification des agents de la classe 65 ayant une ancienneté de trois ans ; Qu'une commission technique devait être mise en place pour ainsi procéder au reclassement sollicité tout en tenant compte de la commune volonté des parties, telle qu'exprimée en conciliation ; Or, attendu que les consorts O.. avant d'être recrutés définitivement le 27 août 1991, avaient effectué des prestations de travail, au point où leur ancienneté devait courir à compter du 1er octobre 1990 ; Que pourtant, le statut du personnel du Cadre Permanent devait leur être applicable, ainsi que les dispositions prévues par l'instruction générale n°005-91/ATC-CFCO du 23 août 1991 ; Que, cependant, par décision du Directeur général du CFCO en date du 05 novembre 2004, l'ancienneté de certains d'entre les requérants a été fixée pour compter du 2003 et 2004 ; Qu'il y a donc lieu de constater la non prise en compte de la date de recrutement comme point de départ de l'ancienneté des susnommés, agents de la classe 65 lors de leur recrutement définitif ; Attendu que c'est en dehors de toute justification légale, et sans raison valable que les consorts O… n'ont pas été reclassés convenablement dès leur recrutement, et que, par la suite, la Commission technique réunie lors de la conciliation n'a pas pris en compte, de manière judicieuse, leur ancienneté ; Qu'il y a lieu d'ordonner la reconstitution de leurs carrières, avec effets financiers à compter de la date de leur recrutement ; Attendu qu'il n'a pas été pris en compte de leur ancienneté, en ce que la décision du Directeur général du CFCO, en date du 05 novembre 2004, l'a fixée à compter du 2003 et 2004 ; Qu'il échet de faire remonter ladite ancienneté à la date de recrutement ; Attendu que les consorts O.. ont sollicité l'homologation de leur diplômes ; Attendu que les susnommés n'apportent aucun élément sur ce point, soit de nature à permettre au tribunal de contrôler sa propre compétence, soit en explicitant le sort qu'en a réservé leur employeur ; Qu'il y a lieu de relever le mal fondé de ce chef de demande ; Attendu que les requérants ont, en sus, sollicité des dommages-intérêts pour préjudice subi du fait de la non reconstitution de carrière ;

Mais attendu qu'il ne s'agit pas d'une reconstitution de carrière systématiquement refusée par l'employeur, alors préjudiciable à ceux-ci, du moment qu'en 2001 elle a été entreprise, suivant la conciliation intervenue, mais non pas dans le sens escompté ; Qu'il y a lieu de les débouter de cette demande ; Attendu que l'exécution provisoire a été demandée ; Attendu qu'il est évident que le point objecté sur le reclassement ne prête nullement à contestation ; Qu'il y a lieu d'ordonner cette mesure, en application des dispositions de l'article 232 (nouveau) du Code du travail ; Par ces motifs ; Statuant publiquement, contradictoirement, en matière sociale et en premier ressort ; Constate les pièces du dossier ; Constate la non prise en compte de l'ancienneté des consorts O.., agents de la classe 65, lors de leur recrutement définitif ; Rejette l'exception de communication des pièces ; Ordonne la reconstitution de leurs carrières, avec effets financiers à compter de la date de leur recrutement, ainsi que la prise en compte de leur ancienneté ; Dit que l'ancienneté remonte au 1er octobre 1990 ; Ordonne l'exécution provisoire, avec dispense de caution, nonobstant appel ; Déboute les consorts O… du surplus de leurs demandes ; Met les dépens à la charge du Trésor public[512] ; »

### 670. Non versement de cotisations sociales, accident de travail M… / Sté T.C.K SARL

« Par requête en date du 13 décembre 2001, monsieur M… fait citer l'entreprise de Bois TGK pour obtenir le versement d'une provision de 5.000.0000 frs CFA à titre des frais de soins urgents ; Au soutien de sa demande, il expose qu'il a été engagé sans contrat écrit par la société TGK depuis 1994, en qualité d'Aide mécanicien ; Qu'en exécution de ses prestations contractuelles le 06 mai 1999, il a été victime d'un accident de travail, suite à une fausse course au fond d'un ravin amorcé par le véhicule dans lequel il se trouvait ; Qu'il a été le seul survivant et a perdu l'usage de son œil droit, ainsi qu'une fracture à la jambe gauche ; Que s'en étant référé à la Caisse Nationale de sécurité sociale sur instruction de son employeur, il n'a pu y obtenir une possibilité d'indemnisation ; Qu'il y a silence de la part dudit employeur et, il s'estime fondé à s'adresser à justice pour qu'il soit statué tel que sollicité ; Répliquant à cette requête par le truchement de son conseil Maître M.., avocat à la Cour, l'entreprise T.C.K. a relevé le mal fondé de l'action de M.. tout en faisant remarquer qu'à la suite de l'accident dont il se prévaut, il a été ramené à Pointe-Noire, puis admis à l'hôpital A.SICE ; Que ledit accident a été régulièrement déclaré à la CNSS, mais sorti de l'hôpital, le susnommé a formulé une demande d'indemnisation à son endroit, à hauteur de 20 millions de francs CFA ; Qu'elle ne peut se substituer à la CNSS ; Que l'accident étant déclaré sous le n°40714 et conformément aux règles en vigueur, il ne saurait parler du rejet de toute possibilité d'indemnisation ; Qu'il y a lieu en toute nécessité, de mettre en cause la CNSS ; Qu'elle sollicite par conséquent sa mise hors de cause ; Attendu qu'il ressort des pièces versées aux débats que la situation de l'entreprise T.G.K n'est pas à jour au moment de l'accident du requérant ; Qu'il y a lieu d'ordonner le versement par celle-ci de la provision sollicitée, judicieusement ramenée à 3 millions de francs CFA et, sur le fondement de l'article 1382 du Code civil ; Attendu que l'exécution immédiate est sollicitée in ratu ; Qu'en vertu des dispositions de l'article 232 du Code du travail et, eu égard à l'urgence en la demeure il y a lieu d'ordonner cette mesure, avec dispense de caution, nonobstant opposition ou appel ; Par ces motifs ; Statuant publiquement, contradictoirement, en matière

---

[512] Tribunal du travail de Pointe-Noire, Rôle n°009, année 2008, répertoire n°183 du 5 septembre 2008, inédit

sociale et en premier ressort ; Avant dire droit ; Constate que la situation de la société TCK n'est pas à jour à la Caisse nationale de sécurité sociale (CNSS) au moment de l'accident ; Ordonne le versement par celle-ci de la somme de trois (3) millions de francs CFA à titre de provision au profit de M… ; Ordonne l'exécution provisoire, avec dispense de caution, nonobstant opposition ou appel ; Réserve les dépens[513] ; »

**671. Reclassement, qualification professionnelle, convention collective**
**M… / La Sté SDV Congo**

« Attendu que par requête en date du 1er mars 2006 M.. a assigné son employeur la SDV Congo devant le tribunal du travail en contestation des qualifications professionnelles à lui attribuées et pour voir condamner celle-ci au paiement des dommages-intérêts ; Qu'au soutien de sa requête, il expose ; Que la SDV Congo l'a embauché le 13 mars 1983 suite à sa réussite au test de comptabilité ; Que lors de son recrutement, il a occupé les postes d'Employé de Bureau puis, d'Opérateur de saisie classé à la sixième catégorie de la Convention collective des auxiliaires de transport et assimilés du 1er février 1991 ; Que titulaire d'un brevet d'études professionnelles et ayant été déclaré admis au test de comptabilité organisé par ladite société, il aurait dû occuper un poste de Comptable et être classé à la 9e catégorie conformément à la Convention ; Qu'en réponse aux griefs ci-dessus, la SDV Congo a soulevé in limine litis l'exception de communication de pièces tirée de ce que M… n'a pas versé aux débats un contrat de travail signé par toutes les parties et en vertu duquel il a été embauché en qualité d'employé de bureau ou d'opérateur de saisie car, celui qu'il a produit dans la présente instance est réputé inexistant pour n'avoir pas été signé par les parties d'une part, M… devra produire le certificat de travail à lui délivré par la SDV dans lequel la qualification serait soit Employé de bureau, soit Opérateur de saisie ; Que par jugement avant dire droit du 12 mai 2006 le tribunal a rejeté cette exception de communication de pièces et a enjoint la SDV Congo de conclure au fond ; Que dans ses conclusions, la SDV a sollicité la jonction de procédures, a soulevé la litispendance puis s'est portée demandeur reconventionnelle ; Qu'en réplique dans ses conclusions, M… a précisé davantage qu'il a été bel et bien utilisé dans le service de comptabilité en qualité de pointeur de comptes, poste réservé strictement au Comptable et qu'il a évolué dans les différentes sections dudit service

---

513 Tribunal du travail de Pointe-Noire, Rôle n°256, année 2001, répertoire n°141 du 14 mai 2003, inédit

comptable pendant plus de deux années et sans blâme ; Qu'il vient donc solliciter du tribunal de déclarer bien fondées toutes les procédures par lui engagées à l'encontre de la SDV Congo, de rejeter la demande reconventionnelle formulée par cette dernière et de constater le non-respect par l'employeur des conventions collectives ; Que par jugement du 23 février 2007, le tribunal du travail après avoir déclaré recevable l'exception de litispendance soulevée par la SDV, rejeté la demande reconventionnelle, il a enfin ordonné le sursis à statuer en la cause au profit de la Cour d'Appel de Pointe-Noire ; Que ce jugement a fait l'objet d'appel par M... et, par arrêt du 20 février 2008 la Cour d'Appel, a retenu que la qualification professionnelle de Monsieur M... est celle de Comptable et qu'il n'y avait pas litispendance ;

Discussion ;
Attendu qu'aux termes de la Convention collective des auxiliaires de transport et assimilés, « Les titulaires d'un brevet de comptabilité sont comptables ; Que l'article 11 de la convention dispose que pour les métiers qui requièrent qualification professionnelle, un test complémentaire sera organisé par l'entreprise elle-même ; Que dans le cas d'espèce, il est constant et avéré que M... a participé au test de comptabilité organisé par la SDV Congo et en a été l'unique admis ; Qu'il est également constant et reconnu que M... devrait occuper le poste de comptable dès son embauche au lieu de celui de simple employé de bureau, moins encore d'Opérateur de saisie ; Que c'est manifestement de mauvaise foi que la SDV Congo a indiqué dans le contrat de travail de M... le poste d'employé de Bureau en lieu et place de pointeur des Comptes qui fut son premier poste ; Qu'il sied à la lumière de cette analyse des faits, d'ordonner la requalification professionnelle de M... en qualité de Comptable ; Attendu en outre qu'aux termes de la convention collective suscitée, les titulaires d'un brevet de comptabilité sont comptables classés à la neuvième catégorie ; Qu'il est également patent en l'espèce, que M... est depuis son embauche classé à la sixième catégorie et ce, au mépris des dispositions de la convention collective qui range les titulaires de ce diplôme dans la neuvième catégorie ; Qu'il échet en conséquence d'ordonner le reclassement de M... dans la 9$^{e}$ catégorie de la convention collective des auxiliaires de transport et assimilés et le paiement du différentiel des salaires depuis la date de sa requête introductive d'instance en 2006 jusqu'à ce jour ; Attendu que le requérant a sollicité le paiement des dommages-intérêts d'un montant de 50 millions de francs CFA ; Attendu qu'il est constant que M.. a subi pendant plusieurs années un préjudice moral et financier important ; Que par conséquent le quantum des dommages-intérêts sollicité est exagéré ;

Qu'il y a lieu de le ramener dans de justes proportions et de le débouter du surplus de sa demande ; Par ces motifs ; Statuant publiquement, contradictoirement, en matière sociale et en premier ressort ; Constate que la qualification professionnelle de M… à l'embauche est celle de comptable ; En conséquence ; Ordonne le reclassement de M… par la SDV, dans la catégorie des comptables conformément à leur Convention collective avec pour corolaire, le paiement de la différence de salaire depuis la date de sa requête introductive d'instance en 2006 ; Condamne la SDV Congo à lui payer la somme de quatre millions à titre de dommages-intérêts ; Le déboute du surplus de sa demande ; Mets les dépens à la charge du Trésor public[514] ; »

**672. Maladie professionnelle, pension d'invalidité, paiement des droits**
**M… / Port Autonome de Pointe-Noire**

« Par requête à Pointe-Noire, en date du 22 mai 2006, de son conseil Maître M…, avocat à la Cour, Monsieur M… a fait citer son employeur, le Port Autonome de Pointe-Noire pour obtenir le paiement des sommes de 500.000.000frs CFA à titre de dommages-intérêts, et 500.000frs Cfa par mois de rente d'invalidité ; Il est exposé ; Que M… a été employé par le Port Autonome de Pointe-Noire du 03 juillet 1978 au 31 décembre 2002, en qualité de maçon ; Que courant 1990, il a été victime d'une maladie résultant des travaux de cimentation et de dallage du site du Port ; Qu'il s'en est suivi une intervention chirurgicale au niveau de la hanche droite, en date du 04 juillet 1990 ; Que son état s'étant empiré, il a fait l'objet de deux (2) évacuations sanitaires en France ayant nécessité le port définitif des prothèses ; Qu'en 2002, il devait être évacué derechef, mais alors, admis à la retraite ; Qu'il est abandonné à son propre sort d'autant plus que la pension de retraite ne lui est pas encore échue ; Que son employeur, le Port de Pointe-Noire, n'a pas déclaré à la Caisse Nationale de sécurité sociale (CNSS) la pathologie professionnelle dont il est victime ; Que de même, ledit employeur l'informa du retard au point où il aurait pu se rattraper et en faire la déclaration ; Qu'il s'agit d'un manquement grave au regard des dispositions des articles 59, 60 et suivant du Code de la sécurité sociale ; Qu'il est fondé à s'adresser à justice pour qu'il soit statué tel que sollicité ; Par son conseil, Maître M…, le Port de Pointe-Noire a opposé l'irrecevabilité de la requête pour cause de forclusion, à l'en croire, suivant les dispositions de l'article 163

[514] Tribunal du travail de Pointe-Noire, Rôle n°038, année 2006, répertoire n°135/09 du 16/10/09, inédit

du Code précité ; En sus, il a fait valoir ; Qu'au regard de l'article 147 du même code, la pension d'invalidité prend effet à partir de la date de la consolidation des lésions ; Que la maladie de M… a débuté en 1986, et c'est en 1990 qu'elle s'est stabilisée avec le port des prothèses ; Que son évacuation en France a plutôt été motivée par l'entretien des prothèses ; Que durant toute cette période, M… n'a jamais fait état du caractère professionnel de sa maladie, ni réclamé une quelconque indemnité lorsqu'il était encore en activité ; Qu'il s'est écoulé dix (10) ans, et son action est couverte par la prescription biennale ; Qu'à titre subsidiaire, le caractère professionnel de la maladie et l'invalidité permanente ne sont pas établis ; Qu'il appartient au salarié d'établir, sinon de démontrer que la pathologie dont il se prévaut doit son origine dans un acte commis au cours de l'exécution du contrat de travail ; Qu'il n'y a aucune preuve du lien de causalité entre sa maladie et l'activité professionnelle accomplie ; Que la fiche d'observation versée au dossier, établie par le docteur M…, ne fait nullement état des travaux de cimentation et de dallage du site de l'entreprise ; Que d'ailleurs, l'allocation d'une rente d'invalidité et le paiement d'une pension de vieillesse n'incombe qu'à la CNSS ; Le Ministère public a conclu à l'irrecevabilité de l'action de M… en ce que, au regard de l'article 63 du Code de la sécurité sociale, la victime d'une maladie professionnelle peut en faire la déclaration dans l'intervalle de deux (2) ans ; Par jugement avant dire droit du 02 février 2007, le tribunal a ordonné une expertise médicale aux fins d'être édifié sur la pathologie de M.. ; Cette enquête n'a pu être effectuée (voir lettres du 11 avril adressées à la CNSS) et aux avocats respectifs des parties ; Sur quoi le tribunal ; Attendu que sieur M… se prévaut d'une maladie professionnelle, non déclarée par l'employeur à la CNSS (caisse nationale de sécurité sociale, et sollicite les dommages-intérêts, ainsi que le paiement d'une rente d'invalidité ; Qu'il convient d'examiner le fondement de l'action de M… et d'en inférer les conséquences ; Sur l'action de M… ;

Attendu que M… soutient qu'il est victime d'une maladie professionnelle depuis 1986, due aux travaux de cimentation et de dallage du Port de Pointe-Noire ; Que cette maladie qui lui a occasionné le port des prothèses au niveau des hanches et deux évacuations sanitaires en France, n'a pas été déclarée par son employeur, au point où il n'est pas rentier de la CNSS ; Mais attendu que le Port de Pointe-Noire qui a opposé la prescription biennale à cette action, a contesté le caractère professionnel de la pathologie invoquée ; Qu'à l'en croire, rien ne permet d'établir, en soi le caractère professionnel de ladite maladie d'autant plus que l'observation médicale n'en fait pas état ; Attendu, que pour être éclairé sur le caractère de la pathologie invoquée par M…, le tribunal a prescrit

une expertise médicale, mais, faute des diligences de l'employeur qui, pourtant s'en est douté du caractère professionnel ; Attendu que la prescription biennale dont se prévaut le Port Autonome de Pointe-Noire pour vouer à l'échec l'action de M... intéresse plutôt l'organisme de sécurité sociale, virtuellement débiteur des rentes d'invalidité aux affiliés à cet effet ; Qu'en sa qualité d'employeur, ledit Port ne peut se prévaloir de ce moyen, et par conséquent, il sied de recevoir le requérant en son action ; Attendu qu'à défaut des résultats d'une expertise médicale, le juge peut, en l'espèce, s'accommoder des données historiques prises dans l'environnement professionnel du salarié ;
Attendu qu'il est constant, au travers des écritures des parties, que c'est en pleine exécution de ses prestations de travail, à l'occasion de la cimentation et du dallage du site du Port que M... a été atteint d'une pathologie touchant ses hanches ; Que son employeur s'était attelé à lui assurer des visites médicales et soins appropriés ; Que davantage, le même employeur s'est acquitté judicieusement un devoir légal, quant à faire évacuer le salarié en France, à deux reprises et, en déboursant des frais pédieux ; Que, tout en sachant qu'il était de son devoir, au préalable, s'assurer du caractère professionnel ou extraprofessionnel de la pathologie de son salarié, il n'a entrepris aucune démarche en ce sens ; Attendu qu'au surcroît, l'employeur, en l'occurrence, le Port de Pointe-Noire, se devait de déclarer ladite pathologie à la CNSS qui, à son tour, devait juger de l'opportunité d'en savoir plus ; Qu'il convient de constater le défaut de déclaration de la maladie professionnelle, autrement, l'inobservation des dispositions des articles 59, 60 et suivants du Code de sécurité sociale ;
Sur les demandes de M... ; Attendu que M... sollicite la condamnation de son employeur à lui payer ; 500.000.000frs CFA dommages-intérêts ; 1.500.000frs CFA par trimestre au titre de la rente d'invalidité ; Attendu que l'obligation mise à la charge de l'employeur de déclarer la maladie professionnelle de son salarié, ne se résous qu'en dommages-intérêts en cas d'une inexécution préjudiciable ; Or, attendu qu'en la cause, le Port n'a pas déclaré la pathologie de M.. qui de ce fait a subi un préjudice considérable ; Qu'il y a lieu à réparation dans les proportions raisonnables de 25.000.000 frs CFA, en application des dispositions de l'article 1382 du Code civil ; Attendu que, par ailleurs, la rente d'invalidité n'est que du ressort des attributions de la CNSS en tant qu'assureur ; Qu'il y a lieu d'en débouter le susnommé ; Attendu que l'exécution provisoire est sollicitée ; Qu'en vertu des dispositions de l'article 58 du Code de procédure civil, il y a lieu d'ordonner cette mesure ; Par ces motifs ; Statuant publiquement, contradictoirement en matière sociale, et en premier ressort ; Reçoit M.. en son action, Constate

l'absence de déclaration de la Maladie professionnelle par l'employeur à la Caisse nationale de sécurité sociale (CNSS) ; Condamne le Port Autonome de Pointe-Noire à lui payer la somme de 25.000.000cfa CFA à titre de dommages et intérêts ; Ordonne l'exécution provisoire ; Déboute M… du surplus de sa demande ; Met les dépens à la charge du Trésor public[515] ; »

**673. Suspension des effets financiers et des avancements, discrimination, reconstitution de carrières**
**Consorts M…, Collectif des agents du CFCO / le Chemin de Fer Congo Océan (CFCO)**

« Attendu que par requête en date à Pointe-Noire du 29 juillet 2009, les consorts M… ont fait citer à comparaître devant le tribunal du travail, leur employeur le Chemin de Fer Congo Océan pour entendre ordonner le paiement de leurs effets financiers consécutifs à leur avancement, de même que la somme d'un million à chacun à titre de dommages-intérêts ; Attendu qu'ils exposent ; Qu'ils sont agents du CFCO, depuis des années ; Qu'ils ont été déclarés admis aux évaluations organisées par le CFCO aux fins d'avancement pour les exercices 1994 à 1999 ; Que curieusement leur reconstitution de carrière n'a pas été suivie d'effets financiers de 1994 à 1996 par rapport au tableau normal d'avancement, et ils n'ont pas reçu l'échelle de bonification de 1994 à 1999 alors que certains agents échoués à ces évaluations ont été favorisés de passer à la maîtrise ; Qu'ils réclament le paiement de l'effet financier consécutif à leur avancement depuis 1994 à 1999, le paiement des dommages-intérêts à chaque agent pour préjudice subi et l'octroi de deux échelles de bonification ; Que dans sa réplique, le CFCO a conclu au débouté de toutes les demandes des requérants, fins, moyens et conclusions ; Qu'il a déclaré qu'en raison de la crise économique et financière aigue qu'a connue le CFCO, laquelle s'est traduite par le non-paiement des salaires et autres avantages suite à l'interruption du trafic ferroviaire, l'administration du CFCO a été amenée à prendre des mesures urgentes par décision n°165 du 10 mars 1999, suspendant ainsi les effets financiers des avancements au titre des exercices 1997, 1998 et ceux des évaluations du personnel (session 1994 à 1998) ; Que par décision n°149, il a été cependant décidé de la reconstitution de carrière avec effets financiers consécutif aux évaluations du personnel (session 1994 à 1998) et pour compter du 1er -4-2001 pour ceux de 1998 à 1999, et pour compter du 1er -9-2002 pour ceux de 2000 ; Qu'en raison du caractère

[515] Tribunal du travail de Pointe-Noire, inédit

péremptoire de la décision 165, la demande en paiement des effets financiers depuis 1994 et 1999 ne pourrait prospérer ; Qu'en plus ladite décision indique que les effets financiers seront rétablis sans rétroactivité malgré le fait que la décision n°149 du 3-3-2007 a rétabli la reconstitution de carrière du personnel des sessions 1994 à 1998, mais cependant sur le plan des effets financiers cette décision n'a pas un caractère rétroactif ni discriminatoire ; Qu'en réponse à cette argumentation, les consorts M… ont précisé qu'ils sont restées bloqués à diverses échelles pendant plusieurs années à cause de la non organisation par le CFCO des évaluations du personnel ; Qu'une fois celles-ci organisées, ils ont été déclarés admis aux dites évaluations au titre des années 1994 à 1999 et promus aux échelles et grades correspondants mais sans pour autant que cette promotion ne soit suivie d'effets financiers ; Que l'employeur se prévaut de la décision n°165 laquelle a suspendu les effets financiers des évaluations du personnel ; Que pour les consorts M… le préjudice est énorme puisque leur traitement financier n'est pas conforme à leurs échelles et grades ; Qu'il s'agit d'une discrimination opérée de mauvaise foi par le CFCO ; Que les consorts M… réclament que le Tribunal fasse droit à leurs demandes ;

Discussion ; Attendu que les consorts M… sont tous des agents du CFCO et qu'ils devaient tous subir une évaluation, laquelle est régulièrement organisée par l'entreprise ; Que plusieurs années se sont écoulées depuis 1994 sans pourtant que les évaluations n'aient pu être réalisées et les susnommés sont demeurés bloqués à l'échelle de barrage comme agent d'exécution jusqu'en 1999 ; Que le 10 mars 1999 la décision n°165 est venue suspendre les effets financiers des avancements au titre des exercices 1997-1998 et ceux des évaluations du personnel des sessions 1994 à 1998, et des reclassements et reconstitutions de carrières ; Que les consorts M.. ont vu durant des années leurs effets financiers suspendus, alors que les autres agents non visés par ladite décision ont avancé normalement et ont bénéficié des effets financiers en conformité à leurs grades et échelles ; Qu'une fois déclarés admis aux évaluations au titre des années 1994 à 1999, les requérants ont été promus aux échelles et grades correspondants mais sans pour autant que cette promotion n'ait été suivie d'effets financiers ; Que leur carrière bien qu'elle ait été reconstituée comme il se doit, cependant l'administration ne leur a pas fait bénéficié des effets financiers ; Qu'ils devaient percevoir au titre des années 1994 à 1996 par rapport au tableau normal d'avancement, alors que si les évaluations étaient faites régulièrement, ils auraient avancé normalement et perçu leurs effets financiers en même temps que ceux des avancements normaux et ceci, bien avant que ne soit intervenue la décision n°165 du 10 mars 1999 ;

Attendu que les consorts M... reprochent au CFCO de favoriser certains agents et de brimer cependant d'autres ; Qu'à titre d'illustration, la décision 165 relative aux mesures d'urgence applicables au CFCO n'a suspendu que seuls les effets financiers des avancements au titre des exercices 1997-1998 ainsi que ceux des évaluations du personnel session 1994 à 1998 ; Que les consorts M... concernés par cette décision se sentent lésés par rapport aux autres agents non intéressés par celle-ci et qui ont évolué sans problème au sein de l'entreprise ; Qu'en plus, les agents soumis aux évaluations du personnel des sessions 1997, 1998 et 1999 lesquels au départ étaient pénalisés comme ceux des années 94 à 96, ont cependant vu leur situation se normaliser par la décision 149 portant régularisation des effets financiers, laquelle n'a été signée qu'en 2007 mais pourtant leurs effets financiers ont été débloqués et devaient par conséquent commencer à s' appliquer à compter du 1er avril 2001 ; Que la situation du personnel admis aux évaluations des sessions 94 à 96 devait également être réglée au même moment ou sinon quelque temps après, mais l'administration n'a daigné le faire pour eux jusqu'au moment du dépôt de la requête en juillet 2009 ; Que le préjudice par eux subi est énorme ; Que par ailleurs, ces agents ont contesté la décision n°149 laquelle a un caractère discriminatoire mais ils n'ont pu avoir gain de cause, la commission chargée de régler les dossiers du contentieux du personnel du CFCO a fait observer que cette décision n°149 tenait compte des dispositions fixées par la décision 165 sur les mesures d'urgence ; Qu'entre autre, en contestant la décision n°149 ils venaient à l'occasion réclamer le bénéfice des mêmes effets financiers que les autres agents avancés dans les commissions paritaires des avancements normaux, mais leur démarche a été vaine ;

Attendu que la décision n°149 revêt bien un caractère discriminatoire lorsqu'elle a décidé de régulariser les effets financiers pour les exercices 94 à 1998 mais en son article 1er elle n'a débloqué par contre, que les effets financiers des exercices 1998, 99 et 2000 quand bien même elle a visé la demande de réclamation de paiement des effets financiers formulée du personnel des sessions 1994 à 96 ; Que cette décision en outre a un caractère rétroactif sur le plan des effets financiers dès lors qu'il est stipulé que les effets financiers se présentent comme suit :

Pour compter du 1er avril 2001 pour ceux de 1998 et 1999 ; 1er septembre 2002 pour ceux de 2000 ; Que cette décision venait régulariser le paiement des effets financiers lequel paiement devait commercer à s'effectuer le 1er -4-2001 pour les exercices 98-99 ; Que la Commission paritaire et de sécurité sociale de 1999 avait décidé du déblocage des effets financiers de 98 et 1999 et la présente décision venait pour régulariser ladite situation (Cf. le PV n°1133 du 29-03-01 visé dans la

décision 149) ; Qu'en d'autres termes, les mesures édictées par la décision n°165 ne peuvent plus s'appliquer ; Qu'en fonction de l'évaluation de la situation de trésorerie les effets financiers devraient être rétablis mais sans rétroactivité, que cela est spécifié dans l'art 5 de la décision n°165 ; Que cependant si la décision n°149 en 2007 a rétabli les effets financiers avec rétroactivité, celle-ci est actuellement possible et qu'il peut également en être ordonné pour les requérants ;
Attendu qu'il ressort de toutes ces observations que les consorts M... viennent réclamer que la reconstitution de leur carrière soit suivie des effets financiers par rapport aux dates respectives des avancements normaux de 94 à 96 ; Que le retard dans les évaluations à être réalisées n'a pas été le fait des requérants, que le CFCO ne l'a nulle part spécifié ; Qu'il demeure par conséquent vrai que dans l'hypothèse où ceux-ci auraient été évalués à temps, leur carrière auraient été déroulée sans problème et avec effet financier ; Que privés des effets financiers, en comparaison aux autres agents des avancements normaux, les requérants ont subi un préjudice qu'il sied de réparer ; Qu'il échet de faire droit à leur demande ; Attendu que le ministère public dans ses conclusions a décelé le caractère discriminatoire dans la prise des décisions par la direction générale du CFCO et a demandé que soit déclarée bien fondée, l'action des consorts M... et qu'il y soit fait droit à leur demande en paiement des effets financiers ; Attendu qu'en outre, la décision n°974 du 25 novembre 2004 a permis aux agents recalés aux évaluations du personnel organisées au cours des années 94 à 1999 d'accéder à la catégorie d'agent de maîtrise et de recevoir une échelle de bonification ; Que l'ensemble des requérants des sessions de 94 à 99 estiment que l'échelle de bonification ne peut être accordée que sur la base d'un mérite ; Que sans pour autant que la situation administrative des consorts M.., admis aux évaluations, ne soit convenablement réglée la Commission paritaire s'est tenue de façon exceptionnelle en 2004 et a fait avancer les agents d'exécution non admis aux évaluations et bloqués à l'échelle 10, tout en leur faisant accéder à la catégorie d'agent de maîtrise ; Qu'actuellement les échoués à ces évaluations sont devenus comme eux agents de maîtrise et ont bénéficié d'une échelle de bonification qu'ils ne méritaient pas ; Que le temps d'attente des évaluations a été fortement préjudiciable pour les consorts M... puisqu'aujourd'hui il reste établi qu'en comparaison avec les autres agents bénéficiaires des avancements normaux, il existe une nette différence dans leur traitement et que le CFCO n'entend point régulariser leur situation financière ;
Que pour ce préjudice que le CFCO leur a causé, ils réclament l'octroi d'une échelle de bonification ; Qu'il y a lieu de ne faire droit qu'à une

seule demande et de les déclarer mal fondés en cette demande d'octroi d'une seconde échelle de bonification et de les débouter ; Attendu que les requérants ont sollicité que leur soit attribuée à chacun la somme d'un million à titre de D.I. pour le préjudice subi ; Mais attendu qu'au regard des arguments soulevés par le personnel admis aux évaluations des sessions 94 à 96, il ressort que le préjudice qu'ils ont subi paraît plus important que celui des autres requérants des sessions 1997 à 1999 ; Que dans ces conditions, il y a lieu de débouter les requérants issus des sessions 1997 à 1999 de leur demande en paiement comme étant injustifiée et de ramener le montant des D.I. accordé aux requérants des sessions 1994 à 1996 dans des proportions raisonnables ; Qu'ils seront déboutés du surplus de leurs demandes ; Attendu que l'exécution provisoire est demandée en vertu de dispositions de l'article 58 du Code de procédure civile, commerciale, administrative et financière ; Qu'il y a lieu d'y faire pleinement droit ;
Par ces motifs ; Statuant publiquement, contradictoirement, en matière sociale et en premier ressort ; Reçoit les consorts M… en leur action ; Les déclare bien fondés ; Constate la décision n°165 du 10 mars 1999 suspendant les effets financiers des avancements pour l'exercice 1997-1998 et pour le personnel admis aux évaluations des sessions 1994 à 1998 ; Constate également que seul le personnel admis aux évaluations des sessions 1998 à 1999, a bénéficié par décision n°149 du 9-3-2007 du paiement de leurs effets financiers avec rétroaction ; Constate donc le caractère discriminatoire des décisions prises par la direction CFCO et le préjudice subi par le personnel des sessions 1994 à 1996 ; Ordonne par conséquent le paiement des effets financiers issus de la reconstitution de carrière suite aux évaluations du personnel pour les sessions 1994 à 1996 à partir des dates des avancements normaux ; Ordonne en outre l'attribution d'une échelle de bonification sollicitée par l'ensemble du personnel des sessions 1994 à 1999 ; Les déclare mal fondés en leur demande d'octroi d'une seconde échelle de bonification ; Les en déboute ; Condamne le CFCO au paiement à chacun des requérants des sessions 94 à 96, de la somme de 100.000frs (cent mille francs) à titre de D.I ; Les déboute du surplus de leur demande ; Déboute les requérants des sessions de 1977 à 1999 de cette demande en paiement comme étant injustifiée ; Ordonne l'exécution provisoire sans caution de la décision à intervenir nonobstant toutes voies de recours[516] ; »

[516] Tribunal du travail de Pointe-Noire, Rôle n°197, année 2009, répertoire n°87 (bis) du 16 juillet 2010, inédit

**674. Fonction supplémentaire, catégorie professionnelle, cumul de rémunération**
**M... / Sté CMS-NOMECO**

« Par requête en date à Pointe-Noire, du 17 mars 2006, Monsieur M… a fait citer la société CMS-NOMECO pour s'entendre la condamner à lui payer, à titre de salaire accessoires et dommages-intérêts, les sommes ci-après ;

- 56.139.000frs CFA pour les fonctions de coordonnateur de l'administration du liffing, compte société CMS-NOMECO ;
- 57.487.000frs CFA pour les fonctions de coordonnateur de transit et de l'administration, compte société CONGO REP ;
- 6.383.000frs CFA au titre de l'intérim à un poste de cadre, compte PERENCO REP ;
- 100.000.000frs CFA pour résistance abusive ;

Au soutien de ses demandes, il expose ; Qu'il est lié à la société CMS-NOMECO par un contrat de travail à durée indéterminée, en qualité de coordonnateur du transit ; Que, cependant, il est le coordonnateur du travail et de l'administration du liffing pour le compte de deux sociétés , CMS-NOMECO et CONGO REP ; Que ses fonctions de coordinateur de l'administration du liffing sont supplémentaires et non rémunérées au sein de la société CMS-NOMECO ; Que, de même, il a assuré l'intérim à un poste de cadre au sein de la société CMS-NOMECO, non rémunérée ; Qu'en dépit de plusieurs réclamations, jusqu'au point d'en avoir saisi l'inspection du travail, il s'est heurté à la résistance de son employeur, CMS-NOMECO ; Qu'il est fondé à s'adresser à justice pour qu'il soit statué tel que sollicité ; Par son conseil, Maître M…, la société CMS-NOMECO a conclu au débouté et, tout en sollicitant reconventionnellement la somme de 80.000.000 frs CFA, elle a fait valoir ;

Que M.. a été engagé en qualité d'employé administratif pour exercer, en cette qualité, tout emploi en rapport avec ses capacités ; Que dans la pratique, il n'a participé que de façon très ponctuelle aux opérations de liffing dans l'accomplissement des tâches de secrétariat qui ne requièrent aucune responsabilité ; Qu'il en est d'ailleurs inadmissible qu'un salarié soit aux services de deux employeurs ; Qu'il en est de même des opérations de liffing au sein de la société Congo-REP qui sont réalisées par la société TOTAL E & P ; Que M… n'a jamais exercé les fonctions de coordonnateur de l'administration du filling au sein de ladite société Congo REP ; Qu'au regard des fonctions de coordonnateur du transit pour le compte de celle-ci, telles que prônées par M…, il ne s'agit plutôt que des tâches ponctuelles, accomplies dans le cadre de l'accord conclu par CONGO REP et NOMECO, relatif à l'utilisation des moyens communs ; Que toutes ces prestations occasionnelles ont été accomplies dans la même durée de travail stipulée dans son contrat ; Que sa rémunération était justifiée par ces différentes tâches toutefois confiées ; Que s'agissant de l'intérim au poste de cadre pour le compte de PERENCO REP, il convient de signaler que cette société est immatriculée à Kinshasa et n'a ni bureau, ni activité à Pointe-Noire ;

Que M... ne produit aucune preuve à ce sujet et, n'a pu, tout au moins indiquer le nom du cadre de cette société à l'absence duquel il a supplée par intérim ; Que toute son action se ramène à une procédure téméraire, abusive et vexatoire, et sollicite à titre reconventionnelle des dommages-intérêts d'un montant de 80.000.000frs CFA ; Le Ministère public a relevé la forclusion de l'action du requérant ; Par jugement avant dire droit, en date du 08 juin 2007, le tribunal a ordonné une descente sur les lieux, aux fins d'une vérification sur la classification catégorielle des fonctions exercées par le susnommé, et sur l'intérim assuré les parties ont plutôt opté pour enquête par audition, et cette mesure a été exécutée (voir procès-verbal du 31 juillet 2007) ; Sur quoi ; le Tribunal ; Attendu que M... revendique les salaires et accessoires afférents aux fonctions dites supplémentaires, exercées au sein de l'entreprise dont il est employé, CMS-NOMECO, et au profit d'une autre société, Congo REP, tout en sollicitant la rémunération de l'intérim assurée, et le paiement des dommages-intérêts ; Qu'il a versé pour le besoin de sa cause, un constat d'huissier, une copie de l'ordre de mission, des lettres de réclamation, l'extrait du protocole d'accord et la grille salariale ;
Mais attendu que la société CMS-NOMECO s'est opposée à ses demandes, en ce que, primo, ces fonctions alléguées ont été exercées dans la sphère de son contrat de travail et, secundo, l'intérim n'invoqué n'est nullement rapporté par une preuve quelconque ; Qu'elle a produit un extrait de la convention collective, une lettre de régularisation d'embauche de M... et un contrat de travail de P..., relevant du collège de maîtrise à l'instar du requérant ; Attendu qu'il ressort des pièces du dossier, des débats renforcés par les détails recueillis au cours de l'audition des parties, que M... exerçait les fonctions de coordonnateur de transit au sein de la société CMS-NOMECO, son employeur et à ce titre, il était classé à la catégorie 12/3, suivant la convention collective des entreprises et services pétroliers ; Que cette catégorie relève du collège de maîtrise et, il n' y a pas eu d'agent ayant occupé ce poste, exerçant toujours ces mêmes fonctions, qui ont été classées dans le collège de cadre ; Que les tâches toutefois exécutées, à titre ponctuel pour le compte de CONGO REP, s'inscrivent dans la sphère du contrat de

travail du salarié, sans avoir un caractère supplémentaire ; Attendu qu'un salarié qui accomplit de manière occasionnelle et, dans l'éventail de ses attributions et de sa formation une tâche au profit d'une société dont l'activité est en interdépendance avec son employeur, ne peut se prévaloir d'un cumul de fonction, dès lors qu'il s'agit des mêmes prestations qui se complètent ; Attendu qu'en l'espèce, les tâches invoquées par M... en termes de travail supplémentaire, nécessitant une rémunération à part entière, ne sont aucunement des prestations accomplies en dehors de son contrat ; Qu'il y a lieu de relever qu'elles s'inscrivent dans sa catégorie professionnelle et, par conséquent, il n'y a pas lieu à cumul de rémunération ; Attendu qu'au surcroît, M... se prévaut d'un intérim assuré au poste de cadre, alors non rapporté car une preuve soit en offrant, au profit de la religion du tribunal, le nom du titulaire de poste, soit en produisent la note de service y afférente ; Que cette prétention est dénuée de toute base et ne peut faire prospérer la demande en soi ;
Attendu qu'à l'instar des chefs de demande portant sur le cumul de fonctions et sur l'intérim, les dommages-intérêts sollicités n'ont pas d'assise juridique, dès lors que, d'une situation normale on ne peut se prévaloir d'un préjudice ; Qu'il échet de le débouter purement et simplement ; Attendu que la société CMS-NOMECO s'est constituée demanderesse par voie reconventionnelle, afin de prétendre au paiement à titre de dommages-intérêts, d'une somme de 80.000.000frs CFA pour procédure abusive et vexatoire ; Attendu que l'absence de droit n'est plus établie à l'endroit du requérant ; Qu'il y a lieu d'en débouter CMS-NOMECO ; Par ces motifs ; Statuant publiquement, contradictoirement, en matière sociale et en premier ressort ; Constate les fonctions de M... et les tâches exécutées ; Dit qu'elles s'inscrivent dans sa catégorie professionnelle ; Dit et juge qu'il n'y a pas lieu à cumul de rémunération ; Le déboute de ses demandes ; Déboute la société CMS-NOMECO de sa demande reconventionnelle ; Met les dépens à la charge du Trésor public[517] ; »

[517] Tribunal du travail de Pointe-Noire, Rôle n°064, année 2006, répertoire 005 du 11 janvier 2008, inédit

# TITRE 9 : DEMISSION

## 675. Démission
## Société MAERSK / B…

Après avoir délibéré conformément à la loi ; La Cour ; Considérant que la société MAERSK-Congo, par le biais de son conseil Maître C…, Avocat à la Cour, a relevé appel, en date du 9 août 2006 ; du jugement social n°151 rendu le 04 août 2006 par le tribunal du travail de Pointe-Noire et dont le dispositif porte ; Par ces motifs ; Statuant publiquement, contradictoirement, en matière sociale et en premier ressort ; Déclare recevable la requête de Monsieur M… ; Enjoint à la société MAERSK-Congo de conclure au fond ; Renvoie la cause au 11 août 2006 ; Réserve les dépens ;'' Considérant que ce recours, exercé dans le délai requis en la forme est recevable ; Considérant, au fond, que la société MAERSK-Congo reproche au premier juge d'avoir déclaré recevable la requête de M… en réponse à la fin de non-recevoir par elle soulevée sur ce point avant tout débat au fond, alors que, selon l'appelant, cette requête a manifestement violé les dispositions de l'article 33 de CPCCAP en ce qu'elle n'a pas indiqué, d'une part, l'objet de sa demande et que d'autre part, elle n'a pas chiffré cette demande ;

Considérant que la Cour relève que M… a terminé la rédaction de sa requête par la mention suivante : ''Je réclame ici mes droits pures en démissionnant de SOCOTRANS et les dommages intérêts y relatifs ;'' Que cette mention exprime clairement l'objet de la requête, à savoir le paiement des droits et dommages intérêts pour avoir arrêté son contrat de travail alors que elle était à l'origine de sa démission concertée avec SOCOTRANS pour répondre à leur besoin en personnel dans le domaine de sa qualification ; Qu'ainsi, pour avoir motivé suivant opinion non contraire à celle de la Cour, le jugement querellé doit être confirmé en toutes ses dispositions ; Par ces motifs ; Statuant publiquement, contradictoirement en matière sociale et en dernier ressort ; En la forme ; Reçoit l'appel ; Au fond ; Confirme le jugement querellé en toutes ses dispositions ; Renvoie la cause devant le premier juge pour vider sa saisine ; Met dépens à la charge du Trésor public[518] ; »

[518] CA. Pointe-Noire, Rôle sociale n°008, année 2007, répertoire n°045 du 10 octobre 2007, inédit

**676. Démission provoquée, défaillance de l'employeur, impossibilité de maintenir le lien de travail**
**P... / SCAB-Congo**

« Attendu que par requête en date du 29 novembre 2008, P… a fait citer, la société SCAB devant le tribunal du travail pour entendre condamner son ancien employeur, au paiement de ses droits légaux et conventionnels ainsi qu'à la somme de cinq millions à titre de dommages-intérêts ; Attendu qu'il expose ; Qu'il a été recruté au sein de la société SCAB le 1er janvier 1999 en qualité d'agent de prévention et de sécurité pour un contrat à durée indéterminée ; Qu'il a travaillé au sein de la société SCAB pendant neuf (9) ans ; Qu'en sa qualité d'agent de prévention et de sécurité, il dénonçait auprès de la hiérarchie multiples cas de malhonnêteté de plusieurs de ses collaborateurs dans l'exercice de leur fonction ; Que depuis lors, il était victime de menaces et ne vivait plus que dans l'insécurité et la peur ; Que curieusement ces comportements n'ont pas été réprimés par la hiérarchie et les coupables n'étant inquiétés de rien, le degré de menace a été intensifié et P… n'en pouvant plus, suppliait la hiérarchie pour qu'il soit changé à un autre site ; Que n'ayant reçu aucun écho, il a été contraint d'écrire à la SCAB pour demander la rupture du contrat de travail, mais cependant, il a été surpris que dans sa note, la société SCAB déclare constater la rupture de son contrat de travail et ne s'engageait uniquement qu'au paiement de son salaire, alors que pour un contrat de travail à durée indéterminée accompli pendant neuf ans et huit mois, il devait bénéficier de en toutes les prérogatives prévues par la loi ; Qu'en réalité l'indifférence de la SCAB devant l'insécurité dont il a été l'objet est du point de vue de la loi, constitutif d'une faute lourde du fait de l'employeur ; Qu'il réclame qu'il lui soit attribués tous ses droits prévus par la loi ; Que la société SCAB dans ses conclusions en réponse, a conclu au débouté de P.. toutes ses demandes, sa démission devant être considérée comme étant valable ; Que la démission est un mode de rupture à l'initiative du salarié, par conséquent la volonté de P… de démissionner est claire et non équivoque et celle-ci a d'ailleurs été confirmée par écrit ; Que dans ces conditions l'indemnité de rupture ne pourrait lui être accordée ; Que P… en soutenant qu'il s'était trouvé dans une situation d'insécurité et que l'indifférence de la SCAB face à cette situation l'a poussé à démissionner, il n'en a cependant pas rapporté la preuve de ces menaces ; Qu'il n'y a eu de la part de l'employeur aucune intention de nuire, laquelle intention doit se manifester par des actes de nature à pousser l'employé à la démission ;

Qu'il est établi que la démission est l'œuvre du requérant dont la volonté a été clairement exprimée de rompre le contrat de travail ; Qu'ainsi la société SCAB formule reconventionnellement sa demande en paiement de la somme de cinq millions à titre de dommages-intérêts ; Que P… par une note en délibéré a répondu à l'argumentation de la société SCAB en faisant valoir qu'il n'avait pas été placé par la société SCAB dans des conditions normales quant à observer et dès lors que ces menaces prévenaient directement de ses collègues de service bien identifiés, la SCAB avait l'obligation d'assurer sa sécurité au lieu de travail mais elle ne l'avait jamais fait, elle n'avait non plus décidé de lui changer de site alors que la demande avait bien été formulée ; Que la preuve des menaces subies existe bel et bien (Cf. l'extrait de main courante du Commissariat de Ngoyo) laquelle fait référence à sa plainte contre inconnu après la tentative d'agression dont il a été victime ; Qu'il subissait ces menaces rien que pour avoir fidèlement rempli sa tâche de gardien après avoir dénoncé les voleurs dans le but de démanteler le réseau de vol d'huile de moteur ; Que malgré la tâche bien accomplie, la SCAB a plutôt brillé par une non-assistance à personne en danger ; Que la société SCAB est responsable de la rupture du contrat de travail et doit être déboutée de sa demande reconventionnelle ;
Discussion ; Attendu que P… et la société SCAB étaient liés par un contrat de travail à durée indéterminée ; Que parmi les obligations à remplir par les parties, l'employeur devait non seulement fournir à son employé la contrepartie de la prestation de travail, mais le devoir lui incombait également une fois que les risques auxquels est exposé l'employé étaient détectés, d'assurer sa sécurité pour prévenir des cas d'accident de travail ; Que les prescriptions règlementaires et législatives en matière d'hygiène et de sécurité s'imposent à l'employeur ; Attendu que P… était agent de prévention et de sécurité, dans le cadre de ses fonctions il avait eu à dénoncer plusieurs de ses collaborateurs qui s'adonnaient au vol, et partant de là, ceux-ci avaient juré de nuire à sa vie et P… depuis lors était l'objet de menaces ; Que l'employeur était informé des menaces que vivait son employé puisque celui-ci avait même formulé la demande de travailler sur un autre site en vue de poursuivre l'exercice de ses fonctions en toute quiétude, mais l'employeur n'avait nullement pris en considération cette préoccupation alors que P… courait un risque sérieux d'atteinte à l'intégrité physique ; Que l'extrait de main courante versé au dossier vient affirmer les prétentions soutenues par P… lequel ayant échappé aux mains de ses agresseurs, est allé porter les faits devant l'officier de police ; Attendu que devant ces faits probants, l'employeur n'a pas pesé la réalité du danger, auquel cas il n'aurait pas demandé à P… de reprendre le travail dans la situation où persistait un

danger grave et imminent ; Que l'employeur était pourtant informé tant de fois que son employé était en permanence menacé et redoutait un danger grave ; Qu'il avait l'obligation d'assurer sa sécurité et de lui changer de site car l'employeur étant suffisamment alerté, et si finalement un accident lui était arrivé à l'occasion de ses fonctions ou au cours de son trajet dans les circonstances tant redoutées, l'employeur serait dans ces conditions considéré comme ayant commis une faute inexcusable ; Que P… qui s'est retiré de la situation de travail dans ces circonstances, ne peut en aucun cas faire l'objet d'une quelconque sanction car la loi a reconnu à tout salarié, le droit de se retirer d'une situation de travail dangereuse ; Qu'il ne peut non plus être fait grief à P.. de n'avoir pas observé le préavis, car aucune condition de travail n'avait été aménagée pour lui permettre d'exercer son préavis en toute quiétude ; Attendu que tous ces faits ont démontré combien la vie de P… était en danger et devant la défaillance de l'employeur pour le mettre en sécurité, il s'est finalement vu obligé de demander à partir ; Que dans ces conditions P… a été poussé à démissionner par la société SCAB ; Qu'il est établi que la SCAB par ses agissements a rendu impossible le maintien du lien contractuel ; Que la rupture des relations professionnelles est imputable à l'employeur qui a contraint l'employé à abandonner ses fonctions ; Que cette démission s'analyse alors en un licenciement déguisé ; Que ce licenciement est irrégulier et abusif ;
Attendu qu'il a été démontré supra que P… a été abusivement licencié ; Que dans ces conditions l'employeur doit être condamné à lui payer ses droits légaux et conventionnels lesquels seront calculés par l'inspection du travail et au versement des dommages-intérêts pour licenciement abusif et irrégulier ; Attendu que le montant des dommages-intérêts sollicité par P… parait exagéré ; Que le tribunal usant de son pouvoir d'apprécier, ramènera ce montant dans des proportions raisonnables ; Que P… sera débouté du surplus de sa demande ; Attendu que la société SCAB a formulé une demande reconventionnelle ; Mais attendu que celle-ci ne se justifie pas dès lors qu'il a été fait droit à la demande de P… ; Que la société SCAB doit être déclarée mal fondée en cette demande ; Par ces motifs ; Statuant publiquement, contradictoirement, en matière sociale et en premier ressort ; Dit qu'il y a démission provoquée et que la rupture des relations professionnelles est intervenue par la faute de l'employeur ; Condamne par conséquent la société SCAB à payer à P…, en sus des droits légaux et conventionnels (calculés par l'inspection du travail) ; la somme de 3.500.000frs à titre de dommages-intérêts ; Déboute P.. du surplus de sa demande ; Déclare la société SCAB mal

fondée en sa demande reconventionnelle ; L'en déboute ; Met les dépens à la charge du Trésor public[519] ; »

**677. *Observations***

***Rupture du CDI à l'initiative du salarié***

*Le salarié, en CDI, peut rompre son contrat de travail par : une démission, une demande de résiliation judiciaire, une prise d'acte ou un départ en retraite.*

***A. Démission***

**678.** *Le salarié titulaire d'un CDI peut démissionner à tout moment, sous réserve d'observer un délai de préavis et de ne pas abuser de ce droit. La démission n'est soumise par la loi à aucune règle de forme : elle peut résulter d'une lettre, d'une déclaration verbale. Elle n'a pas à être motivée et peut intervenir à tout moment. Cette absence de règle de forme est destinée à préserver la liberté du travail du salarié et à lui faciliter la démission, quand bon lui semble. Mais elle peut se retourner contre lui. En effet, ses déclarations ou comportements peuvent être ambigus. Si l'employeur les interprète comme une démission, il se dispensera par là même de verser au salarié l'indemnité de licenciement et, plus généralement, d'observer toutes les règles qui s'imposent en cas de licenciement. Les juges ne considèrent pas qu'il y a eu démission si les propos du salarié étaient équivoques et ne marquaient pas la décision de démissionner. Ainsi, dans une affaire où une ouvrière, qui dans un moment de fatigue et d'énervement avait déclaré « Je préfère rentrer chez moi que de travailler dans ces conditions » et dont l'employeur lui avait écrit le lendemain « Je prends acte de votre démission », il a été jugé[520] que la rupture était imputable à l'employeur. La jurisprudence cherche ici à protéger le salarié contre des paroles irréfléchies qui ne manifestent pas sa volonté réelle de démissionner. L'employeur qui s'oppose à la reprise du travail d'un salarié qui, après avoir donné sa démission dans un mouvement d'humeur, s'était rapidement rétracté, est*

---

[519] Tribunal du travail de Pointe-Noire, Rôle n°211, année 2008, répertoire n°30/010 du février 2010, inédit
[520] Soc. 10 mars 1965

*l'auteur de la rupture.*[521] *De même, une absence de courte durée, à l'expiration des congés payés ou d'un congé de maladie, ne saurait être interprétée par l'employeur comme une démission.*[522] *« Ne peut être analysé comme une démission, le fait pour un salarié, en détention provisoire, d'avoir laissé sans employeur sans information pendant plus de six mois ».*[523]
*Certaines « démissions » peuvent aussi avoir été extorquées par des menaces ou des pressions ou bien le salarié peut avoir été acculé à démissionner parce que l'employeur a accumulé les vexations et lui a rendu la vie intenable ou bien ne lui a pas payé la rémunération convenue.*[524] *Ici encore, la rupture du contrat sera qualifiée par les juges de licenciement et non de démission, même si une lettre de démission a été signée par le salarié, mais à la condition que les manquements imputés à l'employeur soient d'une gravité suffisante. Ce n'est que lorsque le salarié manifeste une « volonté claire, sérieuse et non équivoque de démissionner » que la rupture du contrat sera qualifiée de démission.*[525]

**679. *Préavis.*** *Le salarié qui démissionne doit respecter un préavis, appelé encore délai-congé. L'existence et la durée du délai-congé, en cas de démission, résultent soit de la loi, soit de la convention collective, soit des usages pratiqués dans la localité et la profession. La référence à la loi ne concerne que des catégories de salariés qui font l'objet, dans le Code du travail, de dispositions particulières. Ainsi pour les journalistes, la durée du préavis réciproque est d'un ou de deux mois, selon que la durée d'exécution du contrat a été inférieure ou supérieure à trois ans. Pour les autres salariés (la grande majorité), la loi n'impose aucune durée minimale et se borne à renvoyer aux conventions collectives et, à défaut, aux usages. En fait, la plupart des conventions collectives contiennent des dispositions sur ce point. Le délai-congé qu'elles prévoient, en cas de démission, est plus long pour les cadres que pour les*

[521] Soc. 9 avril 1974
[522] Soc. 3février.1994
[523] Soc. 30 octobre 1996
[524] Soc. 18 novembre 1998
[525] Soc. 21 juin 2006

*ouvriers ou employés, comme c'est également le cas lors d'un licenciement. Comme dans ce cas aussi, le délai de préavis est préfixé. Le salarié démissionnaire doit rester à la disposition de son employeur pendant la durée du préavis de celui-ci. S'il décide unilatéralement de cesser le travail avant l'expiration du préavis, il s'expose à être condamné à verser à son employeur une indemnité de brusque rupture, du même montant que les salaires qu'il aurait perçus entre le moment où il a interrompu le travail et l'expiration du préavis (jurisprudence de la Cour de cassation, souvent reprise dans les conventions collectives). La disposition d'heures pour la recherche d'emploi, prévue en cas de préavis de licenciement, n'a pas lieu d'être appliquée en cas de préavis de démission. Par exception, ne sont pas tenus de respecter un préavis de démission, notamment les femmes en état de grossesse médicalement attesté ou après la naissance ou l'adoption d'un enfant, de même que les journalistes lors de la mise en jeu de la « clause de conscience ».*[526] *Il se peut aussi que le salarié démissionnaire soit dispensé de tout ou partie du préavis par l'employeur lui-même.*

**680. *Rupture abusive.*** *La résiliation d'un CDF, à l'initiative du salarié, ouvre droit, si elle est abusive, à dommages-intérêts.*[527] *Ces dispositions, en fait rarement appliquées, le sont cependant si la démission sans préavis entraîne des inconvénients graves pour l'employeur et marque de la part du salarié une volonté certaine de nuire- par exemple, cas d'un mannequin, chez un grand couturier, qui démissionne le jour de la présentation d'une collection comportant des modèles à ses propres mesures.*[528] *La sanction est alors plus lourde que celle qui peut intervenir lorsque la rupture est brusque sans être abusive : les dommages-intérêts sont fixés par le juge, compte tenu du préjudice subi par l'employeur.*

***B. Résiliation judicaire***

**681.** *La condition résolutoire est toujours sous-entendue dans les contrats synallagmatiques, pour le cas où l'une des parties ne satisfera*

---

[526] L.7112-5, L.761-7
[527] I.1237-2, L. 122-13
[528] Soc ; 19 juin 1959, Christian Dior

*point à son engagement.*[529] *Si l'une des parties au contrat de travail (contrat synallagmatique) estime que l'autre partie n'exécute pas ses obligations, elle peut s'adresser au juge pour faire prononcer la résiliation judiciaire du contrat. La résiliation judiciaire à la demande de l'employeur est exclue au profit du licenciement*[530]*, mais la résiliation judiciaire demeure possible à l'initiative du salarié. Ainsi, elle a été admise, aux torts de l'employeur, à qui il était reproché d'avoir réagi tardivement à la lettre d'une salariée dénonçant les agressions verbales de ses collègues de travail*[531]*, au bénéfice d'un salarié faisant l'objet d'un harcèlement*[532]*, etc. Si le juge estime la demande fondée, la résiliation judiciaire produit alors des effets identiques à ceux d'un licenciement dépourvu de cause réelle et sérieuse.*[533] *La résiliation prend effet à la date de la décision judiciaire la prononçant.*[534] *L'indemnité réparant judiciairement le non-respect de la procédure de licenciement n'est pas due.*[535]

**C. Prise d'acte.** *Dans les mêmes circonstances d'inexécution du contrat par l'autre partie, le salarié ou l'employeur pouvait « prendre acte » de la rupture.*

---

[529] Art.1184 C.civ
[530] Soc. 13 mars 2001
[531] Soc. 15 mars 2005
[532] Soc. 16 mars 2005
[533] Soc. 20 janvier 1998
[534] Soc. 11 janvier 2007
[535] Soc. 20 octobre 2010

# TITRE 10 : PROROGATION D'ACTIVITE-AGE LIMITE A LA RETRAITE

### 682. Garantie de reprise de travail, promesse de réembauche, retenue sur les indemnités
### Société Pride South Pacific / Collectif des ex travailleurs SOMASER

« Statuant sur la régularité de l'appel interjeté le 21 avril 2006 par Maître L… du jugement rendu le 14 avril 2006 par le tribunal du travail de céans dans la cause opposant la société Pride South pacific au collectif des ex travailleurs SOMASER et dont le dispositif porte : ''Par ces motifs ; Statuant publiquement contradictoirement par itératif défaut, en matière sociale et en premier ressort ; Se déclare compétent ; Reçoit les ex travailleurs de SOMASER M… et autres en leur demande, les en dit bien fondé ; Condamne la société Pride South Pacific à payer à chacun d'eux la somme de 783.000frs CFA retenue à titre de garantie de reprise du travail ; Ordonne l'exécution immédiate avec dispense de caution nonobstant appel ; Déboute les consorts M… du surplus de leur demande ; Déboute la société Pride South Pacific de sa demande reconventionnelle ; Met les dépens à la charge du Trésor public'' ; Considérant que ce recours est intervenus dans les délais de 15 jours prescrit par l'article 237 du Code du travail ; Qu'il échet de le déclarer régulier et donc recevable ; Au fond ; Considérant qu'à l'expiration de leur contrat de travail lié à la barge dite BARACUDA de la société FORAMER, les ex travailleurs de cette société avaient signé avec leur employeur ; la société SOMASERQ qui est aussi la société P.D.P, D.D.P, FORAMER FORASOL et aujourd'hui société Pride South Pacific ; Qu'au terme de cet accord, l'employeur s'engageait dans l'hypothèse d'un nouveau contrat à les réembaucher et que pour cela une somme de 783.000frs CFA avait été retenue sur les indemnités de chacun des travailleurs ; Qu'ayant appris que leur employeur a repris ses activités les ex travailleurs ont tenté vainement de faire respecter cet accord d'où l'intervention de l'arrêt du 06 juin 2001 ayant condamné l'employeur à payer à chacun des travailleurs la somme de 750.000frs CFA à titre de dommages intérêts, sommes payées intégralement par la société Pride South Pacific ; Que c'est pourquoi suivant requête datée à Pointe-Noire, du 7 décembre 2005, le collectif des ex travailleurs SOMASER a fait citer la société Pride South Pacific pour entendre cette société condamner à leur payer à chacun la somme de 783.000frs CFA à titre de dommages-intérêts ; Considérant qu'en cause d'appel la société Pride South Pacific

concluant par l'intermédiaire de son conseil Maître L... en date du 7 mai 2007, sollicite l'infirmation du jugement entrepris en toutes ses dispositions ; Que statuant à nouveau la Cour devra constater, dire et juger qu'il n'existe pas en l'espèce des relations professionnelles entre les parties et donc se déclarer incompétente et faire droit à la demande reconventionnelle fixée à la somme de 600.000 frs au titre de frais irrépétible ; Que subsidiairement, la Cour devra constater que la transaction du 03 novembre 2005 versée aux débats a définitivement réglé le litige, constater l'autorité de la chose jugée eu égard aux termes de l'arrêt rendu le 06 juin 2001 par la Cour d'Appel en Chambre sociale ; Qu'en réponse Maître O... pour le compte des ex travailleurs SOMASER a conclu à la confirmation du jugement entrepris en toutes ses dispositions ; Sur quoi la Cour ; Considérant que le problème de droit qui se pose dans le cas d'espèce est celui de savoir si des travailleurs qui se prévalent d'une promesse de réembauche non exécutée mais garantie par des retenues sur leurs indemnités de rupture des contrats de travail peuvent être fondées à en solliciter le remboursement par l'employeur revenu sous une autre appellation devant la juridiction sociale ; Considérant qu'il est constant qu'une somme de 783.000frs avait été retenue à chacun des ex travailleurs de la société SOMASER pour garantir leur réembauche en cas de reprise des activités de ladite Société au Congo ; Considérant qu'il est également constant que la société Pride South Pacific qui relève du Groupe International dit PROMER-SOMASER a payé suivant arrêt rendu par la Chambre sociale de la Cour d'Appel de Pointe-Noire, des sommes d'argent au collectif des ex travailleurs de SOMASER au titre de dommages-intérêts relatif au préjudice subi par ceux-ci suite à la rupture de leurs contrats de travail ; Que ces sommes d'argent ont été payées au moyen d'une transaction ; Considérant cependant qu'il est encore constant que la transaction dont s'agit n'a nullement évoqué la somme de 783.000 frs CFA constituant une retenue faite en garantie d'une réembauche quand bien même cette transaction contient la formule légendaire selon laquelle, les parties s'engagent à abandonner toutes actions entre elles ;
Qu'il convient de relever que la convention transactionnelle conclue entre les parties par leurs conseils respectifs ne fait nullement état de ce chef de demande qui doit être dès lors considéré comme n'ayant pas fait l'objet d'un examen par les parties ; Qu'on ne saurait à juste titre l'évacuer au moyen de la transaction qui a porté sur d'autres points ; Considérant qu'au regard de cette analyse tous les griefs portés contre la motivation des premiers juges notamment la violation de la loi sur la compétence de la juridiction sociale, pour absence des relations de travail, la différence entre SOMASER et société Pride South Pacific, l'autorité de la chose

jugée et autres, tombent d'eux-mêmes ; Qu'en définitive la décision des premiers juges a le mérite d'avoir fait une parfaite relation des faits et convient d'être confirmée en toutes ses dispositions par les juges d'Appel ; Par ces motifs ; Statuant publiquement, contradictoirement en matière sociale et en dernier ressort ; En la forme ; Reçoit l'appel ; Au fond ; Dit qu'il a été bien jugé et mal appelé ; En conséquence confirme en toutes ses dispositions le jugement attaqué ; Met les dépens à la charge du Trésor public[536] ;

**683. Prorogation d'activité, âge de la retraite**
**K… / Chemin de Fer Congo Océan**

« Par requête en date à Pointe-Noire, du 20 août 2008, Monsieur K… a fait citer le Chemin de Fer Congo Océan (CFCO) pour :

- S'entendre annuler la décision n°200/CFCO-DG-DRH du 15 mai 2008 ;
- Le replacer dans ces droits, ou en cas de refus ;
- Le condamner à lui payer les salaires et avantages pendant trois (3) ans restants, et la somme de 150.000.000frs CFA à titre de dommages-intérêts ;

Au soutien de sa requête, il expose ; Qu'il intente son action contre le Chemin de Fer Congo Océan (CFCO) pour non application de la nouvelle règlementation en vigueur, fixant l'âge de départ à la retraite à 60 ans ; Qu'en vertu de la circulaire n°053/MFPRE/CAB du 17 avril 2003, faisant application de la loi n°021/89 du 14 novembre 1989 portant réforme du statut général de la fonction publique, précisément à son article 177, il avait bénéficié d'une prolongation d'activités de deux (2) ans du 1er août 2006 au 31 juillet 2008 ; Que la loi n°10-2007 du 03 juillet 2007 et la loi n°14-2000 du 25 juillet 2007 fixant respectivement l'âge d'admission à la retraite à 60 ans pour les travailleurs relavant du Code du travail de 57 ans à 65 ans pour les agents et cadres de la fonction publique, ont été promulguées ; Qu'au moment de l'entrée en vigueur de ces deux lois, les travailleurs en activité ne devaient plus être régis par les dispositions antérieures contraires à la matière ; Que par conséquent, il ne devait pas être admis à la retraite à 57 ans, sous l'empire de l'ancienne loi ; Que malheureusement, son employeur, le CFCO, est allé à l'encontre des nouvelles dispositions légales, pour le mettre à la retraite le 1er août 2008, soit à 57 ans ; Que le 28 janvier 2008, il s'en est référé au Directeur Départemental du travail au Kouilou, pour un avis

---

[536] CA. Pointe-Noire, Rôle social n°022, année 2007, répertoire n°051 du 07 novembre 2007, inédit

juridique ; Que cet expert avait adressé au Directeur Général du CFACO une lettre en date du 07 février 2008, n°186 ?DDT/K 13/72, dans laquelle il lui demandait de se conformer aux nouvelles dispositions législatives en vigueur ; Que, nonobstant cet avis juridique, le CFCO a pris un acte, la décision n°200/CFCO-DG-DRH du 15 mai 2008, fixant sa date de départ à la retraite le 1er août 2008 ; Que le recours en annulation dudit acte, intenté, a été rejeté par le CFCO ; Qu'à ce jour, son employeur n'entend pas lui faire application de la nouvelle règlementation ; Qu'il s'estime fondé à s'adresser à justice pour qu'il soit statué tel que sollicité ; Par son conseil Maître O… , Avocat à la Cour, le Chemin de Fer Congo Océan (CFCO)a conclu au débouté tout au faisant valoir ; Que, né le 25 juillet 1951, K… devrait faire valoir ses droits à la retraite courant 2006 ;

Qu'il a bénéficié d'une prolongation d'activités jusqu'au 1er août 2008, date à laquelle il devrait faire valoir définitivement ses droits à la retraite ; Que cette prolongation d'activités a été consacrée par une décision du Directeur Général du Chemin de Fer Congo Océan (CFCO) en date du 19 mars 2007 ; Que cette prolongation d'activités est dictée pour nécessités de services ; Qu'il est évident que sans cette prolongation d'activité K… aurait dû faire valoir ses droits à la retraite courant 2006 ; Que cette mesure est une exception dictée par des nécessités de services ; Que les textes de la loi ayant porté l'âge de la retraite à 60 ans ne sont applicables qu'aux agents qui n'ont pas bénéficié d'une mesure exceptionnelle de prolongation d'activités ; Que K… relève du contrat de travail et non de la fonction publique ; Que la décision rendue par le Tribunal du travail en date du 10 octobre 2008, le prouve suffisamment ; Que l'avis du directeur Départemental du travail au Kouilou est à tout le moins erroné et ne saurait être opposable au CFCO ;

Que la demande de K… est à rejeter ; Pour enchérir, le conseil de Monsieur K.., Maître C…, a fait relever dans ses conclusions du 05 décembre 2008, que le problème est celui de savoir si la nouvelle règlementation fixant désormais l'âge de la retraite à 60 ans est applicable à celui-ci, bénéficiaire d'une prolongation d'activités du 1er août 2006 au 31 juillet 2008 ; Qu'au-delà de simples alternations du CFCO, aucune des lois portant prolongation de l'âge d'admission à la retraite n'a exclu une catégorie des agents en service au moment de leur entrée en vigueur ; Que mieux encore, la circulaire n°53/MF-PRC/CNF du 17 avril 2003 stipule à son alinéa 6 ce qui suit ; Pendant la période de prolongation d'activités, l'agent bénéficie de tous les droits attachés à sa qualité de fonctionnaire et reste soumis à toutes les obligations qui en découlent ; Que la prolongation d'activités n'est autre qu'une prolongation de contrat, le bénéficiaire de celle-ci a les mêmes droits que

tous les agents en service ; Que la notion d'exception n'annule pas ses droits ; Sur quoi, le tribunal ; K... qui devrait être admis à la retraite le 31 juillet 2006, puisque âgé de 57 ans, a bénéficié d'une prolongation d'activités de deux (2) ans, allant du 1er août 2006 relevant du Code du travail à 60 ans ; Par lettre n°0118/CFCO-DG-DRH du 03 janvier 2008, son employeur, le Chemin de Fer Congo Océan (CFCO), lui a notifié le départ à la retraite, conformément à la note de prolongation d'activités soit le 1er août 2008 ; K... exhibe plutôt les dispositions de la loi nouvelle ; L'application des nouvelles dispositions légales au contrat de travail du susnommé prête à discussion. Il convient, à cet effet, de décrypter des dispositions textuelles, ainsi qu'au regard de son exécution, et d'en inférer les conséquences sur la demande ;
Sur le sens contractuel de la prolongation d'activités octroyée à K... ; Attendu que, pour résister à la revendication de son salarié, le Chemin de Fer Congo Océan (CFCO) a fait valoir que la prolongation d'activités est une exception dictée par des nécessités de service ; Mais attendu que K... a relevé qu'il s'agit d'une prolongation de contrat, et la loi nouvelle n'a pas exclu une catégorie d'agent ; Attendu que la circulaire 053/MEPRE-CAB du 17 avril 2003fixant la prolongation d'activité dispose ; Alinéa 2 ''La prolongation de l'âge d'admission à la retraite au-delà de 55 ans est accordée à titre exceptionnel pour des nécessités de service ; Alinéa 6 ; Pendant la période de prolongation d'activité, l'agent bénéficie de tous les droits attachés à sa qualité et reste soumis à toutes les obligations qui en découlent ; Que la décision n°162/CFCO-DG-DHH du 19 mars 2007, dispose également ; Article 1er : pour des nécessités de service, une prolongation de deux (2) ans est accordée à MP, sieur K... ; Article 2 :L'intéressé qui bénéficie de la prolongation d'activité pour la période du 1er août 2006 au 31 juillet 2008 fera valoir ses droits à la retraite le 1er août 2008 ; Attendu que les dispositions textuelles ci-dessus restituées, consacrent implicitement la continuité du lien contractuel originel, ayant régi les parties, en plaçant celles-ci dans la poursuite de l'exécution de leurs obligations réciproques ; Qu'en l'espèce et, en d'autres termes, le CFCO et son salarié, K..., n'ont nullement entendu mettre fin au contrat de travail qui les liait ; Que cette prolongation d'activités consentie de part et d'autre, pour des nécessités de service, soit en termes de situation exceptionnelle, n'a pas fait l'objet d'une consécration particulière, démarquée du contrat dont la rupture devrait être commandée par l'admission à la retraite du salarié ; Attendu qu'il en résulte que la période de prolongation d'activités se traduit au regard des relations des parties, par la poursuite pure et simple de l'exécution du contrat initial qui s'est étiré ; Qu'il échet de relever que pendant cette période le contrat de travail de K... est demeuré le même, produisant ainsi ses effets,

puisqu'il n'a pas été rompu ; Or, attendu que ce contrat poursuit son cours d'exécution sous l'empire des dispositions nouvelles de la loi n°10-2007 du 03 juillet 2007, fixant l'âge de la retraite à 60 ans, qui en soi, n'a nullement prévu un éventail d'exclusions ; Que cette loi est, par conséquent, applicable au susnommé, et la notion de nécessité de service, placée dans une connotation de situation exceptionnelle, ne saurait y constituer une dérogation ;

Sur les demandes formulées ; Attendu que K… a sollicité l'annulation de la décision n°200/CFCO-DG-DRH du 15 mai 2008, le rétablissement de ses droits ou à défaut la condamnation de son employeur à lui payer les salaires et avantages pendant trois (3) ans, ainsi que les dommages-intérêts d'un montant de 150.000.000frs CFA ; Attendu qu'il est établi que le contrat de travail de K.. est demeuré en Cours d'exécution pendant la période de prolongation d'activités ; Qu'à l'instar d'autres travailleurs du CFCO bénéficiant des avantages et droits, la loi n°10-2007 du 03 juillet 2007 lui est autant applicable ; Attendu que l'acte par lequel le CFCO a notifié à son salarié, K…, le départ à la retraite à l'expiration de la période de prolongation d'activités, traduit sa volonté de mettre fin au contrat de travail de celui-ci, nonobstant les dispositions légales nouvelles ; Que la demande formulée aux fins d'annulation de cet acte à la supposer exaucée, ne présenterait d'intérêts qu'autant que l'application de la nouvelle loi s'impose ; Que cette demande se trouve absorbée dans l'application de la nouvelle loi tel que tranchée et, il convient purement et simplement d'en débouter le susnommé ; Attendu que l'application de la loi n°10-2007 du 03 juillet 2007 à K.. s'entend dans le sens qu'au-delà de la prolongation d'activités, le sieur K… ne peut être admis à la retraite de 60 ans ; Qu'il y a donc lieu d'ordonner au CFCO de le replacer en activité et de poursuivre l'exécution du contrat de travail jusqu'à l'âge dévolu pour l'admission de celui-ci à la retraite, autrement dit, jusqu'à concurrence de 60 ans ; Qu'à défaut, il convient de condamner ledit CFCO à payer à celui-ci les salaires et primes liés à ses fonctions, pour le reliquat du temps contractuel, soit pour trois années ;Attendu que les dommages-intérêts de 150.000.000frs CFA sollicités en réparation du préjudice ne reposent sur aucune base de fait, dès lors que le dommage en soi n'est pas établi ; Qu'il y échet de l'en débouter purement et simplement ; Par ces motifs ; Statuant publiquement, contradictoirement, en matière sociale et en premier ressort ; Constate la prolongation d'activités accordée à K… ; Constate, par ailleurs, l'absence d'une stipulation particulière d'ordre contractuel consacrée par les parties à cet effet ; Dit que le contrat de travail du susnommé est demeuré opératum pendant cette période ; Dit que la loi n°10-2007 du 03 juillet 2007 fixant l'âge la retraite à 60 ans lui est applicable ; Ordonne son replacement au

CFCO et la poursuite des relations contractuelles jusqu'à l'âge dévolu pour son admission à la retraite ; A défaut ; Condamne le Chemin de Fer Congo Océan (CFCO) à lui payer les salaires et primes liés à ses fonctions à concurrence de trois (3) années ; Déboute K... du surplus de ses demandes ; Met les dépens à la charge du Trésor public[537] ; »

**684. Prorogations des engagements, contrats à durée déterminée, rupture légitime**
**M... / Société SDV-Congo**

« Requête en date du 22 octobre 2007, aux fins d'indemnisation à défaut de réintégration, introduite par le conseil de dame M..., contre la société SDV-Congo ; Il est exposé ; Que courant août 2005, dame M... a été embauchée par la société SDV-Congo, en qualité d'Assistante sociale en vertu d'un contrat de travail à durée déterminée ; Que ce contrat qui devait expirer du 02 février 2006 au 02 août 2006 ; Qu'à cette échéance, l'employeur lui a remis une lettre d'engagement à durée déterminée, en date du 31 juillet 2006 et un Certificat de travail lui a été délivré ; Que dame M... a donc travaillé de manière ininterrompue du 05 août 2005 au 16 août 2007, soit pour une période de deux (2) ans et seize (16) jours ; Que les trois contrats qui se sont chevauchés se sont transformés en relations de travail à durée indéterminée et tombent sous la dialectique de l'article 32 alinéa 2 du Code du travail ; Que par conséquent, la rupture du lien contractuel décidée par SDV-Congo sous prétexte de l'avènement du terme, est plutôt un congédiement ; Que, partant, la SDV a procédé de ce fait à un licenciement irrégulier et abusif de la susnommée ; Par son conseil Maître N... Avocat à la Cour, la société SDV-Congo a conclu au débouté et, tout en se constituant demanderesse reconventionnelle, elle a fait valoir ; Que le contrat de travail à durée déterminée, du 02 août 2005 a été prorogé au 02 août 2006 ; Qu'un nouveau contrat a été conclu pour une durée de six (6) mois, prorogé jusqu'au 16 août 2007, et dont l'avènement du terme a été régulièrement notifié, en conformité avec les dispositions de l'article 39 (nouveau) du Code de travail ; Qu'il a été délivré à dame M... un Certificat de travail au regard duquel il est prouvé que celle-ci n'a pas travaillé plus deux (2) ans ; Qu'il n'y a pas eu contrat de travail à durée indéterminée et, l'action intentée en soi est dépourvue de fondement ; Qu'il y a procédure abusive et vexatoire, donnant lieu à réparation à hauteur de 15.000.000frs CFA ; Antérieurement à ses conclusions la SDV a fait relever l'irrecevabilité de l'action de dame

[537] Tribunal du travail de Pointe-Noire, Rôle n°145, année 2008, répertoire n°059 du 27 mars 2009, inédit

M… pour défaut de qualité ; Cependant, ce moyen a été rejeté par jugement avant dire droit du 06 décembre 2007 ; Le Ministre public a relevé le caractère régulier et légitime de la rupture du lien contractuel ;
Attendu que sur la base de deux engagements à durée déterminée, alors prorogés, puis rompus à l'expiration des termes, dame M… se prévaut d'un contrat de travail à durée indéterminée, résilié de manière irrégulière et abusive, pour prétendre à l'indemnisation ; Qu'il importe de déterminer la nature des relations de travail ayant régi les parties, avant d'examiner les conséquences de la rupture qui s'en est suivie sur les demandes ; Sur la nature des relations de travail ; Attendu qu'en dépit du caractère autonome de deux contrats à durée déterminée, l'un de l'autre, rompus suivant leurs termes conférés par prorogation, dame M… en a inféré un contrat de travail à durée indéterminée, puisque, exécuté pendant deux (2) ans et seize (16) jours ; Attendu qu'il ressort des écritures des parties et des pièces du dossier, que le premier engagement à durée déterminée, de six (6) mois, prorogé pour la même durée, a été conclu le 05 août 2005, et a pris fin le 02 août 2006 ; Qu'un Certificat de travail a été établi au profit de dame M…, Que le second engagement, conclu pour la même durée, le 09 août 2006 et, prorogé a expiré le 16 août 2007 ; Que de même, tout en notifiant l'avènement du terme de celui-ci à dame M…, un Certificat de travail lui a été délivré ;
Attendu qu'au regard de l'expiration de leurs échéances et des Certificats de travail établis, aucun élément ne permet au tribunal de les relier au point d'en faire des contrats successifs pour aboutir à des relations de travail à durée indéterminée ; Qu'il y a plutôt lieu de les constater en tant que tels ainsi que leurs périodes de prorogation ; Attendu que, davantage, de par leur caractère isolé l'un de l'autre, retranchant la rupture intervenue à l'avènement de l'échéance, les parties se sont retrouvées quittes de toutes obligations, l'une envers l'autre, et les certificats de travail en font foi ; Qu'il y a lieu de relever que les parties étaient liées par deux contrats de travail à durée déterminée, distincts l'un de l'autre ;
Attendu que les lettres de rupture s'inscrivent dans le cadre de l'article 37 (nouveau) précité ; Qu'elle est donc légitime ; Attendu que dame M… a sollicité sa réintégration, ou a défaut, le paiement de la somme de 100.000.000frs CFA à titre de dommages-intérêts ; Attendu que cette demande manque de base légale, dès lors que la rupture du contrat, intervenue n'est pas abusive au regard des dispositions de l'article 42 (nouveau) du même Code ; Qu'il y a lieu de l'en débouter ; Attendu que la société SDV-Congo a demandé la somme de 15.000.000 frs CFA à titre de dommages-intérêts pour procédure abusive et vexatoire ; Attendu que l'abus de droit n'est pas établi contre dame M… ; Qu'il échet d'en débouter la société SDV-Congo ; Par ces motifs ; Statuant publiquement,

contradictoirement, en matière sociale et en premier ressort ; Constate les engagements prorogés et les certificats de travail établis à l'expiration du terme ; Dit que les parties étaient liées par un contrat de travail à durée déterminée ; En déclare la rupture légitime ; Déboute dame M… née N… de sa demande ; Déboute la société SDV-Congo de sa demande reconventionnelle ; Met les dépens à la charge du Trésor public[538] ; »

**685. Prolongation d'activité, salaire fonctionnel**
**K… / CFCO**

« Par requête en date du 28 mars 2008, de Maître C…, Avocat à la Cour, Monsieur S… a fait citer le Chemin de Fer Congo Océan (CFCO), pour obtenir le paiement du salaire fonctionnel depuis l'entrée en vigueur de la note de prolongation d'activité jusqu'à l'expiration de la période de deux (2) ans ; Au soutien de sa demande, Monsieur K.. expose ; Que par note n°193/MTAC-CAB du 18 août 2006, le Ministre des Transports et de l'Aviation civile lui a accordé une prolongation d'activités de deux (2) ans, ayant alors atteint l'âge de mise à la retraite ; Que cette décision n'a pas été exécutée par la direction de l'entreprise du fait de la pression insufflée par le personnel de la direction divisionnaire des ressources humaines qui, en effet avait même rédigé une pétition ;
Que le 31 juillet 2006, la direction du CFCO a décidé de la cessation des activités à son égard ; Que nonobstant cette note de prolongation d'activités et de maintien dans les mêmes fonctions, le CFCO a nommé un autre Directeur des Ressources Humaines par intérim, en date du 22 août 2006 ; Que le trouble a conduit le Ministre du tutelle à nommer un autre Directeur des Ressource Humaines ; Qu'au regard de la circulaire n°053/MFPRE/CAB du 17 avril 2003, aux termes de laquelle la prolongation d'activités pour nécessité de service repose sur deux faits ; Soit l'absence du fonctionnaire empêche le fonctionnement normal du service public ; Soit le fonctionnaire est retenu pour assurer l'encadrement de son successeur ; Qu'en pareilles conditions, il ne pouvait qu'exercer les fonctions d'encadreur et, en tant que bénéficiaire d'une prolongation d'activités, il devait garder tous les avantages liés à sa situation antérieure, tel qu'il ressort de la note 2544 du 18 septembre 2006 ; Qu'après avoir revendiqué cela, le CFCO a pris l'engagement de régulariser la situation, au cours d'une réunion tenue le 25 juillet 2007 ; Que pourtant, ledit salaire fonctionnel lui a été payé pendant six (6) mois et n'a été suspendu qu'après ; Qu'il s'estime fondé à s'adresser à justice

---

[538] Tribunal du travail de Pointe-Noire, Rôle n°139, année 2007, répertoire n°191 du 19/09/2008, inédit

pour qu'il soit statué tel que sollicité ; Par son conseil, Maître O… , avocat à la Cour, le CFCO a soulevé la prescription annale de l'article 99 du Code du travail en termes d'exception, et, à titre subsidiaire, il a conclu au débouté, tout en faisant valoir ;
Que plus de deux ans se sont écoulés entre la date de la prolongation d'activités le 18 août 2006 et celle de la requête le 28 août 2008 ; Que la prescription annale de l'article 99 du Code du travail est acquise, et l'action doit être déclarée irrecevable ; Que d'ailleurs, par note de service n°096/MTAC-CAB du 04 juillet 2005, Monsieur K… , Administrateur en Chef de 3ème classe, désigné intérimaire de la Directrice des Ressources Humaines a été suspendu de ses fonctions ; Que par la suite, il a été remplacé tour à tour par M… et A… ; Que bien qu'ayant été admis à la retraite, il a été affecté au secrétariat général, chargé de la réactualisation des textes ; Qu'aucun des textes n'a été pris pour nommer un encadreur ; Qu'il a perçu son salaire fonctionnel jusqu'au mois de décembre 2006 ; Le Ministère public a conclu au rejet de la demande, en ce que, mal fondée ; Sur quoi le Tribunal ; Attendu qu'il ressort des pièces du dossier et des débats, que le sieur K…, alors admis à la retraite, a bénéficié d'une prolongation d'activités en vertu de la note ministérielle n°193/MTAC-CAB du 18 août 2006 ; Qu'à cet effet, il devait exercer les fonctions de Directeur des Ressources Humaines qu'il avait commencé à assurer par intérim ; Que, cependant, le recours du personnel interne de cette direction divisionnaire a conduit la direction générale du CFCO à le faire relever ; Qu'il lui a été payé le salaire fonctionnel afférent, de juillet 2006 à décembre 2006 ; Qu'après revendication, au cours d'une réunion tenue le 25 juillet 2007, le CFCO s'était engagé de régulariser sa situation ; Attendu que la prescription annale de l'article 99 du Code du travail est en pareilles circonstances, interrompue par les réclamations (écrites), tel que prévu par ce texte ; Que ce moyen soulevé par la société Chemin de Fer Congo Océan (CFCO) est inopérant, et il échet de recevoir le requérant en son action ; Attendu que la prolongation d'activités en soi, couvre une période de deux (2) ans, et confirme au bénéficiaire les salaires et avantages afférents aux fonctions à exercer par celui-ci pendant cet intervalle de temps ; Or, attendu que ladite note de prolongation d'activités du sieur K… n'a nullement été reconsidérée et, mieux encore, le CFCO a continué à l'utiliser en fonction de celle-ci ; Qu'il convient donc de relever que le bénéficiaire d'une prolongation d'activités conserve les avantages liés à sa situation administrative ; Attendu qu'en l'espèce, le CFCO s'est appliqué à payer le salaire au susnommé, le salaire fonctionnel de Directeur des Ressources Humaines en vertu des textes sus-évoqués, et ce jusqu'au mois de décembre 2006 ; Qu'il y a lieu, par conséquent, d'ordonner le paiement du salaire

fonctionnel portant sur le reliquat de la période de janvier 2007 au 31 juillet 2008 ; Attendu que l'exécution provisoire est sollicitée en vertu des dispositions de l'article 232 (nouveau) du Code du travail ; Qu'il échet d'ordonner cette mesure, nonobstant appel ; Par ces motifs ; Statuant publiquement, contradictoirement, en matière sociale et en premier ressort ; Reçoit K... en son action ; Constate de même, le paiement par le CFCO du salaire fonctionnel du susnommé d'août à décembre 2006 ; Dit que le bénéficiaire d'une prolongation d'activités conserve les avantages liés à sa situation administrative ; Ordonne l'exécution provisoire, avec dispense de caution, nonobstant appel ; Met les dépens à la charge du Trésor public[539] ; »

***Observations***

**686. *Les motifs personnels de licenciement.*** *L'exigence d'une cause réelle et sérieuse s'applique aux licenciements pour motif personnel comme aux licenciements pour motif économique. Mais l'interprétation de la cause réelle et sérieuse se décline de manière spécifique pour le licenciement personnel. Certains motifs de licenciements sont autorisés. D'autres, tels les motifs subjectifs ou encore les faits tirés de la vie privée, ont progressivement été considérés par la Cour de cassation comme non susceptibles de constituer une cause réelle et sérieuse de licenciement.*

**687. *Les motifs autorisés.*** *La jurisprudence a progressivement fait apparaître deux grandes catégories de motifs personnels de licenciement : les motifs liés à l'incompétence du salarié, tels l'insuffisance professionnelle ou l'insuffisance de résultats, et la faute.*

**688. *Les motifs liés à l'incompétence du salarié.*** *Si l'insuffisance professionnelle peut être alléguée par l'employeur à condition d'être étayée (A), l'insuffisance de résultat ne constitue plus, en soi, une cause réelle et sérieuse de licenciement (B).*

[539] Tribunal du travail de Pointe-Noire, Rôle n°064 année 2008 répertoire n°007 du 9 janvier 2009

*A. L'insuffisance professionnelle*

**689.** *L'insuffisance professionnelle est susceptible de constituer une cause réelle et sérieuse de licenciement. Longtemps, dans un excessif respect pour le pouvoir des employeurs, certains juges avaient tendance à croire l'employeur sur parole, lorsqu'il invoquait une insuffisance professionnelle du salarié.*[540] *Le contrôle du juge était ainsi extrêmement limité par l'idée que l'employeur était seul juge des aptitudes professionnelles du salarié. Cette étrange résurgence des règles de preuves du pire XIX*e *siècle a fort heureusement cessé. Pour être une cause réelle de licenciement, l'insuffisance professionnelle alléguée doit être étayée par des faits objectifs prouvés*[541]. *L'employeur devrait ainsi, s'appuyant sur des remontrances, des évaluations, démontrer que l'insuffisance alléguée est bien existante. Le contrôle judiciaire qui s'exerce sur l'insuffisance professionnelle se déploie largement. Ainsi les juges font-ils parfois montre envers l'employeur d'une exigence de cohérence dans son jugement d'évaluation en décidant par exemple que le licenciement pour insuffisance professionnelle d'une salariée qui avait une ancienneté importante, qui n'avait fait l'objet d'aucune observation pendant sa carrière et qui avait bénéficié d'une augmentation de salaire peu de temps auparavant, est dénué de cause réelle et sérieuse.*[542] *Ainsi encore, des tests professionnels ne peuvent « justifier à eux seuls une insuffisance professionnelle d'un salarié dont il était reconnu qu'il avait exercé son activité de manière satisfaisante depuis 5 ans ».*[543]

***B. L'insuffisance de résultats***

**690.** *L'insuffisance de résultats désigne, elle, la non-réalisation des objectifs fixés. Pendant longtemps, la non-atteinte de ces objectifs constituait, à elle-seule, une cause réelle et sérieuse de licenciement, peu importe que cette insuffisance soit liée à l'état du marché.*[544] *Les juges n'avaient donc pas à vérifier que ces objectifs étaient réalisables ou que leur non-atteinte était imputable au salarié. Ce qui créait une sorte*

---

[540] Soc. 7 janvier 1976. IR. 41. Soc. 31 mars 1977. Jur. Soc. UNIMM 1977.p. 348

[541] V. déjà. Soc. 1er juillet 1981 et 5 novembre 1981, Dr. Ouvrier 1982. 180

[542] Soc. 21 février 1991

[543] Soc. 18 juillet 2000, n°98-44591

[544] Soc. 18 mars 1986, n°83-42191, Bull. civ. V. n°90

*d'automaticité de la cause réelle et sérieuse et permettait à l'employeur, en quelque sorte, de se préconstituer un motif de licenciement. Aujourd'hui, le non-respect des résultats ou des objectifs contractuellement acceptés par le salarié ne peut constituer en lui-même une cause réelle et sérieuse de licenciement. Il convient de rechercher la raison qui est à l'origine de la non-réalisation de ses objectifs par le salarié. Et ce d'autant plus que le salarié n'a pas à supporter le risque économique de l'activité de l'employeur. L'exigence d'imputabilité de la cause réelle et sérieuse transparaît ici. Pour qu'il soit cause réelle, l'irrespect d'un objectif doit être dû à une faute ou à une véritable insuffisance professionnelle du salarié, qui doit elle-même être prouvée*[545].

**691. *La faute.*** *Pour qu'elle constitue un motif de licenciement, la faute doit revêtir un certain caractère de gravité. La faute dite légère ne peut constituer un motif de licenciement. Elle doit être au minimum « sérieuse », pour constituer une cause réelle et sérieuse.*[546] *Mais la faute est susceptible de revêtir plusieurs degrés de gravité. La faute grave s'entend de celle qui rend « impossible le maintien du salarié dans l'entreprise pendant la durée même limitée du préavis ».*[547] *La formule, présente en substance dans des dizaines d'arrêts de la Cour de cassation, est restée inchangée, à quelques menues nuances près, depuis fort longtemps.*[548] *La faute s'apprécie in concreto, c'est-à-dire au regard du contexte concret, spécifique à chaque affaire. Il serait ainsi trompeur de dresser une liste des fautes qui ont été ou non qualifiées de graves : telle ou telle faute pouvant être grave ou non selon son contexte. Traiter un supérieur hiérarchique de « pauvre tâche » pourrait être moins qu'une cause sérieuse sur un chantier du bâtiment et une faute grave au sein de l'équipe dirigeante d'une banque commerciale. A priori, les fautes « graves » sont relativement rares, si l'on en croit les termes utilisés par la Cour de cassation : le maintien du salarié dans l'entreprise, même*

---

[545] V. par ex. Soc. 2 décembre 2003, RJS 2004, n°184 ; Soc. 18 mai 2005, RJS 2005, n°819.

[546] Sur la notion de faute professionnelle et l'application du droit disciplinaire, V. chapitre 9 pouvoir disciplinaire, §217

[547] Soc. 2 février 2005

[548] V. déjà. Soc. 14 juin 1961, Bull. Civ. V. n°639

*pendant une durée limitée, est dit « impossible ». Le terme est fort. Cependant, malgré ce terme, une interprétation assez laxiste de l'idée de faute grave a été adoptée pendant quelques années par la Cour de cassation. La désobéissance du salarié était alors qualifiée de faute « en principe » grave.*[549] *Pareille interprétation a depuis été corrigée et la désobéissance du salarié n'est plus « en principe » grave.*[550] *Il s'agit d'une faute, le plus souvent sérieuse. Mais il faut plus qu'une simple désobéissance ponctuelle pour rendre « impossible » le maintien du salarié à son poste pendant la durée limitée du préavis. Le comportement de l'employeur peut exclure la qualification de faute grave. L'employeur qui laisse travailler le salarié même après qu'il a découvert la faute, démontre que le salarié, malgré sa faute, pouvait continuer à travailler. Rien n'empêchait dès lors de lui faire exécuter son préavis. Il ne s'agit pas d'une faute grave.*

*La jurisprudence tient ce raisonnement de manière constante depuis de nombreuses années. Elle considère ainsi que le fait d'avoir laissé le salarié exécuter son préavis*[551] *ou simplement d'avoir tardé à entamer la procédure de licenciement après avoir eu connaissance de la faute*[552] *empêche l'employeur de se prévaloir d'une faute grave. Le délai de mise en œuvre de la rupture du contrat de travail doit être, selon la Cour de cassation. « Restreint ».*[553] *En revanche, la Cour de cassation admet que l'employeur invoque une faute grave s'il n'a conservé le salarié dans l'entreprise que pendant le temps d'expédier au plus vite la procédure de licenciement.*[554] *Et ce, bien que la faute grave permette de justifier une mise à pied conservatoire, qui éloigne le salarié de l'entreprise pendant la procédure de licenciement. L'idée de la Cour est de ne pas obliger l'employeur qui veut invoquer une faute grave à utiliser de telles mesures conservatoires.*[555] *Sommet de la hiérarchie des fautes que peut commettre*

[549] V. § 86 et 87, Soc. 10 juillet 1996, Le Berre
[550] Soc. 9 avril 2002, Bull. Civ. V, n°123 ; Soc. 7 septembre 2004. Bull. Civ. V. n°223 ; Soc. 21 février 2007, n°05-45741
[551] Soc. 12 juillet 2005, Soc. 5 décembre 2007, n°06-41313
[552] Soc. 22 octobre 1991
[553] Soc. 6 octobre 2011, n°09-41294 [P]
[554] Soc. 8 juillet 1985, Bull. Civ. V, n°406 maintien dans l'entreprise pendant une semaine, le temps d'exécuter la procédure de licenciement
[555] Soc. 4 novembre 1992, Bull. Civ. V, n°530

*le salarié, la faute lourde est la faute qui fait tomber toutes les protections. Outre qu'elle prive le salarié de préavis et d'indemnités de licenciement, elle supprime l'indemnité compensatrice de congés payés et prive ainsi le salarié des droits qu'il avait préalablement acquis. Elle permet de licencier un salarié gréviste. Elle seule permet encore d'engager la responsabilité contractuelle du salarié vis-à-vis de son employeur.*[556] *Non seulement le salarié pourra ainsi être licencié sans aucune indemnité, mais il pourra encore être condamné à céder la maison et la voiture qu'il n'avait pas encore fini de rembourser, pour indemniser l'employeur du préjudice que sa faute lui a fait subir. Lorsque la faute est lourde, les conséquences peuvent être écrasantes.*
*Cette faute n'est logiquement reconnue que très exceptionnellement par les juges. Elle doit non seulement être d'une exceptionnelle gravité, mais elle doit en outre avoir été commise volontairement, sciemment, dans l'intention de nuire à l'employeur.*[557] *La faute lourde est, en droit du travail, une faute intentionnelle. De même, les comportements des proches du salarié ne peuvent être en eux-mêmes des causes objectives : le comportement d'un parent ou d'un allié du salarié ne crée aucune perturbation objective dans les rapports de travail entre le salarié et l'employeur. Ils ne peuvent que créer des angoisses, des craintes, des méfiances, soit autant de sentiments, de causes subjectives non justifiantes. Du reste, en matière de licenciement pour motif personnel, l'exigence d'objectivité rejoint souvent celle d'imputabilité : il est nécessaire que le fait reproché soit imputable au salarié. Ce qui conduit, logiquement, à invalider les licenciements motivés par le comportement du conjoint*[558]*, du concubin*[559]*, du fils*[560] *ou de la sœur du salarié.*[561]

---

[556] Solution admise depuis Soc. 27 novembre. 1958, société forges sténoises, Bull. Civ. IV. n°1258 ; GADT. n°47 : 1959. 20, note R. Lindon ; JCP 1959. II. 11143, note J. Brethe de la Gressaye ; RTD civ. 1959. 753, note J. Carbonnier, plus récemment, v. not. Soc 21 octobre 2008 n°07. 40809, [P], RDT 2009. 112, note G. Pignarre ; Dr. ouvrier 2009. 217, note Ch. Mathieu Géniau ; Soc. 6 mai 2009, n°07-44 ; 485, [P].

[557] V. par ex. Soc. 16 février 1989, Aznar, RJS 1989, n° 380 ; Soc. 16 mai 1990, Bazillzt ; Bull. civ. V. n°228 ; Soc. 31 mai 1990 ; Soc. 29 nov. 1990, Laborie, RJS 1991, n° 17 ; Soc. 5 décembre 1996 ; Dr. soc. 1997. 195, obs. G. Couturier ; Soc. 28 novembre 2001, RJS 2002, n°144 ; Soc. 29 avril. 2009, n°07-42294

[558] Soc 29 novembre 1990, préc. ; Soc. 21 septembre 2006

[559] Soc. 27 mai 1998, RJC 1998, n°1185

[560] Soc. 12 janvier 1993, Dr. Soc. 1993. 187

*De manière un peu moins tranchée, la jurisprudence considère qu'un comportement du salarié à l'origine d'une mésentente (entre salariés ou parfois entre employeur et salarié) ou d'une incompatibilité d'humeur peut constituer une cause réelle et sérieuse de licenciement s'il résulte de faits imputables au salarié.*[562] *Parfois, la motivation des juges n'est pas sans rappeler la notion de trouble objectif. La mésentente ne serait recevable qu'à condition d'avoir perturbé le fonctionnement de l'entreprise. Ainsi la Cour de cassation a-t-elle affirmé, à propos d'une salariée qui avait été licenciée en raison des dissensions qui existaient entre elle et ses collègues de travail, que « la salariée avait fait preuve d'une acrimonie, voire d'une agressivité verbale à l'égard de ses collègues et crée ainsi un état de tension dans l'entreprise ».*[563]

**692.** ***Les motifs tirés d'un fait de la vie personnelle du salarié.*** *Reconnaître qu'un motif de licenciement constitue une cause réelle et sérieuse de licenciement suppose aussi que ce motif soit professionnel. Un motif tiré de la vie personnelle du salarié ne peut être invoqué par l'employeur pour justifier un licenciement. La solution est logique. Le salarié n'étant pas, au moment de la commission de l'acte qu'on lui reproche, sous la subordination juridique de l'employeur, il échappe à son pouvoir de direction. La Cour de cassation a ainsi, au gré de ses décisions, tracé une ligne de partage entre ce qui relève de la vie professionnelle du salarié et ce qui relève de sa vie personnelle, notion englobant, outre la vie proprement privée du salarié, tout ce qui concerne notamment sa vie associative ou politique. Une exception existe, si ce fait a créé un trouble caractérisé au sein de l'entreprise. Selon l'expression en général retenue, le comportement du salarié doit avoir, « compte tenu de la nature de ses fonctions et la finalité propre de l'entreprise, [...] crée un trouble, caractérisé au sein de l'entreprise ».*[564] *Il en est aussi du licenciement d'un cadre de banque pour avoir émis des*

---

[561] Soc. 21 mars 2000, RJS 2000, n°509

[562] Soc. 5 février 2002 Bull. civ. V, n°50 ; Soc. 27 novembre 2001, Bull. civ. V, n°360 ; Soc. 23 février. 2005, n°02-45988

[563] Soc. 25 avril 2001, n°99-41665

[564] L'un des premiers arrêts à avoir retenu cette formule est Soc. 17 avril 1991. Bull. civ. n°201 au sujet d'un aide sacristain d'une paroisse licencié en raison de son homosexualité. Voir aussi Soc. 30 juin 1992, Bull. Civ. V, n°429

*chèques sans provision est dénué de cause réelle et sérieuse.*[565] *L'employeur n'est donc pas en droit d'invoquer la cause de ce trouble (le fait tiré de la vie personnelle du salarié), mais il peut se prévaloir des conséquences de ce trouble sur le fonctionnement de l'entreprise. Ce trouble objectif est apprécié de manière circonstanciée, au regard notamment des fonctions du salarié et de la finalité de l'entreprise. De sorte que dans les entreprises dites de tendance, institutions dont la raison d'être correspond à la défense ou à la promotion d'une doctrine politique, syndicale, ou religieuse, certains faits tirés de la vie privée du salarié, qui sont en contradiction avec la doctrine promue, seront plus facilement pris en considération pour caractériser le trouble objectif.*[566] *En tout état de cause, le licenciement ne doit pas être disciplinaire. Après une période de flottements, cette solution a été réaffirmée par la Chambre mixte de la Cour de cassation du 18 mai 2007.*[567] *L'arrêt d'appel avait retenu l'existence d'un trouble objectif généré par un fait qui relevait de la vie privée du salarié. Elle en avait déduit qu'une sanction de rétrogradation était en l'espèce justifiée. La Cour de cassation casse cet arrêt au motif qu'un trouble objectif ne saurait permettre en lui-même de fonder une sanction disciplinaire à l'encontre du salarié, en l'absence de « manquement aux obligations résultant de son contrat ». Là encore, quelques exceptions existent et la Cour admet parfois qu'un fait tiré de la vie personnelle du salarié puisse être qualifié de faute s'il se rattache à la vie professionnelle ou si une obligation spécifique a été violée.*[568]

**693. *Transfert d'entreprise.*** *Voici quelques situations très courantes dans la vie des affaires mais lourdes de menaces pour les salariés : une société exploitant un fonds de commerce d'habillement vend ce fonds de*

---

[565] V. encore Soc. 14 septembre 2010, 09-65675

[566] V. aussi la jurisprudence de la CEDH : 23 septembre 2010, n°1620/03, Schüth c/ Allemagne et n°425/03, Obst c/ Allemagne, sur les licenciements d'un organiste et chef de cœur employé par une paroisse catholique, et d'un Directeur pour l'Europe des relations publiques employé par l'Eglise Mormone, suite à la découverte de leurs relations adultérines

[567] N°05-40803, Bull. ch. Mixte n°3 ; D. 2007. Jur. 2137, obs. J. Mouly; SSL, n°1310, note Ph. Waquet ; RDT 2007, n°1310, note Ph. Waquet; RDT 2007. 527, obs. T. Aubert-Montpeyssen

[568] V. sur ce point ainsi que sur la position plus rigoureuse du Conseil d'Etat : § 217

*commerce ; une grande entreprise automobile qui auparavant assurait elle-même la restauration de ces salariés décide que cette activité ne fait pas partie de son « cœur de métier » : elle sous-traite le restaurant d'entreprise à une société spécialisée ; une mairie n'est plus satisfaite de la gestion du camping municipal, elle choisit de ne pas renouveler le contrat avec le gestionnaire et de confier cette tâche à une autre société. Que deviennent les salariés affectés à ces activités qui passent de mains en mains ?*

*La personne avec laquelle ils ont conclu leur contrat de travail risque de ne plus avoir de travail à leur donner. L'employeur initial et les salariés pourraient donc tirer avantage à ne plus travailler ensemble. De son côté, le repreneur de l'activité a besoin de travailleurs pour assurer les mêmes tâches. Son intérêt peut être de reprendre les anciens salariés, qui ont une expérience, un savoir-faire, une connaissance des fournisseurs et des clients etc.*

*Une règle ancienne, puisqu'elle s'est imposée par une loi du 19 juillet 1928, prévoit le transfert des contrats de travail du personnel vers la nouvelle structure chargée de l'activité. Plus précisément, on dit qu'il y a poursuite des contrats de travail en cas de « modification de la situation juridique de l'employeur », selon la formule issue de la loi de 1928, ce que la pratique désigne par l'expression « transfert l'article L. 1224-1 du Code du travail, article qui est venu remplacer le célèbre article L.122-12 alinéa 2. Il y a, en droit de l'Union européenne, un dispositif similaire, prévu par la directive 2001 /23 du 12 mars 2001 (qui a succédé à une directive 77/187 du 14 février 1977). La situation des salariés en cas de transfert d'entreprise est donc aujourd'hui le produit des articles du Code du travail français, de ceux de la directive, et de la jurisprudence de la Cour de cassation et de la CJUE.*

*La règle du maintien des contrats de travail en cas de transfert d'entreprise offre une certaine protection aux salariés lors des restructurations, c'est-à-dire les différentes opérations qui viennent modifier la configuration des entreprises : externalisation, filialisation, concentration, fusion, absorption... C'est pourquoi les conditions d'application de cette règle et sa teneur exacte sont le lieu d'importants débats.*

**694. *Domaine d'application.*** *A suivre les différents articles consacrants la règle de poursuite des contrats de travail, le champ d'application recouvre des opérations très diverses. « Succession, vente, fusion, transformation du fonds, mise en société de l'entreprise » sont ainsi mentionnées par l'article L. 1224-1 du Code du travail. L'article 1.1 a. de la directive du 12 mars 2001 vise le « transfert d'entreprise, d'établissement, ou de partie d'entreprise ou d'établissement », auquel l'article 1.1 b vient ajouter « le transfert... d'une entité économique maintenant son identité ».*
*L'application de ces textes n'a jamais posé de problème lorsqu'une personne morale, une entreprise tout entière est transférée. Il est évident que lorsqu'une société A absorbe une société B, la société A doit reprendre les contrats de travail des salariés de la société B. Les difficultés naissent véritablement quand seule une partie de l'entreprise, de la personne morale ou de l'activité est cédée. Ces difficultés ont donné lieu à une histoire un peu chaotique. Aujourd'hui, les conditions pour que les contrats de travail soient poursuivis, sont stabilisées. Il doit y avoir une entité économique, elle doit être autonome et se maintenir après le transfert. Il faut toutefois garder à l'esprit que, dans une matière aussi difficile à saisir que des restructurations soumises au droit national et au droit de l'Union européenne, l'excessive rigueur est à proscrire. Une certaine marge d'appréciation demeure. Et l'on chercherait en vain des certitudes applicables mécaniquement. La CJUE du reste n'a pas élaboré des règles abstraites mais bien davantage une méthode pour guider les juridictions nationales dans leur travail de qualification, qui doivent prendre en compte « l'activité exercée, voire les méthodes de production ou d'exploitation utilisée ».*[569]

**695. *Historique.*** *Pour résoudre les difficultés liées au champ d'application de la règle de maintien des contrats de travail, la jurisprudence, dans un premier temps, retenait une solution simple. Aux termes de sa première grande décision en la matière, la Cour de cassation explique que la règle est « destinée à assurer aux salariés des emplois plus stables ». Ce fondement connu le sens de la règle devenait clair : à chaque fois qu'une opération conduit à déplacer un emploi, le*

[569] CJCE 20 novembre 2003, Abler, aff. C-340/01

*salarié doit suivre. Il y avait une sorte de droit du salarié à conserver son emploi. Le champ d'application de la règle, logiquement, s'étendait alors à toutes les hypothèses dans lesquelles l'emploi du salarié est transféré. Il n' y avait pas vraiment à s'interroger sur les caractéristiques de l'activité et de l'organisation transférée, le juge devait se demander où le salarié avait le plus de chance de garder son travail. Pareil champ d'appréciation a pu paraître cependant excessivement large. On lui reprochait pêlemêle de fausser la concurrence, d'obliger le nouvel employeur à conserver des salariés qui n'étaient pas satisfaisants, de décourager la reprise d'entreprise en difficultés. Ces critiques ont conduit la Cour de cassation à restreindre le domaine d'application de la règle, exigeant qu'un lien de droit existe entre les employeurs successifs*[570] *et refusant que « la seule perte de marché » déclenche le transfert des contrats de travail.*[571] *Dire que la seule perte d'un marché ne suffit pas, cela revient à dire que le seul déplacement de l'emploi ne suffit pas. Sous l'effet de la jurisprudence de la CJCE (désormais CJUE), la Cour de cassation a ensuite fait partiellement machine arrière. Elle a abandonné l'exigence d'un lien de droit, mais a continué à indiquer que dans le cas de la seule perte de marché, la règle de maintien des contrats n'est pas applicable.*[572] *Surtout, elle a aligné sa jurisprudence sur celle de la CJCE en exigeant pour qu'il y ait transfert d'entreprise qu'il y ait une « entité économique conservant son identité et dont l'activité est poursuivie ou reprise ».*

*Ce qui déclenche le changement d'employeur, ce n'est donc plus le transfert des possibilités d'emplois, mais quelque chose d'un peu plus organisé : le transfert d'un morceau d'entreprise, une part d'activité suffisamment structuré, organisé (l'idée était au demeurant déjà suggérée par l'arrêt Goupy).*

**696.** ***Une entité économique.*** *En principe, le transfert doit porter sur une entité économique. L'unité économique est définie comme « un ensemble organisé de moyens en vue de la poursuite d'une activité économique,*

[570] Soc. 12 juin 1986, Dr. Soc. 1986. P. 505, concl. G. Picca, note G. Couturier
[571] Ap, 15 novembre 1985
[572] Ass. Plén. 16 mars 1990, D. 1990. 305, note A. Lyon- Caen

*que celle-ci soit essentielle ou accessoire ».*[573] *L'entité économique, c'est donc une activité, mais aussi certains des « moyens » avec lesquels cette activité est effectuée. Ce peut être des moyens corporels (des machines, des camions, des locaux, etc.). Dans les entreprises très mécanisées, le transfert des machines sera donc un indice essentiel. Lorsqu'en revanche l'activité repose essentiellement sur de la main-d'œuvre, comme dans les entreprises de nettoyage, aucun moyen particulier ne peut être transféré (trois balais et deux éponges, mais sinon pas grand-chose...). Alors, l'absence de transfert d'éléments corporels ou incorporels ne pourra pas empêcher le transfert des contrats. Les « moyens » visés par la directive seront simplement des moyens humains. La reprise volontaire par le cessionnaire d'une partie du personnel sera l'indice de l'existence d'une entité économique.*[574] *En somme, le fait de reprendre une partie des salariés oblige à les reprendre tous. Dans l'arrêt Jouini du 13 septembre 2007*[575]*, le transfert d'une partie d'entreprise de travail temporaire a même pu être ordonné, en l'absence de véritable collectivité de travail, par le seul transfert d'un ensemble composé des employés chargés de la gestion, des travailleurs intérimaires et du savoir-faire.*[576]

**697. *Le licenciement économique.*** *Le licenciement pour motif économique est un sujet socialement, politiquement, donc juridiquement très disputé. Un licenciement économique peut concerner, en une seule fois, des centaines de personnes, frapper des bassins d'emplois entiers. Il précipite dans le chômage des salariés auxquels rien n'est reproché, ni faute, ni insuffisance professionnelle. Il est l'objet d'une règlementation spéciale. Celle-ci demeure une importante protection, bien qu'elle soit actuellement bousculée, affaiblie par les réformes législatives. L'analyse du domaine de cette règlementation précèdera l'étude de la décision. Le développement de la gestion prévisionnelle des emplois et des compétences vise, en amont de la décision de mise en cause de l'emploi, à anticiper l'éventualité de restructurations.*

---

[573] Art. 1.1 b de la directive du 12 mars 2001
[574] CJCE 24 janvier 2002, Temco Services
[575] CJCE C-458/05, JCP S, 2008. 1005, note P. Morvan
[576] V. Pt. 37 de l'arrêt

**698.** ***Le domaine.*** *La notion de « licenciement économique » est, bien entendu, la clé d'entrée dans le domaine des règles protectrices du licenciement économique. Mais certaines protections exigent en outre que l'opération soit un licenciement « collectif », c'est-à-dire qu'au moins deux licenciements soient projetés pour une même cause économique. Et pour bénéficier des principales protections procédurales, encore faut-il être inclus dans un « grand » licenciement économique. Depuis quelques années, se développement et se généralisent les plans de départs volontaires qui suscitent des questions particulières.*

**699.** ***La notion de licenciement « économique ».*** *Pour comprendre ce qu'est le licenciement pour motif économique, il faut se référer à l'article L. 1233-3 du Code du travail qui se présente comme une définition. Ce texte est au cœur de nombreuses polémiques. La loi du 17 janvier 2002 a d'ailleurs tenté de le réécrire, mais sans succès puisque le Conseil constitutionnel a censuré la disposition modificative. Il s'agit pourtant d'un texte particulièrement mal rédigé. La définition du licenciement pour motif économique comprend trois éléments. Le premier élément est un élément de qualification. Le motif économique est celui qui est non inhérent à la personne du salarié. C'est cette partie de l'article L. 1233-3 du Code du travail qui définit véritablement la cause « économique ». Et ces deux qualifications sont alternatives : un licenciement est soit l'un, soit l'autre. Dès lors, le licenciement économique ne peut qu'être défini par opposition au licenciement personnel. C'est ce que fait d'entrée l'article L. 1233-3 lorsqu'il précise : « Constitue un licenciement pour motif économique le licenciement effectué par un employeur pour un ou plusieurs motifs non inhérents à la personne du salarié ». Réciproquement, le licenciement pour motif personnel est celui dont le motif est inhérent à la personne du salarié, comme son insuffisance professionnelle ou sa faute.*

*Le deuxième élément est un élément matériel. Le motif économique implique une suppression ou transformation d'emploi ou d'une modification, refusée par le salarié, d'un élément essentiel du contrat de travail ». Le fait que le texte vise le « refus » d'une modification du contrat s'explique facilement. Si le salarié accepte ce que demande l'employeur, on ne voit pas très bien en quoi la modification pourrait motiver le licenciement (dont le caractère réel et sérieux restera à apprécier). Si le refus porte sur un élément qui appartient au pouvoir de direction de l'employeur, il est fautif. Et cette faute du salarié sera un motif personnel de licenciement (dont le caractère réel et sérieux restera à apprécier). S'il s'agit d'un élément contractuel, le refus est un droit. L'exercice d'un droit ne peut aucunement être un motif de licenciement. Ainsi, lorsqu'un salarié est licencié suite au refus d'une proposition de modification, ce n'est pas ce refus qui permet de qualifier le licenciement, mais le motif de la proposition qu'il a refusée. Si cette proposition est inhérente à la personne du salarié (il s'agit, par exemple, d'une rétrogradation disciplinaire décidée à la suite d'une faute du salarié, ou d'un reclassement demandé du fait de l'insuffisance professionnelle du salarié sur un poste), le licenciement consécutif au refus aura un motif personnel. Si le motif de la proposition est non inhérent à la personne du salarié (par exemple, l'employeur veut faire des économies en diminuant les salaires), le licenciement consécutif au refus aura un motif économique, dont le caractère réel et sérieux restera à apprécier (sur la distinction entre modification du contrat et changement des conditions de travail.*

*Enfin, le troisième élément est un élément causal. Suppression d'emploi, transformation d'emploi ou refus d'une modification du contrat doivent être consécutives « notamment à des difficultés économiques ou à des mutations technologiques ». A ces deux causes, la jurisprudence a ajouté la réorganisation nécessaire à la sauvegarde de la compétitivité de l'entreprise.*[577] *La Cour de cassation à également considéré que la cessation d'activité de l'entreprise, quand elle n'est pas due à une faute de l'employeur ou à sa légèreté blâmable, constitue un motif économique de licenciement.*[578] *En fait, la lettre du texte mêle la qualification du licenciement et la justification du licenciement, lesquelles sont deux questions bien distinctes. C'est une chose que de se demander si l'on est en présence d'un licenciement « économique ». C'est bien autre chose que de se demander si tel ou tel licenciement économique est doté ou non d'une cause réelle et sérieuse.*[579] *La qualification de licenciement*

---

[577] Soc. 5 avril 1995, deux arrêts, Thomson 13 février 2008 n°06-44933

[578] Soc. 16 janvier 2001. RJS 2001, n°294 sur la légèreté blâmable, v. infra

[579] V. en ce sens Soc. 14 février 2007, n°05-40504, Bull. Civ. V, n°25

*« économique » donne lieu à l'application des règles propres aux licenciements économiques. Elle ne préjuge pas de l'existence d'une cause réelle et sérieuse. Il en va du licenciement économique comme du licenciement pour motif personnel. Pour la Cour de cassation, seul le premier élément est un élément qualificatif. Les deux derniers éléments participent de la justification du licenciement. En somme, dès lors que le licenciement est non inhérent à la personne du salarié, le motif est économique (il faut faire mention, toutefois, des licenciements dits objectifs, tel le licenciement pour trouble objectif au fonctionnement de l'entreprise ). Si, par ailleurs, les éléments matériel et causal n'étaient pas avérés, le licenciement serait économique, mais dépourvu de cause réelle et sérieuse. En réalité, les choses sont plus complexes. Et il est évident que dire que le licenciement provient de difficultés économiques contribue à permettre de le qualifier d'économique.*
*Souvent, il est bien difficile de déterminer la nature du licenciement, personnel ou économique. De nombreux licenciements sont à la fois justifiés par des motifs personnels et par des motifs économiques. La faute, même grave, d'un salarié sera bien vite oublié si la qualité du travail et l'intérêt économique du salarié sont très importants... Le licenciement pour faute grave est donc aussi par l'idée qu'économiquement le remplacement du salarié sera un gain.*

*Cette imbrication rend parfois délicate la détermination de la véritable cause du licenciement. La pluralité de causes reçoit une solution logique : la cause qui permet de qualifier le licenciement est la cause première, déterminante, celle qui est à l'origine de la décision de l'employeur de rompre un contrat de travail. Est un licenciement économique, celui dont on peut dire : si la question de la rupture d'un contrat de travail s'est posée, c'est d'abord pour un motif non inhérent à la personne ». Lorsque d'abord il est décidé de supprimer un poste, de restructurer l'entreprise, de modifier les processus de production, et que ce n'est qu'ensuite que l'on s'aperçoit que tel est mal adapté à la modification projetée, ou que de tous les salariés c'est encore de lui que l'on préfère se séparer en premier, le licenciement n'en conserve pas moins la qualification de licenciement pour motif économique.*

*Cette solution a été reconnue et même renforcée par la jurisprudence. Celle-ci affirme que lorsqu'une cause économique et une cause personnelle sont présentes, seule la « cause première et déterminante » peut être invoquée et ce, non seulement au stade de la qualification, mais aussi au stade de la justification.*[580] *La solution est certaine lorsque les causes sont liées entre elles : si l'incompétence est l'effet du changement de machine, la cause première est le changement de machine et il s'agit d'un licenciement pour motif économique. Lorsque les fautes répétées du salarié conduisent l'employeur à penser que son remplacement serait un gain économique, la cause première, qui dicte la qualification du licenciement est personnelle.*

*La question est plus difficile lorsque l'employeur invoque deux motifs a priori indépendants l'un de l'autre, une faute disciplinaire et une restructuration par exemple. L'aspect premier, déterminant, de l'un des deux est alors trop psychologique pour être facilement découvert. Il est simplement clair que si des deux motifs invoqués l'un est personnel et l'autre économiques, les juges doivent n'en conserver qu'un et négliger l'autre.*[581] *La Cour dit qu'il faut conserver celui qui est premier et déterminant. Si l'on arrive à savoir que l'un des motifs ne constitue qu'un prétexte, tant mieux. Mais le plus souvent, un certain doute s'installe. La tendance semble être alors, derrière la recherche officielle du motif déterminant, de faire prédominer la qualification la plus avantageuse pour le salarié, celle que l'employeur a le plus intérêt à masquer ou à minimiser, celle qui dès lors ressemble le moins à un simple prétexte. Il existe ainsi, peut-être, derrière le visa de la cause première et déterminante, une sorte d'application dans le doute, de la cause la plus protectrice : lorsqu'un motif personnel ouvre une meilleure protection qu'un motif économique, comme c'est le cas de l'inaptitude physique, c'est ce dernier motif qui l'emporte.*[582]

**700. *Le « grand » licenciement économique.*** *Le « grand » licenciement collectif pour motif économique est le licenciement pour lequel il existe*

---

[580] Soc. 10 octobre 1990. Méchin, Bull, civ. V ; n°442; GADT, n°106; Soc. 3 avril 2002

[581] Soc. 3 avril 2002, préc

[582] Soc. 14 mars 2000 RJS 2000, n°526

*la procédure la plus complète et la mieux sanctionnée. C'est dans ce cadre que s'appliquent les principales protections existantes et notamment le « plan de sauvegarde de l'emploi », anciennement dénommé « plan social ». La définition du grand licenciement économique est par conséquent une question cruciale. Elle est agitée et débattue en proportion de son importance. Il est deux types de « grandes » opérations. Ce peut être un « grand projet » : on compte alors le nombre de licenciements envisagés. Ce peut être aussi un « grand effet » : on compte alors le nombre de licenciements réalisés. Dans tous les cas les licenciements sont comptés dans l'entreprise ». Laquelle peut être composée de plusieurs personnes morales si celles-ci sont considérées comme co-employeurs de leurs salariés.*[583] *Depuis peu, la jurisprudence admet également que les licenciements puissent être décomptés dans une unité plus large que l'entreprise, l'unité économique et sociale, si la décision de licencier a été prise au niveau de cette unité.*[584] *Dans un tel cas de figure, si 5 licenciements sont décidés dans une société, et que 6 autres le sont dans une société appartenant à la même unité économique et sociale que la première, on sera bien en présence d'un grand licenciement collectif.*

---

[583] Soc. 28 janvier 2009, n°07-45481, Bull. V. n°26, RDT 2009. 233, note Y. Frouin
[584] Soc. 16 novembre 2010. n°09-69485, [P], RDT 2011. 112, obs. E. Peskine

# HUITIEME PARTIE : LE PATRONAT CONGOLAIS

# TITRE 1 : L'UNION PATRONALE ET INTERPROFESSIONNELLE DU CONGO (UNICONGO)

## SOUS-TITRE 1. ORGANISATION

### CHAPITRE 1. L'OBJET, LE SIEGE, LA DUREE ET LES RESSOURCES

#### Section 1. L'objet

**701.** L'association a pour objet la défense et la représentation des intérêts économiques et sociaux de ses membres organisés, au sein de son assemblée générale, en Fédérations professionnelles.

Dans ce cadre, l'Association a notamment pour missions de :

- définir et faire connaître le point de vue des chefs d'entreprises sur les sujets concernant directement ou indirectement leurs entreprises, afin qu'elles bénéficient d'un environnement législatif et réglementaire favorable ;

- à cette fin, désigner tous représentants ou candidats à la représentation des employeurs au sein des organismes officiels ;
- favoriser la liberté d'entreprise, les vocations d'entrepreneurs, leur dynamisme, leur réussite ;
- conduire toutes études et actions en faveur du bien commun des entreprises, quelles que soient leurs formes et dimensions, ou participer à de telles études initiées par les pouvoirs publics ou par des tiers ;
- consulter ses adhérents, les informer sur son action et les représenter auprès :
- des Pouvoirs Publics, aux échelons national, régional et international ;
- des organisations étrangères ou internationales de même nature que Unicongo ;
- des confédérations de salariés et de cadres et toutes autres organisations économiques et sociales ;
- de l'opinion publique et des différents milieux sociaux ;
- contribuer à un dialogue social constructif ainsi qu'à l'adaptation des différents systèmes de protection sociale aux évolutions économiques et démographiques.

Plus généralement, l'association peut effectuer toutes opérations pouvant légalement concourir directement ou indirectement à l'objet défini ci-dessus et à tout objet similaire ou connexe, notamment participer, par tous moyens, à toutes entités créées ou à créer, pouvant se rattacher à cet objet.[585]

**Section 2. Le siège**

**702.** Le siège de l'association est fixé à Brazzaville, République du CONGO. Le conseil d'administration a le choix de l'immeuble où le siège est établi et peut le transférer dans la même ville par simple décision.

**Section 3. La durée**

L'Union est constituée pour la durée la plus longue permise par la législation en vigueur.

**Langue de l'Association**

La langue de travail de l'Association est le français. Les communications destinées aux communautés bancaires et financières ou toutes autres instances, ainsi qu'au public, sont publiées en français et, sur décision du Bureau, en toute autre langue.[586]

**Section 4. Les ressources**

**703.** Les ressources de l'association se composent :

1° des cotisations de ses membres ;

2° des dons, legs ou subventions qui pourraient lui être accordés ;

3° du revenu des actifs qu'elle administre ;

4° des sommes perçues en contrepartie des prestations qu'elle fournit ;

5° de toutes autres ressources autorisées ou attribuées par la loi ou par les conventions internationales.

Les cotisations sont fixées annuellement par le conseil d'administration.

L'appel de cotisation est transmis, par le Secrétariat général, quinze jours au plus tard après approbation du budget du prochain exercice par l'Assemblée générale, conformément au relevé de décision signé sur-le-champ par le Bureau de l'Assemblée. Il est payable dans le mois suivant sa réception. Sous réserve des dispositions du Règlement intérieur, seul le

---

[585] Article 2 des statuts

[586] Articles 4 et 5

règlement des sommes ainsi réclamées confère aux membres de l'Union le plein exercice de leurs droits payable au plus tard le 28 février de l'année suivante.[587]

## CHAPITRE 2. LES MEMBRES

### Section 1. La composition de l'association

**704.** Les membres titulaires de l'association sont regroupés en Fédérations professionnelles par lesquelles ils s'expriment au sein de l'Assemblée générale, comme indiqué aux articles 21 et 23 ci-après. Nul ne peut être inscrit simultanément dans plusieurs fédérations professionnelles. La création et la disparition, la partition ou le regroupement des Fédérations professionnelles font l'objet de décisions du conseil d'administration, soit de sa propre initiative, soit sur saisine de tout membre de l'Union.

**Membres associés.** Le conseil d'administration, de sa propre initiative ou sur toute autre proposition, peut admettre, en qualité de membre Associé de l'Union, tout organisme ou société nationale, mixte ou étranger, intéressé par ses activités ou susceptible d'aider Unicongo à atteindre ses objectifs. Ces membres ne jouissent d'aucun des droits réservés aux seuls membres titulaires. Ils sont cependant susceptibles, moyennant paiement d'un abonnement annuel fixé par l'Assemblée générale sur proposition du conseil d'administration, de bénéficier de certains services, au plan de l'information notamment.[588]

### Section 2. Les conditions d'adhésion

**705.** Pour solliciter son adhésion à l'association, toute entreprise dont le statut ou l'activité le requiert doit être régulièrement immatriculée au Registre du commerce et du crédit mobilier et satisfaire à toutes autres obligations légales et réglementaires, notamment relatives à son statut ou à son activité. Pour être agréée en qualité de membre titulaire de l'Union, toute personne non signataire des présents statuts devra adresser au président de la fédération professionnelle concernée, en fonction de son activité principale :

- une demande d'admission ;

- les documents visés à cet effet par décision du bureau de chaque fédération, dont la liste est déposée au Secrétariat général ;

---

[587] Article 6
[588] Article 7

- la Charte éthique de l'Union, « lue et approuvée » et signée.

La fédération saisie statue sur la demande dans un délai de deux mois, par décision non motivée et transmise au Secrétariat général. L'informe par écrit le demandeur de la décision, après avis du conseil d'administration. En cas d'acceptation, le Secrétariat général joint à l'information l'appel de cotisation, calculé *prorata temporis* de l'année en cours, ainsi que les statuts de l'Union et son Règlement intérieur. Quelle que soit la décision, copies du dossier de demande d'adhésion et de la décision du bureau de la fédération sont transmises sans délai au conseil d'administration. Celui-ci décide en dernier ressort après avis de la fédération et avant envoi de la réponse au demandeur.[589]

### Section 3. Les obligations des membres

**706.** Les membres titulaires de l'Union s'obligent :

- à respecter les présents statuts, le Règlement intérieur, la Charte de l'Union et les décisions des instances dirigeantes et délibératives de l'association et de leur fédération professionnelle de rattachement ;
- à acquitter le montant de leurs cotisations dans les délais requis ;
- à apporter à l'association et à leur fédération professionnelle de rattachement toute leur collaboration et tout l'appui nécessaire à leur audience et à leur efficacité.[590]

### Section 4. La responsabilité

Le patrimoine de l'association répondra seul des engagements pris en son nom, et aucun des membres ne pourra en être rendu responsable ès qualité.

### Section 5. La perte de la qualité de membre

**707.** La qualité de membre de l'association se perd :

1° par la démission adressée au Président de l'Union moyennant préavis de trois mois, auquel cas la cotisation payée à l'Union par le membre démissionnaire au titre de l'exercice social en cours demeure acquise à l'Union ;

2° par la radiation prononcée par le conseil d'administration, de sa propre initiative ou sur celle du bureau de la fédération professionnelle concernée, pour non-paiement de sa cotisation ou

[589] Article 8
[590] Article 9

pour tout motif grave, après que l'intéressé ait été entendu s'il défère à l'invitation qui lui en est faite.

Une mesure de suspension peut être prise dans les mêmes conditions, pour une durée que le conseil d'administration détermine.

Le membre radié ou suspendu peut exercer un recours non suspensif devant le prochain conseil d'administration où il sera entendu, par lettre adressée au Président de l'association.[591]

[591] Article 11

## SOUS-TITRE 2 : LA DIRECTION ET L'ADMINISTRATION

### CHAPITRE 1 : LA PRESIDENCE

**Section 1. L'élection**

**708.** Tout membre de l'Union, ou représentant légal d'une personne morale membre, à jour de ses cotisations et obligations envers l'association, peut être candidat à la Présidence en adressant au Secrétariat général une lettre de candidature motivée à laquelle est joint son programme d'action incluant une prévision budgétaire et un projet d'organisation des Commissions thématiques visées à l'article 26 des présents statuts. La fonction de Président de l'Union n'est pas cumulable avec la présidence d'une Fédération professionnelle. Nul ne peut être élu Président si le siège de son activité principale est situé dans le même Département que celui où siège l'activité principale du Président sortant. Cette règle ne trouve exceptions que pour la première élection consécutive à l'adoption des présents statuts, en cas de carence et pour le cas du président sortant qui veut renouveler son mandat. Le Président est élu par l'Assemblée générale ordinaire réunie extraordinairement, pour une durée de trois ans renouvelable consécutivement une fois, et révocable *ad nutum* par cette même Assemblée. Chaque année où a lieu l'élection, cette Assemblée se tient au cours du mois de novembre, dans les conditions fixées par le Règlement intérieur. La durée du mandat du Président court à compter du premier janvier suivant. Cette règle ne peut trouver exception que pour la première élection consécutive à l'adoption des présents statuts, auquel cas l'Assemblée adoptant la réforme statutaire déterminera la date de début du mandat.
Le Vice-président est élu conjointement avec le Président, à l'issue d'un scrutin unique. Il est révocable *ad nutum* séparément par décision de l'Assemblée générale. Le siège de son activité principale doit être situé dans un Département autre que celui où siège l'activité principale du Président. En cas de carence, démission ou mutation du Président, le Vice-président le remplace pour la durée restant à courir de son mandat. Il est rééligible une fois si sa prise de fonction intervient au cours des deux premières années du mandat, deux fois si elle survient au cours de la troisième année. Il coopte sans délai un premier Vice-président ressortissant d'un Département différent du sien, parmi les administrateurs et pour la même durée. En cas de carence, démission ou mutation du Vice-président, le Président coopte sans délai, parmi les

administrateurs, un nouveau Vice-président ressortissant du même Département que le précédent, pour la durée restant à courir de son mandat. Il est rééligible une fois à ce poste. Lorsque les circonstances visées aux deux alinéas qui précèdent sont réunies concomitamment, le conseil d'administration procède sans délai aux nominations des remplaçants, ressortissants des mêmes Départements, respectivement, pour la durée restant à courir des mandats concernés. Les titulaires ainsi nommés sont rééligibles dans les mêmes conditions que leurs prédécesseurs.[592]

### Section 2. Les attributions

**709.** Le Président, ou le Vice-président, préside toutes les Assemblées et conseils d'administration. En cas d'absence ou d'empêchement, il est remplacé par le Vice-président ou par un Administrateur délégué à cet effet par l'instance délibérante lors de la réunion ou, à défaut, par le plus âgé des administrateurs acceptant. Le Président assure la direction générale de l'association et représente valablement celle-ci dans ses rapports avec les tiers. Pour l'exercice de ses fonctions, il est investi des pouvoirs les plus étendus qu'il exerce dans la limite de l'objet social et sous réserve de ceux expressément attribués à l'Assemblée générale et au conseil d'Administration. Dans ses rapports avec les tiers, l'association est engagée par les actes du Président qui ne relèvent pas de l'objet social, à moins qu'elle ne prouve que le tiers savait que l'acte dépassait cet objet ou qu'il ne pouvait l'ignorer compte tenu des circonstances. A la fin de chaque exercice, le Président arrête les comptes de l'exercice écoulé et le budget de l'exercice à venir qu'il propose au Conseil d'administration de soumettre à l'approbation de l'Assemblée générale ordinaire, avec le rapport annuel de gestion. Le Président et le Vice-président peuvent assister, sur leur demande ou sur invitation, à toute réunion des organes économiques visés au Titre V des présents statuts. Le Vice-président assiste le Président dans l'exercice de ses attributions. A ce titre, il peut agir par délégation du Président.[593]

---

[592] Article 12
[593] Article 13

## CHAPITRE 2. LE CONSEIL D'ADMINISTRATION

### Section 1. Le conseil d'administration-composition

**710.** Le conseil d'administration est composé des membres suivants :

- le Président et le Vice-président de l'Union,
- le Trésorier,
- les Présidents des Fédérations professionnelles,
- les Présidents de Commissions thématiques.

Chaque Président de fédération professionnelle peut se faire représenter par un membre ressortissant de sa fédération ; chaque Président de Commission thématique peut se faire représenter par un membre de sa Commission adhérent titulaire de l'Union. Le Secrétariat général assiste de droit aux réunions du conseil d'administration, sauf pour les délibérations les concernant ou concernant leurs fonctions.[594]

### Section 2. Le conseil d'administration-Attributions

**711.** Le conseil d'administration détermine les orientations de l'activité de l'Association nécessaires à la mise en œuvre du programme d'action présenté par le Président. Dans ce cadre, sous réserve des pouvoirs expressément attribués aux assemblées et dans la limite de l'objet social, il se saisit de toute question intéressant la bonne marche de l'Association et règle par ses délibérations les affaires qui la concernent. Le conseil d'administration a notamment les attributions suivantes :

- assister la Présidence pour la mise en œuvre de son programme ;
- créer ou supprimer les organes ad hoc;
- approuver, trente jours au moins avant la date de l'Assemblée générale ordinaire, le rapport annuel de gestion, les comptes de l'exercice écoulé et le budget de l'exercice en cours, sur propositions du Président ;
- se prononcer sur les radiations et suspension de membres, conformément à l'article 11 des présents statuts ;

[594] Article 14

- adopter le Règlement intérieur, conformément à l'article 29 des présents statuts ;
- proposer chaque année le montant des cotisations, conformément à l'article 6.2 des présents statuts.[595]

## Section 3. Le conseil d'administration - Fonctionnement

**712.** Le Conseil d'administration se réunit chaque fois qu'il est convoqué par le Président et, en cas d'empêchement, par le Vice-président, ou sur l'initiative de la majorité de ses membres. Il se réunit au moins cinq fois par an, au lieu fixé par la convocation. Les convocations sont faites par écrit, y compris par télétransmission, à l'exception de la première réunion triennale visée à l'alinéa 16.2 ci-dessous. Le Conseil d'administration se réunit sur-le-champ consécutivement à l'élection du Président et du Vice-président. Il prend ses décisions à la majorité des membres présents ou représentés ; en cas de partage des voix, la voix du Président est prépondérante. Le Quorum requis pour la validité des délibérations est de la moitié. Les décisions du Conseil peuvent être prises par consultation écrite, y compris par télétransmission. Les procès-verbaux sont signés par le Président de séance et le Secrétaire Général ou le Secrétaire général adjoint ; ils sont transcrits sur un registre coté et paraphé par le Président. Les fonctions d'administrateur ne donnent pas lieu à rémunération ni indemnisations. Toutefois, les administrateurs ont droit au remboursement de tous frais directement nécessaires à l'exercice de leurs fonctions.[596]

---

[595] Article 15
[596] Article 16

# CHAPITRE 3. LE SECRETARIAT GENERAL

## Section 1. Le secrétaire général

**713.** Le conseil d'administration recrute le secrétaire général selon la procédure d'appel à candidature définie dans le règlement intérieur. Le Règlement intérieur précise son statut personnel. Sous l'autorité du Président, le Secrétaire général dirige les services du Secrétariat général. Il rédige les procès-verbaux des instances délibérantes. Il tient les registres règlementaires et, d'une manière générale, assure l'exécution des formalités prescrites.[597]

## Section 2. Le secrétariat général

Le Secrétariat général est l'organe exécutif des décisions du Conseil d'administration, notamment chargé d'apporter son concours administratif et technique aux travaux des Commissions thématiques.

Le Règlement intérieur détermine les règles de fonctionnement du Secrétariat général.[598]

---

[597] Article 17
[598] Article 18

# CHAPITRE 4. L'ASSEMBLEE GENERALE

## Section 1. La composition

**714.** L'Assemblée générale est constituée par les Fédérations professionnelles visées à l'article 7 des présents statuts et qui désignent des représentants pour y voter. Ces désignations se font par Assemblées spéciales des Fédérations, tenues préalablement à l'ouverture de chaque Assemblée générale. Ces désignations font l'objet d'un procès-verbal dûment annexé au procès-verbal des délibérations de l'assemblée générale. Elles portent effet immédiatement et jusqu'à l'issue de la prochaine Assemblée spéciale.[599]

## Section 2. La convocation

**715.** L'Assemblée générale se réunit chaque fois qu'elle est convoquée par le conseil d'administration et au moins une fois par an. Les convocations sont portées à la connaissance des Présidents des Fédérations et de tous les membres au moins deux semaines à l'avance par courrier et par voie de presse, dans les conditions fixées par le Règlement intérieur. Elles comportent indication du lieu et de la date de la réunion, ainsi que l'ordre du jour. Tout membre peut faire connaître au Président, dans un délai d'une semaine de la réception de la convocation, les questions complémentaires qu'il souhaite voir portées à cet ordre du jour.[600]

## Section 3. Les délibérations

**716.** L'Assemblée générale se compose des représentants préalablement désignés par les Fédérations réunies en assemblées fédérales par application de l'article 21 des présents statuts. Tout membre de l'Association peut assister aux assemblées générales. Chaque assemblée nomme un bureau, composé du Président de séance, du Vice-président s'il est présent et du secrétaire général, assistés de deux scrutateurs. Le nombre des voix attribué à chaque fédération en Assemblée générale est déterminé par une clé de répartition fixée par le Règlement intérieur pour chaque exercice social. Le quorum requis pour la validité des délibérations est des deux tiers des voix sur première convocation ; aucun quorum n'est requis sur deuxième convocation. L'assemblée générale statue à la majorité simple des voix exprimées par les Fédérations. Les délibérations de l'Assemblée générale sont prises à main levée, à la

---

[599] Article 19
[600] Article 20

majorité absolue des voix exprimées. Les délibérations sont consignées par le Secrétaire général dans un registre signé par les membres du bureau de l'assemblée. Les feuilles de présence émargées sont jointes à ce registre.[601]

**Section 4. La compétence**

**717.** L'Assemblée générale peut être ordinaire ou extraordinaire.

L'Assemblée générale ordinaire, réunie au moins une fois par an :

- entend le rapport annuel de gestion,
- entend le ou les rapports du Commissaire aux comptes,
- statue sur les comptes de l'exercice écoulé,
- donne quitus aux administrateurs de leur gestion,
- adopte le budget de l'exercice à venir.

Plus généralement, elle délibère sur toutes questions portées à l'ordre du jour. L'Assemblée générale nomme le Commissaire aux comptes et son suppléant, dûment agréés, pour une durée de six exercices sociaux. L'Assemblée générale extraordinaire est seule compétente pour modifier les présents statuts ou dissoudre l'Association.[602]

[601] Article 21
[602] Article 22

## CHAPITRE 5. LES ORGANES ECONOMIQUES

### Section 1. Les fédérations professionnelles

**718.** Les fédérations professionnelles sont nationales. Le conseil d'administration statut sur toute demande de création d'une nouvelle fédération. Le règlement intérieur précise les modalités de cette création. Chaque fédération élit un Président, un Vice-président et le ou les autres membres de son Bureau pour une durée de trois ans, en Assemblée fédérale tenue au plus tard le jour de l'Assemblée générale élisant le Président de l'Union, et préalablement à celle-ci. Si nécessaire en cours de mandat, elle procède de la même manière au remplacement de ses représentants, sans délai et pour la durée du mandat restant à courir. L'Assemblée fédérale désigne ses représentants à l'Assemblée générale en application de l'article 19 des présents statuts. Chaque fédération est administrée par un Bureau composé de 3 à 12 membres, dont le Président et le Vice-président. Chaque fédération peut se doter de documents internes propres, notamment un Règlement intérieur ou une charte éthique, dûment déposés au Secrétariat général de l'Union. Le conseil d'administration peut émettre un avis relatif à ces textes, qui est alors transmis par le Secrétariat général. Sans préjudice des dispositions organisées par les alinéas 23.1 à 23.5 ci-dessus, le Bureau de chaque fédération détermine les modalités de fonctionnement de son Organisation, et notamment ses lieux et périodicité de réunion. Copie de tous les actes représentatifs de la vie sociale de la Fédération doivent être transmis, sans délai, au Secrétariat général.[603]

### Section 2. Les commissions thématiques

**719.** Le Président fixe et modifie le nombre des Commissions thématiques de l'Union, dans la limite des deux tiers du nombre des fédérations professionnelles. Il détermine leur mission et leur organisation conformément aux nécessités et au fur et à mesure de l'exécution de son programme.

Il nomme et révoque le Président de chaque Commission thématique.[604]

### Section 3. Le cumul

Les fonctions de Président d'une fédération professionnelle et d'une Commission thématique peuvent être exercées par une même personne, auquel cas celle-ci bénéficie d'un droit de vote double au Conseil

[603] Article 23
[604] Article 24

d'administration.[605]

**Section 4. Les organes ad hoc**

Le Conseil d'Administration peut, sur proposition du Président, créer ou supprimer un organe ad hoc chargé de traiter des dossiers spécifiques.[606]

---

[605] Article 25
[606] Article 26

# NEUVIEME PARTIE : L'AIDE SOCIALE ET LA LUTTE CONTRE LE CHOMAGE ET POUR LA SECURITE DE L'EMPLOI

# TITRE 1. L'OFFICE CONGOLAIS DE L'EMPLOI ET DE LA MAIN D'OEUVRE

**720.** L'Office National de l'Emploi et de la Main-d'œuvre, en abrégé ONEMO, établissement public à caractère administratif et social, crée par la loi n° 03/85 du 14 février 1985, modifié et complétée par la loi n° 01/86 du 22 février 1986, est régi par les dispositions de la loi. L'Office national de l'emploi et de la main-d'œuvre est doté de la personnalité morale et de l'autonomie financière. Il est placé sous la tutelle du Ministre du Travail.

### *Paragraphe 1. Les missions de l'ONEMO*

**721.** L'Office national de l'emploi et de la main-d'œuvre a pour mission :

- de promouvoir l'emploi et de lutter contre le chômage
- de centraliser et de rapprocher les offres et demandes d'emploi ;
- de contrôler les recrutements dans les entreprises d'Etat et les sociétés d'économie mixte dans les conditions prévues à l'article 11 ;
- d'assurer la congolisation des emplois ;
- d'établir les statistiques de l'emploi, d'effectuer des études et recherches sur l'emploi, la main-d'œuvre et la formation professionnelle ;
- d'organiser, à la demande des entreprises, des tests de qualification professionnelle ;
- de participer à la formation professionnelle des adultes, à leur perfectionnement et à leur recyclage ;
- d'organiser des stages d'initiation et de perfectionnement professionnel pour les jeunes à la recherche d'un emploi à la sortie du système éducatif ainsi que des stages de vacances ;
- de délivrer aux travailleurs tant nationaux qu'étrangers une carte de travail ;
- de délivrer, dans les conditions prévues par la présente loi, les autorisations d'emploi des travailleurs étrangers.

Toute offre d'emploi émanant d'une personne privée ou d'une personne morale de droit privé ou de droit public à l'exception de l'Etat, des collectivités locales et des établissements publics administratifs doit être communiqué à l'agence de l'ONEMO du lieu où lieu où l'emploi doit être exercé. La déclaration d'offre d'emploi doit indiquer le nom ou la raison sociale de l'offreur d'emploi, le domicile ou le siège de l'offreur d'emploi, la nature de l'emploi, le lieu d'exercice de l'emploi, ainsi que toute condition particulière éventuellement exigée par l'offreur d'emploi. La déclaration d'offre d'emploi est parfaite dès lors qu'elle est déposée à l'Agence de l'ONEMO compétente. Dès son dépôt la déclaration d'offre d'emploi est enregistrée et il en est donné reçu, daté et signé avec mention de son numéro d'enregistrement. Sauf cas de force majeure, l'offre d'emploi ne peut en aucun cas être retirée.[607]

***Paragraphe 2. La demande d'emploi***

**722.** Toute demande d'emploi tant à destination du secteur privé que de la fonction publique, des établissements publics, des entreprises d'Etat et des sociétés d'Economie mixte doit être enregistrée à l'Agence de l'ONEMO du domicile ou de la résidence du demandeur d'emploi. La déclaration de demande d'emploi doit indiquer outre l'identité et le domicile ou la résidence du demandeur d'emploi, sa qualification professionnelle, la nature et le lieu de l'emploi qu'il souhaite, ainsi que les dates, la nature et le lieu de son précédent emploi. La déclaration de demande d'emploi est parfaite dès lors qu'elle est déposée à l'Agence de l'ONEMO compétente. Sa durée de validité est douze (12) mois à compter de son dépôt. Dès son dépôt, la déclaration de demande d'emploi est enregistrée et il en est donné un reçu, daté et signé avec mention de son numéro d'enregistrement. Toute déclaration de demande d'emploi peut à tout moment et pour quelque cause que ce soit être retirée par son auteur. Le retrait de la déclaration de demande d'emploi emporte la restitution du reçu prévu à l'article 5. Dès retrait de la déclaration de demande d'emploi, une nouvelle déclaration de demande d'emploi peut être enregistrée. Les modalités de retrait de la déclaration de demande d'emploi seront précisées par un arrêté du Ministre chargé du Travail.
La déclaration de demande d'emploi en un lieu situé en dehors de la zone de compétence de l'agence qui la reçoit est immédiatement transmise par cette dernière à l'agence ou aux agences compétentes où elle est enregistrée avec mention de l'agence d'origine. L'ouverture d'entreprises privées de placement est interdite. Il est interdit de diffuser de quelque manière que ce soit, notamment par affichage et par annonce, par voie de presse, de radio ou de télévision, une offre ou une demande d'emploi qui n'aurait pas été préalablement enregistrée par une Agence de l'ONEMO. Toute annonce d'offre ou demande d'emploi doit mentionner son numéro d'enregistrement à une agence de l'ONEMO. Nul demandeur d'emploi

[607] Articles et 3 et 4

n'est tenu d'accepter l'emploi qui lui est proposé. Sauf l'exception prévue à l'article 11, tout offreur d'emploi peut contracter avec tout demandeur d'emploi qui y consent même si celui-ci n'a pas été proposé par l'ONEMO, à la condition que l'offre et la demande d'emploi soient régulièrement enregistrées. Toutefois, l'offreur d'emploi doit, préalablement à tout engagement, examiner les proportions faites par l'ONEMO. Le délai de présentation des demandeurs d'emploi à l'offreur d'emploi est fixé par accord entre ce dernier et l'ONEMO. Nul offreur d'emploi n'est tenu d'agréer les candidatures présentées par l'ONEMO.[608]

### *Paragraphe 3. Le recrutement*

**723.** Il ne peut être procédé à aucun engagement dans les établissements Publics autre qu'administratifs, dans les entreprises d'Etat et dans les sociétés d'Economie mixtes sans visa préalable de la Directeur général de l'ONEMO. Ce visa ne peut être accordé que si l'embauche correspond au planning de recrutement adopté par les organes de Directeur. Les dispositions des articles 9 et 10 de la présente loi ne sont pas applicables au recrutement d'agents de l'Etat, des collectivités locales et des établissements publics administratifs. Toutefois, le recrutement des agents mentionnés à l'alinéa précédent est soumis à la condition de leur enregistrement comme demandeur d'emploi. Tout engagement de salarié doit être constaté par écrit. L'écrit constatant l'engagement doit mentionner les conditions essentielles de l'emploi, notamment, la nature de l'emploi, le lieu et la durée de l'emploi, la catégorie de classement du salarié, le montant de sa rémunération et des primes et indemnités éventuellement prévues ainsi que la nationalité du travailleur.
Tout engagement de salarié doit être immédiatement déclaré et enregistré à l'Agence de l'ONEMO du lieu où l'emploi doit être exercé. La déclaration d'engagement s'accompagne du dépôt de trois exemplaires originaux de l'écrit constatant l'engagement ainsi que d'un Certificat de nationalité du travailleur. Le cas échéant, transmission est faite à l'Agence qui a reçu la demande d'emploi, de la déclaration d'engagement avec mention de son numéro d'enregistrement et de sa date d'enregistrement. Est sanctionné d'une amende de trente mille (30.000) à quatre-vingt-quinze mille (95.000) frs CFA :

- l'offreur d'emploi qui engage un travailleur dont la demande d'emploi n'a pas été enregistrée à l'ONEMO ;

[608] Articles 5 à 10

- tout employeur qui ne soumet pas le contrat de travail à l'enregistrement de l'ONEMO ;
- tout offreur d'emploi qui enfreint aux dispositions de l'article 9 de la présente loi ; le produit desdites amendes est versé au Trésor Public.[609]

*Paragraphe 4. La carte de travail*

**724.** Au vu de la déclaration d'engagement, l'Agence de l'ONEMO du lieu où l'emploi doit être exercé délivre immédiatement au travaille une carte de travail. La carte de travail est établie pour une durée d'un (1) an. Elle doit être renouvelée tant que dure l'emploi chez le même employeur. La délivrance et le renouvèlement de la carte de travail donne lieu au paiement au profit de l'ONEMO d'un droit et cinq cent (500) frs CFA. Le montant de ce droit peut être modifié par la loi de finances. En cas de changement d'emploi chez le même employeur, déclaration doit en être faite à l'Agence de l'ONEMO du lieu où le nouvel emploi est exercé et il est fait application des dispositions des articles 14, 15, 16 et 19 de la loi. En cas de nouvel emploi d'un travailleur chez un autre employeur sans qu'il en résulte l'interruption de travail pour le salarié, les dispositions des articles 14, 15, 16, et 19 trouvent application. Toutefois, les engagements ne peuvent être enregistrés et la carte de travail délivrée que si l'offre d'emploi a été déclarée et enregistrée conformément aux articles 4 et 5 de la loi et si les dispositions prévues à l'alinéa 3 de l'article 10 ont été appliquées. Les trois exemplaires originaux de l'écrit constatant l'engagement sont dans tous les cas, dès leur dépôt, transmis à la Direction générale de l'ONEMO pour visa. Celle-ci, après contrôle de la légalité, en fait retour avec observations éventuelles à l'Agence expéditrice qui transmet à chaque intéressé un exemplaire de l'acte d'engagement visé. Les dispositions du présent article ne s'appliquent pas aux établissements et entreprises visées à l'article 12. La date d'engagement est librement décidée par les parties. Celle-ci ne peut toutefois être antérieure à la date d'enregistrement de la déclaration d'engagement. Lorsque la date d'engagement est postérieure à la date de déclaration d'engagement, celle-ci doit être expressément mentionnée dans l'acte d'engagement ainsi que sur la carte de travail. La durée de validité de la carte de travail court à compter de la date effective d'engagement.[610]

---

[609] Article 11 à 15
[610610] Articles 16 à 20

*Paragraphe 5. Le licenciement la démission et le décès*

**725.** Le travailleur licencié ou ayant démissionné de son ou mis à la retraite ou déclaré invalide doit en faire immédiatement déclaration à l'Agence de l'ONEMO du lieu de son dernier emploi. La déclaration du travailleur est immédiatement enregistrée. Mention est faite sur le champ de la modification de la situation du travailleur et de sa date d'effet au dossier de l'employeur et du travailleur ainsi que sur la carte de travail. Les héritiers ou employeurs d'un travailleur décédé doivent déclarer le décès à l'Agence de l'ONEMO du lieu du dernier emploi. La carte de travail du travail du travailleur licencié ou ayant démissionné de son emploi ou mis à la retraite ou déclaré invalide n'est pas soumis au renouvèlement.[611]

*Paragraphe 6. L'affiliation à la sécurité sociale*

**726.** Nul ne peut être affilié à l'un quelconque des régimes d'assurance obligatoire gérés par la Caisse Nationale de Sécurité sociale s'il ne présente une carte de travail en cours de validité. Nul ne peut bénéficier des prestations d'un des régimes d'assurance obligatoire gérés par la Caisse Nationale sécurité sociale s'il ne présente, lors de la demande de prestation, une carte de travail prouvant son état de salarié, de retraité ou d'invalide. Nul travailleur ayant été licencié ou ayant démissionné ne peut être enregistré comme demandeur d'emploi s'il n'a déclaré son licenciement ou sa démission. Chaque Directeur régionale de la Caisse nationale de Sécurité sociale doit transmettre mensuellement à l'Agence de l'ONEMO du ressort la liste des personnes nouvellement affiliées aux régimes d'assurance obligatoire, celle des travailleurs admis au bénéfice du régime invalidité et du régime retraite ainsi que celle des travailleurs décédés soit en cours d'activité soit après leur mise à la retraite. Chaque Agence de l'ONEMO doit transmettre mensuellement à la direction régionale de la Caisse nationale de Sécurité sociale du ressort la liste des déclarations d'engagement, de licenciement, de démission et de décès qu'elle a reçues. Le Ministre chargé de la fonction publique doit transmettre mensuellement à la Direction générale de l'ONEMO la liste des Agents recrutés.[612]

---

[611] Articles 21 et 22
[612] Articles et 23 et 24

### *Paragraphe 7. Le recrutement d'un travailleur étranger*

**727.** Le recrutement de travailleurs étrangers est soumis à l'autorisation du Ministre chargé du Travail dans les conditions fixées par les articles 26 à 35 ; Les règles particulières posées par les articles 26 à 35 ne font pas obstacle, sauf dérogation expressément mentionnée, à l'application de l'ensemble des dispositions prévues par la loi. La demande d'autorisation d'emploi d'un travailleur étranger doit être jointe, accompagnée de quatre (4) exemplaires originaux du contrat de travail signé par les parties sous condition d'octroi de l'autorisation, à la déclaration d'offre d'emploi. Un arrêté du Ministre chargé du travail précisera les pièces à joindre à l'appui de la demande. L'Agence de l'ONEMO qui a reçu la demande examine la légalité des clauses du contrat, les conditions dans lesquelles l'emploi doit être exercé, s'assurer de la conformité du contenu de l'emploi décrit dans le contrat à celui décrit dans la déclaration d'offre d'emploi, examine à l'échelon local si l'emploi pourrait être valablement exercé par un national et requiert expressément l'avis du syndicat d'entreprise. Le syndicat d'entreprise dispose d'un délai de huit (8) jours suivant la date de réception de la demande d'avis pour faire connaître son avis qui doit être motivé. Passé ce délai, le défaut de réponse du syndicat d'entreprise vaut avis favorable. Dès expiration du délai prévu à l'alinéa précédent, le directeur de l'Agence de l'ONEMO saisie formule son avis et transmet immédiatement la demande à la direction générale de l'ONEMO.

La direction générale de l'ONEMO examine à l'échelon national si l'emploi pourrait être valablement exercé par un national et s'assure de la conformité du contrat à la politique générale de l'emploi des étrangers en République Populaire du Congo ainsi qu'au programme de congolisation des emplois défini par l'entreprise conformément à la loi n°23/67 du 21 décembre 1967 sur l'africanisation des postes de travail. Après examen des points ci-dessus mentionnés et de l'avis formulé par le chef de l'agence saisie, le directeur général de l'ONEMO formule son avis et transmet la demande au Ministre chargé du travail. Dès la décision du Ministre chargé du Travail, la demande est transmise à la direction générale de l'ONEMO. Si l'autorisation sollicitée a été accordée par le Ministre chargé du travail, le contrat est enregistré dans les conditions prévues par la loi. Toutefois, par dérogation à l'article 10, le contrat peut être enregistré en l'absence de déclaration de demande d'emploi. Si l'autorisation est refusée, notification en est faite au demandeur.[613]

[613] Articles 25 à 29

*Paragraphe 8. La validité de l'autorisation d'emploi*

**728.** L'autorisation d'emploi d'un travailleur est valable pour une durée de deux (2) années à compter de la date d'engagement du travailleur. Le renouvèlement de l'autorisation d'emploi d'un travailleur étranger est soumis aux dispositions des articles 25 à 29. La demande de renouvèlement doit être déposée dans les six (6) mois précédents l'expiration de l'autorisation d'emploi du travailleur étranger. L'autorisation d'emploi d'un travailleur étranger et son renouvèlement donnent lieu au paiement au profit de l'ONEMO d'un droit de cent mille (100.000) frs CFA. Il est délivré au travailleur étranger une carte de travail valable un (1) an à compter de la date effective de son engagement. Sa délivrance et renouvèlement donne lieu au paiement d'un droit de dix mille (10.000) frs CFA au profit de l'ONEMO. En cas d'urgence constatée, une autorisation provisoire d'emploi d'un travailleur étranger peut être délivrée par le directeur général de l'ONEMO, dès le dépôt de la demande d'autorisation d'emploi d'un travailleur étranger à l'Agence compétente. L'autorisation provisoire d'emploi d'un travailleur étranger ne peut être renouvelée. Il est délivré au travailleur dans le cas d'autorisation provisoire d'emploi, une carte provisoire de travail valable pour trois (3) mois. Elle est renouvelable une seule fois. La délivrance de la carte provisoire de travail donne lieu au paiement, au profit de l'ONEMO, d'un droit de dix mille (10.000) frs CFA. Son renouvèlement ne donne pas lieu à perception d'un droit.

Des autorisations d'emploi temporaire de travailleurs étrangers peuvent être accordées par le directeur général de l'ONEMO en cas d'embauche pour une durée inférieure à six (6) mois. Les demandes d'autorisation d'emploi temporaire sont adressées au directeur général de l'ONEMO. Les autorisations d'emploi temporaire de travailleurs étrangers ne peuvent être renouvelées. Il est délivré au travailleur, dans le cas d'autorisation temporaire d'emploi, une carte temporaire de travail pour la période de validité de l'autorisation d'emploi temporaire.

La délivrance de la carte temporaire d'emploi donne lieu au paiement au profit de l'ONEMO, d'un droit de dix mille (10.000) frs CFA. Les droits prévus aux articles 16, 31, 32, et 33 sont à la charge des employeurs. Tout employeur ayant embauché un travailleur étranger en violation des dispositions de la présente loi sera puni d'une amende de cent mille (100.000) frs CFA à un million (1.000.000) frs CFA au profit du Trésor Public. Sauf en cas d'accord exprès donné par l'ONEMO, l'autorisation d'emploi d'un travailleur étranger est retirée si le travailleur recruté exerce un emploi différent de celui pour lequel l'autorisation a été donnée.[614]

*Paragraphe 9. La question du privilège d'embauche*

**729.** L'ONEMO peut à tout moment proposer à l'employeur ayant engagé des travailleurs étrangers des candidats nationaux auxquels il fait passer des tests. L'engagement d'un travailleur national constitue dans tous les cas un motif légitime de rupture du contrat passé avec un travailleur étranger. L'ONEMO établit mensuellement et annuellement les statistiques de l'emploi et les transmet au Ministre chargé du Travail. Les travailleurs exerçant actuellement un emploi ainsi que ceux bénéficiant d'une pension de retraite ou d'invalidité disposent d'un délai de six (6) mois à compter de la date d'effet de la présente loi pour régulariser leur situation Passé ce délai les dispositions de l'article 23 de la présente loi leur seront opposées. Il sera fait affichage pendant un délai de six (6) mois à compter de la prise d'effet de la loi, de ses articles 23 et 41, à tous les guichets de la Caisse nationale de Sécurité sociale.[615]

*Paragraphe 10. Le visa*

**730.** L'Article 33 du Code du travail est remplacé par les dispositions suivantes : Tout contrat de travail passé avec un congolais et impliquant sa sortie du territoire de la République Populaire du Congo est soumis au visa de la direction générale de l'ONEMO.

Le visa n'est accordé qu'après avoir :

- constaté l'identité du travailleur et son libre consentement ;
- donné lecture aux parties et éventuellement traduction du contrat ;
- vérifier en cas de contrat conclu pour une durée déterminée, que celle-ci est stipulée sans ambigüité ;
- vérifier qu'un titre de transport allé et retour est prévu au contrat.

Si le visa au présent article est refusé, le contrat est nul de plein droit.

Les infractions aux dispositions de la présente loi sont constatées par les Inspecteurs et les Contrôleurs du travail ainsi que les agents de contrôle assermentés de l'ONEMO. Les infractions prévues à l'article 15 sont sanctionnées par le directeur général de l'ONEMO sur opposition du chef

---

614 Article s 30 à 36

615 Articles 37 à 39

de l'agence concerné. Le Ministre chargé du Travail dispose d'un pouvoir de transaction sur le montant de l'amende prévue à l'article 35. Un décret pris en conseil des Ministres sur proposition du Ministre chargé du Travail fixera l'organisation et le fonctionnement de l'ONEMO. Sont abrogés les articles 2 à 5, 8 à 11 et 15 à 17 inclus de la loi 01/86 du 22 février 1986 ainsi que les articles 162 à 167 inclus du Code du Travail.[616]

[616] Articles 40 à 43

# TITRE 2. L'AIDE SOCIALE[617]

## CHAPITRE 1. L'ORGANISATION ET LE FINANCEMENT

### *Paragraphe 1. Le bureau d'aide sociale*

---

[617] **Historique. De l'assistance à l'aide sociale** dans les temps modernes, l'Eglise fut longtemps la seule à s'efforcer de pallier les multiples misères inhérentes à toute société organisée. Il semble que l'intervention du pouvoir laïc, en Europe tout au moins, ne se soit guère manifestée avant la Renaissance : création du grand Bureau des pauvres à Paris (1544) ; création d'un hôpital général à Paris (1656), dont il semble qu'il ait été davantage une prison pour mendiants qu'un véritable établissement de soins (c'est pourtant de lui que datent les hôpitaux de la Salpêtrière, de la Pitié et de Bicêtre), Lois des pauvres en Grande-Bretagne. La nécessité de faire entrer les pouvoirs publics en action dans le combat contre la misère a été proclamée en France pendant la révolution française. C'est ainsi qu'en 1790 le duc de la Rochefoucauld-Liancourt, président du comité de mendicité de la Constituante, affirmait : « On a toujours pensé à faire la charité aux pauvres et jamais à faire valoir les droits de l'homme pauvre sur la société et ceux de la société sur lui. L'organisation de l'assistance doit être prévue dans la Constitution. » Un peu plus tard, la loi du 19 mars 1793 déclarait que l'assistance du pauvre est une dette nationale et organisait un service de soins à domicile ; la loi du 28 juin 1793 organisait l'assistance aux enfants, aux vieillards et aux indigents. Mais la guerre civile et l'inflation qui en résulta ne permirent pas aux « agences » cantonales de fonctionner comme il était prévu ; on estime cependant qu'au cours des années révolutionnaires plus d'un tiers de la population fut secouru par les pouvoirs publics à un titre ou à un autre. Les législations des assemblées révolutionnaires ne furent pas reprises par les gouvernements suivants. Le décret impérial de 1808 prévoyant la création d'un dépôt de mendicité dans chaque département et la loi du 30 juin 1838 relative aux aliénés sont des mesures d'ordre et non d'assistance moderne. La politique d'aide sociale est née sous la IIIe République : assistance médicale gratuite en 1893, assistance aux enfants en 1904, assistance aux vieillards et aux infirmes ainsi qu'aux familles en 1913, assistance aux tuberculeux en 1919, allocations militaires en 1928. L'institution et le développement des assurances sociales, à partir de 1928-1930, n'ont pas permis de supprimer l'assistance (l'accroissement des dépenses d'assistance, en même temps que se développe la sécurité sociale, est un phénomène constaté dans tous les pays). La loi du 15 décembre 1952 a substitué la dénomination d'aide sociale à celle d'assistance.

**731.** Dans chaque commune ou syndicat de communes doit être constitué un bureau d'aide sociale géré par une commission présidée par le maire ou par le président du syndicat de communes et composé de huit membres, quatre représentant le conseil municipal, quatre le préfet.
**Le domicile de secours.** Le domicile de secours s'acquiert soit par trois mois de résidence habituelle après la majorité ou à l'émancipation, soit par filiation. C'est le département où est situé le domicile de secours de l'assisté qui supporte les frais de l'aide sociale. A défaut de domicile de secours, les dépenses sont supportées soit par le département où est formée la demande d'admission à l'aide sociale, soit par l'Etat.

### *Paragraphe 2. Les ressources*

**732.** Les dépenses de l'aide sociale sont supportées par l'Etat, par le département et par la commune suivant certaines proportions. Les bureaux d'aide sociale peuvent récupérer les prestations qu'ils ont versées, soit contre le bénéficiaire revenu à meilleure fortune, soit contre sa succession, son légataire ou son donataire. Ils peuvent également poursuivre en justice ceux des parents du bénéficiaire tenus par le Code de la famille à l'obligation alimentaire.

### *Paragraphe 3. L'admission à l'aide sociale*

**734.** Les décisions d'admission au bénéfice de l'aide sociale sont prises par une commission présidée par le juge d'instance et composée de deux élus locaux (le conseiller municipal de commune) et de deux fonctionnaires de l'administration des finances après que la demande a été instruite par le bureau local d'aide sociale. Ces décisions peuvent faire l'objet d'un recours devant la commission centrale d'aide sociale.

## CHAPITRE 2. LES DIVERSES FORMES DE L'AIDE SOCIALE

**735.** On distingue l'aide médicale gratuite, l'aide sociale aux infirmes, l'aide sociale aux personnes âgées, l'aide sociale à l'enfance et aux familles, l'aide sociale au logement ainsi que l'aide sociale au chômage (pour cette dernière, voir le titre II).

### *Paragraphe 1. L'aide médicale.*

**736.** Pour être admis à l'aide médicale, il suffit qu'il y ait disproportion entre les ressources connues du demandeur et le coût des soins dont il a besoin.

**L'aide au domicile.** Cette aide comporte deux types de prestations :
1° les soins (le bénéficiaire choisit pour un an, sur une liste de praticiens agréés, son médecin et, éventuellement, ses auxiliaires médicaux ; les spécialistes pharmaceutiques ordonnées par le médecin doivent figurer sur une liste restrictive ; praticiens et pharmaciens sont rémunérés directement par l'Administration) ;
2° si besoin est, une allocation mensuelle modique.

### *Paragraphe 2. L'aide hospitalière*

**737.** Il peut y avoir hospitalisation si l'état de santé du malade ou les conditions dans lesquelles il vit le nécessitent. Si l'assisté est en même temps assuré social, l'organisme assureur intervient comme d'habitude, l'aide médicale ne prenant en charge que le montant du ticket modérateur.
En cas d'urgence, c'est le maire qui décide de l'admission à l'aide médicale, sous réserve d'une appréciation ultérieure de la commission.

### *Paragraphe 3. L'aide aux personnes âgées*

**738.** L'assisté doit avoir 65 ans (60 ans s'il est inapte au travail) et disposer de ressources insuffisantes, variant suivant les formes de l'aide demandée.
**L'aide à domicile.** Les formes de l'aide à domicile sont variées : allocation spéciale et allocation supplémentaire[618] ; allocation de loyer (75 % du loyer) : différents services en nature (foyer de vieux, repas, charbon, bond de gaz, etc).

---

[618] Voir l'assurance vieillesse

*Paragraphe 4. Le placement*

**739.** Le vieillard indigent peut être placé en hospice ou dans une famille. **L'aide sociale aux infirmes.** L'aide sociale aux infirmes est la même que l'aide aux personnes âgées. Tout infirme admis au bénéfice de l'aide sociale peut faire l'objet d'un placement dans un centre de rééducation professionnelle ou d'assistance par le travail. Les infirmes atteints d'une invalidité d'au moins 80% bénéficient d'allocations majorées. Les aveugles ont, en outre, droit à la canne blanche dont le port est interdit à toute personne dont la vision est supérieure à un dixième de la normale.

*Paragraphe 5. L'aide sociale à l'enfance et aux familles*

**740.** Des allocations mensuelles d'aide sociale à l'enfance peuvent se cumuler avec les prestations familiales. Des allocations spéciales peuvent être versées à la famille dont le soutien accompli son service militaire (allocations militaires).

*Paragraphe 6. L'aide sociale en matière de logement*

**741.** Outre l'allocation de loyer citée ci-dessus, l'aide sociale au logement peut comporter l'admission dans un centre d'hébergement (en principe six mois au maximum) aux personnes sortant d'un établissement hospitalier ou pénitentiaire, aux personnes en danger de prostitution et aux vagabonds supposés aptes au reclassement ; le travail y est obligatoire.

# TITRE 3. LA LUTTE CONTRE LE CHOMAGE ET POUR LA SECURITE DE L'EMPLOI

## CHAPITRE I. L'ASSISTANCE ET L'ASSURANCE[619]

### *Paragraphe 1. Le chômage total*

**742.** L'aide est réservée aux chômeurs involontaires inscrits comme demandeurs d'emploi qui justifient avoir accompli au moins 150 jours de travail salarié (ou 1000 heures) au cours des douze mois qui précèdent la demande, qui ont moins de 65 ans et qui justifient de ressources insuffisantes (la condition de ressources cesse depuis le 1er octobre 1986 de jouer pendant les trois premiers mois de chômage). Les allocations de l'aide sociale au chômage (intégralement prises en charge par l'Eta, alors qu'avant 1986 il existait des fonds communaux au financement desquels l'Etat participait) Ces allocations peuvent, depuis le 1er octobre 1986 jouer pendant les trois premiers mois de chômage). Le droit à l'allocation s'éteint lorsque, sans motif légitime, le bénéficiaire refuse d'accepter un emploi ou de suivre un cycle de formation ou de perfectionnement professionnel. Après chaque année de secours, le montant de l'allocation qui varie suivant les charges de famille est réduit de 10 %.

### *Paragraphe 2. Le chômage partiel*

**743.** Dans certaines régions et dans certaines professions, les travailleurs qui travaillent moins de 40 heures par semaine du fait de la réduction d'activité de leur entreprise sont indemnisés. L'indemnité horaire est

---

[619] Dans certains pays étrangers (Grande-Bretagne, Belgique, Allemagne, etc), le risque de chômage est couvert par la sécurité sociale. Il n'en est pas ainsi en France où coexistent une aide sociale au chômage, deux assurances professionnelles obligatoires et une assurance conventionnelle interprofessionnelle. En effet, la France n'a jamais été très touchée par le chômage, si l'on compare avec les pays voisins (Allemagne, Grande-Bretagne, Italie). Cependant, dans l'optique moderne du plein-emploi, la situation est devenue préoccupante au début de 1967. C'est pourquoi il a été créé un secrétariat d'Etat à l'emploi, auprès du ministre des Affaires sociales, et pris le 13 juillet 1967 quatre ordonnances importantes.
L'aide sociale aux chômeurs. Il faut distinguer le chômage total et le chômage partiel.

égale à 1/80 de l'allocation de chômage total pour une quatorzaine ; elle est versée sans autres conditions par l'employeur, qui est remboursé par l'Administration. Il convient de souligner qu'en février 1968 une convention collective nationale interprofessionnelle a été conclue entre les syndicats patronaux et la plupart des syndicats ouvriers, en vue d'assurer aux victimes du chômage partiel une indemnité horaire patronale égale à celle qui est prise en charge par l'Etat.

### *Paragraphe 3. Le chômage intempérie*

**744.** Les employeurs du bâtiment versent aux caisses de congés payés de la profession une cotisation supplémentaire de 3,75 % du montant des salaires. Dans la limite de 48 jours ouvrables par an, les journées qui ne peuvent être travaillées du fait du mauvais temps sont indemnisées par l'employeur à concurrence d'environ 75 % du salaire d'activité ; ensuite, la caisse de congés payés rembourse à l'employeur 90 % des indemnités qu'il a versées.
**La garantie de salaire des dockers.** Le docker professionnel, qui, s'étant présenté à l'embauche, n'a pas trouvé de travail, reçoit de sa caisse de congés payés une *indemnité* dite de *garantie* pour la demi-journée chômée. Le nombre d'indemnités par docker est limité à 100 par semestre. Cette assurance est financée par une cotisation de 4 % des salaires, versée par les employeurs à une *Caisse nationale de garantie des ouvriers dockers.*

### *Paragraphe 4. L'assurance conventionnelle de chômage*

**745.** Une convention nationale interprofessionnelle d'assurance chômage a été conclue en 1958 et étendue à l'ensemble des branches professionnelles industrielles et commerciales représentées au sein du Conseil national du patronat congolais. Depuis le 1er janvier 1986, l'assurance conventionnelle de chômage est devenue obligatoire pour tous les salariés de l'industrie et du commerce, y compris les salariés des entreprises qui ne sont pas représentées au sein du patronat. En outre, les agents non fonctionnaires de l'Etat, des collectivités locales et des établissements publics bénéficient, depuis cette même date, d'un régime analogue au régime conventionnel mis au point en 1986.

### *Paragraphe 5. Le financement*

**746.** Les employeurs versent une cotisation proportionnelle aux salaires (dans la limite du plafond du régime complémentaire de prévoyance des cadres, qui représente environ quatre fois le plafond de la sécurité sociale) ; 4/5 sont à la charge de l'employeur ; 1/5 à la charge du travailleur. A l'origine, le taux de la cotisation avait été porté à 0,35 % ; au 1er janvier 1986, il a été porté à 0,35 %, mais les employeurs assujettis par le décret du 13 juillet 1987 doivent jusqu'en fin 1990 verser une cotisation complémentaire de 0,40 % pour alimenter le fonds de réserve.

### *Paragraphe 6. Les prestations*

**747.** Les allocations de chômage sont versées sans qu'il soit tenu compte des ressources du chômeur ; elles peuvent se cumuler avec les indemnités d'aide sociale au chômage total. Leur montant est de 35% à 40%du salaire d'activité ; elles sont servies pendant 300 jours calendaires, cette durée pouvant être augmentée en fonction de l'ancienneté du travailleur, mais leur montant est alors réduit à 30% du salaire d'activité.

### *Paragraphe 7. L'indemnité de licenciement*

**748.** Un décret du 13 juillet 1987 institue une indemnité de licenciement légale et prévoit l'insertion dans les conventions collectives (à partir du 1er janvier 1988) de dispositions relatives à des indemnités de licenciement. Le montant de l'indemnité légale due après deux années d'ancienneté et en cas de contrat de travail à durée indéterminée est égale à dix heures de salaire par année d'ancienneté ; cette indemnité ne se cumule pas avec celle prévue par les conventions collectives qui ne peut être inférieure.

## CHAPITRE 2. LA PREVENTION

**749.** Il s'agit de prévenir le chômage en luttant contre les crises économiques avec les moyens dont les gouvernements contemporains disposent actuellement en cette matière, mais il s'agit surtout et davantage encore de reclasser les travailleurs.

C'est dans cette intention que devrait être crée, un *Fonds national de l'emploi dont* l'action comporte des mesures individuelles (allocations de conversion professionnelle versées aux chômeurs salariés, inscrits comme demandeurs d'emploi, qui suivent un stage de formation professionnelle pour adultes et s'orientant vers une qualification pour laquelle il existe des besoins caractérisés de main-d'œuvre) et des mesures collectives dans les régions et professions menacées par un grave déséquilibre sur le plan de l'emploi. Dans le cadre de ces mesures peuvent être versées, à la suite de licenciements collectifs, des allocations dégressives aux travailleurs qui n'ont pu être admis à suivre un stage de formation professionnelle et ont été reclassés dans un emploi comportant une rémunération inférieure d'au moins 10% à leur salaire antérieure ; des allocations spéciales de « préretraite » peuvent également être versées aux travailleurs de 60 ans qui ne sont pas aptes à bénéficier d'une mesure de reclassement.
Par ailleurs, la loi n°03/85 du 14 février 1985 portant création de l'Office congolais de l'Emploi de la main d'œuvre (ONEMO) qui sera mise en place de 1986 à 1987. Placée sous l'autorité du ministre du travail d'abord, et aujourd'hui du ministre de l'Enseignement technique et professionnel a été modifiée et complétée par la loi n°01/86 du 22 février 1986 l'ONEMO est géré par un Directeur général du travail et de l'emploi, assisté d'un comité consultatif comprenant des représentants des employeurs et des salariés. Son objectif essentiel est d'accroître au maximum la mobilité de la main-d'œuvre. Elle est chargée, pour le compte de l'Etat :
1° de la prospection des emplois disponibles et du placement des travailleurs ;
2° du fonctionnement des bureaux de placement de l'Office national de l'emploi et de la main-d'œuvre ;
3° de l'accueil et de l'information des travailleurs ;
4° des opérations préalables aux formations professionnelles.
Depuis 1986, des garanties de ressources sont prévues pour les travailleurs non licenciés et les femmes ayant trois enfants qui seulement suivre des stages de formation professionnelle dans les branches où l'on observe une pénurie de main-d'œuvre.

# DIXIEME PARTIE : LA SOCIETE CIVILE

**750.** Le concept ''Société civile'' renvoie à l'organisation et à la prise en charge de certains secteurs vitaux de la ''Cité'', totalement ou partiellement délaissés par les pouvoirs publics, et l'Etat. De ce fait, la société civile est une des composantes de la gestion de la Cité. Elle est régie par la loi de 1901, excepté les syndicats.

***Paragraphe 1. Définition***

**751.** - elle est un réseau d'associations et de corporations d'un milieu donné qui ont la volonté commune de mener des actions en faveur de la population.
- elle est aussi un ensemble de mouvements, de groupes engagés dans une cause consistant à dénoncer les abus sociaux et à mener des actions concrètes qui visent l'intérêt, le bien-être du peuple.
- elle est également une troisième force dans une cité, une ville, ou un pays qui sert de contrepoids au pouvoir en place et à l'opposition lorsque leur décisions, leurs avis, leur gestion ne vont pas dans le sens du respect de la dignité humaine et ne garantissent pas le bonheur de la population.

***Paragraphe 2. Les objectifs poursuivis par la société civile***

**752.** - servir de rempart pour la cohésion départementale ou nationale entre le pouvoir en place et l'opposition par sa neutralité.
- servir de thermomètre dans l'appréciation de la politique en place si sa gestion sauvegarde ou non les acquis et les intérêts du peuple.
- s'ériger en groupe de pression vis-à-vis du pouvoir en place et des autres forces politiques

***Paragraphe 3. Les stratégies d'intervention sur le terrain***

**753.** - éduquer la population sur l'accomplissement fidèle de ses devoirs et la réclamation résolue de ses droits ;
- s'unir, se concerter en vue de mener des actions concrètes qui visent le bonheur du peuple ;
- dénoncer dans le respect des droits tout abus tendant à la violation des droits de l'homme et au non-respect de la dignité humaine ;
- former une coalition pour revendiquer un droit ;
- prendre des positions courageuses face aux questions de sociétés qui ne visent pas l'intérêt populaire.
- éveiller les consciences individuelles et collectives des populations en apprenant à celles-ci leurs droits inaliénables en vue de les aider à mieux les défendre.

- construire une Société civile démocratique, d'égalité, de justice, de paix, de coopération qui octroie à tous, sans distinction aucune, les mêmes chances pour l'éducation, le plein emploi et la santé.
- former un type d'hommes libres, responsables, et respectant la vie humaine, les devoirs et les droits de l'homme, reconnaissant de ce fait que la démocratie en soi n'est pas une fin mais un moyen par excellence pour matérialiser les valeurs de justice, d'égalité, de liberté, de paix, de transparence et leur sens de responsabilité.
- rechercher par voie pacifique le bien-être de la population.
- remettre par les élections le pouvoir à des personnes de son choix
- contrôler et sanctionner les abus de tout genre dans l'exercice du pouvoir.

***Paragraphe 4. Les membres de la Société civile***

**754.** - toute personne physique ou morale m'exerçant pas une fonction politique ;
- toute association ou corporation, groupe ou mouvement apolitique. La Société civile dans le contexte congolais a plusieurs composantes à savoir :
1. Associations confessionnelles et communautés religieuses ;
2. Syndicats ;
3. Associations et corporations professionnelles ;
4. Associations d'action sociale, caritative, philanthropique et d'entraide ;
5. Associations scientifiques et de recherches ;
6. Associations d'actions économiques et de développement communautaire (ONGD) ;
7. Associations culturelles et sportives ;
8. Associations de jeunes, de femmes et familles ;
9. Associations des droits de la personne.

***Paragraphe 5. Les fondations***

**755.** Le processus de création des fondations est marqué par un principe essentiel : l'absence de liberté. Si les fondations supposent souvent, à leur origine, une initiative privée, celle-ci ne peut se développer sans l'agrément de l'Etat.

### 1. Le but des fondations

**756.** La fondation poursuit un but d'utilité publique, elle n'a aucun caractère lucratif mais, ce principe posé, les buts poursuivis par les fondateurs sont extrêmement variés. Si les fondations se sont développées à l'origine dans le domaine de la charité, elles se créent aujourd'hui dans le secteur plus large du mécénat sous toutes ses formes.

### 2. Les fondateurs

**757.** La personnalité des fondateurs : A l'origine de toute fondation se trouvent des hommes et des femmes qui ont l'idée d'un projet d'utilité publique, qui veulent le porter sur les fonts baptismaux, et qui vont apporter leur fortune, leur savoir-faire, pour en permettre la réalisation. Ce sont les fondateurs. Même si la fondation ne porte pas leur nom, elle leur doit la vie. A côté du mobile désintéressé et altruiste avancé, d'autres motivations existent : la recherche de la notoriété, l'aspiration au salut éternel, une quête d'immortalité que satisfait la pérennité de la fondation, une sorte de revanche sur la vie : donner aux autres ce que l'on a eu soi-même avec difficulté, la croyance d'être un exemple qui peut servir de modèle. Mais cette ambigüité n'enlève rien à la générosité des fondateurs. Le fonctionnement des fondations repose sur deux données des essentielles. A la différence des associations, les fondations n'ont pas de membre. Leur fonctionnement repose donc sur le conseil d'administration statutaire. La reconnaissance d'utilité publique leur permet de bénéficier d'avantages notamment fiscaux importants, elle les soumet en retour à un strict contrôle de la puissance publique.

## *Paragraphe 6. Les syndicats*

**758.** Les syndicats naissent librement à l'Entreprise sur la base du droit de travail et des textes subséquents, sans autorisation préalable des pouvoirs publics[620]. La création des syndicats découle de la nécessité historique et d'un besoin collectif d'organisation pour la défense des intérêts matériels et moraux des travailleurs, face aux employeurs publics et privés. La coresponsabilité et la codétermination engagent l'ensemble des travailleurs à définir et à soutenir les actions revendicatives conduites par les syndicats, leur émanation. Leurs travailleurs et adhérents, sont membres de ce syndicat qui a obligation de leur rendre compte de ses activités.

---

[620] Cf. conventions 87 et 98 de l'OIT

***Paragraphe 7. Les organisations non gouvernementales de développement***

**759.** Nous savons par définition que : ''une ONGD est une association agréée de personnes physiques ou morales qui décident de contribuer librement à la réalisation d'un ou de plusieurs programmes de développement qui répondent à des besoins exprimés ou ressentis par des communautés de base (populations locales)''. Les ONGD se caractérisent par leur autonomie dans les buts qu'elles se donnent et dans l'action qu'elles mènent et par leur diversité. Les ONGD peuvent se constituer en réseau de collaboration (collectif d'ONGD) dans le cadre des actions de développement durable qu'elles mènent. En définitive, les ONGD sont des organismes qui ont des objectifs orientés à l'aide humanitaire sans but lucratif, sans intérêt. Les ONGD sont des projets établis pour résoudre des problèmes spécifiques d'une zone donnée, d'une population cible, d'un biotope. Les ONGD font partie de la Société civile qui, elle-même est l'ensemble des structures privées non étatiques, non politiques et non militaires. Les ONGD sont les partenaires du développement durable. L'affirmation du droit fondamental pout tout être humain de vivre libéré de la misère, de la pauvreté, de la souffrance, de l'injustice sociale, de l'ignorance de la faim, etc., nécessite que l'homme lui-même, dans son milieu, s'associe à d'autres pour œuvrer en faveur de son développement et de la transformation de ce milieu. Le rôle de l'ONGD, se situe dans l'encadrement des populations et la promotion de la participation populaire au développement. Pour cela, l'ONGD œuvre pour donner confiance aux populations elles-mêmes, en leurs capacités et en leurs créativités.

L'éveil ou la prise de conscience des populations passe par l'éducation, la formation, la connaissance de leurs droits et de leurs libertés. La compétence des ONGD est reconnue dans l'établissement des différents cadres d'échange et de coopération appropriés dans tous les domaines de la vie des populations. Donc les ONGD facilitent la promotion de la coopération et l'intégration socioéconomique d'un pays. Les ONGD constituent pour beaucoup de congolais un espoir. Il est important de comprendre, de définir et d'orienter la tâche des ONGD et des associations de développement et de l'environnement au sein des mutations et des déséquilibres qui affectent le Congo. Tout en tenant compte de l'articulation entre les ONGD, leurs partenaires et le développement, il faut retenir que :

- les ONGD sont des laboratoires d'idée du développement (projets), champs d'expérimentation de grands projets. Elles peuvent avoir un rôle de conseil ;

- les ONGD complètent et prolongent l'action des pouvoirs publics. Elles suppléent et corrigent leurs actions.
- les ONGD créent des emplois, une main d'œuvre variée de qualité, ce qui nécessite des financements ;
- les ONGD permettent l'investissement. Elles servent de filières pour les pouvoirs publics. Elles font entrer les devises. Elles permettent la croissance et le développement. Les micro-projets réduisent la pauvreté ;
- les ONGD sont un cadre de paix et de justice sociale.

Le problème qui préoccupe les ONGD est celui des institutions nationales et internationales qui peuvent par leurs actions désintéressées, aider les ONGD à s'investir résolument dans la gestion participative du pays.

***Paragraphe 8. Rapports entre les pouvoirs publics et les ONGD***

**760.** Les rapports (relations) conflictuels des années 70, entre les ONGD du Nord présentes sur le terrain et les autorités administratives, n'ont pas permis une émergence des ONGD locales du fait d'un manque de collaboration sincère. A partir des années 80, la mise en place des structures de gestions et de coordination par les gouvernements sous l'impulsion du système des Nation-Unies (PNUD) a établi progressivement un climat de confiance réciproque dans un esprit de complémentarité entre les efforts des Etats et ceux des ONGD. Les ONGD travaillent comme partenaires, complètent l'action des pouvoirs publics et sont leur prolongement parce que nanties de structures légères et adaptées au milieu ambiant de la population cible pour laquelle les ONGD sont créées. La question des financements des ONGD par les ressources publiques est un principe qui doit être encouragé, ce qui implique une professionnalisation des ONGD dans des secteurs bien définis. De plus, les ONGD doivent définir des stratégies collectives pour la levée des ressources internes destinées à leurs projets respectifs. Pour ce faire, la transparence doit garantir la bonne moralité des ONGD afin de rassurer les partenaires financiers à engager ou à poursuivre les appuis attendus. Dans ce cadre, la crédibilité des ONGD est le point de départ d'une dynamique de changement dans le milieu considéré et ce qui est essentiel, ce n'est pas tant le financement, mais les ressources humaines engagées et déterminées. Les rapports multiformes entre les ONGD et les pouvoirs publics, entre les ONGD et les autres partenaires et enfin entre les ONGD elles-mêmes, relèvent d'abord du rôle des collectifs dans la maturation du mouvement associatif. Enfin, les rapports entre les pouvoirs publics et les ONGD sont des rapports de partenariat, c'est-à-dire horizontaux ; aucune structure n'étant gérant de l'autre.

# BIBLIOGRAPHIE

## 1. Textes et lois


- La loi n°45-75 du 15 mars 1975 instituant le Code de travail en République Populaire du Congo
- La loi n° 004-86 du 25 février 1986 instituant le Code de sécurité sociale en République Populaire du Congo
- La loi n°06-96 du 6 mars 1996 modifiant et complétant certaines dispositions de la loi n°45 du 15 mars 1975 instituant le Code du travail en République du Congo
- Le décret n°82-293 du 16 avril 1982 portant attributions et organisation de la direction du contrôle et de l'organisation
- Le décret n°87-447 du 19 août 1987 portant organisation et fonctionnement de la caisse de retraite des fonctionnaires
- Le décret n°98-124 du 12 mai 1998 portant attributions et organisation de la direction générale du travail et de la sécurité sociale
- Le décret n°2009-335 du 15 septembre 2009 fixant la réorganisation de la direction des études et de la planification
- Le décret 2005-469 du 24 décembre 2009 portant organisation du ministère du travail et de la sécurité sociale
- La loi n°31. 2011 du 15 juillet 2011 instituant le système de sécurité sociale en République du Congo
- Le décret n°84-892 du 12 octobre 1984 modifiant le régime des pensions des fonctionnaires et assimilés
- Le décret n°2009-391 du 13 octobre 2009 relatif aux attributions du ministre du travail et de la sécurité sociale
- Le décret n°2012624 du 2 février 2012 portant attributions et organisation de la direction générale de la sécurité sociale
- Le décret n°2012-23 du 2 février 2012 fixant les attributions et l'organisation de la direction générale du travail

## 2. Ouvrages et articles


- **A.** Iloki, Le droit du licenciement au Congo, L'Harmattan

- J. Y. Frouin, *Période d'essai, période probatoire et changement d'emploi*, RJS 2005, n° 423
- J. Mouly, *La rupture de l'essai pour un motif non inhérent à la personne du salarié : fraude, abus de droit ou absence de cause réelle et sérieuse*, D. 2008, Jur. 196 ;
- J. Dirringer, Y. Ferkane, M. Swuney, A. C. Creplet et T. Sachs, *Variations sur la période d'essai*, E. Peskine (dir), RDT, 2008. 515-521
- P.Y. Verkindt, *L'application du principe d'égalité du traitement aux travailleurs précaires,* Dr. Soc. 1995, 870
- G. Auzero, *Mutation du C.D.D. en CDI ; Quelles règles applicables à la rupture* ? RDT 2008, 97-98
- P. Durand, *A la frontière du contrat et de l'institution : La relation de travail*, JCP 1944, 1. 337
- G. Lyon-Caen, *Défense et illustration du contrat du travail*, Archives Phli. Dr. t 13. 1968. P. 59
- A. Lyon-Caen, *Actualité du contrat de travail*, Dr. Soc. 1988. 540
- A. Jeammaud, *Les polyvalences du contrat de travail,* in Mélanges G. Lyon-Caen, Dalloz 1989, P. 299
- JM. Bérand, *Autour de l'idée de constitution de l'entreprise*, in Etudes offertes à J. Pélissier, Dalloz 2004, P. 55 et s.
- E. Dockès, *De la supériorité du contrat de travail sur le pouvoir de l'employeur*, in Etudes offertes à J. Pélissier, Dalloz 2004, P. 203 et s.
- G. Lyon-Caen, *Les libertés publiques et l'emploi,* la documentation française, 1992
- I. Meyrat, *Réflexions critiques autour d'une problématique ambivalente*, Dr. ouvrier 2002, 343
- Ph. Waquet, *L'entreprise et les limites du salarié*, éd. Liaison, 2003
- A. Lyon-Caen et P. Lokiec (dir), *Droits fondamentaux et droit social*, Dalloz, Coll. thèmes et commentaires, 2005

- J. Savatier, *La portée du droit du SMIC selon les modalités de rémunération*, Dr. Soc. 1985. 811
- G. Couturier, *De quoi le salaire est-il la contrepartie* ? Dr. Soc. 2011. 10
- F. Gaudu, *Le salaire et la hiérarchie des normes*, Dr. Soc. 2022. 24
- A. Supiet, *Temps de travail : pour une concordance des temps.* Dr. Soc. 1995. 947
- A Jeammand, *Le temps de travail effectif, entre jurisprudence et législation*, Dr. Soc. 1998, 744
- P. Waquet, *Le temps de repos*, Dr. Soc. 2000. P. 288
- G. Lyon-Caen, *Les travailleurs et les risques économiques*, D. 1974. Chron. 47
- J. Pélissier, I*naptitude et modification d'emploi*, Dr. Soc. 1991. 608
- H. Gosselin, *Aptitude et inaptitude médicale au travail : diagnostic et perspectives, rapport pour le ministre délégué à l'emploi, au travail et à l'insertion professionnelle des jeunes,* janv. 2007
- D. Boulnier, *Le remplacement du salarié malade à l'épreuve du pouvoir d'organisation de l'employeur*, Dr. ouvier 2008, 233
- P. Y. Verkindt, *Le licenciement pour inaptitude médicale*, Dr. Soc. 2008. 941
- M. Vericel, *L'étendue de l'obligation de sécurité de l'employeur en matière de reclassement des salariés inaptes*. RDT 2010. 30
- P. Sargos, *L'horreur économique dans la relation de droit*, Dr. Soc. 2005. 123
- T. Sachs, *La raison économique en droit du travail, contribution à l'étude des rapports entre le droit et l'économie*, thèse Paris X Nauterre La Défense, 2009
- J. Le Goff, *Du silence à la parole, Une histoire du droit du travail*, Presses universitaires de Rennes, 2004.
- N. Olszak, *Histoire du droit du travail*, PUF, Coll. QSJ. 1999
- G et A. Lyon-Caen, *La doctrine de l'entreprise*, en 10 ans de droit de l'entreprise, Paris Litec, 1978, P 599 et s

- A. Jeammaud, *Propositions pour une compréhension matérialiste du droit du travail,* Dr. Soc. 1978. 337
- C. Vigneau, *Contrat et individualisation dans la relation de travail,* Dr. ouvrier 2009. 175
- G. Couturier, *Les nullités du licenciement*, Dr. Soc. 1977, 215
- G. Couturier, *La réintégration des salariés non spécialement protégés, Actualité ou perspectives,* Dr. Soc 1981, 248
- J. Pelissier, *Le licenciement et autres modes de rupture du contrat de travail*, Dr. Soc. 1978, 6
- J. Pelissier. *Licenciement et perte de confiance*, D. 1991.190
- Ph. Waquet, *Les objectifs*, Dr. Soc. 2001. 120
- Ph. Waquet, *Le trouble objectif dans l'entreprise, une notion à définir*, RDT 2006, 304
- A. Lyon-Caen, *La procédure au cœur du droit du licenciement économique*, Dr. ouvrier, 2002. P. 161
- P. Bailly, *La rupture négociée du contrat pour motif économique*, Sem. Soc, Lamy 24 avr. 2006, n°1258, P.7
- A. Fabre, *Les plans de départ volontaires à l'épreuve du principe d'égalité de traitement : un nouveau signe de soumission au droit du licenciement pour motif économique,* RDT 2010, P580
- I. Meyrat, *Vers un affaiblissement de l'entreprise des procédures de licenciement collectif : Le cas des propositions de modification du contrat de travail pour motif économique,* Dr. ouvrier 2005. 296
- J. Pelissier, *Le contrôle des plans sociaux*, RJS n°563 et s
- G. Couturier, *Plan social et mesures de redressement*, Dr. Soc. 1993, 219 et s. note sous Soc. 13 février. 1977 la samaritaine, Dr. Soc. 1997. 249
- M. Bonnechère, *Licenciements économiques : La procédure, garantie fondamentale des droits des salariés,* Dr. Soc. 1997. 249
- F. Hélas, *Le droit au reclassement du salarié en cas de restructuration de l'entreprise ou d'altération de sa santé*, Dr. ouvrier 2004, 493
- Ph-Waquet, La grève, *Les mouvements illicites et l'abus du droit de grève*, RJS 1995. 142
- A. Supiot, *Revisiter les droits d'action collective*

- M.A. Souriac, *Conflits du travail et négociation collective, quelques aspects*
- A. Mazeand, *Licenciements économiques à l'occasion du transfert d'entreprises : Les droits des salariés,* Dr. Soc. 2003. 482
- C. Wolmark, *Le sort des contrats de travail en cas de reprise en gestion directe d'un service public administratif,* RDT 2006, 159-167
- *Faut-il reconnaître au salarié la faculté de refuser le transfert de son contrat de travail* ? RDT 2007, 216-221
- G. Borenfreud, *La représentation des salariés et l'idée de représentation,* Dr. Soc 1991. 685-695
- *Le nouveau régime de la représentation syndicale,* RDT 2008-712-722
- F. Favennec-Héry, *La représentativité syndicale,* Dr. Soc. 2009-630-640
- P. Cahuc et A. Zylberberg, Economie du travail, De Boek 1996
- A. Supiot, *Au-delà de l'emploi, Rapport pour la commission européenne,* Flamarion, 1999 p. 259-289
- E. Dockès, *Le pouvoir dans les rapports de travail, Essor juridique d'une naissance économique,* Dr. Soc. 2004, 620-628
- A. Jeammaud (dir), *Le droit du travail confronté à l'économie.* Actes du colloque du 13 mai 2005, Dalloz, Coll. Thèmes et commentaires, 2005
- M. Miné et D. Marchand, *Le droit du travail en pratique,* 24e éd. Eyrolles
- E. Peskime et C. Wolmark, *Droit du travail* 2012, 6e éd. Dalloz
- J. Pélissier, G. Auzero, E. Dockès, *Droit du travail,* Dalloz.

A. Coeuret, B. Gauriau, M. Miné, *Droit du travail,* Dalloz

E. Dockès, A. Bouilloux, F. Debord, C. Giraudet, C. Nicod, J.-F. Paulin, *Droit social des associations,* Juris-Editions

B. Bossou, F. Dumont, P.-Y. Verkindt, *Droit du travail,* Montchrestien.

P. Lockier, *Droit du travail,* Thémis droit, PUF (deux volumes).

A. Mazeaud, *Droit du travail,* Montchrestien

J.-E. Ray, *Droit du travail, droit vivant,* Liaisons.

J.-M. Verdier ; A. Ecœurer, M.-A. Souriac, *Droit du travail, deux volumes*, Dalloz.

G. Lhuilier (dir), A. Le Nouvel, I. Vialard et M.-F. Volpelier, *Droit social*, Nathan

J. Pélissier, A. Lyon-Caen, A. Jeammaud, E. Dockès, *Les grands arrêts du droit du travail,* Paris, Dalloz, 2008.

M. A. Moreau. *Normes sociales, droit du travail et mondialisation,* Dalloz, 2006

A. Supiot, *Homo juridicus : essai sur la fonction anthropologique du droit*, Seuil, 2005

J. Le Goff, *Du silence à la parole : une histoire du droit du travail des années 1830 à nos jours,* Presses Universitaires de Rennes, 2004.

M. Bonnechère, *Le droit du travail,* La Découverte, 2e édition

A. Bevort, A. Jobert, M. Lallement et A. Mias (dir), *Dictionnaire du travail*, Paris, PUF (coll. « Quadrige »), 2012

A. Bevort, A. Jobert, *Sociologie du travail : les relations professionnelles*, Armand Colin, 2008.

J.P. Chauchard, *Droit de la Sécurité sociale*, LGDJ, 5e éd. 2010

C. Dejours, *Conjurer la violence – travail, violence et santé*, Payot, 2007.

M. Lallement, *Le travail, une sociologie contemporaine*, Gallimard, 2007

M. Thévenet (dir), *Fonctions RH, Politiques, métiers et outils des ressources humaines*, Pearson Education, 2009, 2e éd.

- *Revue de Droit du travail* (RDT, mensuel) : actualité, doctrine, droit comparé, jurisprudence ;
- *Semaine sociale Lamy* (Sem. Soc. Lamy, hebdomadaire) : surtout destinée aux praticiens, actualité, jurisprudence et mensuel, des numéros spéciaux thématiques ;
- *Revue de jurisprudence sociale* (RJS, mensuel) : surtout jurisprudence, doctrine ;
- *Droit social* (Dr. Soc, mensuel) : surtout doctrine et jurisprudence ;
- *Semaine juridique* (JCP Entreprises et affaires, JCP Social, JCP Générale, hebdomadaire) : actualité, doctrine, jurisprudence ;
- *Recueil Dalloz* (D. Hebdomadaire) : pour toutes les branches du droit privé, surtout destiné aux universitaires, actualité, doctrine, droit comparé, jurisprudence ;

- *Le Droit ouvrier* (Dr. ouv.) : doctrine et jurisprudence (notamment des juridictions de première instance) ;
- *Cahiers sociaux du Barreau de Paris* (CSBP, mensuel) : surtout jurisprudence ;
- *Action juridique* (AJ, bimensuel) : actualité, jurisprudence ;
- *Info juridiques* (mensuel) : actualité, jurisprudence ;
- *Revue pratique de jurisprudence sociale* (RPDS, mensuel) : actualité, jurisprudence ;
- *Jurisprudence UIMM* (jurisp. UIMM) : actualité, jurisprudence;
- *Cahiers prud'homaux* (mensuel): jurisprudence surtout ;
- *Liaisons sociales* (Liaison soc.) ;
- Quotidien : actualité sociale ;
- Hebdomadaire et mensuel : jurisprudence ;
- Mensuel : des numéros spéciaux thématiques, le magazine

**Table des matières**

# Questions juridiques aux éditions L'Harmattan

## *Dernières parutions*

**DÉPLACEMENTS (LES) DE POPULATION DUS AU CHANGEMENT CLIMATIQUE**
*Mayoussier Amélie*
Le changement climatique exacerbe les phénomènes extrêmes avec des conséquences directes sur les conditions de vie, la santé et le bien-être des individus. Face à la multitude des scénarii de violations des droits de l'homme, il devient urgent de trouver des solutions juridiques aux problèmes des déplacements de population engendrés par ces perturbations.
*(14.00 euros, 128 p.)*
*ISBN : 978-2-336-00704-5, ISBN EBOOK : 978-2-296-53151-2*

**RECHERCHES SUR LA DOCTRINE DE L'ADMINISTRATION**
*Tamzini Wafa - Préface de Maryse Deguergue*
Il faut distinguer la doctrine de l'administration de son expression, traduite par des doctrines administratives. La doctrine élaborée par l'administration n'est pas toujours publiée et sa publication ne signifie pas qu'elle soit correctement diffusée. Une doctrine publiée ne signifie pas pour autant la possibilité de l'invoquer lors d'une instance. Le seul critère d'identification d'une doctrine administrative est en fait celui de la présence ou non d'une interprétation administrative.
*(Coll. Logiques Juridiques, 55.00 euros, 690 p.)*
*ISBN : 978-2-336-29052-2, ISBN EBOOK : 978-2-296-53219-9*

**GERTI HESSELING – À l'ombre du droit**
**Actes du colloque de l'UFR Sciences Juridiques et Politiques de l'université de Saint-Louis des 15 et 16 décembre**
*Sous la direction de Mouhamadou Moustapha Aïdara*
Le professeur Gerti-Hesseling a contribué de manière significative à l'enrichissement de la science juridique et politique africaine et à la promotion de l'enseignement supérieur en Afrique. Ce livre collectif qui lui rend hommage réunit quatre thèmes majeurs : droit foncier et gestion des ressources naturelles ; droits humains, paix et développement ; urbanisme et aménagement du territoire ; pouvoir, droit et démocratie.
*(25.00 euros, 248 p.)*
*ISBN : 978-2-336-00056-5, ISBN EBOOK : 978-2-296-53183-3*

**RÉGIME (LE) JURIDIQUE DES ASSOCIATIONS EN DROIT PUBLIC CAMEROUNAIS**
*Keutcha Tchapnga Célestin - Préface du professeur Alain Ondoua*
L'ensemble législatif donne aux règles applicables en matière d'association un visage dominé par le souci de préserver à la fois l'intérêt général et l'ordre public, de favoriser le développement économique, culturel, social et de promouvoir davantage les droits et libertés. Comment le législateur a-t-il résolu ces différentes préoccupations, difficilement conciliables entre elles ?
*(Coll. Harmattan Cameroun, 21.00 euros, 202 p.)*
*ISBN : 978-2-343-00225-5, ISBN EBOOK : 978-2-296-53218-2*

**PRÉSERVATION (LA) DES ARCHIVES PRIVÉES ET L'INTÉRÊT PUBLIC**
**Mutations et ruptures**
*Sous la direction de Marie Cornu et Jérôme Fromageau*
Le thème de l'avenir des archives en Europe soulève plusieurs séries de questions. D'abord se pose la question de l'espace pertinent dans lequel se déploient les politiques publiques en matières

d'archives et plus spécialement du rôle des entités locales en la matière. Puis viennent en débat les conditions d'accès et de communication des documents publics. Ces différents points sont ici abordés dans plusieurs systèmes (droit belge, italien, français) et dans une perspective européenne et internationale.
*(Coll. Droit du Patrimoine culturel et naturel, 17.50 euros, 164 p.)*
*ISBN : 978-2-336-29102-4, ISBN EBOOK : 978-2-296-51685-4*

**«JUDICIARISATION» (LA) DES OPÉRATIONS MILITAIRES – Thémis et Athéna**
*Barthélémy Christophe - Préface du Général Henri Bentégeat*
«L'art de la guerre» est régi par des règles qui lui sont propres. Mais le droit des conflits armés est désormais happé par le droit commun. Depuis la Révolution, les armées sont à la fois l'outil de l'État et l'incarnation de la Nation. Le surgissement de la procédure pénale dans l'univers des opérations révèle le décalage entre les exigences de l'état militaire et celles de la société civile contemporaine. Cet essai en examine les causes et les conséquences.
*(27.00 euros, 274 p.)*
*ISBN : 978-2-336-00534-8, ISBN EBOOK : 978-2-296-51445-4*

**RÉFORME (LA) DE LA GARDE À VUE**
*Sous la direction de Christine Courtin*
Les contributions ici réunies apportent un éclairage à la fois théorique et pratique sur la réforme de la garde à vue. Cette phase, cruciale dans le cadre du procès pénal, illustre toute la difficulté qu'il peut y avoir à concilier en la matière des intérêts antagonistes : d'une part, les intérêts de la société qui exigent la nécessaire recherche des auteurs d'infractions et, d'autre part, la protection des droits de la personne privée de sa liberté.
*(Coll. Droit privé et sciences criminelles, 14.50 euros, 124 p.)*
*ISBN : 978-2-336-29003-4, ISBN EBOOK : 978-2-296-51230-6*

**QUESTION (LA) PRIORITAIRE DE CONSTITUTIONNALITÉ**
*Belloir Philippe*
Depuis le 1er mars 2010, tout justiciable peut soutenir, à l'occasion d'un procès, lorsqu'une disposition législative porte atteinte aux droits et libertés que la Constitution garantit, une question prioritaire de constitutionnalité (QPC). Cet ouvrage examine cette nouvelle voie de droit en adoptant un plan calqué sur le déroulement de la QPC. Il est un guide juridique indispensable pour comprendre et mettre en oeuvre ce droit pour les professionnels et les justiciables.
*(Coll. La justice au quotidien, 13.50 euros, 120 p.)*
*ISBN : 978-2-336-29011-9, ISBN EBOOK : 978-2-296-51339-6*

**SOCIÉTÉS ET ÉTABLISSEMENTS STABLES EN DROIT FISCAL INTERNATIONAL ET DE L'UNION EUROPÉENNE**
*Riu Isabelle - Préface de Daniel Gutmann*
La forme juridique d'exercice d'une activité est particulièrement importante dans le cadre d'activités transfrontalières : le choix de la structure d'implantation n'est pas neutre au regard des impôts directs en droit interne, en droit fiscal international et en droit de l'Union européenne. Cette approche met en évidence les difficultés d'harmonisation des impôts directs au sein de l'UE et ouvre une réflexion sur les liens entre le territoire et l'imposition des activités.
*(Coll. Finances publiques, 48.00 euros, 536 p.)*
*ISBN : 978-2-336-00595-9, ISBN EBOOK : 978-2-296-51370-9*

**SÉCURITÉ, LIBERTÉS ET LÉGISTIQUE – Autour du Code de la sécurité intérieure**
*Sous la direction de Pascal Mbongo et Xavier Latour*
Le Code de la sécurité intérieure français est ici envisagé comme un miroir de l'autorité publique et de l'État de droit au début du XXIe siècle. Ce livre plaide en faveur d'une plus grande figuration académique du droit public de la sécurité intérieure et de la police vis-à-vis du droit répressif, pour apporter de la sécurité aux sciences juridiques.
*(Coll. Logiques Juridiques, 27.50 euros, 278 p.)*
*ISBN : 978-2-336-29070-6, ISBN EBOOK : 978-2-296-51271-9*

**SEXUALITÉ, LIBERTINAGE, ÉCHANGISME ET DROIT**
*Delga Jacques*
Le Droit européen a aboli notre morale sexuelle et religieuse pour la laïcité, entraînant une perte de repères. L'ouvrage en explique les raisons. Après une étude sociologique sur la sexualité, l'échangisme et le libertinage, un examen juridique du fondement actuel de notre droit, de ce qui est autorisé et interdit en matière de libertinage est présenté. Suit une recherche sur la situation juridique des clubs échangistes et de leurs exploitants.
*(31.00 euros, 300 p.)*
*ISBN : 978-2-336-00834-9, ISBN EBOOK : 978-2-296-51349-5*

**DOUANE (LA) AU COEUR DE LA STRATÉGIE INTERNATIONALE DES ENTREPRISES – Du contrôle au partenariat**
*Hyeans Andy*
Depuis le 11 septembre 2001, l'administration des douanes doit faciliter les échanges dans un monde ultracompétitif tout en les contrôlant dans un monde dangereux où la moindre faille de sécurité peut être exploitée. Ce livre présente les mutations engagées par les douanes et leurs conséquences. Il propose aussi des préconisations pour en tirer profit dans une stratégie d'entreprise et en faire un avantage concurrentiel.
*(Coll. Logiques Juridiques, 28.00 euros, 274 p.)*
*ISBN : 978-2-336-29019-5, ISBN EBOOK : 978-2-296-51394-5*

**RÉGIONALISME ITALIEN ET RÉGIONALISME FRANÇAIS**
**Aspects constitutionnels, administratifs et fiscaux**
*Sous la direction de Alberto Lucarelli et Michel Verpeaux*
La France et l'Italie, pays considérés comme unitaires, reconnaissent aux régions des pouvoirs locaux. Pourtant les régionalismes de ces pays sont fort éloignés, tant du point de vue constitutionnel, administratif que fiscal. La comparaison est riche d'enseignements : l'Italie rencontre des difficultés quant à la place respective de l'Etat et des régions ; en France, les régions ne disposent pas encore de compétences à la mesure de leurs territoires.
*(Coll. Logiques Juridiques, 22.00 euros, 222 p.)*
*ISBN : 978-2-336-00337-5, ISBN EBOOK : 978-2-296-51219-1*

**PROTECTION (LA) DU LOCATAIRE-GÉRANT EN DROIT OHADA**
*Muberankiko Gervais*
Dans le domaine des affaires, certaines personnes sont obligées de recourir à la location-gérance. La question qui se pose est d'apprécier la protection que le droit OHADA a prévue pour le locataire-gérant qui exploite le fonds d'autrui. Dans ce cadre, le législateur a prévu certaines mesures protectrices du locataire-gérant, mais ces mesures sont insuffisantes, malgré la révision de l'acte uniforme OHADA portant droit commercial général en décembre 2010.
*(Coll. Etudes africaines, 14.00 euros, 130 p.)*
*ISBN : 978-2-336-00913-1, ISBN EBOOK : 978-2-296-51514-7*

**HARCÈLEMENT MORAL DANS LA VIE PRIVÉE**
**Une guerre qui ne dit pas son nom**
**Pourquoi la loi sur la violence psychologique et le harcèlement moral dans la vie privée n'est-elle pas appliquée ?**
*Hincker Laurent*
La violence physique dans les familles est toujours précédée d'une violence psychologique. Il s'agit bien d'une guerre qui ne dit pas son nom. Violences psychologiques, harcèlement moral, qui tuent à petit feu, la question de la violence dans la vie privée est au cœur de notre vivre-ensemble. La réflexion de l'auteur se déploie dans une démarche visionnaire d'anthropologue juridique, démarche qui cherche à comprendre les enjeux humains et sociaux dans les fondements du droit.
*(Coll. Antidotes, 20.00 euros, 18 p.)*
*ISBN : 978-2-336-00245-3, ISBN EBOOK : 978-2-296-51183-5*

**MÉDIATION PÉNALE (Nouvelle édition)**
*Mbanzoulou Paul*
La médiation pénale permet d'apporter une réponse judiciaire globale face à la petite et moyenne délinquance sans déclencher le processus pénal classique, grâce à la proposition d'une solution transactionnelle entre l'auteur des faits et sa victime. A jour des dernières évolutions législatives et réglementaires, cet ouvrage questionne le cadre de la médiation pénale en France.
*(Coll. Sciences criminelles, 13.50 euros, 120 p.)*
*ISBN : 978-2-336-00474-7, ISBN EBOOK : 978-2-296-51202-3*

**JURÉ D'ASSISES – Témoignage d'une expérience citoyenne et humaine**
*Abadie Pierre-Marie*
Ce livre retrace, à partir d'une expérience personnelle, le vécu d'un juré d'assises. Entre les deux séquences, l'ouvrage décrit la liturgie d'un procès telle que la vit un juré au travers de ses droits et devoirs. Il fait ressortir aussi l'expérience humaine que constitue la vie en vase clos d'un jury avec les phénomènes de groupe qui l'accompagnent. Il insiste, enfin, sur les paramètres qui génèrent et conditionnent « l'intime conviction ».
*(Coll. La justice au quotidien, 12.00 euros, 90 p.)*
*ISBN : 978-2-336-29000-3, ISBN EBOOK : 978-2-296-51201-6*

**DROIT INTERNATIONAL HUMANITAIRE**
*Owona Joseph*
En ce début de XXIe siècle, une portion du droit international public consacrée à la défense de la dignité de l'homme est arrivée à maturation. L'Afrique a fait réception de ce droit international humanitaire dans sa quintessence, tout en l'adaptant en ce qui concerne les problèmes particuliers du mercenariat et des réfugiés. Ce livre initie au droit international humanitaire en général et dévoile ses particularités africaines.
*(22.50 euros, 216 p.)*
*ISBN : 978-2-336-00123-4, ISBN EBOOK : 978-2-296-51171-2*

**COMMERCE ET INTERNET. COMPRENDRE LES RÈGLES JURIDIQUES**
*Benarab Armel*
Cet ouvrage explique clairement les règles juridiques concernant l'e-commerce afin de les rendre compréhensibles et accessibles à tous. Consommateurs et commerçants trouveront des réponses précises aux interrogations suscitées par les principales opérations contractuelles : droits liés aux achats sur Internet, réglementation en vigueur pour protéger une marque ou un produit... chacun pourra ainsi tirer meilleur profit d'Internet.
*(15.00 euros, 136 p.)* *ISBN : 978-2-336-00496-9, ISBN EBOOK : 978-2-296-50961-0*

**QU'EST-CE QUE PUNIR ? – Du châtiment à l'hypersurveillance**
*Ferry Tony*
Qu'est-ce que punir ? Quels sont les traits distinctifs des mesures de placement sous surveillance électronique par rapport au geste classique de l'emprisonnement ? Ce livre jette un pont entre théorie et pratique, recherche fondamentale et expérience professionnelle. Il s'inscrit dans une démarche de pensée libre qui tend à comprendre et à discuter le monde des pénalités d'aujourd'hui. Et ce qu'il dessine n'est autre que l'avènement de l'hypersurveillance.
*(Coll. Questions contemporaines, 26.50 euros, 256 p.)*
*ISBN : 978-2-336-00615-4, ISBN EBOOK : 978-2-296-50802-6*

**L'HARMATTAN, ITALIA**
Via Degli Artisti 15; 10124 Torino

**L'HARMATTAN HONGRIE**
Könyvesbolt ; Kossuth L. u. 14-16
1053 Budapest

**ESPACE L'HARMATTAN KINSHASA**
Faculté des Sciences sociales,
politiques et administratives
BP243, KIN XI
Université de Kinshasa

**L'HARMATTAN CONGO**
67, av. E. P. Lumumba
Bât. – Congo Pharmacie (Bib. Nat.)
BP2874 Brazzaville
harmattan.congo@yahoo.fr

**L'HARMATTAN GUINÉE**
Almamya Rue KA 028, en face du restaurant Le Cèdre
OKB agency BP 3470 Conakry
(00224) 60 20 85 08
harmattanguinee@yahoo.fr

**L'HARMATTAN CAMEROUN**
BP 11486
Face à la SNI, immeuble Don Bosco
Yaoundé
(00237) 99 76 61 66
harmattancam@yahoo.fr

**L'HARMATTAN CÔTE D'IVOIRE**
Résidence Karl / cité des arts
Abidjan-Cocody 03 BP 1588 Abidjan 03
(00225) 05 77 87 31
etien_nda@yahoo.fr

**L'HARMATTAN MAURITANIE**
Espace El Kettab du livre francophone
N° 472 avenue du Palais des Congrès
BP 316 Nouakchott
(00222) 63 25 980

**L'HARMATTAN SÉNÉGAL**
« Villa Rose », rue de Diourbel X G, Point E
BP 45034 Dakar FANN
(00221) 33 825 98 58 / 77 242 25 08
senharmattan@gmail.com

**L'HARMATTAN TOGO**
1771, Bd du 13 janvier
BP 414 Lomé
Tél : 00 228 2201792
gerry@taama.net

Achevé d'imprimer par Corlet Numérique - 14110 Condé-sur-Noireau
N° d'Imprimeur : 101550 - Dépôt légal : septembre 2013 - *Imprimé en France*

Made in United States
Cleveland, OH
05 November 2026

47656819R00433